Kulturpolitik als Strukturpolitik?

STUDIEN ZUR KULTURPOLITIK

Herausgegeben von Prof. Dr. Wolfgang Schneider

BAND 17

Zu Qualitätssicherung und Peer Review der vorliegenden Publikation:

Die Qualität der in dieser Reihe erscheinenden Arbeiten wird vor der Publikation durch den Herausgeber der Reihe geprüft.

Notes on the quality assurance and peer review of this publication:

Prior to publication, the quality of the works published in this series is reviewed by the editor of the series.

Claudia Burkhard

Kulturpolitik als Strukturpolitik?

Konzepte und Strategien deutscher und italienischer Kulturpolitik im Vergleich

Bibliografische Information der Deutschen Nationalbibliothek
Die Deutsche Nationalbibliothek verzeichnet diese Publikation
in der Deutschen Nationalbibliografie; detaillierte bibliografische
Daten sind im Internet über http://dnb.d-nb.de abrufbar.

Zugl.: Bonn, Univ., Diss., 2015

Gedruckt auf alterungsbeständigem,
säurefreiem Papier.

D 5
ISSN 1611-700X
ISBN 978-3-631-66031-7 (Print)
E-ISBN 978-3-653-05296-1 (E-Book)
DOI 10.3726/978-3-653-05296-1

© Peter Lang GmbH
Internationaler Verlag der Wissenschaften
Frankfurt am Main 2015
Alle Rechte vorbehalten.
Peter Lang Edition ist ein Imprint der Peter Lang GmbH.

Peter Lang – Frankfurt am Main · Bern · Bruxelles ·
New York · Oxford · Warszawa · Wien

Das Werk einschließlich aller seiner Teile ist urheberrechtlich
geschützt. Jede Verwertung außerhalb der engen Grenzen des
Urheberrechtsgesetzes ist ohne Zustimmung des Verlages
unzulässig und strafbar. Das gilt insbesondere für
Vervielfältigungen, Übersetzungen, Mikroverfilmungen und die
Einspeicherung und Verarbeitung in elektronischen Systemen.

Diese Publikation wurde begutachtet.

www.peterlang.com

Inhaltsverzeichnis

1. Einleitung 9
1.1 Begriffsklärung und Stand der Forschung 10
1.2 Untersuchungsgegenstand und Fragestellung 23
1.3 Methodik und Übertragung auf die Analyse der deutschen und italienischen Kulturpolitik 43
1.4 Aufbau der Arbeit 62

2. Der Kulturbegriff in der deutschen und italienischen Kulturpolitik 65
2.1 Kultur für alle? — Kulturbegriff(e) der deutschen Kulturpolitik 65
2.1.1 Theoretisch orientierte Ansätze zum Kulturbegriff der deutschen Kulturpolitik 67
2.1.2 Praktisch orientierte Ansätze zum Kulturbegriff der deutschen Kulturpolitik 76
2.2 Modello Italia — Kulturbegriff(e) der italienischen Kulturpolitik 88
2.3 Vergleich der Kulturbegriffe in beiden Ländern 101

3. Kulturpolitik in Deutschland 111
3.1 Historische Entwicklung der deutschen Kulturpolitik 111
3.1.1 Rückblick auf die Anfänge der Kulturpolitik im 19. Jahrhundert, die Kulturpolitik in der Weimarer Republik und im Nationalsozialismus 111
3.1.2 Nur Affirmatives zählt? — Kulturpolitik im Nachkriegsdeutschland 114
3.1.3 Kultur als Ideologie? — Kulturpolitik im geteilten Deutschland 117
3.1.4 Bürgerrecht Kultur? — Neue Kulturpolitik seit den 1970er Jahren 119
3.1.5 Konsolidierung oder Kulturpolitik als Wirtschaftspolitik? — Kulturpolitik der 1980er und 1990er Jahre 132
3.1.6 Kulturelle Bildung versus Kulturinfarkt? — Kulturpolitik seit der Jahrtausendwende 147
3.1.7 Zusammenfassung 164

3.2 Strukturelle Rahmenbedingungen der deutschen Kulturpolitik............ 165
3.2.1 Erster Sektor: Staatliche Akteure in der deutschen Kulturpolitik......... 169
3.2.2 Zweiter Sektor: Privat-kommerzielle Akteure in der
 deutschen Kulturpolitik 200
3.2.3 Dritter Sektor: Zivilgesellschaftliche Akteure in der
 deutschen Kulturpolitik 221
3.2.4 Zusammenfassung 233
3.3 Fallstudie Deutschland: Essen... 235
3.3.1 Vorstellung der Stadt und ihrer kulturellen Infrastruktur 235
3.3.2 Ergebnisse der Interviews zur Kulturpolitik in Essen...................... 238
3.4 Zusammenfassung und Verknüpfung der theoretischen
 und praktischen Ergebnisse.. 271

4. Kulturpolitik in Italien 277

4.1 Historische Entwicklung der italienischen Kulturpolitik................. 286
4.1.1 Rückblick auf die Anfänge der Kulturpolitik im 19. und
 beginnenden 20. Jahrhundert 286
4.1.2 Fruizione elitaria? — Kulturpolitik ab 1947 und bis in
 die 1960er Jahre... 288
4.1.3 Institutionalisierung, Konsolidierung und Kulturboom —
 Kulturpolitik der 1970er und 1980er Jahre 290
4.1.4 Valorizzazione? Devoluzione? Privatizzazione? —
 Kulturpolitik der 1990er Jahre 297
4.1.5 Der „Codice dei beni culturali e del paesaggio" — ein
 Wegweiser für die Kulturpolitik seit der Jahrtausendwende?.......... 313
4.1.6 Kultur als Ausweg aus der Krise? — Aktuelle
 Herausforderungen für die italienische Kulturpolitik 330
4.1.7 Zusammenfassung 339
4.2 Strukturelle Rahmenbedingungen der italienischen
 Kulturpolitik.. 342
4.2.1 Erster Sektor: Staatliche Akteure in der italienischen
 Kulturpolitik.. 342
4.2.2 Zweiter Sektor: Privat-kommerzielle Akteure in der
 italienischen Kulturpolitik... 362
4.2.3 Dritter Sektor: Zivilgesellschaftliche Akteure in der
 italienischen Kulturpolitik... 377
4.2.4 Zusammenfassung 393
4.3 Fallstudie Italien: Turin 395
4.3.1 Vorstellung der Stadt und ihrer kulturellen Infrastruktur 395
4.3.2 Ergebnisse der Interviews zur Kulturpolitik in Turin...................... 405

4.4	Zusammenfassung und Verknüpfung der theoretischen und praktischen Ergebnisse	429
5.	**Vergleich der italienischen und der deutschen Kulturpolitik**	**435**
5.1	Vergleich der kulturpolitischen Entwicklung seit 1945	435
5.2	Vergleich der strukturellen Voraussetzungen	439
5.3	Vergleich der finanziellen Voraussetzungen	446
5.4	Qualitative Analyse: Vergleich der Fallbeispiele Essen und Turin	457
5.5	Methodenkritik	483
5.6	Zusammenfassung der Ergebnisse	487
6.	**Fazit und Perspektiven für die deutsche und italienische Kulturpolitik**	**497**
7.	**Anhang**	**511**
	Abkürzungsverzeichnis	511
	Kürzel der InterviewpartnerInnen in Deutschland und Italien	511
	Abbildungsverzeichnis	512
	Leitfaden für ExpertenInneninterviews	513

Literaturverzeichnis 517

Danksagung 567

1. Einleitung

Bereits der Titel der vorliegenden Arbeit, *Kulturpolitik als Strukturpolitik? – Konzepte und Strategien deutscher und italienischer Kulturpolitik im Vergleich*, unterstreicht die komparatistische Ausrichtung und verdeutlicht die Zielsetzung, durch die Gegenüberstellung der in den beiden Ländern verfolgten Ansätze neue Erkenntnisse zu gewinnen. Sowohl Deutschland als auch Italien gelten als klassische „Kulturnationen": Deutschland verfügt über eine vielgestaltige und über das gesamte Land verteilte, in vielen Städten exzellente Kulturlandschaft, während Italien mit den *città d'arte* wie Rom, Florenz und Venedig sowie den einzigartigen Kulturzeugnissen in Pompei oder auf Sizilien die europäische Kulturgeschichte auf beispiellose Art und Weise repräsentiert.

Dass das bestehende Kulturerbe langfristig zu schützen ist und die vielfältigen Kultureinrichtungen zu erhalten sind – darüber besteht in beiden Ländern zwar weitestgehend gesellschaftlicher Konsens. Doch immer wieder wird – auch innerhalb des (kultur-)politischen Diskurses – die Forderung laut, die Kultursubventionen zu kürzen oder gar ersatzlos zu streichen. Dieser radikalen Argumentation nach könne (oder müsse) auf Angebote, die aufgrund ihrer beschränkten Nachfrage am Markt keinen Bestand haben, vollständig verzichtet werden. Die Einstufung von Kunst und Kultur als meritorische Güter habe sich überlebt und könne insbesondere mit Blick auf die kontinuierlich schwieriger werdende Finanzlage der öffentlichen Haushalte nicht länger gerechtfertigt werden. Zudem nutze nach wie vor nur ein kleiner Teil der Bevölkerung die Kulturangebote und das Gesamtsystem sei in starren, längst überholten Strukturen gefangen. Demgegenüber steht die Position, gerade aufgrund der wirtschaftlichen Schwierigkeiten Kultur (und Bildung) intensiv zu fördern, da in einer Kultur- und Wissensgesellschaft die einzige Alternative zum Industriezeitalter gesehen wird, das mit seinem Fortschritts- und Wachstumsglauben seinem Ende entgegengehe.

Diese beiden einander unversöhnlich gegenüberstehenden Pole stecken den Rahmen ab, innerhalb dessen sich die folgenden Ausführungen bewegen werden: Es soll danach gefragt werden, welche grundsätzlichen Positionen der deutschen und der italienischen Kulturpolitik zugrunde liegen, welche Strukturen aktuell bestehen und inwiefern diese durch die jeweilige historische Entwicklung geprägt sind. Der inhaltliche Schwerpunkt der vorliegenden Arbeit liegt auf der kommunalen Kulturpolitik und mit Hilfe empirischer Studien zu den Städten Turin und Essen sollen die aktuellen Zielsetzungen italienischer und deutscher Kulturpolitik analysiert werden, um schließlich in vergleichender Perspektive

Möglichkeiten einer konzeptionellen Weiterentwicklung der Kulturpolitik in beiden Ländern zu erarbeiten.

Zunächst wird jedoch eine erste Klärung der relevanten Begrifflichkeiten erfolgen und der aktuelle Stand der kulturpolitischen Forschung wiedergegeben. Der Fokus liegt dabei erst einmal auf der Situation in Deutschland (Kapitel 1.1), ehe der Blick im weiteren Verlauf der Arbeit auf Italien ausgeweitet wird und der Untersuchungsgegenstand sowie die konkrete Fragestellung der Arbeit (Kapitel 1.2) die komparatistische Herangehensweise deutlich werden lassen.

1.1 Begriffsklärung und Stand der Forschung

Trotz zahlreicher Versuche bleibt eine eindeutige Festlegung des Begriffs *Kulturpolitik* und seiner konkreten Inhalte schwierig, denn „[w]as mit dem Begriff ‚Kulturpolitik' bezeichnet wird, hängt [...] davon ab, welches Verständnis von ‚Kultur' und welches von ‚Politik' darin eingeht",[1] wie sich einleitend mit Bernd Wagner, dem langjährigen Leiter des *Instituts für Kulturpolitik* der *Kulturpolitischen Gesellschaft*, formulieren lässt. Doch die Definition der beiden Wortbestandteile ist von Unsicherheit geprägt und vor allem für den Terminus *Kultur* hat sich nach wie vor keine allgemein gültige Definition durchgesetzt. Zudem schließt sich nach heutigem Verständnis von Kultur – das jegliche Art von Staatskultur ablehnt und diesen zu kultureller Neutralität und Toleranz verpflichtet – die Kombination von Kultur und Politik weitgehend aus.

Möglicherweise ist hierin eine der Ursachen zu finden, weshalb sich die Politikwissenschaft mit dem Phänomen der Kulturpolitik bisher kaum auseinandersetzt und „es Kulturpolitik – etwa als Teildisziplin und Spezialbereich der Politikwissenschaft – als wissenschaftliche Disziplin nicht gibt",[2] wie Max Fuchs, Kulturwissenschaftler und ehemaliger Vorsitzender des *Deutschen Kulturrats*, konstatiert. Auch die Tatsache, dass es sich bei Kulturpolitik um ein relativ neues und noch nicht umfassend etabliertes Politikfeld handelt, mag eine Rolle spielen, obwohl der Kulturhistoriker Hermann Glaser zu bedenken gibt, dass man lediglich „in Anbetracht fehlender Studien ‚Kulturpolitik' bislang als einen verhältnismäßig neuen Terminus angesehen und dabei übersehen [hat], dass zwar das Wort relativ jüngeren Ursprungs ist, aber dass das, was es beinhaltet, viele beachtliche Vorstufen hat; sie reichen in die frühe Neuzeit zurück".[3]

---

1 Wagner 2009, S. 25.
2 Fuchs 2008, S. 143.
3 Glaser 2009, S. 9.

In den Politik- und Sozialwissenschaften unbestritten ist, dass Kultur eine der Grundfunktionen innerhalb menschlicher Gesellschaften erfüllt. Laut dem amerikanischen Soziologen Talcott Parsons basieren lebensfähige Gesellschaften auf vier unterschiedlichen Typen gemeinschaftlichen Handelns: Politik, Wirtschaft, Gesellschaft und Kultur, wobei Letztere die Funktion der *Geltung* durch Deutungen, Normen und Wissen erfüllt, die Politik dagegen durch verbindliche Regelungen die Funktion der *Macht* einnimmt.[4] Kultur ist in diesem Kontext

> der Inbegriff für die Gesamtheit der Leistungen, die an die Stelle der unmittelbaren Natur die Steuerung des menschlichen Verhaltens und Zusammenlebens in Gesellschaften ersetzt. Normen und Werte, Deutungen und Begründungen, Sinn, Beziehungen und Wissen, Erwartungen und Erzählungen sind der Stoff, aus dem Orientierung im Handeln und die Verknüpfung der Motivationen vieler mit den gesellschaftlichen Notwendigkeiten, Zwängen und Möglichkeiten besteht.[5]

Als Steuerungsmedium der Grundfunktion Kultur gilt *Sinn*. Kultur trägt somit durch die „Erzeugung und Aufrechterhaltung der *unsichtbaren Muster* der Weltdeutung, der individuellen Orientierung und der kollektiven Handlungskoordination" zur gesellschaftlichen Integration bei und schafft dadurch den Bezugsraum, in dem die Legitimität politischen Handelns vermessen wird.[6]

Innerhalb der Politikwissenschaft besteht somit ein Bewusstsein für den engen Zusammenhang zwischen den Dimensionen Politik und Kultur. Dennoch sind daraus bisher kaum politikwissenschaftliche Studien hervorgegangen bzw. erfolgt(e) keine größere Beachtung dieser Teildisziplin innerhalb der Politikwissenschaft. Häufig wird Kulturpolitik in politikwissenschaftlichen Lexika und Einführungen lediglich als eine, wenn auch zentrale, Komponente der Kommunalpolitik erwähnt.[7] Zudem liegt der politikwissenschaftliche Fokus im Kontext der Kulturpolitik oft auf den Bereichen Bildung, Forschung und Wissenschaft, wie etwa die Definition von Carsten Lenz und Nicole Ruchlak im *Kleinen Politik-Lexikon* zeigt:

> **Kulturpolitik**, Gesamtheit der Maßnahmen zur Planung und Koordinierung der Bereiche Kunst, Forschung und Wissenschaft, Erziehung und Bildung. Ferner zählt man auch den Bereich der Medien und der Religionsgemeinschaften zum Gebiet der K.

---

4 Vgl. Meyer 2003, S. 44 f.; Meyer bezieht sich hier und im Folgenden auf Parsons 1951.
5 Meyer 2003, S. 46.
6 Vgl. Meyer 2003, S. 47.
7 Vgl. exemplarisch Bellers und Kipke 2006, S. 277.

In der Bundesrepublik wird die ->Bildungspolitik als die Hauptaufgabe der staatlichen K. angesehen. Grundsätzlich obliegt die K. den einzelnen Bundesländern (->Kulturhoheit).[8]

Eine recht ausführliche Definition gibt Manfred G. Schmidt im *Wörterbuch zur Politik*, die hier bereits einen ersten Einblick in die Organisation von Kulturpolitik in Deutschland geben kann und für die weitere Arbeit relevante Problembereiche anreißt:

> **Kulturpolitik**, die Gesamtheit der politischen Institutionen, Bestrebungen, Willensbildungs- und Entscheidungsprozesse und die verbindliche Regelung von Angelegenheiten in der Erziehung und im Bildungswesen, in Wissenschaft, Forschung und Kunst. In der Bundesrepublik ist K. – im Unterschied zur hochgradig zentralistisch gesteuerten K. während der Herrschaft des Nationalsozialismus in Deutschland – nach wie vor eine wichtige Staatsaufgabe, aber in einem auch im internationalen Vergleich ungewöhnlich hohen Maß dezentralisiert. Weite Bereich der K. unterliegen der ->Kulturhoheit der Länder (->Bundesland) oder sind in private oder kirchliche Hände gegeben worden. Dem ->Bund stehen in der K. – mit Ausnahme der ->Forschungspolitik und der Mitwirkung an den bildungs- und wissenschaftspolitischen ->Gemeinschaftsaufgaben – nur eng begrenzte Befugnisse zu, vor allem die auswärtige K. und die ->Rahmengesetzgebung für die allgemeinen Grundsätze des Hochschulwesens. Alle weiter gehenden Eingriffe des Bundes in die K. erfordern i.d.R. die Kooperation mit den Ländern im Rahmen der ->Politikverflechtung. [...] Bestimmend bleiben auch im vereinigten Deutschland der ‚kooperative Kulturföderalismus', die Dezentralisation und die weitreichende Delegation kulturpolitischer Aufgaben an die nachgeordneten ->Gebietskörperschaften und an private oder kirchliche Träger.[9]

Auf die Schwierigkeit einer Festlegung von Kulturpolitik in Abhängigkeit vom jeweiligen Kulturbegriff verweist die Definition von Klaus Schubert und Martina Klein in ihrem 2011 neu aufgelegten *Politiklexikon*:

> Je nach zugrunde liegendem Kulturbegriff kann K. [Kulturpolitik] a) auf jegliche Form gesellschaftlicher Beziehungen bezogen werden oder b) nur die traditionellen Künste (bildende Kunst, darstellende Kunst, Musik, Literatur) einschließen. V.a. auf letzteres bezogen, bezeichnet K. alle politischen und verbandlichen Aktivitäten, die zur Förderung (Bildung, Ausbildung, Verbreitung) und Erhaltung kultureller Güter und Leistungen (z.B. Denkmalschutz) und zur Sicherung der künstlerischen Rechte (z.B. geistiges Eigentum, Verwertung) dienen. In D. fällt die K. in den Zuständigkeitsbereich der Bundesländer; seit dem EU-Vertrag von 1993 verfügt die EU über für Kulturschaffende wichtige Kompetenzen (z.B. im Urheberrecht).[10]

---

8   Lenz und Ruchlak 2001, S. 123.
9   Schmidt 2004, S. 398 f.
10 Schubert und Klein 2011, S. 174.

Ausgangspunkt sämtlicher Überlegungen zur Kulturpolitik ist folglich ein erstes Verständnis des Begriffs *Kultur*, sodass an dieser Stelle eine stark komprimierte Auseinandersetzung damit erfolgen soll.[11] Der Kulturphilosoph Klaus Wiegerling gibt im *Metzler Lexikon Kultur der Gegenwart* folgende Definition:

> **Kultur** (lat. cultura = Pflege, Landbau) wird im allg. Verständnis der vom Menschen nicht hervorgebrachten Natur entgegengesetzt und umfasst die Gesamtheit der menschlichen Hervorbringungen und Artikulationen, also seiner historischen, individuellen und gemeinschaftlichen, praktischen, ästhetischen und theoretischen sowie mythischen und religiösen Äußerungen. Der Begriff umfasst also sowohl eine K. des Machens (gr. poiesis) als auch eine im eigentlichen Sinne ethische K. des Handelns (gr. praxis).[12]

Diese hier leitende Gegenüberstellung von Kultur und Natur prägte den Kulturbegriff für lange Zeit (und wirkt noch immer nach), ehe sich der Terminus *Kultur* im 19. Jahrhundert zunehmend zum „Kampfbegriff" entwickelte und dem französischen Konzept von *civilisation* entgegengesetzt wurde:

> *Civilisation* wurde in der napoleonischen Epoche mit dem Nationalgedanken sowie mit einem universellen Fortschrittsglauben verbunden und v.a. als ein System des Handelns ausgelegt. Im Anschluss an den Wortgebrauch Kants und der folgenden idealistischen Epoche setzte sich dagegen in Deutschland ein K.-Begriff durch, der den Schwerpunkt auf eine innere Verfeinerung im Gegensatz zu einer nur äußerlichen Verfeinerung bei der Zivilisation legte. [...] Um 1800 erfährt der Begriff eine spezifisch deutsche Innovation, die ihn philosophisch auflädt und den aufklärerischen K.-Begriff mit dem Resultat verengt, dass K. im engeren Sinne, also Künste und Wissenschaft, zum Medium eines anspruchsvollen Bildungskonzepts wird, das als Deutungsmuster bis in die Gegenwart die Weltdeutung des Bildungsbürgertums wesentlich bestimmt (G. Bollenbeck).[13]

Im Verlauf des 20. Jahrhunderts erfuhr dieses Kulturkonzept umfassende Erweiterungen und Aufweichungen, u.a. durch den Einbezug der Kultur des Alltags (Populär- und Massenkultur) sowie eines naturwissenschaftlichen und technischen Weltverständnisses, aber auch durch die Betonung des ökonomisch-kulturellen Komplexes in einer allgemeinen Kultur- und Zivilisationskritik. Gerade das Ziel einer neuen Synthese von Hoch- und Populärkultur, Eigen- und Fremdkultur sowie die Orientierung „an den Dichotomien der Massenmedien" führten in den 1980er und 1990er Jahren zu einem neuen Kulturverständnis, das aber zugleich

---

11 Eine sehr umfangreiche Darstellung möglicher Herangehensweisen an den Begriff *Kultur* gibt beispielsweise Endreß 2005, S. 27 ff. Im Rahmen dieser Arbeit beschäftigt sich Kapitel 2 eingehend mit den Kulturbegriffen innerhalb der deutschen und italienischen Kulturpolitik.
12 Wiegerling 2000, S. 267.
13 Wiegerling 2000, S. 267; vgl. hierzu vertiefend Bollenbeck 1996 sowie Geyer 2010.

durch die Wiederaufnahme konservativer Kulturmodelle geprägt war.[14] Es ist somit von einer erneuten Verengung des Kulturbegriffs während der letzten Jahrzehnte auszugehen, wie auch die Befragung der europäischen Bevölkerung zu ihrem Verständnis von Kultur deutlich macht:

> Among the responses to the question 'What comes to mind when you think about the word 'culture'?', the most common answer of Europeans was 'Arts (performing and visual arts)', with 39% of all persons surveyed. In second place came 'literature, poetry and playwriting', together with 'traditions, languages and customs', each accounting for 24% of respondents. Less than 10% of persons surveyed associated culture with 'values and beliefs'.[15]

Aus diesem Grund lässt sich im Kontext der vorliegenden Arbeit auch vom Begriffspaar *Kunst und Kultur* sprechen, das die Ausgangsbasis für Kulturpolitik darstellt. Diese Zuspitzung des heutigen Kulturbegriffs v.a. auf die Künste sieht auch der britische Kultur- und Literaturtheoretiker Terry Eagleton – und bewertet sie durchaus kritisch:

> Die dritte Antwort auf die Krise der Kultur als Zivilisation besteht [...] darin, die ganze Kategorie ‚Kultur' auf eine Handvoll künstlerischer Werke einzudampfen. Kultur bedeutet hier ein Korpus künstlerischer und intellektueller Werke anerkannten Ranges sowie die Institutionen, die es hervorbringen, verbreiten und verwalten. Nach dieser ziemlich jungen Bedeutung des Wortes ist Kultur Symptom und Lösung zugleich. Wenn Kultur eine Oase des Wertes ist, so bietet sie eine gewisse Lösung. Doch wenn Bildung und die Künste die einzigen bleibenden Enklaven der Kreativität sind, befinden wir uns mit Sicherheit in bösen Schwierigkeiten. Welche gesellschaftlichen Bedingungen beschränken die Kreativität auf Musik und Lyrik, während sie Naturwissenschaft, Technik, Politik, Arbeit und Häuslichkeit langweilig und prosaisch werden lassen?[16]

In der aktuellen Interpretation von Kultur ließen sich eine Entfremdung und zugleich der Versuch „kultivierter Intellektueller" erkennen, die „degenerierte Gesellschaft" neu auszurichten. Eagleton kommt zu folgendem Ergebnis:

> Ist zivilisiertes Leben die Vorderseite, so ist Kultur deren unbewusste Rückseite; Kultur sind die scheinbar selbstverständlichen Überzeugungen und Vorlieben, die uns undeutlich vorschweben müssen, wenn wir fähig sein sollen zu handeln. Kultur ist das, was wir ‚automatisch' machen, was wir ‚in den Knochen haben' und nicht im Kopf ausdenken.[17]

---

14 Vgl. Wiegerling 2000, S. 267 f.
15 Eurostat 2011, S. 143.
16 Eagleton 2009, S. 33 f.
17 Eagleton 2009, S. 43.

Der Rückbezug auf den Zivilisationsbegriff ist hier nicht zu übersehen; zugleich wird die enge Verbindung zwischen Kultur einerseits und der jeweiligen Gesellschaft andererseits deutlich. Dieses Verhältnis thematisiert auch der SPD-Politiker und ehemalige Präsident des Deutschen Bundestages, Wolfgang Thierse, der Kunst und Kultur damit zugleich im politischen System kontextualisiert:

> Es geht um den Sinn für die mögliche, für eine andere, eine bessere Wirklichkeit. Kunst und Kultur sind – sinnlich und intellektuell – Räume menschenverträglicher Ungleichzeitigkeit, und damit entscheidendes Lebensmittel für jede demokratische Zivilgesellschaft. Auch wenn sie nicht immer direkt gesellschaftskritisch und politisch auftreten, schaffen Kunst und Kultur Gegengewichte in einer Welt aus Zweckbestimmungen und Funktionalisierungen. [...] In diesem Sinne kann man Kultur auch beschreiben als niemals abgeschlossenes, prozessuales Selbstgespräch in der demokratischen Gesellschaft, als schöpferische, künstlerische, literarische, musikalische, kritisch-intellektuelle Auseinandersetzung auf der Grundlage von Werten, Erfahrungen, tradiertem Wissen und von Weltdeutungen, als jeweils zeitgenössisch ästhetische Bearbeitung des Woherwir-Kommen und Wohin-wir-Gehen, einschließlich der Reflexion über die beste Form politischer Ordnung, also eben schlicht als Sinnsuche.[18]

Dass es sich bei Kulturpolitik um eine genuin gesellschaftliche Aufgabe handelt, ist auch die Meinung von Fuchs, der ihre Verteidigung gegenüber der Dominanz „einer betriebswirtschaftlichen Betrachtung aller Lebensvollzüge" und neoliberaler Ideologie für zentral hält. Ziel müsse es sein, Kulturpolitik als eigenständiges Politikfeld zu betrachten, das die Selbstreflexion der Gesellschaft ermöglicht und die Voraussetzungen für die Beteiligung möglichst vieler Menschen schafft.[19] Fuchs ist wie Eagleton der Meinung, dass das „Kulturelle" nicht auf ein abgrenzbares Politikfeld beschränkt werden könne, es sei im Gegenteil „implizit und sollte explizit Gegenstand jeglichen politischen Handelns sein, denn es enthält die (auch für die Kulturpolitik) entscheidende Frage nach der Art und Weise, wie wir leben wollen". Kunst und das Ästhetische seien sozusagen die „Medien" der Kulturpolitik und diese somit „Politik mit spezifisch ‚kulturellen' Mitteln",[20] sodass er wie folgt definiert:

> Das Kulturelle verstehe ich hier in soziologischer Weise als denjenigen sozialen Bereich, in dem über einen Austausch von Symbolen Bedeutungen kommuniziert werden im Hinblick auf ihre je subjektive Relevanz, also als ‚Sinn'.[21]

---

18 Thierse 2002, S. 15 f.
19 Vgl. Fuchs 1998, S. 21.
20 Fuchs 1998, S. 316 (i.O. fett).
21 Fuchs 1998, S. 330 (i.O. z.T. fett).

Voraussetzungen, um über eine sinnhafte Gestaltung des Lebens zu kommunizieren, seien entsprechende Medien und die Beschäftigung des Einzelnen damit als „Prozesse aktiver (Re-)Konstruktion". Dementsprechend könne Kulturpolitik nur gelingen, wenn möglichst weite Teile der Bevölkerung an diesen Rezeptions- und Austauschprozessen partizipieren – denn laut Bourdieu ist „[d]er Kampf um Rangplätze, der Kampf um Lebenschancen [...] entscheidend ein Kampf um und mit Symbolen. Und hier bewegt sich Kulturpolitik auf ihrem ureigensten Terrain."[22] Übergeordnetes Ziel von Kulturpolitik solle es sein, vielfältige Diskurse darüber zu ermöglichen, was „human gestaltete Lebensweise" bedeuten könne;[23] Ausgangspunkt und zugleich Zielsetzung jeglicher Kulturpolitik müsse deshalb „das gute, glückliche und gelungene Leben" sein.[24] Kulturpolitik steht somit nicht nur in einem soziologischen Kontext, sondern bietet zugleich den Ausgangspunkt für philosophische Überlegungen bzw. kann Kunst die Chance bieten, „die richtigen Fragen nach den Idealen, den Werten und der Wahrheit zu stellen und auch geistige, wenn nicht moralische Orientierung zu geben",[25] wie der Kulturpolitiker und -manager Oliver Scheytt formuliert.

Ausgehend von diesen übergeordneten Zusammenhängen und Idealen, unterliegt Kulturpolitik in ihrer praktischen Umsetzung konkreten rechtlichen Rahmenbedingungen; zudem ist sie von finanziellen und sachlichen Ressourcen oder Institutionen abhängig. Für den Kulturmanager Thomas Heinze weist Kulturpolitik somit eine inhaltliche und eine ordnende Dimension auf: Inhaltlich stünden der Diskurs um den Kulturbegriff, die Sicherung der Kulturfreiheit sowie die mittelbare und die unmittelbare Kulturförderung im Zentrum des Interesses. In ordnender Hinsicht könnten die gesellschaftlichen, die ökonomischen, die rechtlichen und die administrativen Rahmenbedingungen als ausschlaggebend gelten.[26] Betrachtet man diese Elemente zusammen mit den bereits diskutierten soziologischen und philosophischen Aspekten, kann als erste Definition von Kulturpolitik folgende dienen:

> Mit Kulturpolitik werden Prozesse der öffentlichen Steuerung des Kultursektors bezeichnet mit dem Ziel, die Entfaltung von Kunst und Kultur zu ermöglichen. Kunst und Kultur dienen als Sinn- und Orientierungssysteme zur Selbstreflexion der Gesellschaft sowie als Repräsentation von Staat, Land oder Kommune. Kulturpolitik soll darüber hinaus ein vielfältiges kulturelles Leben mit dem Anspruch von Bildung,

---

22 Fuchs 1998, S. 327 (i.O. z.T. fett).
23 Fuchs 1998, S. 325.
24 Fuchs 1998, S. 24.
25 Scheytt 2008, S. 169.
26 Vgl. Heinze 2009, S. 19.

aber auch Unterhaltung bereitstellen. Kulturpolitik fördert somit über legislative und administrative Maßnahmen Kunst und Kultur unter der Bedingung, dass es sich bei kulturellen Angeboten um meritorische Güter handelt, deren Autonomie Verfassungsanspruch besitzt.[27]

Dementsprechend stellt in Deutschland Art. 5, Abs. 3 des Grundgesetzes den zentralen Ausgangspunkt von Kulturpolitik dar, der die Freiheit der Kunst garantiert und auf dem die Kulturpolitik von Bund, Ländern und Kommunen basiert. Eine weitere Grundlage stellt Art. 35 des Einigungsvertrages von 1990 dar, der den Schutz der kulturellen Substanz in den neuen Ländern garantiert und unterstreicht, dass sich Deutschland seiner Bedeutung als „Kulturstaat" verpflichtet fühle. Unabhängig davon sind die kulturpolitischen Kompetenzen zunächst der Länderebene zugeordnet, die wiederum den Kommunen im Rahmen der Selbstverwaltungsgarantie weite Handlungsspielräume ermöglichen, sodass Kulturpolitik in Deutschland primär Kommunalpolitik ist – zunehmend ergänzt durch private und zivilgesellschaftliche Akteure sowie die Mitsprache von KünstlerInnen und Kulturschaffenden.

Schwerpunkte der Kulturförderung sind laut Otto Singer, Kulturexperte der Wissenschaftlichen Dienste des Deutschen Bundestags, der Unterhalt öffentlicher Institutionen, die vorrangig der Kulturförderung und -vermittlung dienen (z.B. Theater, Museen, Bibliotheken), die indirekte Kulturförderung durch die Schaffung günstiger rechtlich-sozialer Rahmenbedingungen (z.B. Steuer- und Sozialrecht), direkte wirtschaftliche Hilfen (z.B. Produktion und Vertrieb von Filmen, Druckkostenzuschüsse) sowie die Förderung „freier" Kulturaktivitäten (z.B. Preise oder Stipendien für Künstler, Unterstützung von privaten Theatern, Kunstvereinen).[28] Als möglicher pragmatischer Definitionsansatz, der für die vorliegende Arbeit richtungsweisend sein kann, lässt sich somit wie folgt formulieren:

> Im heute gebräuchlichen Sinn steht die Bezeichnung ‚Kulturpolitik' für staatliches beziehungsweise kommunales Handeln im Bereich von Kunst und Kultur in Form ihres Schutzes und ihrer Förderung sowie der Gestaltung ihrer Rahmenbedingungen. Dies findet vielfach im Zusammenwirken mit Kultur- und Kunstverbänden, Kirchen und anderen gesellschaftlichen Organisationen sowie mit dem Kulturmanagement einzelner Akteure statt.[29]

Unangefochten im Mittelpunkt kulturpolitischer Aktivitäten stehen die Künste als das zentrale Gestaltungsfeld der Kultur, wobei die Kunstproduktion und

---

27 Heinze 2009, S. 19.
28 Vgl. Singer 2003, S. 9.
29 Wagner 2009, S. 25.

-rezeption von allen drei Sektoren – Staat, Markt und Zivilgesellschaft – mitgeprägt werden und diese stets zusammenwirken. Dennoch handelt es sich bei Kulturpolitik – auch wenn im entsprechenden Diskurs häufig der Fokus auf *Kultur* liegt und idealisierende Tendenzen erkennbar werden – im Grunde doch um *Politik* im wörtlichen Sinne:

> Kulturpolitik ist daher in einem engeren Verständnis Politik wie andere Bereichspolitiken auch: es gibt Verbände mit ihren Machtspielen, es gibt die Artikulation und Durchsetzung von Interessen. Und wer jemals an kulturpolitischen Diskussionen teilgenommen hat, sieht kaum Unterschiede im Vergleich zur Tarif-, Wirtschafts- oder Sozialpolitik. Dieser Bereich der Kulturpolitik ist – oft erschreckend – wenig unterscheidbar von anderen Politikdiskursen. Man kann ihn ,operative Kulturpolitik' nennen. Hier findet die Gestaltung von Rahmenbedingungen statt, das Aushandeln von Haushaltstiteln, von neuen Gesetzen und Richtlinien, von Anteilen am Gesamtkuchen. Hier geht es um Macht und Einfluß. Es ist [...] mehr ,Politik' als ,Kultur'.[30]

In Abgrenzung zu einer eher idealisierenden, philosophisch-soziologischen oder auch künstlerischen Interpretation besteht somit ein eher politisch dominierter Blick auf Kulturpolitik. Der Kulturpolitiker und -manager Volker Heller wirft deshalb im Kontext der Debatte um die Beziehungen zwischen Kulturpolitik und Kulturwirtschaft die ganz grundsätzliche Frage auf, von welcher Kulturpolitik überhaupt die Rede sei. Er schreibt:

> Im Grunde geht es um die Politik der öffentlichen Hände zur Förderung von Kultur durch direkte und indirekte Maßnahmen beziehungsweise Instrumente, durch die Setzung ordnungspolitischer Rahmenbedingungen, durch Aus- und Weiterbildung und Qualifizierung sowie durch das Führen normativer Diskurse. Alles dies nach den hergebrachten Prinzipien der Pluralität, Subsidiarität, Dezentralität und Liberalität. Aber jenseits dieser Grundbedingungen stellt sich die – zugegeben etwas überspitzt formulierte – Frage, reden wir
> - über die Kulturpolitik, die wir gerne machen würden (idealtypische fachpolitische Ansätze und Strategien im planungsrationalen Sinne des Begriffs ,policy'), oder
> - über die Kulturpolitik, welche wir behaupten zu machen (Behauptungen grandioser Wirkungsmacht kulturpolitischen Handelns in Sonntagsreden), oder
> - über die Kulturpolitik, die wir in Wirklichkeit machen (real- und machtpolitische Verteilungskämpfe unterschiedlicher Interessensgruppen im handlungsrationalen Sinne von ,politics')?[31]

Diese Überlegungen gehen mit der Frage einher, wie sich Kulturpolitik im politischen Gesamtkontext positioniert und wodurch sie sich legitimiert. Die Länder

---

30 Fuchs 1998, S. 323.
31 Heller 2008, S. 166.

verweisen zwar auf ihre „Kulturhoheit" und Deutschland definiert sich im Einigungsvertrag explizit als „Kulturstaat". Doch – und hierin liegt wohl auch einer der Gründe für die geringe Beachtung der Kulturpolitik im Rahmen politikwissenschaftlicher Forschung – kann ihre Legitimation nicht eindeutig und vor allem nicht auf Dauer geklärt werden:

> Wir werden heute kaum vermeiden können, uns erneut die Frage zu stellen, wozu Kulturpolitik überhaupt notwendig ist. Wir werden uns damit auseinandersetzen müssen, welche Ziele Kulturpolitik verfolgt und warum wir denken, dass die öffentliche Hand sich für die Umsetzung dieser Ziele verantwortlich fühlen muss.[32]

Dass nämlich „durch politisches Handeln regulierend in die kulturelle Sphäre eingegriffen wird und dass öffentliche Mittel von politischen Institutionen für kulturell-künstlerische Aktivitäten aufgewandt werden", bedarf laut dem Kulturwissenschaftler und -manager Armin Klein einer Begründung und einer politischen Legitimation. Kunst und Kultur werden aktuell als „meritorische Güter" definiert, die einen kollektiven Nutzen haben und deshalb vom Staat zur Verfügung gestellt werden, „weil er aufgrund verzerrter Präferenzen der Bürger vermuten muss, dass diese Güter nicht in dem Maße nachgefragt werden, wie dies für einen gesellschaftlich wünschenswerten Versorgungsgrad notwendig wäre". Es sei jedoch „keineswegs für ewig und immer entschieden, was meritorische Güter sind", sondern der öffentliche bzw. der politische Diskurs müsse darüber stets neu entscheiden:[33]

> Die Erhebung von Kunst und Kultur zu meritorischen Gütern ist somit eine normative Entscheidung des Staates beziehungsweise seiner Bürgerinnen und Bürger. Es ist das Ergebnis eines entsprechenden gesellschaftlichen Diskurses beziehungsweise des sich daraus entwickelnden Selbstverständnisses. Allerdings wurde dies bislang (noch) nicht normativ im Grundgesetz (etwa als ‚Staatsziel Kulturstaat') festgeschrieben [...].[34]

Historisch entwickelten sich nur wenige systematische Begründungsversuche für die Legitimation von Kulturförderung: Ansätze gab es im Deutschen Idealismus, verbunden mit den Namen Schiller und Humboldt, sowie ab Mitte des 19. Jahrhunderts in der Ausrichtung auf die Kulturnation bzw. den Kulturstaat. Die Neue Kulturpolitik ab den 1970er Jahren suchte ihre Legitimation in einer

---

32 Fuchs 2004a, S. 13.
33 Klein 2008, S. 48; dass diese Entscheidungsfindung problematisch ist, unterstreicht auch Schneider: „Wir haben eine dunkle Ahnung davon, dass man Kultur braucht, aber wie viel Kultur man braucht und was eigentlich dazu gehört, das ist irgendwie verloren gegangen." (Schneider 2002, S. 205).
34 Klein 2008, S. 49.

gesellschaftspolitischen Fokussierung.[35] Notwendig wurden diese Ansätze erst durch das Wegbrechen der „traditionellen" Kulturförderer, der Höfe und der Kirchen, sodass die staatliche Verwaltung im 19. Jahrhundert diese Lücke zu füllen begann und sich in der Folge Kulturförderung als Politikbereich nach und nach etablierte. Im weiteren Verlauf vermischten sich schließlich unterschiedlichste, teilweise auch widersprüchliche Argumentationslinien „zu einem vielschichtigen pragmatischen Begründungs- und Legitimationsgeflecht".[36] Es ist somit nicht zu übersehen, dass Kulturpolitik von jeher eng mit Machtdiskursen verknüpft war und beide Bereiche nur schwer voneinander zu trennen sind:

> Die Förderung von Kultur durch Fürsten, Staaten, Städte, Parlamente und andere ‚Obrigkeiten' hat seit ihrem ersten Auftreten nicht nur den Zweck, Kunst und Künstler zu unterstützen, sondern – wie es im vermutlich ersten Eintrag zu ‚Kulturpolitik' in einem Fachlexikon heißt – immer auch den Charakter, dass sich der ‚Kultur als Mittel für Machtzwecke' bedient wird: ‚In der kürzesten Antithese:', ist im *Politischen Handwörterbuch* von 1923 formuliert, ‚der Sinn der Kulturpolitik ist entweder Kultur durch Macht oder Macht durch Kultur' (Spranger 1923: 1087).[37]

Das jeweilige Kräfteverhältnis ist wandelbar, doch dient Kultur auch in Demokratien zuweilen der Demonstration von Macht – „und sei es nur in Gestalt des repräsentativen Glanzes eines Kulturereignisses". Wagner führt hierzu weiter aus:

> Dieser ‚Repräsentationscharakter' ist kein Nebenprodukt von Kulturpolitik, sondern Teil ihrer Funktion und ihres Wesens. Jeder Museumsneubau und jede Opernpremiere ist auch heute noch – allen Bekenntnissen zum Trotz, dass es um die Kunst geht – immer auch ein Ausdruck der gegenseitigen Spiegelung und Verstärkung von Kultur und Politik.[38]

Zum Wechselverhältnis und den Abhängigkeiten zwischen Kunst und Macht veröffentlichte der Politikwissenschaftler Klaus von Beyme 1998 *Die Kunst der Macht und die Gegenmacht der Kunst. Studien zum Spannungsverhältnis von Kunst und Politik*, die sich mit der historischen Entstehung und Entwicklung von Kulturpolitik ausgehend vom jeweiligen Verhältnis zwischen Kunst und Macht befassen. Von Beyme geht davon aus, dass sich erst zu Beginn der Neuzeit „die Subsysteme Kunst und Politik aus der ganzheitlichen mittelalterlichen, religiös fundierten *societas civilis* ausdifferenziert" und die Autonomiebestrebungen von

---

35 Vgl. Wagner 2006, S. 72 f.; vgl. auch ausführlich Wagner 2009.
36 Wagner 2009, S. 18.
37 Wagner 2009, S. 20.
38 Wagner 2009, S. 21.

Kunst und Politik dabei verstärkend aufeinander eingewirkt haben. Seit dem Zeitalter des Absolutismus sei die „Eigenmacht der Kunst" geschrumpft, da das politische System alle anderen Subsysteme, und somit auch das der Kunst, dominiert habe.[39] Doch „[e]rst in den Demokratien mit allgemeinem Wahlrecht und parlamentarisch verantwortlicher Regierung konnten Kunst und Macht ihre zeitweilige Symbiose aufgeben und sich autonom auseinanderentwickeln".[40] Zugleich habe sich aber auch die Vitalität von Kunst im Dienst der Opposition gegen die Macht verringert:

> Es gibt zweifellos langfristig wirkende strukturelle Gründe für den Niedergang der Kunst als Gegenmacht. Die Konsolidierung der Demokratie hat diese Regierungsform berechenbarer, aber auch erlebnisärmer werden lassen. Kritische Künstler wollen heute keine ‚andere Republik'. Es gehört zu den Paradoxien der Demokratie, daß die große Mehrzahl der Künstler die Grundordnung (*polity*) akzeptiert, die innere Distanz zur Politik (*politics*, alltäglicher Prozeß der Politik) jedoch immer größer wird.[41]

Von Beyme geht davon aus, dass sich „[d]ie Differenzierung von Politik und Kunst [...] vermutlich dauerhaft vollzogen [hat]. Eine erneute Entdifferenzierung kann nur durch populistische und autoritäre Bewegungen durchgesetzt werden."[42] Zudem stelle Kunst aktuell eher eine Opposition zur Ökonomie dar als zur Politik[43] und deshalb müsse das politische System versuchen, „die Autonomie der Kunst gegen die Dominanz der Wirtschaft zu schützen oder der Kunst im Hinblick auf die Wirtschaft rechtliche Förderung angedeihen zu lassen".[44]

> Kunst verhält sich zunehmend *selbstreferentiell*. Dies wurde erkannt, längst ehe es eine Theorie der sich selbst steuernden autopoietischen Systeme gab. [...] Die ‚Kunst der Macht' nimmt in dem Maße ab, wie die Politik ihre Fähigkeit, andere gesellschaftliche Teilbereiche zu steuern, verliert. Das bedeutet aber nicht, daß die politische Ikonologie nicht weiterhin nachweisen kann, daß im Symbolbereich auch in der Kunst *politische Steuerungsversuche* immer wieder unternommen werden.[45]

Gerade dieser Grenzbereich zwischen Kunst/Kultur und Politik und seine Ausdifferenzierung in Deutschland und in Italien sind für die hier vorliegende komparatistisch ausgerichtete Arbeit von Interesse. Es sollen deshalb die vier Modelle

---

39 Vgl. Beyme 1998a, S. 53.
40 Beyme 1998a, S. 114.
41 Beyme 1998a, S. 174.
42 Beyme 1998a, S. 174.
43 Vgl. Beyme 1998a, S. 174.
44 Beyme 1998a, S. 34.
45 Beyme 1998a, S. 34.

staatlicher Kulturförderung in modernen Demokratien vorgestellt werden, die von Beyme unterscheidet:

1. Das *zentralistische Modell* unter der Regie eines Kulturministeriums (z.B. Frankreich)
2. Das *dezentrale Modell* der Dominanz von regionalen Akteuren (Länder) und funktionalen Akteuren (z.B. Deutschland)
3. Das *para-staatliche Modell* der Steuerung mit hoher Autonomie (National Endowment of the Arts in den USA, Arts Council in Großbritannien)
4. Der *Staat organisiert die Kunst in eigener Regie*. Das Modell ist meist an Diktaturen gebunden. Im Zeichen des Wohlfahrtsstaates zeigten sich Züge dieses Modells jedoch auch im amerikanischen New Deal und in Skandinavien.[46]

Obwohl es sich hier um Idealtypen handelt, kann die Einteilung doch für die weitere Analyse der deutschen und italienischen Kulturpolitik hilfreich sein und soll in der vergleichenden Gegenüberstellung im Schlussteil aufgegriffen werden.

Diese ersten Einblicke in die Themenfelder und Diskussionsstränge von Kulturpolitik können den aktuellen Stand der Forschung in groben Zügen wiedergeben.[47] Zusammenfassend kann somit als erster Ausgangspunkt für die nachfolgenden Überlegungen gelten:

> Aufgabe öffentlicher Kulturpolitik ist – nach der heute gebräuchlichen Auffassung – zum einen der Schutz und die Unterstützung von Kunst und Kultur durch ihre Förderung, die Sicherung ihrer infrastrukturellen Grundlagen und die Schaffung kulturfreundlicher Rahmenbedingungen sowie zum andern die Herstellung der Voraussetzungen, dass möglichst viele Menschen an kulturell-künstlerischen Ereignissen teilhaben können. Dabei hat sie mit den Künstlerinnen und Künstlern, den Kultureinrichtungen und Kunstinstituten sowie der kulturinteressierten Bevölkerung drei große Adressatengruppen. Diese Kulturpolitik befindet sich gegenwärtig in einer Phase der Neuorientierung. Das betrifft ihre finanzielle Basis, ihre organisatorische Struktur und ihre inhaltlich-konzeptionelle Ausrichtung.[48]

Wie die KulturpolitikerInnen in Deutschland und auch in Italien mit diesen drei maßgeblich in Veränderung begriffenen Aspekten bzw. Problemfeldern umgehen, wird im Folgenden herauszuarbeiten sein. Mit einer ersten Festlegung

---

46 Vgl. Beyme 1998a, S. 33.
47 Da sich die deutschsprachige Arbeit primär an Leser im Kontext deutscher Kulturpolitik wendet, wurde diese ganz bewusst als Ausgangspunkt gewählt und in diesem einleitenden Kapitel fokussiert. Zum Kulturbegriff im Kontext italienischer Kulturpolitik vgl. Kapitel 2.2 sowie zur kulturpolitischen Gesamtsituation in Italien ausführlich Kapitel 4.
48 Wagner 2009, S. 13.

der Begrifflichkeiten sowie der Auseinandersetzung mit unterschiedlichen Legitimationsansätzen von Kulturpolitik schafft das vorliegende Kapitel zunächst die Ausgangsbasis für weiterführende Überlegungen im kulturpolitischen Feld. Darauf aufbauend wird im Anschluss der konkrete Untersuchungsgegenstand weiter präzisiert und schließlich die Fragestellung so klar umrissen, dass die Formulierung der forschungsleitenden Fragen möglich sein wird.

1.2 Untersuchungsgegenstand und Fragestellung

Der Ansatz dieser Arbeit ist ein klar komparatistischer. Dieser wurde gewählt, da häufig erst der Vergleich die Reflexion eigener Vorannahmen und Herangehensweisen ermöglicht, und sich darauf aufbauend Erkenntnisse gewinnen lassen, die als Ausgangspunkte für Veränderungen und möglicherweise Verbesserungen dienen können.

Sinnvoll erscheint eine vergleichende Perspektive zudem mit Blick auf das Zusammenwachsen Europas: Bisher bemüht sich lediglich das Projekt *Compendium – Cultural Policies and Trends in Europe* um eine vergleichende europäische Perspektive in der Kulturpolitik.[49] Um jedoch langfristig die Erhebung tatsächlich vergleichbarer Daten zu ermöglichen, ist die vertiefte Kenntnis des jeweils anderen Gesamtsystems, seiner Voraussetzungen und Logiken unabdingbar. Hierzu möchte die vorliegende Arbeit einen Beitrag leisten, denn es ist unbestritten, dass die europäischen Länder – aufbauend auf einer kontinuierlichen Datenerhebung mit vergleichbaren Parametern – von den Erfahrungen der anderen erheblich profitieren könnten:

> Each country could greatly learn from the experience of others. This is particularly true for Europe, where different experiences in the cultural policy field, the exchange of knowledge about best practices, and interesting initiatives in the sector could stimulate the diffusion of information.[50]

Darüber hinaus kann als zentrales Argument für die Beschäftigung mit der italienischen Kulturpolitik das Füllen einer Forschungslücke gelten: Obwohl Italien als „Wiege der europäischen Kultur" gilt – ausgehend vom antiken Rom und der Renaissance –, finden der Umgang Italiens mit seinem reichen Kulturerbe sowie die Förderung aktueller Kultur- und Kreativitätspotenziale durch kulturpolitische

---

49 Vgl. die entsprechende Homepage http://www.culturalpolicies.net/web/index.php. Erste Ansätze lassen zudem die Veröffentlichungen von *Eurostat* erkennen (vgl. exemplarisch Eurostat 2011).
50 Europäisches Parlament 2006, S. 7.

Maßnahmen bisher in Deutschland kaum Beachtung. Im Gegensatz zur wesentlich stärker berücksichtigten Kulturpolitik in Frankreich, den USA oder auch den Niederlanden[51] liegen zur Kulturpolitik Italiens keinerlei deutschsprachige Veröffentlichungen vor.[52] Insgesamt ist der Austausch zwischen deutschen und italienischen Kulturwissenschaftlern, -politikern und -akteuren gering, während beispielsweise ExpertInnen der soeben genannten Länder am letzten *Kulturpolitischen Bundeskongress* der *Kulturpolitischen Gesellschaft* teilgenommen haben.

Der Gewinn vergleichender Studien liegt in der Konfrontation mit anderen Denkmustern, Abläufen und Strukturen. Aktuelle Diskurse - v.a. im Zusammenhang mit der Euro-Krise - sehen Deutschland und Italien erneut als Exponenten zweier grundsätzlich verschiedener Lebensauffassungen: Die protestantisch-kapitalistische Weltsicht wird der katholisch-lebensbejahenden, „lateinischen Lebensart" gegenübergestellt. Die vorliegende Arbeit möchte unabhängig von diesen eindimensionalen Prämissen die Kulturpolitik in beiden Ländern vergleichen. Grundsätzlich unterschiedliche Ausgangsvoraussetzungen und Herangehensweisen sollen dabei nicht ignoriert werden und länderspezifische Besonderheiten durchaus Berücksichtigung finden. Ziel ist es gleichwohl, die Ergebnisse in ihrem Gesamtkontext zu bewerten und einer einseitigen, durch stereotype Vorannahmen geprägten Interpretation zu entgehen. Ehe kulturpolitische Modelle von einem Land auf ein anderes übertragen werden können, besteht folglich die Notwendigkeit, die Voraussetzungen im Partnerland gründlich zu analysieren, wie der Archäologe, Kunsthistoriker und Kulturpolitiker Salvatore Settis zu bedenken gibt:

> Per riformare le istituzioni del nostro Paese adottando modelli elaborati in un altro Paese (in un'altra realtà politica, in un'altra società, in un'altra cultura, con un'altra storia) occorre conoscere ugualmente bene non solo la tradizione e la situazione italiana, ma anche quella del Paese-modello. Le istituzioni indicate come modello funzionano in quel Paese? Come sono giudicate in *quel* discorso politico-culturale? Comportano problemi che si possono evitare? Infine, le domande più importanti: quali sono le differenze fra quel sistema e il nostro? Che livello di compatibilità, di 'traducibilità' ha quel sistema con la nostra società, la nostra storia, le nostre istituzioni?[53]

---

51 Zu den Niederlanden vgl. exemplarisch Gau 2000, zu den USA Höhne 2005 und zu Frankreich u.a. die zahlreichen Artikel in der Bibliographie der *Kulturpolitischen Gesellschaft* zur Kulturpolitik anderer Länder.
52 Eine relativ intensiv untersuchte Thematik ist dagegen die Auswärtige Kulturpolitik Deutschlands in Italien (vgl. exemplarisch Hanke et al. 2002 sowie Hindrichs 2010).
53 Settis 2002, S. 54.

Davon ausgehend ist ein sinnvoller Vergleich nur dann möglich, wenn trotz der zu erwartenden unterschiedlichen Befunde auch Gemeinsamkeiten vorhanden sind, die als Ausgangsbasis dienen können. Generell bieten sich Deutschland und Italien zum Vergleich an; bereits die historischen Voraussetzungen sind analog, wie der Historiker Charles S. Maier in seinem Aufsatz „Italien und Deutschland nach 1945. Von der Notwendigkeit des Vergleichs" unterstreicht: Beide Länder gelten als „verspätete Nationen", und die faschistischen Systeme mit ähnlichen ideologischen Positionen bzw. deren Überwindung stellen den Ausgangspunkt (kulturpolitischer) Entwicklungen dar. Beide Länder haben seitdem robuste Demokratien aufgebaut, das Wirtschaftswunder der 1950er und 1960er Jahre durchlaufen und v.a. in den 1970er Jahren schwere Krisen überwunden (terroristische Bedrohungen etc.).[54] Hans Woller spricht hier zwar ebenfalls als Historiker, doch die Einschätzung in seinem Aufsatz „Italien und Deutschland nach 1945. Vom schwierigen Geschäft des Vergleichs" scheint auf die vorliegende Forschungsfrage übertragbar:

> Vergleichen heißt bekanntlich nicht Gleichsetzen, sondern Herausarbeiten von Unterschieden und Gemeinsamkeiten, wobei aber ein Minimum an Vergleichbarkeit bestehen muß. Dieses Minimum ist im Falle Italiens und Deutschlands gewiß erfüllt, wie hier nur mit einigen Stichworten angedeutet werden kann: Verfassung und politisches System sind westlich-pluralistischen Kriterien von Demokratie und Parlamentarismus verpflichtet. Die beiden Gesellschaften haben ihre agrarische Vergangenheit längst hinter sich und sind auf dem Pfad der Industrialisierung und Tertiärisierung weit fortgeschritten. Auch im Hinblick auf Werte, Alltagsverhalten und Zukunftserwartungen haben sich – nach langen Jahren des bilateralen Austausches und der nivellierenden Einwirkungen von amerikanischen Vorbildern – so viele Gemeinsamkeiten ergeben, daß man fast sagen möchte, kein Volk steht dem deutschen näher, keines ist ihm auch ähnlicher – jedenfalls geworden – als das italienische. Besonders starke Impulse hat dieser Konvergenzprozeß natürlich von der europäischen Einigung empfangen, die beide Staaten von Beginn an nach Kräften vorangetrieben haben.[55]

Verwiesen sei allerdings auch auf die Kriterien, die gegen eine Vergleichbarkeit der beiden Länder sprechen: So war Deutschland bis 1989 zweigeteilt und es besteht seit 1945 ein stark föderalistisches System, „Italien ist [dagegen] lange ein fast idealtypischer Zentralstaat geblieben; die Kommunen, Provinzen und Regionen führten eine politische Kümmerexistenz".[56] Woller führt außerdem an, dass das politische System Italiens „aber nicht nur wegen seines zentralistischen

---

54 Vgl. Maier 2006, S. 35 ff.
55 Woller 2006, S. 30 f.
56 Woller 2006, S. 31.

Zuschnitts starrer und weniger flexibel als sein deutsches Pendant" sei. Vielmehr habe lange Zeit eine demokratische linke Volkspartei gefehlt, die in der Lage gewesen wäre, der *Democrazia Cristiana* „die Führungsrolle in Staat und Gesellschaft streitig zu machen und für einen Machtwechsel zu sorgen". Die Folge davon sei „ein politischer Immobilismus, eine blockierte Demokratie [...], der es nicht gelang, reformerische Impulse aus der Gesellschaft in genügendem Maße aufzunehmen und in Zukunftsprojekte umzusetzen". Zu bedenken sei außerdem das Phänomen des Mezzogiorno bzw. „die unheilbare sozio-ökonomische Strukturschwäche eines Drittels Italiens". Diese könne mit manchen „strukturschwachen Rückständigkeitsinseln in einer Umgebung, die intakt war und florierte", wie es für Deutschland der Fall war/ist, nicht verglichen werden.[57]

Diese Einwände sollen bei der detaillierten Auseinandersetzung mit der Kulturpolitik in beiden Ländern Berücksichtigung finden. Insgesamt scheint aber gerade in kulturpolitischer Hinsicht grundsätzlich Übereinstimmung zu bestehen: So ist in beiden Ländern unbestritten, dass es staatliche Kulturpolitik und damit -förderung geben soll bzw. muss; ganz anders als etwa in den USA, wo Kulturpolitik primär von privaten Akteuren getragen wird. Dieses Grundverständnis zieht sich durch sämtliche Regierungsebenen und auch darin ist eine Parallele erkennbar, dass Kulturpolitik nämlich in beiden Ländern – wenn auch mit unterschiedlich starker Gewichtung – dezentral organisiert ist bzw. sämtliche Ebenen für Kulturpolitik zuständig sind.[58]

Übergeordnetes Ziel der Arbeit ist es, durch den Vergleich einen Erkenntnisgewinn zu erreichen: Erst die Gegenüberstellung macht das Besondere und zugleich das Normale einer gesellschaftlichen Entwicklung oder eines Systems deutlich. Noch einmal sei die Perspektive eines Historikers wiedergegeben, die aber auch für die vorliegende kultur- und politikwissenschaftliche Fragestellung von Relevanz ist:

> Vor allem versetzt die vergleichende Geschichtswissenschaft den Historiker in die Lage, sowohl die ‚Funktion' als auch die ‚Struktur' von Institutionen zu analysieren und die Rolle herauszuarbeiten, die einzelne Faktoren – politische Institutionen, ökonomische Arrangements, kulturelle Vermächtnisse – in der jeweiligen Gesellschaft spielen. Komparative Historiographie darf sich nicht darauf beschränken, formale Ähnlichkeiten zu identifizieren, sondern muß danach fragen, ob ähnliche Elemente in verschiedenen Gesellschaften dem gleichen Zweck dienen und die gleiche Wichtigkeit haben.[59]

---

57 Vgl. Woller 2006, S. 31 ff.
58 Vgl. hierzu ausführlich Kapitel 3.2.1 bzw. 4.2.1.
59 Maier 2006, S. 42.

Es geht somit darum, die unterschiedlichen Funktionen ähnlicher Phänomene herauszuarbeiten und den Stellenwert von Ideologien, Werten und sozialen Absprachen zu erkennen; das Identifizieren offenkundiger Parallelen ist nur der erste Schritt, um dann in einem zweiten die Entwicklungen und tieferliegenden oder impliziten Interaktionen erkennbar zu machen: „Folglich stehen bei historischen Vergleichen ‚Entdeckungen' und ‚Enthüllungen' ebenso auf dem Programm wie Erklärung und Narration."[60] Erst der Vergleich kann also unterschwellige Muster und Bedeutungen erkennbar machen, und die vorliegende Arbeit möchte sich in ihrer komparatistischen Herangehensweise auf die Suche danach begeben.

Als grundsätzliche Dimensionen der vorliegenden Analyse lassen sich somit in räumlicher Hinsicht die beiden Länder Deutschland und Italien festhalten. Dabei kann noch weiter eingegrenzt werden, da die empirische Analyse v.a. die Städte Essen und Turin betrifft.[61] In Bezug auf die zeitliche Dimension zielt die Arbeit primär auf eine Erfassung der aktuellen kulturpolitischen Situation: Voraussetzung für ein Grundverständnis ist zwar die Kenntnis der historischen Entwicklung von Kulturpolitik in beiden Ländern.[62] Darauf aufbauend beziehen sich die Fragestellung und dementsprechend die empirische Analyse jedoch auf die gegenwärtige Situation; die Interviews mit den KulturexpertInnen in Italien und Deutschland wurden in den Jahren 2012 bzw. 2013 durchgeführt, sodass sich die Datenerhebung primär auf den Jetzt-Zustand bezieht. Berücksichtigung findet der jeweilige kulturpolitische Stand bis einschließlich Dezember 2013, der gerade für Deutschland mit dem Arbeitsbeginn der Großen Koalition und damit einhergehend der teilweisen Neuverteilung der kulturpolitischen Kompetenzen auf Bundesebene sowie der Einsetzung einer neuen Staatsministerin für Kultur und Medien einen Einschnitt darstellt.

Eine Abgrenzung des Untersuchungsgegenstandes muss auch gegenüber der Auswärtigen Kultur- und Bildungspolitik erfolgen, die Deutschland und Italien im jeweils anderen Land verfolgen: Die vorliegende Arbeit konzentriert sich auf die deutsche Kulturpolitik innerhalb Deutschlands bzw. die italienische Kulturpolitik innerhalb Italiens und stellt diese einander gegenüber. Die grenzüberschreitenden Aktivitäten Auswärtiger Kultur- und Bildungspolitik Deutschlands in Italien bzw. andersherum, die primär dem *Auswärtigen Amt* bzw. dem *Ministero degli Affari Esteri* unterliegen und größtenteils durch die

---

60 Maier 2006, S. 43.
61 Vgl. hierzu v.a. Kapitel 3.3 sowie 4.3. Zur Begründung der Auswahl von Essen und Turin vgl. das anschließende Kapitel zur methodischen Herangehensweise.
62 Vgl. hierzu Kapitel 3.1 und 4.1.

jeweiligen Mittlerorganisationen konkrete Umsetzung finden, werden dagegen im weiteren Verlauf keine Rolle spielen. Auch wenn sich die kulturellen Beziehungen zwischen Deutschland und Italien als sehr intensiv bezeichnen lassen, wird der Fokus ganz klar auf der inländischen Kulturpolitik in beiden Ländern liegen.

Im vorangegangenen Kapitel erfolgte bereits eine erste Auseinandersetzung mit den Begriffen *Kultur* und *Politik*, die notwendig ist, um Kulturpolitik mit ihren Inhalten, Zielsetzungen und Ausrichtungen zu umreißen. Doch wie funktioniert Kulturpolitik in Deutschland bzw. in Italien konkret? Welche Ziele verfolgt sie? Mit welchen Mitteln sollen diese erreicht werden? Und welche kulturellen Bereiche oder Felder sind überhaupt kulturpolitisch relevant? Die Antworten auf diese Fragen sollen im Folgenden eine weitere Präzisierung des Untersuchungsgegenstands ermöglichen.

Ausgangspunkt sämtlicher Überlegungen ist die Mehrdimensionalität des gesamten Kultursystems, das in Deutschland und in Italien auf drei zentralen Säulen basiert: Neben dem öffentlichen Bereich mit den staatlichen Kultureinrichtungen und der Förderung durch die diversen Regierungsebenen (erster Sektor/Staat) bestehen privatwirtschaftliche Kunst- und Kulturangebote, verbunden mit ökonomischen Interessen (zweiter Sektor/Markt), die durch den freigemeinnützigen Bereich, vertreten etwa durch Vereine und Stiftungen, ergänzt werden (dritter Sektor/Zivilgesellschaft). Dementsprechend erstreckt sich das kulturpolitische Aktionsfeld auf unzählige Institutionen mit jeweils individuellen Zielsetzungen und Herangehensweisen, wodurch eine Eingrenzung des Untersuchungsgegenstandes erschwert wird. Für den im Kontext dieser Arbeit besonders berücksichtigten ersten Sektor sieht Wagner jedoch in den Einzelhaushalten auf kommunaler, Landes- und Bundesebene sowie den Abgrenzungen der Kulturstatistik eine Möglichkeit zur pragmatischen Präzisierung des kulturpolitischen Aktionsradius. Obwohl diese nicht eindeutig und zudem auf den verschiedenen Regierungsebenen voneinander abweichend seien, könnten sie doch eine allgemeine Orientierung ermöglichen, und die Entwicklung der Kulturpolitik lasse sich „an der Ausweitung der in die Kuluretats einbezogenen Einrichtungen und Aktivitäten zumindest auf der phänomenologischen Ebene gut ablesen".[63] Wagner definiert somit zur weiteren Abgrenzung des Untersuchungsobjektes

> das gegenwärtig gebräuchliche Verständnis von Kulturpolitik als Handeln von politischen und gesellschaftlichen Akteuren in einem weit gefassten Praxisfeld künstlerisch-ästhetischer Produktion und Rezeption sowie kulturell-kreativer Aktivitäten.

---

63 Wagner 2009, S. 26 (Fußnote).

Die handelnden Akteure sind zum einen Kulturverwaltungen, Ministerien, haupt- und ehrenamtliche KulturpolitikerInnen und zum anderen kulturelle, künstlerische und gesellschaftliche Vereine und Verbände sowie Einzelpersonen, Kirchen und Unternehmen. In Form direkter Trägerschaft von Kultureinrichtungen und ihrer Förderung sowie der Schaffung von Rahmenbedingungen ermöglichen sie künstlerisch-kreatives Produzieren und kulturelle Teilhabe.[64]

Die genaue Eingrenzung des Untersuchungsgegenstands wird somit zum einen durch die Vielzahl der Akteure erschwert. Zum anderen wirft die Unklarheit in Bezug auf den Kulturbegriff Schwierigkeiten auf, da weder auf nationaler noch auf internationaler Ebene Klarheit darüber besteht, welche Aspekte im Kontext kulturpolitischer Auseinandersetzungen tatsächlich Berücksichtigung finden müssen. Dem Vorschlag Wagners folgend, sollen an dieser Stelle mit Blick auf das Ziel einer klaren Bestimmung des Untersuchungsgegenstands und die Notwendigkeit einer soliden Datenbasis zunächst lediglich die Kulturbegriffe Erwähnung finden, die bei den Statistikämtern in Deutschland und Italien Verwendung finden.[65] Der alle zwei Jahre erscheinende Kulturfinanzbericht des *Statistischen Bundesamtes* in Wiesbaden legt folgenden Kulturbegriff zugrunde:

> Die Bestimmung des Kulturbegriffs im Bereich der öffentlichen Haushalte Deutschlands orientiert sich an der eng gefassten Definition der Haushaltssystematiken. Sie umfasst die Abbildung der Aufgabenbereiche Theater, Musikpflege, nicht wissenschaftliche Bibliotheken und Museen, Denkmalschutz, Sonstige Kulturpflege sowie die Verwaltung für Kulturelle Angelegenheiten.[66]

Es wird explizit darauf hingewiesen, dass diese Abgrenzung nicht derjenigen von EU und UNESCO entspricht, die auch die wissenschaftlichen Museen und Bibliotheken sowie die Auswärtige Kulturpolitik mit einschließen. Außer Acht gelassen werden auch die Architekturförderung, die Unterstützung des Bücher- und

---

64 Wagner 2009, S. 26.
65 Grundsätzlich liefern für Deutschland das *Statistische Bundesamt* sowie die Statistikämter der Länder regelmäßig umfangreiche Daten zum Kulturbereich. Eine wichtige Quelle stellt zudem der alle zwei Jahre erscheinende *Kulturfinanzbericht* dar. Über einen umfangreichen Anhang mit kulturpolitisch relevanten Zahlen und Fakten verfügt außerdem das ebenfalls im zweijährigen Rhythmus erscheinende *Jahrbuch für Kulturpolitik*, das vom *Institut für Kulturpolitik* der *Kulturpolitischen Gesellschaft* herausgegeben wird.
In Italien stellt das *Istituto Nazionale di Statistica (ISTAT)* umfangreiche Studien und Daten zum Kulturbereich, der Kulturnutzung etc. bereit. Außerdem bietet der jährlich erscheinende *Rapporto annuale Federculture* eine breite Datenbasis.
66 Statistische Ämter des Bundes und der Länder 2012, S. 18.

Pressewesens sowie die öffentliche Förderung der Kulturwirtschaft, sofern hierbei die Wirtschaftsförderung im Vordergrund steht.[67]

In Italien erfolgt die Erhebung kulturstatistischer Daten primär durch das *Istituto Nazionale di Statistica (ISTAT)* mit seiner Abteilung für *Statistiche culturali*, das die Kulturlandschaft wie folgt einteilt:

1. Patrimonio storico-artistico (musei, gallerie, monumenti, aree archeologiche e circuiti museali)
2. Archivi (dati sulla distribuzione, le caratteristiche, le modalità di gestione e l'utenza del sistema archivistico statale)
3. Editoria a stampa (dati sulla produzione libraria)
4. Biblioteche (dati sul sistema bibliotecario pubblico, materiale conservato, i servizi ed il livello di fruizione)
5. Spettacolo dal vivo (dati sulle rappresentazioni teatrali e musicali e sul pubblico)
6. Audiovisivo, Mass media e nuove tecnologie (televisione, radio, cinema, fruizione e partecipazione culturale attraverso le nuove tecnologie digitali)
7. Sport
8. Cultura, economia e benessere (l'impatto del settore culturale in termini sociali ed economici)[68]

Es zeigen sich somit erhebliche Unterschiede in der Klassifikation der deutschen und der italienischen Kulturlandschaft, die in der Folge auch die vergleichende Analyse im Rahmen dieser Arbeit beeinflussen werden. Die Bemühungen europäischer und internationaler Initiativen – allen voran der UNESCO[69] sowie des *European Statistical System Network on Culture*[70] –, eine gemeinsame Kulturdefinition als Grundlage für eine einheitliche Datenerhebung zu schaffen, waren somit bisher weitgehend erfolglos. Um dennoch für die Gegenüberstellung der deutschen und

---

67 Vgl. Statistische Ämter des Bundes und der Länder 2012, S. 18.
68 Vgl. ISTAT 2013a, S. 1, sowie ISTAT 2013b.
69 Besonders verwiesen sei auf das *Framework for cultural statistics* von 2009, das die folgenden *cultural domains* unterscheidet: *Cultural and Natural Heritage, Performance and Celebration, Visual Arts and Crafts, Books and Press, Audio-visual and Interactive Media, Design and Creative Services* und *Intangible Cultural Heritage (transversal domain)*; als *related domains* werden Tourismus sowie Sport und Freizeit/Erholung genannt (vgl. Unesco Institute for Statistics 2009, S. 23).
70 Der entsprechende *ESSnet-Culture*-Bericht unterscheidet zehn *cultural domains*: *Heritage, Archives, Libraries, Books and Press, Visual arts, Performing arts, Audiovisual & Multimedia, Architecture, Advertising* sowie *Art crafts* (vgl. Bína 2012, S. 20); zur Abgrenzung gegenüber der UNESCO-Einteilung ist zu lesen: „The European statistical framework differs from that of UNESCO by its more restricted boundaries but does offer a more practical vision that favours the production of harmonised data on the cultural sector." (Bína 2012, S. 28).

italienischen Kulturpolitik über eine belastbare Datenbasis zu verfügen, wird sich die vorliegende Arbeit an den Parametern des *Compendium*-Projekts zu *Cultural Policies and Trends in Europe* orientieren. 2004 verabschiedeten die Mitglieder in der *Berlin-Recommendation* einen Entwurf zur Vereinheitlichung der Kulturfinanzierungsstatistiken auf internationaler Ebene, der folgende Bereiche vorsieht:

 A: Cultural Goods – Cultural Heritage, Archives, Libraries
 B: Arts – Architecture, Visual Arts, Performing Arts
 C: Media – Books&Press, Audio&Audiovisual/Multimedia

Ergänzt werden diese *Domains* mit ihren jeweiligen Unterkategorien um die Bereiche *Interdisciplinary* (*socio-cultural, cultural relations abroad, administration* und *educational activities*) sowie die Abteilung *Not allocable by domains*:[71]

Abbildung 1: Compendium-Framework, Subcategories, Berlin Version

Broader Categories		Domains		Subcategories	
A	Cultural Goods	I	Cultural Heritage →	1.1 1.2.	Historical Momuments Museums
		II	Archives →	2.1	Archives
		III	Libraries →	3.1	Libraries
B	Arts	IV	Architecture →	4.1	Architecture
		V	Visual Arts →	5.1	Visual Arts (incl. Design)
		VI	Performing Arts →	6.1. 6.2 6.3	Music Theatre, Musical Theatre Multidisciplinary
C	Media	VII	Books & Press →	7.1 7.2	Books Press
		VIII	Audio & Audiovisual/ Multimedia →	8.1 8.2 8.3	Cinema Radio Television
		IX	Interdisciplinary →	9.1 9.2 9.3 9.4.	Socio-Cultural Cultural relations abroad Administration (when not allocable by domains) Educational activities
		X	Not allocable by domains		

---

71 Vgl. Hofecker 2008, S. 429.

Deutschland und Italien stellen im Großen und Ganzen entsprechend aufbereitete Daten zur Verfügung,[72] sodass durch die einheitlichen Parameter der *Compendium*-Definition ein Mindestmaß an Vergleichbarkeit zwischen den beiden Ländern gewährleistet wird und die *Compendium*-Berichte zu beiden Ländern somit als zentrale Quellen für die vergleichende Analyse dienen können.

Aufbauend auf diesen internationalen Standards soll der Fokus der vorliegenden Arbeit darauf liegen, die unterschiedlichen kulturellen Ausdrucksformen und die spezifischen Zielsetzungen von Kulturpolitik in den beiden Untersuchungsstädten Turin und Essen herauszuarbeiten. Besondere Beachtung wird dabei der erste Sektor mit seinen spezifischen Handlungslogiken und Strukturen finden.[73] Generell dominieren in Deutschland auf kommunaler Ebene die Bereiche Theater, Oper, Schauspiel und Ballett, Museen und Ausstellungen, Bibliotheken und Archive, Volkshochschulen, Musikschulen/Kunstschulen, Denkmalschutz und Soziokultur das Kulturangebot.[74] Im Kontext deutscher Kulturpolitik hat sich den vergangenen Jahren außerdem der Aspekt der *Kulturellen Bildung* zunehmend etabliert, die als Schnittstelle zwischen dem Kultur- und Bildungsbereich gelten kann.[75] Auch in Italien spielen Museen, Theater und Bibliotheken

---

72 Im weiteren Verlauf der Arbeit werden sich jedoch gerade auf italienischer Seite Defizite zeigen und von verschiedenen Seiten werden Forderungen nach einer stärkeren Berücksichtigung des Kulturbereichs laut, wie etwa die Aussage von Enrico Giovannini, dem ehemaligen Präsidenten von *ISTAT*, bestätigt, der vor allem mit Blick auf die Gesamtentwicklung des Landes eine umfangreichere und detailliertere kulturstatistische Datenbasis fordert (vgl. Giovannini 2012, S. 110).

73 Der zweite und dritte Sektor mit den privatwirtschaftlichen bzw. gemeinnützigen Akteuren sollen aber dennoch berücksichtigt werden (vgl. Kapitel 3.2.2 bzw. 3.2.3 für Deutschland sowie 4.2.2 bzw. 4.2.3 für Italien).

74 Unter dem Begriff Soziokultur werden häufig auch nicht explizit soziokulturelle, sonstige kulturpolitische Aktivitäten zusammengefasst wie etwa kulturelle Sommerprogramme, Stadtteilkultur und Stadtfeste, kommunale Kinos, Künstlerförderung, Städtepartnerschaften, Kunst im öffentlichen Raum, Stadtarchitektur, kulturelle Zielgruppenarbeit z.B. für Kinder und MigrantInnen sowie vieles mehr. Zur Etablierung der Soziokultur im Verlauf der 1970er Jahre, ihren Zielsetzungen und Implikationen vgl. ausführlich Kapitel 3.1.4.

75 Kulturelle Bildung bezieht sich im Wesentlichen auf die folgenden drei Aktionsfelder:
   - „Kulturelle Bildung (im engeren Sinne) wird vorrangig durch *Bildungsinstitutionen* geleistet, von solchen mit *genereller* Ausrichtung wie Schulen, Kindergärten oder Jugendhilfeeinrichtungen oder von denen mit *speziellen* Aufgabenstellungen Kultureller Bildung wie Musikschulen, Kunstschulen, Volkshochschulen, Bibliotheken."
   - Arbeit von Künstlern mit Kulturbürgern mit dem Ziel, eigene künstlerische Arbeit anzuregen

auf kommunaler Ebene die entscheidende Rolle und es lässt sich bereits hier festhalten, dass gegenüber der deutschen Kulturlandschaft soziokulturellen Aspekten und auch Aktivitäten im Sinne der Kulturellen Bildung eine weit geringere Bedeutung zukommt.

Um diese individuellen Schwerpunkte konkret zu veranschaulichen, sollen entsprechend der komparatistischen Perspektive einige Richtwerte als Überblick gegeben werden: Im Jahr 2011 bestanden in Deutschland 4.835 Museen und es fanden 9.180 Ausstellungen statt; insgesamt besuchten knapp 110 Mio. Menschen diese Kulturorte. 126 deutsche Gemeinden verfügten im entsprechenden Zeitraum über ein Theater und diese wurden in der Spielzeit 2010/2011 von 19 Mio. BesucherInnen genutzt. 2011 ließen sich in Deutschland 8.131 Bibliotheken und 922 Musikschulen (2012) zählen.[76] Im Jahr 2013 umfasste das Kulturerbe in Deutschland 38 UNESCO-Welterbestätten. Insgesamt gaben im Jahr 2009 alle Regierungsebenen zusammen 9,1 Mrd. Euro für den Kunst- und Kulturbereich aus, wobei der größte Anteil auf Theater und Musik entfiel, gefolgt von Museen und Bibliotheken. Die privaten Kulturausgaben beliefen sich auf 10,8% der Gesamtausgaben aller deutschen Haushalte.[77]

Dieser Zahl stehen 7,3% in Italien gegenüber; der europäische Durchschnittswert liegt bei 8,9%.[78] 2011 bestanden in Italien insgesamt 4.760 Museen, Denkmäler etc., wobei 420 davon in der Verantwortung des italienischen Kulturministeriums *(MIBAC)* lagen und von über 40 Mio. BesucherInnen besichtigt wurden. Die übrigen 4.340 Einrichtungen in nicht-staatlicher (und dabei v.a. kommunaler) Hand wurden von knapp 63 Mio. BesucherInnen genutzt.[79] Italien verfügt über 12.609 Bibliotheken;[80] für das Jahr 2011 wurden 14 Mio. Theaterbesuche verzeichnet.[81] 2012 ließen sich in Italien über 47 UNESCO-Welterbestätten zählen.[82] Im gleichen Jahr investierte das *MIBAC* 1,687 Mrd. Euro in Kultur; für 2013 waren 1,546 Mrd. vorgesehen, was 0,22% bzw. 0,2%

- „Kulturelle Bildung mit ‚kognitivem Einschlag' leistet die *Vermittlungsarbeit von Kulturinstitutionen und -initiativen*" (Museums-, Theaterpädagogen etc.) (Scheytt 2008, S. 215).
76 Vgl. Statistisches Bundesamt 2012a, S. 4 ff.
77 Vgl. Statistisches Bundesamt 2012a, S. 13.
78 Vgl. ISTAT 2013c, S. 103 ff.
79 Vgl. Ministero per i beni e le attività culturali 2013a, S. 6; die meistbesuchten Angebote sind dabei das Kolosseum (mit Palatin und Forum Romanum) in Rom, die Ausgrabungsstätte von Pompei und die Uffizien in Florenz (vgl. ebd.).
80 Vgl. Ministero per i beni e le attività culturali 2013a, S. 9.
81 Vgl. Ministero per i beni e le attività culturali 2013a, S. 18.
82 Vgl. Ministero per i beni e le attività culturali 2013a, S. 13.

der gesamten staatlichen Kulturausgaben entsprach. Ergänzt werden diese Ausgaben um diejenigen der anderen Regierungsebenen, der *Fondazioni bancarie*[83] sowie privater Geldgeber, sodass insgesamt rund 6,9 Mrd. Euro zur Verfügung standen.[84] Insbesondere Regionen und Kommunen sind in der Kulturförderung aktiv, wobei Letztere 2010 Theater, Museen, Bibliotheken und weitere „attività culturali" mit 1,7 Mio. Euro (3,2% ihrer Gesamtausgaben) förderten.[85]

Wie die Zahlen verdeutlichen, kooperieren in Deutschland und Italien sämtliche Regierungsebenen in der Organisation und Förderung von Kulturpolitik. In Italien werden die nationale Ebene, die Regionen, die Provinzen sowie die Kommunen unterschieden; in Deutschland sind Bund, Länder und Kommunen an der Gestaltung von Kulturpolitik beteiligt.[86] Der Schwerpunkt der vorliegenden Analyse liegt – auch entsprechend der in Deutschland viel geteilten Einschätzung von „Kulturpolitik als Kommunalpolitik" – auf der Kulturpolitik in den Städten Turin und Essen. Dementsprechend soll diese Regierungsebene etwas näher beleuchtet werden: In Italien definiert Art. 5 des „Codice dei beni culturali e del paesaggio" („Codice"), der kulturpolitisch von großer Relevanz ist,[87] *comuni, città metropolitane* und *province* zusammen als „enti pubblici territoriali".[88] ISTAT definiert die *comune* als „entità amministrativa autarchica governata localmente dal Sindaco e dalla Giunta comunale".[89]

In Deutschland gilt *Kommune* (lat. *communis*: öffentlich, gemeinsam) zunächst als Synonym für *Gemeinde*.[90] Dabei definiert die Politikwissenschaft die Gemeinde als

> unterste öffentliche Verwaltungseinheit, die – in der Bundesrepublik – über ein eigenes Gebiet, eigene Behörden, eigene Angehörige, eine eigene verfassungsähnliche Hauptsatzung und ein eigenes Steuererhebungsrecht verfügt. G.n ebenso wie ->Gemeindeverbände nehmen das gemäß Art. 28,2 GG gewährte Recht zur ->Selbstverwaltung wahr.

---

83 Vgl. hierzu im Detail Kapitel 4.2.3.
84 Vgl. Compendium of Cultural Policies and Trends in Europe 2013e.
85 Vgl. Ministero per i beni e le attività culturali 2013a, S. 29 ff.; zu den finanziellen Voraussetzungen in beiden Ländern in vergleichender Perspektive vgl. Kapitel 5.3.
86 Die kulturpolitische Kompetenz der deutschen Landkreise kann vernachlässigt werden; die vergleichbare Ebene der italienischen Provinzen ist kulturpolitisch ebenfalls von geringer Relevanz, im Verhältnis aber doch wichtiger und findet deshalb hier Erwähnung. Vgl. vertiefend zur Rolle der einzelnen Regierungsebenen Kapitel 3.2.1 mit Blick auf Deutschland sowie Kapitel 4.2.1 zu Italien.
87 Vgl. hierzu vertiefend Kapitel 2.2 sowie 4.1.5.
88 Vgl. Il Presidente della Repubblica 22.01.2004.
89 ISTAT, 2012c.
90 Lenz und Ruchlak 2001, S. 113, Schmidt 2004, S. 252.

Die Selbstverwaltung umfasst Verkehrseinrichtungen (wie Straßenbau und Beförderungsmittel), Energieversorgung, Entsorgung (z.b. Abwasserbeseitigung), Bildungsinstitutionen, kulturelle Institutionen, Freizeit und Gesundheitseinrichtungen und soziale Einrichtungen.[91]

Gemeinden gelten als selbstständige Körperschaften des öffentlichen Rechts, unterliegen aber der staatlichen Aufsicht (Kommunalaufsicht).[92] Im Rahmen der Selbstverwaltungsgarantie gestalten sie ihre jeweilige Kommunalpolitik, die wiederum „die politischen Institutionen, die politische Willensbildung und Entscheidungsfindung und die Regierungspraxis in den ->Gemeinden (Kommunen) und Gemeindeverbänden" umfasst.

Die Aufgaben der Kommunen werden unter anderem nach dem Grad der Entscheidungsfreiheit der Gemeinden untergliedert in 1) eigentliche Selbstverwaltungsaufgaben, zu denen freiwillige Aufgaben (wie in der ->Kulturpolitik) und gesetzlich übertragene Pflichtaufgaben, wie die ->Kinder- und Jugendhilfe, gehören, deren Durchführungsdetails im Ermessen der Gemeinden liegen, und 2) Auftragsangelegenheiten, wie ->Gewerbeaufsicht, bei denen die Gemeinden staatlichen Weisungen unterstehen. [...] Dem Verfassungsgebot kommunaler Selbstverwaltung stehen in der Verfassungswirklichkeit die Verflechtung von Kommunen mit Bund und Ländern, die beträchtliche Abhängigkeit der Gemeinden vom Staat und die erhebliche Kostenabwälzung von Bund und Ländern auf die Gemeinden gegenüber. [...] Auch im internationalen Vergleich zeichnen sich Deutschlands Kommunen nur durch mittlere ‚lokale Handlungsfreiheit' aus (A. Vetter). Dennoch bestehen Spielräume für lokalpolitisches Handeln.[93]

Gerade diese Spielräume können die Kommunen zu einer gezielten Veränderung ihres Erscheinungsbildes und ihrer (kulturellen) Ausrichtung nutzen. Im Mittelpunkt der vorliegenden Arbeit steht dementsprechend die Frage, wie deutsche und italienische Gemeinden (und insbesondere die Städte Turin und Essen) mit den ihnen gegebenen Möglichkeiten kulturpolitisch umgehen.

Kulturpolitik kann sich auf die Verwaltung bestehender Strukturen und Einrichtungen beschränken. Demgegenüber hat sie aber auch die Möglichkeit, sich als Motor für die Weiterentwicklung oder Neuausrichtung der jeweiligen Kommune zu definieren und in der Folge aktiv die Entwicklung zukunftsfähiger Strukturen und die Integration kreativer Potenziale zu fördern. Derartige Transformationsprozesse werden häufig als „Strukturwandel" bezeichnet, sodass – wie

---

91 Lenz und Ruchlak 2001, S. 73.
92 Vgl. Schmidt 2004, S. 252.
93 Schmidt 2004, S. 364 f.; zu weiteren Definitionen von Kommunalpolitik vgl. exemplarisch Lenz und Ruchlak 2001, S. 113, oder Schubert und Klein 2011, S. 162 f., die Kulturpolitik jeweils zu einer der wichtigsten Aufgaben von Kommunalpolitik zählen.

bereits der Titel der Arbeit andeutet – Kulturpolitik mitunter als Beitrag zur Strukturpolitik gewertet wird.[94] Bisweilen stehen diese Überlegungen allerdings nicht ganz im Einklang mit den gängigen politik- und wirtschaftswissenschaftlichen Definitionen des Begriffs *Strukturpolitik*, die häufig relativ eng gefasst sind, wie beispielsweise diejenige aus dem *Politiklexikon* von Schubert und Klein zeigt:

> S. [Strukturpolitik] bezeichnet politische Maßnahmen verschiedener staatlicher Ebenen (EU, Bund, Länder, Kommunen), die das Ziel verfolgen, die vorhandene Wirtschaftsstruktur so zu beeinflussen bzw. zu verändern, dass sie die rapiden wirtschaftlichen und technischen Veränderungen bewältigen, heute also insbesondere dem globalen Wettbewerb standhalten kann. Die erforderliche Veränderung, Modernisierung oder Anpassung kann sich auf einzelne Industrien oder Branchen (sektorale S.) oder bestimmte Regionen (regionale S.) beziehen; sie kann auf die Verbesserung der Infrastruktur (Verkehr, Telekommunikation) zielen oder zukunftsorientiert auf eine Verbesserung der Bildung, der Aus- und Weiterbildung angelegt sein. Die wichtigsten Instrumente der S. sind Steuererleichterungen und Subventionen, Ge- und Verbote sowie die finanzielle Förderung von Forschung, Bildung und Ausbildung.[95]

Ziel von Strukturpolitik ist dabei stets die Herbeiführung oder Beschleunigung eines *Strukturwandels*, der sich wie folgt definieren lässt:

> *Allg.*: S. [Strukturwandel] bezeichnet eingetretene Veränderungen oder angestrebte Anpassungen, die nicht nur äußerlich sichtbar sind oder in Details umgesetzt werden, sondern grundsätzlicher Natur sind, d.h. völlig neue Beziehungen (zwischen den einzelnen Elementen) herstellen oder eine völlig neue Ordnung verlangen.
>
> *Spez.*: Der Begriff wird vorwiegend im wirtschaftlichen Sinne verwendet und bedeutet hier, dass sich a) die bisherigen Beziehungen innerhalb der einzelnen Wirtschaftsbranchen (sektoraler S.) bzw. innerhalb einzelner Regionen (regionaler S.) drastisch ändern oder b) dass sich das Verhältnis zwischen eingesetztem Kapital (Maschinen, Automaten, Robotern) und notwendiger menschlicher Arbeitskraft drastisch ändert.[96]

Ausgehend von dieser Idee, dass Strukturpolitik dazu dient, in begrenzten Regionen und mit Bezug auf einzelne Sektoren durch gezielte Maßnahmen eine Veränderung der grundsätzlichen gesellschaftlichen Ausgangsbedingungen herbeizuführen, soll im weiteren Verlauf der Arbeit herausgearbeitet werden, inwiefern Kultur bzw. Kulturpolitik hierzu einen Beitrag leisten können. Anregungen für eine weitere Spezifizierung dieser Fragestellung gibt Michele

---

94 Vgl. exemplarisch Sievers 2009 mit dem Aufsatz „Kulturmetropole Ruhr – Kulturpolitik als regionale Strukturpolitik".
95 Schubert und Klein 2011, S. 292 f.; vgl. auch Happe et al. 2012, S. 294, sowie Schmidt 2004, S. 703.
96 Schubert und Klein 2011, S. 293.

Trimarchi, Professor für Kulturökonomie an der Universität Bologna, der potenzielle Auswirkungen von Kunst und Kultur, die über deren genuinen Wirkungsbereich hinausgehen, in folgenden Feldern sieht:

a) sviluppo urbano e territoriale;
b) accrescimento della creatività e della produttività del sistema;
c) formazione e valorizzazione del capitale umano;
d) allocazione delle risorse umane impiegate direttamente e indirettamente;
e) qualità della vita delle comunità urbane;
f) processi di inclusione sociale;
g) benefici relativi al turismo interno ed esterno;
h) distribuzione del reddito e riduzione della povertà.[97]

Für den weiteren Verlauf der Arbeit werden diese Punkte in vier zentrale Aspekte gebündelt bzw. um weitere Facetten ergänzt: Zunächst soll dabei der Themenkomplex der *Identität* im Mittelpunkt stehen. Die Kulturgüter sowie das Kulturangebot einer Stadt oder Region können wesentlich zur Identifikation der Bevölkerung damit beitragen und somit im Sinne Trimarchis soziale Inklusion fördern sowie die Lebensqualität erhöhen. Insbesondere interkommunale Kulturaktionen und Großereignisse mit breiter Partizipation gehen bisweilen mit einer Stärkung der regionalen Identität einher und können zugleich durch ihre Außenwirkung zu einem schrittweisen Imagewandel beitragen. Dieser wirkt wiederum nach innen, sodass sich hier in einer kreisförmigen Bewegung umfangreiche Veränderungen einstellen können. Einen Beitrag hierzu können auch neue Investitionen in die kulturelle Infrastruktur leisten: Diese stellen einen Aspekt strategischer Strukturpolitik dar, wenn etwa das neue Museum oder das renovierte Schauspielhaus der Bevölkerung Stolz auf ihre eigene Region vermitteln und somit identitätsstiftende Wirkung entfalten.[98]

Einen weiteren Aspekt mit strukturverändernder Wirkung stellt die Mobilisierung gesellschaftlicher Potenziale mit Hilfe einer umfassenden Erweiterung des Kultur- und Bildungsangebots dar – Trimarchi fasst diesen Aspekt unter „formazione e valorizzazione del capitale umano". Kulturpolitisch relevant ist in diesem Zusammenhang insbesondere die Ausrichtung auf die *Kulturelle Bildung*, durch die sich eine eher bildungsferne Region langfristig in eine wissens- bzw. wissenschaftsorientierte Umgebung verwandeln kann. Die damit zusammenhängende Veränderung der Bildungsstrukturen sowie der Verteilung

---

97 Trimarchi 2007, S. 235.
98 Als Beispiel für ein solches „Leuchtturmprojekt" kann Marseille mit seinem kürzlich – im Kulturhauptstadtjahr 2013 – eröffneten *Museum der Zivilisationen Europas und des Mittelmeerraums* gelten.

der Beschäftigten auf die einzelnen Wirtschaftssektoren bietet in der Folge langfristige Perspektiven.

Damit einhergehen kann eine grundsätzliche *Dynamisierung im ökonomischen Sinne*: Der Tourismussektor sowie die Kultur- und Kreativwirtschaft stellen exemplarische Bereiche dar, die durch eine strategisch ausgerichtete Kulturpolitik in Verbindung mit einer Veränderung der Qualifikationsprofile der lokalen Bevölkerung an Dynamik gewinnen und damit ebenfalls strukturverändernde Wirkung entfalten können. Diese Aspekte entsprechen somit den Wirkungsfeldern b, d und g bei Trimarchi, die eine Ausweitung der Kreativität und in der Folge der Produktivität, eine sinnvollere Verteilung der Humanressourcen sowie positive Effekte auf den Tourismusbereich thematisieren.[99]

Von strukturellem Interesse auf einem niederschwelligeren Niveau sind zudem organisatorische Faktoren: Durch die verbesserte *Kooperation und Vernetzung* der unterschiedlichen Akteure des (kommunalen und regionalen) Kulturbereichs lässt sich eine weit größere Dynamik entfalten, als dies bei isolierten Aktivitäten der Fall wäre. Übergeordnetes Ziel könnte somit eine nachhaltige Verbesserung der kulturellen Rahmenbedingungen in der Region durch eine Intensivierung der Zusammenarbeit aller Akteure sein.[100]

Analog zur übergeordneten Leitfrage nach Kulturpolitik als Strukturpolitik ist somit das Ziel der vorliegenden Arbeit, in vergleichender Perspektive die strukturverändernden Potenziale von Kulturpolitik und die bereits bestehenden Ansätze und Aktivitäten in den beiden Untersuchungsstädten Essen und Turin herauszuarbeiten. Insbesondere der auf den Interviews mit KulturpolitikerInnen in beiden Städten aufbauende empirische Teil[101] wird diesem Themenkomplex nachgehen. Die Überlegungen zu den strukturellen Effekten von Kulturpolitik lassen sich somit in folgenden Unterkategorien zusammenfassen:

---

99 Dass dies gelingen kann, demonstriert Grunenberg exemplarisch anhand des Strukturwandels der Stadt Liverpool, wo Kultur erfolgreich „als Katalysator für urbane Regeneration und wirtschaftlichen Aufschwung" genutzt wurde. Grunenberg verweist aber auch auf die damit einhergehenden Gefahren einer einseitigen Ausrichtung von Kulturpolitik auf wirtschaftliche, finanzielle und soziale Aspekte, die Kultur zu einem „Mittel des Wettbewerbs und Standortvorteils" machen können, und unterstreicht außerdem, dass Kultur stets nur *einen* Baustein in einem umfassenden Veränderungsprozess darstellen könne (vgl. Grunenberg 2011, S. 105 ff.).

100 Wie bereits deutlich wurde, soll der Fokus der Arbeit auf dem ersten Sektor liegen und in der Folge sollen insbesondere die Potenziale einer verstärkten Zusammenarbeit zwischen den entsprechenden Akteuren dieses Bereichs untersucht werden.

101 Im Detail sind dies Kapitel 3.3 zu Essen, 4.3 zu Turin sowie 5.4 in vergleichender Perspektive.

- *Fragen der Identität und Identifikation mit der eigenen Stadt oder Region*
- *Fragen der Kulturellen Bildung*
- *Fragen der wirtschaftlichen Dynamisierung etwa in den Bereichen Tourismus oder Kultur- und Kreativwirtschaft*
- *Fragen neuer Kooperationen und Vernetzung zur Schaffung verbesserter kultureller Rahmenbedingungen*

Die Zielsetzung der vorliegenden Arbeit besteht jedoch nicht nur im Erkennen der strukturellen Potenziale von Kulturpolitik. Vielmehr sollen mit Hilfe von 12 forschungsleitenden Fragen umfangreiche Erkenntnisse zur deutschen und italienischen Kulturpolitik insgesamt erarbeitet werden. Die Ergebnisse basieren dementsprechend nur zum Teil auf den Interviews mit den KulturpolitikerInnen beider Länder; sie werden vielmehr durch Sekundärliteratur ergänzt und entscheidend ist schließlich die enge Vernetzung zwischen den theoretischen und den empirischen Befunden.[102] Ausgehend von dieser breiten Datenbasis lassen sich schließlich im Rahmen der Gesamtauswertung (Kapitel 5) die forschungsleitenden Fragen beantworten.[103] Diese sollen im Folgenden detailliert vorgestellt werden, um das Forschungsinteresse weiter zu präzisieren.

Voraussetzung für die weitere Arbeit ist zunächst die Kenntnis der historischen Voraussetzungen von Kulturpolitik in Deutschland und Italien, sodass die erste Frage wie folgt formuliert werden kann:

Frage 1: Inwiefern unterscheidet sich die kulturpolitische Entwicklung in Deutschland und Italien seit 1945 und welche Auswirkungen auf die heutige Kulturpolitik zeigen sich?

Kapitel 3.1 und 4.1 werden durch eine ausführliche Darstellung der kulturpolitischen Entwicklung beider Länder (insbesondere seit 1945) die Basis für die Beantwortung dieser Fragestellung schaffen, ehe Kapitel 5.1 die komparatistische Auseinandersetzung damit aufnimmt und herausgearbeitet wird, inwiefern die

---

102 Relevant sind neben zahlreichen Monographien, Sammelbänden und Aufsätzen zum Thema auch Gesetzestexte, Eckpunktepapiere, Haushaltspläne sämtlicher Regierungsebenen, Forschungsberichte, Studien etc. sowie die kulturpolitisch relevanten Zeitschriften (in Deutschland etwa die *Kulturpolitischen Mitteilungen* oder *politik und kultur*, in Italien z.B. die *Rivista Economia della Cultura*).

103 Die ersten drei Fragenkomplexe sollen dabei primär auf der Grundlage von Fachliteratur zur deutschen sowie italienischen Kulturpolitik sowie den in den Kapiteln zwei bis vier erarbeiteten Erkenntnissen beantwortet werden. Die Antworten auf die verbleibenden Fragen (4–12) werden dagegen mit Hilfe der in Kapitel 1.3 vorgestellten Methodik aus den Interviews herausgearbeitet.

aktuellen Prioritäten deutscher und italienischer Kulturpolitik von den historischen Ausgangsbedingungen geprägt sind.

Die Kapitel 3.2 sowie 4.2 zu den strukturellen Rahmenbedingungen in beiden Ländern – unterteilt in die drei Sektoren und mit Fokus auf die kulturpolitischen Aktivitäten der einzelnen politischen Ebenen – werden die Beantwortung der zweiten forschungsleitenden Frage ermöglichen:

Frage 2: Welche Strukturen liegen der deutschen bzw. der italienischen Kulturpolitik zugrunde?

Die dritte forschungsleitende Frage mit ihren Teilaspekten bezieht sich auf die finanziellen Voraussetzungen für Kulturpolitik in Deutschland und Italien:

Frage 3: Inwiefern unterscheidet sich die finanzielle Ausstattung für Kulturpolitik in beiden Ländern?

Dabei soll auch untersucht werden, ob sich die finanziellen Voraussetzungen innerhalb der beiden Länder unterscheiden, ob somit in Deutschland nach wie vor eine Aufteilung in Ost und West erkennbar ist bzw. ob in Italien Kulturpolitik im Norden des Landes über andere finanzielle Voraussetzungen verfügt, als dies im Süden der Fall ist. Zudem soll analysiert werden, ob bzw. inwiefern sich das finanzielle Engagement der einzelnen Regierungsebenen in Deutschland und Italien voneinander unterscheidet und welche Auswirkungen dies auf die konkrete Ausgestaltung der Kulturpolitik zeigt.

Nach der Beschäftigung mit diesen drei Themenkomplexen – historische Entwicklung, strukturelle Rahmenbedingungen und finanzielle Voraussetzungen –, die größtenteils auf bereits bestehenden Datenquellen aufbauen, basieren die Antworten zu den anschließenden Fragen v.a. auf den Interviews mit deutschen und italienischen KulturpolitikerInnen. Hierbei sollen zunächst die aktuell relevanten Themen und Zielsetzungen herausgearbeitet werden:

Frage 4: Welche Themenfelder stehen aktuell im Mittelpunkt (kommunaler) Kulturpolitik? Welche konkreten Ziele verfolgen deutsche und italienische KulturpolitikerInnen mit ihrer jeweiligen Kulturpolitik?

In engem Zusammenhang damit steht die Überlegung, wie die KulturpolitikerInnen deren Umsetzung erreichen möchten, sodass sich folgender Fragenkomplex anschließt:

Frage 5: Wie definieren die InterviewpartnerInnen ihren eigenen Aufgabenbereich? Inwiefern unterscheidet sich die konkrete Umsetzung (kommunaler) Kulturpolitik in Deutschland und Italien? Wie groß sind die Entscheidungskompetenzen der deutschen und italienischen KulturpolitikerInnen (auf kommunaler Ebene)?

Ein weiteres Ziel der Arbeit ist es, die Verteilung der kulturpolitischen Kompetenzen auf die einzelnen Regierungsebenen in beiden Ländern zu vergleichen und herauszuarbeiten, inwiefern die jeweilige Aufteilung den gegebenen Anforderungen entspricht. Hierfür ist die Beantwortung der folgenden forschungsleitenden Frage entscheidend:

Frage 6: Welchen Einfluss haben die föderalistischen Strukturen in Deutschland sowie die Aufteilung der kulturpolitischen Kompetenzen auf Staat, Regionen und Kommunen in Italien auf die jeweilige Kulturpolitik?

Eine in der aktuellen Situation unumgängliche Frage stellt diejenige nach den Reaktionen auf die Finanzlage der Kulturpolitik in beiden Ländern dar. Auch wenn sich bereits Frage 3 diesem Themenfeld widmet, ist doch von Interesse, wie die KulturpolitikerInnen mit Kürzungen in ihrem ganz konkreten Handlungsfeld umgehen bzw. welche konkreten Auswirkungen die Einsparungen nach sich ziehen. Der Fragenkomplex 7 umfasst somit folgende Teilbereiche:

Frage 7: Welche Auswirkungen haben die Wirtschafts- und Finanzkrise bzw. die Finanznot der Kommunen auf die Praxis der Kulturpolitik? Welche Auswege werden diskutiert? Welche Rolle spielen Stiftungen, Sponsoring und Mäzenatentum für die deutsche und italienische Kulturpolitik? Welches Potenzial wird den Methoden des Kulturmanagements in diesem Kontext zugeschrieben?

Die Finanzlage eines Politikfeldes lässt in der Regel Rückschlüsse auf die Bedeutung zu, die ihm im politischen Gesamtkontext zuteil wird, sodass sich folgende Fragen anschließen:

Frage 8: Welche Rolle spielt Kulturpolitik im Gesamtkontext kommunaler Politik und welche Anknüpfungspunkte und Dialogstrukturen bestehen gegenüber anderen Politikfeldern? Wie viel Prestige wird ihr zuerkannt und wie legitimiert sie sich als eigenständiges Politikfeld?

Durch eine Einordnung der Kulturpolitik in den politischen Gesamtkontext soll ihre Positionierung in Deutschland sowie in Italien herausgearbeitet werden. Es sollen dabei insbesondere die Zusammenarbeit bzw. die Versuche eines Brückenschlags zu den Bereichen der Sozial-, Bildungs- und Stadtentwicklungspolitik untersucht werden und die Analyse wird die unterschiedlichen Herangehensweisen in beiden Ländern herausarbeiten, die zugleich in enger Verbindung zu den jeweiligen Dialogstrukturen sowohl im politischen Gesamtkontext als auch innerhalb des kulturpolitischen Feldes stehen. Entscheidend ist die Untersuchung des Renommees von Kulturpolitik im Verhältnis zu anderen Politikbereichen v.a. mit Blick auf die geringer werdenden Ressourcen – es ist zu erwarten, dass prestigeträchtige Politikbereiche weniger starke Einschnitte werden hinnehmen müssen als diejenigen mit geringerem Ansehen bzw. diejenigen, denen eine Funktion für das Funktionieren der Gesellschaft zugeschrieben wird. Im Zusammenhang damit steht auch die folgende Frage, die sozial- und bildungsorientierte Aspekte von Kulturpolitik impliziert:

Frage 9: Wie wichtig ist deutschen und italienischen KulturpolitikerInnen die Ausweitung des Kulturpublikums und welche Anstrengungen werden hierfür unternommen?

Neben der aktuellen Situation sollen auch Erkenntnisse dazu gewonnen werden, welche kulturpolitischen Entwicklungen die ExpertInnen weiterhin erwarten, sodass Frage 10 wie folgt lautet:

Frage 10: Welche Herausforderungen erwarten deutsche und italienische KulturpolitikerInnen für die Zukunft?

In Bezug auf die bereits mit ihren Einzelaspekten vorgestellte übergeordnete Fragestellung der Arbeit lässt sich die folgende Frage formulieren:

Frage 11: Welcher langfristige Einfluss bzw. welche Funktion wird der Kulturpolitik in den beiden untersuchten Städten Essen und Turin mit Blick auf ihre strukturelle Entwicklung beigemessen? Stellt sie einen Beitrag zum (regionalen) Strukturwandel dar?

Die Antworten auf diesen Themenkomplex sollen klären, inwiefern sich deutsche und italienische KulturpolitikerInnen als Akteure in einem strukturell wirksamen Politikfeld begreifen.

Kapitel 2 wird einen ersten, theoretisch fundierten Überblick zum Kulturbegriff in der deutschen und italienischen Kulturpolitik geben. Die Interviews werden diesen erweitern, vertiefen und differenzieren, sodass schließlich die letzte forschungsleitende Frage wie folgt lautet:

Frage 12: Inwiefern unterscheidet sich der in Deutschland und Italien in der Praxis präsente kulturpolitische Kulturbegriff?

Beide Systeme basieren auf landesspezifischen Ausgangsbedingungen und verfolgen unterschiedliche Ziele. Die vergleichende Analyse kann jedoch dazu beitragen, die Angemessenheit der Strukturen, Herangehensweisen und Verfahren herauszuarbeiten, sodass im Gesamtergebnis nach den Stärken und Schwächen der beiden Modelle gefragt werden soll und durch die vergleichende Analyse am Ende der Arbeit Handlungsempfehlungen für die spezifische Kulturpolitik in Turin und Essen, aber mitunter auch für die Gesamtentwicklung in beiden Ländern gegeben werden können.

Die Funktion der forschungsleitenden Fragen ist dabei einerseits, der Arbeit in ihrer Gesamtheit eine klare Struktur zu geben. Sie werden der Gliederung der Interviewergebnisse für Essen und Turin (Kapitel 3.3.2 sowie 4.3.2) sowie der Gegenüberstellung der Erkenntnisse für beide Länder in Kapitel 5.4 dienen. Andererseits ist das Herausarbeiten der zentralen Forschungsfragen unabdingbare Voraussetzung für die Formulierung der konkreten Fragen im Interview selbst: Aufbauend auf dem spezifischen Forschungsinteresse kann der Leitfaden entwickelt werden, der die Interviews mit den KulturpolitikerInnen maßgeblich gliedert und in der Folge dazu dient, den gesamten Auswertungsprozess zu leiten, und somit erste Kategorien für die Einordnung der Antworten bietet. Auf welchen konkreten methodischen Überlegungen die Untersuchung der Kulturpolitik in Turin und Essen basiert, wird nun aber das anschließende Kapitel zu den Prinzipien leitfadengestützter ExpertInneninterviews zeigen.

1.3 Methodik und Übertragung auf die Analyse der deutschen und italienischen Kulturpolitik

Wie die Einleitung sowie die Ausführungen zum Untersuchungsgegenstand und zur Eingrenzung der Fragestellung im vorangegangenen Kapitel bereits gezeigt haben, sollen die theoretischen Erkenntnisse zur Kulturpolitik in Deutschland und Italien durch qualitative Untersuchungen ergänzt werden, um dadurch einen tieferen Einblick zu gewinnen sowie einen engeren Bezug zwischen Theorie und Praxis herstellen zu können. Als Prämisse muss hierbei jedoch die Aussage von Göschel et al. gelten, die für viele Politikbereiche zweifelsfreie Definitionen und Evaluationen für möglich halten – sich in der Kulturpolitik dagegen „bestenfalls Annäherungen" als mögliche Ergebnisse quantitativer sowie qualitativer Studien versprechen.[104] Zudem wird mit der Analyse eines deutschen und eines italienischen Beispiels nicht die Erwartung verknüpft, Kulturpolitik in Deutschland bzw. Italien in ihrer Gesamtheit zu erfassen. Turin und Essen stehen jedoch exemplarisch für die beiden Länder, sodass es durchaus das Ziel der vorliegenden Untersuchung ist, die jeweils unterschiedlichen Herangehensweisen an das Themenfeld herauszuarbeiten und Tendenzen aufzuzeigen. Der komparatistische Ansatz soll dabei ermöglichen, Veränderungspotenziale aufzuzeigen, erfolgreiche Ansätze für die Gegenseite fruchtbar zu machen und

---

104 Vgl. Göschel et al. 1995, S. 20.

Handlungsempfehlungen für die (kommunale) Kulturpolitik des jeweils anderen Landes abzuleiten.

Empirische Studien werden durch die Zahl der untersuchten Fälle („Einheiten"), die untersuchten Merkmale („Variablen") und die Häufigkeit der Beobachtungen jeder Einheit bestimmt. Entscheidend für die Auswahl der Einheiten ist „eine gewisse minimale Homogenität, auch durch Eingrenzung in Raum und Zeit, der untersuchten Fälle, um überhaupt die Vergleichbarkeit im Hinblick auf einige gemeinsame Dimensionen für die jeweilige Fragestellung zu gewährleisten".[105] Die Ausrichtung der vorliegenden Arbeit als exemplarische Analyse jeweils einer Stadt in Deutschland und Italien entspricht der Durchführung von zwei analogen „Fallstudien"; darunter „wird allgemein die Untersuchung eines bestimmten Objekts in einem bestimmten Kontext verstanden."[106] Diese sehr allgemeine Definition lässt sich durch die Festlegung der erkenntnistheoretischen Ziele der jeweiligen Untersuchung eingrenzen: Prinzipiell wird dabei einerseits zwischen der deskriptiven Analyse eines einzelnen Falles und andererseits Untersuchungen unterschieden, die „primär zur Überprüfung und Entwicklung" von Theorien vorgenommen werden.[107] Entscheidend für die Durchführung von Fallstudien ist eine klare Strukturierung, um die Vergleichbarkeit mit anderen Fällen zu gewährleisten, sowie eine eindeutige Fokussierung, also die Konzentration auf diejenigen Aspekte des Falls, die für die Beantwortung der Forschungsfrage relevant sind.[108] Da die Untersuchung der Kulturpolitik in Turin und Essen offensichtlich auf den Vergleich der beiden Fallstudien miteinander ausgerichtet ist, stellt die eindeutige Struktur der Untersuchung ein zentrales Kriterium für die Erhebung der Daten dar. Einen entscheidenden Beitrag leistet dazu die Strukturierung der Datenerhebung durch die Methodik des leitfadengestützen ExpertInneninterviews, die im Folgenden vorgestellt wird, sowie die präzise Formulierung der forschungsleitenden Fragen, die im Mittelpunkt des vorangegangenen Kapitels standen.

---

105 Berg-Schlosser und Cronqvist 2012, S. 34; zur Vergleichbarkeit der Einheiten Deutschland und Italien sowie zur Eingrenzung in räumlicher und zeitlicher Hinsicht vgl. Kapitel 1.2; die Variablen im Sinne der untersuchten Merkmale spiegeln die ebenfalls in Kapitel 1.2 vorgestellten forschungsleitenden Fragen; die Häufigkeit der Beobachtung spielt hier keine weitere Rolle, da die Erhebung der Daten einmalig erfolgte und nicht zu verschiedenen Beobachtungszeitpunkten.
106 Berg-Schlosser und Cronqvist 2012, S. 59.
107 Berg-Schlosser und Cronqvist 2012, S. 61.
108 Vgl. Berg-Schlosser und Cronqvist 2012, S. 62 f.

In den Sozialwissenschaften[109] werden die drei wichtigsten Datenerhebungsmethoden Beobachtung, Befragung und Inhaltsanalyse unterschieden, wobei die Wahl der Methode jeweils vom individuellen Forschungsinteresse und der Fragestellung abhängt.[110] Im Fall der vorliegenden Untersuchung wurde die Methode der Befragung ausgewählt, die sich folgendermaßen definiert:

> Unter einer wissenschaftlichen Befragung versteht man eine zum Zwecke der Erkenntnisgewinnung von Wissenschaftlern geplante, in Fragebögen oder sonstigen Protokollen oder Aufzeichnungen fixierte Erfassung von sozialen und politischen Sachverhalten, Meinungen, Einstellungen oder Handlungsgründen mittels mündlicher oder schriftlicher Beantwortung von Fragen, die einem ausgewählten Kreis von Personen gestellt werden.[111]

Die Analyse der deutschen und italienischen Kulturpolitik soll in Form der mündlichen Befragung erfolgen, die wiederum in wenig strukturierte, teilstrukturierte und stark strukturierte Interviews unterteilt wird. In der vorliegenden Arbeit wurde die Methode des problemzentrierten Leitfadeninterviews angewendet, das der Gruppe der teilstrukturierten Interviews zugeordnet wird.[112] Die Wahl fiel auf dieses Erhebungsinstrument, da es „in solchen Forschungskontexten angebracht [ist], in denen eine relativ eng begrenzte Fragestellung verfolgt wird".[113] Diese Tatsache ist hier gegeben, da lediglich die Erfahrungen der InterviewpartnerInnen in Bezug auf die Kulturpolitik in Turin bzw. Essen von Interesse sind. Zudem eignen sich problemzentrierte Leitfadeninterviews besonders dann, „wenn in einem Interview mehrere unterschiedliche Themen behandelt werden müssen, die durch das Ziel der Untersuchung und nicht durch die Antworten des Interviewpartners bestimmt werden, und wenn im Interview auch einzelne, genau bestimmbare Informationen erhoben werden müssen".[114] Da im vorliegenden Fall das Ziel der Untersuchung bereits feststeht – nämlich die

---

109 In den Kulturwissenschaften werden Fragen der Methodik weniger ausführlich thematisiert, sodass für die folgenden Ausführungen sozialwissenschaftliche Quellen herangezogen wurden.
110 Vgl. Mayer 2004, S. 34. Zu beachten ist, dass die Inhaltsanalyse in ihrer quantitativen Ausprägung zwar der Erhebung von Daten dient, insbesondere aber in Form der qualitativen Inhaltsanalyse auch als Auswertungsmethode zum Einsatz kommt (vgl. Lamnek 2010, S. 670; zur qualitativen Inhaltsanalyse vgl. insbesondere Mayring 2003).
111 Winkler und Falter 1997, S. 124.
112 Vgl. Winkler und Falter 1997, S. 125.
113 Przyborski und Wohlrab-Sahr 2008, S. 140.
114 Gläser und Laudel 2006, S. 107.

Analyse der Kulturpolitik in den beiden Untersuchungsstädten – stellt das Leitfadeninterview die geeignetste Untersuchungsmethode dar. Zudem zielt die Erhebung in der Tat auf unterschiedliche Themenfelder – u.a. die kulturpolitischen Strukturen in den beiden Städten, das Kulturvermittlungsbestreben der InterviewpartnerInnen oder die Relevanz von Kulturpolitik für einen umfassenden Strukturwandel – die am effizientesten mit Hilfe eines Leitfadens erschlossen werden können. Den InterviewpartnerInnen werden somit „nacheinander mehrere Themen durch die Forschenden vorgegeben, sodass die befragten Personen nicht mehr [...] das Thema ihrer Erzählung frei wählen können, sondern sich an den Vorgaben und artikulierten Untersuchungsinteressen der Forschenden orientieren müssen",[115] wobei es nicht nur darum geht, „Meinungen, Einschätzungen, Alltagstheorien und Stellungnahmen der befragten Personen abzufragen, sondern *Erzählungen* zu deren persönlichen Erfahrungen hervorzulocken".[116] Leitfadengestützte Interviews basieren somit auf narrativen Strukturen und sind – trotz ihrer jeweiligen Fokussierung auf ein vorab festgelegtes Themenfeld – insbesondere durch die Offenheit der Fragen gekennzeichnet, da keinerlei Vorgaben für die Antworten der befragten Personen gegeben werden und die Interviews allein durch die Interaktion zwischen Forschenden und Erforschten strukturiert werden.[117]

Die für die vorliegende Arbeit verwendete Form der Datenerhebung durch das problemzentrierte Leitfadeninterview geht auf Andreas Witzel (1982) zurück und basiert auf den drei zentralen Kriterien Problemzentrierung, Gegenstandsorientierung und Prozessorientierung.[118] Problemzentrierte Leitfadeninterviews sollen „individuelle und kollektive Handlungsstrukturen und Verarbeitungsmuster gesellschaftlicher Realität"[119] herausarbeiten und „zielen auf eine möglichst unvoreingenommene Erfassung individueller Handlungen sowie subjektiver Wahrnehmungen und Verarbeitungsweisen gesellschaftlicher Realität".[120] Der Erkenntnisgewinn dieser Methode basiert sowohl im Erhebungs- als auch im Auswertungsprozess auf einem induktiv-deduktiven Wechselverhältnis.[121] Die Vorgehensweise der Untersuchung zur Kulturpolitik in Turin und Essen basiert weitestgehend auf diesem Grundkonzept von Witzel, das einen Kurzfragebogen,

---

115 Nohl 2006, S. 19.
116 Nohl 2006, S. 20.
117 Vgl. Nohl 2006, S. 19.
118 Vgl. Flick 2007, S. 210 ff.
119 Witzel 1982, S. 67.
120 Witzel 2000, S. 1.
121 Vgl. Witzel 2000, S. 2.

einen Leitfaden, eine Tonbandaufzeichnung des Interviews sowie ein Interviewprotokoll nach der Durchführung des Interviews vorsieht.[122]

Bei der Durchführung des problemzentrierten Leitfadeninterviews werden vier zentrale Kommunikationsstrategien unterschieden: Zunächst erfolgt der Gesprächseinstieg, dessen Ziel es ist,

> eine narrative Gesprächsstruktur aufzubauen, deren inhaltliche Abfolge und Gliederungspunkte möglichst weitgehend vom Befragten entwickelt werden, d.h. in Inhalt (individuelle Sichtweise des in Frage stehenden Problems) und Form (Artikulations- und Verarbeitungsweise) der Explikation vom Befragten abhängig gemacht werden.[123]

Die vom Interviewpartner als Antwort auf die Einleitungsfrage angesprochenen Themen greift der Interviewer bei der anschließenden allgemeinen Sondierung auf, stellt Nachfragen und versucht dadurch, die Erzählung weiter zu detaillieren.[124] Im Anschluss erfolgt die spezifische Sondierung, bei der der Interviewer durch Zurückspiegelung in Form von Zusammenfassungen, Rückmeldungen oder Interpretationen sein Verständnis vertiefen oder auch die InterviewpartnerInnen mit Widersprüchen in ihren Ausführungen konfrontieren kann.[125] Diese spezifische Sondierung bezeichnet Witzel als „verständnisgenerierende Kommunikationsstrategie".[126] Abschließend erfolgen so genannte Ad-hoc-Fragen, die wie die Einleitungsfrage und die allgemeine Sondierung den „erzählungsgenerierenden Kommunikationsstrategien" zugeordnet werden und bei denen gegen Ende des Interviews von den InterviewpartnerInnen bisher ausgeklammerte Fragen basierend auf den Stichworten des Leitfadens gestellt werden.[127]

Das bestimmende Kennzeichen problemzentrierter Leitfadeninterviews ist somit die Verwendung eines Leitfadens mit offen formulierten Fragen.[128] Dieser sichert zum einen die Vergleichbarkeit der Interviews,[129] zum anderen dient

---

122 Der Kurzfragebogen dient der Erfassung statistischer Daten zu den InterviewpartnerInnen und sollte bereits einige Zeit vor dem eigentlichen Interview ausgefüllt werden, um eine Übertragung der Frage-Antwort-Struktur auf das Interview und eine eventuelle Blockade narrativer Elemente zu vermeiden (vgl. Flick 2007, S. 210 ff.). Die Kurzfragebögen konnten in der vorliegenden Studie größtenteils durch Internetrecherchen ersetzt werden.
123 Witzel 1982, S. 86.
124 Vgl. Witzel 2000, S. 5.
125 Vgl. Flick 2007, S. 211.
126 Witzel 2000, S. 6.
127 Vgl. Witzel 2000, S. 6.
128 Der vollständige Leitfaden findet sich im Anhang.
129 Vgl. Witzel 2000, S. 4.

er dem Interviewer als Gedächtnisstütze und gibt bei stockendem Gespräch inhaltliche Anregungen.[130] Die Reihenfolge der Fragen des Leitfadens muss jedoch keinesfalls strikt eingehalten werden und der Interviewer kann jeweils von Fall zu Fall entscheiden, wann er detaillierter nachfragen möchte bzw. wann er bei Ausschweifungen des Befragten zum Leitfaden zurückkehren will.[131] Denn dieser soll lediglich eine Fragerichtung vorgeben, die volle Flexibilität des Forschers aber nicht einschränken[132] und auch keinesfalls der narrativen Ausgestaltung der Interviews entgegenstehen.[133]

Eine Variante des problemzentrierten Leitfadeninterviews ist das ExpertInneninterview nach Meuser und Nagel (1991),[134] bei dem die Befragten in ihrer Eigenschaft als ExpertInnen für ein bestimmtes Handlungsfeld – wie im vorliegenden Fall für den Bereich der Kulturpolitik – von Interesse sind. Das ExpertInneninterview thematisiert einen organisatorischen oder institutionellen Kontext, „der mit dem Lebenszusammenhang der darin agierenden Personen gerade nicht identisch ist":[135] „Von Interesse ist die interviewte Person als Funktionsträger, nicht als Privatperson."[136] Der Expertenstatus wird dabei vom Forscher begrenzt auf seine spezifische Fragestellung verliehen:

> Als Experte wird angesprochen, wer in irgendeiner Weise Verantwortung trägt für den Entwurf, die Implementierung oder die Kontrolle einer Problemlösung oder wer über

---

130 Vgl. Witzel 1982, S. 90.
131 Vgl. Mayer 2004, S. 36.
132 Vgl. Witzel 1982, S. 90.
133 Vgl. Nohl 2006, S. 22.
134 Vgl. Meuser und Nagel 1991, Meuser und Nagel 1997 sowie Meuser und Nagel 2005. Es soll an dieser Stelle explizit darauf verwiesen werden, dass sich ExpertInneninterviews lediglich in Bezug auf die Zielgruppe von anderen Methoden der Befragung unterscheiden, generell jedoch in diesen Kontext einzuordnen sind. Meuser und Nagel beklagen die – trotz der Häufigkeit der Anwendung von ExpertInneninterviews – nach wie vor mangelnde methodologische Reflexion und Vernachlässigung in der qualitativen Sozialforschung (vgl. Meuser und Nagel 2009, S. 465 f.).
135 Meuser und Nagel 2005, S. 72.
136 Meuser und Nagel 2009, S. 468; die Autoren weisen jedoch darauf hin, dass z.B. Bogner und Menz eine „Trennung zwischen dem Befragten als Experten und als Privatperson" kaum für möglich halten (vgl. Bogner und Menz 2005). Meuser und Nagel unterstreichen, dass es sich beim ExpertInneninterview dennoch um kein biographisches Interview handle und im Fokus der Analyse folglich „der institutionell bestimmte Rahmen des Expertenhandelns" stehe (Meuser und Nagel 2009, S. 469).

einen privilegierten Zugang zu Informationen über Personengruppen oder Entscheidungsprozesse verfügt.[137]

Als Experte gilt somit jemand, der innerhalb seines spezifischen Fachgebiets über umfassendes Wissen verfügt und zu fundierten Aussagen hierzu in der Lage ist.[138] ExpertInnen stehen häufig unter Zeitdruck, sodass sich die Strukturierung von ExpertInneninterviews als Leitfadeninterviews besonders anbietet.[139] Denn diese Form des Interviews ermöglicht ein zielstrebiges und konkretes Eingehen auf die relevanten Fragestellungen sowie eine eindeutige Fokussierung auf die relevanten Gesprächsthemen.[140] Zu beachten ist jedoch auch in Bezug auf ExpertInneninterviews, dass für das Gelingen „eine flexible, unbürokratische Handhabung des Leitfadens im Sinne eines Themenkomplexes und nicht im Sinne eines standardisierten Ablaufschemas [entscheidend ist]".[141]

Zentral für die Gestaltung des Leitfadens ist, ob das Forschungsinteresse auf *Betriebswissen* oder *Kontextwissen* ausgerichtet ist: Die Erforschung von Betriebswissen will als zentrales Instrument der Datenerhebung Entscheidungsabläufe erforschen. Sie zielt auf theoretisch-analytische Kategorien und basiert auf Annahmen und theoretisch generalisierten Konzepten und Erklärungsansätzen für homologe Handlungssysteme: „Die thematischen Schwerpunkte des Leitfadens stellen Vorformulierungen der theorierelevanten Kategorien dar, die in der Auswertung aufgenommen werden." Die Auswertung von Betriebswissen stellt immer auch die wechselseitige Prüfung von Textinterpretation und theoretischem Wissensbestand dar und hat somit hypothesenprüfenden Charakter. Kontextwissen geht dagegen „von der Betrachtung eines überbetrieblichen sozialen Systems" aus, wobei Beobachtungskategorien und nicht theoretische Erklärungsansätze den Rahmen bilden.

> Die Perspektive auf das Kontextwissen der ExpertInnen resultiert aus dem Interesse an der empirischen Bestimmung der Beobachtungskategorien. Die thematischen Schwerpunkte des Leitfadens stellen Beobachtungsdimensionen dar, die bei der Auswertung im Zentrum der Aufmerksamkeit stehen.[142]

Die Untersuchung von Kontextwissen hat somit das Ziel empirisches Wissen zu gewinnen „und nicht die theoretische Erklärung und Generalisierung der

---

137 Meuser und Nagel 2005, S. 73.
138 Vgl. Meuser und Nagel 1997, S. 484.
139 Vgl. Flick 2007, S. 215 f.
140 Vgl. Meuser und Nagel 1997, S. 488.
141 Meuser und Nagel 1997, S. 487.
142 Meuser und Nagel 2005, S. 82.

empirischen ‚Tatsachen'."¹⁴³ Im 2009 aktualisierten Aufsatz ergänzen Meuser und Nagel:

> Richtet sich das Interesse auf Betriebswissen, sind die interviewten Experten Entwickler und Implementeure, die an entscheidender Stelle Verantwortung dafür tragen, dass Programme und Maßnahmen entwickelt, verabschiedet und umgesetzt oder aber auch blockiert werden. Mit Hilfe von Experteninterviews lassen sich strukturelle Bedingungen der Programmimplementation rekonstruieren und damit Informationen gewinnen, auf deren Basis praktikable Maßnahmen entwickelt werden können.¹⁴⁴

Meuser und Nagel weisen darauf hin, dass es in der Forschungspraxis sinnvoll sein kann, „die Experten oder eine Teilmenge von ihnen unter beiden Aspekten zu interviewen". Bei der vorliegenden Untersuchung der deutschen und italienischen Kulturpolitik soll sowohl Kontextwissen als auch Betriebswissen generiert werden: Ersteres wird jedoch weniger mit Hilfe der Interviews, sondern primär durch Sekundärtexte zum Themenfeld erhoben und stellt somit den Gesamtkontext der Datenerhebung dar bzw. bildet als Forschungsfeld die Ausgangsbasis für die tiefer gehende Untersuchung durch die ExpertInneninterviews. Diese sollen der Generierung von Betriebswissen dienen; sie zielen auf die Herausarbeitung der Regeln und Logiken der ExpertInnen, die ihrem jeweiligen Handeln im Kontext deutscher und italienischer Kulturpolitik zu Grund liegen. Zu beachten ist hierbei jedoch, dass Betriebswissen „eine Mischung von explizitem und implizitem Wissen" darstellt, das nicht einfach „abgefragt" werden kann. Aufgabe der Forscherin ist es somit, „die überindividuellen, handlungs- bzw. funktionsbereichsspezifischen Muster des Expertenwissens" auf der Basis der erhobenen Daten zu rekonstruieren.¹⁴⁵ Die ExpertInneninterviews dienen der konkreten Überprüfung der Hypothesen und der Beantwortung der Forschungsfragen und können somit die theoretisch erarbeiteten Erkenntnisse verifizieren – oder auch falsifizieren. Die Kombination der theoretischen Erarbeitung von Kontextwissen und die Ergänzung durch die Erhebung von Betriebswissen mit Hilfe der leitfadengestützten ExpertInneninterviews soll in ihrer Gesamtheit schließlich umfassende und fundierte Ergebnisse ermöglichen.

Das Ergebnis leitfadengestützter ExpertInneninterviews sind in der Regel Audiodaten, die durch Transkription verschriftlicht werden, um anschließend die Konstruktion einer „neuen" Realität auf der Basis der transkribierten Texte

---

143 Meuser und Nagel 2005, S. 82.
144 Meuser und Nagel 2009, S. 471.
145 Meuser und Nagel 2009, S. 472.

zu ermöglichen.[146] Die Auswertung und Interpretation dieses neu entstehenden Textes kann durch unterschiedliche Methoden erfolgen: Flick unterscheidet zwischen Kodierung und Kategorisierung (Theoretisches Kodieren, Thematisches Kodieren, Qualitative Inhaltsanalyse, Globalauswertung), Konversations- und Diskursanalyse, narrativen und hermeneutischen Analyseverfahren (Narrative Analyse, Objektive Hermeneutik) sowie computergestützten Auswertungsmethoden.[147] Einige dieser Verfahren zielen auf die Auswertung rein narrativer Interviews, sodass sie für die vorliegende Untersuchung nicht geeignet sind. Dennoch soll folgendes betont werden:

> Im Verständnis qualitativer Forschung ist die soziale Wirklichkeit kommunikativ bedingt. Einerseits wird mit den Versionen und Sichtweisen, die sich Menschen von der Welt machen, Wirklichkeit erst konstruiert und andererseits wird durch diese Konstruktion im Kommunikationsprozess die Wirklichkeit wiederum beeinflusst.[148]

Es gibt somit auch keine eindeutige Interpretation der Interviewtexte; Ziel der Auswertung insbesondere von ExpertInneninterviews ist jedoch stets, „im Vergleich mit den anderen ExpertInnentexten das Überindividuell-Gemeinsame herauszuarbeiten, Aussagen über Repräsentatives, über gemeinsam geteilte Wissensbestände, Relevanzstrukturen, Wirklichkeitskonstruktionen, Interpretationen und Deutungsmuster zu treffen."[149] Angestrebt wird somit ein thematischer Vergleich, um Gemeinsamkeiten und Unterschiede festzustellen, die dann nicht durch Fallbeispiele sondern durch typische Äußerungen dokumentiert werden.[150] Basis der von Meuser und Nagel vorgeschlagenen Auswertungsstrategie für ExpertInneninterviews, die als Basis für die Auswertung der Daten zur Kulturpolitik in Essen und Turin zur Anwendung kommen soll, ist dementsprechend eine „Leitlinie des Entdeckens", da sich die Auswertung „an thematischen Einheiten, an inhaltlich zusammengehörigen, über die Texte verstreute Passagen – nicht an der Sequenzialität von Äußerungen je Interview [orientiert]".[151] Die Vergleichbarkeit der Interviewtexte wird dabei durch den geteilten institutionell-organisatorischen Kontext der ExpertInnen sowie die leitfadenorientierte Interviewführung gewährleistet.[152]

---

146 Vgl. Flick 2007, S. 371.
147 Vgl. Flick 2007, S. 386 ff.
148 Mayer 2004, S. 22.
149 Meuser und Nagel 2005, S. 80.
150 Vgl. Meuser und Nagel 2005, S. 80.
151 Meuser und Nagel 2005, S. 81.
152 Vgl. Meuser und Nagel 2005, S. 81.

Im Anschluss an die Erhebung der Daten mit Hilfe der leitfadengestützten ExpertInneninterviews stellt – generell und auch entsprechend der Auswertungsstrategie von Meuser und Nagel – die Transkription den ersten Schritt der Auswertung dar: „Transkription bezeichnet im wesentlichen [sic!] die Verschriftlichung audiovisuell aufgezeichneter Daten."[153] Für die vorliegende Untersuchung, die sich vor allem auf geteiltes Wissen der InterviewpartnerInnen und somit auf die jeweiligen Themen und Inhalte der aufgezeichneten Vorgänge bezieht, wäre eine vollständige Transkription sämtlicher Interviews von geringem Nutzen. Deshalb werden nur diejenigen Aussagen wörtlich transkribiert, die – entsprechend der leitenden Forschungsfragen – für die Analyse relevant sind; für die übrigen Inhalte erfolgt dagegen eine Paraphrasierung.[154] Zudem sollte eine „von Dialekt, Umgangssprache und anderen akustischen Elementen befreite schriftsprachliche Transkription" angefertigt werden.[155] Die (teilweise) Transkription der Interviews ermöglicht dem Forscher eine Trennung von „Daten" und „Interpretation" und versetzt ihn in die Lage, den Forschungsgegenstand zu *objektivieren, zum Gegenstand begrifflich-theoretischer Explikation [zu] nehmen*".[156] Der Interpret hat die Möglichkeit, sich die Kommunikationsverläufe unabhängig von den situativen Bezügen und dem Handlungsdruck, dem er selbst und auch die InteraktionsteilnehmerInnen während des Interviews ausgesetzt sind, zu vergegenwärtigen, wodurch die intersubjektive Überprüfbarkeit der Auswertung maßgeblich unterstützt wird.[157]

Nach der Transkription erfolgt die Paraphrasierung der Interviewdaten, also die „Sequenzierung des Textes nach thematischen Einheiten"[158], ehe in einem dritten Schritt (Kodieren) gemeinsame Überschriften für diejenigen Passagen, die gleiche oder ähnliche Themen behandeln, gesucht werden. Dabei können häufig Formulierungen des Leitfadens integriert werden und es ist sinnvoll, textnah

---

153 Bohnsack et al. 2011, S. 159.
154 Meuser und Nagel gehen in ihrer Auswertungsstrategie davon aus, dass die Transkription der gesamten Tonaufnahme *nicht* der Normalfall ist. Die Wiedergabe nicht transkribierter Textpassagen als Paraphrasen stellt dabei einen ersten Schritt zur Verdichtung des Textmaterials und zur Reduktion der Komplexität dar. Entscheidend ist jedoch, dass die Paraphrasierung nicht selektiv erfolgt, d.h. nichts unterschlägt, hinzufügt oder verzerrt (vgl. Meuser und Nagel 1991, S. 456 f.).
155 Bohnsack et al. 2011, S. 159; auch para- und nonverbale Ereignisse werden nicht berücksichtigt.
156 Bohnsack 2000, S. 145.
157 Vgl. Bohnsack 2000, S. 144 ff.
158 Meuser und Nagel 2009, S. 476.

zu arbeiten sowie die Terminologie der InterviewpartnerInnen aufzugreifen. An dieser Stelle ist es möglich und zum Teil notwendig, die Sequenzialität des Textes auch innerhalb von Passagen aufzubrechen; unter Umständen müssen einzelne Passagen mehreren thematischen Überschriften zugeordnet werden. Anschließend werden Passagen, die gleiche oder ähnliche Themen behandeln, zusammengestellt und es werden Hauptüberschriften formuliert, die den Inhalt sämtlicher subsumierter Passagen abdecken. Es entsteht somit eine Übersicht welche Themen und Informationen die einzelnen Interviews beinhalten.[159]

Im Anschluss daran erfolgt eine Ausweitung des Blickwinkels von den einzelnen Interviews auf alle Interviewtexte und ein thematischer Vergleich ihrer Inhalte:

> Die Logik des Vorgehens entspricht der bei der Bildung von Überschriften, jetzt aber wird nach thematisch vergleichbaren Textpassagen aus verschiedenen Interviews ‚gefahndet'. Passagen aus verschiedenen Interviews, in denen gleiche oder ähnliche Themen behandelt werden, werden zusammengestellt, die Überschriften werden vereinheitlicht.[160]

Dadurch wird eine weitere Reduktion der Terminologie und die Tilgung von Redundanzen möglich. Entscheidend ist, an dieser Stelle möglichst textnahe Kategorien zu bilden und typische Erfahrungen, Beobachtungen, Interpretationen und Konstruktionen, Verfahrensregeln und Normen der Entscheidungsfindung, Werthaltungen und Positionen, Handlungsmaximen und Konzepte im Rahmen der Funktionsausübung herauszufiltern. Die Daten werden hier somit stark verdichtet, wobei jedoch eine ständige Überprüfung am Material notwendig ist.[161]

Auf Basis dieser Erkenntnisse kann in einem weiteren Auswertungsschritt eine „soziologische Konzeptualisierung", also die Ablösung von den Texten und von der Terminologie der Interviewten, erfolgen. Es lassen sich Kategorien bilden und die Texte werden „unter Berücksichtigung theoretischer Wissensbestände und anderer empirischer Studien in einer wissenschaftlichen Sprache formuliert"[162] sowie in soziologische Begriffe übersetzt mit dem Ziel einer „Systematisierung von Relevanzen, Typisierungen, Verallgemeinerungen, Deutungsmustern".[163] Im Rahmen der soziologischen Konzeptualisierung bleibt diese empirische Generalisierung stets auf das vorliegende Material begrenzt. Im Gegensatz dazu geht die

---

159 Vgl. Meuser und Nagel 2005, S. 85 sowie Meuser und Nagel 1991, S. 457 ff.
160 Meuser und Nagel 2005, S. 86.
161 Vgl. Meuser und Nagel 2005, S. 86.
162 Mayer 2004, S. 53.
163 Meuser und Nagel 2005, S. 88.

in einem weiteren Schritt mögliche „theoretische Generalisierung" darüber hinaus: Hierbei erfolgt eine Ablösung vom Interviewmaterial sowie – unter Einbezug bereits bestehender Theorien – die Entwicklung neuer Typologien und Theorien. Dieser letzte Schritt muss, abhängig von der jeweiligen Funktion der ExpertInneninterviews im Forschungsdesign,[164] nicht zwingend erfolgen; im Rahmen der vorliegenden Arbeit soll Kapitel 6 entsprechende Ansätze präsentieren.[165] Prinzipiell soll sich die Auswertung am pragmatischen Auswertungsverfahren nach Mühlfeld et al. (1981) orientieren, das sich auf offenkundige, unverdeckte Kommunikationsinhalte konzentriert und darauf zielt, die vorhandenen Daten zu interpretieren und in einem Bericht darzustellen.[166]

Trotz teilweise sehr unterschiedlicher Auswertungsverfahren und davon abhängiger Tiefe der Auswertung stimmen sämtliche Methoden darin überein, dass es während des gesamten Auswertungsverfahrens immer wieder notwendig ist, auf vorherige Stufen zurückzugehen, um die Angemessenheit von Verallgemeinerungen und ihre Fundierung in den Daten erneut am Material zu überprüfen, sodass der gesamte Auswertungsprozess von Rekursivität geprägt ist.[167]

Voraussetzung für die Datenerhebung sowie die anschließende Auswertung ist jedoch zunächst die Auswahl relevanter InterviewpartnerInnen. Die Analyse der deutschen und italienischen Kulturpolitik basiert – neben der Auseinandersetzung mit theoretischem Material – auf Interviews mit kompetenten

---

164 Meuser und Nagel ergänzen hierzu: „Dient es [das ExpertInneninterview] der Ermittlung von Betriebswissen, ist die theoretische Generalisierung das Ziel. Liegt das Erkenntnisinteresse auf Kontextwissen, kann die Auswertung auf der Stufe der soziologischen Konzeptualisierung abgebrochen werden." (Meuser und Nagel 1991, S. 466).

165 Verwiesen sei an dieser Stelle auf Lamnek, der für die Auswertung und Analyse qualitativer Interviews lediglich vier Phasen unterscheidet: Transkription, Einzelanalyse, generalisierende Analyse und Kontrollphase (vgl. Lamnek 2010, S. 367 ff.). Die darauf aufbauende soziologische und theoretische Generalisierung nach Meuser und Nagel stellt somit einen ergänzenden Schritt dar, der auf die Anschlussfähigkeit der durch ExpertInneninterviews gewonnenen Erkenntnisse im Rahmen soziologischer bzw. theoretischer Diskurse zielt.

166 Vgl. Mühlfeld et al. 1981, S. 336 ff.; innerhalb der vorliegenden Arbeit werden die Ergebnisse des Auswertungsprozesses im Rahmen von Kapitel 5 ausführlich dargestellt.

167 Vgl. Meuser und Nagel 2005, S. 89; vgl. auch Mayer 2004, S. 54. Wie bereits erwähnt unterscheidet Lamnek vier Phasen der Auswertung qualitativer Interviews, wobei er die abschließende Kontrollphase anhand der vollständigen Transkription für unumgänglich hält (vgl. Lamnek 2010, S. 369).

ExpertInnen in den beiden Untersuchungsstädten Turin und Essen. Eine detaillierte Vorstellung beider Städte sowie eine umfassende Begründung ihrer Auswahl erfolgt weiter unten;[168] im Kontext des vorliegenden Methodikkapitels soll jedoch aufgezeigt werden, weshalb sie unter kulturpolitischen Gesichtspunkten vergleichbar erscheinen und wie die Auswahl der InterviewpartnerInnen konkret erfolgte. Zentral ist, dass Turin und Essen jeweils eine industriell orientierte Vergangenheit aufweisen: Turin war jahrzehntelang vom Autohersteller *Fiat* geprägt und als „città grigia" bekannt; Essen war als Ruhrgebiets-Stadt und mit Unternehmen wie *ThyssenKrupp* oder *RWE* als Hauptarbeitgeber ebenfalls lange Zeit auf den zweiten Sektor ausgerichtet. Doch inzwischen sehen beide Städte in einer kulturellen Weiterentwicklung die Chance auf einen umfassenden Strukturwandel und zeigen ein entsprechend ausgeprägtes Engagement: Dies belegt das Thema der *Europäischen Kulturhauptstadt RUHR.2010* in Essen „Wandel durch Kultur – Kultur durch Wandel" genauso, wie die kulturellen Initiativen in Turin, wo ein umfangreicher Ausbau des Kulturangebots und damit eine Steigerung der Besucherzahlen der kulturellen Einrichtungen von 700.000 im Jahr 1992 auf 3.500.000 im Jahr 2010 erreicht werden konnte und aktuell die Bewerbung um die Ausrichtung des Kulturhauptstadtjahres 2019 vorbereitet wird.[169] Dieser analog erfolgte Bewusstseinswandel in beiden Städten sowie die vergleichbare Größe (Essen: ca. 600.000 EinwohnerInnen; Turin: ca. 900.000 EinwohnerInnen[170]) versprachen interessante Ergebnisse für die vergleichende Analyse ihrer jeweiligen Kulturpolitik. Ausschlaggebend war zudem, dass Turin im Norden Italiens und Essen im Westen Deutschlands liegt: Wie im entsprechenden Exkurs zu den nach wie vor bestehenden Differenz zwischen beiden Landesteilen genauer thematisiert wird, beeinflusst die geographische Lage die Ausgangsvoraussetzungen in Bezug auf Italien ganz erheblich.[171] Die Unterschiede zwischen den östlichen und den westlichen Landesteilen konnten in Deutschland in den Jahrzehnten seit der Wiedervereinigung entscheidend

---

168 Vgl. Kapitel 3.3.1 bzw. 4.3.1.
169 Osservatorio culturale del Piemonte 2011, S. 6.
170 Beide Städte fallen somit in die Kategorie „Städte ab 500.000 Einwohner", wie sie die Definition der Gemeindegrößenklasse des *Statistischen Bundesamtes* vorsieht und auch der Einteilung des *Deutschen Städtetags* entspricht (vgl. Deutscher Städtetag 2011, S. 8). Vgl. zu weiteren strukturellen Details zur Stadt Essen wie Fläche, Bevölkerungsentwicklung und -struktur, Wirtschaftsdaten, aber auch Wahlergebnissen etc. Information und Technik Nordrhein-Westfalen und Geschäftsbereich Statistik 2012b, S. 2.
171 Vgl. den entsprechenden Exkurs am Beginn von Kapitel 4.

verringert werden, doch auch für Deutschland unterscheiden sich die Strukturen in beiden Landesteilen nach wie vor. Mit Turin und Essen wurde für die vorliegende Analyse somit jeweils eine Stadt im strukturell „etablierteren" Landesteil Italiens bzw. Deutschlands ausgewählt. Dennoch handelt es sich weder bei Essen noch bei Turin um wirtschaftlich besonders solide aufgestellte Städte: Essen rangiert in Nordrhein-Westfalen (NRW) zwar nur auf Platz 10 der am stärksten verschuldeten Städte, jeder Einwohner ist aber mit rund 5.200 Euro belastet und die Gesamtverschuldung beträgt circa 3 Mrd. Euro.[172] Auch Turin ist mit einer Verschuldung von 3,5 Mrd. Euro finanziell in einer schwierigen Situation und in ganz Italien die am stärksten verschuldete Kommune.[173]

Nichtsdestotrotz verfügen beide Städte über ein dichtes Netz von Kultureinrichtungen sowie ein breites Kulturangebot[174] und die Bedeutung, die der kulturellen Entwicklung zugeschrieben wird, lässt sich auch an den kommunalen Ausgaben erkennen: Turin gab im Jahr 2010 rund 84 Mill. Euro für den Kulturbereich aus, was einem Anteil am Gesamtbudget von 4,6% entsprach. Auch im Vergleich mit anderen italienischen Kommunen investierte Turin überdurchschnittlich viel in den Ausbau und den Erhalt der kulturellen Infrastruktur. Lediglich Florenz gab mit 4,8% einen minimal größeren Anteil aus und Bologna lag mit 4,6% gleichauf, gefolgt von Cagliari mit 4,0% und Rom mit 3,8%. Mit Blick auf die Pro-Kopf-Relation führte Turin das Städteranking an: Pro Einwohner wurden 93 Euro für Kultur ausgegeben – im Vergleich zu den nahe gelegenen Metropolen Mailand (79 Euro) und Genua (51 Euro) ein deutlich höherer Wert.[175] Essen gab 2007 mit 111 Euro pro Einwohner zwar nur durchschnittlich viel Geld für Kultur aus; auch der Bundesdurchschnitt der Kulturausgaben aller Kommunen lag 2009 bei diesem Wert (111,48 Euro).[176] Doch die umfassenden Investitionen im Rahmen der *Europäischen Kulturhauptstadt* in den Jahren vor

---

172 Vgl. Stadt Essen 2013b, wo eine Schuldenuhr den jeweils aktuellen Stand der Gesamtkredite der Stadt Essen anzeigt. Das *Statistische Jahrbuch Deutscher Gemeinden* beziffert für Essen am 31.12.2010 den Schuldenstand pro Kopf auf 1.718 Euro. Zum Vergleich liegt die Pro-Kopf-Verschuldung von Köln bei 2.486 Euro, von Stuttgart bei 104 Euro und Düsseldorf bei 186 Euro. Essen liegt aber in etwa gleichauf mit weiteren Städte der Größenklasse 500.000 und mehr Einwohner wie München (1.658 Euro), Frankfurt (1.602 Euro), Dortmund (1.526 Euro) oder Hannover (1.636 Euro) (vgl. Deutscher Städtetag 2011, S. 493).
173 Pasteris 2012.
174 Vgl. hierzu die jeweils relevanten Kapitel 3.3.1 bzw. 4.3.1.
175 Vgl. Osservatorio culturale del Piemonte und IRES Piemonte 2013, S. 89.
176 Statistische Ämter des Bundes und der Länder 2012.

2010 sollten nicht unterschätzt werden: 63 Mio. Euro investierten EU, Bund, Land und Regionalverbände; die Stadt Essen selbst trug 6 Mio. Euro bei. Zudem ging die *RUHR.2010*-Gesellschaft in vier Nachfolgeorganisationen mit einem Gesamtetat von jährlich 4,8 Mio. Euro auf, die die Nachhaltigkeit der etablierten Strukturen gewährleisten sollen.[177]

Ausgehend von diesen Voraussetzungen mussten in Turin und Essen InterviewpartnerInnen gefunden werden, die relevante Aussagen zur Kulturpolitik und ihrem Einfluss auf die strukturelle Entwicklung der beiden Städte bzw. Regionen vornehmen konnten. Um einen Vergleich beider Städte zu ermöglichen, sollte die Auswahl der Stichprobe entsprechend vorab festgelegter Kriterien erfolgen.[178] Dieser Auswahlprozess wird als *Sampling* bezeichnet und kann grundsätzlich auf zwei verschiedene Arten erfolgen: Die erste Möglichkeit wird als *statistisches Sampling* oder Vorab-Festlegung bezeichnet, bei der vor der Durchführung der Interviews entsprechend der Eigenschaften der InterviewpartnerInnen eine Auswahl getroffen wird: „Die Auswahl von Fällen für die Datenerhebung orientiert sich dann an einer möglichst gleichmäßigen Besetzung der Zellen in der Samplingstruktur bzw. daran, dass alle Zellen ausreichend besetzt sind."[179] Es wird somit nach vorab festgelegten Kriterien „absichtsvoll" bzw. „begründet" eine Stichprobe gebildet.[180] Die zweite Möglichkeit ist das *theoretische Sampling*, bei dem eine schrittweise Festlegung der Samplestruktur *im* Forschungsprozess erfolgt und „Personen, Gruppen etc. nach ihrem (zu erwartenden) Gehalt an Neuem für die zu entwickelnde Theorie aufgrund des bisherigen Standes der Theorieentwicklung in die Untersuchung einbezogen [werden]", um schließlich

---

177 Von besonderer Bedeutung ist in diesem Kontext die *Kultur Ruhr GmbH*, die mit einem Etat von 3,1 Mio. Euro weiterhin das Festival *RuhrTriennale* organisiert, nun aber in Fortführung der Kulturhauptstadt auch das Projekt *Urbane Künstler Ruhr* umsetzen wird. Mit 1,1 Mio. Euro wird die *Ruhrgebiet Touristik GmbH* sich v.a. um partizipative Großveranstaltungen wie den *Day of Song* kümmern. Auf die *WIFÖ Metropole Ruhr/European Centre for Creative Economy* entfallen weitere 0,4 Mio. Euro sowie 0,2 Mio. Euro auf den *Regionalverband Ruhr* (Fischer-Pass 2012, S. 26).

178 In der qualitativen Forschung ist in Bezug auf die Stichprobenbildung zwar zunächst die Relevanz der untersuchten Subjekte für das Thema entscheidend. Doch auch qualitative Forschung zielt oft auf eine Verallgemeinerung: „Experteninterviews werden meist mit dem Ziel durchgeführt, Erkenntnisse zu gewinnen, die über den untersuchten Fall hinausreichen. Dies soll erreicht werden, indem die Auswahl so erfolgt, dass die Ergebnisse auf andere Fälle übertragbar sind bzw. dass sie exemplarisch und in diesem Sinne generalisierbar sind." (Mayer 2004, S. 37).

179 Flick 2007, S. 156.

180 Vgl. Mayer 2004, S. 39.

das Material auszuwählen, von dem noch weiterführende Erkenntnisse zu erwarten sind.[181] Für die vorliegende Studie wurde das statistische Sampling gewählt; es wurden somit vorab die relevanten InterviewpartnerInnen identifiziert und in beiden Städten gezielt ausgewählt. Für Essen ergab sich dabei folgende Samplingstruktur:

Abbildung 2: Samplingstruktur der InterviewpartnerInnen in Essen

Institutionelle Ebene/ Organisation	Konkrete Funktion der InterviewpartnerInnen	Kürzel
Landesebene	Mitarbeiter der Kulturabteilung im *Ministerium für Familie, Kinder, Jugend, Kultur und Sport des Landes Nordrhein-Westfalen*, Düsseldorf	L – Landesebene
Überregionale Ebene	Mitglied des Kulturausschusses des *Deutschen Städtetags*	KD – Kommunale Ebene Deutschland
Regionale Ebene	Mitarbeiter des *Regionalverbands Ruhr*, Essen	R – Regionale Ebene
Kommunale Ebene	Mitarbeiter des Kulturdezernats der Stadt Essen	K – Kommunale Ebene

Für die Auswahl der Turiner InterviewpartnerInnen war entscheidend, dass alle in Turin präsenten Ebenen mit Einfluss auf die kommunale Kulturlandschaft Berücksichtigung finden sollten. Vor Ort erfolgte die Kontaktaufnahme mit den InterviewpartnerInnen durch den Vizepräsidenten der *Fondazione Fitzcarraldo*, Luca dal Pozzolo, der als gut vernetzter Akteur der Turiner Kulturlandschaft kompetente Ansprechpartner vermitteln konnte.[182] Zudem konnte er die Relevanz der GesprächspartnerInnen für die vorliegende Studie einschätzen, sodass die Samplingstruktur mit InterviewpartnerInnen der staatlichen, regionalen, provinziellen und kommunalen Ebene als sinnvoll für die Beantwortung der Forschungsfragen abgesichert gelten konnte und sich dementsprechend folgende Auswahl der GesprächspartnerInnen ergab:

---

181 Flick 2007, S. 159; „theoretisches Sampling" leitet in der Regel die Datenerhebung entsprechend der „Grounded Theory" (vgl. Bohnsack et al. 2011, S. 71).

182 Die selbständige Kontaktaufnahme mit den relevanten InterviewpartnerInnen ohne Vermittlung erwies sich als nahezu unmöglich. Die *Fondazione Fitzcarraldo* ist eine unabhängige Stiftung, die Forschung, Information, Dokumentation und Weiterbildung im Kulturbereich zum Ziel hat (vgl. Fondazione Fitzcarraldo 2013 sowie Kapitel 4.2.3).

Abbildung 3: Samplingstruktur der InterviewpartnerInnen in Turin

Institutionelle Ebene	Konkrete Funktion der InterviewpartnerInnen	Kürzel
Repräsentant der staatlichen Ebene in der Region Piemont	Funzionario della *Direzione regionale/ Soprintendenza per i Beni Architettonici e Paesaggistici del Piemonte*	DR – Direzione regionale
Repräsentant der dezentralen Strukturen der staatlichen Ebene in der Region Piemont	Funzionario della *Soprintendenza per i Beni Architettonici e Paesaggistici per le Province di Novara, Alessandria e Verbano-Cusio-Ossola*	S – Soprintendenza
Regionale Ebene (vergleichbar der Landesebene in Deutschland)	Responsabile della *Regione Piemonte per i Musei e il Patrimonio culturale in Piemonte*	RP – Regione Piemonte
Kommunale Ebene	Dirigente della *Divisione Servizi Culturali della Città di Torino*	CT – Comune di Torino

Um relevante Erkenntnisse zu generieren, sollte vor der eigentlichen Befragung der relevanten InterviewpartnerInnen stets ein sogenannter *Pretest* in Form von Probeinterviews stattfinden, insbesondere, um überkomplexe und unverständliche Formulierungen im Leitfaden erkennen und verbessern zu können, aber auch um eventuell noch nicht berücksichtigte Themenfelder in die Untersuchung einzubeziehen.[183] Der Pretest dient somit der Prüfung der Relevanz des Leitfadens, zugleich aber auch dem Interviewtraining, um bei den Interviews mit den für die Auswertung relevanten GesprächspartnerInnen bereits über eine gewisse Erfahrung im Umgang mit dem Leitfaden zu verfügen, insbesondere da stets neu entschieden werden muss, ob ein Themenkomplex bereits ausreichend bearbeitet wurde oder noch weitere Nachfragen nötig sind.[184] Für die vorliegende Untersuchung wurde der Pretest in Deutschland mit dem Leiter des Kulturreferats der Stadt Gelsenkirchen, Dr. Volker Bandelow, absolviert, der nützliche Hinweise zu Struktur und Inhalt des Leitfadens geben konnte, die zu einer umfassenden Überarbeitung und in der Folge erheblichen Verbesserungen führten. Zudem konnten Gespräche mit Michael Soendermann, dem Vorsitzenden des *Arbeitskreises Kulturstatistik e.V.*, sowie Andreas Wiesand und Oliver Göbel vom *European Institute for Comparative Cultural Research* (*ERICarts*) wertvolle

---

183 Vgl. Mayer 2004, S. 44.
184 Vgl. Mayer 2004, S. 46.

Hinweise geben. Insgesamt ließ sich dadurch die Relevanz der Fragen des Leitfadenentwurfs für den auf Deutschland ausgerichteten Teil des Forschungsprojekts bestätigen. In Italien erfolgten vor der Durchführung der tatsächlichen Interviews in Turin Gespräche mit Andrea Arcai, dem Kulturdezernenten der Stadt Brescia in der Lombardei, sowie mit Gianfranco Gazzetti, Mitarbeiter der *Soprintendenza per i beni Archeologici dell'Etruria Meridionale* und Präsident des *Gruppo Archeologico Romano*.

Allgemein anerkannte Gütekriterien für empirische Untersuchungen sind Validität und Reliabilität. Validität zielt auf die Gültigkeit der Untersuchung: Es muss also gewährleistet werden, dass tatsächlich das gemessen wird, was auch gemessen werden sollte, die Forschungsinstrumente also dem Forschungsgegenstand und der Fragestellung angemessen sind. Reliabilität bezieht sich auf die Zuverlässigkeit der Ergebnisse und gibt Auskunft über die Stabilität und Genauigkeit der Untersuchung; sie gibt somit an, inwieweit bei einer wiederholten Messung unter gleichen Bedingungen das gleiche Ergebnis erzielt werden kann.[185]

Die Ausführungen zeigen, dass qualitative Analysen durchaus regelgeleitet ablaufen – sowohl im Hinblick auf die durch die Forschungsfrage begründete Auswahl der InterviewpartnerInnen, als auch mit Blick auf die Auswertung der erhobenen Daten. Dennoch werden Interviews als qualitative Methode häufig als subjektive Form der Datenerhebung wahrgenommen und deshalb in Bezug auf ihre Verallgemeinerbarkeit öfter als quantitative Methoden in Frage gestellt. Immer wieder wird die Kritik geäußert, qualitative Untersuchungen machten „Interpretationen und Ergebnisse für den Leser lediglich dadurch transparent und nachvollziehbar, dass ‚illustrative' Zitate aus Interviews und Beobachtungsprotokollen eingeflochten werden".[186] Übergeordnetes Ziel qualitativer Forschung ist es aber, auf Basis der beobachteten Einzelfälle „induktiv auf allgemeingültige Theorien"[187] zu schließen. Die für die vorliegende Analyse angewendete Methodik des problemzentrierten Leitfadeninterviews nach Witzel bzw. des ExpertInneninterviews nach Meuser und Nagel ermöglicht es, diese induktive Vorgehensweise, die durch Empirie bzw. beobachtete Phänomene zur Theorie gelangt, mit deduktiven Elementen zu kombinieren. Auf Basis der theoretischen Auseinandersetzung mit dem Themenfeld werden die Fragen des Leitfadens erarbeitet, die als Grundlage für die Analyse des Untersuchungsmaterials dienen.

---

185 Vgl. Mayer 2004, S. 54 f.; Lamnek unterscheidet die Gütekriterien Gültigkeit, Zuverlässigkeit, Objektivität sowie Repräsentativität und Generalisierbarkeit (vgl. Lamnek 2010, S. 127 ff.).
186 Flick 2007, S. 488.
187 Mayer 2004, S. 23 (i.O. z.T. fett).

Der Leitfaden gibt somit erste Kategorien vor, die deduktiv auf die empirisch erhobenen Daten angewendet werden können. Dadurch lassen sich Antworten auf die in Kapitel 1.2 aufgeworfenen forschungsleitenden Fragen, die der Leitfaden widerspiegelt, finden – ohne neue, sich aus den einzelnen Interviews ergebende Erkenntnisse zur Kulturpolitik in Turin und Essen unberücksichtigt zu lassen. Es können aus dem Interviewmaterial also zugleich induktiv neue Erkenntnisse gewonnen werden.[188]

Bei den vorliegenden Fallstudien handelt es sich um exemplarische Analysen für Deutschland und Italien, die vor allem einer Ausweitung der in den theoretischen Kapiteln zur deutschen und italienischen Kulturpolitik gewonnenen Erkenntnisse dienen sollen und ihren Fokus auf den Strukturwandel durch kulturpolitische Maßnahmen richtet. Bedingt durch diese spezifische Untersuchungsabsicht wird das Ziel der Repräsentativität – wie generell bei qualitativen Untersuchungen – im vorliegenden Fall nur bedingt angestrebt.[189] Und gerade mit Blick auf die inhomogenen Strukturen durch den starken Föderalismus in Deutschland sowie die sehr eigenständigen Städte in Italien muss festgehalten werden, dass kommunale Kulturpolitik selbst innerhalb der beiden Länder jeweils sehr individuelle Züge trägt und grundsätzliche Unterschiede erkennbar sind, die eine allzu starke Verallgemeinerung der Erkenntnisse ausschließen. Nichtsdestotrotz soll versucht werden, die beiden exemplarisch ausgewählten Städte als typisch für Deutschland bzw.

---

188 Mayer verweist darauf, dass „in der qualitativen Forschung Theorien induktiv mittels Verifikation aus Beobachtungen gebildet [werden], während der quantitativen Forschung [...] deduktives Vorgehen und das Falsifikationsprinzip zu Grunde liegt." (Mayer 2004, S. 25). Induktive und deduktive Methoden werden somit zumeist alternativ verwendet, um entweder theoretische Annahmen am Untersuchungsgegenstand zu belegen oder um ausgehend vom Untersuchungsmaterial auf allgemein gültige Theorien zu schließen. Die Kombination beider Vorgehensweisen in der Theorie von Witzel eröffnet demgegenüber neue Perspektiven, die für die vorliegende Analyse der deutschen und italienischen Kulturpolitik genutzt werden sollen.

189 Mayer schreibt hierzu: „In der qualitativen Forschung muss Verallgemeinerbarkeit immer im spezifischen Fall begründet werden. Es müssen Argumente angeführt werden, warum die hier gefundenen Ergebnisse auch für andere Situationen und Zeiten gelten. Es muss dargelegt werden, für welche Situationen und Zeiten sie gelten." (Mayer 2004, S. 40). In Bezug auf Fallstudien schreiben Berg-Schlosser und Cronqvist analog: „Dabei sollte aber stets beachtet werden, dass die gefundenen Erklärungen eines Falles allein nicht ausreichen, um eine allgemein gültige Erklärung zu formulieren, sondern dass diese vielmehr anhand von weiteren Fallstudien validiert werden muss." (Berg-Schlosser und Cronqvist 2012, S. 64).

Italien zu charakterisieren, um den internationalen Vergleich zu ermöglichen und hieraus weiterführende Erkenntnisse ableiten zu können. Die Schwierigkeit der Übertragbarkeit der Ergebnisse ist dabei während des gesamten Forschungsprozesses präsent: Die jeweiligen Strukturen sind politisch und gesellschaftlich langfristig geprägt und die Kompatibilität der beiden Systeme mit Erkenntnissen einer durch andere historische sowie institutionelle Gegebenheiten geformten Struktur stets kritisch zu prüfen. Die möglicherweise auf den ersten Blick sinnvoll erscheinende Übertragung von Erkenntnissen von einem Land auf das andere muss nicht zwingend zu positiven Resultaten führen, da stets das Gesamtsystem Berücksichtigung zu finden hat und nachteilige Wechselwirkungen mit der Umgebung nicht ausgeschlossen werden können. Voraussetzung für weiterführende Erkenntnisse durch die vergleichende Analyse der Interviewmaterialien ist somit eine genaue Kenntnis der theoretischen Hintergründe, der langfristigen Traditionen deutscher und italienischer Kulturpolitik sowie der in beiden Ländern implizierten bzw. die Kulturpolitik prägenden Kulturbegriffe. Nach einem kurzen Überblick zum weiteren Verlauf der Arbeit soll deshalb in Kapitel 2 zunächst der jeweilige Kulturbegriff in der deutschen und der italienischen Kulturpolitik diskutiert werden, ehe Kapitel 3 und 4 die aktuellen Voraussetzung für Kulturpolitik in beiden Ländern vorstellen wird.

1.4 Aufbau der Arbeit

Nach einer ersten Klärung der zentralen Begriffe, der Einführung in den Untersuchungsgegenstand sowie der Vorstellung der Fragestellung und der angewandten Methoden zu ihrer Beantwortung in den vorangegangenen Kapiteln soll nun der weitere Aufbau der Arbeit erläutert werden.

Das anschließende Kapitel 2 beschäftigt sich mit den Kulturbegriffen in der deutschen und italienischen Kulturpolitik. Da die Idee von Kultur die Grundlage für politisches Handeln im Kulturbereich darstellt, wird in Kapitel 2.3 ein erster Vergleich der Kulturbegriffe in beiden Ländern erfolgen.

Kapitel 3 widmet sich dem Gesamtsystem Kulturpolitik in Deutschland, wobei Kapitel 3.1 zunächst die historische Entwicklung betrachtet: Nach der Darstellung der Kulturpolitik seit ihren Anfängen im 19. Jahrhundert, während der Weimarer Republik und im Nationalsozialismus, wird der Blick v.a. auf die wichtigste Umbruchphase deutscher Kulturpolitik, nämlich die 1970er Jahre gelenkt. Zudem werden die weiteren Entwicklungsschritte in den 1980er und 1990er Jahren vorgestellt, als Kulturpolitik von wirtschaftlichen Aspekten beeinflusst wurde, und schließlich die Kulturpolitik in ihrer aktuellen Situation und Ausrichtung sowie die momentanen Diskussionsprozesse beschrieben.

Kapitel 3.2 richtet den Blick auf die strukturellen Rahmenbedingungen der deutschen Kulturpolitik, die sich parallel zur historischen Entwicklung kontinuierlich ausdifferenziert haben. Zentral sind dabei nach wie vor die staatlichen Akteure, sodass Kapitel 3.2.1 den ersten Sektor mit den Ebenen EU, Bund, Länder und Kommunen mit ihren jeweiligen Handlungsspielräumen vorstellt. Doch in den vergangenen Jahrzehnten nahm die Bedeutung des zweiten Sektors, dem wirtschaftlich orientierten Bereich, kontinuierlich zu und dementsprechend beschäftigt sich Kapitel 3.2.2 mit den privaten Akteuren in der deutschen Kulturpolitik und greift aktuelle Diskussionen zu den Themenfeldern Mäzenatentum und Sponsoring sowie den Bereich der Kultur- und Kreativwirtschaft auf. Ergänzt werden die staatlichen und die privatwirtschaftlichen Aktivitäten durch den dritten Sektor, die Zivilgesellschaft, die mit Vereinen, Non-Profit-Organisationen, Kirchen und Verbänden die Kulturpolitik in Deutschland mitbestimmt; Kapitel 3.2.3 stellt die wichtigsten Vertreter dieses Bereichs vor.

Aufbauend auf diesen theoretischen Grundlagen erfolgt die konkrete Anwendung auf die Untersuchungsstadt Essen. Nach einer kurzen Präsentation von Stadt und InterviewpartnerInnen (Kapitel 3.3.1) werden die erarbeiteten Befunde vorgestellt (Kapitel 3.3.2), in Kapitel 3.4 mit den theoretischen Erkenntnissen verknüpft und somit in den Gesamtkontext eingeordnet.

Kapitel 4 wendet den Blick schließlich nach Italien: Nach einem Exkurs zur Nord-Süd-Thematik, der für das Grundverständnis der Verhältnisse in Italien unumgänglich erscheint, erfolgt analog zum Aufbau von Kapitel 3 ein historischer Überblick zur italienischen Kulturpolitik (Kapitel 4.1). Der Fokus liegt dabei vor allem auf den 1990er Jahren und der Zeit um die Jahrtausendwende, die als Schlüsselmomente für die heutige Situation italienischer Kulturpolitik gelten können.

Im Anschluss daran werden in Kapitel 4.2 die aktuellen Rahmenbedingungen italienischer Kulturpolitik vorgestellt. Auch hier soll eine Einteilung in die drei Sektoren Staat, Markt und öffentlich-gemeinnütziger Sektor erfolgen. Die staatlichen Institutionen fächern sich in EU, nationale Ebene, Regionen, Provinzen und Kommunen auf (Kapitel 4.2.1). Im markt- bzw. privatwirtschaftlichen Bereich, der in Kapitel 4.2.2 thematisiert wird, sind neben den sog. „gestori", Mäzenen und Sponsoren, v.a. die Akteure der Kultur- und Kreativwirtschaft zu beachten. Für den in Kapitel 4.2.3 vorgestellten dritten Sektor sind die *Fondazioni bancarie* besonders prägend.

Diese bisher in der deutschen Literatur nicht systematisch verfügbaren Informationen zur historischen Entwicklung und aktuellen Struktur italienischer Kulturpolitik finden in Kapitel 4.3 in Bezug auf die italienische Untersuchungsstadt Turin konkrete Anwendung; in Kapitel 4.4 soll schließlich eine gewinnbringende

Verknüpfung der theoretischen und empirischen Erkenntnisse mit dem Fokus auf das italienische Gesamtsystem geleistet werden.

Übergeordnetes Ziel der Arbeit ist es, die beiden Systeme deutscher und italienischer Kulturpolitik insbesondere mit Blick auf die kommunale Ebene gegenüberzustellen und zudem die in Kapitel 1.2 aufgeworfenen forschungsleitenden Fragen zu beantworten. Diesem Vergleich ist Kapitel 5 gewidmet, das neben der Gegenüberstellung der historisch gewachsenen Strukturen, der rechtlichen, finanziellen und strukturellen Voraussetzungen insbesondere das Ziel verfolgt, die Ausrichtung von Kulturpolitik als Strukturpolitik für beide Länder zu problematisieren.

Das abschließende Kapitel 6 versucht schließlich auf der Basis einer zusammenfassenden Bestandsaufnahme und mit Hilfe der vergleichenden Analyse kulturpolitische Perspektiven für beide Länder aufzuzeigen und die theoretischen Erkenntnisse für die praktische Arbeit der Kulturpolitik fruchtbar zu machen.

2. Der Kulturbegriff in der deutschen und italienischen Kulturpolitik

2.1 Kultur für alle? — Kulturbegriff(e) der deutschen Kulturpolitik

Die Kulturpolitiker Hilmar Hoffmann und Dieter Kramer konstatieren 1990 ein sehr unspezifisches Verständnis der deutschen KulturpolitikerInnen in Bezug auf ihren eigenen Begriff von Kultur. Die Autoren mahnen deshalb ein intensiviertes Nachdenken über den Kulturbegriff in der Kulturpolitik an und fordern, dass dieser „nicht unverbunden neben der gleichzeitigen ideengeschichtlichen und wissenschaftlichen Reflexion über Kultur" stehen dürfe sowie „eine Beziehung zu den aktuellen Bewegungen des kulturellen Lebens herstellen und die entsprechenden Diskurse abdecken"[190] müsse. Darüber hinaus dringen sie auf die Politikfähigkeit dieses Kulturbegriffs, d.h. dieser habe sich der Konkurrenz unterschiedlicher Zukunftsoptionen zu stellen, die auch in der Kulturpolitik anzutreffen sind. Ein so konturierter Kulturbegriff sollte zudem in der Lage sein, „Hochkultur" und „Soziokultur" zu vereinen, dürfe jedoch gleichzeitig „Kultur nicht zu einem allumfassenden konturlosen Summen-Begriff werden"[191] lassen. Ganz entscheidend ist auch, dass der Kulturbegriff stets die Prozessualität von Kultur berücksichtigt und folglich eine ständige Rückkopplung zur Realität erfährt.[192]

Ähnlich argumentiert Klein, der Kulturpolitik seit den 1990er Jahren in einer völlig veränderten Konstellation sieht: Er erkennt eine „Pluralisierung der kulturpolitischen Entwürfe"[193] und sieht angesichts des Schrumpfens öffentlicher Kulturausgaben die Gefahr neuer Verteilungskämpfe. Insbesondere erwachse der Kulturverwaltung aber mit dem „Kulturbetrieb"[194] ein neuer Partner bzw.

---

190 Hoffmann und Kramer 1990, S. 421.
191 Hoffmann und Kramer 1990, S. 421.
192 Vgl. Hoffmann und Kramer 1990, S. 426 f.
193 Klein 1994, S. 171. Klein nennt hier beispielhaft die Interpretation von Kulturpolitik als Soziokultur, als Beitrag zur Kompensation gesellschaftlicher Defizite oder auch postmoderne Kulturpolitikentwürfe.
194 Klein bezieht sich hier mit „Kulturbetrieb" weniger auf die von Horkheimer/Adorno in der *Dialektik der Aufklärung* kritisierte Kulturindustrie, als vielmehr auf den neuen Wirtschaftszweig der Kultur- und Kreativwirtschaft (vgl. hierzu ausführlicher Kapitel 3.2.2).

Konkurrent, den es in aktuelle Konzepte der Kulturpolitik bzw. einen handhabbaren Kulturbegriff zu integrieren gelte. Klein schließt aus dieser Einschätzung folgendes:

> [...] die Kulturpolitik muß in Zukunft in viel stärkerem Maße als bisher ihre eigenen Handlungsrationalitäten, die der *Gesellschaftspolitik*, d.h. der Veränderung bzw. Stabilisierung sozialer Einstellungen und Handlungsweisen, herausarbeiten und normative Zielsetzungen formulieren.
>
> Denn um in dem komplexen Handlungssystem ‚öffentliche Kulturarbeit' überhaupt noch aktiv handlungsfähig sein zu können (statt bloß zu *reagieren*) ist eine *klare Prioritätensetzung* notwendig. Sie [die kommunale Kulturpolitik] erfordert also eine gewisse ‚*Selbstbestimmung*' der Kulturpolitik auf ihre wesentlichen Ziele [...].[195]

Diese kulturpolitischen Ziele müssen nach Ansicht von Klein diskursiv entwickelt werden, denn sie basieren nicht mehr auf allgemein akzeptierten gesamtpolitischen Entwürfen oder einem kulturellen Kanon.[196] Dementsprechend verfügt die aktuelle deutsche Kulturpolitik in der Praxis über zahlreiche parallel zueinander verwendete Kulturbegriffe, die abhängig von den gesellschaftspolitischen Umständen und den Denkmustern der jeweiligen KulturpolitikerInnen zum Teil sehr unterschiedliche Schwerpunkte setzen und häufig auch mit einer Mischung aus anthropologischen, politischen, ökonomischen oder pädagogischen Argumenten vertreten werden. Fuchs bemängelt jedoch, dass in der kulturpolitischen Praxis relativ selten die verwendeten Begründungs- und Handlungsmuster reflektiert werden – obwohl es erstrebenswert wäre, „die normative Kraft des Faktischen tatsächlich als ‚normativ' und damit als kontingent nachzuweisen."[197] Denn es könnte sich positiv auf die Theoriebildung zur Kulturpolitik auswirken, wenn die verschiedenen Rationalitäten des Denkens und Handelns sowie die unterschiedlichen Wirklichkeitszugänge bewusst als solche wahrgenommen würden.[198] Auch Wagner kritisiert die zuweilen fehlenden theoretisch-konzeptionellen Grundlegungen kulturpolitischen Handelns und

---

195 Klein 1994, S. 171 f.
196 Vgl. Klein 1994, S. 172.
197 Fuchs 1998, S. 190.
198 Eine Typologie möglicher Begründungsweisen von Kulturpolitik bietet Fuchs 1998, S. 189 ff.. Er unterscheidet einen politikwissenschaftlichen, einen pädagogisch-anthropologischen, einen staats- und verfassungstheoretischen, einen soziologischen, einen ökonomischen und einen kunsttheoretisch-ästhetischen Ansatz. Fuchs weist jedoch auch darauf hin, dass keiner dieser „reinen" Typen in der Praxis zu finden sein wird, sie können lediglich „ein intellektuelles Hilfsmittel zur Reduzierung von Komplexität" (ebd., S. 220) darstellen.

bemängelt dies insbesondere vor dem Hintergrund geringer werdender Finanzmittel, mit deren Hilfe praktisches kulturpolitisches Handeln bisher häufig über konzeptionelle Schwächen hinwegtäuschen konnte:

> Heutige Kulturpolitik, die aus einer Vielzahl historischer wie zeitgenössischer Praxisformen besteht, verfügt nicht mehr über eine theoretisch begründete, von vielen geteilte Zielvorstellung und eine konzeptionelle Begründung ihrer Praxis.[199]

Zahlreiche Ansätze bestehen parallel zueinander und die entscheidenden Richtungen sollen im Anschluss vorgestellt werden: In einem ersten Schritt erfolgt ein Überblick zu den Grundlagen des Kulturbegriffs in der deutschen Kulturpolitik, wobei die theoretischen Ansätze von Adorno (1960), Welsch (1990), Göschel (1991) und Schulze (1992) im Mittelpunkt stehen sollen. Daran schließt sich in einem zweiten Schritt eine Auseinandersetzung mit dem in kulturpolitischen Dokumenten etwa der *UNESCO* oder der *Kulturpolitischen Gesellschaft*[200] konkretisierten Kulturbegriff innerhalb der deutschen Debatte an. Zudem soll ein kurzer Blick auf die geltenden Regelungen zum Denkmalschutz erfolgen, um die Vergleichbarkeit mit den italienischen Dokumenten zu gewährleisten.

2.1.1 Theoretisch orientierte Ansätze zum Kulturbegriff der deutschen Kulturpolitik

Theodor W. Adorno stellte bereits 1960 in seinem Aufsatz „Kultur und Verwaltung" fest, dass Kulturförderung und der damit einhergehende Kulturbegriff paradoxe Züge zeigen:

> Wer Kultur sagt, sagt auch Verwaltung, ob er will oder nicht. [...] Aber Kultur ist zugleich, gerade nach deutschen Begriffen, der Verwaltung entgegengesetzt. [...] Gleichwohl wird kein einigermaßen Empfindlicher das Unbehagen an der Kultur als einer verwalteten los. Je mehr für die Kultur geschieht, desto schlechter für sie [...]. Diese

---

199 Wagner 2009, S. 19; um eine theoretische Basis für „Diskussionen über Ziele und Praxisformen heutiger Kulturpolitik" zu schaffen, schlägt Wagner eine „Analyse von Argumenten und Begründungen früherer Kulturpolitik" (S. 20) vor, die er in seiner umfangreichen Studie *Fürstenhof und Bürgerschaft. Zur Entstehung, Entwicklung und Legitimation von Kulturpolitik* vornimmt.

200 Die *Kulturpolitische Gesellschaft* prägt seit ihrer Gründung 1976 den kulturpolitischen Diskurs in Deutschland ganz entscheidend, unter anderem durch die vierteljährliche Herausgabe der *Kulturpolitischen Mitteilungen* sowie des *Jahrbuchs für Kulturpolitik*, das jeweils ein aktuelles Bild des kulturpolitischen Diskurses in Deutschland und dementsprechend der verwendeten Kulturbegriffe zeichnet.

Paradoxie wäre zu entfalten: daß sie Schaden nehme, wenn sie geplant und verwaltet wird; daß aber, wenn sie sich selbst überlassen bleibt, alles Kulturelle nicht nur die Möglichkeit der Wirkung, sondern die Existenz zu verlieren droht.[201]

Adornos Kulturbegriff in diesem anwendungsbezogenen Kontext basiert auf der Aussage, „daß das spezifisch Kulturelle eben das der nackten Notdurft des Lebens Enthobene ist."[202] Dadurch wird bereits deutlich, dass Kultur „das Besondere", „das Unnütze" ist, das der Verwaltung als „dem Allgemeinen" und „dem Nützlichen" diametral gegenübersteht. Hierin sieht Adorno das zentrale Problem jeglicher Kulturpolitik bzw. Kulturverwaltung:

> Die Forderung der Verwaltung an die Kultur ist wesentlich heteronom: sie muß Kulturelles, was immer es auch sei, an Normen messen, die ihm nicht innewohnen, die nichts mit der Qualität des Objekts zu tun haben, sondern lediglich mit irgendwelchen abstrakt von außen herangebrachten Maßstäben, während gleichzeitig nach seinen Vorschriften und der eigenen Beschaffenheit nach der Verwaltende meist ablehnen muß, auf Fragen der immanenten Qualität, der Wahrheit der Sache selbst, ihrer objektiven Vernunft überhaupt sich einzulassen.[203]

Ein zentrales Hindernis auf dem Weg zu einem in der Kulturpolitik einsetzbaren Kulturbegriff sieht Adorno in dem Kultur stets immanenten Moment der Kritik herrschender Praxis. Dementsprechend kann es nur durch einen „Neutralisierungsvorgang" gelingen, Kultur als „Sparte" in die herrschende Praxis einzubauen und dadurch mit der Verwaltung vereinbar zu machen.[204] Diese Durchorganisation kultureller Impulse löst jedoch ihre Innenspannung auf:

> Was von sich aus autonom, kritisch, antithetisch zu sein beansprucht, und was freilich diesen Anspruch nie ganz rein bewähren kann, muß verkümmern, wenn seine Impulse in ein ihnen Heteronomes, von oben her Vorgedachtes bereits eingegliedert sind; wenn es womöglich den Raum zum Atmen von der Gnade dessen empfängt, wogegen es rebelliert.[205]

Dennoch können Kunstschaffende nicht ohne den Betrieb bzw. die Verwaltung bestehen;[206] sie sind jedoch beständig gefährdet durch einen Mangel an

---

201 Adorno, Theodor W.: „Kultur und Verwaltung", in *Merkur*, Bd. 144, 1960, im Folgenden zitiert nach Adorno 1972, hier S. 122 f.
202 Adorno 1972, S. 124.
203 Adorno 1972, S. 128.
204 Vgl. Adorno 1972, S. 132.
205 Adorno 1972, S. 133.
206 Auch Ermert und Land verweisen auf diese Tatsache: „Kulturpolitik, Kulturverwaltung, KünstlerInnen, KulturarbeiterInnen sind aufeinander angewiesen. Trotzdem tun sie sich immer wieder schwer miteinander. Das Denken und Handeln in politischen und Verwaltungskategorien auf der einen und künstlerischen oder

Autonomie, Spontaneität und Kritik – eine insgesamt beständige Gefahr des Konformismus.[207] Der Widerspruch zwischen Kultur und Verwaltung lässt sich für Adorno somit nicht durch einen bestimmten Kulturbegriff auflösen, sondern Kultur muss sich beständig neu behaupten. Zudem muss sich ein funktionierender Kulturbegriff stets der Tatsache bewusst sein, dass Kultur auf das Engste mit der Gesamtgesellschaft verstrickt ist und als Ziel den Ausgleich zwischen „Mündigen" und „Unmündigen" fokussieren sollte.[208]

Als zentrale Anforderung an ein funktionales Kulturverständnis sieht Adorno die Akzeptanz von ExpertInnen für Kunst und Kultur und deren Zusammenarbeit mit den Verwaltungen, da nur so Kultur vor dem Markt und vor der blinden Selektion durch die Gesellschaft bewahrt werden kann. Er kommt zu dem Ergebnis, dass sich Kultur und Verwaltung gegenseitig bedingen und Kultur sich der Kulturpolitik bedienen sollte:[209]

> Zunächst wird man nichts anderes fordern dürfen als eine in sich durchreflektierte, all jener Schwierigkeiten bewußte Kulturpolitik, die nicht den Begriff Kultur dinghaft, dogmatisch als fixiertes Wertgefüge sich vorgibt, sondern kritische Erwägungen in sich aufnimmt und weitertreibt; eine Kulturpolitik, die weder sich als gottgewollt verkennt, noch den Kulturglauben unbesehen unterschreibt, noch sich mit der Funktion des bloßen Verwaltungsorgans bescheidet.[210]

Die Gefahr der Überlagerung von Kunst und Kultur durch Spartendenken und mangelnde Autonomie der Kunst sieht auch der Philosoph Wolfgang Welsch in seinem Aufsatz „Kulturpolitische Perspektiven der Postmoderne. Plädoyer für eine Kultur der Differenz" (1990). Welsch spricht sich für eine „demokratische Kulturpolitik" aus, die durch Pluralität als zentralem Kennzeichen der Postmoderne ein Gegengewicht zur Vereinnahmung der Kunst durch die Kulturindustrie darstellen kann: Die Koexistenz von Verschiedenem soll sich der „grassierenden Uniformierung"[211] entgegenstellen. In Bezug auf Jean Baudrillard warnt Welsch davor, dass sich die aktuell gegebenen unzähligen Möglichkeiten

---

    auch pädagogischen Kategorien auf der anderen Seite wollen häufig kaum zueinander passen. Zudem sind Kommunikation und Kooperation zwischen den beteiligten Gruppen strukturell asymmetrisch, weil ihr Einfluss auf Entscheidungen und ihre Verfügungsmacht über Ressourcen ungleich verteilt sind." (Ermert und Land 2000, S. 5).
207 Vgl. Adorno 1972, S. 138 f.
208 Vgl. Adorno 1972, S. 144.
209 Vgl. Adorno 1972, S. 144 ff.
210 Adorno 1972, S. 142.
211 Welsch 1990, S. 79.

gegenseitig neutralisieren und der einzig gültigen ästhetischen Logik – der des Konsums – unterwerfen. Dementsprechend hält er die Idee einer *Kultur für alle*, wie sie der Kulturbegriff zahlreicher KulturpolitikerInnen seit den 1970er Jahren prägt,[212] für wenig erstrebenswert, da die „hohe" Kultur dadurch indifferent werde. Und auch das Ziel einer „Kultur von unten" sieht Welsch kritisch, da die Kulturbestände und sozialen Gruppen, die hier aktiv werden müssten, bereits „weitgehend profillos geworden und ersatzweise – aber erfolgreich – medial uniformiert sind".[213] Mit Jean-François Lyotard stimmt Welsch jedoch darin überein, dass „Pluralität selbst ein Gegenpotential gegen Uniformierung"[214] darstellen kann und sieht darin die Voraussetzung für eine demokratische Kulturpolitik:

> Eine solche Kulturpolitik wäre bereit, sich grundsätzlich auf den Dissens von Kulturkonzepten und Kulturformen einzulassen. Zugleich sage ich, daß genau eine solche Kulturpolitik dem Sinn der Demokratie entspräche. Denn die Demokratie ist eine Organisationsform nicht so sehr für den Konsens als vielmehr für den Dissens von Überzeugungen, Ansprüchen und Rechten. Sie ist auf eine Situation gravierender Pluralität zugeschnitten. [...] Die Postmoderne ist so radikal plural, daß sie nur demokratisch gelingen kann. Und die Demokratie ist von ihrem Prinzip her so elementar auf die Situation der Pluralität zugeschnitten, daß dieser ihr Nerv gerade in der Postmoderne zum Tragen kommt.[215]

Die aktuelle Kulturpolitik muss sich deshalb der zentralen Frage stellen, ob „Kultur bloß dekorative, kompensatorische und konfliktauffangende Wirkung" haben soll, oder ob man ihr „orientierende Bedeutung und korrektive Aufgaben"[216] zuschreibt. Welsch sieht die Gefahr, dass Kultur von der Politik zum einen manipulatorisch eingesetzt wird, um den der Politik willkommenen Sinn zu produzieren, und zum anderen kompensatorisch funktionalisiert wird, um die Ruhigstellung der Menschen zu erzielen.[217] Er fordert deshalb die vorzugsweise Förderung von Projekten mit klarem Profil und eindeutiger Abgrenzung zu anderen Sektoren der Kultur sowie ein Abrücken vom „Gießkannenprinzip", das keine Akzente zu setzen vermag und lediglich vorhandene Kräftekonstellationen sowie bereits bestehende Bedürfnis- und Nachfragegesichtspunkte bedient. Ziel muss es dagegen sein, vom „televisionären Kulturstandard Unterschiedenes" überproportional zu fördern, der „hohen" Kultur

---

212 Vgl. hierzu ausführlich Kapitel 3.1.4.
213 Welsch 1990, S. 82.
214 Welsch 1990, S. 83.
215 Welsch 1990, S. 85.
216 Welsch 1990, S. 87.
217 Vgl. Welsch 1990, S. 88.

große Aufmerksamkeit zu schenken, sowie Formen der Alltagskultur, der Industrie- und Alternativkultur zu fördern.[218] Welsch sieht jedoch nicht nur die Kulturpolitik in der Pflicht einen derartigen Kulturbegriff in der Praxis umzusetzen; er weist zugleich dem Publikum die Funktion des letztendlich entscheidenden Korrektivs zu:

> Was staatlicher oder landesherrlicher Repräsentation dienen sollte, kann doch von den Benutzern in einem ganz anderen Sinn aufgenommen und in Besitz genommen werden – in einem kommunikativen, kritischen und aufklärerischen Sinn. Wo das neue staatliche Interesse an der Kultur hinführt, darüber entscheiden zuletzt auch die Perspektiven, die wir, die Benutzer, an seine Produkte herantragen.[219]

Genau diese Veränderungen der Perspektive im Verlauf der Zeit hat der (Kultur-)Soziologe Albrecht Göschel untersucht. In seiner Studie (1991) setzt er sich mit den Verschiebungen im Kräfteverhältnis der einzelnen Akteuren im kulturpolitischen Feld sowie den jeweiligen Deutungsmustern im zeitlichen Verlauf auseinander und schlägt im Ergebnis eine Periodisierung von Kulturpolitik und der damit einhergehenden Kulturpolitikbegriffe vor. Göschels Typologie konstatiert einen Wandel der Kulturbegriffe im Abstand von jeweils zehn Jahren und in Abhängigkeit zu den jeweiligen Geburtsjahrgängen,[220] wobei sich bisher vier Gruppen unterscheiden lassen:

- Für die in den **1930er** Jahren Geborenen stellen Kunst und Kultur einen zeitlosen Wert dar, wobei sie vorwiegend den idealistischen Kunstbegriff der (deutschen) Klassik vertreten und die zivilisierende Funktion von Kunst und Kultur betonen:[221]

    An Beständigkeit und Erhaltung von Werten, an der Ausbildung eines Wertekanons, an der Auratisierung von Kunst und an einer Trennung von Kunst und Alltag orientiert sich diese Generation. Sie weist der Kunst eine stabilisierende und reinigende Leistung gegenüber den Unsicherheiten und Unschönheiten des täglichen Berufslebens und der Politik zu.[222]

---

218 Vgl. Welsch 1990, S. 88 ff.; Klein fasst diese Aspekte unter den Stichworten *Schärfe und präzise Charakteristik, Spezifizität, Entzerrung, nichtmediale Kulturprojekte* und *unterpriviligierte Kulturformen* (vgl. Klein 2003, S. 183 f.).
219 Welsch 1990, S. 94.
220 Vgl. Göschel 1991, S. 10.
221 Vgl. Göschel 1991, S. 21 ff.; es ist davon auszugehen, dass sich hier die spezifisch deutsche Semantik des Kulturbegriffs niederschlägt, wie sie sich seit Mitte des 19. Jahrhunderts in der Abgrenzung von Kultur und Bildung gegenüber Zivilisation zeigt (vgl. hierzu ausführlich Bollenbeck 1996).
222 Göschel 1991, S. 180.

- Die in den **1940er** Jahren Geborenen, die sogenannten 1968er[223], rebellierten gegen diese Dominanz des Hochkulturmotivs. Die Vertreter dieser Gruppe sind geprägt durch analytische Distanz und verfolgen das Ziel der Aufklärung von Unterdrückungsstrukturen und Ideologien auch innerhalb der Kulturpolitik. Diese Generation lehnt den gefühlsorientierten Zugang der 1930er-Jahrgänge ab und ist stattdessen am konkreten, informativen Gehalt kultureller Leistungen interessiert.[224] Die 1940er-Generation hat ein „Diskurs-, Informations- und Aufklärungsmodell von Kultur" und verfolgt „inhaltlich-historische, informatorisch-analytische, bildungsbestimmte Interessen"[225], sodass sich ihr Kulturverständnis als vernunftgeprägt, kritisch und theoretisch definieren lässt.[226]
- Die in den **1950er Jahren** Geborenen gehören zur ersten Generation, in der Kultur als Ausdruck sozialer und materieller Lebenswelten gilt. Sie vertreten eine gefühls- und moralbestimmte Position:

    Nicht rationale Erkenntnis, sondern gefühlte und gelebte Erfahrung, nicht vernunftgeleiteter Diskurs, sondern Gemeinsamkeit, Nähe und Anteilnahme sind die Kategorien, aus denen diese Generation ihre Kulturvorstellungen und Bewertungen entwickelt.[227]

    Diese Einstellungen schlagen sich insbesondere in der Stadtteil- und Soziokultur nieder, die in den 1970er und 1980er Jahren entstanden ist. Sie erfüllt die „Anforderung an Kunst und Kultur, Teil der eigenen Lebenswelt zu sein [und] Wiedererkennbarkeit und Selbstverwirklichung der eigenen Persönlichkeit zu leisten".[228] Dementsprechend ist dieser Generation die Professionalität von Kulturangeboten weniger wichtig – stattdessen dominieren „Wahrheit" und „Echtheit" des Gefühls sowie Innerlichkeit und Selbsterfahrung, was mit Vorbehalten gegenüber Großereignissen und Kulturevents einhergeht.[229]
- Die in den **1960er** Jahren Geborenen setzen sich sehr deutlich von den vorangegangenen Generationen ab: Sie betonen die Oberfläche und zeigen eine „selbstbewußte Konsumentenhaltung und Konsumentensouveränität gegenüber der Kultur, gleichgültig ob öffentlich oder privat."[230] Kulturangebote werden als Dienstleistungen wahrgenommen, aus denen der „ästhetische Mensch" dieser

---

223 Vgl. hierzu u.a. Glaser 1997, S. 307 ff.
224 Vgl. Göschel 1991, S. 43 ff.
225 Göschel 1991, S. 182.
226 Vgl. Göschel 1991, S. 183.
227 Göschel 1991, S. 183.
228 Göschel 1991, S. 183.
229 Vgl. Göschel 1991, S. 183.
230 Göschel 1991, S. 185.

Generation souverän auswählt. Er zeigt eine entsprechende Erwartungshaltung und fordert Ereignisse und Erlebnisse konkret ein. Dabei sind „nicht Innerlichkeit, Tiefe und Moral, sondern Design, Spiel und Inszenierung [...] die Kategorien der kulturellen Orientierung [...]."[231]

Die Ergebnisse seiner Untersuchung führen Göschel zu zwei zentralen Ergebnissen:

> Zum einen wird erkennbar, wie gleichzeitig lebende Generationen Kulturbegriffe artikulieren, die verschiedenen historischen Traditionen angehören, so daß Ungleichzeitigkeiten entstehen. Durch Griffe in einen Fundus an kulturellen Vorstellungen unternimmt jede Generation ihre Abgrenzung von der vorhergehenden und deren Entwertung.[232]
> Zum anderen scheint sich in den konkurrierenden Konzepten symbolischer Kultur – bisher – auch eine Entwicklung anzudeuten. Unsere Ergebnisse legen den Schluß nahe, daß die symbolische Kultur ihre Überhöhung und Aufladung mit Dimensionen, die über sie selbst hinausgehen, in den Augen der jüngsten hier behandelten Generation verloren hat. Trotz aller Widersprüche in der Entwicklung eines Kulturbegriffes ist das die verbindende Linie: eine Reduktion und schließliche Auflösung der Gehalte und Ansprüche an Kunst und Kultur, mehr zu sein als ästhetische Veranstaltung, als inszeniertes Ereignis und subjektives Erlebnis.[233]

---

231 Göschel 1991, S. 185.
232 Göschel führt hierzu weiter aus: „Man muß davon ausgehen, daß sich Kontinuitäten und Brüche überlagern. Jede Generation wird demnach Normen und Einstellungen aus einer Generationslage entwickeln, in die als wesentliches Element die Beziehungen zu anderen und vor allem zu der oder den vorausgehenden Generationen mit eingehen. [...] Mit Sicherheit können wir aber davon ausgehen, daß sich die Beziehungen der Generationen zueinander entsprechend den Tradierungen und Brüchen auf kulturellem Gebiet abbilden, wie die Beziehungen zwischen anderen konkurrierenden sozialen Gruppen auch: durch Imitation und durch Unterscheidungen oder Distanzierungen." (Göschel 1991, S. 19 f.).
233 Göschel 1991, S. 177; es lässt sich bezweifeln, ob bei den vorangegangenen Generationen – gerade auch mit Blick auf die in den 1930er Jahren Geborenen, die laut Göschel Hochkultur und damit insbesondere den künstlerischen Genuss besonders schätzten – tatsächlich der Anspruch an Kultur bestand, über „ästhetische Veranstaltungen" hinausgehend wirksam zu werden. Zugleich widerspricht Göschels Aussage den Ergebnissen von Welsch, der als Ergebnis seiner Überlegungen zur Kulturpolitik in der Postmoderne zu dem Ergebnis kommt, dass insbesondere Hochkultur zu fördern sei – die gerade die Ästhetik von Kunst- und Kulturprodukten in den Mittelpunkt rückt.

Die Zuordnung generationstypischer Einstellungen erfolgte zunächst auf der Basis von Interviews mit jeweils drei bis sechs VertreterInnen der vier Generationen.[234] Eine ergänzende Befragung von IntendantInnen und kulturpolitischen ExpertInnen in Führungspositionen z. B. beim *Deutschen Bühnenverein*, beim *Deutschen Musikrat* oder bei der *Arbeitsgemeinschaft der Programmkinos* zeigte dann aber laut Göschel „überraschend deutlich die generationstypische Prägung der Experten selbst, die sich auch beim professionellen Umgang mit kulturellen Angeboten und bei der Wahrnehmung und Bewertung kultureller Zielgruppen erweist."[235] Die InterviewpartnerInnen ließen in ihren Antworten auf konkrete Sachfragen häufig „ganz persönliche Einstellungen, Orientierungen und Wertungen ihrer generationsspezifischen kulturellen Sozialisation und Prägung in den Faktenzusammenhang einfließen". Die ExpertInnenbefragung sollte lediglich eine Ergänzung der eigentlichen Studie darstellen, sodass „keine kompletten und differenzierten Generationsbilder der Kulturexperten in Analogie zu den – biographisch fundierten – Generationstypen der Kulturkonsumenten erstellt werden [können]."[236] Somit handelt es sich bei diesen Ergebnissen zunächst nur um Tendenzen mit beschränkter Reichweite; es ist aber dennoch davon auszugehen, dass KulturpolitikerInnen von den Grundzügen ihrer jeweiligen Generation beeinflusst werden und sich entsprechende Positionen in ihrer kulturpolitischen Arbeit niederschlagen.

Die von Göschel vorgelegt Einordnung geht sehr schematisch vor; es erscheint jedoch unwahrscheinlich, dass die kulturpolitische Prägung jeweils so eindeutig mit dem Geburtsjahrgang korreliert. Zudem muss bezweifelt werden, dass sich die einzelnen Begriffe tatsächlich gegenseitig ablösen – viel wahrscheinlicher ist eine Überlappungen zwischen den einzelnen Kategorien und das Vorliegen von Tendenzen, die sich als prägende Faktoren für bestimmte Generationen einordnen lassen. Fuchs interpretiert die Ergebnisse Göschels nicht bloß als Beleg für „eine Pluralität von Kulturbegriffen in der Gesellschaft" sondern sieht (Kultur-)Politik „auch als Wettbewerb zwischen Generationen […], die jeweils ihrem Kulturbegriff (was jeweils auch einen spezifischen Kulturpolitikbegriff zur Folge hat) zur Geltung verhelfen wollen".[237] Kulturkonzepte sind somit stets von gesellschaftspolitischen oder auch zeitgeschichtlichen Strömungen abhängig und die jeweils gängigen Denkweisen, Lebensformen oder Werte schlagen sich in der

---

234 Die Auswahlmethodik der InterviewpartnerInnen (u.a. JuristInnen, MedizinerInnen, MalerInnen) stellt Göschel nur sehr vage dar, was die Aussagekraft seiner Ergebnisse vermindert.
235 Mittag in Göschel 1991, S. 147.
236 Mittag in Göschel 1991, S. 148.
237 Fuchs 2008, S. 144.

konkreten Praxis von Kulturpolitik nieder – was folglich die Schwierigkeit eines klar konturierten Kulturpolitikbegriffs mit erklären kann.

Eine weitere, ebenfalls historisch strukturierte, Typologisierung von Kulturbegriffen der deutschen Kulturpolitik legte der Soziologe Gerhard Schulze 1992 vor. Unter dem Titel *Die Erlebnisgesellschaft – Kultursoziologie der Gegenwart* konstatiert er eine generelle Erlebnisorientierung der modernen Gesellschaften und diagnostiziert diese auch in Bezug auf die Kulturpolitik: Die zunehmende Ästhetisierung sämtlicher Lebensbereiche[238] sowie eine Fokussierung auf die ökonomischen Auswirkungen von Kultur- und Erlebnisangeboten wirkt sich auch auf das aktuelle Verständnis von Kulturpolitik aus. Diese mit dem Begriff „Ökonomiemotiv" bezeichnete Entwicklung stellt einen weiteren Baustein innerhalb der kontinuierlichen Weiterentwicklung und Diversifizierung des Kulturbegriffs der deutschen Kulturpolitik seit 1945 dar, der laut Schulze bisher vier kulturpolitische Grundmotive aufweist:

- In den Jahren nach 1945 dominiert das **Hochkulturmotiv**, das das Ziel der Bestandssicherung der Hochkultur und damit einhergehend die verstärkte Institutionalisierung von Hochkultureinrichtungen fokussiert: Theater, Museen und Denkmalpflege stehen im Mittelpunkt der Kulturpolitik und sollen dazu beitragen, das Ideal des ästhetisch kompetenten Menschen zu verwirklichen.
- Daran schließt sich das **Demokratisierungsmotiv** an, in dessen Mittelpunkt Verteilungsgerechtigkeit, Schlagworte wie *Kultur für alle* und Vorstellungen einer kompensatorischen Kulturpolitik stehen. Der Gedanke einer Emanzipation der Arbeiterklasse durch Bildung erhält neuen Zuspruch und die Idee der Demokratisierung von Kultur sollte durch die Popularisierung der Hochkultur realisiert werden.
- Weniger das Kunstwerk an sich als vielmehr der soziale Prozess seiner Entstehung sowie die Alltagskultur stehen beim **Soziokulturmotiv** im Vordergrund. Dieses Ende der 1960er Jahre dominierende Motiv zielt auf den autonomen, sich selbst verwirklichenden Menschen.
- Seit Ende der 1980er Jahre steht das bereits erwähnte **Ökonomiemotiv** im Vordergrund, bei dem neben der arbeitsmarktpolitischen und insgesamt volkswirtschaftlichen Bedeutung öffentlicher Erlebnisproduktion „Kultur als Standortfaktor" im Mittelpunkt steht.[239]

---

238 Vgl. hierzu vertiefend Misik 2007, der die zunehmende Wahrnehmung von Waren nicht länger als Gebrauchsgegenstände, sondern vielmehr als Kultobjekte zum Ausdruck eines bestimmten Lebensstils beschreibt.
239 Vgl. Schulze 2000, S. 499 ff.

Im Gegensatz zu Göschel betont Schulze jedoch, dass sich die einzelnen Kulturbegriffe seiner Typologie im zeitlichen Verlauf nicht unbedingt gegenseitig ablösen, sondern vielmehr parallel zueinander bestehen – es erfolgt lediglich eine Verschiebung ihrer jeweiligen Prioritäten.[240] Doch insgesamt weisen die Ansätze von Schulze eindeutige Parallelen zur Systematik von Göschel auf: Beide Autoren sehen den Ausgangspunkt eines deutschen Kulturpolitikbegriffs in der Hochkultur, der jedoch durch eine zunehmende Ausrichtung auf eine demokratisierte Gesellschaft eine umfassende Erweiterung erfuhr und insbesondere durch die Idee der Soziokultur neue Impulse erhielt. Zudem erkennen beide Autoren mit Blick auf die jüngste Vergangenheit eine verstärkte Orientierung an ökonomischen Motiven bzw. einen zunehmend konsumorientierten Zugang. Die Systematiken von Schulze und Göschel wurden zu Beginn der 1990er Jahre veröffentlicht, sodass bisher für die Zeit nach der Jahrtausendwende keine Kategorienbildung vorliegt. Angesichts der aktuellen Diskurse lässt sich jedoch spekulieren, dass der Fokus der nachfolgenden Generationen auf gesellschaftspolitischen Motiven im Sinne der kulturellen Bildung und der Integration durch Kulturpolitik liegen könnte.

Adorno, Welsch, Göschel und Schulze gehen mit unterschiedlichen Blickwinkeln bzw. Analysemethoden an die Frage nach einer der Kulturpolitik in Deutschland innewohnenden Systematik heran. Mit Blick auf den Kulturpolitik zugrunde liegenden Kulturbegriff kann das zusammenfassende Ergebnis deshalb lediglich sein, dass dieser eindeutig plural geprägt ist und insbesondere durch die Tatsache, dass er stets von Akteuren unterschiedlicher Altersgruppen getragen und in die Praxis umgesetzt wird, stets sehr unterschiedlichen, parallel existierenden Herangehensweisen und Ansätzen ausgesetzt ist und in der Folge eine kontinuierliche Weiterentwicklung erfährt.

2.1.2 Praktisch orientierte Ansätze zum Kulturbegriff der deutschen Kulturpolitik

Der Frage, wie die Prioritätensetzung in der Praxis aktueller Kulturpolitik aussieht, soll nun auf der Basis kulturpolitischer Grundlagentexte und Handlungsanweisungen vertiefend nachgegangen werden. Sämtliche Anforderungen an einen wissenschaftlich reflektierten Kulturbegriff in der konkreten Umsetzung durch die kulturpolitischen Akteure der verschiedenen Ebenen zu erfüllen, stellt eine schwierige Herausforderung dar, der die praktischen Herangehensweisen nicht immer gerecht werden können. Dennoch sind für eine handlungsfähige

---

240 Vgl. Schulze 2000, S. 499.

Kulturpolitik konkrete Festlegungen, Maßstäbe und Zielsetzungen unabdingbar. Diese variieren je nachdem, ob es sich um staatliche oder nicht-staatliche Akteure handelt und ob parteipolitische Einflüsse vorhanden sind. Außerdem hängen sie von gesellschaftspolitischen Strömungen und den jeweils vorherrschenden bildungs- und wirtschaftswissenschaftlichen Bedingungen ab. Die aktuell wichtigsten Handlungsmaximen und die Grundzüge eines Kulturbegriffs in der gegenwärtigen deutschen Kulturpolitik sollen im Folgenden vorgestellt werden.

Als Ausgangspunkt deutscher Kulturpolitik kann Art. 27 der „Allgemeinen Erklärung der Menschenrechte" von 1948 gelten, der jedem das Recht bescheinigt, „am kulturellen Leben der Gemeinschaft frei teilzunehmen, sich an den Künsten zu erfreuen und am wissenschaftlichen Fortschritt und dessen Errungenschaften teilzuhaben."[241] Juristische Festlegungen finden sich zudem in Bezug auf den Denkmalschutz, wobei jedes der 16 Bundesländer über ein eigenes Denkmalschutzgesetz verfügt, das den Gegenstand jeweils leicht abweichend festlegt.[242] Beispielsweise definiert das *Bayerische Denkmalschutzgesetz* Denkmäler als „von Menschen geschaffene Sachen oder Teile davon aus vergangener Zeit, deren Erhaltung wegen ihrer geschichtlichen, künstlerischen, städtebaulichen, wissenschaftlichen oder volkskundlichen Bedeutung im Interesse der Allgemeinheit liegt."[243] Das entsprechende Gesetz für Nordrhein-Westfalen gibt in Art. 2 folgende Regelung vor:

> (1) Denkmäler sind Sachen, Mehrheiten von Sachen und Teile von Sachen, an deren Erhaltung und Nutzung ein öffentliches Interesse besteht. Ein öffentliches Interesse besteht, wenn die Sachen bedeutend für die Geschichte des Menschen, für Städte und Siedlungen oder für die Entwicklung der Arbeits- und Produktionsverhältnisse sind und für die Erhaltung und Nutzung künstlerische, wissenschaftliche, volkskundliche oder städtebauliche Gründe vorliegen. […][244]

In allen 16 Denkmalschutzgesetzen wird der Schutz von künstlerischen und wissenschaftlichen Objekten vorgeschrieben, zentral sind zudem historisch und städtebaulich relevante Zeugnisse, die in fast allen Ländern als schützenswert gelten.[245] Der gesetzlich vorgeschriebene Schutz von kulturgeschichtlich relevanten Objekten stellt somit selbstverständlich einen Aspekt deutscher Kulturpolitik

---

241 Vereinte Nationen 1948, Art. 27.
242 Eine Übersicht über alle 16 Denkmalschutzgesetze der einzelnen Bundesländer findet sich bei Göhner 2013.
243 Bayerische Staatsregierung 25.06.1973, Art. 1, Abs. 1.
244 Ministerium für Inneres und Kommunales des Landes Nordrhein-Westfalen 11.03.1980, Art. 2, Abs. 1.
245 Vgl. Göhner 2013.

dar und definiert den kulturpolitischen Begriff von Kultur mit. Doch der eindeutige Bezug auf Denkmäler und somit bereits bestehende Kulturobjekte ist nur ein Aspekt kulturpolitischer Aktivität, die selbstverständlich auch aktuelle Kulturprodukte und neue Ausdrucksformen mit einschließt.

Dementsprechend lässt sich der Kulturbegriff der deutschen Kulturpolitik grundsätzlich als „weiter Kulturbegriff" definieren, der sich insbesondere in Folge der *UNESCO-Weltkonferenz über Kulturpolitik* von 1982 etabliert hat. In ihrem gemeinsamen Schlussbericht formulieren die 129 Mitgliedsstaaten,

> dass die Kultur in ihrem weitesten Sinne als die Gesamtheit der einzigartigen geistigen, materiellen, intellektuellen und emotionalen Aspekte angesehen werden kann, die eine Gesellschaft oder eine soziale Gruppe kennzeichnen. Dies schließt nicht nur Kunst und Literatur ein, sondern auch Lebensformen, die Grundrechte des Menschen, Wertsysteme, Traditionen und Glaubensrichtungen;
>
> dass der Mensch durch die Kultur befähigt wird, über sich selbst nachzudenken. Erst durch die Kultur werden wir zu menschlichen, rational handelnden Wesen, die über ein kritisches Urteilsvermögen und ein Gefühl der moralischen Verpflichtung verfügen. Erst durch die Kultur erkennen wir Werte und treffen die Wahl. Erst durch die Kultur drückt sich der Mensch aus, wird sich seiner selbst bewusst, erkennt seine Unvollkommenheit, stellt seine eigenen Errungenschaften in Frage, sucht unermüdlich nach neuen Sinngehalten und schafft Werke, durch die er seine Begrenztheit überschreitet.[246]

Dementsprechend soll Kulturpolitik die kulturelle Identität und das kulturelle Erbe aller Völker schützen, Kultur zum „Austausch von Ideen und Erfahrungen" beitragen und der „Achtung anderer Werte und Traditionen"[247] dienen. Als „weit" kann der UNESCO-Kulturbegriff vor allem bezeichnet werden, da er eine kulturelle Dimension der globalen Entwicklung mit einschließt: Der Erhalt der Natur, die generelle Weiterentwicklung der Menschheit durch Bildung und das Ziel einer möglichst umfassenden Beteiligung aller an der Herstellung und Nutzung kultureller Güter lässt sich im Begriff der „demokratischen Kulturpolitik"[248] zusammenfassen. „Weit" ist der UNESCO-Kulturbegriff auch deshalb, weil er sowohl materielle als auch immaterielle Kulturgüter wie Sprachen oder Riten einschließt und zum Schutz dieses umfassenden kulturellen Erbes aufruft. Zugleich stellt er einen engen Bezug zur Bildungspolitik her, die

---

246 Dyroff und Scheer 1983, S. 121.
247 Dyroff und Scheer 1983, S. 122.
248 Dyroff und Scheer 1983, S. 125; trotz der gleichen Wortwahl lässt sich das Verständnis „demokratischer Kulturpolitik" im Sinne der UNESCO nicht mit dem bereits vorgestellten von Welsch gleichsetzen, der das demokratische Moment vor allem in der (postmodernen) Pluralität erkennt.

als „unerlässliche Voraussetzung für die wahrhafte Entwicklung des Menschen und der Gesellschaft"[249] bezeichnet wird. Erziehung, Wissenschaft und Kultur sollen zu einem besseren Verständnis zwischen den Menschen beitragen und der langfristigen Friedenssicherung dienen. Die jeweilige kulturelle Identität der Völker und den daraus resultierenden Pluralismus fokussierend, stimmen die Delegierten – „[o]hne den Versuch zu unternehmen, den Begriff der Kultur wissenschaftlich oder allzu starr festzulegen zu wollen"[250] – darin überein,

> dass Kultur jedenfalls nicht [in] jenem eingeengten Sinne von belles-lettres, schönen Künsten, Literatur und Philosophie zu verstehen sei, sondern als die charakteristische, spezifische Art und Weise jedes Individuums und jeder Gemeinschaft, zu denken und das Leben zu bewerkstelligen. Kultur ist daher sowohl die künstlerische Schöpfung als auch ihre Interpretation, Ausführung und Verbreitung von Kunstwerken, Körperkultur, Sport, Spielen und Freiluftaktivitäten wie auch die Art und Weise, in der eine Gesellschaft und deren Glieder ihr Gefühl für Schönheit und Harmonie ausdrücken und ihre Sicht der Welt, aber auch die Art und Weise ihrer wissenschaftlichen und technologischen Erfindungen sowie der Kontrolle ihrer natürlichen Umgebung.[251]

In diesem Bericht zur *Weltkonferenz über Kulturpolitik* fand der erweiterte Kulturbegriff somit erstmals internationale Anerkennung,[252] weshalb er als Schlüsseldokument für die weitere Entwicklung der Kulturpolitik auch in Deutschland gelten kann – obwohl hier bereits in Folge der 1968er-Bewegung eine Abwendung vom affirmativen, auf Hochkultur beschränkten Kulturbegriff der Nachkriegszeit erfolgt war und sich im Gegenzug ein umfassenderes Verständnis von Kultur durchgesetzt hatte.[253] Insbesondere die Gründung der *Kulturpolitischen*

---

249 Dyroff und Scheer 1983, S. 120.
250 Dyroff und Scheer 1983, S. 19.
251 Dyroff und Scheer 1983, S. 19.
252 Eine Vertiefung und Erweiterung erfuhr dieser Kulturbegriff in der 2001 verabschiedeten *Allgemeinen Erklärung zur kulturellen Vielfalt*, die bekräftigt, „dass Kultur als Gesamtheit der unverwechselbaren geistigen, materiellen, intellektuellen und emotionalen Eigenschaften einer Gesellschaft oder sozialen Gruppe angesehen werden sollte, und dass sie über Kunst und Literatur hinaus auch Lebensformen, Formen des Zusammenlebens, Wertesysteme, Traditionen und Überzeugungen umfasst." (UNESCO 2002, S. 1). Darauf aufbauend trat 2003 das *Übereinkommen zur Erhaltung des immateriellen Kulturerbes* sowie 2005 das *Übereinkommen über den Schutz und die Förderung der Vielfalt kultureller Ausdrucksformen* in Kraft, das von Deutschland am 12. März 2007 ratifiziert wurde und in dem es heißt: „‚Kulturelle Vielfalt' bezieht sich auf die mannigfaltige Weise, in der die Kulturen von Gruppen und Gesellschaften zum Ausdruck kommen." (UNESCO 2005, S. 20).
253 Vgl. Glaser 1997, S. 383 sowie vertiefend Kapitel 3.1.

Gesellschaft e.V. im Jahr 1976 führte zur Etablierung der *Neuen Kulturpolitik*[254], die „der Entfaltung und Entwicklung der sozialen, kommunikativen und ästhetischen Möglichkeiten und Bedürfnisse aller Bürgerinnen und Bürger dient und die aktive Beteiligung aller Schichten der Bevölkerung am kulturellen Leben gewährleistet"[255], was einer erweiterten Definition von Kultur ähnlich der Dokumente von UNESCO und Europarat sehr nahe kommt.[256] Die wichtigsten Ziele der Neuen Kulturpolitik prägen bis heute den Kulturbegriff der deutschen Kulturpolitik: Nach wie vor steht ein „auf kulturelle Prozesse und lebensweltliche Kontexte erweiterter Begriff"[257] im Mittelpunkt und die Ziele einer Ausweitung des Kulturpublikums und auch des Kulturangebots sind nach wie vor zentral bzw. sogar besonders aktuell: Kulturpolitik sieht sich durch zunehmende Globalisierung und Individualisierung, durch die Etablierung multikultureller Gesellschaften und den Übergang von der Arbeits- in eine Tätigkeitsgesellschaft vor ganz neuen Herausforderungen.[258]

Auf diese Entwicklungen hat die Kulturpolitik zu reagieren, sodass Fuchs in seinem Aufsatz „Ausgrenzung – auch eine Frage der Kulturpolitik?" dafür plädiert, das Versprechen der Moderne, Bildung, Wohlstand und Kultur für alle zu ermöglichen, im Sinne einer demokratischen Kulturpolitik bzw. einer Kulturpolitik als Gesellschaftspolitik zu erfüllen. Diese ist von der Idee geprägt, durch Kultur und entsprechende Kulturpolitik einen Ausgleich zu den auf Ökonomie und Effizienz geprägten Realitäten herzustellen und das Ziel der Inklusion aller BürgerInnen in die Gesellschaft als „Normalitätsstandard"[259] anzuerkennen. Laut Fuchs erfolgt bisher jedoch kein zufriedenstellender Ausgleich mangelnder Chancengleichheit durch die Sozial- und Bildungssysteme und diese Ungleichheit setzt sich auch im Kulturbereich fort: Insbesondere MigrantInnen, aber auch

---

254 Zur Entwicklung und den Kennzeichen der Neuen Kulturpolitik vgl. vertiefend Kapitel 3.1.4.
255 Kulturpolitische Gesellschaft 1998, S. 1.
256 Das Gründungsdokument der *Kulturpolitischen Gesellschaft* basiert zum Teil auf der Abschlusserklärung der Konferenz von Arc et Senans des Europarates von 1972, die Kulturpolitik erstmals als Gesellschaftspolitik und kulturelle Bildungspolitik definiert sowie das Ziel einer kulturellen Demokratie formuliert hat – eine bereits auf den weiten Kulturbegriff hindeutende Programmatik (vgl. Europarat 1972).
257 Kulturpolitische Gesellschaft 1998, S. 1.
258 Vgl. hierzu exemplarisch die Aufsätze *Kulturpolitik in Zeiten der Globalisierung* (Fuchs 2003) oder auch *Der Kulturbegriff demokratischer Kulturpolitik* (Hoffmann und Kramer 1990).
259 Fuchs 2010, S. 38.

Jugendliche und finanziell benachteiligte Bevölkerungsgruppen nehmen Kulturangebote nur sehr eingeschränkt wahr – was Fuchs vor allem auf eine „katastrophal ungleiche[n] Verteilung öffentlicher Zuwendungen für die verschiedenen Lebensstilgruppen"[260] zurückführt. Er kommt mit Bezug auf die Theorien von Bourdieu[261] zu dem Ergebnis, dass ein enger Zusammenhang zwischen den jeweiligen ästhetischen Präferenzen und der politischen Partizipation an der Macht besteht, wodurch mangelnde kulturelle Beteiligung mit eingeschränkter politischer Teilhabe einhergeht. Diese Teilhabemöglichkeiten sind aber entscheidend für die Legitimität einer Gesellschaft, sodass Fuchs einerseits eine Demokratisierung der Kultur in Form einer Ausdehnung des Nutzerkreises von Kulturangeboten fordert, sowie andererseits eine kulturelle Demokratie,[262] in der Kulturpolitik als Mittel politischer und gesellschaftlicher Veränderung im Sinne der Soziokultur Umsetzung findet.[263] Die entsprechenden Forderungen nach einer *Kultur für alle*[264] bzw. dem *Bürgerrecht Kultur*, die analog zum Kulturbegriff der UNESCO bereits seit den 1970er Jahren eine aktive Ausweitung der Kulturrezipienten auf sämtliche gesellschaftliche Schichten anstrebten, konnten aber bis heute nicht umfassend erfüllt werden und stellen folglich nach wie vor ein grundlegendes Element des deutschen Verständnisses von Kulturpolitik und zugleich eine wichtige Zielsetzung dar.[265]

Doch zugleich sollte die Interpretation von Kulturpolitik als Gesellschaftspolitik nicht zum allseits dominierenden Motiv werden, da hiermit auch eine einseitige und unangemessene Inanspruchnahme und Instrumentalisierung einhergehen kann:

---

260 Fuchs 2010, S. 40.
261 Vgl. Bourdieu 1982; relevant ist in diesem Kontext weniger das symbolische, soziale oder ökonomische Kapital, als insbesondere das kulturelle Kapital.
262 Es wurden bereits die Konzepte der „demokratischen Kulturpolitik" im Sinne der UNESCO (vgl. Dyroff und Scheer 1983, S. 125) und Welschs postmoderne Interpretation (vgl. Welsch 1990, S. 85) vorgestellt.
263 Vgl. Fuchs 2010, S. 40 f.
264 Vgl. Hoffmann 1979: *Kultur für alle. Perspektiven und Modelle*, ein entscheidendes Dokument für die Etablierung des entsprechenden Kulturverständnisses, das bereits im Titel diese zentrale Forderung enthält.
265 Vgl. hierzu auch die „Hagener Erklärung" (1996) der *Kulturpolitischen Gesellschaft*. Aktuelle Beiträge zur Entwicklung des Kulturpublikum findet sich u.a. in Föhl und Glogner-Pilz 2011, konkrete Zahlen im *9. KulturBarometer* (Deutsche Orchestervereinigung und Zentrum für Kulturforschung 2011) sowie im *Kulturfinanzbericht 2012* (Statistische Ämter des Bundes und der Länder 2012). Die Notwendigkeit weiterer Forschung zum Kulturpublikum konstatiert Reuband (Reuband 2012).

Zunehmend wird [...] die öffentliche Kulturpolitik nicht nur als Lückenbüßer für Bereiche verstanden, die von anderen Kräften wie Markt und Verbänden nicht abgedeckt werden, sondern auch als Korrektiv für sozial unverträgliche und unerwünschte Einflüsse z.B. des Marktbereiches.[266]

Doch es kann nicht die Idee und die Aufgabe des Wohlfahrtsstaates sein, unmittelbar für „das gute Leben" seiner BürgerInnen zu sorgen – er hat lediglich die Verpflichtung, die hierfür notwendigen Bedingungen herzustellen bzw. zu sichern. Dementsprechend liegt die vorrangige Aufgabe der Kulturpolitik darin, die Wahrnehmungsfähigkeit der BürgerInnen als Bedingung für die Möglichkeit eines solchermaßen gelungenen und glücklichen Lebens zu stärken und sie zu befähigen, Zugang zu Kulturangeboten zu erlangen und diese als persönlichkeitsbildende Bereicherungen zu rezipieren.[267] Hieraus ergibt sich als zentrale Komponente des deutschen Begriffs von Kulturpolitik folgendes:

,Kultur als Zukunftsinvestition' und ,Kultur für alle' meinen freilich nicht die Unterordnung des Kulturellen unter das Ökonomische, sondern beanspruchen eine richtungsweisende, die Frage ,wie wir leben wollen' thematisierende und zur Diskussion stellende Funktion des kulturellen Wert-Systems.[268]

Kulturpolitischer Konsens ist zudem, dass Kultur auch in einem erweiterten Sinne gesellschaftspolitisch relevant ist: Kultur ist immer auch Kulturkritik und sollte eine Förderung des gesellschaftlichen Diskurses über den sozialen, ökonomischen, politischen und kulturellen Wandel darstellen.[269] Hierfür müssen Kunst und Kultur Möglichkeiten zur Selbstreflexion, zur Orientierung in Raum und Zeit sowie zur Sinnstiftung bieten.[270] Nur wenn diese Kulturfunktionen erfüllt werden, lässt sich ein öffentlich geförderter Kulturbetrieb ohne die Dominanz durch ökonomische Motive und wirtschaftliche Abhängigkeiten aufrechterhalten. Und gerade dieser öffentliche Kulturbetrieb ist – trotz einer funktionierenden Kultur- und Kreativwirtschaft – entscheidend, da nur hier gefördert werden kann, „was es schwer hat", und Raum für Experimentelles zur Verfügung steht:[271]

Während für den kommerziellen Erlebnisanbieter das Profitstreben als Daseinszweck ausreicht, hat Kulturpolitik den Menschen und die Gesellschaft im Auge. Sie legitimiert sich durch pädagogische und gesellschaftspolitische Zielsetzungen [...].[272]

---

266 Hoffmann und Kramer 1990, S. 428.
267 Vgl. Fuchs 1998, S. 30.
268 Hoffmann und Kramer 1990, S. 434.
269 Vgl. Fuchs 2003, S. 16.
270 Vgl. Fuchs 2010, S. 40 f.
271 Vgl. Fuchs 2003, S. 16.
272 Schulze 2000, S. 496.

Es darf jedoch nicht außer Acht gelassen werden, dass sich das gesellschaftliche Interesse an der Kulturpolitik „keineswegs einem interesselosen Wohlgefallen [verdankt]"[273], sondern Stichworte wie Umwegrentabilität,[274] sozialer und gesellschaftlicher Nutzen von Kulturangeboten, die Idee von Kultur- und Freizeiteinrichtungen zur Attraktivitätssteigerung von Standorten oder das Schlagwort der Kultur als „Kulisse" verdeutlichen, dass Kulturpolitik durchaus von ökonomischen Aspekte beeinflusst wird.[275]

Wesentlich für die deutsche Auffassung des kulturpolitischen Kulturbegriffs ist zudem die Akzeptanz, dass nicht allein staatliche Akteure seine Definition bestimmen: Kulturpolitik muss sich stattdessen innerhalb eines Netzwerks ganz unterschiedlicher Akteure bewähren.[276] Dieser Ansatz ist im Wesentlichen historisch bedingt:

> Kennzeichen des Kultur- und Bildungssystems in Deutschland – im Unterschied zu zahlreichen anderen Ländern – ist ein ausgeprägter kooperativer Föderalismus. Dieser hat, da Deutschland bis 1871 aus vielen selbstständigen Feudalstaaten und freien Reichsstädten mit einer eigenen Kultur- und Bildungspolitik bestand, eine lange Tradition. Auch bei der Reichseinigung 1871 kam es hier nicht zu einer Zentralisierung der Kompetenzen. Die neue Reichsregierung erhielt eine Zuständigkeit für die kulturelle Außenpolitik, die Teilstaaten blieben für den Bereich des Kultus, das heißt Bildung, Kultur und Kirche verantwortlich. Besonders im Kulturbereich kam neben den Ländern den Kommunen als Träger zahlreicher kultureller Einrichtungen eine zentrale Bedeutung zu, ergänzt um ein ausgeprägtes bürgerliches Engagement für Kunst und Kultur. Das änderte sich auch mit dem Wechsel zu einem demokratisch-republikanischen Staat mit der Verfassung der Weimarer Republik (1919 bis 1933) nicht.
>
> Erst das nationalsozialistische Regime (1933 bis 1945) brach mit dieser föderalen Tradition und ersetzte diese durch eine gewaltsame Zentralisierung und die Instrumentalisierung von Kultur und Bildung im Dienste des Nationalsozialismus. Gerade diese Zentralisierung führte nach Ende der nationalsozialistischen Herrschaft zu einer besonderen Wertschätzung föderaler Strukturen in der Bundesrepublik Deutschland. Vor dem Hintergrund des nationalsozialistischen Missbrauchs von Kunst und Kultur, aber auch als ausdrückliche Auflage der Alliierten, wurde in der Bundesrepublik Deutschland die kultur- und

---

273 Hoffmann und Kramer 1990, S. 429.
274 Insbesondere in den späten 1980er und den 1990er Jahren dominierte die wirtschaftliche Legitimation für kulturpolitische Initiativen: Durch Investitionen in Kunst und Kultur sollten positive Effekte z.B. für den Tourismus oder das Stadtmarketing erzielt werden (vgl. exemplarisch Liebald und Rimbach 1991).
275 Vgl. Hoffmann und Kramer 1990, S. 428 ff.
276 Bereits weiter oben wurde auf das „Kräfteparallelogramm" aus staatlichen und privaten/privatwirtschaftlichen Akteuren sowie Publikum und KünstlerInnen hingewiesen.

bildungspolitische Verantwortung des Gesamtstaates von Beginn an sehr zurückhaltend interpretiert. In der Deutschen Demokratischen Republik wurden dagegen die Länder 1952 aufgelöst, 15 Bezirke traten an ihre Stelle, und ein Staats- und Parteizentralismus wurde auch im Kultur- und Bildungsbereich installiert. Mit der deutschen Einheit von 1990 endete diese Phase der getrennten kultur- und bildungspolitischen Entwicklung. Ein Großteil der vom Staat oder von Bezirken getragenen Kultur- und Bildungsinstitutionen ging auf die neu konstituierten ostdeutschen Länder und die Kommunen über.[277]

Aufbauend auf diesen historischen Erfahrungen, etablierte sich ein kulturpolitisches „Kräfteparallelogramm", bestehend aus staatlichen Akteuren, erlebnisanbietenden Institutionen wie Theater, Oper oder Kulturzentren, den Künstlern und dem Publikum, das den Kulturbegriff der deutschen Kulturpolitik entscheidend prägt.[278] Es besteht Konsens darüber, dass Kulturpolitik in einer demokratischen Bürgergesellschaft „nicht allein Aufgabe des Staates, sondern verschiedener gesellschaftlicher Akteure"[279] ist, dass also verschiedene *Kulturen* – ob nun bewusst oder unbewusst, deutlich artikuliert oder auch eher indirekt – miteinander im Wettstreit stehen. Entscheidend zu dieser Form der Kulturpolitik trägt die Tatsache bei, dass sie im Gegensatz zu den meisten anderen Politikfeldern weitgehend ohne Rechtsnormen agiert. Welche kulturellen Aufgaben der Staat zu erfüllen hat, basiert nicht primär auf Gesetzen, sondern vielmehr auf der ständigen kulturpolitischen Diskussion zwischen den unterschiedlichen Akteuren. Dementsprechend dominiert in Deutschland kein juristisch festgelegter oder normativer sondern vielmehr ein diskursiver Kulturpolitikbegriff.[280] Zudem führen die föderalistischen Strukturen in Deutschland zu einer Verteilung der Kompetenzen auf den unterschiedlichen staatlichen Ebenen von Bund, Ländern und Gemeinden. Das kulturelle Leben und die kulturelle Entwicklung werden darüber hinaus von Parteien, Gewerkschaften, Kirchen, Verbänden, Vereinen und weiteren nicht-staatlichen Organisationen sowie – insbesondere seit der zunehmenden Etablierung der Kultur- und Kreativwirtschaft als marktrelevanter Größe – dem ökonomischen System geprägt.[281] Aufgrund der großen Zahl von

---

277 Wagner 2010.
278 Vgl. Schulze 2000, S. 496; auch für Wiesand stellt die Vielzahl der Akteure im Bereich der Kulturpolitik ein wesentliches Charakteristikum dar, sodass er das kulturpolitische System Deutschlands als „kooperativen Kulturföderalismus" bezeichnet (vgl. Wiesand 2003).
279 Kulturpolitische Gesellschaft 1998, S. 8.
280 Vgl. Fuchs 1998, S. 225.
281 Vgl. Hoffmann und Kramer 1990, S. 427; die hier erwähnten Akteure werden in Kapitel 3.2. im Einzelnen vorgestellt.

Akteuren, lassen sich die Ziele und die Gestaltung von Kulturpolitik nur im Dialog und im Diskurs mit den verschiedenen gesellschaftlichen Kräften festlegen:

> Für die Gestaltung und die Aktivierung der kulturellen Öffentlichkeit ist daher ein Politikverständnis konstitutiv, in dem *Moderation* und *Vermittlung* als Elemente eines ‚Netzwerkmanagements' und einer ‚Cultural Governance' eine größere Rolle spielen als bisher. Leitelemente eines in diesem Sinne ‚aktivierenden Kulturstaates' sind: Kommunikation, Konsensfindung, Kooperation und Koordination.[282]

Scheytt führt sein Verständnis von kooperativer Kulturpolitik weiter aus; er versteht darunter

- Kooperation zwischen verschiedenen Akteuren in der praktischen Kulturarbeit,
- kooperativen Kulturföderalismus, also die Zusammenarbeit zwischen Bund, Ländern und Kommunen,
- Allianzen zwischen verschiedenen Politikfeldern wie z.b. Kultur und Stadtentwicklung/Jugend/Soziales,
- Allianzen zwischen Staat, Markt und Zivilgesellschaft,
- kooperative Arrangements der Kulturakteure z.B. in Form von Verbänden, Beiräten oder Netzwerken, die durch Informations- und Erfahrungsaustausch zur Willensbildung beitragen können.[283]

Folglich gehen staatliches und privates Engagement ineinander über und die Rolle der öffentlichen Hand hat sich insbesondere in den letzten Jahrzehnten nachhaltig verändert – sie sollte nicht mehr *per se* die „Leitfunktion" übernehmen, sondern sich vielmehr in einer Vermittlerrolle innerhalb der öffentlichen Diskussionen sehen und den Willensbildungsprozess der zivilgesellschaftlichen Akteure moderieren. Nur durch derart demokratische Entscheidungsstrukturen und diskursive Beteiligungsverfahren lasse sich langfristig eine Basis für die Akzeptanz kulturpolitischer Aktivitäten schaffen.[284]

---

282 Scheytt 2008, S. 254; auch Ermert bewertet diese Elemente als zentral und sieht entsprechende Ausprägungen in neuen Betriebsformen für den Kulturbereich, einem erhöhten Stellenwert des freiwillig-gemeinnützigen Engagements, neuen Kooperationsformen zwischen den drei Sektoren sowie auf kommunaler Ebene in neuen Steuerungsmodellen, Verwaltungs- und Politikreformen. Er erkennt darin ein verändertes gesellschaftliches Grundverständnis zum Verhältnis von Staat, Gesellschaft und Individuum, in dem der „kooperative Staat" die Interessen der gesellschaftlichen Gruppen lediglich moderiert und die Bürgergesellschaft beratend sowie gestaltend die Entwicklung des Gemeinwesens beeinflusse (vgl. Ermert und Land 2000, S. 5 f.).
283 Vgl. Scheytt 2008, S. 263 f.
284 Vgl. Scheytt 2008, S. 256 f.; Scheytt nennt als zentrale Elemente einer kooperativen bzw. aktivierenden Kulturpolitik Allianzen mit anderen Politikfeldern (z.B. Stadtentwicklungs-, Wirtschafts-, Bildungs- und Sozialpolitik), mit der Bürgergesellschaft

Die Auffassung von Kulturpolitik als von vielen Seiten beeinflusster Größe vertritt auch Fuchs, der darauf hinweist, dass Kulturpolitik zwar „über weite Strecken eine Steuerung von Kunst im Dienste des (jeweiligen) Staates"[285] war; diese selbstverständliche Vereinnahmung habe jedoch durch das zunehmend demokratische Verständnis des Staates, der inzwischen als öffentliche Angelegenheit aller gilt, eine grundlegende Veränderung erfahren.[286]

Die Vielzahl unterschiedlicher Akteure mit ihren je eigenen Aufgaben und Zielen[287] sowie die Tatsache, dass der Kulturbegriff der deutschen Kulturpolitik sowohl von theoretischen Überlegungen geprägt ist, als auch praktisch handhabbare Zugänge aufweisen muss, begründet die Schwierigkeit, einen konzisen Kulturbegriff der deutschen Kulturpolitik zu definieren und veranschaulicht, dass lediglich „ein *additives Verständnis* dessen zu erwarten [ist], was ‚Kultur' jeweils bedeutet":[288]

> Angesichts der dargestellten Entwicklungen ist es nicht (mehr) möglich, entweder ein normatives Konzept von Kulturpolitik apriorisch vorzugeben, noch wird es möglich sein, die Fülle unterschiedlicher Verständnisweisen von Kulturpolitik auf nur einen Begriff zu bringen, und sei er noch so formal und abstrakt. Man muß vielmehr davon ausgehen, daß es – auch aufgrund einer Vielzahl plausibler, stimmiger und legitimer Verständnisweisen von ‚Kultur' und ‚Politik' – eben auch verschiedene legitime Begriffe von ‚Kulturpolitik' gibt.[289]

Die Komplexität des Kulturbegriffs lässt sich folglich auch für das Feld der Kulturpolitik nicht auflösen, sodass diese keinen Anspruch auf eine privilegierte Deutungshoheit erheben kann.[290] Und auch die große Akzeptanz eines weiten

---

(z.B. durch Freiwilligenarbeit und Ehrenamt organisiert in Vereinen, Stiftungen, Bürgerbündnissen, Verbänden und Gewerkschaften) sowie mit der Wirtschaft (z.B. durch Sponsoring, doch auch insgesamt durch eine stärkere Ausrichtung der Wirtschaft an kulturellen Zielen) (vgl. ebd., S. 270 ff.).

285 Fuchs 2008, S. 141; vgl. hierzu auch Wagner 2009.
286 Entscheidend sei zudem, dass durch die Vielzahl der Einflussfaktoren und Akteure programmatische Zielsetzungen häufig nicht umgesetzt werden (können) – die praktische Kulturarbeit in Deutschland erfolge also zuweilen „ohne vorher präzisierte Programmatik" (Fuchs 2008, S. 228).
287 Die wichtigsten kulturpolitischen Akteure der drei Sektoren und ihre jeweiligen Handlungsschwerpunkte werden in Kapitel 3.2 ausführlich vorgestellt.
288 Fuchs 2008, S. 142.
289 Fuchs 2008, S. 142.
290 Der jeweilige Kulturbegriff hängt eng mit den unterschiedlichen fachwissenschaftlichen Zugängen zusammen: Die Soziologie analysiert Kulturpolitik z.B. als Politik der Lebensstile, Kulturpolitik kann aber auch als kulturelle Bildungspolitik, als

Kulturbegriffs – sozusagen als Minimalkonsens aller Akteure – kann nicht darüber hinwegtäuschen, dass die operative Kulturpolitik nur durch einen pragmatischen Kulturbegriff bzw. praktisch handhabbare Kulturbegriffe wirklich handlungsfähig wird.[291] Für die konkrete Kulturpolitik sind deshalb mindestens drei verschiedene Kulturbegriffe bzw. Ebenen der Reflexion notwendig – auch wenn häufig alle zusammen einfach als ‚Kultur' bezeichnet werden:

- […] ein weiter **universalistischer Kulturbegriff**, quasi als Beschreibung des Ganzen, in dem operiert wird;
- ein **normatives Konzept von Kultur**, das eine Wertung (etwa im Hinblick auf ‚Humanität') enthält und die Zielperspektive von Kulturpolitik einholt;
- und ein **enges Kulturkonzept**, das Kultur mit Kunst gleichsetzt.[292]

Ein Kulturkonzept, das zwischen Kunst und Kultur nicht mehr differenziert, fokussiert den Blick von der übergreifenden gesamtgesellschaftlichen Perspektive, den entsprechenden Zielsetzungen und dem sehr weiten Kulturbegriff der deutschen Kulturpolitik auf die konkrete Umsetzung, die wiederum auf einem relativ engen Kulturbegriff basiert: Denn das zentrale Medium der Kulturpolitik sind letztlich die Künste, die sich wiederum in „Kulturleistungen" manifestieren. Durch die (Massen-)Medien wird schließlich ihre öffentliche Thematisierung möglich und sie können ihre gesellschaftliche Wirkung entfalten. Der Kulturbegriff der deutschen Kulturpolitik impliziert somit die Idee von Kultur als geteiltem Wissen und zudem als gemeinsame Denk-, Wahrnehmungs- und Handlungsstruktur.[293] Doch trotz des Strebens nach Eindeutigkeit und klaren Begrifflichkeiten sollten sich KulturpolitikerInnen dennoch folgender Tatsachen bewusst sein:

[…] eine lineare Ableitung konkreter Handlungsvorstellungen aus obersten Zielen und Prinzipien [ist] nicht möglich. Dies ist kein Zusammenbruch eines rationalen Vorgehens, sondern es eröffnet vielmehr die Möglichkeit von Politik: Entscheidungen zu treffen angesichts einer allgegenwärtigen Kontingenz.[294]

Verwaltungshandeln oder juristischer Regelungsbereich, als Anwendungsfall der Betriebswirtschaftslehre oder als Kunstpolitik behandelt werden (vgl. Fuchs 1998, S. 231), wobei Fuchs jedoch für eine gleichzeitige Nutzung sämtlicher Begründungsformen plädiert (vgl. Fuchs 1998, S. 332).
291 Vgl. Fuchs 2008, S. 139.
292 Fuchs 1998, S. 134.
293 Vgl. Fuchs 1998, S. 141 f.
294 Fuchs 1998, S. 330.

Die Tatsache, dass Kulturpolitik in Deutschland weitestgehend ohne Rechtsnormen und innerhalb eines von zahlreichen staatlichen, privaten und zivilgesellschaftlichen Akteuren beeinflussten Feldes agiert, wirkt sich ganz eindeutig auf den zugrunde liegenden Kulturbegriff aus. Dieser lässt sich als diskursiv beschreiben. Er kann und soll nicht eindeutig festgelegt werden, sondern sich an den jeweils aktuellen äußeren Bedingungen orientieren und zudem den KulturpolitikerInnen die Möglichkeit geben, entsprechend ihrer (generationenabhängigen) Sozialisation zu agieren.

Welche Elemente dieses diskursiven und zugleich praxisorientierten Kulturbegriffs der deutschen Kulturpolitik sich auch in der italienischen Perspektive auf dieses Politikfeld finden, werden die Ausführungen im anschließenden Kapitel zeigen.

2.2 Modello Italia — Kulturbegriff(e) der italienischen Kulturpolitik

Zweifelsohne erfahren die italienische Kulturpolitik und der hierfür entscheidende Kulturbegriff ihre Prägung nach wie vor durch die Jahrhunderte lange historische Tradition des Landes. Insbesondere die Zeit der Signorien und die damit einhergehende Konkurrenz zwischen den starken Kommunen führte zu einer kleinteiligen und überaus reichen Kulturlandschaft, die während der Renaissance ihre Blütezeit erlebte. In Italien haben zahlreiche Kulturinstitutionen und Museen ihren Ursprung in den Sammlungen von Päpsten und weltlichen Herrschern, von Aristokraten oder reichen Kaufmannsfamilien, die dadurch ihre Macht und ihr elaboriertes Stilbewusstsein zum Ausdruck bringen wollten. Im Verlauf des 18. und 19. Jahrhunderts entwickelte sich jedoch das Volk zunehmend zum Souverän, der schließlich auch die Verantwortung für den Erhalt des Kulturerbes („patrimonio culturale") übernahm. Mit der Etablierung öffentlicher Museen entwickelten sich die vorhandenen Kulturgüter mehr und mehr zum „kulturellen Gedächtnis"[295] der Nation („memoria storica, come segno di appartenenza") und übernahmen schließlich eine identitätsstiftende Funktion („funzione civile"):[296]

---

295 Settis bezieht sich hier zwar nicht explizit auf die Theorie von Aleida und Jan Assmann (vgl. 1992, 1994, 1999), wonach sich das „kollektive Gedächtnis" aus dem kommunikativen und dem kulturellen Gedächtnis einer Nation zusammensetzt, die Übersetzung in diesem Sinne erscheint an dieser Stelle jedoch naheliegend.
296 Vgl. Settis 2002, S. 21 ff.

Il patrimonio culturale finì con l'assumere quindi un significato simbolico, come incarnazione della memoria storica dello Stato e segno distintivo dell'identità del Paese, assolvendo così ad una importante funzione civile. Proprio per questa ragione il 'modello Italia' associa ad ogni bene culturale, di chiunque sia la proprietà, dei valori riconducibili all'interesse pubblico.[297]

Dementsprechend manifestiert sich laut der Politikwissenschaftlerin Elisa Torcutti das sogenannte „modello Italia" auch in der engen Verknüpfung der Kulturobjekte mit den sie umgebenden Territorien, mit den jeweiligen Städten und Landschaften, sodass das Umfeld als maßgebliche Bezugsgröße für das Verständnis der jeweiligen Kunstwerke angesehen werden muss. Das „modello Italia" ist folglich vor allem durch die Idee der Kulturpflege *in situ* charakterisiert: Nur ein Teil der Kulturgüter ist in Museen ausgestellt; vielmehr ergeben die öffentlichen Plätze, die Häuser, Kirchen oder archäologischen Funde zusammen mit Literatur, Musik, Traditionen etc. die entscheidende Basis der italienischen Kulturlandschaft und zugleich der italienischen Identität.[298] Mit Bezug auf Settis (2002) führt die Sozial- und Wirtschaftswissenschaftlerin Marianicola Villani weiter aus:

> È proprio questa caratteristica del patrimonio e il suo strettissimo legame con il territorio nazionale, frutto di una cultura istituzionale e storica risalente a secoli addietro, che costituisce la singolare identità italiana. Il nostro bene culturale più importante è il contesto, il *continuum* fra i monumenti, le città, i cittadini e di questo insieme fanno parte integrante non solo i musei e i monumenti, ma anche la cultura della conservazione che li ha fatti arrivare fino a noi.[299]

Dieses Bewusstsein für das reichlich vorhandene und über das gesamte Territorium verteilte Kulturerbe mit seiner identitätsstiftenden Funktion führte seit Beginn des 20. Jahrhunderts zu einer Vielzahl gesetzlicher Regelungen zu dessen Erhalt, sodass für eine Annäherung an den aktuellen Kulturbegriff der italienischen Kulturpolitik ein Rückblick auf seine schrittweise Definition bzw. seine legislativ verortete Weiterentwicklung erfolgen soll.[300] 1939 wurde durch

---

297 Torcutti 2005, S. 60 f.
298 Vgl. Torcutti 2005, S. 59 f.; vgl. hierzu auch Settis 2002, S. 22: „[…] quello che l'Italia offre non è solo la somma dei suoi monumenti, musei, bellezze naturali; ma anche e soprattutto il loro comporsi in un tutto unico, il cui legante non saprei chiamare meglio che ,tradizione nazionale' o ,identità nazionale', e cioè la consapevolezza del proprio patrimonio, della sua unità e unicità, della necessità di conservarlo *in situ*."
299 Villani 2005, S. 86.
300 Kapitel 4.1 beschäftigt sich eingehend mit der historischen Entwicklung der italienischen Kulturpolitik; hier sollen lediglich die Aspekte herausgegriffen werden, die für den Kulturbegriff im Kontext der italienischen Kulturpolitik entscheidend sind.

die „Legge Bottai" (Lg. 1089/1939) eine Definition von *cose d'arte* festgeschrieben, wobei die Wahl des Begriffs *cose* (dt. *Sachen*) eine gewisse Fokussierung auf materielle Kunst- und Kulturobjekte widerspiegelt:

> 1. Sono soggette alla presente legge le cose, immobili e mobili, che presentano interesse artistico, storico, archeologico o etnografico, compresi:
>   a) le cose che interessano la paleontologia, la preistoria e le primitive civiltà;
>   b) le cose d'interesse numismatico;
>   c) i manoscritti, gli autografi, i carteggi, i documenti notevoli, gli incunaboli, nonché i libri, le stampe e le incisioni aventi carattere di rarità e di pregio.
> 2. Vi sono pure compresi le ville, i parchi e i giardini che abbiano interesse artistico o storico.[301]

Wie bereits der Name des Gesetzes zeigt – „Tutela delle cose d'interesse storico e artistico" – war die italienische Kulturpolitik von Beginn an auf Schutz und Pflege des historischen und künstlerischen Kulturerbes ausgerichtet: *tutela* im Sinne von *Schutz, Pflege* oder *(Be-)wahrung* der Kulturobjekte gilt als Ausgangspunkt der italienischen Kulturpolitik[302] und findet folglich auch Eingang in Art. 9 der Verfassung vom 22.12.1947:

> La Repubblica promuove lo sviluppo della cultura e la ricerca scientifica e tecnica.
> Tutela il paesaggio e il patrimonio storico e artistico della Nazione.[303]

Laut Zanzarella wird hier die italienische Republik als „Kulturstaat" definiert, der Schutz der *cose d'arte* somit nicht als Selbstzweck, sondern als Ausgangsbasis für die kulturelle und geistige Entwicklung der Bevölkerung ansieht:[304]

> La sua [l'art. 9 della Costituzione: Tutela del patrimonio storico e artistico] collocazione tra i principi fondamentali qualifica e caratterizza la Repubblica Italiana quale 'Stato di cultura', cioè come Stato tra i cui fini essenziali vi è quello di promuovere ed elevare la cultura e la personalità di tutti i suoi cittadini.
>
> Da ciò deriva che la tutela dei beni costituenti il patrimonio artistico, storico ed archeologico non è fine a se stessa, ma ha come scopo la realizzazione dello sviluppo culturale e spirituale della comunità sociale: i beni tutelati, cioè, devono essere portatori di un valore culturale, devono essere l'espressione della storicità e della spiritualità del popolo a cui appartengono.[305]

---

301 Il Presidente della Repubblica 01.06.1939, Art. 1.
302 Vgl. Sciullo 2006b, S. 35.
303 Repubblica Italiana 22.12.1947.
304 Vgl. Zanzarella 1999, S. 28; dementsprechend seien Kulturgüter durch „inalienabilità", „non usucapibilità", „non espropriabilità" und „inammissibilità di diritti altrui" charakterisiert (vgl. ebd., S. 11).
305 Zanzarella 1999, S. 28.

Der Schutz von historischen und künstlerischen *Kulturobjekten* entwickelte sich im Laufe der Zeit zur maßgeblichen Konstante und prägte das italienische Verständnis von Kultur insbesondere während der 1950er und 1960er Jahre ganz entscheidend. Eine begriffliche Neuausrichtung zeigte sich erst in Folge der *Haager Konvention* vom Mai 1954, die sich mit dem Schutz von *Kulturgütern* bzw. des *Kulturerbes (cultural property, cultural heritage)* im Falle eines bewaffneten Konflikts beschäftigt.[306]

> L'importanza innovativa di questo trattato [Convezione dell'Aja] è quella di aver formulato, nel suo preambolo, il concetto che i Beni costituiscono PATRIMONIO CULTURALE DELL'UMANITÁ, ragione per cui gli Stati membri sono obbligati ad assicurarne la protezione, al fine di permetterne il godimento di tutte le genti sulla base del 'diritto a fruire delle arti' sancito dalla Carta dei Diritti dell'Uomo delle Nazioni Unite.
>
> Ulteriore rilievo è dato dal fatto che storicamente è la prima normativa così specifica nella materia ed ha espresso concetti posti alla base delle successive Convenzioni. [...]
> Infine, ma certo non per ultimo, la sua rilevanza deriva ancor più dal contenere la più chiara e sistematica definizione giuridica della categoria di Beni Culturali.[307]

Ausgehend von diesen internationalen Entwicklungen, aber auch aufgrund gesamtgesellschaftlicher Veränderungen, wurde 1964 die sogenannte *Commissione Franceschini* eingesetzt, die die Aufgabe hatte „di condurre una indagine sulle condizioni attuali e sulle esigenze in ordine alla tutela e alla valorizzazione delle cose di interesse storico, archeologico, artistico e del paesaggio e di formulare proposte concrete".[308] Titel und Aufgabenstellung der Kommission sprechen noch von *Kulturobjekten*, doch im Abschlussbericht findet erstmals in einem offiziellen Dokument der Begriff *bene culturale* Verwendung:

---

306 Vgl. „Article 1 – Definition of cultural property: For the purposes of the present Convention, the term 'cultural property' shall cover, irrespective of origin or ownership: a) moveable or immovable property of great importance to the cultural heritage of every people, such as monuments of architecture, art or history, whether religious or secular; archaeological sites; [...]; works of art; manuscripts, books and other objects of artistic, historical or archaeological interest [...]." (UNESCO 1954, S. 8). Insgesamt erfolgte analog zur Entwicklung der Kulturpolitik und ihres Kulturbegriffs in Deutschland diese auch in Italien nicht unabhängig von internationalen Entwicklungen, sodass neben der *Haager Konvention* u.a. auch die Menschenrechtserklärung von 1948 (v.a. Art. 27), die Ergebnisse der UNESCO-Konferenz von 1972 sowie die Erklärung von Nairobi von 1976 von Bedeutung sind (vgl. Zanzarella 1999, S. 98 ff.); für einen Überblick zu den wichtigsten internationalen Dokumenten mit Auswirkungen auf die italienische Kulturpolitik vgl. auch Carcione 2003, S. 112 ff.
307 Zanzarella 1999, S. 96.
308 Il Presidente della Repubblica 26.04.1964, S. 1.

Appartengono al patrimonio culturale della Nazione tutti i beni aventi riferimento alla storia della civiltà. Sono assoggettati alla legge i beni di interesse archeologico, storico, artistico, ambientale e paesistico, archivistico e librario, ed ogni altro bene che costituisca testimonianza materiale avente valore di civiltà.[309]

Im Verlauf der 1960er Jahre übernahm die italienische Kulturpolitik diesen Ansatz, sodass die Bezeichnung *beni culturali* (im Sinne von *Kulturgut, Kulturerbe*), nach und nach die bisherige Ausrichtung im Sinne der „cose di interesse artistico e storico" ersetzte.[310] Die Umorientierung von *cose* hin zu *beni* stellte dabei zugleich eine Bedeutungsverschiebung dar: Bisher war der Fokus vor allem auf den materiellen, den künstlerischen und historischen Wert hin ausgerichteten – nun erfolgte eine Ausweitung in Richtung des immateriellen, des sozialen oder „zivilisatorischen" Werts. Im Laufe der Zeit setzten sich der Gebrauch des Begriffs *beni culturali* sowie das dahinter stehende Konzept immer mehr durch, und findet seinen Niederschlag schließlich im 1975 gegründeten *Ministero per i Beni Culturali e Ambientali* (Lg. 4/1975).[311] Doch laut Pier Giorgio Ferri, Mitherausgeber des Sammelbandes *La nuova tutela dei beni culturali e ambientali*, „la innovazione terminologica non apporta alcun impulso innovativo: il bene culturale costituisce solo una veste esteriore senza alcuna incidenza sui contenuti dei provvedimenti da lui 'etichettati'".[312] In der Tat erfolgte erst im Jahr 1998 mit der „Legge Bassanini (uno)" (Lg. 59/1997)[313] eine legislative Festlegung des Begriffs

---

309 Commissione Franceschini 1967, S. 1, Dichiarazione 1; vgl. auch Zanzarella 1999, S. 26.
310 Vgl. Ferri 2001, S. 7; siehe auch Zanzarella 1999, S. 9 sowie Sciullo 2006a, S. 1: „La locuzione 'bene culturale' è relativamente recente nella legislazione italiana. Introdotta alla fine degli anni Cinquanta dello scorso secolo sotto la spinta del diritto internazionale pattizio, entra in circolo con i lavori della Commissione Franceschini, istituita nel 1964, e diviene di ufficiale utilizzo – sostituendo quelle di 'antichità e belle arti', 'cose d'arte' e 'cose di interesse artistico e storico', quest'ultima impiegata dal titolo della l. 1° giugno 1939, n. 1089 [...]."
311 Vgl. Severini 2001, S. 26 f.
312 Ferri 2001, S. 7.
313 Entsprechend dem Titel „Conferimento di funzioni e compiti amministrativi dello Stato alle Regioni e agli Enti Locali" erfolgte die Neuordnung im Rahmen einer weitreichenden Gesetzesänderung der administrativen Strukturen insbesondere mit Blick auf die Neuverteilung der Kompetenzen zwischen den Regierungsebenen („devolution"). Sciullo sieht dementsprechend in der „Legge Bassanini" vor allem den Versuch, die Aufgabenverteilung zwischen den staatlichen Ebenen festzuschreiben und weniger ein wirklich kulturpolitisch intendiertes Gesetz (vgl. Sciullo 2006b, S. 37).

beni culturali als „quelli che compongono il patrimonio storico, artistico, monumentale, demoetnoantropologico, archeologico, archivistico e librario e gli altri che costituiscono testimonianza avente valore di civiltà".[314] Doch mit Blick auf die bisherige Eingrenzung des Kulturbegriffs durch die gesetzlichen Regelungen von 1939 und 1964 lässt sich hier kaum von einer Neuausrichtung sprechen – es handelt sich vielmehr um eine Zusammenfassung der bereits vorliegenden Definitionen. Einen weit wichtigeren Einschnitt in Bezug auf den Kulturbegriff der italienischen Kulturpolitik – gesetzlich ebenfalls durch die „Legge Bassanini" verankert – stellt dagegen die Ergänzung des bisher dominierenden Konzepts der *tutela* durch *gestione* (Art. 150) und *valorizzazione* (Art. 152) sowie *promozione* (Art. 153) dar.[315] Art. 148 definiert zunächst:

> Ai fini del presente decreto legislativo si intendono per: [...]
> c) 'tutela', ogni attività diretta a riconoscere, conservare e proteggere i beni culturali e ambientali;
> d) 'gestione', ogni attività diretta, mediante l'organizzazione di risorse umane e materiali, ad assicurare la fruizione dei beni culturali e ambientali, concorrendo al perseguimento delle finalità di tutela e di valorizzazione;
> e) 'valorizzazione', ogni attività diretta a migliorare le condizioni di conoscenza e conservazione dei beni culturali e ambientali e ad incrementarne la fruizione;
> f) 'attività culturali', quelle rivolte a formare e diffondere espressioni della cultura e dell'arte;
> g) 'promozione', ogni attività diretta a suscitare e a sostenere le attività culturali.[316]

Nicht mehr allein das Bewahren des vorhandenen Kulturerbes stellt somit die Aufgabe der Kulturpolitik dar; Ziel ist nun vielmehr, dieses Kulturerbe der Bevölkerung auch zugänglich zu machen. Diese Neuausrichtung hatte sich bereits 1993 mit der „Legge Ronchey" (L. 4/1993) angedeutet: Ihr Ziel war es, den BesucherInnen den Zugang zu Kulturinstitutionen zu erleichtern, die Vermittlung von Informationen zu verbessern und insgesamt stärker auf die Bedürfnisse der BesucherInnen einzugehen.[317]

---

314 Il Presidente della Repubblica 31.03.1998, hier „Capo V – Beni e attività culturali", Art. 148.
315 Das Konzept der „valorizzazione" wurde zwar bereits durch die *Commissione Franceschini* (1964) erarbeitet, konnte sich aber zunächst (wie die Mehrzahl der im Abschlussbericht enthaltenen und durchaus zukunftsweisenden Vorschläge) nicht durchsetzen (vgl. Ravasi 2003, S. 7); vgl. auch Sciullo 2006b, S. 37.
316 Il Presidente della Repubblica 31.03.1998, Art. 148.
317 Vgl. Il Presidente della Repubblica 14.01.1993.

Als Beleg für eine generelle Veränderung – eine Erweiterung – des Kulturbegriffs innerhalb der italienischen Kulturpolitik in den 1990er Jahren kann zudem das Decreto Legislativo (D. Lg.) 368/1998 gelten, das dem bisherigen *Ministero per i Beni Culturali e Ambientali* neue Kompetenzen für „la promozione delle attività dello spettacolo in tutte le sue espressioni: dal cinema al teatro, alla danza, alla musica, agli spettacoli viaggianti" zuschreibt und das in Folge dessen eine Umbenennung in *Ministero per i Beni e le Attività Culturali* erfuhr.[318] Diese Ausweitung, die zugleich die Zuständigkeiten für den Bereich Sport in das neu benannte Ministerium integrierte, bedeutet für Forte, aktuell Präsident der *Fondazione Donnaregina per le Arti Contemporanee* in Neapel, zugleich eine inhaltliche Veränderung: „È cambiata la stessa ,idea' di cultura [...]."[319] Auch Settis erkennt eine entsprechende Dynamik und kritisiert:

> Già il nuovo nome [...] riflette volens nolens l'idea che i 'beni' di per sé sono ben poca cosa, se non 'dinamizzati' nel contesto di 'attività'; suggerisce che i musei sono meno importanti delle mostre, che il Colosseo è meglio con un po' di son et lumière, che le piazze d'Italia sono più belle se ospitano concerti rock e sfilate di moda. Invece di ristabilire la centralità istituzionale del patrimonio culturale, la riforma del ministero finiva col suggerire una nuova forma di marginalizzazione.[320]

Die weitreichenden Veränderungen der 1990er Jahre und die damit einhergehende Neuausrichtung des Kulturbegriffs werden schließlich im „Codice dei beni culturali e del paesaggio" (D. Lg. 42/2004)[321] gebündelt, der seit 2004 Nationalstaat, Regionen, Provinzen sowie Städte und Gemeinden dazu verpflichtet, gemeinsam das Kulturerbe – als Teil der „memoria della comunità nazionale" und somit der nationalen Identität – zu bewahren *(tutela)* und der Bevölkerung zugänglich zu machen *(valorizzazione)*.[322] Der „Codice" lässt dabei im Vergleich mit den bisherigen Gesetzestexten eine leichte Verschiebung der Bedeutung von *tutela* erkennen:

> La tutela consiste nell'esercizio delle funzioni e nella disciplina delle attività dirette, sulla base di un'adeguata attività conoscitiva, ad individuare i beni costituenti il patrimonio culturale ed a garantirne la protezione e la conservazione per fini di pubblica fruizione.[323]

---

318 Vgl. Ministero per i beni e le attività culturali 2013b.
319 Forte und Jalla 2004, S. 205.
320 Settis 2002, S. 38.
321 Im Folgenden „Codice".
322 Vgl. Il Presidente della Repubblica 22.01.2004, Art. 2 und 3.
323 Il Presidente della Repubblica 22.01.2004; Vecco konstatiert auch eine Bedeutungsverschiebung in Bezug auf den Begriff „patrimonio": „Nell'ultimo decennio

Ziel der *tutela* ist somit neben dem Erhalt des Kulturerbes nun auch seine Vermittlung (durch *attività conoscitiva*) und seine *Inanspruchnahme*, seine *Nutzung* oder auch sein *Genuss* (im Sinne der *fruizione*). Zudem besteht das maßgebliche Ziel von *tutela* nun in der „Valorizzazione del patrimonio culturale" (Art. 6), wobei *valorizzazione* im wörtlichen Sinne *Erschließung, Verwertung* oder auch *Wertsteigerung* bedeutet und hier auf die Erschließung von Kulturgütern mit dem Ziel, sie für einen größeren Teil der Bevölkerung zugänglich zu machen, ausgerichtet ist:[324]

> La valorizzazione consiste nell'esercizio delle funzioni e nella disciplina delle attività dirette a promuovere la conoscenza del patrimonio culturale e ad assicurare le migliori condizioni di utilizzazione e fruizione pubblica del patrimonio stesso, anche da parte delle persone diversamente abili, al fine di promuovere lo sviluppo della cultura.[325]

Mit dem „Codice" erfolgte somit eine entscheidende Veränderung des Kulturbegriffs der italienischen Kulturpolitik: Nicht mehr allein das Bewahren der reichlich vorhandenen Kulturgüter steht seitdem im Mittelpunkt – nun soll für alle Teile der Bevölkerung der Zugang zu diesen ermöglicht bzw. erleichtert werden, die BürgerInnen sollen durch neue Aktivitäten an das Kulturerbe herangeführt werden und es bewusst als Teil der eigenen Identität wahrnehmen:

> [...] da allora si è dunque giunti, con la riforma costituzionale del 2001 e con il Codice del 2004, a riconoscere anche giuridicamente i beni di cultura come 'beni di fruizione', oltre che di 'appartenenza', così investendoli di un primario 'valore d'uso'.[326]

Mit dem Ziel der verbesserten *valorizzazione* ging die Notwendigkeit einher, Kulturinstitutionen besucherfreundlicher zu gestalten, was unter anderem durch

---

del XX secolo, il termine patrimonio ha ampliato il proprio significato e ha subito delle traslazioni semantiche; questo ha comportato una generalizzazione nell'uso di questa parola, che si sostituita ad altre parole, come monumento, eredità, bene culturale, le quali non riescono a coprire lo stesso ambito semantico del termine patrimonio." (Vecco 2007, S. 32).

324 Vgl. Sciullo 2006b, S. 37.
325 Il Presidente della Repubblica 22.01.2004, Art. 3; der „Codice" geht im Kapitel „Fruizione e valorizzazione. Capo I: Fruizione dei beni culturali" noch ausführlicher auf die Nutzung und Verwertung von Kulturgütern ein.
326 Montella 2009; vgl. hierzu auch Settis: „In ogni oggetto o monumento che appartenga al patrimonio culturale convivono dunque due distinte componenti 'patrimoniali': una si riferisce alla proprietà giuridica (e al valore monetario) del singolo bene, che può essere privata o pubblica; l'altra ai valori storici, artistici e culturali, che sono sempre e comunque di pertinenza pubblica (cioè di tutti i cittadini)." (Settis 2002, S. 25).

die Beteiligung privater, kommerzieller Akteure erreicht werden sollte[327] – eine Zielsetzung, die in der Bezeichnung der *gestione* ihren Ausdruck findet.[328] Dieser Begriff, in wörtlicher Übersetzung mit der Bedeutung *Abwicklung, Amtsführung, Verwaltung, Management*, entspricht dem seit den 1990er Jahren mehr und mehr präsenten Verständnis von Kulturpolitik als wirtschaftlicher Angelegenheit.[329] Doch trotz dieser Tendenz hin zu einer verstärkten Beteiligung privater Akteure und einer zunehmenden Ökonomisierung des Kulturbetriebs weist der „Codice" explizit darauf hin, dass die Nutzung der Kulturgüter ihren Erhalt nicht gefährden dürfe – die Idee der *tutela*, also das Bewahren der vorhandenen *beni culturali* stellt somit nach wie vor das übergeordnete Ideal der italienischen Kulturpolitik dar und prägt den entsprechenden Kulturbegriff nachhaltig.[330] Was nun aktuell als „beni culturali" definiert wird, beschreibt Art. 2, Abs. 2 des „Codice":

> Sono beni culturali le cose immobili e mobili che, ai sensi degli articoli 10 e 11, presentano interesse artistico, storico, archeologico, etnoantropologico, archivistico e bibliografico e le altre cose individuate dalla legge o in base alla legge quali testimonianze aventi valore di civiltà.[331]

Mit Blick auf die in den vorangegangenen Jahrzehnten erfolgten Definitionen von *beni culturali* (bzw. *cose culturali* bis in die 1960er Jahre hinein) lässt sich auch hier zunächst nur eine geringe Weiterentwicklung feststellen. Art. 10 des „Codice" bietet jedoch eine genauere Auflistung dessen, was als *Kulturgut* einzuordnen ist und hier lassen sich durchaus Unterschiede zu den vorangegangenen Regelungen feststellen: Neben „raccolte di musei, pinacoteche, gallerie", „archivi" oder „raccolte librarie" werden nun auch „fotografie, con relativi negativi e matrici", „pellicole cinematografiche", „architettura contemporanea di particolare valore artistico" oder „mezzi di trasporto aventi più di settantacinque anni" als

---

327 Auf diese doppelte Zielsetzung von „valorizzazione" – Zugang für weite Teile der Bevölkerung zu schaffen und zugleich ökonomischen Gewinn zu erwirtschaften – weist auch Trupiano hin: „Il principio della valorizzazione della cultura si affianca a quello della tutela e della conservazione; valorizzare significa attribuire maggiore valore al bene culturale, oltre che trarne valore economico." (Trupiano 2005b, S. 9).
328 Vgl. hierzu vertiefend Art. 115 des „Codice" zu „Forme di gestione" Il Presidente della Repubblica 22.01.2004, S. 53 ff.).
329 Vgl. vertiefend Kapitel 4.1.4 sowie Art. 117 des „Codice" zu den „Servizi per il pubblico" (Betrieb von Museumsshops oder Museumscafés durch private Anbieter) oder Art. 120 zur Beteiligung privater Akteure durch Sponsoring.
330 Vgl. Il Presidente della Repubblica 22.01.2004, Art. 2, Abs. 4.
331 Il Presidente della Repubblica 22.01.2004.

schützenswerte Kulturobjekte betrachtet. Der „Codice" dehnt somit den Kreis der Objekte, die in Folge dieser Gesetzeslage von staatlicher Seite geschützt werden müssen, erheblich aus und führt dadurch zu einer Erweiterung des in der Kulturpolitik angewendeten Kulturbegriffs.

Mit dem „Codice" wurde zudem die gesamtgesellschaftliche Funktion von Kultur und Kulturpolitik gesetzlich festgeschrieben: Art. 119 zur „Diffusione della conoscenza del patrimonio culturale" ermöglicht Abkommen des Kulturministeriums mit dem *Ministero dell'Istruzione, dell'Università e della Ricerca* sowie den Regionen, Provinzen und Kommunen „per diffondere la conoscenza del patrimonio culturale e favorirne la fruizione"; zudem soll die Zusammenarbeit von Kulturinstitutionen mit Universitäten und Schulen intensiviert werden. Die Zielsetzung, dass sämtlichen gesellschaftlichen Gruppen adäquate Kulturangebote zur Verfügung stehen sollen, findet seitdem vermehrt Verbreitung, denn laut der Kulturwissenschaftlerin Cinzia Carmosino „è evidente che il contributo che i musei, e le istituzioni culturali in generale, possono dare al processo di integrazione sociale è fondamentale".[332] Zudem spiegelt die Bedeutungssteigerung der *valorizzazione* im Rahmen des „Codice" das zunehmende Bewusstsein für die langfristige Bedeutung von Kultur im gesamtgesellschaftlichen Kontext wieder und der verstärkte Fokus auf *fruizione* lässt erkennen, dass Kulturgüter – zwar nicht in Bezug auf ihren Besitz, so doch in Bezug auf ihre Verfügbarkeit – seit der Jahrtausendwende zunehmend als öffentliche Güter interpretiert werden, die folglich allen Teilen der Bevölkerung gleichermaßen zugänglich gemacht werden müssen – „per alimentarne la crescita intellettuale".[333] Diese Entwicklung erfolgte in Italien verglichen mit anderen Ländern – und insbesondere Deutschland, wo Kulturpolitik als Gesellschafts- und Bildungspolitik seit Jahrzehnten stark verankert ist[334] – verhältnismäßig spät: Lange Zeit dominierte eine „concezione elitaria della fruizione", die einseitige Ausrichtung auf das Bewahren der Kulturgüter fungierte als „alibi" und ging mit einer Marginalisierung des restlichen, potentiellen Publikums einher,[335] wie auch der Kulturmanager Alfredo Valeri bestätigt:

> Le politiche culturali attuali in Italia fino alla metà circa degli anni Novanta sono state caratterizzate da una spiccata prevalenza del concetto di *tutela conservativa* del bene, relegando a un piano secondario – in alcuni casi, trascurando del tutto – gli aspetti legati alla fruizione, non solo legati alle problematiche di soddisfazione delle esigenze

---

332 Carmosino 2010, S. 216.
333 Carmosino 2010, S. 197.
334 Vgl. hierzu ausführlich Kapitel 3.1.4.
335 Vgl. Carmosino 2010, S. 197.

di 'consumo' e al ruolo delle risorse culturali in chiave di attrazione turistica, ma anche semplicemente in chiave di diffusione della conoscenza al pubblico dei beni.[336]

Die Nachwirkungen dieses Kulturbegriffs im Sinne der *tutela conservativa* sind nach wie vor präsent, sodass Kulturpolitik in Italien bis heute nur bedingt als gesamtgesellschaftlich relevante Kategorie wahrgenommen wird.[337] Problematisch sei insbesondere, dass das Kulturministerium nach wie vor einem konservativen Kulturbegriff folge und lediglich auf regionaler oder kommunaler Ebene Initiativen mit gesellschaftspolitischer Ausrichtung erkennbar seien, die jedoch zumeist über den Kulturbereich hinausgehende (etwa soziale oder ökonomische) Aspekte unberücksichtigt ließen.[338] Dass sich nach wie vor nicht von einer vollständigen Verankerung eines soziokulturellen[339] Kulturbegriffs innerhalb der italienischen Kulturpolitik sprechen lässt, zeigt auch der noch immer im doppelten Sinne interpretierte Begriff der „fruizione":

> Nel concetto di fruizione è presente innanzitutto l'idea di accesso agli istituti e ai luoghi della cultura, che può essere inteso in un duplice significato: quello più strettamente materiale, legato a un'equa distribuzione delle istituzioni culturali sul territorio e alle modalità volte a favorirne l'accessibilità fisica ed economica, e quello di tipo socio-culturale, che agisce sulle condizioni che creano il desiderio di cultura attraverso la promozione di attività educative.[340]

---

336 Valeri 2006, S. 15.
337 Seit Mitte der 1970er Jahre ließen sich zwar Bestrebungen einzelner Kommunen hin zu einer Kulturpolitik mit verstärkter „partecipazione civica e sociale" und einem entsprechenden Kulturbegriff konstatieren („cultura ‚alternativa'"). Die Studie *Governo locale, associazionismo e politica culturale* sieht sich jedoch insgesamt in der These bestätigt, „che l'ente locale fosse rimasto del tutto estraneo agli *inputs* delle associazioni di base, non promovendo alcuna politica culturale degna di questo nome, nella più immobile e conservatrice indifferenza, oppure muovendosi per conto proprio, in modo del tutto parallelo rispetto a quanto fermentava nella società." (Caciagli 1986, S. 6). Spezifisch für die frühen 1980er Jahre lies sich zudem kein allgemeines Bewusstsein für neue kulturpolitische Aspekte nachweisen, sodass der jeweilige Kulturbegriff und die entsprechenden kulturpolitischen Aktivitäten stark von den jeweiligen KulturpolitikerInnen abhängig waren (vgl. Caciagli 1986, S. 15).
338 Vgl. Carmosino 2010, S. 216.
339 Der Begriff *soziokulturell* soll hier nur für die gesellschaftliche Relevanz von Kulturpolitik stehen, entspricht jedoch nicht den in Deutschland damit verbundenen Konnotationen.
340 Carmosino 2010, S. 199 f., vgl. auch S. 214.

Insgesamt lassen sich seit in Kraft treten der „Legge Bassanini" und des „Codice" zwar Veränderungen des Kulturbegriffs im Kontext der italienischen Kulturpolitik erkennen, die eine stärkere Ausrichtung auf die Bedürfnisse der Bevölkerung und damit ein Zurücktreten von einer einseitigen Ausrichtung auf den bloßen Erhalt der Kulturbestände bedeuten. Doch nach wie vor kann nicht von einer gesellschaftlich geprägten Kulturpolitik und einer umfassenden Berücksichtigung der Publikumsinteressen gesprochen werden: Die mangelnde Definition und fehlende Abgrenzung sowie die unklare Verteilung der Kompetenzen für *tutela, gestione, valorizzazione* und *fruizione* auf die verschiedenen Regierungsebenen, blockiert nach Ansicht zahlreicher ExpertInnen die Umsetzung einer publikumsorientierten Kulturpolitik und damit die Etablierung eines ganzheitlichen Kulturbegriffs:[341]

> Impossibile riportare le numerose discussioni che hanno accompagnato quella scelta legislativa, anche per ciò che riguarda i contenuti delle definizioni: è infatti, oggettivamente difficile tenere separate tutte le funzioni, poiché, a tacer d'altro, ogni maneggio di beni culturali ha necessarie implicazioni di tutela, ed una gestione scissa dalla valorizzazione e dalla promozione risulterebbe monca.[342]

Das zentrale Problem der Definition eines handhabbaren Begriffsinventars bestehe darin, dass Rechtsexperten häufig ohne Kenntnis der Abläufe in der Praxis Gesetze entwerfen und in der Folge unklare Terminologien entstehen, wie Bonini Baraldi, Dozentin für *Gestione e Innovazione delle Organizzazioni Culturali e Artistiche* an der Universität Bologna, zu bedenken gibt:

> Un primo aspetto del problema della giuridificazione riguarda allora la volontà di tradurre in un linguaggio inadeguato, poiché caratterizzato da una notevole rigidità, concetti che trovano in una notevole apertura il loro elemento di forza: sia il termine 'tutela' che 'gestione' fondano infatti il loro significato sulla pratica, mutando parzialmente contenuto in base alle esigenze reali in continua trasformazione. Irrigidirli in una formula giuridica significa renderli inadeguati alla realtà, realtà che deve essere poi inutilmente ed infinitamente 'rincorsa', come fin da subito ci si è resi conto, con nuove definizioni e nuove leggi.[343]

---

341 Vgl. exemplarisch Sciullo 2006b, S. 40 sowie Carmosino 2010, S. 198.
342 Forte 2006, S. 74.
343 Vgl. Bonini Baraldi 2007, S. 49; Bonini Baraldi kritisiert generell die Ausrichtung italienischer Kulturpolitik auf juristische Formulierungen: „L'incapacità degli studi manageriali di dialogare con la cultura pubblica dell'amministrazione esistente e con le diverse professionalità coinvolte ha cioè aggravato quella che verrà evidenziata come una delle più rilevanti specificità del nostro paese: la supremazia del linguaggio giuridico." (Bonini Baraldi 2007, S. 30).

Als Ausweg aus der begrifflichen Abgrenzungsproblematik schlägt Forte folgendes vor:

> Se si accetta, tuttavia, quanto già proposto, e cioè che ogni valorizzazione è gestione, deve partire dalla tutela ed è diretta alla massima e più corretta fruizione pubblica, ne emerge una lettura equilibrata e coerente delle disposizioni vigenti.[344]

Die konkrete Realisierung dieses Vorschlags erweist sich jedoch als schwierig, sodass der in Gesetzestexten festgelegte italienische Kulturbegriff in der Praxis schließlich doch große Unsicherheiten aufweist. Auch wenn also durch den „Codice" eine Neuausrichtung des Kulturbegriffs hin zu einem stärker am Publikum orientierten Angebot – auch mit Blick auf die verschiedenen Publikumstypen – angestrebt wurde, lässt sich bisher keine Gesamtkonzeption erkennen, die diesem zur Umsetzung verhelfen könnte:[345]

> Per coinvolgere pubblici non tradizionali o sottorappresentati, non si può perciò prescindere da una politica culturale a livello nazionale, che sviluppi attività di coordinamento volte a uniformare le iniziative secondo un programma prestabilito di documentazione, di valutazione dell'efficacia e infine di adeguata visibilità pubblica dei progetti e di comunicazione dei risultati a tutti gli operatori interessati.[346]

Schwierig wird die Umsetzung insbesondere durch die nach wie vor klare Ausrichtung an der *tutela* und die damit häufig einhergehende Vernachlässigung anderer kulturpolitischer Aspekte. Insgesamt steht die Notwendigkeit einer legislativen Verankerung des Kulturgüterschutzes außer Frage – einerseits als Konsequenz aus dem Kulturreichtum Italiens, andererseits aber auch mit Blick auf ihren ökonomischen Wert:

> Nel quadro dell'allargamento del concetto di bene culturale ad intere aree e strutture, è naturale conseguenza l'incremento di valore patrimoniale dell'area che si identifica come oggetto d'interesse e con questo l'importanza economica [...]. I beni culturali, come detto, sono a tutti gli effetti beni di natura economica, poiché costituiscono possibile fonte di reddito, diretto e/o indotto. Soprattutto in Italia dove quasi ogni città può considerarsi città d'arte. [...] Restaurando, infatti, conservando e valorizzando, le nostre opere possiamo garantire un turismo sempre più qualificato, simbolo pure di un reale progresso economico ed immagine di una Nazione che ha saputo gestire una ricchezza incommensurabile, circondandola di adeguate norme ed infrastrutture tutelari, ricettive ed esplicative, atte a meglio garantirle conservate e fruibili.[347]

---

344 Forte 2006, S. 75.
345 Vgl. Carmosino 2010, S. 198.
346 Carmosino 2010, S. 217.
347 Zanzarella 1999, S. 108 f.; Ausdruck hiervon ist auch die im Juni 2013 erfolgte Umbenennung des Ministeriums in *Ministero dei Beni e delle Attività Culturali e del*

Damit einher geht allerdings nicht nur die Aufgabe des öffentlichen Sektors, das Kulturerbe zu bewahren, sondern auch die privaten BesitzerInnen von Kulturgütern sind hierzu verpflichtet – selbst wenn deren primäres Interesse auf ökonomische Gewinne ausgerichtet sein sollte.[348]

> I beni culturali appartengono alla collettività la quale può usarli e fluire degli stessi: questo è il punto fondamentale e cioè che in diritto amministrativo ha rilevanza l'interesse collettivo e pubblico della collettività e dello Stato così come ha rilevanza fondamentale l'aspetto della utilità, pubblica e collettiva, propria del bene.
>
> Ultimo, ma non meno importante, concetto in ordine all'interesse per i Beni culturali è dato dalla necessaria continua ricerca di sinergie tra pubblico e privato, finalizzate al mantenimento e conservazione del patrimonio.[349]

Zusammenfassend kann somit davon ausgegangen werden, dass der italienische Kulturbegriff nach wie vor auf den Schutz des vorhandenen Kulturerbes *(tutela)* ausgerichtet ist und die seit den 1990er Jahren angestrebten Veränderungen hin zu einer stärkeren Publikumsorientierung im Sinne einer intensivierten *fruizione* und *valorizzazione* – insbesondere aufgrund der unscharfen begrifflichen Abgrenzung sowie der unklaren Aufgabenverteilung zwischen den einzelnen Regierungsebenen – noch nicht umfassen umgesetzt werden konnten. Insgesamt basiert der italienische Kulturbegriff im Kontext der Kulturpolitik auf dem „modello Italia", das das Kulturerbe als Basis der nationalen Identität betrachtet.

2.3 Vergleich der Kulturbegriffe in beiden Ländern

Die Ausführungen zeigen, dass die deutsche und die italienische Kulturpolitik auf unterschiedlichen Prämissen aufbauen: Die Kulturbegriffe beider Länder sind zwar vom internationalen Kontext geprägt. Während jedoch der italienische Kulturbegriff – v.a. bedingt durch die historischen Voraussetzungen – primär auf den Schutz des Kulturerbes ausgerichtet ist und damit die *tutela* das zentrale Motiv italienischer Kulturpolitik darstellt, das erst in den 1990er Jahren eine Erweiterung um den Aspekt der *valorizzazione* erfahren hat, ist der deutsche Kulturbegriff bereits seit den 1970er Jahren gesellschaftspolitisch und kooperativ ausgerichtet.

> *Turismo*, die eine stärkere Ausrichtung auf den Kulturtourismus und damit einhergehend eine Kompetenzverschiebung und eine veränderte Schwerpunktsetzung erwarten lässt.

348 Vgl. Zanzarella 1999, S. 110 ff.
349 Zanzarella 1999, S. 111 f.

In struktureller oder organisatorischer Hinsicht stellt die genaue gesetzliche Definition im italienischen Kontext den offensichtlichsten Unterschied zwischen dem deutschen und dem italienischen Kulturbegriff innerhalb der Kulturpolitik dar:

> La storia della tutela e più in generale dell'attenzione riservata ai beni culturali – o se si preferisce al patrimonio inteso come principale testimonianza dalla nostra civiltà e identità – in Italia ha viaggiato essenzialmente lungo i binari della giurisprudenza. [...] Una febbrile attività legislativa, non necessariamente tradottasi in effetto [...], il cui contraltare è stato per lungo tempo la pressoché totale assenza di dibattito su questi temi. Ma anche una fitta produzione normativa mai veramente supportata da un progetto politico, se si eccettua la visione più prospettica che è andata delineandosi negli ultimi anni.[350]

Dem tendenziell legislativ strukturierten italienischen Kulturbegriff, dem jedoch eine klare inhaltliche Zielsetzung fehlt, steht ein stärker diskursiv orientierter Kulturbegriff innerhalb der deutschen Kulturpolitik gegenüber, der lediglich in Bezug auf den Denkmalschutz gesetzliche Regelungen vorgibt.[351] Dementsprechend kann für Italien eine weit weniger intensive Diskussion um den Kulturbegriff in der Kulturpolitik konstatiert werden, als dies für Deutschland der Fall ist. Diese Tatsache wird nicht zuletzt in der unterschiedlichen Quantität

---

350 Dell'Orso 2002, S. 65; vgl. hierzu auch den EU-Bericht *Cultural policy in Italy* (1995): „Italy is undoubtedly the country with the most extensive range of legislation for the cultural field in Europe." (Council of Europe 1995, S. 24) sowie Zan, der in Bezug auf die Anwendung neuer Managementstrategien im Kontext italienischer Kulturpolitik von Hindernissen durch eine „sostanziale – e probabilmente crescente – *giuridificazione* del nostro sistema, che rischia di generare veri e propri mostri organizzativi" schreibt (Bonini Baraldi 2007, S. 13).

351 Die gesetzlichen Regelungen konnten in Deutschland den kulturpolitischen Kulturbegriff auch aufgrund ihres späten Inkrafttretens nicht umfassend prägen: In den neuen Ländern galt nach der Wende zunächst das 1975 eingeführte *Gesetz zur Erhaltung der Denkmale in der DDR* weiter, ehe in den 1990er Jahren eigene Landesdenkmalschutzgesetze in Kraft traten. Doch auch in den westlichen Bundesländern erfolgte die Etablierung gesetzlicher Denkmalschutz-Regelungen sehr spät: Vorreiter war Bayern (1973), gefolgt von Bremen (1975), Niedersachsen und Rheinland-Pfalz (1978), Baden-Württemberg (1983), Nordrhein-Westfalen (1980) und schließlich Hessen (1986). Wie auch Blumenreich festhält, gibt es für den Kulturbereich in Deutschland im Prinzip keine gesetzlichen Regelungen. Durch ihre Haushaltsrechte haben das Bundes- und die Länderparlamente im Rahmen der jährlichen Budgetplanungen jedoch Einfluss auf die Förderung von Kulturinstitutionen und allgemein die kulturpolitischen Aktivitäten (vgl. Blumenreich und Wagner 2010, S. 29).

und mitunter auch Qualität der kulturpolitischen Veröffentlichungen deutlich. Die Beiträge zur Kulturpolitik in Deutschland weisen insgesamt ein höheres Abstraktionsniveau auf und die Auseinandersetzung mit der Thematik schließt auch Überlegungen anderer Fachdisziplinen wie etwa der Soziologie oder der Philosophie mit ein, was auf italienischer Seite dagegen kaum zu beobachten ist.[352] In Folge dessen sowie bedingt durch die föderalistischen Strukturen und die zahlreichen nicht-staatlichen Kulturakteure,[353] lässt sich für Deutschland tatsächlich von Kulturbegriffen im Plural sprechen und es besteht Konsens darüber, dass Kulturpolitik in einer demokratischen Bürgergesellschaft „nicht allein Aufgabe des Staates, sondern verschiedener gesellschaftlicher Akteure"[354] ist, sodass kulturpolitische Richtungsentscheidungen innerhalb des „Kräfteparallelogramms" aus staatlichen Akteuren, privaten oder privatwirtschaftlichen Initiativen, KünstlerInnen und Publikum im Rahmen einer gesellschaftlichen Auseinandersetzung legitimiert werden müssen. Die kontinuierliche Anpassung des kulturpolitischen Kulturbegriffs an die gesellschaftliche Realität wird deshalb nicht allein von staatlicher Seite geprägt; vielmehr stellen Akteure des dritten Sektors wie der *Deutsche Kulturrat* oder die *Kulturpolitische Gesellschaft* als bundesweit agierende Vereine aktive Protagonisten dar.[355] Schneider fasst diese Ausrichtung wie folgt zusammen:

> Ein Netzwerk kulturpolitischer Willensbildung prägt die Diskussion von Kunst und Kultur auf allen Ebenen der Politik. Das hat dazu geführt, dass es keinen normativen, das heißt allgemein verbindlichen Kulturbegriff mehr gibt, sondern dass sich die kulturpolitische Debatte v.a. durch einen diskursiven Charakter auszeichnet.[356]

---

352 Vgl. Bonini Baraldi 2007, S. 200; diesen Umständen ist auch der unterschiedliche Umfang der Kapitel 2.1 und 2.2 zum jeweiligen Kulturbegriff in Deutschland und Italien geschuldet.
353 Vgl. vertiefend zur Aufgabenteilung zwischen Bund, Ländern und Kommunen sowie zu den weiteren zentralen Akteuren der kulturpolitischen Diskussion Kapitel 3.
354 Kulturpolitische Gesellschaft 1998, S. 8.
355 Insgesamt bezeichnet der dritte Sektor gemeinnützig orientierte Vereine, Stiftungen, Bürgerbündnisse, Initiativen, Verbände oder Gewerkschaften (vgl. zu Akteuren und Funktionen des dritten Sektors im Kulturbereich Scheytt 2008, S. 273 sowie das entsprechende Kapitel 3.2.3). Verwiesen sei in diesem Zusammenhang exemplarisch auf die Diskussion der *Kulturpolitischen Gesellschaft* über das neue Grundsatzprogramm (Kulturpolitische Gesellschaft 2012b), die Organisation der jedes zweite Jahr stattfindenden Bundeskulturkongresse als entscheidende Diskussionsplattform oder auch die kontinuierliche Informationsarbeit des *Deutschen Kulturrats* etwa durch seinen Newsletter.
356 Schneider 2000a, S. 277.

Dagegen verfügt das italienische Kulturministerium über eine gewisse Leitlinienkompetenz, die ihm die Vorgabe eines präzise definierten Kulturbegriffs für die kulturpolitischen Akteure auf nationaler Ebene ermöglicht, die durch die peripheren Strukturen aber auch in die Regionen hinein wirken. Ergänzt wird die nationale Kulturpolitik und dementsprechend der insgesamt erkennbare Kulturbegriff jedoch durch vielfältige und davon weitgehend unabhängige Aktivitäten der regionalen und kommunalen Ebene; der Einfluss nicht-staatlicher Akteure wie *Federculture* oder *Associazione per l'economia della cultura* auf den jeweils aktuellen Kulturbegriff ist dagegen begrenzt.[357] Insgesamt scheint der Kulturbegriff der italienischen Kulturpolitik – vermutlich aufgrund des konstanten legislativen Bezugsrahmens und damit einhergehend geringerer Diskussionsanreize – relativ homogen und weitgehend unabhängig von den jeweiligen gesellschaftlichen Entwicklungen zu sein. Diese Tatsache steht in klarem Gegensatz zum deutschen Kulturbegriff, der durch die verschiedenen Rationalitäten des Denkens und Handelns sowie unterschiedliche Wirklichkeitszugänge der zahlreichen Akteure innerhalb des kulturpolitischen Handlungsfelds charakterisiert ist und somit als relativ offen bezeichnet werden kann. Dies führt zu einer kontinuierlichen Diskussion um seine Ausrichtung, sodass eine gemeinsame theoretisch-konzeptionelle Grundlage kulturpolitischen Handelns fehlt und aufgrund eines unspezifischen Kulturbegriffs kaum Richtlinien für die Ausgestaltung der konkreten Kulturpolitik auf den einzelnen Regierungsebenen vorliegen.[358]

Mit Blick auf die Entwicklung des italienischen Kulturbegriffs im Kontext der Kulturpolitik lässt sich feststellen, dass dieser bereits in den 1930er Jahren konkret formuliert wurde und seitdem – insbesondere bedingt durch die starke Verrechtlichung der italienischen Kulturpolitik auf nationaler Ebene – nur

---

357 Zu den strukturellen Rahmenbedingungen der italienischen Kulturpolitik, ihren staatlichen und nicht-staatlichen Akteuren vgl. Kapitel 4.2.
358 Wenige Ausnahmen bestehen etwa in Form des NRW-Weiterbildungsgesetzes (2000) oder des Sächsischen Kulturraumgesetzes (1994); NRW wird voraussichtlich 2014 ein Kulturfördergesetz verabschieden. Vgl. zu den „Main legal provisions in the cultural field" auch Blumenreich und Wagner 2010, S. 28 ff. Entsprechend der divergent Herangehensweisen unterscheiden sich auch die jeweiligen Protagonisten der Diskussion um den Kulturbegriff: In Italien wird das Feld stark von Juristen bestimmt. Diese beteiligen sich zwar auch in Deutschland an der Diskussion – insbesondere in Bezug auf die Abgrenzung der Kompetenzen zwischen Bund und Ländern – jedoch gibt es weit wichtigere Akteure aus den Bereichen Kultur- und Politikwissenschaft, Soziologie, Wirtschaftswissenschaften oder Pädagogik mit Fokus auf die kulturelle Bildungspolitik, die sich mit ihren jeweiligen Handlungsrationalitäten in die Diskussion einbringen und den Kulturbegriff mitgestalten.

geringfügigen Wandlungsprozessen unterworfen war bzw. Veränderungen v.a. auf regionaler und kommunaler Ebene zu konstatieren sind.[359] Die größte Konstanz in der Ausrichtung des italienischen Kulturbegriffs und der entsprechenden Kulturpolitik besteht in der kontinuierlichen Fokussierung auf *tutela*, also den Auftrag, das Kulturerbe zu schützen und zu pflegen. Dieser ist seit 1947 in der Verfassung festgeschrieben und erst die gesetzlichen Umwälzungen Ende der 1990er Jahre sowie schließlich der „Codice" im Jahr 2004 lockerten die starke Orientierung am Schutz des Kulturerbes. In der Folge sollten breitere Bevölkerungsgruppen Zugang zum Kulturbereich erhalten sowie privaten Akteuren die Mitgestaltung des Kulturangebots ermöglicht werden *(valorizzazione, gestione)*; „Zugänglichmachen" wurde nun auch im gesellschaftspolitischen und didaktischen Sinne interpretiert, nämlich als Aufgabe der Kulturinstitutionen, für möglichst breite Bevölkerungsschichten einen Bezug zu Kulturobjekten und -aktivitäten herzustellen.

Die in Italien über das gesamte Territorium verteilten Kulturgüter gelten als gemeinsames Erbe der Nation und stellen somit einen entscheidenden Beitrag zur kollektiven Identität dar. In Folge dessen ist der Fokus der italienischen Kulturpolitik, trotz der Ausweitung des Kulturbegriffs in den vergangenen beiden Jahrzehnten, nach wie vor auf den Erhalt dieses allen gehörenden Kulturerbes ausgerichtet, das als gemeinsames Gedächtnis des Landes gilt und dessen jeweiliger „valore di civiltà" als entscheidendes Kriterium für die Definition eines Objektes als Kulturgut gilt. Die Kulturgüter Italiens sind stets eng mit dem sie umgebenden Territorium verbunden und ihre Pflege *in situ* stellt einen maßgeblichen Aspekt des „modello Italia" sowie des italienischen Kulturbegriffs dar. Um tatsächlich einen großen Teil der Bevölkerung am Kulturleben zu beteiligen, gewann mit Inkrafttreten des „Codice" neben dem Konzept der *valorizzazione* der Begriff der *fruizione* an Bedeutung und die den italienischen Kulturbegriff nachhaltig prägende „concezione elitaria" wurde zum Teil überwunden; das Ziel, den Kreis der Kulturnutzer zu erweitern und generell die Bedürfnisse des heterogen strukturierten Publikums zu berücksichtigen, rückt seitdem zunehmend in den Fokus.

Die Forderung nach Kulturangeboten für sämtliche Bevölkerungsgruppen wurde in Deutschland in den 1970er Jahren durch Leitformeln wie *Kultur für alle* oder *Bürgerrecht Kultur* lautstark erhoben und führte zu einer zunehmend

---

359 Vgl. hierzu in Kapitel 4.2.1 die Ausführungen zur regionalen und kommunalen Kulturpolitik sowie die Auswertung der Interviews, insbesondere die Antworten auf die letzte forschungsleitende Frage.

gesamtgesellschaftlich orientierten Funktion von Kultur(-politik). Das Ziel, allen Menschen eine Idee vom „guten, glücklichen und gelungenen Leben"[360] zu vermitteln, und mögliche Wege dorthin aufzuzeigen, stellt seither eine zentrale Komponente des Kulturbegriffs der deutschen Kulturpolitik dar. Die Abwendung von einem elitär ausgerichteten Kulturbegriff, wie er in den 1950er und 1960er Jahren dominierte, geht mit einer Öffnung hin zu einem erweiterten Kulturbegriff einher, der über Oper, Theater und Kunstmuseum hinausweist, und mit dem Schlagwort „Soziokultur" bezeichnet werden kann. Langfristiges Ziel dieser Entwicklungen ist eine kulturelle Demokratie, sodass Kulturelle Bildung, interkulturelle Gesellschaft und Inklusion aktuell relevante Komponenten des Kulturbegriffs darstellen. Denn „[v]or dem Hintergrund der Migrationsrealität muss neu reflektiert werden, wie unser (gemeinsames) kulturelles Erbe definiert und vermittelt werden soll."[361] Zuwanderer sollen nicht nur als RezipientInnen verstärkt beachtet werden, sondern auch Verantwortung innerhalb der kulturpolitischen Diskussion übernehmen. Die Wahrnehmung von Kulturpolitik als Gesellschaftspolitik und die im Sinne einer *Kultur für alle* angestrebte Inklusion sämtlicher BürgerInnen prägen den deutschen Kulturbegriff innerhalb der kulturpolitischen Diskussion nach wie vor ganz erheblich. Auch in Italien gewinnt eine „crescente assunzione di responsabilità sociale oltre che culturale dei musei"[362] sowie eine verstärkte Fokussierung auf eine Ausweitung des Publikums zunehmend an Bedeutung und das Bewusstsein für die „fruizione del patrimonio culturale come diritto sociale",[363] der Schutz der Kulturgüter als soziale Notwendigkeit im Gegensatz zum lange Zeit dominierenden elitären Charakter, wird sich voraussichtlich immer mehr durchsetzen.[364] Für beide Länder ist somit eine sozialpolitische Ausrichtung von Kulturpolitik charakteristisch. In Deutschland nimmt diese allerdings bereits in den 1970er Jahren ihren Ausgangspunkt und

---

360 Vgl. Fuchs 1998, wobei bereits der Titel *Kulturpolitik als gesellschaftliche Aufgabe* die Konzeption im Sinne einer gesamtgesellschaftlichen Logik widerspiegelt.
361 Kulturpolitische Gesellschaft 29.06.2012.
362 Fondazione Fitzcarraldo 2009, S. 32.
363 So der Titel eines Kapitels in Zanzarella 1999, S. 37.
364 Vgl. u.a. Zanzarella 1999, S. 37 ff., den Sammelband Formez 2007, dessen Beiträge beispielsweise die Themen soziale Inklusion durch Kultur (Bodo und Da Milano 2007) oder eine Analyse von Instrumenten und Methoden für verbesserten Zugang zu Kultur (Simone 2007) enthalten. Relevant sind zudem die Studien der *Fondazione Fitzcarraldo* etwa zur verstärkten Einbeziehung Jugendlicher als Museumsbesucher (vgl. Fondazione Fitzcarraldo 2006) oder generell zur Ausweitung des Kulturpublikums (vgl. Fondazione Fitzcarraldo 2009), die ein zunehmendes Bewusstsein für diese Fragestellungen (Stichwort „audience development") erkennen lassen.

die damit einhergehenden Debatten und Ergebnisse erscheinen im Vergleich mit Italien deutlich umfangreicher.[365]

Dies lässt sich – wohl vor allem bedingt durch die von Beginn an sehr umfangreichen Gesetzgebungsprozesse – auch in Bezug auf die kulturpolitischen Diskussionen konstatieren: Während Adorno für Deutschland bereits zu Beginn der 1970er Jahre das Paradoxon von Kultur und Verwaltung thematisierte, nämlich dass Kultur mit Mitteln der Verwaltung und damit einem ihr entgegenstehenden System organisiert wird, stellt dies in Italien kein derart relevantes Thema dar. Dass Kultur stets eine verwaltete ist, kann vor allem für die nationale Ebene gelten: Insbesondere seit der Etablierung des *Ministero per i Beni Culturali e Ambientali* sind legislative Vorgaben prägend und es entwickelte sich ein umfangreicher Verwaltungsapparat, der sich auch auf die Regionen erstreckt. Die von Adorno erkannte „beständige Gefahr des Konformismus" wird in Italien nur bedingt als solche wahrgenommen – vielmehr zielt die Kulturpolitik des Ministeriums bewusst auf eine möglichst einheitliche kulturpolitische Struktur in sämtlichen Teilen des Landes, die jedoch durch die Kulturpolitik der Regionen und Kommunen sowie die Initiativen privater und gemeinnütziger Akteure ergänzt wird.[366]

Dies ist die Voraussetzung für eine vielgestaltige Kulturpolitik, wie sie Welsch unter dem Schlagwort „demokratische Kulturpolitik" zusammenfasst, die durch Pluralität als zentralem Kennzeichen der Postmoderne ein Gegengewicht zur Vereinnahmung der Kunst durch die Kulturindustrie darstellen soll; der Entwicklung einer pluralen Kulturlandschaft stehen demnach gesetzliche Vorgaben für die konkrete Ausgestaltung der Kulturpolitik eindeutig gegenüber.

Bezug nehmend auf die Einteilung von Schulze, wonach die deutsche Kulturpolitik während der zweiten Hälfte des 20. Jahrhunderts verschiedene Stadien durchlaufen hat – vom Hochkultur- über das Demokratisierungs- und Soziokultur- bis zum Ökonomiemotiv – soll zusammenfassend eine Gegenüberstellung mit der italienischen Entwicklung erfolgen: Auch in Italien war lange Zeit das Hochkulturmotiv dominierend und trotz der Entwicklungen der vergangenen Jahrzehnte kann es nach wie vor als zentral betrachtet werden. Während in Deutschland im Verlauf der 1960er und 1970er Jahre das Demokratisierungsmotiv zunehmend an Bedeutung gewann und in den 1970er Jahren soziokulturelle Bestrebungen immer essenzieller wurden, kann diese Entwicklung für Italien

---

365 Vgl. zur kulturpolitischen Umbruchzeit der 1970er Jahre in Deutschland Kapitel 3.1.4.
366 Eingeschränkte Bedeutung hat das Kulturministerium in den autonomen Regionen sowie denjenigen mit Sonderstatus.

nur zum Teil belegt werden. Doch der Einfluss internationaler Entwicklungen wie etwa die Definition von *beni culturali* im Rahmen der *Haager Konvention* oder die Abschlusserklärung des Europarats zur Konferenz von Arc et Senan (1972) zeigten durchaus Auswirkungen auf den italienischen Kulturbegriff: Die Ausrichtung auf *cose culturali* konnte zunehmend zu Gunsten der *beni culturali* überwunden werden und auch der *gap* zwischen „elitismo" und „populismo", zwischen „cultura di élite" und „cultura di massa" verringerte sich im Verlauf der 1970er und 1980er Jahre, sodass von einer grundlegenden Weiterentwicklung und Erweiterung des italienischen Kulturbegriffs gesprochen werden kann.[367] Insgesamt gewann die italienische Kulturpolitik in den 1980er und 1990er Jahren an Dynamik und eine deutliche Erhöhung der finanziellen Ressourcen führte zu einer Ausweitung des Kulturangebots, des Kulturpublikums und somit auch des Kulturbegriffs, sodass das Hochkulturmotiv nach und nach Ergänzung fand. In den 1980er Jahren, insbesondere aber im Verlauf der 1990er Jahre, wurde sowohl in Deutschland als auch in Italien das Ökonomiemotiv zunehmend bedeutsam. Kultur wurde als Wirtschaftsfaktor entdeckt und dementsprechend stand die „Vermarktbarkeit" von Kulturobjekten und -angeboten im Vordergrund. Dieser Aspekt ist nach wie vor sehr präsent, da durch die Finanzkrise weniger öffentliche Gelder zur Verfügung stehen und neue Organisations- und Finanzierungsformen in den Vordergrund rücken.[368] Aktuell sieht sich die deutsche Kulturpolitik insbesondere den Themen Globalisierung und Individualisierung gegenüber und es besteht die Notwendigkeit, den Kulturbegriff an den Realitäten einer multikulturellen Gesellschaft auszurichten. Der italienische Kulturbegriff zeigt sich von den aktuellen Entwicklungen – auch in Italien ließen sich der demographische Wandel oder die Auswirkungen der Finanzkrise als mögliche Einflussfaktoren auf den Kulturbegriff vermuten[369] – bislang kaum beeinflusst. Dies lässt sich v.a. für die nationale Ebene auf die zentrale Rolle eines starren Verwaltungsapparats zurückführen, der nach wie vor federführend für die Ausrichtung des Kulturbegriffs ist, und auf gesamtgesellschaftliche Veränderungen mit Verzögerung reagiert. Zudem muss die Verabschiedung neuer Gesetze nicht zwingend zu einer Aktualisierung des kulturpolitischen Handlungsrahmens führen:

---

367 Vgl. Bodo 1994a, S. IXX.
368 Vgl. u.a. Forte und Jalla 2004 sowie Kapitel 4.2.2, das die neuen Formen der Zusammenarbeit mit privaten Akteuren und entsprechende Finanzierungsformen wie Mäzenatentum, Sponsoring, Public Private Partnership etc. vorstellt.
369 Vgl. hierzu den jährlichen Bericht von *Federculture*, dessen Ausgabe von 2012 bereits mit dem alarmierenden Titel *Cultura e Sviluppo. La scelta per salvare l'Italia* eine Ausweitung des Kulturbegriffs auf eine gesamtpolitische Perspektive fordert.

> It cannot be argued that an effective cultural policy requires a strong legislative basis […], but neither is it true that a mass of legislation ensures cultural development. As a result of the Italian propensity to add to the statute book and the horizontal and vertical fragmentation of competences, there is a constant process of further addition seeking to make good the lack of 'organic' laws, which actually leads to further levels of complexity.[370]

Somit können auch heute noch – mehr als 15 Jahre nach dem umfangreichen EU-Report zur italienischen Kulturpolitik – der Schutz der bereits vorhandenen Kulturobjekte und die Beibehaltung einer „konservativen" bzw. „konservierenden" Kulturpolitik als dominierend bezeichnet werden:

> Whilst equal access to cultural provision could no doubt be claimed as an overriding policy intention of government, it was abundantly clear to the Examiners that at the first hint of any conflict between tutela and public access, the public were invariably the losers.[371]

Diese Tatsache liegt selbstverständlich auch darin begründet, dass Italien mit seinem umfangreichen Kulturerbe eine erweiterte Verpflichtung zu dessen Erhalt obliegt. Dementsprechend stellt die *tutela* nach wie vor den zentralen Aspekt italienischer Kulturpolitik dar, der jedoch insbesondere in den letzten beiden Jahrzehnten zunehmend um die Aspekte der *valorizzazione* und der *fruizione* erweitert wurde. Insgesamt lässt sich aber festhalten, dass die Integration neuer Motive in den italienischen Kulturbegriff nur zögerlich erfolgt und sich im Vergleich dazu die Kulturpolitik in Deutschland neuen gesellschaftlichen Bedingungen umfassender stellt und damit einhergehende veränderte Konzepte aktiver in ihren Kulturbegriff und ihr konkretes kulturpolitisches Handeln integriert. Der plurale und von zahlreichen Argumentationslinien geprägte deutsche Kulturbegriff lässt sich somit auf die Formel „Kulturpolitik als Gesellschaftspolitik" bringen; es dominiert ein additives Verständnis von Kultur(-politik) und es gibt verschiedene, jedoch im gleichen Maße legitime Begriffe von Kultur. Dies entspricht auch den Strukturen der deutschen Kulturpolitik: Das Netzwerk ganz unterschiedlicher Akteure verhindert die Festlegung auf einen einheitlichen Kulturbegriff, Dialog und Diskurs werden essenziell. Dabei übernimmt nicht zwingend der Staat die Leitfunktion – ihm wird vielmehr eine vermittelnde Rolle zuerkannt – und in Folge dessen bleibt deutsche Kulturpolitik weitestgehend ohne Rechtsnormen; es dominiert in Deutschland ein diskursiver Kulturpolitikbegriff, der sich an den Prinzipien der Neutralität, der Subsidiarität sowie der

---

370 Council of Europe 1995, S. 24.
371 Council of Europe 1995, S. 72.

Pluralität orientiert. Für Italien kann (auch) in kulturpolitischer Hinsicht nach wie vor von einem starken Staat gesprochen werden, der Kulturpolitik strukturell und damit auch in ihrer inhaltlichen Ausrichtung dominiert. Die seit den 1990er Jahren eingeleitete Integration privater und zivilgesellschaftlicher Akteure mit ihrem je individuellen Kulturbegriff zeigt bislang keine umfassenden Auswirkungen auf den Kulturbegriff. Veränderungen sind dagegen eher von den unteren Regierungsebenen, den Regionen und Kommunen, zu erwarten, die entsprechend ihrer Zuständigkeit für die *valorizzazione* neue Aspekte in ihr kulturpolitisches Handeln integrieren, das sich langfristig gegenüber den normierenden Vorgaben des Ministeriums emanzipieren könnte.

Als entscheidende Gemeinsamkeit des deutschen und italienischen Kulturbegriffs innerhalb der Kulturpolitik kann abschließend festgehalten werden, dass in beiden Ländern nicht in Frage gestellt wird, dass Kulturpolitik öffentlich finanziert und organisiert wird. Die Bevölkerung in Deutschland und in Italien erwartet die Übernahme kulturpolitischer Verantwortung durch den Staat bzw. die verschiedenen Regierungsebenen. Wie sich dieses – etwa von den Prämissen amerikanischer Kulturpolitik, die auf privaten Akteuren aufbaut, stark abweichende – Grundverständnis entwickelt hat und zu welchen strukturellen Ausprägungen es in beiden Ländern führte, wird Thema der anschließenden Kapitel sein.

3. Kulturpolitik in Deutschland

3.1 Historische Entwicklung der deutschen Kulturpolitik

3.1.1 Rückblick auf die Anfänge der Kulturpolitik im 19. Jahrhundert, die Kulturpolitik in der Weimarer Republik und im Nationalsozialismus

Bereits die einleitenden Kapitel konnten zeigen, dass Kulturpolitik seit vielen Jahrhunderten besteht und schließlich im ausgehenden 19. Jahrhundert ihre umfassende Institutionalisierung erfolgte. Kulturpolitik in Deutschland basiert somit auf historisch gewachsenen Strukturen, sodass die Darstellung ihrer schrittweisen Entwicklung ganz wesentlich zum Verständnis der aktuellen Situation beitragen kann.

Insbesondere die späte Nationenbildung wirkt sich nach wie vor auf die Strukturen deutscher Kulturpolitik aus: Ihre föderale Gliederung und die darauf aufbauenden Charakteristika Dezentralität, Subsidiarität sowie Pluralität liegen vorrangig hierin begründet.[372] Der dem Föderalismus entspringende Wettbewerb zwischen den einzelnen staatlichen Ebenen von Bund, Ländern und Gemeinden – inzwischen zudem ergänzt durch die Kulturpolitik der EU – führte seit 1949 zu großer kultureller Vielfalt und schließlich im Einigungsvertrag zwischen der BRD und der DDR zur Definition Deutschlands als „Kulturstaat".[373]

Wagner hat 2009 die bisher einzige umfassende Studie zur historischen Entwicklung der (deutschen) Kulturpolitik und ihrer jeweils zentralen Begründungsmuster seit dem ausgehenden Spätmittelalter vorgelegt. Er geht davon aus, dass

> Institutionen, Handlungsweisen und theoretisch-konzeptionelle Begründungen aktueller Kulturpolitik [...] entscheidend auch durch ihre Geschichte geprägt [sind]. Heutiges kulturpolitisches Handeln basiert mehrheitlich auf den Strukturen, die in den vergangenen Jahrhunderten mit der Herausbildung der kulturellen Institutionen und einer kommunal-staatlichen Kulturpolitik entstanden sind.[374]

---

372 Vgl. Singer 2003, S. 4.
373 Vgl. Bundesministerium der Justiz 31.08.1990, Art. 35 (1); zu den Kompetenzen der einzelnen Regierungsebenen vgl. Kapitel 3.2.1.
374 Wagner 2009, S. 450; Wagner merkt allerdings an, dass sich der Bezug auf kulturpolitische Traditionsstränge zuweilen schwierig gestaltet, da die Kulturpolitikforschung bisher nur vereinzelt über „empirisch fundierte und theoretisch begründete

Wagner kommt zu dem Ergebnis, dass bereits seit der Frühen Neuzeit kommunal-staatliche, privatwirtschaftliche und gesellschaftliche Akteure (wie Vereine, Stiftungen oder andere gesellschaftliche Kooperationen) die Basis für die Entwicklung der vielgestaltigen Kulturlandschaft in Deutschland bildeten.[375] Der weitestgehenden Kontinuität dieser drei zentralen Akteursgruppen stehe dagegen eine starke Verschiebung der Hauptmotive für die Förderung von Kunst und Kultur im Verlauf der Jahrhunderte gegenüber:

> Am Anfang höfischer und städtischer Kulturaktivitäten stand gleichermaßen der Wunsch nach Unterhaltung und nach der Repräsentation von Macht und Reichtum. [...] In der höfischen Kultur des Absolutismus kam ‚Bildung' – besonders auf die junge Generation bezogen – als eine dritte Funktion hinzu. Mit dem Bürgertum im ausgehenden 18. und 19. Jahrhundert wurde der Bildungsfunktion von Kultur eine immer größere Bedeutung zugemessen. Kunst und Kultur wurden zum zentralen Medium der Selbstvergewisserung und Selbstkonstitution der bürgerlichen Klasse [...].[376]

Erst im 19. Jahrhundert und mit der Herausbildung des Bildungsbürgertums gewann die Förderung von Kunst um ihrer selbst Willen an Bedeutung. Zugleich wurde im Sinne einer deutschen Nationalkultur die Herausbildung eines Nationenbewusstseins fokussiert und – ausgehend von Schillers *Ästhetischer Erziehung des Menschen* und dem Humboldtschen humanistischen Bildungsideal[377] – bereits in der zweiten Hälfte des 19. und dem beginnenden 20. Jahrhundert das Paradigma des „Kulturstaats" geprägt.[378] Wagner fasst diese Entwicklungen in Bezug auf die Begründung von Kulturpolitik wie folgt zusammen:

> ‚Unterhaltung', ‚Repräsentation' und ‚Bildung' als die zentralen Motive von Kulturaktivitäten und Kulturförderung sowie teilweise auch als deren theoretisch-konzeptionelle Begründung – zum Teil ergänzt um ‚Unterstützung der Künste' und ‚ökonomische Interessen' – prägten in unterschiedlicher und mit sich wandelnder Gewichtung die höfische wie die bürgerliche Kultur von der Frühen Neuzeit bis zum Ende des Wilhelminischen Reiches. In der sich ab der zweiten Hälfte des 19. Jahrhunderts verstärkt ausbildenden kommunal-staatlichen Kulturpolitik war der repräsentativ-unterhaltende

---

Analysen zur Genese, Konstitution und Legitimation von Kulturpolitik und ihren Institutionen" verfüge.

375 Vgl. Wagner 2009, S. 451; zu dieser nach wie vor gültigen Einteilung der wichtigsten kulturpolitischen Akteursgruppen in Staat, Markt und Zivilgesellschaft vgl. vertiefend Kapitel 3.2.
376 Wagner 2009, S. 451 f.; vgl. hierzu auch Schrallhammer 2006, S. 42 f.
377 Wagner sieht Friedrich Schillers und Wilhelm von Humboldts Konzepte als „die beiden ersten systematischen Begründungen öffentlicher Kulturpolitik" an (vgl. Wagner 2009, S. 452).
378 Vgl. Wagner 2009, S. 452.

Strang absolutistisch-höfischer Kulturaktivitäten ebenso enthalten, wie der stärker kommunikativ-bildungsorientierte bürgerlicher Tradition. Diese Verbindung von ‚Fürstenhof' und ‚Bürgergesellschaft' blieb auch nach dem endgültigen Ende der Fürsten- und Kaiserherrschaft in der Weimarer Republik bestehen und prägt auch noch heutige Kulturpolitik mit.[379]

Historisch begründet ist auch der bereits erwähnte Kulturföderalismus: Nach der deutschen Einigung im Jahr 1871 übernahm der Bund zwar die Kompetenzen für die Auswärtige Kulturpolitik. Die Mitgliedsländer blieben jedoch nach wie vor für ihre Kulturpolitik selbst verantwortlich; sie traten lediglich einen Teil ihrer Kompetenzen an die Kommunen ab. Diese Aufteilung der Zuständigkeiten auf Bund, Länder und Gemeinden blieb im Prinzip auch während der Weimarer Republik bestehen.[380] In Art. 142 der Weimarer Reichsverfassung wird die (Mit-)Verantwortung des Staates für den Schutz und die Pflege der Kultur erstmals festgeschrieben: „Die Kunst, die Wissenschaft und die Lehre sind frei. Der Staat gewährt ihnen Schutz und nimmt an ihrer Pflege teil."[381] Zugleich wird den Kommunen in Art. 127 zum ersten Mal das Recht zur Selbstverwaltung zugesprochen,[382] sodass der Kulturbetrieb bereits zu Beginn des 20. Jahrhunderts entsprechend dem Prinzip der Subsidiarität organisiert war. Deutschland

---

379 Wagner 2009, S. 452 f.; Wagner führt zu den Begriffen „Fürstenhof" und „Bürgergesellschaft", die auch den Titel seiner Studie darstellen, weiter aus: „„*Fürstenhof*' steht dabei für eine sehr lange Spanne höfischer Kunstförderung, die vom Spätmittelalter bis ins Kaiserreich im beginnenden 20. Jahrhundert reicht. Machtverherrlichung durch Kunst und die Förderung repräsentativer Kunst und Kunstbauten zum eigenen Prestige gehören ebenso dazu wie die Bezahlung von Künstlern zum Zwecke der Unterhaltung und der Unterhalt von Theatern, Kunstsammlungen und Bibliotheken. [...] Mit dem ‚*Fürstenhof*' sind aber auch die Reglementierungen nichthöfischer Kultur, Zensur und Verbote verbunden sowie die Herausbildung von besonderen Verwaltungsstrukturen als Grundlage späterer Kulturverwaltung. Mit dem Terminus ‚*Bürgergesellschaft*' liegt der Fokus auf der Ausbildung einer Gesellschaft mit Klassen und Schichten, der Individualisierung und der Herausbildung städtischer Öffentlichkeit. In der zweiten Hälfte des 18. und zu Beginn des 19. Jahrhunderts schuf sich das Bürgertum eigene kulturelle Institutionen als Orte der Selbstverständigung [...] es entstanden erste Formen öffentlicher Kulturangebote und Kunsteinrichtungen sowie frühe Ansätze kommunaler und staatlicher Förderung kultureller Aktivitäten." (ebd. S. 22 f.).
380 Vgl. Blumenreich und Wagner 2010, S. 2.
381 Deutsches Reich 11.08.1919, Zweiter Hauptteil, Vierter Abschnitt: Bildung und Schule.
382 Deutsches Reich 11.08.1919; Art. 127: „Gemeinden und Gemeindeverbände haben das Recht der Selbstverwaltung innerhalb der Schranken der Gesetze."

blickt somit auf eine lange Tradition des sogenannten „kooperativen Kulturföderalismus" zurück, der von jeher Ergänzung fand durch ein „ausgeprägtes bürgerliches Engagement für Kunst und Kultur".[383]

Die hieraus resultierende Vielfalt der Kulturlandschaft wurde jedoch ab dem Jahr 1933 von den Nationalsozialisten durch Zentralisierung, Instrumentalisierung und die Konzentration der wesentlichen Zuständigkeiten auf Reichsebene zerstört.[384] Kunst wurde zwischen 1933 und 1945 „vor allem als wichtiges Propagandamittel zur Indoktrination und Verankerung des totalitären Systems gesehen"[385] und der Handlungsrahmen der KünstlerInnen insbesondere durch die Kulturkammergesetzgebung stark eingeschränkt.[386] Erst das Kriegsende durch den Einmarsch der Alliierten hob diese zentralistischen Strukturen auf und schuf die Möglichkeit der (Re-)Etablierung kulturpolitischer Strukturen, die im anschließenden Kapitel thematisiert werden.

3.1.2 Nur Affirmatives zählt? — Kulturpolitik im Nachkriegsdeutschland

Nach den Erfahrungen der zentralistischen Kulturpolitik des Nationalsozialismus war es das Ziel der Alliierten, die kulturpolitischen Kompetenzen des Bundes möglichst stark zu begrenzen. Dementsprechend weist das Grundgesetz die umfassendsten Zuständigkeiten im Kulturbereich erneut den Ländern zu, die wiederum einen Großteil ihrer Kompetenzen an die Gemeinden weitergaben.[387] Generell wurde in den Anfangsjahren der Bundesrepublik die kulturpolitische Verantwortung des Staates sehr zurückhaltend interpretiert und der Fokus lag weniger auf der aktiven Förderung konkreter Kulturangebote, als vielmehr auf der Garantie der Kunstfreiheit. Um einen Rückfall in nationalistisch orientierte Kulturpolitik zu umgehen, basierte die Kulturpolitik während der Nachkriegszeit vor allem auf „Kulturpflege" und der Rückbesinnung auf traditionelle Kunstformen und etablierte Kulturinstitutionen – eine Auffassung von Kulturpolitik, die als „Kulturverwaltung" charakterisiert werden kann. Eine ernsthafte Auseinandersetzung mit den kulturpolitischen Ereignissen während des Dritten Reiches oder grundsätzliche Debatten über eine

---

383 Wagner 2010, S. 1.
384 Vgl. Blumenreich und Wagner 2010, S. 2.
385 Schrallhammer 2006, S. 79.
386 Vgl. Schrallhammer 2006, S. 79.
387 Die Kompetenzen der Gemeinden basieren auf ihrer Selbstverwaltungsgarantie (Art. 28, Abs. II GG). Vgl. hierzu ausführlich Kapitel 3.2.1.

Neuorientierung fanden dagegen zunächst nicht statt. Kulturpolitisch gab es in der Zeit nach 1945 somit keine wirkliche „Stunde Null", sondern es fand ein direktes „Wiederanknüpfen an die mit der Nazizeit abgerissene Kontinuität der späten 20er und frühen 30er Jahre in Deutschland"[388] statt. Der Fokus lag während der Nachkriegszeit auf dem wirtschaftlichen Wiederaufbau Deutschlands, sodass die bürgerliche Bildungsschicht Kunst und Kultur als „freundliche Begleitmusik" vorwiegend in Form von Museumsbesuchen oder Theater- und Opernaufführungen des klassischen Repertoires gerne konsumierte; es wurde aber „die Möglichkeiten vertan, den totalen Zusammenbruch des politischen und sozialen Gefüges in Deutschland für eine fundamentale Neuordnung zu nutzen".[389] Dementsprechend war die Rehabilitation emigrierter Künstler weitgehend mangelhaft[390] und auch Versuche einer literarisch-intellektuellen Aufarbeitung der Vergangenheit fanden kaum Publikum.[391] Schwencke kritisiert, dass die kulturpolitischen Weichen in der Nachkriegszeit falsch gestellt wurden, da „die überkommenen künstlerischen Inhalte und ästhetischen Formen nicht ernsthaft hinterfragt" wurden. Stattdessen standen „Restauration, Erhaltung und Ausbau des sogenannten kulturellen Erbes"[392] im Mittelpunkt. Moderne und zeitgenössische Kunst wurden dementsprechend weitgehend abgelehnt, der traditionelle Kulturbegriff dominierte und Kunst sollte vor allem „Trost, Rettung, Heilung und Beruhigung" bieten.[393] Dieser Tendenz der konservierenden Kulturpflege entsprechen auch die *Stuttgarter Richtlinien* des *Deutsche Städtetags* aus dem Jahr 1952:

> Die deutschen Städte, in ihrem Willen, für die Wohlfahrt ihrer Bürger zu wirken, in langer Geschichte Hüter und Pfleger deutscher Kultur, fühlen sich verpflichtet, trotz oder gerade wegen der materiellen Nöte unserer Zeit ihrer Kulturaufgabe treu zu bleiben. Sie sind dazu um so mehr berufen, als durch die Veränderung der sozialen Verhältnisse bisher kulturtragende Kräfte in den Hintergrund getreten oder untergegangen sind. Die Pflege der Kultur ist für die Städte eine wichtige und dringliche Aufgabe, sowohl um der kulturellen Werte willen, die es zu pflegen gilt, und der in dieser Pflege sich zeigenden geistigen Haltung, als auch wegen der Bedeutung, die dieser Pflege für das Gemeinschaftsleben zukommt.[394]

---

388 Schwencke 1974b, S. 11.
389 Schwencke 1974b, S. 13.
390 Vgl. Schwencke 1974b, S. 14.
391 Vgl. Schwencke 1974b, S. 21.
392 Schwencke 1974b, S. 13.
393 Schrallhammer 2006, S. 83.
394 Deutscher Städtetag 1979, S. 62.

Diese von der gesellschaftlichen Situation weitestgehend abgekoppelte und allein auf Kulturpflege ausgerichtete Politik trat ein, obwohl etwa in Form der *Frankfurter Schule* soziokulturelle sowie gesellschaftspolitische Fragestellungen im Raum standen. Doch „die Kulturpolitiker – wenn es sie in dieser spezifischen Ausprägung überhaupt in größerer Zahl gab – waren nicht in der Lage, Gegentrends zu der herrschenden Klassenrestauration zu entwickeln".[395] Wagner fasst die Situation wie folgt zusammen:

> Der kulturpolitische Neuanfang in der Bundesrepublik nach dem Zweiten Weltkrieg knüpfte nicht nur in der konkreten Arbeit an der Praxis der Weimarer Republik an, sondern auch die theoretischen Begründungen bestanden im Wesentlichen im Wiederaufgreifen der traditionellen Argumentationen, angereichert mit einigen Zugeständnissen an Vorstellungen der westlichen Besatzungsmächte.[396]

Diese Tendenz belegen auch die in Kapitel 2.1.1 vorgestellten Analysen von Göschel und Schulze, die eine Orientierung der 1930er-Generation an den „klassischen Kulturobjekten" erkennen bzw. das „Hochkulturmotiv" in dieser Zeit für zentral halten. Die insgesamt feststellbare konservative Prägung der Kulturpolitik im Nachkriegsdeutschland spiegelt sehr prägnant folgendes Zitat des damaligen Bundeskanzlers Ludwig Erhard aus dem Jahr 1965: „Wir wollen darauf verzichten, […] die Blechtrommel zu rühren […]. Ich kann die unappetitlichen Entartungserscheinungen der modernen Kunst nicht mehr ertragen. Da geht mir der Hut hoch."[397]

Doch unabhängig davon wurden bereits seit Mitte der 1950er Jahre Forderungen nach einer konzeptionellen Veränderung der Kulturpolitik lauter. Kritik erfuhr vor allem das Übergewicht der Hochkultur und die einseitige Selbstrepräsentation, die insbesondere auch in der Auswärtigen Kulturpolitik Austauschprozesse blockierte. Ihren Ausdruck fanden diese Unzufriedenheiten in zahlreicher werdenden parlamentarischen Kulturdebatten[398] und schließlich in der Neuorientierung deutscher Kulturpolitik mit Beginn der Großen Koalition von Kurt Georg Kiesinger und Willy Brandt im Jahr 1966.[399] Eine wirkliche Veränderung „sowohl der kulturpolitischen Praxis als auch ihrer Begründung trat [jedoch] erst mit der Neuen Kulturpolitik der siebziger Jahre ein".[400] Diese

---

395 Schwencke 1974b, S. 27; Schwencke bezieht diese Kritik dabei nicht allein auf die regierende CDU/CSU, sondern auch auf die Sozialdemokraten.
396 Wagner 2009, S. 18.
397 Zitiert nach Schwencke 1974b, S. 25.
398 Vgl. hierzu ausführlich Singer 2003, S. 15.
399 Vgl. Singer 2003, S. 14 ff.
400 Wagner 2009, S. 18.

entscheidende kulturpolitische Umbruchphase wird Thema in Kapitel 3.1.4 sein; zunächst soll der Blick jedoch auf die Kulturpolitik im geteilten Deutschland und somit ihre verschiedenen Ausrichtungen und Legitimationsmuster in der BRD sowie der DDR gelenkt werden.

3.1.3 Kultur als Ideologie? — Kulturpolitik im geteilten Deutschland

Die Aufteilung Deutschlands nach dem Ende des Zweiten Weltkriegs in vier Besatzungszonen führte nach einer kurzen Phase der Zusammenarbeit auch in der Kulturpolitik zu einer zweigeteilten Entwicklung. Bereits 1947 konzentrierten sich die Alliierten auf ihre jeweiligen Zonen und mit Beginn des Kalten Krieges wurden die Differenzen zwischen der sowjetischen Besatzungsmacht im Osten und den westlichen Alliierten auch im Kulturbereich immer deutlicher.[401] In der DDR hatte die Aufhebung der bisherigen Ländergrenzen und die Etablierung eines Kulturministers die Auflösung der bisherigen kulturpolitischen Strukturen zur Folge. Sie verfügte deshalb zwar über „eine vielfältig entwickelte Kulturlandschaft" und „die Planwirtschaft der DDR räumte der Kultur einen hohen Stellenwert ein". Ziel dabei war jedoch stets die „Schaffung der allseitig gebildeten sozialistischen Persönlichkeiten", sodass auch die kulturpolitischen Aktivitäten der DDR „unter den bekannten politischen Prioritäten" vonstatten gingen.[402] Dementsprechend waren die Akteure kultureller Tätigkeiten eingebunden „in ein kulturstaatliches Programm mit den Nachteilen beschränkter Freiheit und den Vorzügen gesicherter Alimentation und öffentlicher moralischer Anerkennung".[403]

Doch nicht nur strukturell, sondern auch inhaltlich entwickelte sich die Kulturpolitik in den beiden Teilstaaten unterschiedlich: Während in der BRD erst mit der Etablierung der Soziokultur im Zuge der Neuen Kulturpolitik[404] die Ausweitung des Rezipientenkreises angestrebt wurde, förderte die DDR neben der klassischen (Hoch-)Kultur auch Alltags- und Arbeiterkultur und fokussierte die aktive kulturelle Beteiligung sämtlicher Bevölkerungsgruppen etwa durch Kulturhäuser oder Jugendclubs – wobei die SED sämtliche Aktivitäten steuerte und finanzierte.[405] In der DDR fand „Spitzenkultur" somit eine Ergänzung durch

---

401 Vgl. Schrallhammer 2006, S. 82.
402 Petzold 1994, S. 125.
403 Groschopp 2001, S. 15; zur Kulturpolitik in der DDR vgl. auch Höhne 2009 sowie Richthofen 2009.
404 Vgl. hierzu vertiefend das anschließende Kapitel.
405 Vgl. Petzold 1994, S. 125.

„Breitenkultur", ein Begriff, der jedoch gegenüber der Soziokultur, die sich in Westdeutschland im Laufe der 1970er Jahre entwickelte, abgegrenzt werden muss, da er durchaus DDR-spezifische kulturelle Angebote beschreibt:

> Absichten, Formen und Ergebnisse des ‚kulturellen Volksschaffens' im Rahmen der ‚sozialistischen Nationalkultur' im Osten sind nur sehr beschränkt vergleichbar mit der ‚Neuen Kulturpolitik' und den Ambitionen der ‚Neuen sozialen Bewegungen' im Westen – jedenfalls nicht ohne gründlichere vergleichende historische Studien, als sie derzeit vorliegen. Diese Lage lässt eine direkte Übertragung des Begriffs Soziokultur nicht zu.[406]

Groschopp fasst unter dem Begriff „Breitenkultur" die Bereiche „kulturelle Massenarbeit", „kulturelles Volksschaffen" und „künstlerisches Volksschaffen" zusammen. Erstere „umfasst annähernd alle organisierten Aktivitäten im Freizeitbereich"; „kulturelles Volksschaffen" bezieht sich auf die Fest- und Feierkultur und schließt z.B. „volkssportliche und kulturtouristische Unternehmungen, Klubs und Kulturhäuser, Unterhaltung, Tanz, Geselligkeit" mit ein. Das „künstlerische Volksschaffen" bezieht sich auf Laienkunst, Theaterzirkel, Musikgruppen, Chorgesang oder Kabarett.[407] Der DDR-Kulturarbeit lag der soziale Anspruch zugrunde, humanistische Ideale durch den geistig-kulturellen Aufstieg der Arbeiter zu verwirklichen.[408] Zentrale Akteure waren dabei die *Freie Deutsche Jugend* sowie der *Freie Deutsche Gewerkschaftsbund*, der „die Aufgaben einer umfassenden kulturpädagogischen Organisation" übernahm.[409] Die Trägerschaft für die breitenkulturellen Initiativen lag vor allem bei den Städten und Gemeinden sowie den betrieblichen Kultureinrichtungen der (staatlichen) Unternehmen, Handelsorganisationen oder Genossenschaften. Kulturpolitik wurde auf allen Ebenen staatlich finanziert und unter anderem durch die 1951 gegründete *Staatliche Kommission*

---

406 Groschopp 2001, S. 15; zum Begriff *Soziokultur* vgl. das anschließende Kapitel. Von der Notwendigkeit einer Abgrenzung ostdeutscher Breitenkultur gegenüber westdeutscher Soziokultur geht auch Knoblich aus: „Soziokultur in dieser Weise für die DDR-Gesellschaft zu beschreiben ist freilich nicht möglich. Zwar gab es eine kulturelle Praxis, die mit einem nachhaltig wirksamen ‚weiten' Kulturbegriff operierte, doch handelte es sich um zentralistische Strukturen der Planung und Steuerung, die eine selbstbestimmte, von staatlicher Kontrolle unabhängige Kulturarbeit nicht zuließ. [...] Es ging weder um eine Kritik an affirmativer Kultur – es sei denn der kapitalistischen in toto – noch um die Schaffung von Einrichtungen mit konkreter Außenwirkung im Sinne kommunalpolitischer Einflussnahme." (Knoblich 2001, S. 13).
407 Groschopp 2001, S. 15 f.
408 Vgl. Groschopp 2001, S. 16.
409 Groschopp 2001, S. 20.

für Kunstangelegenheiten angeleitet und kontrolliert, sodass „politische Aufsicht, eingebettet in institutionalisierte künstlerische Angebote und Selbstbetätigungen in Klubs und Kulturhäusern" die DDR-Kulturpolitik prägten.[410] Erst nach der Wiedervereinigung 1989/1990 wurden diese zentralistischen Strukturen sowie die starke staatliche Kontrolle aufgehoben und entsprechend der westdeutschen Bedingungen ausgerichtet:[411]

> Es galt, die zentralisierten Kulturstrukturen, die im Laufe einer vierzigjährigen Geschichte der DDR zementiert wurden, abzuschaffen und durch die Wiederherstellung der Kulturhoheit der Länder und des kulturellen Selbstverwaltungsrechts der Kommunen die freie und damit vielgestaltige Entwicklung von Kunst und Kultur zu gewährleisten.[412]

Die Umstrukturierung der DDR ließ die Treuhandanstalten nach 1990 zunächst zur „wichtigsten kulturpolitischen Instanz in der Abwicklung des Systems der DDR-Breitenkultur" werden, ehe sich auch in Ostdeutschland die „Pluralität der Kulturbegriffe und Trägerschaften" wieder durchsetzten konnte.[413] Dieser Prozess wurde stark von der Programmatik und den neuen Begründungsweisen von Kulturpolitik beeinflusst, die sich in Westdeutschland im Verlauf der 1970er Jahre etabliert hatten, und die im anschließenden Kapitel ausführlich dargestellt werden.

3.1.4 Bürgerrecht Kultur? — Neue Kulturpolitik seit den 1970er Jahren

Initialzündung für die Neue Kulturpolitik war eine allgemeine politische Aufbruchstimmung, die durch den Beginn der sozial-liberalen Koalition unter Willy

---

410 Groschopp 2001, S. 21.
411 Vgl. Blumenreich und Wagner 2010, S. 2.
412 Strittmatter 1994, S. 141.
413 Groschopp 2001, S. 22; Wagner weist jedoch darauf hin, dass im Zuge des Transformationsprozesses in Ostdeutschland aufgrund bereits bestehender breitenkultureller Strukturen die Entwicklung bzw. Wertschätzung soziokultureller Alltagsarbeit weit zügiger ablief als in den westdeutschen Ländern, wo die kulturpolitische Auseinandersetzung mit den „Schmuddelkindern" der Alternativ- und Soziokultur ein bis zwei Jahrzehnte dauerte und diese erst nach und nach „als Gesprächspartner der Kulturpolitik und Empfänger von Fördermitteln anerkannt waren." (Wagner 2001, S. 5). Zur Abgrenzung zwischen der Soziokultur in West und Ost sei noch auf den „Doppelcharakter" verwiesen, der „als Form freier, selbstbestimmter kultureller Aktivitäten und als Anknüpfung an Traditionen und Werte kulturellen Tätigseins aus der DDR- und Wendezeit" die Besonderheit der Soziokultur in Ostdeutschland ausmache (vgl. ebd., S. 6).

Brandt im Jahr 1969 und entsprechend dem Motto *Mehr Demokratie wagen* einsetzte. In Folge der daraus abgeleiteten Forderung nach *kultureller Demokratie* war es das zentrale Ziel der Neuen Kulturpolitik, möglichst allen BürgerInnen Zugang zu Kunst und Kultur zu eröffnen. *Kultur für alle* und *Bürgerrecht Kultur* waren die Leitformeln, die im Laufe der 1970er Jahre eine erhebliche Ausweitung kultureller Aktivitäten, einen starken Ausbau der Kulturinstitutionen sowie eine Überwindung der nun eng und restaurativ erscheinenden traditionellen Kulturangebote nach sich zogen.[414]

Einen wichtigen Anstoß für die konkrete Erneuerung der Kulturpolitik in den 1970er Jahren gaben die *Plädoyers für eine neue Kulturpolitik*, die 1974 von Olaf Schwencke, Klaus H. Revermann und Alfons Spielhoff veröffentlicht wurden.[415] Im Vorwort des Sammelbands geben die Herausgeber die Richtung vor:

> Die traditionelle städtische Kulturpolitik ist mehr und mehr fragwürdig geworden: [...] Erscheint es nicht anachronistisch in unserer Gesellschaft, wenn zwar nicht ausschließlich, aber doch subventionell schwergewichtig die aus dem vorigen Jahrhundert erwachsenen bürgerlich-aristokratischen Kulturstätten und -darbietungsformen gefördert werden? Schon auf Grund von Bildungsbarrieren ist es den allermeisten Bürgern gar nicht möglich, an Kunst zu partizipieren.[416]

Damit ist die Gesamtausrichtung der Neuen Kulturpolitik als Bildungs- und Gesellschaftspolitik vorgegeben und dementsprechend laufen alle Ansätze „letztlich auf eine Öffnung der Kultur für breitere Bevölkerungsschichten, auf eine Intensivierung neuer sozio-kultureller, kommunikativer und ästhetischer Aktivitäten hinaus".[417] Es geht um eine politisch informative, sensibilisierende und bewusstseinsbildende Kunst und die Demokratisierung von Kultur unter anderem in Form der Relativierung traditioneller Kulturinstitute durch die Integration soziokultureller Erscheinungsformen „mit deutlich konkretisierter emanzipatorischer Absicht".[418] Schwencke betont, dass er Kulturpolitik im Kontext eines gesamtgesellschaftlichen Reformprozesses sieht und seine „politische Ästhetik" zielt dementsprechend auf eine Abkehr von den bisher noch vorwiegend rezeptiven und affirmativen Kunstprozessen – sie möchte ein demokratisierte Gesellschaft mit neuen, selbstbestimmten Menschen

---

414 Vgl. Singer 2003, S. 20, vgl. auch Eichler 1982, S. 35.
415 Insgesamt stieg die Produktion (theoretischer) Veröffentlichungen zur Kulturpolitik mit Beginn der 1970er Jahre erheblich an und liegt auch signifikant über derjenigen der nachfolgenden Jahrzehnte.
416 Schwencke et al. 1974b, S. 7.
417 Schwencke et al. 1974b, S. 8.
418 Schwencke 1974a, S. 60; zum Begriff der Soziokultur vgl. weiter unten.

schaffen.[419] Kunst und Kultur sollen nicht mehr für „Schönheit und Wahrheit" sowie „absolute Werte" stehen, sondern in den Alltag integriert werden und Partizipation für alle ermöglichen. Bei dieser mit dem Begriff „Soziokultur" umschriebenen neuen Auffassung von Kulturpolitik, die sich Ende der 1960er und in den 1970er Jahren etablierte, steht die Stadt im Mittelpunkt und vor Ort sollen neue Kommunikations-, Kooperations- und Angebotsformen entwickelt werden, die die Teilnahme aller ermöglichen.[420]

Als Voraussetzung hierfür nennt Spielhoff in seinem Beitrag jedoch demokratische Entscheidungsprozesse und die Bereitschaft zur Veränderung: Er kritisiert, dass „ungeachtet der völlig veränderten sozialen Strukturen der Bevölkerung [...] die kommunalen Kulturhaushalte von Jahr zu Jahr mehr oder weniger gedankenlos fortgeschrieben werden".[421] Stadttheater, Orchester und „die bürgerlich-nostalgisch alten Formen höfischen Kulturlebens" beanspruchten die meisten Mittel und in Folge dessen könnten neue Maßnahmen nur sehr bedingt gefördert werden – die Wirklichkeit des städtischen Kulturlebens bliebe somit hinter den Erkenntnissen und Forderungen der Kulturpolitiker zurück. Doch „Kultur kann nicht mehr das Vorrecht einer kleinen elitären Gruppen von Bildungsbürgern sein, sondern muß alle Schichten der Bevölkerung erfassen."[422] Kultur müsse bessere soziale Lebensbedingungen schaffen und somit die Anzahl der am Kulturleben beteiligten Menschen erhöhen, sodass Spielhoff formuliert:

> Kulturpolitik läßt sich auf einen Satz reduzieren: Den kulturellen Bedürfnissen möglichst vieler breiter Bevölkerungsgruppen gerecht werden und diese Bedürfnisse, wo sie noch nicht ausgeprägt vorhanden sind, durch sinnvolle Arbeit wecken.[423]

Spielhoff fordert daher die Erforschung der Besucherschichten und der Finanzstrukturen der Kulturinstitute, um eine verbesserte Ausrichtung auf die aktuelle Gesellschaftssituation zu erzielen; seine Forderungen lassen sich somit wie folgt zusammenfassen:

> Es ist höchste Zeit, die städtische Kulturpolitik rational nach dem gegenwärtigen Bewußtsein neu zu orientieren und nach den Notwendigkeiten unserer Gesellschaft in der Gegenwart auszurichten. [...]

---

419 Schwencke 1974a, S. 66 ff.
420 Vgl. Schwencke et al. 1974b, S. 37 ff.; wie die weiteren Ausführungen zeigen werden, kommt entsprechend der Ausrichtung auf die Stadt als kulturpolitisch zentralem Ort dem *Deutschen Städtetag* eine entscheidende Rolle bei der Etablierung der Neuen Kulturpolitik sowie der Soziokultur zu.
421 Spielhoff 1974, S. 66.
422 Spielhoff 1974, S. 67.
423 Spielhoff 1974, S. 67.

> Kulturpolitik, das ist nicht die Fortschreibung einmal gefundener Formen eines Angebots an Theater und Musik.
>
> Kulturpolitik, das ist die sinnvolle Förderung aller Erscheinungsformen geistigen schöpferischen Lebens. Nur wenn wir ein breites Spektrum kulturellen Lebens in den Städten entwickeln [...] werden wir die Stadt von morgen schaffen.
>
> Kulturpolitik, das bedeutet in einer demokratischen Gesellschaft Abbau der erdrückenden Hegemonie einer Sparte kulturellen Erlebens und die Verwirklichung sinnvoller Prioritäten. Pluralismus in der Kulturarbeit, das ist nicht mehr als eine logische Konsequenz in einer pluralistischen Gesellschaft. Demokratischer Sozialismus, das bedeutet unter anderem auch die Teilhabe aller an der Kultur. Diese Teilhabe aller durchzusetzen, ist im Bereich Kultur Aufgabe des Kulturpolitikers. Es ist nicht verwunderlich, daß er auf ähnliche Widerstände trifft, wie der Wirtschaftspolitiker bei der Umverteilung von Produktivvermögen: Kulturpolitik ist Politik![424]

Politik basiert jedoch auf gesellschaftlicher Legitimation und diese wurde für den hochsubventionierten, repräsentativ orientierten bürgerlichen Kulturbetrieb mehr und mehr in Frage gestellt. Dementsprechend fordert Revermann in seinem Beitrag, dass der „Unterrepräsentanz der Arbeiter und kleinen Angestellten bei Theaterpremieren und Sinfoniekonzerten" entgegengewirkt werden solle, auch indem die Interessen, der Lebensstil und die Bildungsvoraussetzungen unterschiedlicher Rezipienten berücksichtigt werden.[425] Die Zielsetzungen gehen jedoch noch weiter:

> Nicht die Kunst zum ästhetischen Hilfsmittel für politische Zielsetzungen zu degradieren ist die Triebkraft für sozio-kulturelle Aktivitäten, das kritische Mündigwerden, die Emanzipation möglichst vieler Bürger über den Prozeß lebendiger Kommunikation mit ästhetischen Mitteln, das ist es, was erreicht werden soll. Freilich kann dann mittelbar die Kunst dazu beitragen, auch politisch weniger leicht manipulierbare Bürger zu bilden. Aber die recht verstandene Demokratie leistet es sich eben – jedenfalls in größerem Umfang als andere Systeme –, aufgeklärte, ja: aufmüpfige Bürger auszubilden. Und dazu muß eine offene, kommunikativ angelegte Kulturpolitik einfach ihren Beitrag leisten.[426]

Voraussetzung dafür sei, dass für die neuen Initiativen – Revermann nennt hier exemplarisch Kommunikationszentren, kommunale Kinos, audiovisuelle Medienstellen, das Jugendmusik- und Kunstschulwesens, die Erwachsenenbildung, des Bibliothekswesens, usw. – auch Gelder bereitgestellt werden, denn andernfalls drohe die offizielle Kulturpolitik „museal zu werden".[427]

---

424 Spielhoff 1974, S. 71.
425 Vgl. Revermann 1974, S. 57.
426 Revermann 1974, S. 60.
427 Vgl. Revermann 1974, S. 61.

Ihre theoretische Fundierung fanden diese Ansätze insbesondere in Hermann Glasers und Karl Heinz Stahls zentralem Begründungstext der Neuen Kulturpolitik, im ebenfalls 1974 erschienenen Werk *Die Wiedergewinnung des Ästhetischen. Perspektiven und Modelle einer neuen Soziokultur*.[428] Die Autoren betonen hier die zentrale Rolle der Kommunikation für einen kulturpolitischen Aufbruch:

> Soziokultur ist der Versuch, vorrangig, neben anderen Aspekten, Kunst als Kommunikationsmedium zu begreifen – als eine und zwar sehr gewichtige Möglichkeit, die plurale [...] Gesellschaft auf der ‚kommunikativen Ebene' zusammenzubringen. Kunst vermittelt dabei weniger Inhalte für Kommunikation (wohl auch diese); sie stellt vielmehr kommunikative *Strukturen* bereit.[429]

Glaser und Stahl sehen als Ziel den „ästhetischen Staat", der durch das Spiel und im Prozess gefunden werden solle;[430] „Kultur wird damit nicht mehr zum Gegenpol von Notwendigkeit, sondern – und dies kennzeichnet sie letztlich als Soziokultur – zum systemverbessernden Teil dieser Notwendigkeit selbst."[431]

Auch in seinem Aufsatz „Das Unbehagen an der Kulturpolitik", ebenfalls aus dem Jahr 1974, sieht Glaser die Zeit für eine generelle Problematisierung von Kulturpolitik gekommen und fordert ihre Politisierung: Vorrangiges Ziel müsse die Überwindung des „affirmativen" Kulturbegriffs mit seiner Überhöhung kultureller Gegenstände und Tätigkeiten über den Alltag und der Wahrnehmung von Kultur als Feierstunde sein.[432]

> Desiderat ist demnach eine Soziokultur, welche die Trennung zwischen der ‚reinen Welt des Geistes' und den ‚Niederungen' der Realität, eben der politischen und sozialen Verhältnisse, durchbricht, um auf diese Weise die deutschbürgerliche Mentalität in eine staatsbürgerliche umzuwandeln; diese bejaht die Integration von Kultur in den gesellschaftlichen Gesamtraum.[433]

Glaser betrachtet Soziokultur als den „Versuch, Kunst als Kommunikationsmedium zu begreifen: als eine und zwar sehr gewichtige Möglichkeit, der pluralen

---

428 1983 erschien eine aktualisierte und erweiterte Neuausgabe unter dem Titel *Bürgerrecht Kultur*, der sich zu einem der Schlagworte in der kulturpolitischen Debatte dieser Zeit entwickeln sollte.
429 Glaser und Stahl 1983, S. 35 f.
430 Vgl. Glaser und Stahl 1974, S. 205 ff.
431 Glaser und Stahl 1974, S. 208.
432 Glaser 1974, S. 47; die Kritik am bürgerlichen, affirmativen Charakter der Kultur geht auf Herbert Marcuse zurück.
433 Glaser 1974, S. 49.

und damit in vielfältige Einzelinteressen, Interessenkonflikte, Verständigungsbarrieren zerklüfteten Gesellschaft eine zusätzliche kommunikative Ebene zu verschaffen."[434] Ziel der Neuen Kultur(-politik) müsse es somit sein, kommunikative Strukturen zu ermöglichen und Freiräume zu schaffen. Sie solle die Fähigkeit vermitteln, sich, die anderen und „das Andere" in Frage zu stellen und durch Reflexion neue Einsichten zu gewinnen. Voraussetzung dafür sei, dass alle BürgerInnen durch eine umfassende ästhetische Erziehung in die Lage versetzt werden, Zugang zu Kultur zu erlangen.[435] Auf praktischer Ebene sei es die Hauptaufgabe der Kulturpolitik, sich der „Herausforderung der Kultur im Zeitalter technischer Reproduzierbarkeit" zu stellen und „das Unbehagen an der Kulturpolitik" durch eine aktive Einmischung in die kommunale Kulturpolitik zu überwinden.[436] Glaser fordert, dass sich die Stadt nicht restlos ihrer Ökonomisierung ergeben dürfe, sondern Nischen für Kultur und die Entfaltung von Kreativität geschaffen werden müssten.[437] Dabei sei der Staat in der Pflicht, „die Bürger für den Gebrauch der Freizeit in Freiheit vorzubereiten". Langfristiges Ziel müsse das „Behagen in der Kultur" sein, der Aufbau besserer sozialer Bedingungen und die Unterstützung von Gleichheitsbestrebungen.[438] Glaser entwirft hier somit nicht nur eine neue Kulturpolitik, sondern sieht Kulturpolitik auch ganz eindeutig als Gesellschaftspolitik an – eine Einordnung, die sich als zentral für die weitere Entwicklung der Kulturpolitik in den anschließenden Jahrzehnten erweisen wird.

Entscheidende Impulse gingen zu jener Zeit auch vom Frankfurter Kulturdezernenten Hilmar Hoffmann aus: Bereits 1974 gab er den Sammelband *Perspektiven der kommunalen Kulturpolitik. Beschreibungen und Entwürfe* heraus, der neben Texten von Hoffmann selbst auch sehr konkret auf die Neue Kulturpolitik bezogene Stellungnahmen etwa von Sauberzweig, Glaser und Schwencke enthält. Zugleich bettet Hoffmann kommunale Kulturpolitik hier in eine Gesamtbildungsstrategie ein und die Auswahl der Texte und Autoren lässt ebenfalls auf eine gesamtgesellschaftliche Perspektive schließen.[439] Die hier gegebenen Impulse finden sich teilweise in Hoffmanns 1981 erschienenem Standardwerk *Kultur*

---

434 Glaser 1974, S. 49.
435 Vgl. Glaser 1974, S. 49 f.
436 Vgl. Glaser 1974, S. 51.
437 Vgl. Glaser 1974, S. 52.
438 Vgl. Glaser 1974, S. 55.
439 Neben dem zentralen Themenfeld „Der Kulturauftrag der Kommunen" zählen z.B. auch die Bereiche „Lebenslange Weiterbildung" oder „Audiovisuelle Medien und Kommunikation" zu den Inhalten (vgl. Hoffmann 1974).

für alle wieder – ein Titel, der programmatisch für die Neue Kulturpolitik werden sollte. Doch auch die Inhalte wirken langfristig nach und gaben wichtige Impulse für die Neukonzeption der Kulturpolitik in den darauffolgenden Jahren:

> Jeder Bürger muß grundsätzlich in die Lage versetzt werden, Angebote in allen Sparten und mit allen Spezialisierungsgraden wahrzunehmen, und zwar mit zeitlichem Aufwand und einer finanziellen Beteiligung, die so bemessen sein muß, daß keine einkommensspezifischen Schranken aufgerichtet werden. Weder Geld noch ungünstige Arbeitszeitverteilung, weder Familie oder Kinder noch Fehlen eines privaten Fortbewegungsmittels dürfen auf die Dauer Hindernisse bilden, die es unmöglich machen, Angebote wahrzunehmen oder entsprechende Aktivitäten auszuüben. [...] Die Angebote dürfen weder bestehende Privilegien bestätigen, noch unüberwindbare neue aufrichten. Eine demokratische Kulturpolitik sollte nicht nur von dem formalen Angebot für alle ausgehen, sondern kulturelle Entwicklung selbst als einen demokratischen Prozeß begreifen [...].[440]

Ausgangspunkt ist für Hoffmann die Tatsache, dass sich der breiten Masse gegenüber gar nicht vermittle, was Kultur ist, „denn in der sozialen Wirklichkeit der Vielen existiert Kultur objektiv nicht".[441] Stattdessen werde Kunst „in einer vorwiegend auf Beifall von Kennern oder von Schöngeistern disponierten Präsentation dem massenhaften Zugriff entzogen"[442] und somit die Kluft der Kultur-Institutionen zu den Kultur-Nichtnutzern noch verstärkt. Die Hauptursache für den Ausschluss eines Großteils der Bevölkerung sieht Hoffmann in einem ungerechten Bildungssystem.[443] Zudem errichteten „Musentempel"

> psychologische Barrieren, die das nicht kunstbeflissene, kulturell nicht motivierte Publikum trotz imperativem ‚Eintritt frei' und ‚Durchgehend geöffnet' vom Zutritt weiterhin aussperrt. So setzt sich in ihrem repräsentativen Charakter Kultur dem Verdacht aus, ihre (subsidiäre) Legitimation vorzüglich aus ihrem Exklusivwert herzuleiten, aus dem Bewahren von Bewährtem für die bewährten Kreise. Kultur legitimiert sich jedoch in ihrem öffentlichen Charakter. Erst wenn sie konstitutives Lebenselement jedes einzelnen sein wird, kann sie in deren Summe als dynamischer Bestandteil von bisher sozial nicht privilegierten Gruppen und Schichten gesamtgesellschaftliche und somit politische Qualität gewinnen. [...] Eine entsprechende Demokratisierungsstrategie müßte zum Ziel haben, die Kultur der Wenigen zur Kultur der Vielen zu potenzieren.[444]

---

440 Hoffmann 1979, S. 11 f.
441 Hoffmann 1974, S. 9.
442 Hoffmann 1974, S. 10.
443 Vgl. Hoffmann 1974, S. 10.
444 Hoffmann 1974, S. 10 f.

Hoffmann bedient sich hier eines tendenziell „linken" Sprachduktus und fordert im Sinne Marx die „Einleitung eines ökonomiekritischen und systemkritischen Denkprozesses".[445] Er ist analog zu den bereits zitierten Autoren der Meinung, dass Kultur als gesamtgesellschaftliches Thema begriffen werden müsse und neue, innovative kulturpolitische Aktivitäten in der kommunalen Kulturarbeit notwendig seien.[446] Dementsprechend dürfe Kultur keine „sterile Kategorie des Musealen" bleiben; ihr „sozialer Gebrauchswert" müsse entdeckt werden und das Ziel der Neuen Kulturpolitik die „Befähigung zur Selbstbestimmung des Menschen" und „seine Befreiung aus Unwissenheit und Abhängigkeit" sein. Langfristig will Hoffmann „zu dem Ziel einer uneingeschränkten Kulturgerechtigkeit und mit Hilfe von Kultur und Bildung schließlich zu gesellschaftlichen Veränderungen […] gelangen."[447] Erreicht werden sollen diese Ziele mit Hilfe von Grenzüberschreitungen durch Innovationen in den traditionellen Kulturbereichen, die Einbeziehung von Subkultur und Gegenkultur sowie die Integration „kulturferner" Bereiche wie Stadtplanung, Architektur, Werbung, Design oder Umwelt. Für langfristige Veränderung wäre zudem eine Neubestimmung der Subventionskategorien notwendig, sodass auch nicht-systemkonforme Initiativen gefördert werden können.[448] Das Credo von der *Kultur für alle* dürfe jedoch nicht missverstanden werden:

> Es wäre ein Irrtum, meinen zu wollen, Kultur müsse in ihrer komplexen Fülle in Zukunft jedem verständlich sein, und etwa die Forderung aufzustellen, kulturelle Äußerungen müßten so beschaffen sein, daß sie jeder verstehe. Nichts wäre verhängnisvoller für Kultur und darüber hinaus für eine demokratische Gesellschaft als Gleichmacherei, Simplifizierung, Generalisierung und welche Gefahren mehr drohen mögen. Das Angebot an Kultur erfolgt […] immer für eine Minderheit, und es sind wechselnde Minderheiten, die von dem gemachten Angebot Gebrauch machen.[449]

Die Ausrichtung auf ein breites Kulturangebot wird jedoch durch die Vorstellung einer „Kultur *von* allen" abgemildert: Die Idee der Neuen Kulturpolitik bestand auch in der Überwindung einer rein passiven, konsumtiv ausgerichteten Hochkultur – alle Teile der Bevölkerung sollten zur konkreten Auseinandersetzung mit Kultur, zum aktiven Mit- und Selbermachen angeregt werden:[450]

---

445 Hoffmann 1974, S. 12.
446 Vgl. Hoffmann 1974, S. 11 f.
447 Hoffmann 1974, S. 12.
448 Vgl. Hoffmann 1974, S. 13.
449 Schilling 1974, S. 129.
450 Vgl. Klein 1994, S. 168.

‚Kultur von allen' ergänzt den sozialpolitischen Gleichheitsgrundsatz kultureller Breitenarbeit und kompensatorischer Kulturförderung durch das qualitative Argument, daß ein noch so breit streuendes Kulturangebot ‚aufgesetzt' wirkt und beim Publikum nur bedingt ankommt, solange sich Kulturleistungsverwaltung nicht auf die besonderen Erwartungen und Bedürfnisse ihrer unterschiedlich gelagerten Zielgruppen einläßt. ‚Kultur von allen' bedeutet somit positiv die öffentliche Einladung zu aktiver kultureller Beteiligung.[451]

Kunst solle somit Freiräume schaffen und in der Folge Anstoß zu Reflexion sowie selbständigem Denken und Handeln geben. Sie erfülle dadurch soziale Funktionen und könne gesellschaftlich relevant werden. Hierfür müsse aber auch die Gesellschaft selbst aktiv werden: Die Neue Kulturpolitik ging davon aus, dass das kulturelle Leben einer Stadt (auch) durch die Bürger selbst zu gestalten ist. Die Aufgabe städtischer Kulturverwaltungen liege dann darin „überall dort zu fördern und zu unterstützen, wo private Initiativen die kulturelle Szene bereichern" und „dort selbst aktiv einzugreifen, wo aus dem privaten Bereich keine Engagements zu erwarten sind oder deutliche Akzente gesetzt werden sollen."[452]

Insgesamt gingen die zentralen Impulse der Neuen Kulturpolitik von der kommunalen Ebene aus und auch der *Deutsche Städtetag* erkannte – nach langen Jahren der Ausrichtung auf Kulturpflege – die Notwendigkeit einer Erweiterung des bürgerlichen Kulturbegriffs und der kulturellen Infrastruktur. Deutlich wird dies vor allem in der Schrift *Wege zur menschlichen Stadt*, die die Vorträge, Aussprachen und Ergebnisse der 17. Hauptversammlung des *Deutschen Städtetages* im Mai 1973 in Dortmund zusammenfasst. Darin wird gefordert, vor allem durch Kultur dem raschen ökonomischen und technischen Strukturwandel in den Kommunen entgegenzuwirken und eine generelle „Vermenschlichung der Städte" einzuleiten. Neben einer höheren Umwelt- und Wohnqualität sowie verstärktem sozialem Ausgleich und einer intensivierten Beteiligung der BürgerInnen am kommunalen Leben, sollte insbesondere durch Kultur ein wesentlicher Beitrag zur menschlichen Stadt geleistet werden: Allen BürgerInnen sollte Zugang zum kulturellen Angebot ermöglicht und neue „Kristallisationskerne und Zonen für künstlerische und kulturelle Aktivitäten mit dem Ziel der Begegnung und Verständigung geschaffen werden"; die Zusammenarbeit von Kultureinrichtungen sollte vertieft und die Bewahrung von Kulturgütern stärker fokussiert werden.[453] Der damalige Präsident des *Deutschen Städtetags* unterstrich, dass das langfristige Ziel die Durchsetzung der Stadt mit Kunst sowie die

---

451 Pankoke 1982, S. 129 f.
452 Vgl. Schilling 1974, S. 130 f.
453 Hauptversammlung des Deutschen Städtetages 1973, S. 94 f.

Nutzung architektonischer Möglichkeiten zur Gestaltung der Städte als lebenswerte Kulturorte sein müsse.[454]

Im kulturpolitisch relevanten Abschnitt mit dem Titel *Bildung und Kultur als Element der Stadtentwicklung* schreibt Sauberzweig, dass Bildung und Kultur ein unverzichtbares Element für die Stadtentwicklung werden müssten und als untrennbare Einheit anzusehen seien.[455] Er fordert ein „systemübergreifendes Bildungskonzept" und die aktive Förderung von „Sozialisation, Kommunikation und Kreativität" unter anderem durch die Schaffung von Spielräumen und Kommunikationszentren innerhalb der städtischen Infrastruktur. Zudem sei das vornehmlich zur Rezeption auffordernde Kulturverständnis zu überwinden, die Kultur gegenüber der Gesellschaft zu öffnen und es müsse Chancengleichheit für alle BürgerInnen gewährleistet werden.[456] Sauberzweig bezeichnet seine Ansätze als Sozio-Kultur, die „Kunst als Medium zur Verständigung und zur Kommunikation" begreife sowie die „aktive Beteiligung eines breiten Publikums" anstrebe:[457] „Im demokratischen Staatswesen muß Kulturarbeit der Entfaltung und Entwicklung der sozialen, kommunikativen und ästhetischen Möglichkeiten und Bedürfnisse aller Bürger und nicht nur bestimmter gesellschaftlicher Schichten dienen."[458] Er schließt sich damit den bereits vorgestellten Forderungen der Neuen Kulturpolitik nach einer Öffnung der kulturellen Angebote für breitere Gesellschaftsschichten an und unter anderem über den Kulturausschuss des *Deutschen Städtetags* fand die neue Programmatik schließlich auch Eingang in die konkrete Kulturpolitik auf kommunaler Ebene. Im Bericht vor dem Plenum werden die wichtigsten Ergebnisse des Arbeitskreises I „Kultur und Bildung" wie folgt zusammengefasst:

1. Die Verbindung von ökonomischen und kulturellen Zielen läßt sich nur erreichen, wenn Bildung und Kultur zu einem unverzichtbaren Element der Stadtentwicklung werden.
2. Bildung und Kultur sind als Einheit zu sehen und durch ein systemübergreifendes Konzept in der Stadt miteinander zu verbinden.

---

454 Koschnik 1973, S. 58 ff.
455 Vgl. hierzu vertiefend die Beiträge von Sauberzweig in den bereits erwähnten Sammelbänden *Perspektiven der kommunalen Kulturpolitik* (Hoffmann 1974) sowie *Plädoyers für eine neue Kulturpolitik* (Schwencke et al. 1974a); Sauberzweig war damals der Ständige Stellvertreter des Hauptgeschäftsführers des *Deutschen Städtetags*.
456 Sauberzweig 1973a, S. 97 ff.
457 Sauberzweig 1973b, S. 117 f.
458 Sauberzweig 1973b, S. 118.

3. Kultur ist Sozio-Kultur, d.h. sie begreift Kunst als ein Medium zur Verständigung und zur Kommunikation. Die ihr entsprechende Kulturpolitik löst sich von einem Kulturverständnis, das vornehmlich zur Rezeption auffordert, und strebt die aktive Beteiligung eines breiten Publikums an.
4. Im demokratischen Staatswesen muß Kulturarbeit der Entfaltung und Förderung der sozialen, kommunikativen und ästhetischen Möglichkeiten und Bedürfnissen aller Bürger und nicht nur bestimmter gesellschaftlicher Schichten dienen. [...]
5. Nicht abgesonderte Bildungs- und Kulturghettos, sondern Kristallisationspunkte eines vielfältigen sozialen Beziehungsgeflechts von Bildung, Kultur, Geselligkeit, Sport, Erholung und Versorgung sollen Bild und Struktur der zukünftigen Stadt bestimmen.[459]

Welch gravierende Veränderungen insbesondere während der 1970er Jahre vonstatten gingen, lässt sich anhand der Veröffentlichung des *Deutschen Städtetags* zu *Fünf Jahrzehnte kommunale Kulturpolitik* aus dem Jahr 1992 nachvollziehen. Diekamp schreibt hier rückblickend, dass die Arbeit des Kulturausschusses damals

> von einer unglaublichen Aufbruchstimmung beflügelt [war], man glaubte zuversichtlich, breite Kreise der Bevölkerung für Kultur aufschließen zu können [...]. Das Schlagwort ‚Kultur für alle' war dafür kennzeichnend [...]. [...] Es wurde ungeheuer viel in die Wege geleitet und ungeheur viel bewegt und vieles von dem, was heute als selbstverständlich gilt, wurde damals erkämpft.[460]

Die kulturpolitische Aufbruchstimmung der 1970er Jahre war somit nicht zu übersehen, doch „[d]er Weg von der traditionellen Kulturpolitik über die sog. ‚Alternativkultur' bis hin zur Eingliederung nichtinstitutioneller Kulturangebote in die kommunale Kulturarbeit war für viele Städte mühselig und dornenvoll"[461], stand die Kulturpolitik doch vor der Aufgabe, die Initiativen von „Subkulturen" und „Alternativbewegungen" zu integrieren – ausgehend von einer durch und durch restaurativen Kulturpolitik in den 1950er und 1960er Jahren eine durchaus anspruchsvolle Aufgabe. Brüse hält die 1970er Jahre aber trotz dieser Schwierigkeiten für die entscheidende Phase in Bezug auf die Eingliederung von Innovationen in die allgemeine Kulturförderung, insbesondere da es gelang, die Alternativkultur neben den bereits vorhandenen kulturellen Einrichtungen und Vereinen in den normalen Kulturalltag der Kommunen zu integrieren.[462]

---

459 Hahn 1973, S. 128 f.
460 Diekamp 1992, S. 33.
461 Brüse 1992, S. 35.
462 Vgl. Brüse 1992, S. 36 f.

Eine langfristige Institutionalisierung erfuhren diese Denkansätze, die kulturpolitischen Diskussionen und methodischen Überlegungen dieser Umbruchphase insbesondere durch die Gründung der *Kulturpolitischen Gesellschaft* im Jahr 1976.[463] Rückblickend ist in ihrem Programm aus dem Jahr 1998 zu lesen:

> Dabei bestand ihre Hauptleistung darin, der Soziokultur als wichtigem Bereich des kulturellen Lebens und der Kulturpolitik Anerkennung verschafft zu haben. Sie hat so entscheidend dazu beigetragen, ein plurales Verständnis von Kulturpolitik zu entwickeln und damit althergebrachte Frontstellungen (Hochkultur vs. Soziokultur, öffentliche vs. freie Träger, avantgardistische vs. kommerzielle Kultur) in Frage zu stellen.[464]

Die *Kulturpolitische Gesellschaft* trug entscheidend dazu bei, ein „soziokulturelles Verständnis von Kultur" zu etablieren und „die bis dahin vorherrschende Orientierung an traditionellen Kulturwerten und die Fixierung auf Kunstwerke" zu überwinden. Sie gab Impulse für eine „Ausweitung des Kulturangebotes" und trug dazu bei, die „Grenzen zwischen traditionellen Kunsteinrichtungen und freien Kulturangeboten sowie zwischen Kultur und Unterhaltung, U- und E-Kultur" durchlässiger zu machen, was eine „wachsende Teilhabe an kulturellen Aktivitäten" zur Folge hatte.[465]

Ihren langlebigsten Ausdruck fanden all diese Ideen im Prinzip der Soziokultur. Als ihr Kern lässt sich der eindeutige Gesellschaftsbezug sowie das Ziel einer engen Verknüpfung des Alltagslebens der Menschen mit Kunst und Kultur festhalten. Wagner sieht in der „kulturellen und künstlerischen Selbsttätigkeit", dem engen Bezug zur Alltagskultur sowie der „Integration verschiedener Altersgruppen, sozialer Schichten und unterschiedlicher Nationalitäten" die gemeinsamen inhaltlichen Grundsätze, die ihren Ausdruck nach wie vor in „freien Kulturgruppen, soziokulturellen Zentren, Jugendkunstschulen, freien Theaterensembles, kultureller Kinder- und Jugendarbeit, Geschichtswerkstätten, Interkulturprojekten und Stadtteilkulturarbeit" finden. Wagner bezeichnet Soziokultur heute als „ein Praxisfeld, das sich mehr oder weniger von den traditionellen Kulturinstitutionen unterscheidet, in sich aber sehr vielgestaltig und wenig klar definiert ist".[466] Durch das Ziel soziokultureller Aktivitäten „die kreative Selbsttätigkeit möglichst vieler Menschen und breiter Bevölkerungsschichten (unabhängig von

---

463   Vgl. hierzu vertiefend Kapitel 3.2.3.
464   Kulturpolitische Gesellschaft 1998.
465   Kulturpolitische Gesellschaft 1998, S. 18.
466   Wagner 2001, S. 3 f.; es besteht Konsens darüber, dass sich Soziokultur als Begriff und kulturpolitischer Ansatz nach wie vor einer eindeutigen Beschreibung oder Definition entzieht (vgl. Bundesvereinigung Soziokultureller Zentren e.V. oder auch Knoblich 2001, S. 7).

ihrer sozialen oder nationalen Herkunft) zu fördern [...] und den Zugang zu Kunst und Kultur zu erleichtern (z.B. durch Wohnortnähe, niedrige Eintrittspreise und Abbau von Hemmschwellen)"[467] stellen soziokulturelle Prinzipien und Einrichtungen nach wie vor einen wichtigen Beitrag zur kulturellen Infrastruktur dar, sodass aktuell auf der Homepage der *Bundesvereinigung Soziokultureller Zentren e.V.* folgende Kernpunkte zusammengefasst werden:

- Soziokultur will Kultur und Gesellschaft in engen Zusammenhang stellen.
- Soziokultur ist Kulturpraxis, die auf einen freien Zugang für eine breite NutzerInnenschicht angelegt ist.
- Soziokultur geht davon aus, dass jede(r) Kultur hat und diese aktiv mitgestalten kann.
- Soziokultur darf nicht auf Kunst eingeengt werden, sondern ist Medium zur Gestaltung einer demokratischen Gesellschaft und politischer Einflussnahme.
- Soziokultur ist keine Sozialkultur, denn sie reduziert sich nicht auf die Behebung gesellschaftlicher Defizite.
- Soziokultur ist Vielfalt aus Prinzip![468]

Es zeigen sich hier die überaus langfristigen Wirkungen der kulturpolitischen Ansätze der 1970er Jahre, die inzwischen aus der kulturellen Szene nicht mehr wegzudenken sind und dementsprechend – nach langen Auseinandersetzungen mit der etablierten Kulturszene – auch durch öffentliche Fördermittel unterstützt werden, um gesellschaftliche Prozesse durch Kunst und Kultur zu gestalten.[469] Für Wagner markiert die neue Programmatik der 1970er Jahre „einen zentralen Einschnitt kulturpolitischen Denkens und war der Versuch einer systematischen Begründung kulturpolitischen Handelns".[470] Die Relevanz des kulturpolitischen Aufbruchs der 1970er Jahre fasst er mit Blick auf die langfristigen Entwicklungslinien der Kulturpolitik seit ihren Anfängen in der Frühen Neuzeit wie folgt zusammen:

---

467 Bundesvereinigung Soziokultureller Zentren e.V.
468 Bundesvereinigung Soziokultureller Zentren e.V.
469 Ihre baldige allgemeine Akzeptanz zeigt exemplarisch die Antwort der christlich-liberalen Koalition auf die Große Anfrage „Soziokultur" im Jahr 1990: „Soziokultur gewinnt ihre kulturpolitische Bedeutung und ihre Legitimation im hohen Maße aus ihrem Bemühen, Kunst mit neuen Inhalten oder in neuartigen Formen zu entwickeln und zu vermitteln. Dadurch vermag sie auch traditionellen Kultureinrichtungen Anstöße zu geben, ohne diese ersetzen zu wollen. Traditionelle Kultur und Soziokultur stehen also nicht notwendig in einem Gegensatz zueinander. Sie ergänzen und bereichern sich vielmehr auch gegenseitig." (zitiert nach Fuchs 1998, S. 249).
470 Wagner 2009, S. 19.

Demokratisierung *von*, Partizipation *an* und Emanzipation *durch* Kultur waren Zielsetzungen der kulturpolitischen Reformprogrammatik dieser Jahre unter den beiden zentralen Motti ‚Kultur für alle' und ‚Bürgerrecht Kultur'. Dabei kam es zu einer doppelten Symbiose: einerseits in der Praxis zu einer Verbindung einer kommunal-staatlichen Reform-(Kultur-)Politik mit einer eher antietatistischen kulturellen Bewegung, die auf größere gesellschaftliche Selbststeuerung zielte, und andererseits in der konzeptionellen Grundlegung zu einer Engführung der emphatischen Begründung kulturpolitischen Handelns aus den Idealen der Aufklärung und des Deutschen Idealismus mit einer soziokulturellen Fundierung und Alltagsorientierung von Kulturpolitik.[471]

Zusammenfassend soll festgehalten werden, dass sich die Neue Kulturpolitik innerhalb eines gesamtgesellschaftlichen Entwurfs entwickelte, der neben der Demokratisierung der Gesellschaft zugleich die Demokratisierung der Kultur vorsah und diese in Form von *Kultur für alle* und unter dem neuen Begriff der *Soziokultur* zu verwirklichen suchte.[472] Es lässt sich somit von einem Paradigmenwechsel sprechen: Kulturpflege und Kulturverwaltung wurden von demokratischer, programmatischer Kulturpolitik und Kulturentwicklung abgelöst, die sich nicht nur auf die Ergebnisse und einzelne Spitzenleistungen konzentrieren, sondern den Prozess der Entstehung und die Alltagskomponente mit einbeziehen.[473] Diese grundsätzlichen Überlegungen und die darauf aufbauende konzeptionelle Neuausrichtung der Kulturpolitik in den 1970er Jahren wirkten im Verlauf der folgenden Jahrzehnte nach und sollen im anschließenden Kapitel genauer beleuchtet werden.

3.1.5 Konsolidierung oder Kulturpolitik als Wirtschaftspolitik? — Kulturpolitik der 1980er und 1990er Jahre

Nach den Aufbruchs- und Reformjahren des vorangegangenen Jahrzehnts nahmen die kulturpolitischen Grundsatzdebatten in den 1980er Jahren merklich ab und der Fokus lag vor allem auf der Umsetzung und Etablierung der kulturpolitischen Errungenschaften und Neuorientierungen seit den 1970er Jahren. Doch trotz der umfangreichen Veränderungen muss folgendes festgehalten werden:

---

471   Wagner 2009, S. 19.
472   Vgl. Klein 1994, S. 168; erwähnt werden sollen auch die Auswirkungen auf die Auswärtige Kulturpolitik: Analog zu den innerdeutschen Veränderungen wurde in den von der Enquete-Kommission für Auswärtige Kulturpolitik 1970 erarbeiteten *Leitsätzen* gefordert, dass Kultur kein „Privileg elitärer Gruppen, sondern ein Angebot für alle" sein müsse, sowie Eliten- und Massenkultur, „hohe" und „niedere" Künste gleichermaßen Berücksichtigung finden sollten (vgl. Singer 2003, S. 23).
473   Vgl. Hoffmann 1982, S. 82.

Nach einer beachtlichen Erfolgsgeschichte der Neuen Kulturpolitik [...] scheinen sich die tragenden Gruppen dieser Reform, die ‚neuen sozialen Bewegungen', weitgehend verbürgerlicht und ihr oppositionelles und innovatives Potential eingebüßt zu haben. Aus den neuen Kultureinrichtungen sind Erlebnisräume geworden, deren politische Relevanz im intendierten Sinne sich zumindest in den alten Bundesländern erschöpft hat und in denen an die Stelle kollektiver Gegenpolitik individualisierte ästhetische Erfahrung tritt, auch wenn diese noch in Symbole einer gemeinschaftsorientierten Gegenkultur gekleidet ist.[474]

Zudem konnte die Kulturpolitik aufgrund geringer werdender Haushaltsmittel ihre bis dahin relativ kontinuierliche Bedeutungszunahme – verbunden mit jährlichen Etatsteigerungen – nicht weiter ausbauen. Es wurde sogar mehr und mehr eine Rechtfertigung der Kulturausgaben erwartet, sodass Kultur(-politik) zunehmend als Wirtschafts-, Stadtplanungs- und Standortfaktor interpretiert wurde. Singer erkennt hierin einen „partiellen Paradigmenwechsel": Ausgehend vom Ziel bürgerschaftlicher Partizipation während der 1970er Jahre, zeigte sich nun eine verstärkt marktwirtschaftliche Orientierung der Kulturpolitik.[475] Auch Klein sieht seit den 1980er Jahren einen veränderten Stellenwert von Kultur in Gesellschaft und Politik: Sie werde nun als marktrelevante Größe wahrgenommen und lasse sich zugleich nicht länger auf einen „kulturellen Kanon" festlegen. Insbesondere durch die Etablierung der Soziokultur im vorangegangenen Jahrzehnt habe der Kulturbegriff eine „nahezu grenzenlose Ausweitung" erfahren und sei die Kulturpolitik insgesamt durch eine Vielzahl neuer Lebensentwürfe, die Auflösung gesellschaftlicher Traditionen und Milieus, das Aufeinanderprallen unterschiedlicher Lebensweisen im Zuge der Wiedervereinigung Deutschlands sowie die Entwicklung einer „multikulturellen Gesellschaft" vor neue Herausforderungen gestellt worden.[476] In der Folge lasse sich von einer „Pluralisierung der kulturpolitischen Entwürfe" sprechen und es setzte sich mehr und mehr die Erkenntnis durch, dass Kulturpolitik insbesondere auf kommunaler Ebene neue Handlungsstrategien entsprechend klar formulierter

---

474 Göschel et al. 1995, S. 13; vgl. in Bezug auf die langfristige Weiterentwicklung der Soziokultur auch die Aussage von Knoblich: „Zu konstatieren ist, dass die emanzipatorischen Impulse der Soziokultur – vielleicht notwendig – nicht mehr spürbar sind; vielleicht hat sie eingelöst, was sie sich programmatisch vorgenommen hatte, vielleicht aber hat, so meinen auch viele Kritiker, der Prozess ihrer Institutionalisierung und Professionalisierung ihr rebellisches Temperament gezähmt. Vor allem in den achtziger Jahren seien kritische Impulse und sozialer Anspruch zugunsten der prosperierenden kulturellen Praxis zurückgetreten." (Knoblich 2001, S. 11).
475 Vgl. Singer 2003, S. 26 f.
476 Klein 1994, S. 161 f.

Ziele entwickeln müsse.[477] Da diese nicht mehr auf allgemein akzeptierten gesamtpolitischen Entwürfen oder einem kulturellen Kanon aufbauen könnten, müssten sie diskursiv entwickelt werden, sodass es eine zentrale Fähigkeit von Kulturpolitikern und -managern sei, Dialogfähigkeit und -bereitschaft aller Akteure herzustellen und zwischen den unterschiedlichen Handlungslogiken zu „übersetzen".[478] Es etablierte sich somit zunehmend die Erkenntnis, dass sich Kulturpolitik in einem mehrdimensionalen Handlungsfeld abspielt, in dem vier zentrale Akteure jeweils entsprechend ihrer eigenen Handlungsrationalität agierten: Die Korporationen (wie z.B. Ämter, Abteilungen, Theater, Museen, Orchester) verfolgten das Ziel der Selbsterhaltung, die Künstler strebten nach Selbstdarstellung, die Kulturpolitik ziele langfristig auf die „Stabilisierung oder Veränderung bestimmter Aspekte der sozialen Wirklichkeit" und betreibe somit Gesellschaftspolitik und das Publikum frage primär Erlebnisse nach. Diese Vierteilung bedeute, dass Kulturpolitik nicht nach Belieben steuern könne, sondern sich innerhalb der genannten Kraftfelder bewähren müsse.[479] Dementsprechend müssten die Rollen und Handlungsrationalitäten der Kulturpolitik neu bestimmt werden. Einen wesentlichen Beitrag dazu leiste das Kulturmanagement, das sich in der öffentlichen Kulturarbeit als *„hochkomplexe Steuerungsaufgabe in einem mehrdimensionalen Handlungsfeld"* definieren sollte.[480]

Doch diese aus gesamtgesellschaftlichen Entwicklungen resultierenden kulturpolitischen Denkansätze im Deutschland der 1980er Jahre wurden durch die deutsche Wiedervereinigung 1989/1990 und die damit einhergehenden – auch kulturpolitischen Veränderungen – in den Hintergrund gedrängt, wie das rückblickende Zitat eines damaligen Mitglieds im Kulturausschuss des *Deutschen Städtetags* belegt:

Nicht nur politisch und organisatorisch, sondern auch geistig völlig unvorbereitet trafen schließlich die politischen Umwälzungen zum Ende der 80er Jahre die Menschen

---

477 Vgl. Klein 1994, S. 171 f. sowie die Ausführungen zum Kulturbegriff der deutschen Kulturpolitik in Kapitel 2.1.
478 Vgl. Klein 1994, S. 172.
479 Vgl. Klein 1994, S. 163; Klein folgt hier im Wesentlichen der Argumentation von Schulzes *Erlebnisgesellschaft* (vgl. Kapitel 2.1).
480 Klein 1994, S. 164; der Begriff *Kulturmanagement* und entsprechende Konzepte und Strategien entwickelten sich in den späten 1980er und insbesondere den frühen 1990er Jahren. Da es sich hierbei um ein eigenständiges Forschungsgebiet handelt, kann dieser Themenkomplex im Rahmen der vorliegenden Arbeit nicht vertieft werden. Es sei jedoch auf einige Standardwerke verwiesen wie etwa Heinze 1994, Heinze 1997, Heinrichs und Klein 1996, Bendixen 1997 oder Höhne 2009.

unseres Landes und brachten auch für die Arbeit des Kulturausschusses im Deutschen Städtetag eine völlig neue Aufgabenstellung.

Das geht über die gravierenden finanziellen Einschnitte, die sich auch im Kulturbereich der westdeutschen Städte abspielten, weit hinaus. Die Wiederentdeckung der östlichen Teile unserer geistigen und kulturellen Heimat bedeutet für den Kulturschaffenden eine große geistige Herausforderung. Noch wichtiger aber ist die Formung und Formulierung einer neuen Wertewelt, nachdem alte Ideale und Feindbilder zerbrochen und verschwunden sind.[481]

Auf struktureller Ebene wurde zunächst eine Vereinheitlichung der kulturpolitischen Systeme in beiden Landesteilen angestrebt; die zentralisierten Kulturstrukturen im Osten sollten abgeschafft und die Kulturhoheit der Länder sowie das kulturelle Selbstverwaltungsrecht der Kommunen wiederhergestellt werden.[482] Von großer Bedeutung für die kulturpolitischen Strukturen in Ostdeutschland war die in Art. 35 des Einigungsvertrags festgeschriebene Garantie, die kulturelle Substanz in den neuen Ländern zu schützen.[483] Dementsprechend förderte der Bund „Einrichtungen von gesamtstaatlicher Bedeutung, die für den Rang der deutschen Kultur in der Welt, für die kulturelle Identität der Deutschen und für das Selbstbewußtsein der neuen Länder von besonderem Wert sind".[484] Die Länder und v.a. die Kultusministerkonferenz wehrten sich zwar vor (und auch nach) 1990 stets gegen eine Beteiligung des Bundes an der Kulturförderung.[485] In dieser historischen Ausnahmesituation stellte der Bund den neuen Bundesländern in den Jahren 1991 bis 1993 jedoch insgesamt rund 3,3 Mrd. DM zur Verfügung und verschaffte den ostdeutschen Kultureinrichtungen durch diese Übergangsfinanzierung einen erheblichen Zeitgewinn.[486]

---

481 Diekamp 1992, S. 33 f.
482 Vgl. Strittmatter 1994, S. 141.
483 Vgl. Art. 35, Abs. 2 des Einigungsvertrags: „Die kulturelle Substanz [...] darf keinen Schaden nehmen." (Bundesministerium der Justiz 31.08.1990).
484 Neufeldt 1994, S. 106.
485 Vgl. zum Verhältnis zwischen Bund und Ländern in der Kulturpolitik vertiefend Kapitel 3.2.1.
486 Diese Fördermaßnahmen in Form des Substanzerhaltungsprogramms sowie des Infrastrukturprogramms lagen in Art. 35, Abs. 2 bzw. Abs. 7 des Einigungsvertrages begründet, wobei das Substanzerhaltungsprogramm mit 1,5 Mrd. DM Finanzvolumen fast doppelt so finanzstark war wie das Infrastrukturprogramm mit 730 Mio. DM. Ergänzt wurden diese Programme durch ein Denkmalpflegesonderprogramm im Umfang von 186 Mio. DM (vgl. Neufeldt 1994, S. 105).

Die Aufgabe, den Neuen Ländern im Umbruch (mit ihren z.T. beachtlichen Infrastrukturen) einen Absturz ins kulturelle Nichts zu ersparen und sie außerdem bei ihren Reformbemühungen zu unterstützen, bedingte den Einsatz aller potentiellen Förderer in Ost und West. Über die Notwendigkeit erheblicher Nachhol-Investitionen gab es unter den Ländern und beim Bund anfangs ebensowenig Dissens wie, verständlicherweise, bei den Kommunen, die allmählich auch hier in die Rolle als wichtigste Akteure der öffentlichen Kulturförderung hineinwachsen, andererseits aber noch kaum über eigene Steuereinnahmen verfügen und auch noch mit der ‚kulturellen Substanz' in oft marodem Zustand aus früherem Staats- und Parteibesitz fertig werden müssen.[487]

Der Einsatz des Bundes für „den Erhalt und die Entwicklung der kulturellen Infrastruktur sowie deren Substanz in den neuen Ländern" wurde insgesamt sehr positiv bewertet, auch da die Bundesregierung hiermit „in bemerkenswerter Weise dem Wort vom Kulturstaat Deutschland einen Gehalt" gegeben habe.[488] Aufgrund der erfolgreichen Zusammenarbeit zwischen Bund und Ländern fand bei letzteren „ein vorsichtiges Umdenken" bezüglich ihrer Kulturhoheit statt, da sich „die Kulturförderung des Bundes [...] als ein ausgezeichnetes Beispiel kooperativen Föderalismus"[489] herausgestellt habe. Doch trotz der erweiterten Kompetenzen des Bundes und – wie noch zu zeigen sein wird – der EU, bleibt Deutschland kulturpolitisch betrachtet auch am Ende der 1990er Jahre ein „polyzentrisch" geprägter Staat.[490] Doch bisweilen stieß die Umstrukturierung und Erneuerung der ostdeutschen Kulturpolitik (rückblickend) auch auf Kritik:

Betrachtet man den Kulturbereich, so scheint sich heute zu rächen, daß sein Strukturwandel in Ostdeutschland vor allem durch eine fast mechanische Übertragung der westdeutschen Kulturverwaltungsstrukturen auf die ostdeutschen Länder und Kommunen vollzogen wurden. Damit konnten weder die historischen und aktuellen Entwicklungsbesonderheiten in den ostdeutschen Ländern genügend berücksichtigt, noch die Suche nach neuen, innovativen Lösungen und unkonventionellen Ansätzen gefördert werden, die den in ganz Deutschland notwendigen Wandel der Kulturstrukturen eine Richtung hätten geben können.[491]

Außerdem sei im Zuge der „Privatisierung" von Staats- und Parteibetrieben durch Treuhandgesellschaften in Folge der Wiedervereinigung weitestgehenden „die Chance vertan [worden], eine breit gestreute, das öffentliche Angebot ergänzende ‚kleine Kulturwirtschaft' mit Kinos, Galerien und Werkstätten, Film- und

---

487 Wiesand 1994, S. 84.
488 Neufeldt 1994, S. 105.
489 Neufeldt 1994, S. 107.
490 Vgl. Wiesand 1994, S. 103.
491 Strittmatter 1994, S. 145.

Musikproduzenten oder anderen Kulturbetrieben zu schaffen".[492] Dabei wäre eine plurale Gestaltung der Trägerlandschaft auch deshalb von Beginn an dringend erforderlich gewesen, da die kommunalen Haushalte durch die große Zahl von Kultureinrichtungen in öffentlicher Hand bereits überdurchschnittlich stark belastet gewesen seien.[493] Kritisiert wird zudem, dass es sich trotz der unbestreitbaren gemeinsamen Bemühungen im Grunde genommen um eine Politik der Verteilungskämpfe zwischen Ost und West sowie zwischen Bund, Ländern und Kommunen gehandelt habe – Kunst und Kultur an sich hätten nicht unbedingt im Mittelpunkt gestanden und folglich sei im Einigungsvertrag auch die relativ vage Formulierung der „kulturellen Substanz, die keinen Schaden nehmen darf" gewählt worden.[494] Dementsprechend wurde auch in inhaltlicher Hinsicht konsensorientiert agiert und somit lag der Förderschwerpunkt zunächst auf den bereits etablierten und teilweise seit Jahrhunderten tradierten Kulturvorstellungen:

> Nutznießer dieser Bundesmittel war indes in der Hauptsache die institutionalisierte Kultur als Ausdruck des gemeinsamen Erbes. Vor allem sollte integriert werden, was bereits vorher genehm und akzeptiert war, was sich reibungslos in das Spektrum der bundesdeutschen Hochkultur einpasste. [...] Die nicht minder wichtige, weil alternative oder zweite Kultur in der DDR fand nur marginale Beachtung. [...] Auch die der Soziokultur in den alten Ländern vergleichbare Massenkultur der DDR (organisiertes Volkskunstschaffen, Betriebskulturarbeit, werkseigene Kulturensembles, Kulturhäuser und Klubs) wurden aus nicht immer verständlichen Gründen mit Ausnahme des Kulturbundes abgeschafft oder entfielen zunächst ersatzlos.[495]

---

492 Wiesand 1994, S. 84.
493 Vgl. Neufeldt 1994, S. 107.
494 Vgl. Schirmer 2002, S. 39 ff.
495 Schirmer 2002, S. 41 f.; Schirmer attestiert dem Umstrukturierungsprozess insgesamt eine gewisse Trägheit, die Tendenz zur Konservierung statt zur Gestaltung sowie den institutionalisierten Kultureinrichtungen „Furcht [...] vor dem Wettbewerb mit der freien Szene, die mit ungewöhnlich wenig Geld an ungewöhnlichen Orten für ebenso ungewöhnliche Inszenierungen sorgte" (Schirmer 2002, S. 43). Zudem beklagt er, dass zu wenig geleistet wurde, um „Chancengleichheit für Ostdeutsche auf den Weg zu bringen und positive Erfahrungen in die gesamtdeutsche Kulturpolitik einzubinden", sodass „mentale und kulturelle Unterschiede nicht als etwas die Szene Belebendes, sondern als altmodisches, politisch überkommenes Abweichlertum" wahrgenommen worden seien. (Schirmer 2002, S. 48). Auch die *Kulturpolitische Gesellschaft* sieht die Übernahme der westdeutschen Politik- und Verwaltungsstrukturen und den Umbruch der Kulturlandschaft in den ostdeutschen Bundesländern nicht nur positiv, da „[d]en neuen kulturellen Freiheiten, der Modernisierung und Entstehung einer Vielzahl von Kulturinstitutionen und Kulturformen [...] die Schließung vieler Kultureinrichtungen vor allem im Bereich der

Doch trotz dieser Kritik kommen die Beobachter des kulturpolitischen Einigungsprozesses zu dem Ergebnis, dass sich insgesamt „[t]rotz aller Widrigkeiten" in relativ kurzer Zeit eine ostdeutsche Kulturszene etablieren konnte:[496]

> Die Erfolge der Bemühungen des Bundes, der Länder und Kommunen sind sichtbar. In allen Bereichen der kulturellen Landschaft ist ein deutlicher Aufbruch festzustellen. Es zeichnet sich, wenn auch problemhaft, ein Netz von kulturellen Einrichtungen, Initiativen und Projekten ab, das eine vom föderalen System der Kulturförderung getragene kreative und dauerhafte Kulturarbeit verspricht.[497]

1998 schließlich konstatiert die *Kulturpolitische Gesellschaft*, dass – obwohl die kulturelle Integration der Menschen in Ost- und Westdeutschland noch bevorstehe – „[d]er Prozeß der Angleichung der ostdeutschen Kulturstrukturen an die bundesrepublikanischen [...] weitgehend abgeschlossen" sei.[498]

Die Wiedervereinigung führte jedoch nicht nur zu inhaltlichen und strukturellen Neuerungen, sondern hatte zugleich Auswirkungen auf die finanzielle Situation der Kulturpolitik, die insbesondere von Relevanz sind, da der Einigungsprozess mit einer generellen Verschlechterung der öffentlichen Finanzlage in Folge der gesamtwirtschaftlichen Entwicklung Deutschlands einherging.[499] Dementsprechend bezeichnet der *Deutsche Kulturrat* 1994 in seinem *Zweiten Bericht zur Kulturpolitik* das Thema der Kulturfinanzierung gar als „die aktuelle Kernproblematik des kulturpolitischen Geschehens"[500] und gibt zehn Empfehlungen für die zukünftige Sicherung einer erstrebenswerten Kulturpolitik.[501] Auch die *Kulturpolitische Gesellschaft* stellt fest, dass „[d]ie Kulturpolitik in Westdeutschland [...] seit Anfang, in Ostdeutschland seit Mitte der 90er Jahre vor allem durch den Spar- und Konsolidierungsdruck der öffentlichen Haushalte geprägt [sei]."[502] Demgemäß seien in den 1990er Jahren

---

Breitenkultur und die Abwertung kultureller und künstlerischer Leistungen aus der DDR-Zeit gegenüber[stehe]." (Kulturpolitische Gesellschaft 1998, S. 2).
496 Vgl. Schirmer 2002, S. 49.
497 Neufeldt 1994, S. 105.
498 Kulturpolitische Gesellschaft 1998, S. 2.
499 Vgl. Deutscher Kulturrat 1994a, S. 161.
500 Deutscher Kulturrat 1994b, S. 9.
501 Er fordert u.a. die „Gewährleistung eines unbehinderten Zugangs der kulturinteressierten Bürger/innen zu *allen* Bereichen des kulturellen Lebens", was öffentliche Förderung und „kooperativen Kulturföderalismus" unverzichtbar mache, gleichzeitig aber auch privates Engagement erfordere (vgl. Deutscher Kulturrat 1994a, S. 161 f.).
502 Kulturpolitische Gesellschaft 1998, S. 2.

,Strukturwandel' und ‚Substanzerhalt' [...] Kategorien, die aktuelle Aufgaben innerhalb des gesamtdeutschen Kulturbereichs umreißen. In ihrem Rahmen Lösungen zu finden, ist angesichts der wirtschaftlichen Situation und der Art der von der Politik zunehmend daraus abgeleiteten Formen von Sparmaßnahmen dringender denn je. [...] Es kommt darauf an, dem insgesamt bewährten föderalen Kultursystem durch einen gezielten Strukturwandel wieder Flexibilität zu verleihen und dafür die Wirkungsmöglichkeiten des ‚kooperativen Kulturföderalismus' in der Bundesrepublik [...] sinnvoll zu nutzen. Das heißt, daß der Strukturwandel nur auf der Basis der Eckpfeiler des föderalen Kultursystems vollzogen werden kann. Das sind die Kulturhoheit der Länder, das kulturelle Selbstverwaltungsrecht der Kommunen, aber auch die Anerkennung und Ausgestaltung einer prinzipiellen Mitverantwortung des Bundes für bestimmte Seiten der kulturellen Entwicklung in der Bundesrepublik.[503]

Der zunehmende Spar- und Konsolidierungsdruck und die mangelnde Perspektive einer grundlegenden Änderung der Situation führten jedoch nicht nur zu neuen Finanzierungsstrukturen durch die verstärkte Zusammenarbeit von Bund, Ländern und Kommunen. Insbesondere die Kommunen strebten mit dem Einsatz des *Neuen Steuerungsmodells* einen gezielteren Mitteleinsatz in der Kulturpolitik an und rückten dabei das Erreichen vorab festgelegter Ziele ins Zentrum kulturpolitischen Handelns. Das Neue Steuerungsmodell sollte dazu beitragen, „wirtschaftlicher und effizienter mit vorhandenen Mitteln umzugehen als dies bisher möglich war".[504] Insbesondere durch verwaltungstechnische Umstrukturierungen sollten die beiden zentralen Problembereiche von (Kultur-)verwaltungen – Organisation und Finanzen[505] – ausgeräumt bzw. positiv beeinflusst werden. Das Neue Steuerungsmodell basiert auf dem sogenannten *Tilburger Modell*, das in den 1980er Jahren in den Niederlanden entwickelt wurde, um „das Handeln der Verwaltung – aber auch der Politik – an Zielen und Ergebnissen auszurichten (Output-Orientierung) und nicht mehr an den zu erledigenden

---

503 Strittmatter 1994, S. 145.
504 Konietzka und Küppers 1998, S. 13.
505 Konietzka und Küppers nennen für den Problembereich Organisation die ineffiziente Strukturierung durch Querschnittsämter (mit Hauptamt, Personalamt, Organisationsamt etc.), die zu einer Trennung von Aufgaben- und Ressourcenverantwortung führten. Zugleich würden dadurch kurze Wege häufig unmöglich und zielgerichtetes Arbeiten erschwert, denn „[v]orrangig ist nicht *das (richtige) Ergebnis*, sondern *der (richtige) Weg* zu einem Ergebnis." Im Problembereich Finanzen sehen die Autoren die starre Anwendung der Kameralistik als Hauptursache für fehlende Transparenz und mangelndes wirtschaftliches Denken (vgl. Konietzka und Küppers 1998, S. 11 f.).

Aufgaben (Input-Orientierung)".[506] Entsprechend dieser „Outputsteuerung" sollten die erwarteten Leistungen definiert und die für die Realisierung erforderlichen Mittel bereitgestellt werden.[507] In der praktischen Umsetzung wurde dies durch die „Schaffung relativ großer sogenannter Dienste, die weitgehend selbständig und eigenverantwortlich die zu erfüllenden Aufgaben wahrnehmen"[508] erreicht. Die jeweiligen Dienste sollten über Personal- und Organisationshoheit, sowie insbesondere über Haushaltshoheit verfügen:[509]

> Die bisher in Querschnittsämtern angesiedelten Aufgaben und Finanzmittel werden künftig in die Verantwortungsbereiche der Fachämter überstellt. D.h., das Kulturamt wäre damit nicht nur für den inhaltlichen Betrieb und die inhaltliche Ausgestaltung seiner Einrichtungen verantwortlich, sondern u.a. auch für die Bauunterhaltung seiner Gebäude, die Beschaffung von Büromaterial und -ausstattung, die Verwaltung seiner Liegenschaften.

> Grundgedanke dieses Steuerungsmodelles ist es, durch erhöhte Verantwortung in den Fachdienststellen ‚vor Ort' das Kostenbewußtsein zu erhöhen, um darüber letztendlich Mittel zu sparen.[510]

Den Kern sämtlicher Neuerungen stellt somit die „dezentrale Ressourcenverantwortung" dar; weitere zentrale Elemente des Neuen Steuerungsmodells sind neben der Budgetierung und der Orientierung an Ergebnissen, die verstärkte Beachtung quantitativer und qualitativer Messzahlen, Leistungsvereinbarungen zwischen Politik und Verwaltung, Controlling, Kostenrechnung sowie Mitarbeiter- und Bürger- bzw. Publikumsbefragungen.[511]

> Grundsätzlich ist es lobenswert, in bestimmten Bereichen des Verwaltungshandelns durch eine Annäherung an Prinzipien des unternehmerischen Handelns mit Begriffen wie Ziel- und Kundenorientierung eine Verbesserung im Umgang von Verwaltung mit Bürgerschaft oder eine größere Transparenz und in der Folge daraus eine höhere Effektivität/Effizienz im Umgang mit öffentlichen Mitteln zu erreichen.[512]

Häufig wurde jedoch auf Probleme bei der Umsetzung hingewiesen und auch die Rahmenbedingungen bei der Etablierung des Konzepts stehen in der Kritik: Es wurde beklagt, dass sich erst durch die Krise der öffentlichen Haushalte

---

506 Konietzka und Küppers 1998, S. 15.
507 Dunker 1994, S. 109.
508 Dunker 1994, S. 108.
509 Dunker 1994, S. 109.
510 Vgl. Konietzka und Küppers 1998, S. 17.
511 Vgl. Konietzka und Küppers 1998, S. 15.
512 Konietzka und Küppers 1998, S. 16.

ein Bewusstsein für die Notwendigkeit von Umstrukturierungen und damit eine „Chance auf Veränderungen in der Verwaltung" eröffnet hätten. Von Anfang an wurde jedoch kritisiert, dass „diese nun mögliche Veränderung immer mit der Intention verbunden [war], Finanzen einzusparen"[513] bzw. Reformbemühungen sogar allein deshalb eingeleitet wurden. Immer wieder ist jedoch betont worden, dass nicht nur eine verbesserte Wirtschaftlichkeit im Vordergrund der Reformen stehen sollte, sondern die leeren Kassen auch als Chance begriffen werden müssten, umfassende Änderungen in den Verwaltungs- und Politikstrukturen einzuleiten, und diese auch mit inhaltlichen Erneuerungen zu verknüpfen: Es sollten bestehende Rollen- und Machtverteilungen überprüft sowie Handlungsabläufe, verfestigte Kommunikationsstrukturen und Informationsflüsse überdacht werden.[514] Für derart ganzheitliche Veränderungen, die eine wirklich effiziente Umsetzung des Modells ermöglicht hätten, standen jedoch häufig weder ausreichend Zeit noch Finanzmittel als wesentliche Voraussetzungen zur Verfügung.[515] Zudem wurde von Anfang an kritisiert, dass aufgrund der bestehenden Rahmenbedingungen in Deutschland nur eine teilweise Übertragung der niederländischen Strategien möglich sei.[516] Die Idee, die politische Steuerung auf die Leitlinien zu beschränken, um dadurch eine klare Rollenverteilung zwischen Politik und Verwaltung bzw. den neu geschaffenen Diensten zu ermöglichen, stehe jedoch „in weiten Bereichen den gesetzlichen Rahmenbedingungen und vor allem dem traditionellen Selbstverständnis der Verwaltung in Deutschland"[517] entgegen. Denn

> [e]s entspricht nicht dem kommunalen Verfassungsrecht [...] und schon gar nicht dem Selbstverständnis der Politik, sich auf das Grundsätzliche, auf die Leitlinien oder auf Rahmenvorgaben zu beschränken. Der Rat ist nicht Parlament, er ist nach dem Gesetz allzuständig und nicht Gegenpart der Verwaltung, er ist vielmehr selbst Verwaltung.[518]

Das Idealmodell, dem zufolge die Politik das „Was" und die Dienste das „Wie" der Aufgabenerfüllung bestimmen, fand nur sehr eingeschränkt Umsetzung.[519] Für viele ExpertInnen ist dieses Ergebnis wenig überraschend, da sie eine direkte Übertragung wirtschaftswissenschaftlicher Modelle und Methoden auf

---

513 Konietzka und Küppers 1998, S. 13.
514 Vgl. Kordfelder 2000, S. 116.
515 Vgl. Konietzka und Küppers 1998, S. 16, siehe auch Dunker 1994, S. 114.
516 Dunker 1994, S. 108.
517 Dunker 1994, S. 110.
518 Dunker 1994, S. 109.
519 Dunker 1994, S. 109.

den Kulturbereich für nicht umsetzbar hielten. Sie sind der Meinung, dass das Neue Steuerungsmodell durch den Topos einer bloßen Verwaltungsreform „hoffnungslos verharmlost" würde.[520] Aufgrund dieser strukturell ungünstigen Voraussetzung in den Kulturverwaltungen sowie mangelnder Zeit- und Finanzressourcen konnten die Resultate häufig den Erwartungen nicht entsprechen und gegen Ende der 1990er Jahre nahm die Begeisterung für diese Reformansätze kontinuierlich ab.[521]

Langfristig wirkte jedoch die Output-Orientierung weiter, die insbesondere in Form von *Kulturentwicklungsplänen* eine gezieltere Organisation von Kulturpolitik anstrebt(e) und „auf der Grundlage von Kenntnissen und Analysen über den Zustand der Kulturarbeit Ziele für die Entwicklung der Kulturarbeit" formuliert und beschreibt, „wie diese Ziele verwirklicht werden sollen".[522] Angestrebt wurde somit, inhaltliche Perspektiven von Kulturpolitik zu diskutieren, langfristige Rahmenbedingungen zu schaffen sowie insgesamt eine kulturpolitische Diskussion zu befördern.[523] In den finanzstarken Jahren war Kulturförderung zum Teil relativ beliebig geworden und primäres Ziel war nicht eine bedarfsgerechte Finanzierung kulturell wertvoller Beiträge, sondern häufig wurde – insbesondere auf kommunaler Ebene – entsprechend der seit Jahren etablierten Förderpraxis weiter verfahren oder Unterstützung nach dem „Gießkannenprinzip" gewährt. Die Verringerung der verfügbaren Mittel machte jedoch eine gezieltere Schwerpunktsetzung und eine entschiedene Profilbildung erforderlich und zwang dazu, „einen in die Beliebigkeit abgeglittenen ‚überbordenden' Kulturbetrieb wieder zurückzunehmen zugunsten einer ‚neuen Wahrnehmung des Kunstwerks'".[524]

> Für die Kulturpolitik und öffentliche Kulturarbeit bedeutet dies zum einen die Überprüfung ihrer bisherigen Prioritäten, die Notwendigkeit der Formulierung eigener Rationalisierungs- und Reformmaßnahmen sowie die Effektivierung des Ressourceneinsatzes.[525]

In der Folge seien jedoch politische Debatten sowie eine gemeinsame und verbindliche Willensbildung notwendig, die eine Entscheidung über die Bedeutung

---

520 Fuchs 1998, S. 216.
521 Morr konstatiert sogar bereits für Mitte der 1980er Jahre eine zunehmend planungskritische Haltung in der Kulturpolitik (vgl. Morr 2011, S. 138).
522 Kathen 2000, S. 73.
523 Vgl. Kathen 2000, S. 73.
524 Neufeldt 1994, S. 110.
525 Klein 1994, S. 163.

der jeweiligen Kulturangebote ermöglichen – was wiederum funktionierende Kommunikationsformen und Verfahrensweisen erfordere.[526] Zudem seien messbare Kriterien notwendig und auch eine genaue Kenntnis der Ziele und Zielgruppen sowie der angestrebten Wirkungen und Funktionen von Kulturpolitik und -angeboten für das kommunale Gemeinwesen:

> Das Ziel ‚Kultur für alle' ist präzisierungsbedürftig geworden, weil die Gesellschaft in unterschiedliche kulturelle Milieus und Lebensstilgruppen auseinander zu fallen droht, die mit einem undifferenzierten Angebot ‚für alle' nicht mehr erreicht werden.[527]

Anspruch müsse es vielmehr sein, „in den schmerzlichen Kürzungsprozessen wenigstens eine Chance für Entwicklung [zu] erhalten" und eine „Konzentration der Mittel auf die prioritären Ziele der kommunalen Kulturentwicklung" anzustreben.[528] Um eine sinnvolle Steuerung der Einsparungen zu gewährleisten, fanden zunehmend *Kulturentwicklungspläne* Verbreitung. Sie sollten dazu beitragen, Förderentscheidungen abhängig von einer fundierten Bewertung kultureller Leistungen zu treffen, wobei definitive Kriterien objektive Entscheidungen ermöglichen und die Einsetzung eines kompetenten Beirats die Begründung und Durchsetzung der Beschlüsse erleichtern sollten.[529]

Bereits in den späten 1970er Jahren wurde Kulturentwicklungsplanung als Instrument der Kulturpolitik eingesetzt, wobei der Begriff „sehr oft synonym für sämtliche Planungen im Kulturbereich"[530] eingesetzt werde. Doch obwohl es keine rechtliche Festlegung gibt, zielt Kulturentwicklungsplanung in der Regel auf ein begrenztes Gebiet, für das eine Bestandsaufnahme der vorhandenen Infrastruktur sowie der personellen und finanziellen Ressourcen erarbeitet werde,

---

526 Vgl. Reiter 2000, S. 59.
527 Reiter 2000, S. 58.
528 Reiter 2000, S. 60.
529 „Ein Beirat ist ein demokratisches Instrument, das zwischen Politik, Verwaltung und Bürgern vermittelt, indem es politische Entscheidungsprozesse ‚von unten' befördert und die Betroffenen an der Willensbildung bei der kommunalen Kulturförderung und Entwicklungsplanung beteiligt." Am Beispiel der Stadt Frankfurt/Oder kommt Reiter zu dem Ergebnis, dass durch die Einsetzung eines Beirats die „Gutsherrenart der Förderung" ein Ende gefunden habe, Förderempfehlungen und Förderentscheidungen nunmehr auf „sorgfältiger und gemeinsamer fachlicher Prüfung" beruhten, der unmittelbare Einfluss des Kulturdezernenten eingeschränkt wurde sowie das Fachamt einen Schritt zurücktrat, sodass „mangelnde Transparenz zwischen Politik, Verwaltung und Kulturakteuren" beseitigt werden konnte (Reiter 2000, S. 66 f.).
530 Morr 2011, S. 138.

um anschließend entsprechend der Stärken und Schwächen neue Strategien für die weitere kulturpolitische Entwicklung abzuleiten.[531] Morr unterscheidet drei Phasen der Kulturentwicklungsplanung: Im Kontext der Neuen Kulturpolitik hatte Kulturentwicklungsplanung in den 1970er und Anfang der 1980er Jahre die Aufgabe, durch neue Kulturangebote die Städte wieder lebenswert zu gestalten. Ende der 1980er bis Mitte/Ende der 1990er Jahre lasse sich eine zweite Phase verorten, während der Kulturentwicklungsplanung stark wirtschaftswissenschaftlich geprägt aufgetreten sei: Stichworte wie „Umwegrentabilität" oder „Kultur als weicher Standortfaktor" rückten – insbesondere im Kontext der geringer werdenden Finanzmittel und der Bestrebungen des Neuen Steuerungsmodells – in den Fokus. Zudem lasse sich eine weitere Ausdifferenzierung beobachten, die sich auch in einer begrifflichen Weiterentwicklung niederschlage, sodass zuweilen auch die Rede von „Kulturkonzeptionen" oder „Kulturleitlinien" gewesen sei. Mitte bis Ende der 1990er Jahre setzte eine dritte, noch andauernde Phase ein, die durch den Einsatz neuer Medien sowie den verstärkten Einbezug der Öffentlichkeit in den Planungsprozess gekennzeichnet sei. Morr hält es für möglich, dass sich in den kommenden Jahren durch die zunehmende Schnelligkeit und Effektivität bei der Entwicklung von Kulturentwicklungsplänen eine vierte Phase herauskristallisieren wird, die voraussichtlich auch in den Klein- und Mittelstädte sowie den Landkreisen zu verstärkter Planung führen wird.[532] Diese Ansicht vertritt auch Föhl:

> Insbesondere der demografische Wandel, die angespannten öffentlichen Haushalte, hybride Publikumsinteressen und die große Konkurrenz auf dem Freizeitmarkt machen eine strategische Kulturentwicklung in den Kommunen und Landkreisen des Landes unabdingbar.[533]

Dabei empfehle es sich, die Erarbeitung einer solchen Konzeption als partizipativen Prozess zu verstehen, in den Kulturakteure, Bürger, Wirtschaft, Verwaltung und Politik integriert sind.[534] Grundsätzlich wurde und wird Kulturentwicklungsplanung positiv bewertet: „Kulturentwicklungsplanungen können ein sinnvolles Instrument der Kulturpolitik sein, wenn sie nicht ausschließlich als Erhebungs- und Planungsinstrument, sondern als kulturpolitischer Verständigungsprozess

---

531 Vgl. Morr 2011, S. 138.
532 Vgl. Morr 2011, S. 138 ff.
533 Föhl 2010, S. 2; die Aktualität des Themas belegt auch der Titel des 7. *Kulturpolitischen Bundeskongresses* im Jahr 2013 „Kultur nach Plan – Strategien konzeptbasierter Kulturpolitik".
534 Vgl. Föhl 2010, S. 3.

verstanden werden."[535] Sie sollten also nicht nur eine Frühwarn- und eine Analysefunktion übernehmen, sondern auch durch ihre Orientierungs- bzw. Koordinationsfunktion, ihre Moderations- sowie Verpflichtungsfunktion auf die Kulturpolitik der jeweiligen Stadt bzw. Region einwirken.[536]

Als Reaktion auf die verringerten Mittel für den Kulturbereich wurde – neben den bereits dargestellten Einsparmöglichkeiten durch das Neue Steuerungsmodell sowie mehr Stringenz mit Hilfe von Kulturentwicklungsplänen – in den 1990er Jahren auch die private Kulturfinanzierung vermehrt zum Thema. Die Hoffnungen auf diese Finanzierungsform erfüllten sich jedoch bei weitem nicht, da sehr schnell deutlich wurde, dass private Beiträge trotz steigender Tendenz keinesfalls in der Lage sein würden, die kulturelle Infrastruktur in ihrer Breite zu erhalten: 1990 machten sie drei bis vier Prozent der öffentlichen Kulturausgaben aus und zudem förderten private Geldgeber tendenziell diejenigen Institutionen oder Veranstaltungen, die sich ohnehin bereits etablieren hatten, bzw. konzentrieren ihre Förderung auf kulturelle Highlights und Kulturevents.[537] Wiesand stuft die Rolle der privaten Kulturförderung sogar noch geringer ein; während der 1990er Jahre sei diese mit einem Anteil von weniger als einem Prozent an den gesamten Kulturausgaben vernachlässigbar:

> Zahlreiche Leistungen sind weiterhin nicht attraktiv für Private, gerade wenn sie sich unter Marketinggesichtspunkten oder steuerlichen Kriterien auch ‚rechnen' müssen; dies gilt speziell in weniger medienattraktiven Bereichen wie der kulturellen Bildung und Ausbildung.[538]

Dennoch zeige sich ein zunehmendes Interesse von Unternehmen, Kunst in den Bereichen Musik, Bildende Kunst und Denkmalpflege zu fördern, da Kultur zum Teil als „integraler Bestandteil der Unternehmensstrategie" wahrgenommen werde und neben der Mitarbeitermotivation auch der Kunden- und Imagepflege dienen solle.[539]

Die bisher beschriebenen kulturpolitischen Neuerungen der 1980er und 1990er Jahre bezogen sich – insbesondere mit Blick auf den weiteren Verlauf der Arbeit – vor allem auf die kommunale Ebene. Doch auch auf Bundesebene zeigten sich umfangreiche Veränderungen, wie die folgende Beschlussempfehlung des Innenausschusses des Deutschen Bundestages von 1986 veranschaulicht:

---

535 Fink und Götzky 2011, S. 17.
536 Föhl 2010, S. 3.
537 Vgl. Hartung 1994, S. 151.
538 Wiesand 1994, S. 94.
539 Vgl. Wiesand 1994, S. 94 f.; vgl. zur Rolle privater sowie gemeinnütziger Akteure auch die Kapitel 3.2.2 und 3.2.3.

Nach Auffassung des Deutschen Bundestages kommt es darauf an, die Teilhabe aller Bürger an den kulturellen Angeboten und Aktivitäten zu ermöglichen und zugleich den Minderheiten, darunter den unter uns lebenden Ausländern, die Möglichkeit freien kulturellen Ausdrucks zu gewährleisten.

Kultur kann sich nur dann entwickeln, wenn ihre freie Entfaltung respektiert wird und Kulturförderungspolitik vor allem als Hilfe zur Stärkung der Autonomie von Kunst und Kultur verstanden wird.[540]

Hier wird deutlich, wie umfassend sich die Forderungen der Neuen Kulturpolitik im Verlauf der 1980er und 1990er Jahre auch auf institutioneller Ebene durchsetzen konnten. Insgesamt fand die Kulturpolitik in dieser Zeit immer wieder Berücksichtigung im Rahmen der Bundespolitik: Beispielsweise diskutierte der Bundestag 1994 die Verantwortung des Bundes für die „Wahrung des kulturellen Erbes, zur Entfaltung von Kunst und Kultur und die dafür erforderlichen staatlichen Unterstützungsmaßnahmen, hinzu kam die Förderung der Kultur in den neuen Ländern, die Verbesserung der Rahmenbedingungen für Kunst und Kultur" und ab 1998 stand vor allem „die Novellierung des Künstlersozialversicherungsgesetzes, die Förderung der Kultur in den neuen Bundesländern, [...] die Weiterentwicklung der Rahmenbedingungen für private Investitionen im Kulturbereich, die Errichtung einer Kulturstiftung, die föderalen Kompetenzen im Kulturbereich"[541] und auch die Bündelung der kulturpolitischen Kompetenzen des Bundes zur Debatte.

Zusammenfassend ist somit festzuhalten, dass sich die Kulturpolitik in Folge der Reformanstöße der 1970er Jahre in den beiden darauffolgenden Jahrzehnten – trotz der Umwälzungen in Folge der Wiedervereinigung und der damit einhergehenden strukturellen Veränderungen der ostdeutschen Kulturlandschaft, dem zunehmenden Spar- und Konsolidierungsdruck der Haushalte und dem verstärkt wirtschaftswissenschaftlichen Blick auf die Kultur(-politik) – insgesamt weiterentwickeln konnte. Insbesondere auf kommunaler Ebene wurden in Form des Neuen Steuerungsmodells sowie der Etablierung der Kulturentwicklungsplanung Reformansätze erkennbar, die jedoch zugleich mit einer verstärkten Ausrichtung von Kulturpolitik auf ihre Ergebnisse und damit auch ihrer Interpretation als Wirtschafts- und Standortfaktor einhergingen. Inhaltlich wirken die Ansätze der Neuen Kulturpolitik auch in den 1980er und 1990er Jahren weiter nach; zugleich wird eine Präzisierung der kulturpolitischen Zielsetzungen erkennbar und im

---

540 Beschlussempfehlung des Innenausschusses des Deutschen Bundestages: Bundestagsdrucksache 10/5836 vom 19.7.1986, zitiert nach Brüse 1988, S. 3.
541 Singer 2003, S. 30 (i.O. z.T. fett).

Rückblick eine kontinuierliche Anpassung an die sich verändernden gesamtgesellschaftlichen Gegebenheiten deutlich.

3.1.6 Kulturelle Bildung versus Kulturinfarkt? — Kulturpolitik seit der Jahrtausendwende

Auf Bundesebene stellt das Jahr 1998, das mit der Wahl der ersten rot-grünen Bundesregierung unter Gerhard Schröder die Ära Kohl beendete, auch einen Einschnitt für die Kulturpolitik dar: Erstmals wurde zur Verbesserung der kulturpolitischen Koordination ein *Beauftragter der Bundesregierung für Angelegenheiten der Kultur und der Medien* ernannt.[542] Um dessen Arbeit parlamentarisch zu begleiten, erfolgte mit Beginn der neuen Legislaturperiode zugleich die Einrichtung des *Bundestagsausschusses für Kultur und Medien*.[543] Einen weiteren institutionellen Impuls stellte die Einsetzung der Enquete-Kommission *Kultur in Deutschland* im Juli 2003 dar, die durch eine umfassende Bestandsaufnahme zu sämtlichen Teilbereichen der Kulturpolitik in Deutschland eine konkrete Datenbasis für ihre Weiterentwicklung liefern sollte.[544]

Nachdem im Zuge der Wiedervereinigung die Kulturpolitik aller Regierungsebenen relativ einvernehmlich erfolgte, führten diese verstärkten institutionellen Aktivitäten der Bundesregierung nun zu heftigen Diskussionen um ihre föderale Strukturierung und zu intensiven Auseinandersetzungen zwischen Bund und Ländern.[545] Dies umso mehr, da der Bund auch inhaltlich und mit Blick auf die Finanzen – insbesondere für die Kultur in der Hauptstadt Berlin – neue Kompetenzen an sich zog: Neben der Restaurierung der Museumsinsel oder der

---

542 Der zuständige Staatsminister trug zunächst den Titel *Beauftragter der Bundesregierung für Angelegenheiten der Kultur und der Medien*, später erfolgte seine Umbenennung zum *Beauftragten der Bundesregierung für Kultur und Medien*. Schmidt sieht in ihm einerseits einen „Ansprechpartner" für die Kulturschaffenden. Andererseits erkennt er in der Kultur in finanzpolitisch schwierigen Zeiten einen der wenigen Bereiche, „in denen der Bund bei Bedarf noch eine augenfällige Prestigepolitik inszenieren kann. Es wäre verwunderlich gewesen, wenn der ‚Medienkanzler' Schröder auf diese Chance zur Imagebildung verzichtet hätte." Schmidt stellt in diesem Kontext die Frage, ob diese „Leuchttürme" in der Hauptstadt-Kultur und generell das kulturelle Engagement des Bundes in Berlin der „Wiedergewinnung nationaler Souveränität und Selbstbewusstsein" dienen oder vielmehr „Selbstbehauptungswille und Größenwahn" entspringen, da der Bund „Präsenz an symbolisch höchst neuralgischen Stellen der deutschen Hauptstadt" zeige (vgl. Schmidt 2002, S. 30 ff.).
543 Vgl. Deutscher Bundestag 2012.
544 Vgl. Deutscher Bundestag 2007.
545 Vgl. hierzu auch Kapitel 3.2.1.

Berliner Staatsoper übernahm der Bund durch die *Berlin GmbH* beispielsweise auch die Trägerschaft des *Martin-Gropius-Baus* oder die Organisation der *Berlinale*.[546] 2007 wurde zudem im Rahmen des Hauptstadtfinanzierungsvertrages die Einrichtung eines Hauptstadtkulturfonds „[z]ur Förderung von Projekten gesamtstaatlicher Repräsentation in der Bundeshauptstadt"[547] beschlossen. Zur Sichtbarmachung der Bundeskulturpolitik trug darüber hinaus die Gründung der *Kulturstiftung des Bundes* im Jahr 2002 bei, die „die Förderung innovativer Programme und Projekte im internationalen Kontext" zum Ziel hat und „in die Entwicklung neuer Verfahren der Pflege des Kulturerbes und in die Erschließung kultureller und künstlerischer Wissenspotentiale"[548] investieren sollte. Der Gründung der Stiftung mit Sitz in Halle an der Saale ging eine intensive Kontroverse zwischen Bund und Ländern voran, da letztere um ihre „Kulturhoheit" fürchteten und infolge dessen eine gemeinsame Stiftung von Bund und Ländern nicht zustande kam.[549] Das verstärkte kulturpolitische Engagement des Bundes und die Abwehrreaktionen der Länder stellten während der 2000er Jahre einen immer wieder aufflammenden Konflikt dar, der auch durch die Föderalismusreformen von 2006 und 2009 nicht beigelegt werden konnte. Die neuen Initiativen, aber auch die intensiven Auseinandersetzungen darüber, zeigen insgesamt, dass Kultur- und auch Medienpolitik seit dem Regierungswechsel 1998 auf Bundesebene einen höheren Stellenwert genoss und dementsprechend verfolgte die Regierung von SPD und Bündnis 90/Die Grünen das „ganzheitliche" Ziel der „Verbesserung der rechtlichen Rahmenbedingungen für Kunst und Kultur [...] unter anderem durch die stärkere Berücksichtigung der kulturellen Dimension der Gesetzgebung und gegebenenfalls auch von großen Planungsvorhaben (Kulturverträglichkeitsprüfung)".[550] Im Einzelnen wurde eine Novelle des Künstlersozialversicherungsgesetzes erarbeitet sowie die private Kulturförderung durch

---

546 Vgl. Blumenreich und Wagner 2010, S. 13 f.
547 Geschäftsstelle des Hauptstadtkulturfonds 2012. 2014 werden mit rund 3,2 Mio. Euro 42 Projekte durch den Hauptstadtkulturfonds gefördert. Ziel ist es, „innovative Projekte unterschiedlicher künstlerischer Sparten" zu unterstützen, um den Status von Berlin als internationaler Kulturmetropole zu erhalten bzw. auszubauen, aber auch noch nicht etablierten Künstlern eine Chance zu geben (vgl. Kulturportal Deutschland 2013; vgl auch die Homepage des Hauptstadtkulturfonds www.hauptstadtkulturfonds.berlin.de.
548 Kulturstiftung des Bundes 2012.
549 Vgl. Singer 2003, S. 36 f.
550 Singer 2003, S. 36 (i.O. z.T. fett); vgl. vertiefend zur Kulturverträglichkeitsprüfung und zu kulturbezogener Folgenabschätzung Schindler 2011.

ein vereinfachtes Stiftungsrecht gefördert. Der Fokus lag zudem auf der Weiterentwicklung und Professionalisierung der Soziokultur sowie der Kulturförderung in den neuen Ländern und die Bundeskulturpolitik zielte insgesamt auf „Erhaltung und Pflege des großen nationalen Kulturerbes sowie die Unterstützung der zeitgenössischen Kunst und Kultur".[551] Auch eine Reform des Urhebervertragsrechtes und der deutschen Filmförderung sowie die Neukonzeption der Auswärtigen Kulturpolitik sind kulturpolitische Aktivitäten dieser Regierungsphase.[552] Schmidt kommentiert diese Zeit wie folgt:

> Es macht den Eindruck, als ende mit der ersten Legislaturperiode der Regierung Schröder auch die erste Phase einer eigenständigen, öffentlich wahrgenommenen und diskutierten Bundeskulturpolitik. Die Zeit der originellen Anregungen und Provokationen, der Neugründungen und unbürokratischen Ankäufe ist wohl vorüber. Mit der Bundeskulturstiftung, der Berliner Kultur GmbH und der Stiftung Preußischer Kulturbesitz hat der Bund seine Interessen erfolgreich gebündelt und institutionalisiert. Die Friktionen innerhalb des bundesdeutschen Föderalismus, zumal zwischen Bund und Ländern, wird den künftigen Staatsminister für Angelegenheiten der Kultur und der Medien weiter beschäftigen. Er wird aber sein Amt mit einer neuen Idee verknüpfen, auf veränderte Weise Legitimität für es einwerben müssen. [...] Von einer Aufwertung der Behörde zu einem Bundesministerium ist jedenfalls nicht länger die Rede.[553]

Auch nach dem Regierungswechsel im November 2005 und der Regierungsübernahme der Großen Koalition von CDU/CSU und SPD unter Kanzlerin Angela Merkel steht die grundsätzliche Bedeutung von Kulturförderung – auf Länder- und auf Bundesebene – außer Zweifel:

> Unsere Kultur ist die Grundlage unseres Zusammenhaltes. Deshalb ist Kulturförderung für diese Bundesregierung keine Subvention. Dieser Begriff – ich sage das ausdrücklich – verbietet sich an dieser Stelle. Sie ist eine Investition, und zwar eine Investition in ein lebenswertes Deutschland.
>
> Natürlich regelt unsere Verfassung die Förderung von Kunst und Kultur. Sie ist primär den Ländern zugeordnet. Das wissen wir. Aber ich sage ebenso deutlich, dass der Bund auch in Zukunft eine Reihe ganz wichtiger Kulturaufgaben wahrnehmen wird.
>
> Deutschland – und nicht nur die Summe der 16 Bundesländer – ist schließlich eine europäische Kulturnation.[554]

---

551 Singer 2003, S. 38.
552 Vgl. Thierse 2002, S. 26 ff.
553 Schmidt 2002, S. 36 f.
554 Merkel 2005.

Gerade diese europäische Perspektive rückte seit der Jahrtausendwende verstärkt in den Mittelpunkt[555] und gleichermaßen zeigte die internationale Ebene Einflüsse auf die Kulturpolitik der Bundesregierung: 2007 ratifizierte Deutschland – auch mit Blick auf die *GATS*-Verhandlungen[556] – die *UNESCO-Konvention über den Schutz und die Förderung der Vielfalt kultureller Ausdrucksformen* und zeigt seitdem verstärkte Aktivitäten in diesem Bereich.[557] Auch das Themenfeld der Nachhaltigkeit fand im neuen Jahrtausend, insbesondere in Folge der *UNESCO-Konferenz zu Kultur und Entwicklung* von 1998, sowie im Rahmen der bereits 1992 beschlossenen *Agenda 21* verstärkte Beachtung – auch und gerade im kulturpolitischen Zusammenhang.[558]

Doch trotz dieser zunehmenden kulturpolitischen Aktivitäten auf Bundes- und Europaebene sowie des wichtiger werdenden internationalen Kontextes, bleibt Kulturpolitik in Deutschland auch im neuen Jahrtausend Landes- und vorwiegend Kommunalpolitik. Auf kommunaler Ebene sehen Wagner und Blumenreich die Hauptthemen seit dem Jahr 2000 zum einen in der zunehmend schwieriger werdenden Finanzierung von Kultur(-politik), die zu einer größeren Bedeutung ehrenamtlichen Engagements und neuer Finanzierungsmodelle wie Sponsoring oder Public Private Partnerships geführt habe. Zum anderen zeigten die gesamtgesellschaftlichen Veränderungen durch Migration und neue Altersstrukturen Auswirkungen auf Kultur, ihre Vermittlung und ihre Organisation:[559] Etwa seit der Jahrtausendwende setzt sich die Erkenntnis durch, dass MigrantInnen als Herausforderung für die Kulturpolitik ernst genommen werden müssen, sodass der interkulturelle Dialog z.B. durch Initiativen wie den *Nationalen Integrationsrat* oder auch den *Fonds Soziokultur* verstärkte Aufmerksamkeit erhielt. Zudem zeigen neueste Studien, dass sich Kulturinstitutionen mit Hilfe von *Interkulturellem Audience Development* den Bedürfnissen von Personen mit Migrationshintergrund noch wesentlich aktiver öffnen müssten, um durch den Abbau

---

555 Erkennbar ist dies u.a. an der zunehmenden Zahl europäischer Kulturförderprogramme; vgl. hierzu beispielsweise Europäische Kommission 2012a oder Kulturpolitische Gesellschaft 2010.
556 Insbesondere die Verhandlungen über das *General Agreement on Trade in Services*, das den grenzüberschreitenden Handel mit Dienstleistungen regelt, machten die Notwendigkeit deutlich, Kultur und Bildung vor uneingeschränkter Privatisierung zu schützen (vgl. Blumenreich und Wagner 2010, S. 15).
557 Vgl. Deutsche UNESCO-Kommission e.V. 2012.
558 Vgl. Singer 2003, S. 41 f.
559 Vgl. Blumenreich und Wagner 2010, S. 3.

von Barrieren gerechte Zugangsmöglichkeiten zu schaffen.[560] Auf lokaler Ebene wurde dieser Tatsache durch einen verstärkten Fokus auf soziale Kohäsion etwa im Bereich der Stadtteilkulturarbeit Rechnung getragen, sodass zum Teil die Ideen der Soziokultur der 1970er Jahre wiederentdeckt und der neuen Situation entsprechend interpretiert wurden.[561] Infolgedessen definiert sich Kulturpolitik etwa seit der Jahrtausendwende (wieder) verstärkt als „Gesellschaftspolitik" und Kultur wird als integratives und integrierendes System wahrgenommen – auch mit dem Ziel, dem wachsenden Legitimationsdruck im Zuge immer größerer Schwierigkeiten einer bedarfsgerechten Kulturfinanzierung entgegenzutreten. Scheytt sieht Kulturpolitik als „aktivierende Kulturpolitik" aktuell zwischen den Polen Reflexion, Zugang und Vermittlung: Durch den „Dreiklang künstlerischer Kraft", nämlich Erleben, Erfahren und Erkennen solle Kultur – erstens – einen Beitrag dazu leisten, die individuelle Wahrnehmung zu schulen, die eigene Identität bewusst zu machen sowie durch Verunsicherungen Reflexionsprozesse in Gang zu setzten, die im Ergebnis zu verbesserter Orientierung führen können.[562] Die Ideen und Ideale der von kulturpolitischer Aufbruchstimmung geprägten 1970er Jahre schwingen in diesen gesamtgesellschaftlichen Ansätzen mit. So wird zweitens gefordert, die Zugangsmöglichkeiten zu Kunst- und Kulturangeboten noch weiter zu verbessern:

> Die kulturelle Teilhabe der Bürger ist eines der wichtigsten Anliegen einer aktivierenden Kulturpolitik; [...]. Teilhabe sicherstellen heißt Zugang erleichtern und ermöglichen. Dies hat zum einen eine inhaltliche Komponente, die mit Verstehen und Vermittlungsarbeit einhergeht [...], und zum anderen geht es dabei um die äußeren Rahmenbedingungen des Kunsterlebnisses, den Schwellenabbau in finanzieller, baulicher und organisatorischer Hinsicht.[563]

Doch Scheytt betont, dass nicht jedes Kulturangebot von jedem wahrgenommen wird und werden soll; „[d]ie Idee einer ‚Kultur für alle' ist gerade im Bereich der Künste dahingehend zu interpretieren, dass der Zugang zu den Künsten jeweils für wechselnde Minderheiten ermöglicht wird".[564] Als dritten Pol nennt Scheytt die Vermittlung, die zunehmend in den Fokus rücke und dadurch die während

---

560 Vgl. Geiger 2011, S. 66 f.
561 Vgl. Blumenreich und Wagner 2010, S. 17 ff.
562 Vgl. Scheytt 2008, S. 174 f.
563 Scheytt 2008, S. 177.
564 Vgl. Scheytt 2008, S. 179; dieser Ansicht ist auch Thierse: Die Demokratisierung von Kultur dürfe nicht zu ihrer Verflachung führen, in deren Folge das utopische Korrektiv des Intellektuellen und Künstlers keinen Platz mehr hätte (vgl. Thierse 2002, S. 20).

der 1990er Jahre dominierende, ökonomisch geprägte Sichtweise auf Kultur(-politik) schrittweise überlagere bzw. ergänze. Es setze sich mehr und mehr die Einstellung durch, dass neben der Kunstproduktion die Kunstvermittlung zentral ist und das Einlassen auf die Künste möglichst schon für Kinder erfahrbar gemacht werden sollte.[565]

Diese Auffassung vertritt auch die Enquete-Kommission *Kultur in Deutschland*, die unter dem Stichwort „kulturelle Bildung"[566] die „schöpferische[n] Fähigkeiten und Kräfte des Menschen im intellektuellen und emotionalen Bereich" stärken, ihn „zu einer differenzierten Wahrnehmung der Umwelt anregen und sein Beurteilungsvermögen für künstlerische oder andere ästhetische Erscheinungsformen des Alltags fördern" will, sowie darauf zielt, ihn „zu eigen- und nachschöpferischen Tätigkeiten" hinzuführen, um zugleich einen Beitrag zu seiner „Persönlichkeitsbildung und -entfaltung" zu leisten.[567] Es werden übergreifende Konzepte gefordert, die im Sinne lebenslangen Lernens eine Verknüpfung schulischer und universitärer Ausbildung sowie berufsbegleitender Weiterbildung ermöglichen und nur durch eine engere Kooperation zwischen den zuständigen Ressorts – Kulturpolitik, Bildungspolitik, Jugendpolitik – erreicht werden könnten.[568] Es lässt sich somit zusammenfassen:

> The basic principle governing cultural policy in Germany [...] is to enable the greatest possible number of citizens to participate in the country's cultural life. All public cultural policy endeavours and expenditures serve the aim to creating the conditions for free and unfettered participation in cultural life. [...] Appropriate cultural support measures – in the field of museum, theatre and arts education – are therefore being undertaken at all policy levels to reduce obstacles to access posed by educational deficiencies.[569]

Die Umsetzung dieser Erkenntnisse gestaltet sich jedoch zuweilen schwierig, da die strukturelle Finanzkrise der öffentlichen Hand häufig zu Einsparungen und

---

565 Vgl. Scheytt 2008, S. 179.
566 Unter „kultureller Bildung" werden hier u.a. die Angebote von Musikschulen, Jugendkunstschulen und Medienwerkstätten, museums- und theaterpädagogische Angebote, Musikvereine, Theatergruppen, Kinder- und Jugendmuseen sowie Angebote an Volkshochschulen oder Familienbildungsstätten verstanden (vgl. Deutscher Bundestag 2007, S. 377).
567 Deutscher Bundestag 2007, S. 378 f.
568 Deutscher Bundestag 2007, S. 377 ff.; inzwischen konkret umgesetzte Projekte im Bereich der Kulturellen Bildung sind etwa *Jedem Kind ein Instrument* oder *Kultur macht stark*. Vgl. als Einführung zum Konzept der Kulturellen Bildung Ermert 2009.
569 Blumenreich und Wagner 2010, S. 47.

Rationalisierungen zwingt. Dieser Entwicklung versuchen die Kulturinstitutionen sowie die KulturpolitikerInnen durch unterschiedliche Herangehensweisen entgegenzuwirken: So wird mit Blick auf die einzelnen Kultureinrichtungen zunehmend nach neuen Rechtsformen gesucht, um effizientere Strukturen und neue Finanzierungsformen zu ermöglichen.[570] Auch von einer Straffung der Kulturverwaltungsstrukturen werden nach wie vor Einsparpotenziale erwartet: Obwohl bereits in den 1970er und 1980er Jahren entwickelt, konnte sich das Neue Steuerungsmodell auch bis in die 2000er Jahre nicht in allen Kommunen und vor allem nicht auf sämtlichen Ebenen der Verwaltung durchsetzen.[571] Neben dem Ziel, den Kulturbetrieb effizienter zu gestalten (Output-Orientierung[572]), soll mit Hilfe dieses Modells nun aber auch zunehmend Transparenz und Bürgernähe erzielt werden.[573] Dieser umfassendere Ansatz im Sinne eines „aktivierenden Staats", der den aktiven Kulturbürger und den Kulturstaat zum Ausgangspunkt nimmt,[574] wird mit dem Begriff *Governance* umschrieben und zielt auf „die Erweiterung der Problemsicht über ökonomische Effizienz hinaus auf grundsätzliche Effektivität und Kohärenz":[575]

> Der ‚aktivierende Staat' sieht zur Lösung von gesellschaftlichen Problemen nicht nur den Staat in der Verantwortung, sondern er bezieht – wo immer möglich – die Zivil-/Bürgergesellschaft mit ihren hohen Problemlösungskompetenzen ein. Grundsätzlich steht im Zentrum von Governance das zu lösende gesellschaftliche Problem und nicht die ‚Urheberschaft' der Lösung.[576]

Diesem Ansatz entspricht auch das Ziel, die geringeren Haushaltsmittel durch die verstärkte Mitarbeit Ehrenamtlicher – eben die aktiven Kulturbürger – zu

---

570 So hat sich z.B. im Theaterbereich „die Zahl der Regiebetriebe zur Spielzeit 2002/2003 [im Vergleich zu 1991/1992] von 99 auf 55 fast halbiert und die Zahl der GmbH verdoppelt" Deutscher Bundestag 2007, S. 101.
571 Vgl. Deutscher Bundestag 2007, S. 91 f.
572 Vgl. vertiefend zum Neuen Steuerungsmodell das vorangegangene Kapitel.
573 Vgl. Blumenreich und Wagner 2010, S. 16.
574 Vgl. hierzu ausführlich Scheytt 2008.
575 Deutscher Bundestag 2007, S. 92.
576 Deutscher Bundestag 2007, S. 92; auch Ermert geht auf die Veränderungen des gesellschaftlichen Grundverständnisses ein und bezeichnet das neue Verhältnis zwischen Staat, Gesellschaft und Individuum als „kooperativen Staat": „[Dieser] moderiert eher die Interessen der gesellschaftlichen Gruppen, als dass er die Entwicklungslinien vorgibt. In der Bürgergesellschaft wird der Bürger als ‚Kunde' von Verwaltung (und Politik?) gesehen, er fungiert als Berater und politischer Auftraggeber und ist anerkannter Mitgestalter des Gemeinwesens. Der ‚dritte Sektor' gewinnt an Bedeutung." (Ermert und Land 2000, S. 6).

kompensieren. Bürgerschaftliches Engagement leistet bereits seit Jahren – insbesondere in Form von Vereinsarbeit – einen wichtigen Beitrag zu einem funktionierenden Kulturbetrieb: Nach den Bereichen Sport (40 Prozent der Freiwilligen) und Freizeit/Geselligkeit (25,5 Prozent) steht ehrenamtliches Engagement im Bereich Kultur und Musik mit 18 Prozent an dritter Stelle.[577] Dennoch forderte die Enquete-Kommission, die Rahmenbedingungen für ehrenamtliches Engagement noch weiter zu verbessern und insbesondere dürfe der aktive Beitrag der BürgerInnen und Bürger die Kommunen nicht zu erneuten Einsparungen motivieren:[578]

> Nicht nur aufgrund schwindender öffentlicher Mittel nimmt die Bedeutung privater Förderungen und des ehrenamtlichen Engagements einzelner Bürger stark zu. So wurde der partielle Rückzug der Kommunen mitunter durch engagierte Freiwillige und bürgerschaftliches Engagement aufgefangen – eine Entwicklung, die einerseits erfreut, zugleich aber traurig stimmt, denn wünschenswert wäre, dass solcher Einsatz die kommunale Aktivität ergänzen, nicht – wie oft geschehen – ersetzen würde.[579]

Wesentliches Mittel zur Aufrechterhaltung des Status quo trotz schwieriger Finanzlage der öffentlichen Haushalte sind somit neue Kooperationsformen zwischen dem öffentlichen, dem privatwirtschaftlichen und dem dritten Sektor in Form von Public Private Partnerships, Sponsoring sowie Stiftungen.[580] Von Seiten der Politik wird unterstrichen, dass diese selbstverständlich weiterhin den Kulturbereich aktiv unterstützen werde. „Sicher aber muss der aktive Bürgerwille hinzutreten, der sich für die Kultur einmischt und engagiert, denn gerade in der Kommune ist der politische Wille ziemlich abhängig von dem, was aus der Zivilgesellschaft hervorgebracht wird."[581] Analog dazu vertreten Zembylas und Mokre 2003 die Ansicht, dass Kultur zukünftig als Kollektivgut konzipiert werden sollte. Für die Neuorientierung der Kulturpolitik nennen die Autoren Partizipation und sozialen Nutzen als zentrale Kategorien und sie sehen Kulturförderung als Beitrag zur Weiterentwicklung der artikulatorischen und praktischen Kompetenzen der Bevölkerung an, die mit dem langfristigen Ziel einer partizipativen Demokratie gefördert werden müssten. Nachhaltigkeit stelle einen zentralen Aspekt zukunftsfähiger Kulturpolitik dar und kulturelle Vielfalt

---

577 Vgl. Deutscher Bundestag 2007, S. 161 ff.
578 Vgl. Deutscher Bundestag 2007, S. 171 f.
579 Krüger 2002, S. 131.
580 Vgl. hierzu ausführlich Kapitel 3.2.2 und 3.2.3 sowie Deutscher Bundestag 2007, S. 161 ff.
581 Thierse 2002, S. 25.

müsse im Zentrum kulturpolitischer Zielsetzungen stehen.[582] Zusammenfassen lassen sich die Befunde mit den Worten von Reiter:

> Für die Entwicklung der städtischen Kultur wird künftig entscheidend sein, wie es gelingt, die mittelfristig knapper werdenden Finanzmittel bedarfsgerecht und unter optimaler Nutzung der vorhandenen Ressourcen einzusetzen. Dazu bedarf es fachlicher Kompetenz, künstlerischer Kreativität und politischer Entscheidungskraft.[583]

Einen radikaleren Ansatz propagieren die vier Autoren der 2012 erschienenen Polemik *Der Kulturinfarkt*. Bereits der Untertitel *Von allem zu viel und überall das Gleiche* gibt die Richtung vor: Haselbach, Klein, Knüsel und Opitz sind der Meinung, dass ein kulturelles Überangebot bestehe, zugleich aber „bürokratisch unterlegte Konformität" produziert würde. Die Autoren konstatieren außerdem, dass Kulturpolitik in Deutschland mit zu vielen Aufgaben überfrachtet werde und dadurch der Blick für das Wesentliche verloren gehe.[584] Als Lösungsansätze schlagen sie den „Abschied vom autoritären Werturteil", den „Rückbau der Institutionen, Investitionen in das unabhängige Schaffen, Wechsel in die digitale Distribution, Nachfrageorientierung vor allem durch höhere Wertschöpfung am Konsumentenmarkt, Aufbau einer wertschöpfenden Kulturwirtschaft" vor.[585] Zudem sollte Kulturpolitik nicht länger an der Vergangenheit orientiert agieren – sie müsse sich stattdessen mehr mit den Bedürfnissen und der Nachfrage des aktuellen Publikums auseinandersetzen.[586] Hierfür wäre es allerdings notwendig, den „Rationalitätstypus korporativer Selbsterhaltung" (Schulze) zu überwinden und die in den 1970er und 1980er Jahren entwickelte Idee einer „Kultur für alle" mit dem Ideal einer umfassenden „kulturellen Grundversorgung" neu auszurichten.[587] Da nämlich durch diese Angebotsorientierung keine nennenswerte Ausweitung des Kulturpublikums erreicht werden konnte, das „Produkt Kultur" somit nicht in der Lage war, neue Konsumenten zu gewinnen, sollte dieser Rechtfertigungskonsens in Frage gestellt werden.[588] Um einen Ausweg aus der momentanen Stagnation zu finden, müsse einerseits der Kulturbegriff neu definiert werden und andererseits ein Umbau der Strukturen öffentlicher Kulturbetriebe erfolgen, die sich an der Nachfrage, an Innovationen und

---

582 Mokre und Zembylas 2003, S. 9 ff.
583 Reiter 2000, S. 58.
584 Vgl. Haselbach et al. 2012, S. 11 f.
585 Haselbach et al. 2012, S. 13.
586 Haselbach et al. 2012, S. 13 f.
587 Vgl. Haselbach et al. 2012, S. 15 ff.; die Autoren sprechen in diesem Kontext auch von „Strukturkonservatismus" (vgl. ebd., S. 63).
588 Vgl. Haselbach et al. 2012, S. 22 ff.

dem Wettbewerb orientieren müssten.[589] Dies impliziert auch eine gewisse Orientierung am Markt, der nicht länger als Ort des Massengeschmacks abgewertet werden dürfe, sondern im Gegenteil als Innovationspotenzial wahrgenommen werden sollte:[590]

> Neue Medien haben Kunstproduktion und Kunstbegriff jedes Mal verändert. [...] Jedes neue Medium schuf einen neuen populären Kunstzweig und trug zur Emanzipation der Kunst von politischer Kontrolle bei, weil es einen neuen Markt schuf, über den eine immer breitere Kunstproduktion sich selbst finanzieren konnte. So ungern die Akteure des subventionierten Kultursektors es hören: Der Markt diente in erster Linie der Befreiung der Kunst.[591]

Denn nach Meinung der Autoren werde die Freiheit der Kunst durch ihre fördernde Quasi-Verstaatlichung rückgängig gemacht.[592] Im Mittelpunkt ihrer Kritik stehen dementsprechend die Begriffe *Kulturstaat* und *Kulturhoheit*: Die Idee des Kulturstaats wird als „Ersatzveranstaltung" bezeichnet, da ihm stets die Rolle der Kompensation zugeordnet wurde – sei es zum Ausgleich der fehlenden politischen Einheit im 18. Jahrhundert, zur Überwindung des Nationalsozialismus oder zur Integration von MigrantInnen.[593] *Kulturhoheit* im wörtlichen Sinne halten die Autoren nur im Kontext des kulturellen Erbes für sinnvoll (Denkmalschutz und Archivwesen), nicht aber für die generelle Organisation der Pflege und Förderung von Kunst und Kultur. Für problematisch wird zudem die sogenannte „Adorno-Falle" gehalten, dass nämlich Kulturpolitik nach wie vor nach der Maxime handle „Was gefällt, hat schon verloren!" bzw. nur fördere, was hochkulturellen Ansprüchen genüge und der moderne Staat folglich „[m]it immer weiter reduzierten Preisen [...] die wahre Kultur einem widerstrebenden Publikum ein[flöße]".[594] Doch der Funke sei nicht übergesprungen:

---

589 Vgl. Haselbach et al. 2012, S. 64.
590 Vgl. Haselbach et al. 2012, S. 69.
591 Haselbach et al. 2012, S. 75 f.; als Beispiele für die Veränderung der Kunst durch neue Medien nennen die Autoren z.B. den Buchdruck, die Erfindung von Schallplatte, Film, Radio, PC oder Internet.
592 Vgl. Haselbach et al. 2012, S. 77.
593 An anderer Stelle beklagen die Autoren, dass sich das kulturelle Feld zum Dienstleister anderer Politikfelder wie Stadtentwicklung, Gesundheitsförderung, Bildung, Verbrechensprävention, Integration, Entwicklungshilfe, Wirtschaftspolitik oder Außenpolitik mache – durch diese Orientierung an Wirkungsfragen bzw. der Idee, Kultur zu „messen" oder „messbar" zu machen, der eigentliche „Wert" der Kultur verloren gehe (vgl. Haselbach et al. 2012, S. 118).
594 Vgl. Haselbach et al. 2012, S. 104 ff.

Die Mehrheit verharrt im Barbarentum. Wirkungsforschung wurde nicht betrieben, sie steckt noch heute in den Kinderschuhen. Die Mehrheit, für die Kulturpolitik sich einzusetzen vorgab, nutzte das Angebot vor der Haustür spärlich, die kulturfernen Schichten blieben trotz aller Mühen der Kultur fern, trotz eines als öffentlich finanzierte Fürsorge zu Dumpingpreisen daherkommenden Kulturangebots.

Deshalb zündete man in den nuller Jahren des 21. Jahrhunderts die zweite Stufe von ‚Kultur für alle': Die Kultur musste nicht nur geschaffen, sie musste auch mit Sonderprogrammen vermittelt, zugänglich, verständlich gemacht werden. Kulturelle Bildung ‚für alle' wurde nun zum Ansatz, um ‚Kultur für alle' zum Erfolg zu führen.[595]

Die Autoren kommen jedoch zu dem Ergebnis, dass durch die „massive, meritorisch motivierte Verbilligung der Nutzung öffentlicher Kulturangebote" keine Ausweitung des Publikums erfolgte bzw. auch durch Kulturelle Bildung nicht erfolgen werde, dass aber dennoch Einigkeit darüber bestehe,

[d]ass öffentliche Kulturförderung immer nur gut sein könne, dass die Kuluretats zu steigern immer nur wünschenswert, dass jedes kulturelle Angebot immer nur eine Bereicherung sei. Die viel grundsätzlichere Frage nach der Berechtigung kulturpolitischer Eingriffe überhaupt, was nämlich mit dieser Förderung auf Dauer angerichtet wird, wurde nicht nur nicht gestellt: Sie darf bis heute nicht gestellt werden.[596]

Doch nach Meinung der Autoren konnten durch die „Gießkanne als Förderprinzip" zwar harte kulturpolitische Diskussionen umgangen werden, zugleich aber würden unternehmerische Initiativen im Kulturbereich erstickt.[597] Die Autoren kritisieren, dass die öffentliche Förderung zu Unbeweglichkeit führe und dass sich öffentliche Kultur nicht mehr am Markt orientieren müsse – nach dem Motto „frei vom Zwang, auf den Geschmack und die Wünsche des Publikums einzugehen, ist Kultur erst, wenn sie staatlich gefördert wird" und der Programmsatz heiße dann „Förderung befreit die Kunst, der Markt versklavt sie".[598] Doch diese fehlenden Marktanreize führten zu einer Entkoppelung vom Publikum und einem Mangel an „frischem Wind":

Man kann das auch abstrakter und positiver formulieren. Kunst und Kultur sehen sich als Gegenprinzip zum Markt. Der Markt fordert Verwertung und Gewinnorientierung, die Kunst aber steht außerhalb jedes Verwertungszusammenhangs und stellt reine Inhalte her. Sie operiert also jenseits wirtschaftlicher Logik. Deswegen bietet Kunst Lösungen für alle gesellschaftlichen Probleme. Aus ihr wachsen Alternativen zur herrschenden Gesellschaft. [...] Kulturförderung schafft also ein Gegengewicht

---

595   Haselbach et al. 2012, S. 111.
596   Haselbach et al. 2012, S. 122 f.
597   Vgl. Haselbach et al. 2012, S. 117.
598   Haselbach et al. 2012, S. 135.

zum reinen Verwertungszusammenhang. [...] Das geht so weit, dass der Staat die Freiheit des Künstlers heutzutage als Freiheit von Nachfrage auslegt und Kultur im denkbar breitesten Sinne unter finanziellen Schutz stellt. Wirtschaft erscheint plötzlich als System von Zwängen, das den Kreativen keine Freiheit lässt. Der Staat stellt dagegen sicher, dass weder die Kunst kompromittiert noch die Massen durch den Kommerz manipuliert werden. Obwohl es also bereits eine Kultur für alle gibt, nämlich jene, die sich ohne Beihilfen auf dem Markt behauptet, entwickelt sich im Schutz des Staates eine andere ‚Kultur für alle'. Während Massenkultur mit ‚Profit für wenige' gleichgesetzt wird, sozialisiert die neue Kultur für alle die Verluste.[599]

Um diesen Kreislauf zu durchbrechen, schlagen die Autoren vor, den mündigen, rationalen Menschen wieder als Ausgangspunkt zu betrachten. Zudem sollte die Abspaltung des Vergnügens von der Kunst überwunden werden. Entscheidend sei außerdem, zu ermöglichen statt zu entscheiden bzw. eine „Demokratisierung des Entscheidens" und somit eine möglichst breite Partizipation zu erreichen. Ein weiteres Paradigma heißt „Vielfalt rührt aus Widerspruch" und als Ergebnis sollte sich eine Kulturpolitik etablieren, die „Raum für die bedingungslose kulturelle Entfaltung vielfältigster Gruppen und Schichten schafft", sich keine Qualitätsurteile anmaßt, sondern primär auf die Freisetzung von Phantasie ausgerichtet ist. Stichworte wie Eigenwirtschaftlichkeit, Nachfrageorientierung, Eigeninitiative und kulturelles Unternehmertum sollten im Mittelpunkt stehen. Eine neu strukturierte Kulturpolitik sollte keine eigenen Einrichtungen betreiben und zugleich die Zahl der geförderten Einrichtungen reduzieren.[600] Erstrebenswert wäre folglich, das aktuelle „Förderwirrwarr" aufzuräumen und eine strategische Linie für die öffentliche Kulturförderung zu etablieren.[601] Aufgrund zunehmender Mobilität und Digitalisierung halten die Autoren eine Halbierung der Infrastruktur für vertretbar und würden mit den frei werdenden Ressourcen die bestehende Infrastruktur finanziell angemessen ausstatten, die Laienkultur sowie die Kulturindustrie fördern, und außerdem die Kunsthochschulen und die gegenwartsbezogene kulturelle Bildung unterstützen.[602] Insgesamt fordern sie jedoch eine gesamtgesellschaftliche Verständigung darüber, „welchen Umfang und welche Ausrichtung meritorische Förderung haben soll"[603] und ein generelles Nachdenken über die Ziele und die entsprechende Infrastruktur von Kulturpolitik.[604]

---

599 Haselbach et al. 2012, S. 135 f.
600 Vgl. Haselbach et al. 2012, S. 178 ff.
601 Vgl. Haselbach et al. 2012, S. 193 ff.
602 Vgl. Haselbach et al. 2012, S. 209 ff.
603 Haselbach et al. 2012, S. 215.
604 Vgl. Haselbach et al. 2012, S. 223.

Diese kontroversen Thesen und Forderungen führten zu einer breiten und zuweilen auch polemischen Debatte, doch konkrete Auswirkungen sind bisher nicht erkennbar. Nach wie vor besteht der seit Beginn des neuen Jahrtausends etablierte Konsens, dass Kulturpolitik als ganzheitlich orientierte Gesellschaftspolitik zu konzipieren sei, wie Fuchs sie unter anderem in *Kulturpolitik als gesellschaftliche Aufgabe* (1998) beschreibt. Insgesamt scheinen für die Zukunft der Kulturpolitik eine Diskussion über das Verhältnis zwischen BürgerInnen, Gesellschaft und Staat im Kontext des bürgerschaftlichen Engagements sowie – gerade mit Blick auf die zunehmend prekäre Finanzsituation der Kulturpolitik – eine Debatte über die zukünftigen kulturpolitischen Zuständigkeiten unausweichlich.[605] Damit hängt auch die Auseinandersetzung um die Aufnahme von Kultur ins Grundgesetz zusammen;[606] es wurde der Vorschlag ins Parlament eingebracht wurde, einen Art. 20b mit der Formulierung „Der Staat schützt und fördert die Kultur." in das Grundgesetz einzufügen.[607]

> Die Frage nach der Sinn- und Zweckhaftigkeit einer kulturellen Staatszielbestimmung beurteilen die Verfassungsexperten [...] kontrovers. Ihre Befürworter [...] sind sich mit den Kritikern [...] allerdings darin einig, dass keine ‚harten' juristischen Wirkungen von einer solchen Klausel ausgehen, das heißt, sie kann nicht die Grundlage konkreter subjektiv-öffentlicher Ansprüche sein, auf die sich der Bürger berufen kann. Vielmehr käme ihr lediglich verstärkende und appellative Wirkung zu, um so der Durchsetzungsschwäche von kulturellen Zielsetzungen entgegenzuwirken. [...] Das Staatsziel Kultur unterstreicht die Verantwortung des Staats, das kulturelle Erbe zu bewahren, zu schützen und weiterzuentwickeln. [...] Eine kulturelle Staatszielbestimmung verdeutlicht, dass Kultur, etwa aus haushaltsrechtlicher Sicht, nicht zu den nachrangigen Politikzielen gehört.[608]

Trotz der breiten Regierungsmehrheit aus Union und SPD ist aber mit Blick auf die Vereinbarungen des Koalitionsvertrages vom Dezember 2013 auch in der aktuellen Legislaturperiode keine Änderung des Grundgesetzes zu Gunsten der Kultur zu erwarten.[609] Auch die Diskussion um die Einführung eines

---

605 Vgl. Fuchs 2003, S. 18.
606 Vgl. Blumenreich und Wagner 2010, S. 13 ff.; vgl. auch die Pressemitteilung des *Deutschen Kulturrats* vom 10.06.2013 mit dem Titel *Politik liefert Armutszeugnis in Sachen Staatsziel Kultur ab.*
607 Deutscher Bundestag 2007, S. 68 ff.
608 Deutscher Bundestag 2007, S. 77 (i.O. kursiv).
609 Wie die Ausführungen zur Entwicklung der Kulturpolitik in Deutschland zeigen, entwickelte sich diese relativ kontinuierlich – obwohl seit der Gründung der Bundesrepublik Deutschland unterschiedlichste Regierungskonstellationen vorlagen. Insbesondere seit der Etablierung der Neuen Kulturpolitik unterscheiden sich die kulturpolitischen Programme der Parteien nicht mehr grundlegend. Die

Kulturministeriums auf Bundesebene bleibt vorerst ohne Folgen: Stattdessen wurde Monika Grütters (CDU) zur *Staatsministerin für Kultur und Medien* berufen, der somit in den kommenden Jahren die Kulturförderpolitik des Bundes, aber auch Großbauvorhaben in Berlin wie die Museumsinsel oder das Humboldtforum unterstehen werden.[610] Zudem wird sie in enger Abstimmung mit den anderen Ressorts kulturpolitische Leitlinien vorgeben, so etwa mit der neu eingesetzten Staatssekretärin für Digitales, die im *Bundesministerium für Verkehr und Digitale Infrastruktur* angesiedelt ist. Insgesamt stellt der Bereich Digitales aktuell eine kultur- und medienpolitische Herausforderung dar; der *Deutsche Kulturrat* spricht gar von einem „Epochenumbruch", der „tradierte Vorstellungen über das Verhältnis von Künstlern, von Vermittlern und von Nutzern" außer Kraft setze.[611] Er fordert in der *Stellungnahme zu Kultur und Medien in der digitalen Welt* „ungehinderten Zugang zum Internet, um so allen Bürgern Teilhabe an der Informationsgesellschaft zu ermöglichen", sieht die Notwendigkeit verbesserter Medienkompetenz und fordert vor allem den Schutz der Rechte von Kultur- und Medienschaffenden für ihre künstlerische Arbeit.[612] Gerade in diesem Bereich, der Urheberrechtspolitik, wird sich der

---

Auffassung, dass Kulturpolitik der Förderung sowohl von Hochkultur als auch von Alltagskultur dient, ist Konsens sämtlicher im Bundestag vertretenen Parteien. Zudem besteht Einigkeit darüber, dass möglichst großen Teilen der Bevölkerung – auch und besonders MigrantInnen – Zugang zu Kultur ermöglicht werden soll (vgl. Blumenreich und Wagner 2010, S. 11 f.). In Bezug auf die Frage, ob Kultur in das Grundgesetz aufgenommen werden soll, besteht jedoch keine Einigkeit zwischen den Parteien. Während sich SPD, Grüne (und auch die aktuell nicht im Bundestag vertretene FDP) klar dafür aussprechen, steht die CDU/CSU diesem Ansinnen nach wie vor kritisch gegenüber. Vgl. generell zu den kulturpolitischen Positionen der Parteien bis 1990 Frank 1990, S. 224 ff.; relativ aktuell ist Zimmermann und Geißler 2008; mit Blick auf die Bundestagswahl vom 22.09.2013 fassen die *Kulturpolitischen Mitteilungen* die Positionen der Parteien zusammen (vgl. Kulturpolitische Mitteilungen 2013, S. 56 ff.).

610 Als zentrale Themen nannte Grütters bei ihrer ersten Rede vor dem Deutschen Bundestag als Kulturstaatsministerin generell die Mitgestaltung der Kulturpolitik in der Bundeshauptstadt als zentralen Aspekt ihrer Arbeit; auch die Bereiche Provenienzrechte/-forschung, Künstlersozialversicherung, Urheberrecht, Digitalisierung etc. seien von großer Bedeutung (vgl. Grütters 2014).

611 Deutscher Kulturrat 2013c.

612 Deutscher Kulturrat 2013c; in Bezug auf das Themenfeld Digitalisierung und Internet sei auch auf das *Jahrbuch für Kulturpolitik 2011* mit ebendiesem Titel sowie den Kulturpolitischen Bundeskongress 2011 zum Thema *netz.macht.kultur – Kulturpolitik in der digitalen Gesellschaft* verwiesen.

neu berufene *Minister für Justiz und Verbraucherschutz*, Heiko Maas (SPD), mit den veränderten Bedingungen durch die neuen Medien auseinandersetzen müssen. Besonders problematisch ist die Neuordnung des Urheberrechts aufgrund der Internationalität des Themas – ein Alleingang Deutschlands erscheint angesichts der globalen Dimension relativ unwahrscheinlich und auch wenig zielführend. Von internationaler Relevanz sind auch die Verhandlungen eines Freihandelsabkommens zwischen der EU und den USA (*TTIP*), wobei für den Kultur- und Medienbereich insbesondere die Verhandlungen zu den Themen Investitionsschutzabkommen, E-Commerce, geistiges Eigentum und audiovisuelle Medien von Bedeutung sind.[613]

Einfluss auf den Kulturbereich werden auch die Entscheidungen der *Ministerin für Bildung und Forschung*, Johanna Wanka (CDU), zeigen, die möglicherweise neue Akzente im Bereich der Kulturellen Bildung setzen wird. Neben dem *Ministerium für Arbeit und Soziales*, das mit Blick auf die Künstlersozialversicherung und die Künstlersozialabgabe kulturpolitische Verantwortung trägt, liegen weitere kulturpolitische Entscheidungen beim *Auswärtigen Amt* in Bezug auf die Auswärtige Kultur- und Bildungspolitik, sowie beim *Ministerium für Familie, Senioren, Frauen und Jugend*, das u.a. für die Förderung der Infrastruktur Kultureller Bildung verantwortlich sein wird. Die neu etablierte *Staatsministerin für Integration* lässt zudem die Beachtung der kulturellen Dimension in der Integrationspolitik erwarten.

Prinzipiell erscheint der Umgang der Kulturpolitik mit dem demographischen Wandel als wichtiges Zukunftsthema: Unter den Stichworten „weniger, älter, bunter" wird häufig zusammengefasst, dass in Deutschland in Zukunft weniger Menschen leben werden, der Altersdurchschnitt steigen und der Anteil der Menschen mit Migrationshintergrund wachsen wird. Kulturpolitik muss auf diese Entwicklungen reagieren und beispielsweise mehr und differenziertere Angebote für ältere Menschen schaffen, die kulturelle Infrastruktur an die örtlichen Gegebenheiten etwa bei schrumpfenden Bevölkerungszahlen anpassen[614] sowie den Einfluss auf die Stadtentwicklung aufgreifen – allesamt Aspekte die

---

613   Vgl. hierzu auch die aktuellen Äußerungen der Kulturstaatsministerin Grütters „zur besonderen Schutzbedürftigkeit des Kultur- und Medienbereichs" oder auch die Diskussionen der Grünen zum *TTIP*-Abkommen mit Blick auf die Europawahlen im Mai 2014.

614   Vgl. etwa die Überlegungen des *Kulturkonvents Sachsen-Anhalt* zum Umgang mit der kontinuierlich schrumpfenden Bevölkerung dieses Bundeslandes (vgl. Kulturkonvent des Landes Sachsen-Anhalt und Geschäftsstelle im Kultusministerium des Landes Sachsen-Anhalt 2013).

auch im Koalitionsvertrag eine zentrale Position einnehmen.[615] Dieser hält – wie Merkel bereits 2005 unterstrichen hat[616] – erneut fest, dass Kultur „keine Subvention, sondern eine Investition in unsere Zukunft" darstelle. In diesem Sinne soll ein Schwerpunkt auf der Kulturellen Bildung liegen, die „unverzichtbar für die Persönlichkeitsentwicklung insbesondere junger Menschen, ihre sozialen Kompetenzen und für die gesellschaftliche Teilhabe" sei; der Koalitionsvertrag führt hierzu weiter aus:

> Die Koalition bekennt sich zu dem Ziel, jedem Einzelnen unabhängig von seiner sozialen Lage und ethnischen Herkunft gleiche kulturelle Teilhabe in allen Lebensphasen zu ermöglichen. Kultur für alle umfasst Inklusion, Geschlechtergerechtigkeit sowie interkulturelle Öffnung. Diese Grundsätze sind auch auf die vom Bund geförderten Einrichtungen und Programme zu übertragen.[617]

Grundsätzlich sichert der Koalitionsvertrag zu, den Kulturhaushalt des Bundes „auf hohem Niveau" weiterzuentwickeln.[618] Bereits entschieden ist für 2014 über eine Etatsteigerung um 2,3% im Vergleich zum Vorjahr und es steht dementsprechend ein Budget von 1,207 Mrd. Euro zur Verfügung. Damit steigt der Kulturhaushalt trotz einer Absenkung des Gesamthaushalts im Zuge der Konsolidierungsmaßnahmen zum neunten Mal in Folge an.[619] Für die Länderhaushalte lässt sich keine klare Tendenz erkennen und insbesondere auf kommunaler Ebene sind die Finanzierungsspielräume sehr unterschiedlich gestaltet, sodass an dieser Stelle keine generalisierende Einschätzung vorgenommen werden kann; angesichts der insgesamt schwierigen Finanzlage der Kommunen scheinen jedoch Einschnitte im Kulturbereich wahrscheinlich. Insgesamt ist zu erwarten, dass Bund und Länder – im Sinne des kooperativen Kulturföderalismus – in Zukunft intensiver und systematischer zusammenarbeiten werden.[620]

Zusammenfassen lassen sich die aktuellen kulturpolitischen Themenfelder und Perspektiven in den Ansätzen einer konzeptbasierten Kulturpolitik, wie sie die *Kulturpolitische Gesellschaft* formuliert; diese

---

615 Vgl. CDU/CSU, SPD 2013, S. 128.
616 Merkel 2005.
617 CDU/CSU, SPD 2013, S. 129.
618 CDU/CSU, SPD 2013, S. 128.
619 Vgl. Presse- und Informationsamt der Bundesregierung 26.06.2013.
620 In ihrer ersten Rede als Kulturstaatsministerin vor dem Deutschen Bundestag erklärte Monika Grütters am 29.01.2014, dass sie den regelmäßigen Austausch zwischen Bund, Ländern, Kommunen und kommunalen Spitzenverbänden stärken wolle (vgl. Grütters 2014).

1. …entwickelt auf allen Politikebenen Ziele und langfristige Planungen, die die Freiräume für die Entfaltung von Kunst und Kultur offen halten und nicht verschließen.
2. …ist von klaren Prinzipien getragen, die die Ideen der Teilhabegerechtigkeit, Inklusion, Diversität und Subsidiarität sowie der Staatsferne und Neutralität aufnehmen und zeitgemäß interpretieren.
3. …braucht gesetzliche Grundlagen, die der Kunst- und Kulturförderung einen zukunftsfesten, verlässlichen Rahmen geben.
4. …ist angewiesen auf das konstruktive Zusammenwirken der staatlichen und nichtstaatlichen Akteure in ressortübergreifender Perspektive, weil Kulturpolitik in der pluralistischen Gesellschaft nur als Gemeinschaftswerk gelingen kann.
5. …baut auf das bürgerschaftliche Engagement aller an Kunst und Kultur interessierten Menschen, damit die Idee der kulturellen Demokratie Wirklichkeit werden kann.
6. …benötigt mehr dialogorientierte Verfahren der Beteiligung, damit sie auf der Grundlage eines neuen und starken Konsenses für eine zukunftsfähige Kulturpolitik praktiziert werden kann.
7. …setzt transparente Strukturen und Verfahren der Begutachtung und Auswahl von künstlerischen Werken voraus, die auf fachliche Expertise gründen.
8. …braucht bessere kulturstatistische Grundlagen und eine praxisnahe Kulturpolitikforschung, um kulturpolitische Planungen und Entscheidungen qualifizieren zu können.
9. …benötigt die Expertise des Kulturmanagements, um den komplexer gewordenen Anforderungen in den Kultureinrichtungen und im Netzwerk der kulturpolitischen Akteure gerecht werden zu können.
10. …erfordert kommunikative Formen der Interessenabstimmung, offene Lernprozesse und transparente Verfahren der Kulturförderung, um Kulturpolitik als konzertierten Prozess organisieren zu können.
11. …muss gesellschaftspolitisch ambitioniert begründet sein, weil Kultur kein Luxusgut für wenige, sondern die Basis für die Zukunftsfähigkeit der ganzen Gesellschaft ist.[621]

Aufbauend auf diesen Anstößen zur Weiterentwicklung der Kulturpolitik bleibt abzuwarten, wie diese sich in den kommenden Jahren und Jahrzehnten entwickeln wird. Zudem wird sich zeigen, in welcher Form die in der Koalitionsvereinbarung zwischen CDU/CSU und SPD festgeschriebenen Pläne Umsetzung finden, wie Länder und Kommunen mit den veränderten Rahmenbedingungen umgehen und welche Impulse von der Zivilgesellschaft ausgehen werden.

---

621 Kulturpolitische Gesellschaft 13.06.2013.

3.1.7 Zusammenfassung

Rückblickend lässt sich konstatieren, dass Kulturpolitik in Deutschland im Verlauf der letzten Jahrzehnte einen umfassenden Transformationsprozess durchlaufen hat. Ausgehend von der Weimarer Reichsverfassung, die erstmals Kunstfreiheit festschrieb, etablierte sich nach der Überwindung kulturpolitischer Zentralisierung und Instrumentalisierung während der Nazi-Herrschaft ein ausgeprägter Kulturföderalismus, der den Prinzipien Dezentralität, Subsidiarität und Pluralität verpflichtet ist. In der Nachkriegszeit entsprach Kulturpolitik zunächst weitestgehend dem Konzept der Kulturpflege; sie diente primär der Selbstrepräsentation und folgte dem Prinzip der Affirmativiät. Erst im Verlauf der 1970er Jahre konnte diese Haltung überwunden werden und im Rahmen der Neuen Kulturpolitik etablierte sich Kulturpolitik als Bildungs- und Gesellschaftspolitik. Im Sinne einer *Kultur für alle* bzw. eines *Bürgerrechts Kultur* entwickelten sich der Begriff und das Konzept der Soziokultur, die das Angebot der traditionellen Kulturinstitutionen durch Alltagskultur und kulturelle und künstlerische Selbsttätigkeit erweiterte. Auf institutioneller Ebene fanden diese neuen Ideen durch die Gründung der *Kulturpolitischen Gesellschaft* im Jahr 1976 Ausdruck. Im Westen Deutschlands entwickelte sich während dieser Zeit ein pluralistisches Verständnis von Kulturpolitik, während im Osten die sozialistischen Strukturen zwar neben der klassischen Hochkultur zugleich Breiten- bzw. Alltags- und Arbeiterkultur förderten, insgesamt aber auch die Kulturpolitik staatlich gesteuert wurde. Mit der Wiedervereinigung 1989 erfolgte eine Angleichung der ostdeutschen Strukturen entsprechend derjenigen im Westen. Der insgesamt in Folge der Wiedervereinigung bestehende Sparzwang führte auch in der Kulturpolitik zu Veränderungen: Angestrebt wurde eine effizientere Organisation von Kulturpolitik unterstützt durch das Neue Steuerungsmodell, die Erarbeitung von Kulturentwicklungsplänen und die Etablierung von Methoden des Kulturmanagements, wodurch Kulturpolitik im Verlauf der 1990er Jahre jedoch zunehmend in die Nähe der Wirtschaftspolitik rückte und sich eine marktwirtschaftliche Orientierung bzw. eine Legitimation von Kulturpolitik im Sinne von „Kulturpolitik als Standortpolitik" herausbildete. Inhaltlich lässt sich eine Konsolidierung der in den 1970er Jahren erarbeiteten Prinzipien erkennen; die zunehmende Pluralisierung kulturpolitischer Entwürfe und generell der Lebensstile führte teilweise jedoch auch zu Ernüchterung und Zweifeln an der Umsetzbarkeit der Ideale der Neuen Kulturpolitik. Bereits im Zuge der Wiedervereinigung hatte der Bund in der Kulturpolitik neue (Förder-)Kompetenzen insbesondere für die Hauptstadtkultur sowie die kulturelle Substanz in den östlichen Bundesländern übernommen. Durch die

Ernennung eines Kulturstaatsministers sowie die Einsetzung eines *Bundestagsausschusses für Kultur und Medien* wurde die Präsenz des Bundes auch institutionell verankert, sodass Konflikte mit den Ländern nicht zu umgehen waren. Gemeinsam ist jedoch seit der Jahrtausendwende und insbesondere der allgemeinen Finanz- und Wirtschaftskrise seit dem Jahr 2008 allen Regierungsebenen ein starker Sparzwang, sodass Lösungen im Sinne einer kooperativen Kulturpolitik unumgänglich erscheinen. Prägend für die aktuelle Situation der Kulturpolitik sind zudem die gesamtgesellschaftlichen Veränderungen in Folge des demographischen Wandels: Durch den Fokus auf die Kulturelle Bildung und die stärkere Berücksichtigung einer schrumpfenden, multikulturellen und älter werdenden Gesellschaft sind für die kommenden Jahre und Jahrzehnte umfangreiche Veränderungen der Kulturpolitik in Deutschland auf all ihren Ebenen zu erwarten und da sowohl der Kulturbegriff als auch die daraus resultierende Kulturpolitik stets eng mit den jeweiligen gesamtgesellschaftlichen Entwicklungen verbunden sind, wird sich diese auch in Zukunft kontinuierlich überprüfen und in ihrer Ausrichtung entsprechend korrigieren müssen.

3.2 Strukturelle Rahmenbedingungen der deutschen Kulturpolitik

In den vorangegangenen Kapiteln wurde bereits deutlich, dass sich der Kulturbereich in die drei Einheiten Staat (erster Sektor), Wirtschaft (zweiter Sektor) und Zivilgesellschaft (dritter Sektor) einteilen lässt, die mit ihren je spezifischen Funktionsweisen zum Gesamtsystem *Kultur in Deutschland* beitragen. Diese Aufteilung soll durch die Struktur des vorliegenden Kapitels gespiegelt werden.

Die Komplementarität von öffentlich getragenen Kultureinrichtungen, der Kulturwirtschaft und gesellschaftlich organisierten Kulturangeboten spiegelt das sogenannte *Schweizer Modell*, das ursprünglich von den Kulturforschern Christoph Weckerle und Michael Söndermann für den ersten Schweizer Kulturwirtschaftsbericht (2003) entwickelt wurde und einen guten Überblick für den gesamten Kultursektor bietet:

Abbildung 4: „Schweizer Modell" nach Söndermann und Weckerle[622]

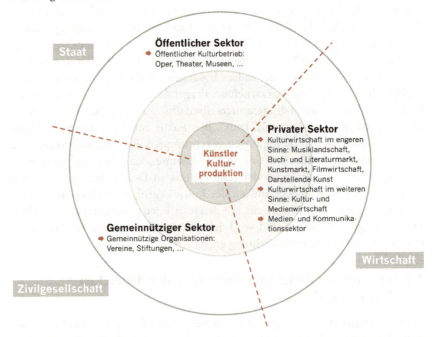

Das Modell macht deutlich, dass KünstlerInnen und Kulturproduktion im Mittelpunkt stehen und alle drei Sektoren eng miteinander verbunden bzw. nur als Einheit zu betrachten sind. Wagner kritisiert allerdings die schematische Abgrenzung zwischen den einzelnen Bereichen und vermisst einen Hinweis auf den „wechselseitigen Austausch zwischen diesen drei Feldern", denn „[e]rst diese Übergänge und Wechsel machen die Lebendigkeit des Kulturbereichs aus und bringen neue Kunstformen und künstlerische Weiterentwicklung hervor".[623] Er führt weiter aus:

> Zudem sind durch die gesellschaftlichen, ökonomischen, medientechnologischen und kulturellen Entwicklungen der letzten Jahre die Übergänge zwischen den verschiedenen kulturellen Sektoren flüssiger geworden. Die stärkere marktwirtschaftliche Orientierung öffentlich getragener Kultureinrichtungen, der neue Aufschwung bürgerschaftlichen Engagements etwa im Stiftungswesen, neue Arbeitsfelder und Kulturberufe in und zwischen dem privatwirtschaftlichen und dem freigemeinnützigen Sektor haben eine

---

622 ICG culturplan Unternehmensberatung GmbH et al. 14.03.13., S. 14.
623 Wagner 2008b, S. 23.

größere Durchlässigkeit zwischen den verschiedenen Bereichen und neue Kooperationsformen zwischen ihnen hervorgebracht.[624]

Kritisiert wird zudem, dass das Modell eine vergleichbare Größenordnung der drei Sektoren suggeriert. Mit Blick auf Umsatz- und Beschäftigungszahlen allerdings entspricht das Verhältnis der drei Bereiche *Kulturwirtschaft* zu *öffentlichem Sektor* zu *gemeinnützigem Sektor* tendenziell den Größenordnungen *100* zu *10* zu *1*, wie die folgende Graphik veranschaulicht:

Abbildung 5: Größenverhältnisse der kulturellen Teilsektoren[625]

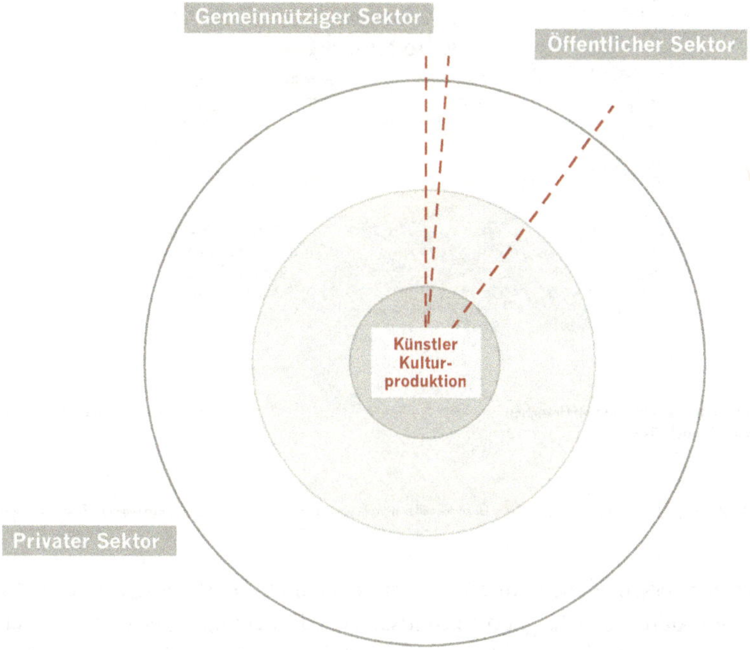

Wiesand schlägt deshalb vor, „von einem ‚Kreativsektor' zu sprechen, der alle öffentlichen, privaten und informellen Akteure und Arbeitsbereiche umfasst, diesen aber ihre unterschiedlichen Ziele und Rollenverständnisse belässt"[626], wie das folgende Modell veranschaulicht:

---

624 Wagner 2008b, S. 23.
625 Haselbach 2008, S. 180.
626 Wiesand 2008, S. 67.

Abbildung 6: Der Kreativsektor in europäischer Perspektive[627]

Trotz der verschiedenen Ansätze zur modellhaften Darstellung und Strukturierung des Kulturbereichs gilt die grundsätzliche Einteilung in die drei Sektoren als relativ unumstritten. Dementsprechend soll das vorliegende Kapitel zunächst die staatlichen Strukturen vorstellen (Kapitel 3.2.1), wobei der öffentliche Sektor als Träger von Kultureinrichtungen (Staats- und Stadttheater, Orchester, Volkshochschulen etc.), als Organisator der Rahmenbedingungen (Gesetze etwa zur Buchpreisbindung, zur Künstlersozialversicherung) sowie als Förderer kultureller und künstlerischer Aktivitäten (in der Regel Einrichtungen des dritten Sektors wie Gesangsvereine etc.) Beachtung finden soll; im Fokus des staatlichen Engagements für Kultur steht dabei stets das Erreichen bestimmter inhaltlicher Ziele in Bezug

---

627 Wiesand 2008, S. 69.

auf die soziale Wirklichkeit. Im Gegensatz dazu zielt der kommerzielle Sektor („der Markt"), also die Kulturwirtschaft mit Buchverlagen, Galerien, Musicaltheatern etc. vor allem auf Gewinnmaximierung und folgt den Regeln von Angebot und Nachfrage (Kapitel 3.2.2). Der dritte bzw. privatrechtlich-gemeinnützige Sektor („die (Zivil-)gesellschaft") verfolgt dagegen mit Chören, Kunst- und Literaturvereinen, Freien Theatern, soziokulturellen Einrichtungen etc. primär das Ziel der Selbstverwirklichung (Kapitel 3.2.3).[628] Wie sich diese unterschiedlichen Motivationen strukturell niederschlagen und welche Zusammenhänge zwischen den einzelnen Sektoren bestehen, werden die folgenden Kapitel deutlich machen.

3.2.1 Erster Sektor: Staatliche Akteure in der deutschen Kulturpolitik

Staatliche Akteure in der deutschen Kulturpolitik sind grundsätzlich auf vier verschiedenen Ebenen anzutreffen: Neben der EU beeinflussen der Bund, die Länder sowie die Kommunen diesen Bereich und dementsprechend soll diese Einteilung das vorliegende Kapitel strukturieren. Die Zuständigkeiten der einzelnen Ebenen variieren relativ stark, sind jedoch zugleich von Verflechtungen geprägt und wie bereits in den vorangegangenen Kapiteln angedeutet wurde, bestehen in der Folge kontinuierliche Abgrenzungsstreitigkeiten insbesondere zwischen Bund und Ländern.

Kulturpolitik basiert in Deutschland maßgeblich auf Art. 5, Abs. 3 des Grundgesetzes aus dem Jahr 1949: „Kunst und Wissenschaft, Forschung und Lehre sind frei."[629] Seit in Kraft treten des Einigungsvertrags am 31. August 1990 definiert sich Deutschland zudem als „Kulturstaat", der dem Schutz der kulturellen Substanz verpflichtet ist. Art. 35, Abs. 3 schreibt fest, dass die „kulturellen Aufgaben einschließlich ihrer Finanzierung" zu sichern sind, „wobei Schutz und Förderung von Kultur und Kunst den neuen Ländern und Kommunen entsprechend der Zuständigkeitsverteilung des Grundgesetzes obliegen".[630] Rechtliche Vorgaben zum Schutz und zur Förderung von Kultur schreiben auch die meisten Länder in ihren jeweiligen Verfassungen fest. So bezeichnet sich beispielsweise Bayern in Art. 3 seiner Verfassung als „Rechts-, Kultur- und Sozialstaat", verpflichtet sich zum Schutz der „natürlichen Lebensgrundlagen" und garantiert die „kulturelle Überlieferung".[631]

---

628 Vgl. Klein 2008, S. 45 f.
629 Bundesministerium der Justiz 23.05.1949.
630 Bundesministerium der Justiz 31.08.1990; die offizielle Bezeichnung lautet „Vertrag zwischen der Bundesrepublik Deutschland und der Deutschen Demokratischen Republik über die Herstellung der Einheit Deutschlands".
631 Freistaat Bayern 01.12.1946.

Grundsätzlich stellt sich jedoch die Frage, ob die unterschiedlichen Regierungsebenen über eine Pflicht bzw. ein Recht zur Kulturförderung verfügen. Besonders kontrovers wird dieser Aspekt diskutiert, seitdem sich die EU mit dem Vertrag von Maastricht (1993, Art. 128) bzw. von Amsterdam (1997, Art. 151) erstmals intensiv diesem Themenfeld widmete. Auf Bundesebene erfolgte im Zuge der Wiedervereinigung (1989/1990) sowie der Ernennung eines *Beauftragten der Bundesregierung für Angelegenheiten der Kultur und der Medien* (1998) und der Gründung der *Kulturstiftung des Bundes* (2002) eine wiederholte Thematisierung der Grundsatzfrage seiner Zuständigkeit insbesondere in Abgrenzung gegenüber den Ländern, die wiederum die Schlagworte „Kulturhoheit der Länder", Föderalismus und Subsidiarität in den Mittelpunkt ihrer Verteidigungslinie stellen. Auch die kommunale Ebene grenzt sich mit Bezug auf die kommunale Selbstverwaltungsgarantie klar von den Ländern ab; die primäre Konfliktlinie auf kommunaler Ebene verläuft jedoch zwischen der prinzipiellen Freiwilligkeit kommunalen Kulturengagements und seiner Einordnung als Pflichtaufgabe.[632]

Trotz umfassender Zweifel am jeweiligen Zuschnitt der Zuständigkeiten der einzelnen Regierungsebenen für Kultur und einer kontinuierlichen Auseinandersetzung mit dieser Frage besteht Einigkeit darüber, dass v.a. aufgrund historischer Gegebenheiten Kulturpolitik in Deutschland Teil des politischen Selbstverständnisses ist. Darauf aufbauend entwickelte sich in den vergangenen Jahrzehnten eine vertikale (Föderalstruktur) und eine horizontale (Segmentierung von Ministerien und Verwaltungen; Ressortstruktur) Struktur der Kulturförderung, die darauf schließen lässt, dass der Staat die Förderung von Kultur offenbar als seine Aufgabe ansieht:[633]

> Die ‚herrschende Meinung' unter den Verfassungsjuristen ist sich im wesentlichen einig, dass der Staat und die Gemeinden zwar Kunst oder Literatur sowie ganz allgemein die kulturellen Belange fördern sollen, dass dies aber nicht mit direkten Eingriffen in den künstlerischen Freiheitsraum verbunden sein darf (so auch das Bundesverfassungsgericht in einem Grundsatzurteil am 5. März 1974, 1 BvR 712/68, BverfGE 36, 321).[634]

Dieses sogenannte *Schallplattenurteil* garantiert einerseits die Kunstfreiheit und sichert der Kunst andererseits öffentliche Förderung zu:

> Art. 5 Abs. 3 GG enthält zunächst [...] ein Freiheitsrecht für alle Kunstschaffenden und alle an der Darbietung und Verbreitung von Kunstwerken Beteiligten, das sie vor

---

632 Vgl. zu den Kompetenzen der einzelnen Regierungsebenen die jeweils entsprechenden Abschnitte im Folgenden.
633 Vgl. Singer 2003, S. 6.
634 Singer 2003, S. 9.

Eingriffen der öffentlichen Gewalt in den künstlerischen Bereich schützt. Die Verfassungsnorm hat aber nicht nur diese negative Bedeutung. Als objektive Wertentscheidung für die Freiheit der Kunst stellt sie dem modernen Staat, der sich im Sinne einer Staatszielbestimmung auch als Kulturstaat versteht, zugleich die Aufgabe, ein freiheitliches Kunstleben zu erhalten und zu fördern.[635]

Doch das Gericht schränkt ein, dass der Staat fördernde Maßnahmen im Bereich der Kunst nicht zwingend „allen künstlerischen Äußerungen und allen der Vermittlung künstlerischer Inhalte dienenden Medien gleichmäßig zuteil werden lassen" muss. Der Staat darf nicht hemmend auf das Kunstleben einwirken („grundsätzlicher Freiheitsanspruch") und auch nicht von vornherein bestimmte Kunstformen von der Förderung ausschließen.[636]

Das heißt aber nicht, daß jede einzelne positive Förderungsmaßnahme gleichmäßig allen Bereichen künstlerischen Schaffens zugute kommen müsse. Bei der Ausgestaltung solcher Maßnahmen hat der Staat vielmehr im Rahmen seiner Kulturpolitik weitgehende Freiheit.[637]

Gerade diese Freiheit ermöglicht Kulturpolitik und ihre Gestaltung auf den einzelnen Regierungsebenen, die nun im Einzelnen vorgestellt werden.

Europäische Union

Insbesondere seit Inkrafttreten der Verträge von Maastricht (1993) und Amsterdam (1997) verfügt die EU über Zuständigkeiten für Kultur und Kulturpolitik und verfolgt damit das Ziel, ein Bewusstsein für die europäische Kultur zu entwickeln sowie die Herausbildung einer europäischen Zivilgesellschaft zu unterstützen.[638] In Art. 151 des Amsterdam-Vertrags ist folgendes zu lesen:

(1) Die Gemeinschaft leistet einen Beitrag zur Entfaltung der Kulturen der Mitgliedstaaten unter Wahrung ihrer nationalen und regionalen Vielfalt sowie gleichzeitiger Hervorhebung des gemeinsamen kulturellen Erbes.

---

635 Bundesverfassungsgericht, vom 05.03.1974, Urteilsbegründung Teil C, II, Abs. 2 b.
636 Dieser grundsätzliche Freiheitsanspruch erinnert an die Anfänge der Bundesrepublik: Während der Rekonstruktionsphase nach dem Ende des Zweiten Weltkriegs wurde die Kunstfreiheitsgarantie des Grundgesetzes (Art. 5, Abs. 3: „Kunst und Wissenschaft, Forschung und Lehre sind frei.") vor allem als Abwehrrecht und als Schutz vor staatlichen Eingriffen interpretiert (vgl. Singer 2003, S. 14).
637 Bundesverfassungsgericht, vom 05.03.1974, Urteilsbegründung Teil C, II, Abs. 2 b.
638 Zu den vorangegangenen Entwicklungsschritten vgl. Deutscher Bundestag 2007, S. 412 ff.; vgl. generell zu dieser Thematik *Das Europa der Kulturen – Kulturpolitik in Europa. Dokumente, Analysen und Perspektiven von den Anfängen bis zur Gegenwart*, Schwencke 2006a.

(2) Die Gemeinschaft fördert durch ihre Tätigkeit die Zusammenarbeit zwischen den Mitgliedstaaten und unterstützt und ergänzt erforderlichenfalls deren Tätigkeit in folgenden Bereichen:
- Verbesserung der Kenntnis und Verbreitung der Kultur und Geschichte der europäischen Völker,
- Erhaltung und Schutz des kulturellen Erbes von europäischer Bedeutung,
- nichtkommerzieller Kulturaustausch,
- künstlerisches und literarisches Schaffen, einschließlich im audiovisuellen Bereich.[639]

Die Enquete-Kommission *Kultur in Deutschland* schreibt in ihrem Abschlussbericht von einer unmittelbaren Bedeutung der europäischen Gesetzgebung und der Kulturförderprogramme der EU für die Kultur in Deutschland.[640] Da jedoch auch auf europäischer Ebene das Subsidiaritätsprinzip gilt – und laut der Handlungsempfehlungen der Enquete-Kommission auch weiterhin gelten soll, um die Autonomie der Nationalstaaten und ihrer Gebietskörperschaften zu erhalten –, beschränkt sich die Kulturpolitik der EU vor allem auf die Setzung von Rahmenbedingungen für den Kunst- und Kulturbereich.[641] Für diese ist auf deutscher Seite zunächst der Bund zuständig. Stehen jedoch Fragen der Kulturförderung im Mittelpunkt, betrifft dies primär die Länder, deren kulturpolitische Kompetenz insbesondere in Bezug auf die Kulturförderung unbestritten ist. In Folge der Föderalismusreform von 2006 führte diese Kompetenzverteilung „aus Sicht der Enquete-Kommission zu einer nicht sachgerechten Verflechtung" und birgt die „Gefahr, dass die Wahrnehmung nationaler Kulturinteressen gegenüber den anderen EU-Mitgliedsstaaten dadurch geschwächt werden könnte".[642] Grundsätzlich regelt die EU nur Fragen, die auf nationaler oder regionaler Ebene keine Beachtung finden, das heißt europäische Kulturpolitik erfolgt lediglich komplementär:[643]

> Europäische Kulturpolitik lebt vom Prinzip der Subsidiarität und der Vielfalt der Kulturen. Sie kann einen unterstützenden und ergänzenden Beitrag zu den Kulturpolitiken der Länder leisten. Dazu legt sie Förder- und Aktionsprogramme auf. Wo die

---

639 Europäische Union 10.11.1997; Art. 151 des Amsterdam-Vertrags basiert auf Art. 128 des Maastricht-Vertrags und erfuhr in Art. 167 des Lissabon-Vertrags geringfügige Veränderungen.
640 Vgl. Deutscher Bundestag 2007, S. 411.
641 Vgl. Deutscher Bundestag 2007, S. 417.
642 Deutscher Bundestag 2007, S. 420; die Notwendigkeit auf europäischer Ebene „mit einer Stimme zu sprechen" wurde auch wiederholt als Argument für die Ernennung eines Kulturstaatsministers genannt.
643 Vgl. Deutscher Bundestag 2007, S. 415.

Zuständigkeit bei den Mitgliedsstaaten liegt, stehen der Union als zusätzliche Instrumente Entschließungen, Empfehlungen und weitere nicht zwingende Rechtsakte zur Verfügung. Ein indirektes Instrument ist die Kulturverträglichkeitsprüfung.[644]

Doch die engen Verflechtungen zwischen den unterschiedlichen Ebenen und der wachsende Einfluss der EU-Kulturpolitik werden vom Bund, insbesondere aber den Ländern, kritisch betrachtet. Sie fürchten trotz diverser Mitspracherechte und Beteiligungsmöglichkeiten etwa im *Ausschuss der Regionen* um ihre Souveränität und bewerten die Verflechtungen zwischen EU, Bund und Ländern kritisch.[645] Frank Sommer sieht in seiner Dissertation über *Kulturpolitik als Bewährungsprobe für den deutschen Föderalismus* jedoch insgesamt keinen Grund, die Kulturaktivitäten der EU als Bedrohung wahrzunehmen:

> Die Länder sind nach wie vor die entscheidenden kulturpolitischen Akteure in Deutschland. Die kulturpolitischen Kompetenzen der Europäischen Union sind so schwach ausgeprägt – sowohl in rechtlicher als auch finanzieller Hinsicht –, dass von einer Beeinträchtigung der Kulturhoheit der Länder grundsätzlich nicht die Rede sein kann.[646]

Zudem existieren bisher „keine eigenen kulturellen Institutionen wie Theater, Museen oder Bibliotheken, die unter der Obhut der EU stünden oder gemeinsam von der Europäischen Union mit Einzelstaaten finanziert oder getragen werden";[647] nichtsdestotrotz nimmt die EU kulturpolitische Verantwortung wahr, wenn sie Programme und Fördermaßnahmen durchführt bzw. unterstützt.[648]

Konkret erfolgt EU-Kulturpolitik v.a. in Form der Organisation der *Kulturhauptstadt Europas*, die als eine der erfolgreichsten Initiativen der europäischen Integration gilt.[649] Der Titel wird seit 1985 jährlich an jeweils mindestens eine europäische Stadt vergeben,[650] „um den interkulturellen Austausch der Bürger Europas zu stärken und kulturelles Erbe zu wahren".[651] Übergeordnetes Ziel ist dabei, zugleich die Gemeinsamkeiten aber auch die Vielfalt der einzelnen Städte, Regionen und Länder erfahrbar zu machen. Nachdem sich zunächst eine Konzentration auf Hochkultur und Sommerevents in ausgewiesenen Kulturmetropolen wie Athen,

---

644 Deutscher Bundestag 2007, S. 421.
645 Vgl. Sommer 2008, S. 253 ff.
646 Sommer 2008, S. 305.
647 Sommer 2008, S. 266.
648 Vgl. Sommer 2008, S. 266.
649 Vgl. exemplarisch Mittag und Oerters 2009, S. 62, Deutscher Bundestag 2007, S. 423.
650 Seit dem Jahr 2001 sind es in der Regel zwei europäische Städte, teilweise ergänzt durch eine Stadt in einem nicht-Mitgliedstaat.
651 Statistische Ämter des Bundes und der Länder 2012, S. 76.

Florenz oder Paris zeigte, änderte sich ab 1990 die Perspektive: Das Kulturhauptstadtjahr zielte nun auf systematische Imagewerbung, eine städtebauliche Dimension wurde ergänzt und der Aspekt einer nachhaltigen Weiterentwicklung der Städte in Bezug auf Lebensqualität aber auch Kulturtourismus fand zunehmend Beachtung. Mit dieser funktionalistischen Sichtweise – die Enquete-Kommission erkennt damit verbunden Forderungen nach Nachhaltigkeit, Partizipation und Zukunftsfähigkeit[652] – rückten die europäischen Bezüge vorübergehend in den Hintergrund, bis 2007 mit dem Vertrag von Lissabon das Kulturhauptstadt-Projekt als „Gemeinschaftsaktion" wieder verstärkt in den Mittelpunkt trat und seit 2009 jeweils eine Stadt aus den 15 „alten" EU-Staaten in Kombination mit einer aus den zwölf „jungen" den Titel trägt.[653]

Eine weitere zentrale Kulturinitiative der EU stellt das jeweils auf mehrere Jahre ausgerichtete Kulturprogramm dar, das aktuell unter dem Titel *Kreatives Europa 2014–2020* läuft und folgende Zielsetzungen verfolgt:

- hilft der Kultur- und Kreativbranche, die Chancen des ‚digitalen Zeitalters' und der Globalisierung zu nutzen;
- unterstützt die Branche dabei, ihr Potenzial auszuschöpfen, den Europa-2020-Zielen für nachhaltiges Wachstum, Beschäftigung und sozialen Zusammenhalt näher zu kommen;
- eröffnet neue internationale Chancen, Märkte und Publikumsschichten; […].[654]

Darüber hinaus werden weitere europäische Mittel aus den sogenannten Strukturfonds für den Kulturbereich bereitgestellt. Von zentraler Bedeutung sind hier der *Europäische Fonds für Regionale Entwicklung* und der *Europäische Sozialfonds*, die jedoch primär der Förderung benachteiligter Regionen gelten und daher nicht allein unter dem Aspekt der Kulturförderung zu sehen sind.[655] Relevant für den Kulturbereich ist zudem das Programm *Europa für Bürgerinnen*

---

652 Deutscher Bundestag 2007, S. 423.
653 Vgl. Mittag und Oerters 2009, S. 75 ff.; für die vorliegende Arbeit ist das Konzept der Kulturhauptstadt von Bedeutung, da im Jahr 2010 Essen für das Ruhrgebiet den Titel trug und sich in der Region damit eine weitreichende kulturpolitische Dynamik entwickelte. Die Auswirkungen der *RUHR.2010* auf die Kulturpolitik in Essen wird insbesondere in Kapitel 3.3 sowie im Rahmen des Vergleichs mit der italienischen Stadt Turin thematisiert werden.
654 Europäische Kommission 2014; das Programm *Kreatives Europa 2014–2020* erfährt bisher aufgrund seiner stark ökonomischen Ausrichtung, die für zahlreiche Experten einem Paradigmenwechsel entspricht, umfassende Kritik (vgl. exemplarisch Mackensen 2013).
655 Vgl. Statistische Ämter des Bundes und der Länder 2012, S. 76.

und Bürger (erneut aufgelegt für die Jahre 2014 bis 2020) mit seinen verschiedenen Programmlinien.[656] Darüber hinaus bestehen nach Recherchen des *Cultural Contact Point Deutschlands* auf EU-Ebene ca. 70 weitere kulturrelevante Förderprogramme.[657]

> Insgesamt betrachtet ist eine belastbare Quantifizierung der Höhe der EU-Fördermittel auf Ebene einzelner Mitgliedstaaten nicht möglich. Die vielfältigen Projektverflechtungen und das zum Teil politisch befürwortete Auftreten multilateraler Konsortien als Antragssteller lassen eine differenzierte Betrachtung für Mittel, die allein auf Deutschland entfallen, nicht zu.[658]

Institutionell verfügt die EU über einen Kommissar bzw. aktuell mit Androulla Vassiliou über eine *Kommissarin für Bildung, Kultur, Mehrsprachigkeit und Jugend* und die *Europäische Kommission* ist über die *Exekutivagentur Bildung, Kultur und audiovisuelle Medien*, die wiederum unter der Aufsicht der *Generaldirektion Bildung und Kultur* agiert, in diesem Bereich operativ. Das *Europäische Parlament* verfügt über einen *Ausschuss für Kultur und Bildung* und im *Rat für Bildung, Jugend, Kultur und Sport* treffen sich drei bis vier Mal jährlich die zuständigen MinisterInnen der Mitgliedsstaaten. Im *Ausschuss der Regionen* ist zudem die *Fachkommission für Kultur, Bildung und Forschung* angesiedelt, die den regionalen und lokalen Interessen Beachtung schenkt.[659]

Den diversen Programmen und Institutionen liegt ein vom *Europarat* und der *UNESCO* sowie der Erklärung von Arc et Senans aus dem Jahr 1972 geprägter Kulturbegriff zugrunde, die die Aufgabe von Kulturarbeit darin sieht, „alternative Entwicklungsrichtungen vorstellbar zu machen". Sie soll den Menschen als Instrument dafür dienen, ihr Leben eigenständig und sinnvoll zu gestalten. Es besteht somit eine enge Verbindung zur Bildungspolitik und zudem wird Kulturpolitik generell als Gesellschaftspolitik definiert.[660] Im Vorfeld der Vertragsschließung von Maastricht wurde Kultur durch einen von der Kommission berufenen Expertenausschuss wie folgt definiert:

> Kultur ist kein abstrakter Begriff: Kultur ist die Gesamtheit der zahlreichen, verschiedenartigen Sitten und Gebräuche, die in allen Bereichen des täglichen Lebens ihren Ausdruck finden. In der Kultur spiegeln sich unser jeweiliger Lebensstil, unsere Traditionen

---

656   Vgl. Kontaktstelle Deutschland „Europa für Bürgerinnen und Bürger" bei der Kulturpolitischen Gesellschaft 2014.
657   Vgl. Deutscher Bundestag 2007, S. 426; vgl. auch Europäische Kommission 2012b.
658   Statistische Ämter des Bundes und der Länder 2012, S. 76.
659   Europäische Union 2013.
660   Fuchs 2008, S. 147 ff.

und Ideale wider. In ihr wurzeln unsere Dialekte und unser Liedgut. Sie ist bestimmend dafür, wie wir eine Liebeserklärung machen und wie wir unsere Toten beerdigen. Kultur ist somit das bedeutsamste und stärkste Charakteristikum der menschlichen Gemeinschaft. [...] Kultur steht in engem Zusammenhang mit den direkten und indirekten Lernprozessen und der menschlichen Entwicklung schlechthin. Als dynamisches, in ständiger Wandlung befindliches Element stellt sie eine Verbindung zwischen der Vergangenheit und der Gegenwart dar.[661]

In den Vertrag von Maastricht wurde jedoch keine explizite Kulturdefinition aufgenommen. Die EU arbeitet mit einem offenen Kulturverständnis, um den kulturpolitischen Handlungsspielraum nicht einzuschränken, wobei ihre zentralen Merkmale dabei einerseits der Erhalt und die Stärkung der nationalen und regionalen Vielfalt, andererseits die Herausbildung eines gemeinsamen kulturellen Erbes sind.[662]

Die Kulturpolitik der EU beeinflusst somit finanziell und auch ideell die Kulturpolitik von Bund, Ländern und Kommunen in Deutschland. Sie stellt seit den 1990er Jahren eine zusätzliche Ebene dar, die insbesondere durch die Setzung kulturpolitischer Rahmenbedingungen zurückstrahlt und zugleich von den VertreterInnen von Bund und Ländern mitgestaltet wird.

Bund

Verflechtungen zwischen den einzelnen Regierungsebenen können zu Synergien und somit zu einer Dynamisierung der Kulturpolitik insgesamt beitragen. Wie bereits angedeutet, zeigte sich zwischen Bund und Ländern in den vergangenen Jahrzehnten jedoch häufig eine gegenteilige Entwicklung. Die Kulturhoheit der Länder gilt zwar zunächst als unbestritten;[663] zugleich bestehen aber weitgehende Gesetzgebungsbefugnisse des Bundes im Kulturbereich, der v.a. für die Gestaltung der Rahmenbedingungen für Kunst und Kultur (Künstler, Kultureinrichtungen, Kulturwirtschaft etc.) zuständig ist. Kulturpolitisch relevante Rechtsgebiete, die dem Bund unterliegen, sind beispielsweise das Urheberrecht, das Steuerrecht inklusive Gemeinnützigkeitsrecht, das Arbeits- und Sozialrecht, das Handelsrecht

---

661 Der Titel des Berichts lautet *Kultur für den Bürger des Jahres 2000*, hier zitiert nach Schwencke 2006a, S. 263.

662 Deutscher Bundestag 2007, S. 415; langfristiges Ziel ist dabei stets die Herausbildung einer *europäischen Identität*, obwohl der aktuelle Identitätsdiskurs diese (kulturpolitische) Ausrichtung durchaus problematisiert (vgl. exemplarisch Fuchs 2004b, Beyme 1998b).

663 Vgl. hierzu auch den folgenden Abschnitt zu den Befugnissen und Aufgaben der Länder in der Kulturpolitik.

sowie das Stiftungsrecht.[664] Entsprechend der unterschiedlichen Fachgebiete sind direkt oder indirekt verschiedene Ministerien und Abteilungen an der Gestaltung der Kulturpolitik beteiligt: Zentral ist zunächst der bzw. die *Beauftragte der Bundesregierung für Kultur und Medien* mit ca. 230 MitarbeiterInnen in Bonn und Berlin, die in die vier Gruppen *(1) Grundsatzfragen der Kulturpolitik, Zentrale Angelegenheiten, (2) Kunst und Kulturförderung, (3) Medien und Film, Internationales* sowie *(4) Geschichte, Erinnerung* unterteilt sind.[665] Federführend in Bezug auf die Auswärtige Kulturpolitik ist das *Auswärtige Amt*. Darüber hinaus sind weitere Ministerien relevant für die Ausgestaltung der kulturpolitischen Rahmenbedingungen und zwar das *Bundesministerium für Bildung und Forschung* (z.B. Künstlerausbildung, kulturelle Bildung, Forschung zu Kulturpolitik, Archäologie und Denkmalpflege), das *Bundesministerium für Familie, Senioren, Frauen und Jugend* (kulturelle Jugendarbeit), das *Bundesministerium für Arbeit und Soziales* (Künstlersozialversicherung), das *Bundesministerium für wirtschaftliche Zusammenarbeit und Entwicklung* (entwicklungspolitische Aspekte der Auswärtigen Kulturpolitik), das *Bundesministerium der Justiz* (Urheberrecht) und das *Bundesministerium der Finanzen* (kulturrelevante Steuern und Steuervergünstigungen, Spenden- und Stiftungsrecht).[666] Korrespondierend dazu arbeitet seit 1998 der *Bundestagsausschuss für Kultur und Medien*, der Gesetzentwürfe und Anträge berät, die der *Deutsche Bundestag* dem Ausschuss überweist, und für den er Beschlussempfehlungen erarbeitet.[667]

Praktische Umsetzung findet die Kulturpolitik des Bundes aktuell u.a. in der Denkmalpflege. Hier bestehen unterschiedliche Fördermaßnahmen des Bundes; zu erwähnen sind v.a. das seit 1950 bestehende Programm „National wertvolle Denkmäler" sowie der seit 1991 etablierte „Städtebauliche Denkmalschutz in

---

664 Vgl. Deutscher Bundestag 2007, S. 420; Wiesand führt hierzu weiter aus: „Ohne Zweifel ist der Bund für folgende Themen mit Auswirkungen auf den Kulturbereich zuständig: Steuerpolitik mit Auswirkungen auf Künstler, Kulturwirtschaft, Kulturnutzer; kulturelle Bildung, Qualifizierungsformen z.B. auch für die Kulturberufe; Arbeitsmarktpolitik; Wirtschaftspolitik und Ausnahmeregelungen (Buchpreisbindung); Sozialpolitik (Künstlersozialversicherung); Rechtspolitik (Urheberrecht, Verlagsrecht); Entwicklungspolitik (kulturelle Dimensionen z.B. bei Menschenrechtsfragen)." (Wiesand 1994, S. 86 f.).
665 Vgl. Beauftragter der Bundesregierung für Kultur und Medien 2013.
666 Vgl. die entsprechenden Homepages der einzelnen Ministerien; vgl. zu den jeweiligen Gesetzesgrundlagen Singer 2003, S. 7.
667 Deutscher Bundestag 2012; parallel wurde der *Unterausschuss Neue Medien* etabliert.

den neuen Ländern".[668] Seit 1973 gibt es zudem das *Deutsche Nationalkomitee für Denkmalschutz*, das Bund, Länder und Kommunen bei denkmalpflegerischen Arbeiten und Maßnahmen unterstützt. Außerdem erfolgt durch die Bundesebene eine Förderung von Gedenkstätten mit nationaler und internationaler Bedeutung wie z.B. das *Denkmal für die ermordeten Juden Europas* in Berlin. Zentral ist zudem die Filmförderung, die über die Filmförderanstalt Umsetzung erfährt und unter der Rechtsaufsicht des Kulturstaatsministeriums steht. Diese fördert Filmproduktionen, Drehbucharbeiten, Absatzmöglichkeiten oder auch nationale und internationale Werbemaßnahmen für den deutschen Film. Zudem lenkt sie durch die Vergabe von Preisen und die Förderung von Filmfestivals (*Deutscher Filmpreis, Deutscher Drehbuchpreis, Deutscher Kurzfilmpreis; Internationale Filmfestspiele Berlin, Internationale Kurzfilmtage Oberhausen*) den Fokus auf den Filmbereich und unterstützt institutionell das *Deutsche Filminstitut* in Frankfurt sowie die *Stiftung Deutsche Kinemathek* in Berlin.[669] Seit der Wiedervereinigung fördert der Bund erheblich Kultureinrichtungen in Berlin, um eine angemessene Repräsentation der Hauptstadt zu gewährleisten.[670] Genannt seinen exemplarisch die Einrichtungen der *Stiftung Preußischer Kulturbesitz*, das *Deutsche Historische Museum*, die *Stiftung Jüdisches Museum*, das *Haus der Kulturen der Welt GmbH*, die Staatskapelle der *Staatsoper Unter den Linden*, das *Rundfunkorchester*

---

668 Insgesamt etablierte der Bund (entsprechend Art. 35 des Einigungsvertrags) in den neuen Bundesländern umfangreiche Förderprogramme mit dem Ziel, das kulturelle Erbe durch Substanzerhaltungsprogramme (z.B. für Theater und Orchester), Infrastrukturprogramm (z.B. für kleinere Museen und Bibliotheken) und Denkmalschutzprogramme zu gewährleisten. V.a. repräsentative kulturelle Einrichtungen in Berlin sollten durch Bundeszuschüsse gefördert werden. Der Bund übernahm zunächst 49%, die neuen Länder jeweils 51% der Finanzierung, bis 1994 die Förderprogramme endeten und durch den Länderfinanzausgleich kompensiert wurden bzw. durch neue Förderlinien wie das „Leuchtturmprogramm" (seit 1995), das Programm „Dach und Fach" (1996 bis 2003; ab 2004 ersetzt durch „Investitionen für nationale Kultureinrichtungen in Ostdeutschland") und das „Aufbauprogramms Kultur in den neuen Ländern" (1999 bis 2003; seit 2001 als „Kultur in den neuen Ländern") ersetzt wurden (vgl. Sommer 2008, S. 137 ff.).
669 Vgl. Sommer 2008, S. 133 ff.
670 Auch die ehemalige Hauptstadt Bonn erhält nach wie vor eine umfangreiche Kulturförderung durch den Bund, der das *Haus der Geschichte der BRD* unterhält, den Löwenanteil der Finanzierung der *Kunst- und Ausstellungshalle der BRD* beisteuert sowie die *Deutsche Welle* und den Auslandskanal *German TV* mit Sitz in Bonn unterhält (vgl. Sommer 2008, S. 152).

und die *Rundfunk Chöre GmbH* oder auch die *Akademie der Künste*.[671] Damit schöpft der Bund seine verfassungsrechtlich garantierten Möglichkeiten aus und wird dann kulturfördernd tätig, „wenn national oder international bedeutsame Stätten oder Maßnahmen unterstützt werden sollen" und wirkt damit „ergänzend zu den Bemühungen und Aufwendungen von Ländern und Kommunen". Allerdings wurden vor allem in Berlin und den übrigen neuen Ländern kulturelle Einrichtungen unterstützt bzw. neue ins Leben gerufen und „[d]amit drängt sich der Verdacht auf, dass die Erklärung, Einrichtungen in den neuen Ländern und Berlin verfügten über nationale oder internationale Ausstrahlung, in manchen Fällen nur vordergründig formuliert wurde, um kulturpolitisches Handeln des Bundes rechtfertigen zu können".[672]

> Mit Rücksicht auf die Bundeskulturförderung in Berlin ist es schwierig zu beurteilen, welche Einrichtungen wegen ihrer gesamtstaatlichen oder internationalen Bedeutung vom Bund übernommen und gefördert wurden und welche ausschließlich wegen der Finanznot des Landes Hilfen erhielten. Im ersten Fall ist das Engagement des Bundes gerechtfertigt, im zweiten wegen der Kulturhoheit der Länder juristisch problematisch. Zwar wurde jeweils die nationale Relevanz der geförderten Institutionen hervorgehoben, eindeutige Zuordnungskriterien gibt es dafür jedoch nicht. Außerdem existieren auch in anderen Städten Einrichtungen von überregionaler Ausstrahlung, ohne dass diese Unterstützung vom Bund erhalten.[673]

Die Tatsache eines verstärkten Bundesengagements in Berlin und den neuen Ländern spricht ebenso für die von Sommer aufgestellte *Zentralisierungsthese*, wie auch die generell zunehmenden Ausgaben des Bundes für die Kulturförderung und die Gründung der *Kulturstiftung des Bundes*. Es lässt sich jedoch keine grundsätzliche Veränderung in der Gesetzgebungspraxis nachweisen und trotz eines beachtlichen Anstiegs des Bundesanteils an der Kulturfinanzierung ist dieser nach wie vor wesentlich kleiner ist als derjenige von Ländern und Kommunen.[674]

---

671 Vgl. Sommer 2008, S. 146 ff.; weitere vom Bund geförderte Einrichtungen sind z.B. die *Deutsche Nationalbibliothek* in Frankfurt am Main, Leipzig und Berlin, das Bundesarchiv oder die Literaturförderung durch die *Deutsche Akademie für Sprache und Dichtung* in Darmstadt sowie der *Deutsche Übersetzungsfonds* (vgl. Sommer 2008, S. 156 f.).
672 Sommer 2008, S. 157.
673 Sommer 2008, S. 150.
674 Wagner verweist in diesem Kontext darauf, dass der Anteil des Bundes in den 1980er Jahren zwei bis drei Prozent betrug und bis zum Jahr 2010 auf 14 Prozent angestiegen ist (vgl. Wagner 2010, S. 2); der Kulturfinanzbericht 2012 führt hierzu weiter aus: „Wie in den Jahren zuvor werden die Kulturausgaben 2009 überwiegend

Es lassen sich somit Argumente für und wider die Zentralisierungsthese anführen. Das verstärkte Auftreten des Bundes seit 1990 und sein Engagement sprechen jedoch eindeutig für Kompetenzanhäufungen auf nationaler Ebene. Das Gegenteil wäre nichts anderes als der status quo ante 1990. Davon kann aber aufgrund der veränderten Situation seit der deutschen Vereinigung keine Rede sein.

Gleichwohl ist festzuhalten, dass die kulturpolitischen Aktivitäten des Bundes in erster Linie in Berlin und – mit einigem Abstand – in den neuen Ländern spürbar sind. Die Investitionen in Bonn bilden eine Ausnahme. Die alten Bundesländer sind als unabhängige kulturpolitische Akteure sehr wichtig und verfügen nach wie vor über genügend Handlungsspielraum.[675]

Die *Zentralisierungsthese* allein kann somit keine befriedigende Antwort auf die Frage nach dem Verhältnis zwischen Bund und Ländern in Bezug auf die Kulturpolitik bieten; Sommer prüft deshalb ergänzend die *Verflechtungsthese*, die von einer Unübersichtlichkeit der Zuständigkeiten und einer gemeinsamen Finanzierung zahlreicher Kulturinstitutionen durch Bund und Ländern ausgeht, sodass in der Folge „Entwirrung" gefordert wird. Er kommt zu dem Ergebnis, dass v.a. aufgrund der eingeschränkten finanziellen Möglichkeiten zahlreicher Bundesländer ein starkes West-Ost-Gefälle hinsichtlich der Zusammenarbeit und Verflechtung des Bundes mit den Ländern bestehe: Vor allem Berlin und die neuen Länder sind eng mit der Bundesebene verknüpft. Eine Verflechtung der Länder untereinander bzw. eine Angleichung ihrer jeweiligen Kulturpolitik scheint dagegen kaum feststellbar.[676]

Doch nicht erst seit der Wiedervereinigung und der Neuausrichtung der Kulturpolitik auf Berlin bestehen Differenzen zwischen den unterschiedlichen Regierungsebenen – die Abgrenzung der Zuständigkeiten und die dementsprechenden politischen Auseinandersetzungen zwischen Bund und Ländern in Bezug auf die Kulturpolitik ziehen sich durch die gesamte Geschichte der Bundesrepublik: Angefangen mit der Verfassungsklage gegenüber der Einrichtung

---

von Ländern und Gemeinden bestritten (42,2 % bzw. 44,4 %). Die Länder (einschl. Stadtstaaten) stellten ein Budget von 3,8 Milliarden Euro und die Gemeinden von 4,1 Milliarden Euro zur Verfügung. Der Bund beteiligte sich an der Kulturfinanzierung mit weiteren 1,2 Milliarden Euro (13,4 %)." (Statistische Ämter des Bundes und der Länder 2012, S. 26). Der Bund gibt inzwischen 0,73% seines Gesamthaushalts im Kulturbereich aus (1995: 0,67%). Von 1995 bis 2009 stiegen die Kulturausgaben des Bundes um insgesamt 26,8 % an (vgl. Statistische Ämter des Bundes und der Länder 2012, S. 30 ff.).

675 Sommer 2008, S. 214 f.; vgl. vertiefend zu den verschiedenen Aspekten in Bezug auf die Zentralisierungsthese ebd. S. 182 ff.
676 Vgl. Sommer 2008, S. 215 ff.

der *Stiftung Preußischer Kulturbesitz* in den 1950er Jahren zeigten die Länder auch massive Bedenken gegenüber der Ernennung eines *Beauftragten der Bundesregierung für Kultur und Medien* im Jahr 1998 sowie den Aufbau einer *Kulturstiftung des Bundes*; sie verzögerten die Gründung der *Stiftung Baukultur* und verhinderten die Fusion der *Kulturstiftung des Bundes* mit der *Kulturstiftung der Länder*.[677] Es wird somit deutlich, dass Bund und Länder die Abgrenzung der Zuständigkeiten für unzureichend geklärt halten und sich immer wieder gezwungen sehen, ihre Rechte zu verteidigen bzw. einzufordern, auch wenn grundsätzlich folgender Konsens besteht:

> Dem Bund obliegt also im Wesentlichen die ordnungspolitische Gestaltung der Rahmenbedingungen für Kunst und Kultur. Demgegenüber erschöpft sich die Gesetzgebungskompetenz der Länder in Kulturfragen vornehmlich in der Haushaltsgesetzgebung für die Kulturförderung der Länder.[678]

Auch von Seiten des *Ausschusses für Kultur und Medien* wird klargestellt, dass dieser zwar die Rahmenbedingungen in einem föderalen Staat setzt, die weitere Ausgestaltung und auch Finanzierung aber durch Länder und Kommunen erfolgt:

> Kultur- und Medienpolitik sind in Deutschland in weiten Bereichen Sache der Bundesländer. So regelt es das Grundgesetz. Aber der Bund ist für die Rahmenbedingungen zuständig und übernimmt die Förderung der Kultur, wenn sie für das ganze Land von

---

677 Vgl. Wagner 2010, S. 2; vgl. auch die „Eckpunkte für die Systematisierung der Kulturförderung von Bund und Ländern und für die Zusammenführung der Kulturstiftung des Bundes und der Kulturstiftung der Länder zu einer gemeinsamen Kulturstiftung" (Beauftragter der Bundesregierung für Kultur und Medien 2003).

678 Deutscher Bundestag 2007, S. 420; vgl. auch die Antwort der Bundesregierung auf die Große Anfrage der CDU/CSU-Fraktion zur „Bestandsaufnahme und Perspektiven der Rock- und Popmusik in Deutschland" von 2001: „Die staatliche Kulturförderung in der Bundesrepublik Deutschland nach dem Grundgesetz liegt ganz überwiegend in der Verantwortung der Länder und Kommunen. [...] Die Zuständigkeit des Bundes auf diesem Sektor bezieht sich vor allem auf rechts- und ordnungspolitische Aspekte. Diese Verantwortung wird durch die Gestaltung der Rahmenbedingungen für die Entwicklung von Kunst und Kultur wahrgenommen. Darüber hinaus fördert er subsidiär Projekte und Einrichtungen, an denen ein besonderes bundesstaatliches Interesse besteht und in denen das Wesen des Gesamtstaates als föderal organisierter Kulturstaat zum Ausdruck kommt. Aus dieser Aufgabe leitet sich aber auch ab, drängende kulturpolitische Themen aufzugreifen und den gesellschaftlichen Diskurs mit Ländern und Kommunen, mit Interessenvertretungen aus Kultur und Wirtschaft anzuregen und zu führen." (Bundesregierung 2001, S. 1).

Bedeutung ist. Zudem ist die Bundesebene auf internationalem Parkett Hauptansprechpartner in kultur- und medienpolitischen Fragen.[679]

Nichtsdestotrotz hat der Bund im Laufe der Zeit vermehrt Kompetenzen übernommen, wobei er sich auf Urteile des Bundesverfassungsgerichts bezieht, die dies im Falle eines „überwiegenden Interesses des Bundes", bei „gesamtdeutschen Aufgaben" und zur „nationalen Repräsentanz" ermöglichen.[680] Diese neuen Kompetenzen des Bundes hatten auch eine Zunahme der Mischfinanzierungen im kulturellen Bereich zur Folge; generell nahmen aber die Meinungsverschiedenheiten mit den Ländern sowie die Forderung nach Entflechtungsverhandlungen oder wenigstens einer besseren Abstimmung zwischen Bund und Ländern in Fragen der Kulturförderung zu, sodass auf den Föderalismusreformen die Hoffnung auf eine langfristige Systematisierung der Kompetenzen von Bund und Ländern ruhte, ohne dabei die enge Zusammenarbeit oder die Idee eines kooperativen Kulturföderalismus grundsätzlich in Frage zu stellen.[681]

---

679 Deutscher Bundestag 2012.
680 Vgl. Wagner 2010, S. 2; Singer führt hierzu weiter aus: „Die Bundeskompetenzen für die Kulturförderung ergeben sich – aus der Sicht des Bundes – aus geschriebenem Verfassungsrecht, insbesondere den Kompetenzzuweisungen der Art. 32 und Art. 87 GG, aber im Einzelfall auch stillschweigend aus der Natur der Sache oder kraft Sachzusammenhangs zu einer ausdrücklich zugewiesenen Kompetenzmaterie." (Singer 2003, S. 7, i.O. z.T. fett).
681 Singer 2003, S. 7 f.; ein Versuch der Entflechtung wurde bereits 2003 mit den „Eckpunkten für die Systematisierung der Kulturförderung von Bund und Ländern und für die Zusammenführung der Kulturstiftung des Bundes und der Kulturstiftung der Länder zu einer gemeinsamen Kulturstiftung" unternommen. „Bund und Länder bekennen sich [darin] zu einer engen Zusammenarbeit in der Kulturförderung und zur Idee eines kooperativen Kulturföderalismus auf der Grundlage einer grundsätzlichen Trennung und klaren Zuordnung von Kompetenzen und Verantwortlichkeiten. Die Stärkung der Kulturstaatlichkeit Deutschlands und die Förderung des kulturellen Lebens im Innern und nach Außen ist gemeinsame politische Aufgabe von Bund und Ländern im Rahmen ihrer jeweiligen Verantwortung." Die Länder unterteilen darin zwischen *Korb 1: Unstreitige Förderkompetenzen des Bundes im Kulturbereich* (z.B. Auswärtige Kulturpolitik/Kulturförderung im Ausland, Repräsentation des Gesamtstaates einschließlich der gesamtstaatlichen Darstellung und Dokumentation der deutschen Geschichte, Repräsentation des Gesamtstaates in der Hauptstadt, Preußischer Kulturbesitz etc.) und *Korb 2: Streitige Förderungen des Bundes im Kulturbereich* (z.B. Förderung einzelner Kultureinrichtungen von nationalem Rang entsprechend jahrzehntelanger Staatspraxis und Vereinbarungen mit dem jeweiligem Sitzland, Förderung von nationalen Denkmälern, insbesondere Geburtsstätten herausragender deutscher Künstlerinnen

Insgesamt zielten die Föderalismusreformen I und II (2006 bzw. 2009) auf umfangreiche Veränderungen im föderalistischen Gefüge und auf die „Entflechtung von gesetzgeberischen und Verantwortungskompetenzen zwischen Bund und Ländern".[682] Als Ergebnis stand am Ende jedoch häufig „nicht die sinnvolle Zuordnung von Verantwortlichkeiten im Sinne zukunftsfähiger Entwicklung [...] sondern ein Machtausgleich".[683] Eine allgemeine Neuregelung von Verantwortlichkeiten in der Kulturpolitik war zwar nicht Gegenstand der Föderalismusreform I; dennoch sind vielfältige Auswirkungen festzuhalten: Zum einen erfolgte eine Neuregelung der kulturpolitischen Vertretung Deutschlands bei der EU (Art. 23 Abs. 6 GG). Doch trotz einer erweiterten Beteiligung der Länder erfolgt diese nach wie vor primär durch den *Beauftragten der Bundesregierung für Kultur und Medien*, da die EU bzw. der EU-Ministerrat vor allem für die Festlegung von ordnungspolitischen Rahmenbedingungen zuständig ist, die weiterhin in den Kompetenzbereich des Bundes fallen. Wagner verweist auch auf die „Festlegung, dass die ‚Repräsentation des Gesamtstaates in der Hauptstadt' eine ‚Aufgabe des Bundes' ist (Art. 22 GG)", wobei diese Regelung keine tatsächliche Veränderung darstellt sondern nur „eine unstrittige Selbstverständlichkeit" festhält, da der Bund durch die Trägerschaft einer ganzen Reihe kultureller Einrichtungen und durch weitere Förderungen bereits umfassend an der Kulturpolitik Berlins beteiligt war und ist. Bestätigt wurde durch die Föderalismusreform auch die Regelung, dass der „Schutz des Kulturguts gegen Abwanderung ins Ausland" in die alleinige Bundesbefugnis fällt (Art. 73 Nr. 5a (neu), 75 Nr. 6 (alt)). Von der Neufassung des Art. 104 b GG, mit der die Möglichkeiten des Bundes, die Länder finanziell zu unterstützen, stark eingeschränkt werden („Kooperationsverbot"), wurde der Kulturbereich ausgenommen. Erhalten blieb trotz der angestrebten Entflechtung auch die Mitwirkung des Bundes im Bereich der Kulturellen Bildung.

Thema der Föderalismusreform II im Jahr 2009 war insbesondere die Entflechtung der Finanzbeziehungen zwischen Bund und Ländern und die Begrenzung der Verschuldung sämtlicher staatlicher Ebenen. In der Folge war zu erwarten, dass sich der Druck auf die Kulturetats insbesondere von Ländern und Kommunen weiter verstärken würde, was den *Deutschen Kulturrat* dazu veranlasste, die Entschlüsse als „kulturfeindliche Schuldenbremse" zu bezeichnen; zugleich ist ein Abtragen der enormen Schuldenberge in Bund, Ländern

---

und Künstler, etc.) (vgl. Beauftragter der Bundesregierung für Kultur und Medien 2003).
682 Wagner 2010, S. 3.
683 Wagner 2010, S. 4.

und Kommunen im Sinne der Generationengerechtigkeit angeraten – wovon auch die Kulturetats nicht ausgenommen werden können. Langfristig positiv könnte sich jedoch auswirken, „dass Bundesmittel aus dem Konjunkturpaket II auch für Bildungs- und Kultureinrichtungen zur Verfügung standen, da in außergewöhnlichen Notfällen wie der derzeitigen Wirtschafts- und Finanzkrise auch Finanzhilfen des Bundes in Bereiche gehen können, wo der Bund keine originäre Kompetenz hat".[684] Grundsätzlich scheint die Voraussetzung für eine Entflechtung eine ehrliche Bestandsaufnahme der vorhandenen gemeinsamen Zuständigkeiten von Bund, Ländern und Kommunen zu sein, um am Ende nicht nur zu einer kooperativen sondern auch einer kompetitiven Kulturpolitik aller Ebenen zu kommen, die zur Aktivierung sämtliche Kräfte führen könnte.[685]

Zusammenfassend lässt sich festhalten, dass sich der Bund seit Mitte der 1980er Jahre verstärkt mit „aufwendigen Kulturinstitutionen in Szene zu setzen versucht" hat und z.B. durch die Bonner *Kunst- und Ausstellungshalle der Bundesrepublik Deutschland* im Sinne verstärkter „Staatsrepräsentation" agierte.[686] In Folge der Wiedervereinigung übernahm der Bund weitreichende Kompetenzen für die Kulturlandschaft Berlins und der neuen Länder. Zudem lassen die Einführung eines *Beauftragen der Bundesregierung für Kultur und Medien* und die Einsetzung des *Bundestagsausschusses für Kultur und Medien* sowie die Gründung der *Kulturstiftung des Bundes* im Jahr 2002 mit einem Fördervolumen von mittlerweile 35 Mio. Euro durchaus den Schluss zu, dass die Bundesebene in den vergangenen Jahrzehnten ihre Zuständigkeiten, ihre finanziellen Aktivitäten sowie ihre institutionelle Struktur ausgeweitet hat. Dass der Bund diese Richtung bewusst eingeschlagen hat, zeigt exemplarisch die Aussage des früheren *Staatsministers für Kultur und Medien*, Nida-Rümelin:

> Deutschland versteht sich als Kulturnation. Die deutsche Kultur war und ist ein wesentliches Element der nationalen Einheit. […] Dass die Förderung der deutschen Kultur – und damit die Wahrung und Darstellung der geistigen Identität und Einheit der Kulturnation Deutschland – auch eine Angelegenheit des Bundes ist, kann ernsthaft nicht in Frage gestellt werden.[687]

Nida-Rümelin ist dementsprechenden der Auffassung, „dass es im Kulturbereich ein Nebeneinader von kommunaler Kompetenz, Landeskompetenz und Bundeskompetenz geben kann", da sich die horizontal nebeneinander stehenden

---

684 Vgl. Wagner 2010, S. 3 ff.
685 Vgl. Scheytt 2008, S. 138.
686 Vgl. Wiesand 1994, S. 87.
687 Nida-Rümelin 2002, S. 87.

Kompetenzen nicht ausschlössen, sondern gegenseitig ergänzten.[688] Insgesamt hält er ein „kooperatives Verständnis des Kulturföderalismus" für wünschenswert und sieht als Voraussetzung für die zukünftige kulturelle Entwicklung Deutschlands die Notwendigkeit von Entflechtung und Systematisierung einerseits sowie Kooperation andererseits.[689] Die Abgrenzung der Zuständigkeiten scheint sich somit in einem relativ labilen Gleichgewicht zu befinden, das kontinuierlich austariert werden muss und auch für die Zukunft Kontroversen erwarten lässt.

Länder

Ganz anders als diejenige der Bundesebene klingt dagegen die Einschätzung der Länder, die „[d]as Bestreben des Bundes, die traditionell und qua Verfassung in die Verantwortung der Länder fallende Kulturpolitik zu akzentuieren" für „besonders problematisch" halten:[690]

> Meine Sorge ist, dass wir immer stärker zu einem vollständigen Kultur-Anspruch der Bundespolitik gelangen. Getreu der alten und bewährten Salamitaktik werden Grenzen verschoben, Kompetenzen verwischt und Aufgaben übernommen. Dabei handelt es sich bei der Kulturpolitik aber nicht um irgendeine Kompetenz der Länder, sondern um ein Herzstück des Föderalismus. Deshalb meine Vorsicht, meine Wachsamkeit und mein Hinweis, dass auf Dauer kein Mehrwert für Kunst und Kultur in Deutschland aus dieser Entwicklung entsteht. Aus dem allmählichen Aufgabenübergang resultiert vielmehr die Gefahr fortschreitender Zentralisierung und Berlin-Orientierung unter gleichzeitiger Reduktion des Kulturauftrags in der Fläche. Daher sollten diejenigen, denen die Kulturstaatlichkeit der Republik insgesamt am Herzen liegt, die Garantenfunktion der Länder dafür auch energisch verteidigen.[691]

---

688 Nida-Rümelin 2002, S. 96.
689 Nida-Rümelin 2002, S. 98 f.
690 Palmer 2002, S. 109; Palmer nennt hier als Einschnitt die Ernennung eines Kulturstaatsministers, bezeichnet dagegen die von der Regierung Kohl bzw. dem damaligen Staatsminister im Kanzleramt Anton Pfeiffer verfolgte aktive Bundes-Kulturpolitik (vgl. Museen in Bonn, Leuchtturm-Projekte etc.) als vergleichsweise „länderfreundlich", da diese „die Grenzziehung zwischen den Ebenen in der Politik und [...] auch die gesamtstaatlichen kulturellen Aufgaben der Länder [respektiert hätten]" (ebd., S. 109). Parteipolitische Positionierungen und Konfrontationen zwischen dem CDU-Politiker Palmer gegenüber dem von der SPD eingeführten Kulturstaatsminister sind somit unübersehbar.
691 Palmer 2002, S. 109.

Die in der Verfassung verankerte föderative Ordnung beruht auf der Überzeugung, „dass ein föderaler, am Subsidiaritätsprinzip orientierter Staatsaufbau am besten geeignet sei, die demokratischen und schöpferischen Kräfte unseres Gemeinwesens zur Entfaltung zu bringen".[692] Gleichzeitig schränkt die sogenannte Kulturhoheit der Länder „die kulturpolitische Kompetenz des Bundes ein, um einer zentralistischen Politik vorzubeugen und die Pluralität in der Definition, was Kultur ist und wie sie zu fördern sei, zu ermöglichen".[693] Von Länderseite wird unterstrichen, dass die Kulturhoheit „verfassungsgemäß grundsätzlich und vollständig in die Verantwortung der Länder [fällt]", „den harten Kern föderaler Eigenständigkeit [bildet]" und gerade der Föderalismus zu bemerkenswerter Kulturdichte, großer Vielfalt und regionaler Differenziertheit führe.[694]

In der Tat unterscheiden sich die kulturpolitischen Ausrichtungen der einzelnen Bundesländer erheblich, wie bereits die relevanten Abschnitte der jeweiligen Länderverfassungen zeigen.[695] Jedes der 16 Bundesländer verfügt über einen eigenen Kultusminister bzw. einen Staatsminister für Kultur und Bildung, der in der Staatskanzlei angesiedelt ist.[696] Die Studie von Sommer kommt nach der vertieften Analyse der einzelnen Landeskulturpolitiken zu folgendem Ergebnis:

> Aus den bisherigen Ausführungen lässt sich eine überraschende Vielseitigkeit der Kulturförderung in den Ländern erkennen. Die Länder sind neben den Städten und Gemeinden bedeutende kulturpolitische Akteure. Was die Förderpraxis und die Einbindung kommunaler Gebietskörperschaften angeht, kann keine politische Vereinheitlichung über die Landesgrenzen hinweg festgestellt werden, was den föderalen Pluralismus bestätigt![697]

Abstimmung erfährt die Kulturpolitik der einzelnen Länder im Rahmen der Kultusministerkonferenz, die die Förderung von Kunst und Kultur als gleichrangigen

---

692 Palmer 2002, S. 108.
693 Schneider 2000a, S. 276.
694 Palmer 2002, S. 113; gängig ist auch die Bezeichnung als „Kulturhoheit" der Länder oder die Einordnung als „Herzstück der Eigenstaatlichkeit der Länder" (Singer 2003, S. 6). Röbke und Wagner werfen allerdings die Frage auf, weshalb die Länder von der entsprechenden Gesetzgebungskompetenz im Kulturbereich nur zögerlich Gebrauch machen: „Gerade mit Gesetzen könnten sie [die Länder] ja die Eindeutigkeit von Verantwortungen selbst festlegen. Ländergesetze wie das Kulturraumgesetz in Sachsen [...] oder das Musikschulgesetz in Brandenburg [...] sind allerdings die absolute Ausnahme." (Röbke und Wagner 2002, S. 25).
695 Vgl. Deutscher Bundestag 2007, S. 80 f.; die Diversität der Kulturpolitiken der einzelnen Länder thematisiert das *Jahrbuch für Kulturpolitik 2012* zum Thema „Neue Kulturpolitik der Länder".
696 Vgl. Blumenreich und Wagner 2010, S. 6.
697 Sommer 2008, S. 123.

dritten Schwerpunkt neben den Bereichen Schule und Hochschule bezeichnet, auch wenn dieser nicht mit gleicher Häufigkeit länderübergreifenden Koordinierungsbedarf aufweise. Doch gerade die Frage des Bund-Länder-Verhältnisses in der Kulturförderung bilde einen Beratungsschwerpunkt und die Länder nehmen in der Kultusministerkonferenz „immer wieder gemeinsam zu einzelnen Kulturbereichen Stellung [...] und wirken durch die gemeinsame Förderung überregionaler Kultureinrichtungen zusammen".[698]

Verfassungsrechtlich beziehen sich die Länder auf das Grundgesetz: Hier wird der Kulturföderalismus zwar nicht explizit erwähnt, besitzt seine Gültigkeit aber *ex negativo*. Nach Art. 30 GG ist die Ausübung staatlicher Befugnisse Ländersache, soweit das Grundgesetz keine andere Regelung trifft.[699] Es ist deshalb von der „Kulturhoheit" oder der „vorrangigen Kulturkompetenz" der Länder die Rede. Eingeschränkt wird diese lediglich „durch die Zuständigkeiten des Bundes für die Auswärtige Kulturpolitik, das Verlags- und Urheberrecht, die allgemeinen Rechtsverhältnisse für Presse, Film und Sozialversicherung sowie für den ‚Schutz des deutschen Kulturgutes gegen Abwanderung'".[700] Wiederholt bestätigte das Bundesverfassungsgericht diese Interpretation („Kulturhoheit der Länder" als das eigentliche Kernstück ihrer Eigenstaatlichkeit[701]) und auch Politiklexika schließen sich dieser Auffassung an.[702] Die Länder werden sich somit wohl auch weiterhin auf ebendiese „Kulturhoheit" berufen; als insgesamt gangbarer Weg für

---

[698] Ständige Konferenz der Kultusminister der Länder in der Bundesrepublik Deutschland 2013.

[699] Röbke und Wagner 2002, S. 14; konkret steht in Art. 30 des Grundgesetzes folgendes zu lesen: „Die Ausübung der staatlichen Befugnisse und die Erfüllung der staatlichen Aufgaben ist Sache der Länder, soweit dieses Grundgesetz keine andere Regelung trifft oder zuläßt."

[700] Wagner 2010, S. 2.

[701] Der Begriff der *Hoheit* ist dabei jedoch differenziert zu betrachten: „Der Streit zwischen Bund und Ländern um die vermeintliche ‚Kulturhoheit' ist dabei doppelt absurd: zum einen haben die Kommunen über Jahrzehnte hinweg fast die Hälfte der öffentlichen Kulturausgaben finanziert und damit fast genau so viel wie der Bund und alle Länder zusammen genommen, zum anderen ist das Verhältnis der Politik zur Kultur kaum missverständlicher auszudrücken als durch den Begriff der ‚Kulturhoheit'. Ein Staat, der der Kultur mit hoheitlicher Gebärde begegnet, ist sicher kein Kulturstaat." (Lammert 2002, S. 75). Auch Häberle problematisiert den Begriff der *Hoheit*, der nicht wörtlich zu nehmen sei, sondern im Sinne von „Kompetenz, Sensibilität und pluraler Offenheit, auch Kooperationsbereitschaft" zu interpretieren sei (Häberle 2002, S. 130 f.).

[702] Vgl. exemplarisch Lenz und Ruchlak 2001, S. 123, Schmidt 2004, S. 397 f.

eine konstruktive Zusammenarbeit insbesondere mit der Bundesebene wird dabei die Idee des *kooperativen Kulturföderalismus* beschrieben, der sich auch durch die wachsenden EU-Kompetenzen nicht beschränken lassen sollte – im Gegenteil müsse im Sinne eines „Europa der Regionen" die föderale Vielfalt und somit die „Kulturvielfalt auch innerhalb der einzelnen Mitgliedstaaten" gestärkt werden.[703] Zentrale Voraussetzung für die erfolgreiche und dauerhafte Umsetzung des Konzepts des kooperativen Kulturföderalismus wäre jedoch zunächst die Klärung der Kompetenzen und v.a. nicht nur die Entflechtung und Abgrenzung, sondern auch die Bereitschaft beider Seiten konstruktive Kooperationsmöglichkeiten zu schaffen, oder wie Röbke und Wagner formulieren: „Verantwortungsaufteilung muss nicht gleichzeitig zur Vermeidung von Kooperation führen. Auch an besseren Strukturen, die echte Zusammenarbeit ermöglichen, muss weitergearbeitet werden, nicht nur an der Entflechtung."[704] Zudem weisen die Autoren darauf hin, dass der kooperative Kulturföderalismus „Formen gemeinsamer Förderung und Trägerschaft hervorgebracht [hat], auf die aus Prinzipiengründen zu verzichten wenig Sinn macht, zumal auch nicht absehbar ist, dass die ausschließliche Trägerschaft durch eine Staatsebene besser funktionieren würde".[705] Dementsprechend halten sie den Bund für einen legitimen Mitspieler, denn

> er fördert ja nicht auf einem ‚fernen Planeten namens Bundesrepublik' [so schreiben Fuchs und Zimmermann im gleichen Band], sondern in jeweils konkreten Regionen und Ländern – ganz sicher zum Vorteil der dort lebenden Bevölkerung, vor allem aber auch: der Künstlerinnen und Künstler, der Kultureinrichtungen und -projekte.[706]

Die vorgestellten Argumente und Positionen zeigen, dass Bund und Länder sich in einem andauernden Prozess des Aushandelns von (Finanzierungs-)Kompetenzen befinden. Mit Blick auf den weiteren Gang der Untersuchung wird zu

---

703 Häberle 2002, S. 132; vgl. generell zum Verhältnis zwischen Kultur und Verfassungsstaat und auch zum Verhältnis des Staats zu anderen Akteuren des Kulturbereichs im Sinne eines „kulturellen Trägerpluralismus" ebd., S. 115 ff.

704 Vgl. Röbke und Wagner 2002, S. 27; auch Otto ruft zu einem „ehrlichen Kulturföderalismus" mit dem Ziel einer „Entflechtung" und „Systematisierung" auf – was mit einschließe, dass die Länder den Bund nicht nur herbeirufen, wenn es um die (Mit-) Finanzierung von Kultureinrichtungen oder -projekten geht, sondern ihn auch an der inhaltlichen Ausgestaltung beteiligten (vgl. Otto 2002, S. 81). Otto präzisiert „Entflechtung" dabei als Überarbeitung der Mischfinanzierung zwischen Bund und Ländern, meint hiermit also die finanzielle Ebene; „Systematisierung" bezieht sich dagegen auf die Aufteilung und gesetzliche Fixierung der kulturpolitischen Zuständigkeiten und somit auf die (Gesetzgebungs-)Kompetenz (vgl. ebd., S. 83 f.).

705 Vgl. Röbke und Wagner 2002, S. 31.

706 Vgl. Röbke und Wagner 2002, S. 33.

prüfen sein, wie die Zuständigkeiten in Italien geregelt sind und welchen Einfluss die Bundes- und Landesebene auf die konkrete Ausgestaltung kommunaler Kulturpolitik zeigen, die im folgenden Kapitel thematisiert werden soll und im Mittelpunkt der empirischen Untersuchung stehen wird.

Kommunen

Die vorangegangenen Ausführungen konnten zeigen, dass die Prinzipien der Subsidiarität und der Dezentralität die Basis der Kulturpolitik in Deutschland darstellen und dementsprechend liegen die umfangreichsten kulturpolitischen Kompetenzen bei den Städten und Kommunen. Diese berufen sich auf Art. 28, Abs. 2 des Grundgesetzes, der ihnen das Recht auf eine eigenverantwortliche Kulturpolitik garantiert:

> Den Gemeinden muß das Recht gewährleistet sein, alle Angelegenheiten der örtlichen Gemeinschaft im Rahmen der Gesetze in eigener Verantwortung zu regeln. Auch die Gemeindeverbände haben im Rahmen ihres gesetzlichen Aufgabenbereiches nach Maßgabe der Gesetze das Recht der Selbstverwaltung. Die Gewährleistung der Selbstverwaltung umfaßt auch die Grundlagen der finanziellen Eigenverantwortung [...].[707]

Basierend auf dieser Garantie der kommunalen Selbstverwaltung betreiben und fördern die Gemeinden eine Vielzahl von Kultureinrichtungen. Dabei grenzen sie sich bewusst gegenüber einer „Kulturpolitik von oben" ab:

> Denn dieses Selbstbewußtsein, nicht hoheitliches staatliches Organ, sondern gelebter, wertorientierter sozialer Nahraum zu sein, macht die Kommunen dann auch in ihrem Selbstbild zu einem kanonischen Träger einer nicht-dirigistischen Kulturpolitik, die es mit der (durch Art. 5 GG hochrangig geschützt) ‚Kunst' zu tun hat, die eben aufgrund dieser Verfassungsgarantie – natürlich auf der Grundlage der Autonomie-Ästhetik i.S. von Kant und Schiller – auch keine staatliche Gängelung und Zensur verträgt. In verfassungsrechtlicher Interpretation liest sich also Art. 28.II geradezu als Organisationsmodell für den in Art. 5 festgelegten Inhalt – zumindest ist dies eine weitverbreitete (kommunale) Argumentationslinie.[708]

Problematisch ist allerdings, dass kaum gesetzliche Regelungen zur konkreten Erfüllung dieser freiwilligen Selbstverwaltungsaufgabe vorliegen.[709] Dieses „Normenvakuum" kann einerseits positiv bewertet werden, „da die Gemeinde hier noch einen breitgefächerten Handlungs- und Ermessensspielraum besitzt,

---

707 Bundesministerium der Justiz 23.05.1949.
708 Fuchs 1998, S. 260.
709 Die geringe Bedeutung gesetzlicher Vorgaben für die deutsche Kulturpolitik sowie den Kulturbegriff wurde bereits in Kapitel 2.1 thematisiert.

in dem sie ungehindert von staatlicher Reglementierung bürgernahe Kulturpolitik gestalten kann". Allerdings fehlen aus diesem Grunde entsprechende Gesetzeskommentierungen sowie Regelwerke und in Folge dessen wird die Legitimation kommunaler Kulturpolitik immer wieder in Frage gestellt:[710]

> Kunst und Kultur werden aufgrund nur rudimentärer und vereinzelter gesetzlicher Regelungen nicht als Pflichtaufgaben, sondern meist sehr undifferenziert als so genannte ‚freiwillige' Leistungen eingestuft. Bei einer genaueren rechtlichen Analyse wird jedoch deutlich, dass diese Einordnung allzu pauschal ist. Denn es gibt eine Reihe von Ansatzpunkten, aus Verfassungsnormen und Kommunalgesetzen zumindest eine grundsätzliche Verpflichtung der öffentlichen Hand zur Sicherung der kulturellen Grundlagen herzuleiten. Für das ‚Wie' der kulturellen Aufgabenerfüllung gibt es allerdings große Ermessens- und Handlungsspielräume der Kommunen.[711]

In der Folge bleibt deshalb festzuhalten, dass „[d]ie öffentliche Gestaltungsaufgabe ‚Kulturpolitik' […] auch in Zeiten leerer Kassen von dem Grundsatz auszugehen [hat], dass es eine öffentliche Kulturfinanzierung geben wird und geben muss".[712] Um diese zu gestalten, verfügen die Gemeinden im Rahmen der Selbstverwaltungsgarantie über eine Rechtssetzungsbefugnis in Bezug auf alle Angelegenheiten der jeweiligen örtlichen Gemeinschaft, wobei insbesondere die Satzungsautonomie als „unantastbarer Kernbereich" zu erwähnen ist, der es den Gemeinden ermöglicht, in ihrem Wirkungskreis die Aufgabe sachgerechter Gestaltung und Ordnung wahrzunehmen.[713] Die Kommunen sind somit im Rahmen der gesetzlich vorgegebenen Möglichkeiten für das kulturelle Wohlbefinden ihrer BürgerInnen verantwortlich und sie haben sich in diesem Sinne immer mehr zu einem Dienstleister entwickelt, „der die Versorgung des Bürgers in den verschiedensten Bereichen übernahm und sicherstellte".[714]

Ein wichtiger Impulsgeber für die kommunale Kulturpolitik ist seit den 1950er Jahren der *Deutsche Städtetag*, der als kommunaler Spitzenverband rund 3400 kreisfreie und kreisangehörige Städte mit insgesamt mehr als 51 Mio.

---

710 Küppers und Müller 1994, S. 1.
711 Scheytt 2001, S. 30.
712 Scheytt 2001, S. 30.
713 Vgl. Klein 1995, S. 11 f.; Klein verweist auf die drei Faktoren, die erfüllt sein müssen, damit eine Regelung von Angelegenheiten in überschaubaren Bereichen vorliegt: „räumlich muß sich die Regelung auf das Gemeindegebiet beschränken; sachlich muß eine kommunale Selbstverwaltungsaufgabe vorliegen; personell darf sich die Regelung grundsätzlich nur an die Einwohner der Gemeinde als Mitglieder dieser Gebietskörperschaft richten." (ebd. S. 12).
714 Ameln 2001, S. 64.

Einwohnern repräsentiert.[715] Zusammen mit dem *Deutschen Städte- und Gemeindebund* sowie dem *Deutschen Landkreistag* stellt er die entscheidende Koordinierungsstelle für kommunale Kulturpolitik dar.[716] Diese drei Spitzenverbände sind in der *Bundesvereinigung der kommunalen Spitzenverbände* zusammengeschlossen, um sich unter Federführung des *Deutschen Städtetags* insbesondere auf europäischer Ebene, aber auch gegenüber Bundesregierung, Bundestag und Bundesrat zu Fragen der kommunalen Selbstverwaltung und generell im Interesse der Städte zu äußert.[717]

Eindeutig Position beziehen die Kommunen auch gegenüber der Landesebene, mit der (vergleichbar den Konflikten zwischen Bund und Ländern) bisweilen Kompetenzstreitigkeiten etwa in Bezug auf die Finanzierung bestehen, die der Kooperation zwischen den beiden Regierungsebenen immer wieder entgegenstehen. Insgesamt ist festzuhalten, dass es keine offizielle Koordinierungsstelle für kulturpolitische Aktivitäten von Ländern und Kommunen gibt. Konsultation und Kooperation zwischen Ländern und Kommunen finden deshalb auf verschiedenen Wegen statt, z.B. durch Regionalkonferenzen.[718] Diese können jedoch grundsätzliche Differenzen zwischen Ländern und Kommunen häufig nicht ausräumen:

> In allen Landesverfassungen genießen Kunst und Kultur einen verfassungsrechtlichen Schutz. Dieser kann und darf sich aber nicht nur auf die eigenen Einrichtungen beziehen, sondern die Länder sind in besonderem Maße in der Pflicht, auch die Kommunen bei der Erfüllung ihres Verfassungsauftrages finanziell zu unterstützen. Die Aufgabenteilung Spitzenkultur des Landes versus Breitenkultur in den Städten und Gemeinden (die dann auch von diesen allein zu finanzieren ist) bleibt unakzeptabel.[719]

Die Intensität der Kooperationen variiert von Bundesland zu Bundesland – häufig in Abhängigkeit von den Finanzmitteln der jeweiligen Akteure.[720] Für NRW,

---

715 Deutscher Städtetag 2013b; vgl. vertiefend zu den Aktivitäten des *Deutschen Städtetages* Kapitel 3.2.3.
716 Vgl. Blumenreich und Wagner 2010, S. 7.
717 Vgl. Deutscher Städtetag 2013a; der *Deutsche Städtetag* repräsentiert primär die größeren Kommunen, der *Deutsche Städte- und Gemeindebund* vertritt zusammen mit dem *Deutschen Landkreistag* die kleineren Gemeinden (vgl. Singer 2003, S. 8). Im *Deutschen Städte- und Gemeindebund* sind aktuell über 11.100 kreisangehörigen Städte und Gemeinden mit zusammen mehr als 50 Mio. Einwohnern zusammengeschlossen (vgl. Deutscher Städte- und Gemeindebund 2013).
718 Vgl. Blumenreich und Wagner 2010, S. 7.
719 Bartella 2003, S. 42.
720 Vgl. Sommer 2008, S. 90 ff.

das im Rahmen der vorliegenden Arbeit mit der Fallanalyse zu Essen eine besondere Rolle spielt, ist festzuhalten, dass sich das Land seit Mitte der 1990er Jahre stärker in der Kulturpolitik engagiert. Die Beteiligung an der *RuhrTriennale* oder die Erhöhung der Landeskulturausgaben seit der *CDU*-Regierung unter Rüttgers 2005 scheinen zwar eine gewisse Zentralisierung widerzuspiegeln, doch nach wie vor tragen die Kommunen in NRW rund 80% der Kulturausgaben und es ist keine Ausrichtung auf die Landeshauptstadt zu erkennen. Bestehende Verflechtungen durch gemeinsame Finanzierungen von Land und Kommunen basieren auf ebenenübergreifenden Diskussionsprozessen sowie in der Regel entsprechend der Kriterien Kooperation, Kommunikation, Koordination und Konsensfindung.[721] Sommer kommt insgesamt mit Blick auf die Kooperationsformen zwischen Ländern und Kommunen zu folgendem Ergebnis:

> Die Länder kooperieren auf vielfältige Weise mit Städten und Gemeinden. So erhalten kulturelle Einrichtungen in kommunaler Trägerschaft oftmals Landeszuschüsse, und manchmal wird eine gemeinsame Aufsicht über entsprechende Institutionen ausgeübt. Absprachen zwischen Kulturpolitikern auf Landes- und Kommunalebene sind üblich, was eine intensive Verflechtung beider Ebenen ergibt. Von einer Bevormundung der Städte und Gemeinden oder sogar einer Beeinträchtigung des Art. 28 II GG zu sprechen ist nicht gerechtfertigt. Die Zusammenarbeit ist grundsätzlich freiwillig, hoheitliche Akte in Form von Gesetzen bilden eine Ausnahme. [...] Eine ‚Bedrohung' der Kompetenzen lokaler Gebietskörperschaften kann jedoch dann entstehen, wenn aufgrund mangelnder Finanzmittel die ‚Selbst'verwaltung nicht mehr funktioniert und fremde Hilfen dringend benötigt werden. Damit sind die inhaltlichen Grundsätze des Art. 28. II GG berührt, denn eigene politische Rechte müssen aus eigener Kraft umgesetzt werden, alles andere führt zur Bevormundung. Aufgrund der Krisen in den öffentlichen Haushalten von Städten und Gemeinden tritt dieser Aspekt immer deutlicher hervor, stärker in Ostdeutschland als im Westen der Republik. Sollte in Zukunft keine Besserung erfolgen, besteht die Gefahr, dass die Selbstbestimmungsrechte nach Art. 28 II GG nur noch auf dem Papier bestehen werden.[722]

Konkrete Ausprägung findet kommunale Kulturpolitik nun durch ein Kulturdezernat oder ein Kulturamt, das vom Kulturdezernenten geleitet wird; in der Regel verfügen Kommunen mit über 50.000 Einwohnern über entsprechende Strukturen.[723] Dem Kulturdezernenten untersteht die Kulturverwaltung, die für

---

721 Vgl. Sommer 2008, S. 110 ff.
722 Sommer 2008, S. 123 f.
723 Vgl. Blumenreich und Wagner 2010, S. 6; in der Regel ist das Kulturdezernat zugleich für weitere Ressorts zuständig. Nachdem sich in den 1970er und 1980er Jahren die kommunalen Kulturämter häufig aus dem traditionellen Verbund mit den Schul- und Sportämtern gelöst hatten, zeigt sich inzwischen eine gegenläufige

die praktische Umsetzung der politisch vorgegebenen Richtungsentscheidungen verantwortlich ist. Diese werden häufig in Form von kulturpolitischen Leitlinien oder Kulturentwicklungsplänen festgeschrieben, die „auf der Grundlage von Kenntnissen und Analysen über den Zustand der Kulturarbeit Ziele für die Entwicklung der Kulturarbeit" formulieren und in denen herausgearbeitet wird, wie diese Ziele langfristig verwirklicht werden sollen.[724] Kulturpolitische Leitlinien werden jeweils in Abstimmung zwischen Verwaltung und Politik vereinbart; sie definieren das Spektrum und die Ausrichtung der Kulturpolitik, sodass zwischen der Verwaltung und den Kulturträgern mehrjährige Zuschussverträge geschlossen werden.[725] Die Frage „Wer bestimmt, was Kultur ist, was an Kultur in einer Stadt geschieht?" wird somit von Politik, Verwaltung und Kulturträgern gemeinsam beantwortet. Die Politik entscheidet über die Förderhöhe in Abhängigkeit von den Leistungen der Kulturträger, den Interessen der BürgerInnen und den langfristigen kulturpolitischen Zielsetzungen. Die Verwaltung führt diese Vorgaben aus, koordiniert die Kulturaktivitäten, schiebt Projekte an und berät die Kulturträger. Diese wiederum erstellen selbständig ihr jeweiliges Programm, ihre Projekte oder den Spielplan und variieren ihr Angebot je nach ihrer individuellen kulturpolitischen Ausrichtung bzw. den Publikumsinteressen.[726] Schneider definiert Kulturverwaltungen als

> Einrichtungen der öffentlichen Hand zur Verwaltung der kulturellen Angelegenheiten, in Kommunen und Landkreisen in der Regel die Kulturämter [...]. Artikel 28 Abs. 2 des Grundgesetzes gewährt den Gemeinden das Recht, alle Angelegenheiten der örtlichen Gemeinschaft im Rahmen der Gesetze in eigener Verantwortung zu regeln. Dazu zählen im Wesentlichen als sogenannte freiwillige Leistungen die kulturelle Förderung. Kulturverwaltungen sorgen für die konzeptionelle und ökonomische Durchführung kulturpolitischer Entscheidungen. Dazu gehören zunächst die institutionellen Einrichtungen der Künste wie Theater, Bibliotheken und Museen sowie die kulturelle Bildung an Volkshochschulen, Musikschulen und Jugendkunstschulen. Darüber hinaus sind Kulturverwaltungen auch für die Abwicklung von Projektförderungen zuständig, die

---

Tendenz: Kaum eine Großstadt „leistet sich für Kultur noch einen eigenen Dezernenten, vielmehr stehen die meisten Beigeordneten Gemischtwarenläden vor, die häufig Schule, Bildung, Wissenschaft oder Sport, mitunter aber auch Jugend und Soziales oder Personal und Organisation umfassen. Das hat einerseits zu inhaltlichen Verknüpfungen und Synergien, andererseits aber auch zu einer Marginalisierung der Kultur geführt, die vielerorts nur noch als fünftes Rad am Wagen ziert." (Frankfurter Allgemeine Zeitung 2004).

724 Kathen 2000, S. 73.
725 Vgl. Kathen 2000, S. 76 f.
726 Vgl. Kathen 2000, S. 78.

Musikveranstaltungen, freien Theatern oder auch soziokulturellen Angeboten sowie der Arbeit von Kulturvereinigungen wie Gesangvereinen, Kirchenchören oder Filmclubs zugute kommen. Kulturverwaltungen auf kommunaler Ebene sind gelegentlich aber auch selbst Veranstalter von Kulturprogrammen. Zu ihren Handlungsfeldern gehören Stadt- und Straßenfeste, Kulturprogramme in Bürgerhäusern, Stadtteilkulturarbeit, Kunstausstellungen, Lesungen oder Konzertreihen.[727]

Die in Kapitel 2 thematisierten Schwierigkeiten im Verhältnis von Kunst und Verwaltung spezifiziert Bandelow im Hinblick auf das Arbeitsfeld kommunale Kulturarbeit bzw. Kulturverwaltung: Er beschreibt diese als „‚Grenzgänger-Verwaltung' im Spannungsfeld zwischen den Rationalitäten einer öffentlich-rechtlichen Verwaltung und denen einer Kunst- und Kulturszene". Er verweist auf „machttheoretische Fragen in politisch-administrativen Systemen" und auf die Schwierigkeit einer „Arbeit unter dem Damoklesschwert der ‚Freiwilligkeit' eines Arbeitsfeldes".[728] Auch Schneider thematisiert das Verhältnis von Politik und Verwaltung:

> Die Macher vor Ort sind zumeist auch jene, die die kulturelle Praxis konzeptionell bestimmen. Die Pragmatiker obsiegen aufgrund ihrer Nähe zum Politikfeld und ihrer Möglichkeiten des Apparats. Ich habe so manchen Kulturangestellten schmunzelnd sagen hören, dass es ihm egal ist, wer unter ihm Kulturdezernent ist. Die Wahlbeamten wechseln, die Verwaltungsbeamten bleiben. Ist dieses Phänomen der Kulturpolitik in unserer parlamentarischen Demokratie so gewollt? Ist das Kunst und Kultur dienlich? Ist das vielleicht sogar der direkte Weg, Kunst und Kultur zu ermöglichen? Schließlich werden die Rahmenbedingungen für die Kulturprogramme der Kommunen größtenteils doch auch von den Verwaltungen geschrieben. Oder wer leistet sich heute noch eine Kulturentwicklungsplanung, die von einem breiten gesellschaftlichen Diskurs begleitet wird? Einzig das betriebswirtschaftliche Know how ist noch gefragt und darf von außen beigetragen werden. Aber dahinter stehen weniger die Kulturverantwortlichen als viel mehr die Haushälter und Finanzpolitiker mit ihren kulturpolitischen Vorgaben […]. Meiner Meinung nach ist diese Entwicklung eine falsche; sie degradiert Kulturpolitik zum bürokratischen Verwaltungshandeln und verhindert eine inhaltliche Auseinandersetzung mit Förderzielen und Aufgaben einer verantwortlichen Kommunalpolitik. Doch darüber wäre zu streiten.[729]

Prinzipiell würde kommunale Kulturpolitik über einen weiten Handlungsspielraum verfügen, wie der Titel „Kulturpolitische Profile in der Kommune – Verwalter, Gestalter, Moderatorin, Ermöglicher oder Visionärin" des entsprechenden Aufsatzes von Schneider veranschaulicht. Insbesondere durch eine Kombination

---

727 Schneider 2000d, S. 277; i.O. Kulturverwaltung abgekürzt durch K.
728 Bandelow 2012, S. 260.
729 Schneider 2000b, S. 108 f.

all dieser Ausprägungen ließe sich Kulturpolitik auf kommunaler Ebene entscheidend intensivieren. Schneider regt dementsprechend an, die in den 1970er Jahren erarbeiteten Impulse wieder ernster zu nehmen, verstärkten Austausch mit der kulturellen Szene zu suchen, Kulturentwicklungspläne u.a. mit dem Ziel der Planungssicherheit weiterzuentwickeln sowie verstärkte Kooperationen mit Schulen, Sozialeinrichtungen, dem Jugenddezernat etc. und auch den Landkreisen zu suchen.[730] Zentral wäre zudem, die Kulturvermittlung zu fokussieren und dabei nicht nur zur aktiven Rezeption, sondern auch zur kulturellen Produktivität anzuregen. Schneider kommt zu folgendem Fazit:

> Es ist an der Zeit, die Profile kommunaler Kulturpolitik zu definieren, es ist an der Zeit, die Messlatte kulturellen Verständnisses und Engagements in der Politik hoch zu legen, es ist an der Zeit, Modelle eines kulturpolitischen Netzwerkes zwischen Künstlern, Kulturschaffenden und Kulturpolitikern zu etablieren. Damit Kultur in der Politik wieder an Profil gewinnt.[731]

Als problematisch gilt allerdings, dass Kulturpolitik mit ständig verändernden Rahmenbedingungen konfrontiert ist. Insbesondere die strukturelle Krise der öffentlichen Haushalte macht Kostensenkungen auf kommunaler Ebene häufig unumgänglich und erfordert eine Verbesserung der Qualität, die Optimierung der Arbeitsprozesse, den Abbau von formalen und funktionalen Hierarchien und somit insgesamt ein besseres Management.[732] Auch ausgehend von diesen Veränderungen entwickelte sich im Verlauf der 1990er Jahre das bereits thematisierte Konzept des Kulturmanagements; außerdem sollten durch das Neue Steuerungsmodell sowie Kulturentwicklungspläne neue Perspektiven eröffnet werden.[733] Gerade die Zielsetzung, Planungsprozesse einzuleiten und in Kooperation mit den BürgerInnen Kulturpolitik zu gestalten, stellt nach wie vor einen zentralen Ansatz kommunaler Kulturpolitik dar. Im Sinne der Bürgergesellschaft sehen sich die BewohnerInnen mehr und mehr als Kunden, Berater und politische Auftraggeber an und möchten das Gemeinwesen aktiv mitgestalten. Ermöglicht wird dies u.a. durch die neuen Kommunikationsmedien, die erweiterte Möglichkeiten des Erfahrungsaustauschs bieten und somit die Grundlage für eine kulturpolitische Kommunikation zwischen den unterschiedlichen Akteuren darstellen. Beachtung finden sollten dabei auch die multikulturellen Veränderungen der Gesellschaft, indem die Belange der MigrantInnen in den

---

730 Vgl. Schneider 2000b, S. 105 ff.
731 Schneider 2000b, S. 110 (i.O. z.T. fett).
732 Vgl. Richter 2000, S. 8 f.
733 Vgl. hierzu vertiefend Kapitel 3.1.5.

kulturpolitischen Diskurs Eingang finden und Akteure aus diesen Gruppen für die kulturpolitischen Prozesse gewonnen werden.[734] Kommunale Kulturverwaltungen müssen somit ihre Funktion als Dienstleister für die BürgerInnen aktiv wahrnehmen und ihre Organisationsstrukturen weiter anpassen.

Kulturpolitik ist Kommunalpolitik – darüber besteht in Deutschland Konsens und dieses Diktum liegt nicht zuletzt in der Höhe der Kulturausgaben der kommunalen Ebene begründet. Trotz der kontinuierlichen Erhöhung der Bundesausgaben für Kultur stellen die Kommunen mit 44,4% noch immer den wichtigsten Geldgeber dar und investierten 2009 rund 4,1 Mrd. Euro, was einem Anteil von 2,3% an ihren Gesamtausgaben entsprach – im Vergleich zu 0,7% des Bundes und 1,8% der Länder.[735] Zur Verteilung ist im Kulturfinanzbericht 2012 folgendes zu lesen:

> 2009 betrugen die laufenden Grundmittel (Personal- und laufender Sachaufwand abzüglich der laufenden Einnahmen) der Gemeinden insgesamt 3,8 Milliarden Euro. Knapp ein Viertel (23,0 % bzw. 877,6 Millionen Euro) des gesamten laufenden Ausgabevolumens der Gemeinden entfiel 2009 auf die zehn Städte (ohne Stadtstaaten) mit 500 000 und mehr Einwohnern. Gut ein Fünftel aller Ausgaben (19,5 %; 744,6 Millionen Euro) stellten die Großstädte mit 200 000 bis unter 500 000 Einwohnern bereit. In der Gemeindegrößenklasse 100 000 bis unter 200 000 Einwohner wurden 12,3 % der laufenden Kulturausgaben ausgegeben (469,0 Millionen Euro). Die Gemeinden mit 20 000 bis unter 100 000 Einwohnern hatten laufende Ausgaben von 854,9 Millionen Euro, das waren 22,4 % der laufenden Gemeindeausgaben insgesamt.[736]

2009 investierten die Gemeinden im Kulturbereich durchschnittlich 50,20 Euro pro Einwohner, wobei „[a]ufgrund der höheren Dichte von Kulturangeboten und deren Bedeutung für das Umland [...] in der Regel die Kulturausgaben der Großstädte je Einwohner höher als die Ausgaben der kleineren Gemeinden [sind]"; die Großstädte mit 500.000 und mehr Einwohnern stellten 2009 für kulturelle Angelegenheiten 128,05 Euro je Einwohner zur Verfügung und Großstädte mit 200.000 bis unter 500.000 Einwohnern 114,07 Euro. In der Gemeindegrößenklasse von 20.000 bis unter 100.000 Einwohnern lagen die Pro-Kopf-Ausgaben bei 38,25 Euro und in den Kleinstädten mit 10.000 bis unter 20.000 Einwohnern bei 19,87 Euro.[737]

---

734 Vgl. Richter 2000, S. 15 f.
735 Vgl. Statistische Ämter des Bundes und der Länder 2012, S. 28.
736 Statistische Ämter des Bundes und der Länder 2012, S. 42; zu methodischen Problemen bei der Erhebung der Daten auf kommunaler Ebene insbesondere durch die Umstellung vom kameralen auf das doppische System, vgl. ebd., S. 42 f.
737 Vgl. Statistische Ämter des Bundes und der Länder 2012, S. 42 f.

2009 gaben alle Gebietskörperschaften zusammen 35,4% ihrer Kulturausgaben für den Bereich Theater und Musik aus, der damit noch vor allen anderen Kultursparten wie Museen oder Bibliotheken liegt.[738] Insbesondere in den Großstädten erfuhr diese Sparte umfangreiche Förderung: 62,0% des Kulturbudgets investierten 2009 die Städte mit mehr als 500.000 Einwohnern in ihre Theaterlandschaft, bei den Städten mit 200.000 bis 500.000 Einwohnern lag der Anteil bei 58,6% und bei denjenigen mit 20.000 bis 100.000 Einwohnern immerhin noch bei 32,5%.[739]

Bedingt durch den föderalen Aufbau ist die Theaterlandschaft in Deutschland äußerst vielfältig und beschränkt sich nicht wie in vielen anderen Staaten auf einige wenige Metropolen. Ausweislich der Bühnenstatistik des Deutschen Bühnenvereins gab es in der Spielzeit 2008/2009 in 125 Städten 144 Theater mit 888 Spielstätten und knapp 300 000 Plätzen. Die öffentlichen Haushalte stellten 2009 aus allgemeinen Haushaltsmitteln 3,2 Milliarden Euro für den Bereich Theater und Musik zur Verfügung. Von allen Gebietskörperschaften wurden die öffentlichen Ausgaben für Theater und Musik 2009 überwiegend von den Gemeinden getragen (55,1%). Diese stellten hierfür aus allgemeinen Haushaltsmitteln 1,8 Milliarden Euro bereit. Weitere 1,4 Milliarden Euro steuerten die Länder und 15,6 Millionen Euro der Bund bei. Zwischen 1995 und 2009 stiegen die öffentlichen Ausgaben für Theater und Musik insgesamt um 17,6%, zum Vorjahr 2008 um 4,3%.[740]

In kleineren Gemeinden wurde der größte Anteil der Kulturausgaben für Bibliotheken ausgegeben: Der Anteil lag 2009 bei den Städten mit 10.000 bis 20.000 Einwohnern fast bei einem Drittel der Gesamtausgaben (29,4%); bei Städten der Gemeindegrößenklasse 3.000 bis 10.000 Einwohner bei 31,5%. Die Ausgaben für Museen betrugen mit kleinen Schwankungen über alle Größenklassen hinweg im Durchschnitt 13,6%.[741] Sowohl in Bezug auf die Bibliotheken, als auch mit Blick auf die Museen wird jeweils knapp die Hälfte der öffentlichen Ausgaben durch die Gemeinden getragen (49,6% bzw. 47,1%).[742]

---

738 Statistische Ämter des Bundes und der Länder 2012, S. 56.
739 Vgl. Statistische Ämter des Bundes und der Länder 2012, S. 41; erwähnt werden soll in diesem Zusammenhang das häufig als „Kulturexport" bezeichnete Problem, „dass Besucher aus dem Einzugsbereich zwar die von den Städten geförderten Veranstaltungen und Einrichtungen besuchen, aber mit ihren Steuerzahlungen in der Heimatgemeinde keinen Beitrag leisten, die Betriebszuschüsse abzudecken." (vgl. Bartella 2003, S. 41). Das Ziel des *Deutschen Städtetags* eines interkommunalen „Kulturfinanzausgleichs" konnte jedoch bislang nicht umgesetzt werden.
740 Statistische Ämter des Bundes und der Länder 2012, S. 56.
741 Vgl. Statistische Ämter des Bundes und der Länder 2012, S. 41.
742 Vgl. Statistische Ämter des Bundes und der Länder 2012, S. 56 bzw. S. 60.

Viele lokale kulturelle Aktivitäten werden in unterschiedlichem Maße durch die Länder und bei besonders herausgehobenen Veranstaltungen durch den Bund finanziert. Aber auch der private Bereich (z. B. Unternehmen, Sponsoren, Vereine) beteiligt sich an der Finanzierung kommunaler Kulturangebote. Im Bereich der Kulturförderung haben die öffentlich-rechtlichen Sparkassen eine herausgehobene Stellung. Im Jahr 2009 finanzierten sie Kulturprojekte im Umfang von insgesamt 149,9 Millionen Euro. Von den 180 Kultur-Stiftungen der Sparkassen-Finanzgruppe floss entsprechend des dezentralen Charakters der Sparkassen der Großteil der Mittel in regionale und lokale Initiativen.[743]

Mit Blick auf die schwierige Haushaltslage der Kommunen ist absehbar, dass die Finanzierung kommunaler Kulturangebote in den kommenden Jahren eines der prägendsten Themenfelder der Kulturpolitik bleiben wird und dadurch möglicherweise tiefgreifende Richtungsentscheidungen erforderlich werden. Voraussetzung dafür sollte jedoch stets der Konsens über inhaltliche Positionen und die langfristig angestrebte Kulturlandschaft sein, die dann in Form von Kulturleitlinien oder Kulturentwicklungsplänen festgehalten werden können.[744]

Letztlich geht es bei der ‚kulturellen Grundversorgung' aber darum kulturelle Leistungen, Einrichtungen und Qualitätsstandards so zu beschreiben, dass ihre Bedeutung als conditio sine qua non zur Sicherung der Grundlagen unseres Kulturlebens und der kulturellen Bildung allgemein nachvollziehbar wird. Um die kulturelle Grundversorgung im Einzelnen zu umreißen, sind normative Entscheidungen zu treffen, in der Regel meist von (politisch besetzten) Gremien.[745]

Zentral für die weitere Entwicklung kommunaler Kulturpolitik wird zudem sein, diese Entscheidungen durch Evaluationsverfahren zu begleiten und Kulturpolitik entsprechend der Ergebnisse neu auszurichten bzw. erfolgreiche Strategien zu intensivieren.

Zusammenfassung

Die vorangegangenen Abschnitte haben die politischen Entscheidungsgremien auf den Ebenen der EU, des Bundes, der Länder und der Kommunen in ihrer jeweiligen Funktion und Ausrichtung vorgestellt sowie die Probleme der Abgrenzung thematisiert. Grundsätzlich bleibt festzuhalten, dass die Verantwortung für die lokale Kulturförderung bei den Kommunen liegt und die meisten

---

743 Statistische Ämter des Bundes und der Länder 2012, S. 41.
744 Scheytt 2001, S. 31.
745 Scheytt 2001, S. 32 f.; zum Begriff der *kulturellen Grundversorgung* weist Häberle darauf hin, dass dieser den Staat nicht nur zur Bereitstellung eines Basisangebots verpflichte, sondern zugleich eine verfassungsgarantierte Grenze gegenüber der Privatisierung der Kultur impliziere (vgl. Häberle 2002, S. 129).

kulturellen Einrichtungen in der Bundesrepublik von den Städten und Gemeinden unterhalten werden; die Länder sind vor allem für einzelne herausragende Einrichtungen wie Staatstheater oder Festivals zuständig.[746] Durch die seit 1993 in der Kulturpolitik aktive EU erfolgte keine allzu weitreichende Beeinflussung der deutschen Kulturpolitik, da der entsprechende Kulturartikel der EU doch so geringe Kompetenzen zuschreibt, „dass von einer ernsthaften Bedrohung der Kulturhoheit der Länder nicht die Rede sein kann".[747] Für die übrigen Ebenen lässt sich folgendes festhalten:

> In Deutschland gehört die Kulturförderung zu den wenigen Politikfeldern, die von den jeweiligen Gebietskörperschaftsebenen in Gemeinden, Ländern und Bund weitgehend souverän und nach eigenen Zielsetzungen gestaltet werden kann. Diese kulturföderalistische Praxis hat zu einer breiten künstlerischen und kulturellen Infrastruktur in allen Regionen Deutschlands geführt. Die Metropolkonzentration, wie sie in einigen europäischen Hauptstädten beobachtet werden kann, ist in Deutschland weitgehend unbekannt.[748]

Ziel sämtlicher Regierungsebenen ist es, gleichberechtigte Teilhabe für alle BürgerInnen zu gewährleisten und in kooperativem Zusammenwirken ein vielfältiges Angebot zu schaffen. Kulturpolitik findet somit in einem mehrdimensionalen Handlungsfeld statt, an dem neben den kulturpolitischen Instanzen aber auch die unterschiedlichsten Korporationen, die Künstler sowie das Publikum beteiligt sind. Dementsprechend gilt folgendes: „Kulturpolitik kann nicht nach Belieben steuern. *Sie ist lediglich ein Vektor in einem sozialen Zusammenhang*, dessen Grunddynamik erst bei Berücksichtigung der Eigenrationalitäten aller Beteiligten verständlich wird."[749] Röbke und Wagner ergänzen:

> Diese Mixtur aus staatlichen Elementen, privaten und frei-gemeinnützigen Elementen, privaten und frei-gemeinnützigen Akteuren zeigt unter anderem die Richtung,

---

746 Vgl. Singer 2003, S. 8 f.
747 Sommer 2008, S. 267.
748 Singer 2003, S. 10.
749 Klein 1994, S. 163; Klein nennt hier als zentrale Handlungsrationalität der Kulturpolitik Gesellschaftspolitik zu gestalten durch die „Stabilisierung oder Veränderung bestimmter Aspekte der sozialen Wirklichkeit". Ziel der Künstler sei primär die Selbstdarstellung, diejenige des Publikums Erlebnisnachfrage. Die Korporationen (Ämter, Abteilungen, Theater, Museen, Orchester) dagegen verfolgten vor allem das Ziel der Selbsterhaltung. Die Koordination dieser unterschiedlichen Vektoren sei die zentrale Aufgabe des Kulturmanagements, das eine steuernde Funktion innerhalb dieses mehrdimensionalen Handlungsfelds einnehmen müsse (vgl. Klein 1994, S. 164).

die wohl langfristig für die Kultur in Deutschland entscheidend sein wird. Ein neues Verständnis ‚aktivierender Kulturpolitik' ist im Entstehen begriffen, bei dem der Staat eine grundsätzlich neue Rolle einnehmen wird. Er wird sich als Partner in einem offenen System gesellschaftlicher Mitspieler wie Stiftungen, Unternehmen, Sponsoren usw. wiederfinden, die er zu Eigenaktivität – zum Beispiel durch entsprechende Gesetzgebungen – ermuntert. Die hierarchische Steuerung im Staatsaufbau, die letztlich auch dem Föderalismusprinzip zugrunde liegt, wird durch neue Formen gesellschaftlicher Selbststeuerung angereichert [...].[750]

Dieser Erkenntnis folgend soll im anschließenden Kapitel der privatwirtschaftliche Bereich in seiner Relevanz für die Kulturpolitik der einzelnen Ebenen sowie für Künstler und Publikum vorgestellt werden.

3.2.2 Zweiter Sektor: Privat-kommerzielle Akteure in der deutschen Kulturpolitik

Kultur und Wirtschaft stehen in einem spannungsreichen Verhältnis. Wenn wirtschaftliche Aspekte in den Vordergrund treten, können die kulturpolitischen Motive vernachlässigt werden, deretwegen Kunst und Kultur als öffentliche Güter gefördert werden. Andererseits können die wirtschaftlichen Aspekte aus dem Blick geraten, wenn ein zu enges Kulturverständnis vorliegt, nach dem Kunst und Kultur für sich in Anspruch nehmen, allein künstlerischen Werten bzw. ästhetischen Maßstäben zu folgen und ökonomische Aspekte ihnen fremd seien. Dieses Paradigma hat in Deutschland eine lange Geschichte.[751]

Das vorliegende Kapitel hat zum Ziel, das hier beschriebene spannungsreiche Verhältnis und die wechselseitigen Abhängigkeiten zwischen den beiden Bereichen näher zu untersuchen. Denn Kulturpolitik schafft nicht nur die Rahmenbedingungen für private Kulturaktivitäten, sie wird davon im Umkehrschluss auch beeinflusst, sodass die vorliegende Arbeit diesen Komplex mitberücksichtigen muss, um ein umfassendes Bild des Kulturbereichs als Ganzem zu gewinnen. Der Abschlussbericht der Enquete-Kommission *Kultur in Deutschland* zeigt diese Beziehungen und die Verortung der jeweiligen Teilbereiche in Form einer Matrix kulturwirtschaftlicher Tätigkeitsarten:

---

750 Vgl. Röbke und Wagner 2002, S. 26.
751 Deutscher Bundestag 2007, S. 333.

Abbildung 7: Matrix kulturwirtschaftlicher Tätigkeitsarten[752]

Handlungsleitendes Motiv	Öffentliches Interesse	Kulturpolitisches Engagement der öff. Hände	Profitables öffentliches Engagement
	Privatinteresse	Liebhaberei/privates mäzenatisches Engagement	Private Kulturwirtschaft
		Verluste	Gewinne

Selbsterwirtschaftungsgrad/Rendite ➡

Entscheidend für die Gliederung des vorliegenden Kapitels ist insbesondere die Aufteilung des Privatinteresses in „Liebhaberei/privates mäzenatisches Engagement" (vgl. den anschließenden Abschnitt zu *Mäzenatentum, Sponsoring und weitere Formen privaten Kulturengagements*) und „Private Kulturwirtschaft" (vgl. hierzu den Abschnitt zu *Kultur- und Kreativwirtschaft*) abhängig vom jeweiligen „Selbsterwirtschaftungsgrad/Rendite" bzw. der Wichtigkeit von Gewinnen und Verlusten als handlungsleitende Maßstäbe.

Mäzenatentum, Sponsoring und weitere Formen privaten Kulturengagements

Seit Beginn der 1990er Jahre thematisieren zahlreiche Publikationen die Beziehungen zwischen Kultur und Wirtschaft sowie das kontinuierlich an Bedeutung gewinnende Themenfeld des privaten Kulturengagements, das nicht länger auf das Mäzenatentum beschränkt blieb, sondern zunehmend auch neue Ausdrucksformen fand.[753] Als Ausgangspunkt dieser Entwicklungen gilt „[d]ie Erkenntnis einer zunehmend wichtigen Rolle bürger- bzw. zivilgesellschaftlicher Phänomene für die Gesellschaft" sowie das „Leitbild einer Bürgergesellschaft".[754] Stichworte wie *Corporate Social Responsibility* bzw. die im vorliegenden Kontext relevante Weiterentwicklung zum Konzept der *Corporate Cultural Responsibility* animierten Unternehmen zunehmend, sich für gesamtgesellschaftliche Belange

---

752 Deutscher Bundestag 2007, S. 345.
753 Als exemplarische Publikationen seien Braun et al. 1996 sowie Heinze 1995 genannt; es soll aber auch auf die Veröffentlichungen des *Deutschen Städtetages* (Deutscher Städtetag 1991b, S. 115) bzw. des *Städtetages Nordrhein-Westfalen* (Städtetag Nordrhein-Westfalen 1990, S. 7 f.) verwiesen werden.
754 Höhne 2009, S. 183.

(finanziell) zu engagieren.[755] Zugrunde liegt die sich seit den späten 1990er Jahren mehr und mehr durchsetzende Erkenntnis, dass Unternehmen jeglicher Größenordnung Verpflichtung gegenüber der Gesellschaft tragen und dementsprechend auch Verantwortung für Kunst und Kultur übernehmen müssten.[756] Generell schien sich die traditionelle Trennlinie zwischen „Kultur" und „Kommerz" nach und nach aufzuheben: Die Unternehmen strebten nicht mehr nur nach monetärem Gewinn, sondern suchten nach immateriellen Gegengewichten.[757] Der auf die Handlungslogiken „Sinn" und „Solidarität" ausgerichtete Kulturbereich bot sich somit als Ergänzung des bisher weitestgehend an den Kategorien „Wettbewerb" oder „Tausch" orientierten Marktes an.[758]

Als wichtigste Formen des daraus resultierenden privaten Kulturengagements gelten das uneigennützige *Mäzenatentum*, das *Fundraising* als das von Seiten der Kulturinstitution aktiv betriebene Einsammeln von Spendengeldern, das auf Imagegewinn ausgerichtete *Sponsoring* sowie *Public Private Patnerships*, die durch die Kooperation privater und öffentlicher Akteure gekennzeichnet sind. Die Gesamtbedeutung der privaten Beiträge insgesamt veranschaulichen folgende Zahlen:

> Im Aufgabenbereich Kultur wurden 2009 unmittelbare Einnahmen in Höhe von 1,2 Milliarden Euro erzielt. Dies entsprach 14,15 Euro je Einwohner. Mit den Einnahmen finanzierten die öffentlichen Kultureinrichtungen 20,5% ihrer Ausgaben (unmittelbare Ausgaben ohne Zahlungen an den nicht öffentlichen Bereich).[759]

---

755 Vgl. Höhne 2009, S. 189 f.; zu weiteren, teilweise sehr unterschiedlichen Motivationen der Unternehmen Kunst und Kultur zu fördern vgl. Höhne 2009, S. 190 ff.
756 Vgl. Späth 2001, S. 198.
757 Vgl. Hoffmann 2001b, S. 257-267, S. 263.
758 Vgl. Höhne 2009, S. 183; ergänzend soll erwähnt werden, dass der Sektor Staat entsprechend der Handlungslogik „Hierarchie" oder „Macht" agiert (vgl. ebd.). Die Einordnung der neu etablierten Kulturförderer des Wirtschaftsbereichs in den zweiten Sektor entspricht dieser Aufteilung: Auch wenn die Wirtschaftsunternehmen mit ihrem Kulturengagement teilweise Ziele des dritten Sektors verfolgen, sind sie doch institutionell dem zweiten Sektor zuzuordnen. Zudem stellt das Sponsoring, die wichtigste Form privater Kulturförderung, durchaus eine gewinnorientierte Form der Unterstützung von Kultureinrichtungen durch private Unternehmen dar, was zu der Entscheidung führte, sämtliche Formen privaten Kulturengagements im vorliegenden Kapitel zu thematisieren. Als Ausnahme können von Unternehmen gegründete Stiftungen gelten, die als bürger- bzw. zivilgesellschaftliche Phänomene mit altruistischer Ausrichtung in der Regel dem dritten Sektor (Kapitel 3.2.3) zugeordnet werden.
759 Statistische Ämter des Bundes und der Länder 2012, S. 78; Singer ging für das Jahr 2000 von etwa 500 Mill. Euro für die private Kulturförderung aus (Gelder aus

Liebhaberei und privates mäzenatisches Engagement hat eine lange Tradition und geht auf den Namen des Römers Gaius Clinius Maecenas (70-8 v. Chr.) zurück:[760]

> Der aus seinem Namen abgeleitete Begriff ‚Mäzenatentum' kennzeichnet die Förderung der Kultur und des Gemeinwesens aus selbstlosen Zielen. Im Falle des klassischen Mäzenatentums verlangt der Mäzen keine konkrete Gegenleistung, würde die Unterstützung also auch dann vornehmen, wenn sein Name oder der seines Unternehmens nicht in Zusammenhang mit der Förderung präsentiert wird. Die Aufgabe von Mäzenen wird heute teilweise von Stiftungen übernommen.[761]

Eine dem Mäzenatentum ähnliche Form der Kulturförderung ist das *Fundraising*, das ebenfalls weitgehend uneigennützig bzw. ohne „marktadäquate materielle Gegenleistung" erfolgt und dem vielmehr Motive wie Zukunftssicherung, Abbau von Schuldgefühlen, soziales Prestige bzw. Image und somit eine „soziale Logik" zugrunde liegen.[762] Der wesentliche Unterschied besteht in der „Förderrichtung": Während Mäzene bzw. die sie vertretenden Stiftungen aktiv nach förderfähigen Institutionen, Projekten oder Personen Ausschau halten, erfolgt Fundraising durch das direkte Ansprechen potentieller Förderer durch bedürftige Institutionen.

Von den uneigennützig ausgerichteten Formen Mäzenatentum und Fundraising abzugrenzen ist das *Sponsoring*,[763] also „die Bereitstellung von Geld, Sachmitteln oder Dienstleistungen durch einen Sponsor für einen von ihm gewählten Gesponserten".[764] Dem Sponsoring liegt stets „das Prinzip von Leistung

---

Sponsoring, Stiftungen und Spenden zusammen) und sieht den Anteil privater Kulturförderung an der öffentlichen Kulturfinanzierung zwischen 7 und 10 Prozent – weist jedoch darauf hin, dass „[a]lle Angaben über die Ausgaben von Unternehmen und privaten Organisationen für die Kultur und für Kulturgüter [...] mit großen Vorbehalten betrachtet werden [müssen]" (Singer 2003, S. 12 f.). Höhne ordnet 2009 der privaten Kulturförderung in Deutschland einen Wert von 600 Mill. Euro zu, was 7 bis 8% des gesamten Kulturbudgets entspricht (vgl. Höhne 2009, S. 198).

760 Vgl. Heinze 2009, S. 75.
761 Heinze 2009, S. 76; zur historischen Entwicklung des Mäzenatentums und insbesondere seiner Verbürgerlichung nach jahrhundertelanger Dominanz von Aristokratie und Kirche vgl. Höhne 2009, S. 198 ff. sowie Wagner 2009.
762 Höhne 2009, S. 210 f.
763 In den 1960er und 1970er Jahren dominierte das traditionelle Mäzenatentum; in den 1980er Jahren ließen sich erste Ansätze des Kultursponsorings beobachten, die seit den 1990er Jahren eine zunehmende Professionalisierung erfuhren (vgl. Höhne 2009, S. 229).
764 Heinze 2009, S. 76 f.

und Gegenleistung" zugrunde,[765] sodass der Sponsor im Tausch gegen seine Unterstützung für bestimmte Ereignisse, Veranstaltungen, Monumente oder Werke „Imageverbesserung, Kundenpflege oder Produktpräsentation" bzw. generell die Erfüllung eines kommunikativen Zwecks erwartet.[766] Insgesamt zielt Sponsoring auf die Verbesserung der Unternehmensreputation und eine Erhöhung der Aufmerksamkeit; es liegen aber auch hier häufig gesellschaftspolitische, unternehmenskulturelle oder symbolische Motivationen zugrunde.[767] Es ist folglich entscheidend, dass Sponsor und Gesponserter in Bezug auf die Zielgruppe, das Prestige des Förderprojekts aber auch den Finanzbedarf etc. zusammenpassen.[768]

> Kultursponsoring ist wegen der positiven Wirkungen inzwischen bei deutschen Unternehmen etabliert: Einer Umfrage zufolge, die der Kulturkreis der deutschen Wirtschaft gemeinsam mit dem Handelsblatt und dem Institut für Handelsforschung der Universität zu Köln Ende 2008 durchgeführt hat, ist bei Unternehmen das Sponsoring die meistgenutzte Förderform im Kulturbereich. 81,9% der untersuchten Unternehmen sponsern Kultur und geben dafür durchschnittlich rund 340.000 € pro Jahr aus.[769]

Insgesamt fördern Unternehmen im Kulturbereich v.a. Bildende Kunst (73%), Klassische Musik (62%), Darstellende Kunst/Bühnenkunst (57%) sowie Popmusik (21%). Innerhalb der Musikförderung dominieren Klassik (70%) und Jazz (22%).[770] Doch obwohl das Thema zunehmend an Bedeutung gewinnt,[771] darf ihr Gesamtbeitrag nicht überbewertet werden:

---

765 Heinze 2009, S. 77.
766 Höhne 2009, S. 224; zu den Leistungen und Gegenleistungen von Sponsoring vgl. ebd. S. 226.
767 Vgl. Höhne 2009, S. 226 f.; dementsprechend variieren auch die konkreten Sponsoringziele und die Verortung der Sponsoringaktivitäten innerhalb der Unternehmenskommunikation (vgl. Höhne 2009, S. 232 ff.).
768 Zum konkreten Ablauf der konzeptionellen Entwicklung einer Sponsoringstrategie sowie der Definition der Sponsoringziele vgl. Heinze 2009, S. 77 ff.
769 Frucht und Reden 2013.
770 Vgl. Höhne 2009, S. 237.
771 Es sei auf die 1996 erfolgte Gründung des *Arbeitskreises Kultursponsoring* im *Kulturkreis der deutschen Wirtschaft im Bundesverband der Deutschen Industrie e.V.* verwiesen, in dem sich aktuell ca. 70 Unternehmen engagiert, die Kultursponsoring dauerhaft in ihre Unternehmenskultur integriert haben und zu einem branchenübergreifenden Austausch, der Bündelung von Erfahrungen und einer generellen Professionalisierung des Kultursponsorings sowie einer Verbesserung der gesellschaftlichen, politischen und steuerlichen Rahmenbedingungen für Kulturförderung beitragen wollen (vgl. Kulturkreis der deutschen Wirtschaft 2013).

Dabei spielt Kultursponsoring auf der Ebene institutioneller Förderung eine eher untergeordnete Rolle, in den 1990er Jahren lag der Deckungsbetrag unter 1%. Abgesehen von Festivals lässt sich mit Kultursponsoring weniger eine Grundauslastung künstlerischer Kapazitäten sicherstellen, sondern im Zentrum vom Sponsoring stehen darüber hinausgehende Vorhaben. Kultursponsoring ist nicht in der Lage, staatliche bzw. kommunale Kulturförderung zu ersetzen, kann aber helfen, Kulturprojekte zu verwirklichen, die aus den regulären Etats nicht zu finanzieren sind.[772]

Ebendieses Ziel verfolgt eine weitere Form privaten Kulturengagements, das *Public Private Partnership* (PPP). Hierbei handelt es sich um „die institutionalisierte Zusammenarbeit zwischen der öffentlichen Hand und privaten Einrichtungen". PPPs wurden primär aufgrund der „Bestrebungen um Entstaatlichung und Entbürokratisierung" sowie der „Haushaltslage der meisten Gebietskörperschaften" etabliert; auch PPPs sind somit Ausdruck der sozialen und gesellschaftlichen Verantwortung privater Unternehmen.[773] Zugleich lässt sich jedoch eine positive Korrelation zwischen der Übernahme sozialer Verantwortung und dem finanziellen Erfolg eines Unternehmens erkennen, v.a. wenn dadurch eine positive Identifikation bei Angestellten und Aktionären sowie eine breite gesellschaftliche Akzeptanz geschaffen werden kann und der Imagetransfer von der geförderten künstlerischen Leistung auf das Unternehmen bzw. seine Produkte gelingt.[774] In der Regel vermischen sich somit insbesondere in Bezug auf Sponsoring und PPPs altruistische Motive mit unternehmenskulturellen und ökonomischen Zielen.

Doch trotz dieser insgesamt begrüßenswerten Gesamtmotivation dürfen die mit privatem Kulturengagement verbundenen Schwierigkeiten für das

---

772 Höhne 2009, S. 225.
773 Vgl. Höhne 2009, S. 238 f.
774 Vgl. Duda 2002, S. 30; insgesamt setzte sich die Erkenntnis durch, dass Kunst- und Kulturaktivitäten nach innen und außen Wirkung zeigen können, wie das Beispiel Würth zeigt: Innerhalb des Unternehmens wirkt sich das kulturelle Engagement auf das Sozialprestige der MitarbeiterInnen aus und erhöht die Identifikation. Nach außen kann durch entsprechende Architektur (es sei an die *Kunsthalle Würth* in Schwäbisch Hall erinnert) und die Gewinnung eines positiven Images Strahlkraft gewonnen werden (vgl. Würth 2001, S. 141 ff.); vgl. auch Frucht und von Reden, die auf die positiven Auswirkungen in Bezug auf die Kundenbindung, die Mitarbeitermotivation sowie die Steigerung von Kreativität und sozialer Kompetenz der Angestellten hinweisen und generell einen positiven Effekt für die Unternehmenskultur erkennen, der wiederum Vorteile bei der Gewinnung kompetenter MitarbeiterInnen und somit Wettbewerbsvorteile zur Folge haben kann (vgl. Frucht und Reden 2013).

Kulturleben nicht vernachlässigt werden: Bereits in den 1990er Jahren wurde auf die Gefahr hingewiesen, dass manche Ausprägung von Kultursponsoring nicht mehr als Beitrag zur Kulturpolitik zu bewerten ist, sondern als wirtschaftspolitische Aktivität. Stichworte sind hierbei Standortattraktivität bzw. die Attraktivität der Unternehmen selbst für qualifizierte MitarbeiterInnen. Zudem wurde von Anfang an eine Vernachlässigung weniger publikumswirksamer Kulturangebote wie Bibliotheken oder Volkshochschulen befürchtet[775] – nicht zu Unrecht, wie auch Heinze feststellt:

> Die Praxis des Kultursponsoring demonstriert, dass überwiegend außergewöhnliche, besonders innovative, ausgefallene Events oder große Festivals (mit entsprechender Medienwirkung) bevorzugte Sponsoring-Objekte sind. Ebenso wird die Spitzenebene (bekannte Künstler) von den meisten Unternehmen der breiten Ebene vorgezogen.[776]

Generell sind Risiken der Kommerzialisierung sowie die Sanierung der öffentlichen Haushalte bzw. die Deckung von Haushaltslücken durch Sponsoring zu befürchten. Nicht unwesentlich ist auch die Tatsache, dass in Folge schwieriger wirtschaftlicher Bedingungen das Risiko des Sponsoringausfalls steigt – Kultursponsoring sollte somit stets lediglich als „Spielbein", nicht aber als „Standbein" dienen.[777] Problematisch ist zudem die mögliche Einflussnahme auf künstlerische Inhalte, in direkter Form oder auch indirekt durch vorauseilende Anpassung.[778]

---

775 Vgl. Braun et al. 1996, S. 46 f.
776 Heinze 2009, S. 87; auch Scheytt befürchtet eine Begünstigung derjenigen Sparten, „die einem traditionellen und affirmativen Kulturverständnis entsprechen" (Scheytt 2001, S. 29–42, S. 36; vgl. zu dieser Einschätzung auch Scheytt 2008, S. 279). Vitali sieht das Ziel der Wirtschaftsunternehmen vor allem darin, durch Kulturereignisse Glanz und in der Folge einen Imagegewinn sowie Markt- und Wettbewerbsvorteile zu erreichen. Dementsprechend würden „Events" bzw. die repräsentative Kultur begünstigt und die „sperrigen, widerständigen und schwierigen" Inhalte tendenziell vernachlässigt. Er weist zudem auf die steuerliche Absetzbarkeit hin, die die Einsparungen der öffentlichen Hand durch Sponsoring „weitgehend wett" machten (Vitali 2001, S. 91, S. 91 f.).
777 Vgl. Höhne 2009, S. 224; auch Vitali weist darauf hin, dass Kunst „der Kontinuität und fortwährenden Pflege" bedarf, der privaten Kulturförderung aber mitunter die Langzeitorientierung fehle und insbesondere Sponsoring punktuell und „nicht über längere Zeiträume" erfolge (Vitali 2001, S. 91, S. 92). Wie problematisch sich die mangelnde Nachhaltigkeit privater Kulturförderung auswirken kann, zeigt das Beispiel des *Deutschen Guggenheim* in Berlin: Nach langjähriger erfolgreicher Kooperation stellte die *Deutsche Bank* Ende 2012 ihre Förderung ein, was die Schließung des Museums zur Folge hatte (vgl. Archivhomepage Deutsche+Guggenheim).
778 Vgl. Höhne 2009, S. 224 f.

Generell stellt die Zusammenarbeit zwischen öffentlichem und privatem Sektor in Deutschland ein strittiges Thema dar. Vor dem Hintergrund der historisch-traditionellen Begründung öffentlicher Kunst- und Kulturförderung erwartet die deutsche Gesellschaft staatliche Kulturförderung und die öffentliche Hand wäre im Falle ihres Rückzugs dem Vorwurf ausgesetzt, sich aus der Verantwortung zu ziehen. Neue Formen der (Kultur-)förderung müssen deshalb stets vor dem Hintergrund der traditionellen Hauptverantwortung der öffentlichen Hand für diese Aufgabe betrachtet werden.[779] Der CDU-Politiker Späth vertritt demgegenüber jedoch die Auffassung, dass die BürgerInnen erst durch die hohen Steuersätze daran gewöhnt worden seien, sich auf die staatliche Förderung zu verlassen und „dem Staat [...] jede weitere Zuwendung in Form von Zeit und Geld zu verweigern". Er fordert deshalb:

> Wenn der Staat weniger Geld hat, dann muss er vor allem den Vermögenden intelligente Angebote machen, um ihr versteuertes Geld nicht nur zu verbrauchen oder gar ins Ausland zu schaffen, sondern über Mäzenatentum und Stiftungen auch entsprechend dem Solidaritätsgebot für gesellschaftliche Aufgaben einzusetzen. [...] Deshalb brauchen wir für die von uns allen beschworene freie und solidarische Bürgergesellschaft eine veränderte Einstellung. Wir müssen für weniger Staat eintreten, weil der perfekte Wohlfahrtsstaat nicht mehr finanzierbar ist und weil die Leistungsträger die zu hohen Steuerzahlungen verweigern.[780]

Diese exemplarischen Aussagen zeigen, dass private Kulturförderung ein kontroverses Thema darstellt und nicht nur kulturpolitisch verhandelt werden muss, sondern eine grundsätzliche Dimension aufweist und seine Weiterentwicklung von langfristigen politischen Richtungsentscheidungen abhängen wird. Fest steht jedoch, dass bereits jetzt eine zunehmende Diversifizierung der Akteurs- und Beziehungsstrukturen in der Kulturförderung zu erkennen ist, wobei die Einbindung privater Akteure und der wachsende Umfang privater Mittel in der Kulturförderung Hand in Hand mit verstärktem bürgerschaftlichem Engagement und der vermehrten Übertragung von Aufgaben an zivilgesellschaftliche Institutionen wie Stiftungen oder Vereine geht.[781] Doch trotz neuer Trägerschaftsmodelle und der grundsätzlichen Unterstützung von Seiten der Wirtschaft besteht Konsens darüber, dass sich die öffentliche Hand nicht aus der Gewährleistungs- und Finanzierungsverantwortung für den Kulturbereich zurückziehen dürfe.[782] Diese Auffassung vertritt auch Scheytt angesichts eines Anteils von lediglich

---

779 Vgl. Schrallhammer 2006, S. 40.
780 Späth 2001, S. 199.
781 Vgl. Singer 2003, S. 10 sowie das folgende Kapitel zum dritten Sektor.
782 Vgl. Singer 2003, S. 12.

5 bis 10% privater Kulturförderung am deutschen Kulturhaushalt: „Festzuhalten ist daher: Die Verpflichtung von Staat und Gemeinden gegenüber der Kultur wird durch privates Engagement allenfalls ergänzt, nicht ersetzt."[783] Und Scheytt führt weiter aus, dass „[d]ie öffentliche Gestaltungsaufgabe ‚Kulturpolitik' [...] also auch in Zeiten leerer Kassen von dem Grundsatz auszugehen [hat], dass es eine öffentliche Kulturfinanzierung geben wird und geben muss"[784] – wobei die von der öffentlichen Hand bereitgestellte kulturelle Grundversorgung private Partner nicht ausschließt; sie hat im Gegenteil die Aufgabe geeignete „Verantwortungspartnerschaften" mit diesen einzugehen.[785] Zu beachten ist dabei stets, dass die Wirtschaft Sponsoring nicht allein mit der Logik Leistung-Gegenleistung betreiben sollte:

> Ein nur an ökonomischen Zielsetzungen orientiertes Denken und Handeln führt in die Irre. Hauptziel von Kulturpolitik ist nicht, ökonomische Prozesse zu optimieren, Geld zu sparen, zusätzliche Finanzmittel bei der Wirtschaft zu akquirieren oder Managementprozesse zu gestalten. Hauptziel ist vielmehr, die kulturellen Belange der Menschen zu beachten und zu fördern, vor allem durch entsprechende Angebote für die freie kreative und kulturelle Beteiligung. Demzufolge gilt es, wirtschaftliches Handeln insgesamt stärker an *kulturellen Zielen* zu orientieren: Kultur ist Wirtschaftsfaktor und die Wirtschaft ist ein Kulturfaktor, ist selbst Akteur der Kulturgesellschaft.[786]

Diese Tatsache deckt sich mit der grundsätzlichen Struktur des Kulturbereichs in Deutschland, der von komplexen Verflechtungsstrukturen geprägt ist, denn „[d]er aktivierende Kulturstaat handelt nicht nur für sich, sondern setzt auf die Potenziale der Zivilgesellschaft und der an kommerziellen Zielen orientierten Wirtschaft".[787] Nicht vernachlässigt werden darf dabei jedoch die Tatsache, dass Kulturpolitik nicht allein von der Bereitstellung von Ressourcen abhängt, sondern auch von der Gestaltung der Relationen zwischen den einzelnen Akteuren: Synergetische Effekte stellen sich nur dann ein, wenn der Netzwerkgedanke

---

783 Scheytt 2001, S. 36.
784 Scheytt 2001, S. 30.
785 Vgl. Scheytt 2001, S. 33; hiermit ist finanzielle Förderung etwa durch Sponsoring genauso gemeint wie bürgerschaftliches Volunteering (Ehrenamt, Förderverein etc.) (vgl. ebd., S. 34).
786 Scheytt 2008, S. 276.
787 Scheytt 2008, S. 269; Scheytt fordert in diesem Kontext zudem, wirtschaftliches Handeln insgesamt stärker an *kulturellen* Zielen zu orientieren, denn die Kultur sei ein Wirtschaftsfaktor – genauso wie die Wirtschaft ein Kulturfaktor und selbst Akteur der Kulturgesellschaft sei (vgl. Scheytt 2008, S. 276).

Verankerung findet und Partnerschaften auf Augenhöhe bestehen.[788] Scheytt kommt deshalb zu diesem Ergebnis:

> Der Staat kann und darf sich daher aus seiner Verpflichtung zur Kulturförderung nicht unter Hinweis auf Sponsoren und Mäzene lösen, kann und sollte aber durchaus die Wirtschaft an der Kulturförderung beteiligen und Verantwortungspartnerschaften begründen.[789]

Die Beteiligung privater Akteure ermöglicht ein kulturelles Angebot, das aufgrund der finanziellen Situation der öffentlichen Hand von dieser allein nicht bereitgestellt werden könnte. Die Mäzene aus der Wirtschaft sorgen somit für eine Bereicherung und Erweiterung der Kulturlandschaft durch „Glanzlichter"[790] und privates Engagement kann einen Schlüssel zur kulturellen Vielfalt darstellen.[791] Zentral ist jedoch, dass der Staat nicht aus seiner Verantwortung für die Schaffung von adäquaten Rahmenbedingungen für die Kultur entlassen werden darf: „Ihm obliegt die Pflicht der kulturellen Grundversorgung, was auch die Bereitstellung angemessener finanzieller Ressourcen bedeutet."[792] Denn private Beiträge können den Kultursektor zwar unterstützen, „doch fehlen Kontinuität und Berechenbarkeit und die Unternehmen orientieren sich an ihren eigenen Interessen und Philosophien", sodass sich abschließend noch einmal der Bezug zwischen öffentlich finanzierter Kulturpolitik und privatem Kulturengagement herstellen lässt:

> Es bleibt die verdammte Pflicht und Schuldigkeit des Staates, Kultur und kulturelles Lernen so selbstverständlich zu finanzieren wie Kindergarten, Schule, Hochschule und Erwachsenenbildung. Aber auch die Bürger, die in den Zeiten zunehmender Verschuldung der öffentlichen Hände nie gekannte Vermögenswerte aufgehäuft haben, sollten die Ausgestaltung des Gemeinwesens als eine sozial verpflichtende Aufgabe betrachten. Ein ‚contrat culturel' […] könnte helfen, eine solide Grundlage zu schaffen, auf der die Künste nach Jahren stetigen Rückzugs der Politik und unerbittlicher Verteilungskämpfe wieder Planungssicherheit erhalten.[793]

---

788 Vgl. Scheytt 2008, S. 269.
789 Scheytt 2008, S. 277.
790 Raehs 2011.
791 Vgl. Späth 2001, S. 198.
792 Hoffmann 2001b, S. 260.
793 Hoffmann 2001b, S. 257–267, S. 256; auch Scheytt sieht einen *Contrat Culturel* als Ziel der Zusammenarbeit zwischen Staat und Wirtschaft, wobei im Sinne einer aktivierenden Kulturpolitik beide Seiten einen Teil der Verantwortung übernehmen müssten (vgl. Scheytt 2008, S. 277).

Kultur- und Kreativwirtschaft

Seit den 1990er Jahren setzte sich zunehmend die Einsicht durch, dass Kultur und Kreativität „mehr als nur schmückender Zierrat" sind – eine Erkenntnis, die nicht nur das verstärkte unternehmerische Engagement für Kunst und Kultur in Form von Mäzenatentum, Sponsoring oder PPPs zur Folge hatte, sondern auch zu der Erkenntnis führte, dass Kreativität zu einer „der wichtigsten Ressourcen der modernen Arbeitswelt"[794] und einer „Schlüsselqualifikation der globalen Wissensgesellschaft" geworden ist.[795] Dementsprechend nahm die Bedeutung der Kultur- und Kreativwirtschaft als *Kraftzentrum der Kreativität* innerhalb des gesamtwirtschaftlichen Systems der Bundesrepublik mehr und mehr zu und sie gilt aktuell als einer der dynamischsten Wirtschaftsbereiche überhaupt.[796]

Innerhalb der vorliegenden Arbeit ist die Kultur- und Kreativwirtschaft zu berücksichtigen, da umfangreiche Wechselwirkungen mit der Kulturpolitik bestehen: Insbesondere durch die Schaffung geeigneter Rahmenbedingungen kann Kulturpolitik zur Entfaltung der Potenziale von Kultur- und Kreativwirtschaft beitragen und generell sollte den „Interdependenzen zwischen öffentlichem, zivilgesellschaftlichem und privatwirtschaftlichem Kulturbetrieb"[797] Beachtung geschenkt werden. Entsprechend dieser Einschätzung zeigt sich inzwischen auf sämtlichen politischen Ebenen eine Auseinandersetzung mit der Kultur- und Kreativindustrie sowie eine generelle Beeinflussung bei der Festlegung politischer Ziele: Die EU etwa verfolgt mit ihrer Vision *Europa 2020* das Ziel, ein „intelligentes, nachhaltiges und integratives Wachstum" anzustreben und schreibt der Kultur- und Kreativwirtschaft zu, dabei mit ihrem innovativen und ökonomischen Potenzial einen wichtigen Beitrag leisten zu können, „sowohl aufgrund ihrer volkswirtschaftlichen Bedeutung als auch aufgrund des

---

794 Hoffmann 2001b, S. 257–267, S. 257.
795 Neumann 2008, S. 9; Richard Floridas 2004 erschienenes Buch *The rise of the creative class* sieht Kreativität sogar als Charakteristikum einer neuen sozialen Klasse an, die jedoch nicht mit der Kulturwirtschaft identisch sei. Florida konstatiert stattdessen eine generell höhere Bedeutung von Kreativität in allen Wirtschaftsbereichen.
796 Vgl. hierzu u.a. Deutscher Bundestag 2007, S. 333 ff., der auf „[d]ie ökonomische, arbeitsmarktpolitische, soziale, infrastrukturelle und städtebauliche Bedeutung von Kulturwirtschaft" hinweist, sowie Blumenreich und Wagner 2010, S. 21.
797 Deutscher Bundestag 2007, S. 333; zu verschiedenen Theorien zur gegenseitigen Beeinflussung von Kultur und Wirtschaft vgl. ebd., S. 335; hingewiesen sei auch auf die Tatsache, dass das *Jahrbuch für Kulturpolitik* 2008 unter dem Thema „Kulturwirtschaft und Kreative Stadt" stand (vgl. Wagner 2008a).

Modellcharakters für zukünftige Arbeitsformen".[798] Länder und Kommunen veröffentlichen seit 1991 Kulturwirtschaftsberichte, die in der Regel wirtschafts- und strukturpolitische Entwicklungen insgesamt in den Fokus nehmen und zu beeinflussen suchen.[799] Der Schlussbericht der Enquete-Kommission *Kultur in Deutschland* schließlich hat 2007 den Fokus durch ein eigenes Kapitel zum Thema Kultur- und Kreativwirtschaft verstärkt auf diese Branche gelenkt und der 2009 erschienene umfangreiche Forschungsbericht *Gesamtwirtschaftliche Perspektiven der Kultur- und Kreativwirtschaft in Deutschland*[800] kann als erster bundesweiter Kulturwirtschaftsbericht bezeichnet werden.

Nachdem die mangelnde Begriffsbestimmung der Kultur- und Kreativwirtschaft lange Zeit als problematisch galt,[801] wurde durch den von der Enquete-

---

[798] Bundesministerium für Wirtschaft und Technologie et al. 2012, S. 13; bereits 2000 vereinbarten die Staats- und Regierungschefs der EU im Europäischen Rat in Lissabon das Ziel, die EU bis 2010 „zum wettbewerbsfähigsten und dynamischsten wissensbasierten Wirtschaftsraum der Welt zu machen – einem Wirtschaftsraum, der fähig ist, ein dauerhaftes Wirtschaftswachstum mit mehr und besseren Arbeitsplätzen und einem größeren sozialen Zusammenhalt zu erzielen." Diese Ziele stehen in enger Verbindung mit einer Stärkung der Kultur- und Kreativwirtschaft, die als wissensbasierter Wirtschaftszweig Wachstum und Beschäftigung generieren kann (vgl. KEA European Affairs 2006a, S. 1).

[799] Vgl. Blumenreich und Wagner 2010, S. 21 f.; NRW übernahm hier eine Führungsrolle: Zunächst veröffentlichten Städte wie Dortmund, Bochum oder Unna Kulturwirtschaftsberichte, auf Landesebene erschien 1992 der erste *Kulturwirtschaftsbericht Nordrhein-Westfalen*, gefolgt von Berlin und Niedersachsen (vgl. Wagner 2008b, S. 18). Eine Übersicht verfügbarer Kulturwirtschaftsberichte findet sich auf der Homepage www.kreativwirtschaft-deutschland.de.

[800] Bundesministerium für Wirtschaft und Technologie 2009.

[801] Vgl. hierzu Söndermann et al. 2009b bzw. Söndermann et al. 2009a, Wiesand 2008 sowie Bundesministerium für Wirtschaft und Technologie 2009. Die europäische KEA-Studie unterscheidet zwischen einem kulturellen und einem kreativen Sektor (vgl. KEA European Affairs 2006a, S. 2 f.); der Bericht der Enquete-Kommission selbst unterscheidet noch zwischen Kulturwirtschaft („mit den Wirtschaftszweigen Musik- und Theaterwirtschaft, Verlagswesen, Kunstmarkt, Filmwirtschaft, Rundfunkwirtschaft, Architektur und Designwirtschaft") und Kreativwirtschaft („mit den Zweigen Werbung und Software/Games-Industrie") und problematisiert die verschiedenen bereits bestehenden Definitionsansätze (vgl. Deutscher Bundestag 2007, S. 333 sowie 341 ff.). Umfassend diskutiert wurde auch die Anlehnung an die angelsächsische Bezeichnung *creative industries*, wie diverse Beiträge im *Jahrbuch für Kulturpolitik* zum Thema *Kulturwirtschaft und Kreative Stadt* zeigen (vgl. Wagner 2008b). Vgl. auch Zimmermann und Schulz 2009, insbesondere Kapitel 2 „Kultur- und Kreativwirtschaft: Versuch einer Eingrenzung".

Kommission vorgelegten Schlüsselbegriff des „schöpferischen Aktes",[802] der den inneren Kern der Kultur- und Kreativwirtschaft als künstlerische bzw. kreative Tätigkeit näher beschriebt, der entscheidende Ausgangspunkt für eine eindeutige Definition des Sektors geliefert. Im *Endbericht Kultur- und Kreativwirtschaft* wurde folgende Definition festgehalten:

> Der verbindende Kern jeder kultur- und kreativwirtschaftlichen Aktivität ist der schöpferische Akt von künstlerischen, literarischen, kulturellen, musischen, architektonischen oder kreativen Inhalten, Werken, Produkten, Produktionen oder Dienstleistungen.
>
> Alle schöpferischen Akte, gleichgültig ob als analoges Unikat, Liveaufführung oder serielle bzw. digitale Produktion oder Dienstleistung vorliegend, zählen dazu. Ebenso können die schöpferischen Akte im umfassenden Sinne urheberrechtlich (Patent-, Urheber-, Marken-, Designrechte) geschützt sein. Sie können jedoch auch frei von urheberrechtlichen Bezügen (zum Beispiel bei ausübenden Künstlern) sein.[803]

Im Dezember 2009 fassten die Wirtschaftsminister aller Bundesländer schließlich den einstimmigen Beschluss für eine verbindliche Definition zur Kultur- und Kreativwirtschaft in Deutschland, wodurch „eine einheitliche Darstellung und Vergleichbarkeit der Wirtschafts- und Beschäftigungsdaten der Kultur- und Kreativwirtschaft in Deutschland geschaffen"[804] wurde. Der entsprechende Leitfaden definiert diese wie folgt:

> Unter Kultur- und Kreativwirtschaft werden diejenigen Kultur- und Kreativunternehmen erfasst, welche überwiegend erwerbswirtschaftlich orientiert sind und sich mit der Schaffung, Produktion, Verteilung und/oder medialen Verbreitung von kulturellen/kreativen Gütern und Dienstleistungen befassen.[805]

Das jährlich erscheinende Monitoring zur Kultur- und Kreativwirtschaft zur aktuellen Lage dieser Branche, das von der seit 2007 bestehenden *Initiative Kultur- & Kreativwirtschaft der Bundesregierung* herausgegeben wird,[806] nimmt diese

---

802 Deutscher Bundestag 2007, S. 348.
803 Bundesministerium für Wirtschaft und Technologie 2009, S. 25; der vollständige Titel lautet *Endbericht Kultur- und Kreativwirtschaft: Ermittlung der gemeinsamen charakteristischen Definitionselemente der heterogenen Teilbereiche der ‚Kulturwirtschaft' zur Bestimmung ihrer Perspektiven aus volkswirtschaftlicher Sicht*; vgl. auch den *Leitfaden zur Erstellung einer statistischen Datengrundlage für die Kulturwirtschaft und eine länderübergreifende Auswertung kulturwirtschaftlicher Daten* (Ad-hoc-Arbeitsgruppe Kulturwirtschaft 2009).
804 Söndermann 2010.
805 Ad-hoc-Arbeitsgruppe Kulturwirtschaft 2009, S. 5.
806 Zur Ausrichtung, den Zielen etc. vgl. die Homepage der Initiative: www.kultur-kreativ-wirtschaft.de.

Definition auf und ordnet das Wirtschaftsfeld Kultur- und Kreativwirtschaft in folgende elf Kernbranchen oder Teilmärkte: Musikwirtschaft, Buchmarkt, Kunstmarkt, Filmwirtschaft, Rundfunkwirtschaft, Markt für darstellende Künste, Designwirtschaft, Architekturmarkt, Pressemarkt, Werbemarkt sowie Software-/Games-Industrie:[807]

Abbildung 8: Die elf Teilmärkte der Kultur- und Kreativwirtschaft[808]

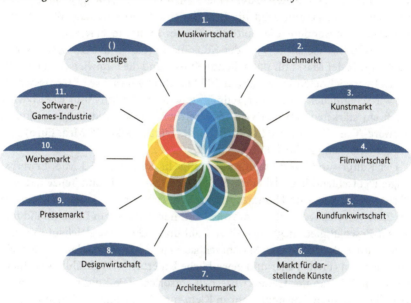

Zur gesamtwirtschaftlichen Bedeutung der Branche lässt sich folgendes festhalten:

Seit Ende der 80er Jahre entwickelte sich die Kultur- und Kreativwirtschaft bezogen auf Umsatz und Beschäftigung zu einem der dynamischsten Wirtschaftszweige der Weltwirtschaft. In Europa hat sie rund 277 Milliarden Euro (2,4 Prozent) zum Bruttoinlandsprodukt (BIP) der Europäischen Union beigetragen (2009). Ihr Beitrag zur volkswirtschaftlichen Gesamtleistung (Bruttowertschöpfung) in Deutschland betrug

---

807 Vgl. Bundesministerium für Wirtschaft und Technologie et al. 2012, S. 1; „Die deutsche Abgrenzung ist sowohl mit den europäischen Abgrenzungen der ESSnet Culture Statistics, des European Cluster Observatory als auch mit dem 2009 UNESCO Framewok for Cultural Statistics kompatibel." (vgl. ebd., S. 2).
808 Bundesministerium für Wirtschaft und Technologie et al. 2012, S. 2.

im Jahr 2011 schätzungsweise knapp 63 Milliarden Euro (2,4 Prozent). Damit ist sie vergleichbar mit den großen Industriesektoren Automobil, Maschinenbau und Chemie.[809]

Besonders entscheidend ist, dass der Bereich der Kultur- und Kreativwirtschaft im Vergleich zur Gesamtwirtschaft in den vergangenen Jahren stärker gewachsen ist: 2011 war eine Steigerung um 2,7% (im Vergleich zu 2,4% der Gesamtwirtschaft) zu verzeichnen; 2012 eine Zunahme um 3,4% (gegenüber 1,9% insgesamt).[810] Insgesamt zeigt die Branche eine kontinuierliche Wachstumsdynamik; insbesondere die Software-/Games-Industrie (11,7%), aber auch die Rundfunkwirtschaft (6,4%), der Kunstmarkt (6,0%), die Designwirtschaft (5,0%) sowie der Markt für darstellende Künste und die Filmwirtschaft (jeweils ca. 4%) verzeichneten im Zeitraum 2009 bis 2011 Zuwächse.[811] Gemessen an der wirtschaftlichen Größe der Teilmärkte wird die Kultur- und Kreativwirtschaft am stärksten von den vier Teilbereichen Pressemarkt (31 Mrd. Euro), Software-/Games-Industrie (30 Mrd. Euro), Werbemarkt (26 Mrd. Euro) und Designwirtschaft (19 Mrd. Euro) geprägt.[812]

Der Kultur- und Kreativsektor beschäftigt in der EU ca. 6,3 Mio. Erwerbstätige; Deutschland liegt dabei mit knapp einer Mio. Voll- und Teilzeitarbeitsplätzen an der Spitze und konnte 2011 im Vergleich zum Vorjahr einen Anstieg um 2,5% verzeichnen. Mit einem Anteil von nun 3,1% der in Deutschland insgesamt Beschäftigten, liegt auch diese Zahl inzwischen fast gleichauf mit derjenigen im Automobil- und Maschinenbausektor.[813] 2011 wurden ca. 244.000 Unternehmen (Freiberufler und gewerbliche Unternehmer) gezählt, was einem Anteil von 7,5% an der Gesamtwirtschaft entspricht. Die Kultur- und Kreativwirtschaft ist durch eine hohe Zahl an Klein- und Kleinstunternehmen geprägt:

---

809 Initiative Kultur- & Kreativwirtschaft der Bundesregierung 2012b; zu den Schwierigkeiten der statistischen Erfassung vgl. Deutscher Bundestag 2007, S. 349 ff.
810 Vgl. Bundesministerium für Wirtschaft und Technologie et al. 2012, S. 12.
811 Vgl. Bundesministerium für Wirtschaft und Technologie et al. 2012, S. 9.
812 Vgl. Bundesministerium für Wirtschaft und Technologie et al. 2012, S. 10; Wiesand warnt allerdings vor „ökonomischen Heilserwartungen" unter Verweis auf den hohen Anteil kleiner und kleinster Unternehmen, einer strukturellen Unterkapitalisierung sowie einer starken Abhängigkeit (der Einzelbrachen) von Konjunkturzyklen (vgl. Wiesand 2008, S. 69 ff.).
813 Vgl. Bundesministerium für Wirtschaft und Technologie et al. 2012, S. 6 f.; trotz dieser positiven Zahlen sollen die schwierigen Arbeitsbedingungen im Arbeitsmarkt Kultur nicht unberücksichtigt bleiben (vgl. exemplarisch Fuchs und Zimmermann 2008, Mandel 2008).

Durchschnittlich schafft jedes Unternehmen drei Arbeitsplätze; rund 25% der Beschäftigten sind Selbständige.[814]

Im EU-Vergleich zählt Deutschland mit dem Vereinigten Königreich und Frankreich zu den größten Märkten der Branche in Europa: Zusammen machen sie rund 60 Prozent der europäischen Kultur- und Kreativwirtschaft aus, wobei Deutschland mit einem Wertschöpfungsbeitrag von knapp 62 Mrd. Euro in 2009 an der Spitze lag (Vereinigtes Königreich 51 Mrd. Euro; Frankreich 43 Mrd. Euro). Es folgen Italien, Spanien und die Niederlande, die mit Wertschöpfungsbeiträgen von 20 bis 27 Mrd. Euro die mittlere Ländergruppe der europäischen Kultur- und Kreativwirtschaft darstellen.[815] Jedoch besteht noch ein umfassendes Potenzial für die Zukunft dieser Branche:

> Insgesamt leistet die Kultur- und Kreativwirtschaft einen beachtlichen Beitrag für das europäische Bruttoinlandsprodukt, der umso höher zu bewerten ist, da die europäische Kultur- und Kreativwirtschaft noch nicht als ein optimal entwickelter Branchenkomplex bezeichnet werden kann. Die ausgeprägte Fragmentierung der Kultur- und Kreativwirtschaft und ihrer Teilmärkte ist eine strukturelle Schwäche, die den europäischen Markt kennzeichnet und die Branche nach Auffassung vieler Akteure deutlich in der Entwicklung bremst. Die Kultur- und Kreativwirtschaft in den meisten Mitgliedstaaten ist bislang weitgehend auf ihre jeweiligen inländischen Märkte ausgerichtet und entwickelt noch sehr geringe grenzüberschreitende oder gar internationale Dienstleistungen.[816]

Doch die Kultur- und Kreativwirtschaft stellt nicht nur aufgrund der ökonomischen Faktoren eine Zukunftsbranche dar, sondern hat „gleichzeitig einen Modellcharakter für zukünftige Arbeits- und Lebensformen. Sie ist Teil einer zukunftsweisenden wissens- und contentorientierten Gesellschaft" und es sind „wesentliche Strukturmerkmale zu beobachten, die auch in anderen Wirtschaftsbranchen Einzug finden können bzw. werden".[817] Der Beitrag der Kultur- und Kreativwirtschaft zur Gesamtwirtschaftsleistung sowie die Bedeutung für die Beschäftigungssituation sind unbestrittenen und die Branche kann „als eine

---

814 Vgl. Bundesministerium für Wirtschaft und Technologie et al. 2012, S. 3 ff.
815 Vgl. Initiative Kultur- & Kreativwirtschaft der Bundesregierung 2012a.
816 Initiative Kultur- & Kreativwirtschaft der Bundesregierung 2012a.
817 Bundesministerium für Wirtschaft und Technologie et al. 2012, S. 13; als Stichworte seinen hier lediglich die Ausrichtung als wissensbasierte Ökonomie, die kurzen Innovationszyklen sowie die innovationsorientierten Geschäftsmodelle genannt. Zukunftsweisend seien zudem die Beschäftigungsstrukturen mit Modellcharakter und der fast durchgängige Einsatz moderner Technologien (v.a. Informations- und Kommunikationstechnologien) bzw. ihre Funktion als Impulsgeber für die Entwicklung neuer Technologien (vgl. ebd.).

wissensintensive Zukunftsbranche mit deutlichen Innovations-, Wachstums- und Beschäftigungspotenzialen angesehen werden" sowie als „wichtiger Impulsgeber für Innovationen in anderen Wirtschaftsbranchen".[818] Sämtliche Studien zeigen zudem nur die unmittelbaren Effekte. „Die indirekten Wirkungen – insbesondere die Auswirkungen auf die Kreativität und Innovationsfähigkeit der Gesamtgesellschaft – lassen sich nicht messen."[819] Dennoch muss „dieser Branchenkomplex [...] nach wie vor um seine Anerkennung in der gesellschaftlichen Aufmerksamkeit ringen".[820]

Abhilfe kann hier möglicherweise eine engere Verknüpfung mit der Kulturpolitik schaffen, die in Kooperation mit der Wirtschaftspolitik die entsprechenden Rahmenbedingungen und eine zielführende Verankerung im politisch-administrativen System schaffen müsste:[821]

> Die wachsende Bedeutung der Kultur- und Kreativwirtschaft macht deutlich, dass eine strikte Trennung von Kunst und Kultur von anderen gesellschaftlichen Bereichen problematisch ist. Die Anerkennung von kreativer Leistung als Netzwerkleistung unterschiedlicher ‚Autoren', die in der Gestaltung der künstlerischen Arbeit von unterschiedlichen ökonomischen Motiven getrieben werden, könnte die kulturpolitische Perspektive erweitern. [...] Kulturpolitik muss die Wechselwirkungen zwischen verschiedenen Akteuren im kulturellen Sektor und deren Interdependenzen ernst nehmen. Kultur- und Kreativwirtschaft, öffentliche Hand und Zivilgesellschaft bilden einen Handlungsraum. Es gilt deren jeweilige Bedeutung in Abhängigkeit zu anderen Akteuren zu erkennen, [...] Verantwortungspartnerschaften zu stiften und Förderinstrumente aufeinander abzustimmen.[822]

Die Enquete-Kommission fordert deshalb, dass Kulturpolitik für eine zielgerichtete Förderung der Kultur- und Kreativwirtschaft „zu einem neuen Selbstverständnis finden [muss], das eine enge Abstimmung mit der Wirtschaftspolitik und der Stadtentwicklungspolitik einschließt" und den Dialog mit denjenigen Akteuren suchen, „die Kultur aus erwerbswirtschaftlicher Perspektive schaffen

---

818 Deutscher Bundestag 2007, S. 340.
819 Deutscher Bundestag 2007, S. 337.
820 Bundesministerium für Wirtschaft und Technologie et al. 2012, S. 8; positiv zu bewerten ist allerdings die Berücksichtigung der Kultur- und Kreativwirtschaft im Koalitionsvertrag der Großen Koalition vom Dezember 2013, der dieser „große wirtschaftliche und kulturelle Chancen" attestiert und dementsprechend ein umfassendes Konzept fordert. Konsequenterweise wird die *Initiative Kultur- und Kreativwirtschaft* weiterhin gefördert und der Zugang zu Wirtschaftsförderprogrammen soll erleichtert werden (vgl. CDU/CSU, SPD 2013, S. 24).
821 Vgl. Deutscher Bundestag 2007, S. 371.
822 Deutscher Bundestag 2007, S. 340.

und vermitteln".[823] Denn langfristig seien das kulturelle Umfeld und somit die (kultur-)politisch beeinflussten Strukturen entscheidend für die Ansiedlung kultur- und kreativwirtschaftlicher Initiativen: Ein attraktives kulturelles Milieu schaffe die Voraussetzungen für künstlerisch-kreative Ideen und eine dynamische Entwicklung der Kultur- und Kreativindustrie, die wiederum zurückstrahle auf das kulturelle Angebot und somit als „weicher Standortfaktor" auch positive Auswirkungen auf andere Wirtschaftszweige zur Folge haben könne.

> Öffentlich geförderte Kultur, das kulturell-kreative Milieu sowie zivilgesellschaftliche Initiativen und die Kultur- und Kreativwirtschaft sind daher als Ganzes zu betrachten. Sie beeinflussen sich wechselseitig, trotz aller Unterschiede, wie sie vornehmlich in den Zielsetzungen zu sehen sind. [...] Politik und Verwaltung sollten anstreben, gemeinsam mit den Akteuren aus den künstlerischen Szenen und den kulturellen Milieus, aus ‚etablierten Kultureinrichtungen' sowie Kultur- und Kreativwirtschaftsunternehmern deren Interessen und Probleme zu diskutieren, Potenziale auszuloten und Ziele für die weitere Entwicklung zu definieren.[824]

Dementsprechend empfiehlt die Enquete-Kommission den Kommunen im Rahmen ihrer Kultur- und Kreativwirtschaftsförderung die bereits bestehenden Strukturen zu beachten, neue Potenziale zu identifizieren und gezielt zu fördern.[825] Entscheidend sei zudem, dass sinnvolle Kooperationsformen zwischen den Wirtschafts- und Kulturministerien gefunden werden und die Förderung der Kultur- und Kreativindustrie als Querschnittsaufgabe definiert wird, was sich auch in den politischen Strukturen widerspiegeln müsse.[826] Dabei sollten jedoch die nach wie vor vernehmbaren Warnungen vor einer „Ökonomisierung der Kultur", die mit einer Ausrichtung der Kulturpolitik auf den wirtschaftlichen Aspekt im Rahmen der Kultur- und Kreativwirtschaft zu vernehmen sind, berücksichtigt werden. Wagner diagnostiziert zwar, dass sich die Fronten zwischen Verfechtern des *Bürgerrechts Kultur* und einer gesellschaftspolitisch ausgerichteten Kulturpolitik einerseits, sowie den Befürwortern von Umwegrentabilitätsrechnungen und einer Ausrichtung auf den Wirtschafts- oder Standortfaktor Kultur andererseits, weitestgehend aufgeweicht hätten.[827]

---

823 Vgl. Deutscher Bundestag 2007, S. 340.
824 Deutscher Bundestag 2007, S. 355.
825 Vgl. Deutscher Bundestag 2007, S. 355.
826 Vgl. Deutscher Bundestag 2007, S. 373 f.
827 Vgl. Wagner 2008b, S. 15 ff.; Haselbach verweist zudem explizit darauf, dass Kulturwirtschaft eben nicht mit den Modellen „Kultur und Wirtschaft", „Kultur als Wirtschaftsfaktor" oder „Kultur als Standortfaktor" gleichgesetzt werden könne (vgl. Haselbach 2008, S. 176).

Dennoch dürfe die wirtschaftliche Orientierung – sowohl in Bezug auf die im vorangegangenen Kapitel beschriebenen Phänomene privater Kulturförderung etwa durch Sponsoring, als auch die Ausrichtung auf die Bedürfnisse der Kultur- und Kreativwirtschaft – den eigentlichen Anspruch der Kulturpolitik, nämlich Kunst und Kultur als Triebfedern gesellschaftlicher Reflexion und Entwicklung Wirkung zu verschaffen, nicht überlagern.[828] Kulturpolitik dürfe ihre Angebote nicht allein an gängigen Markt- und Nachfragetrends ausrichten; sie müsse aber auch dazu bereit sein, Kulturbetriebe mit privatem oder gewerblichem Rechtsstatus zu fördern, „solange Qualität oder Engagement jenseits gängiger Marktentwicklungen geboten werden".[829] Wie eng der Bezug zwischen kulturpolitischen Zielen wie etwa der Herstellung breiter Teilhabegerechtigkeit und dem Beitrag der Kultur- und Kreativwirtschaft hierfür tatsächlich ist, zeigt die folgende Übersicht:

---

828 Auch Hoffmann weist darauf hin, dass die Verbindung Kultur – Wirtschaft oder Kunst – Kommerz seit Jahrhunderten bestehe und ihre Intensität variiere: Über eine geringere Bedeutung verfügte sie während des Wirtschaftswunders; seit der Finanzkrise der öffentlichen Haushalte erfolge eine erneute Annäherung zwischen Kunst und Wirtschaft. Zentral sei somit stets die Frage nach dem Kräfteverhältnis beider Seiten (vgl. Hoffmann 2001a, S. 9).
829 Vgl. Wiesand 2008, S. 68 f.

Abbildung 9: Kulturwirtschaft und die Aufgaben der Kulturpolitik[830]

Kulturpolitische Ziele	Kulturwirtschaftlicher Beitrag
Entstehung aktueller, vielfältiger, interessanter, hochwertiger Kunstwerke	Wesentliche Impulse der Kunst- und Kulturgeschichte (insbesondere der letzten 50 Jahre, z.B. PopArt, Video-Ästhetik etc.), hochwertige Kunstprodukte und Kulturereignisse (z.B. in Literatur, im Film, im Jazz etc.)
Größtmögliche Verbreitung von und öffentlicher Diskurs über Kunst (damit aus Kunst Kultur wird)	Leichter Zugang zu und große Verbreitung von Kulturprodukten (Medialisierung, professioneller Vertrieb etc.)
Kulturelles Erbe lebendig und verfügbar halten	Mediale Verfügbarmachung [...]
Breite Teilhabegerechtigkeit sichern	Z.T. deutlich niedrigere soziale Zugangsschwelle als im öffentlichen Kulturbetrieb, professionelles Marketing/Vertrieb, aber z.T. hohe (unsubventionierte) Preise
Künstler und in Kulturberufen Tätige, die von ihrer Tätigkeit auskömmlich leben können	Künstler und in Kulturberufen Tätige erhalten Einkommen und Bekanntheit
Gesellschaftspolitische Einflussnahme	Wesentliche gesellschaftspolitische Impulse der jüngeren Kulturgeschichte (der letzten 50 Jahre) z.B. in der Rock-/Popmusik, in der Literatur und im Film

In Folge dieser vielfältigen Kongruenzen in Bezug auf die Zielsetzungen von Kulturpolitik und den Effekten von Kulturwirtschaft liege es nahe, den Bereich der Kulturwirtschaft in kulturpolitische Strategien einzubeziehen.

> Voraussetzung hierfür wäre zunächst, Kulturwirtschaft als selbstverständlichen integralen Bestandteil des kulturellen Sektors zu begreifen, der wiederum in Gänze Gegenstand kulturpolitischen Denkens und Handelns sein sollte. Auf dieser Basis ließen sich explizite kulturpolitische Maßnahmen und Instrumente zur Verstärkung von Synergieeffekten und zur Erreichung kulturpolitischer Ziele entwickeln.[831]

---

830 Heller 2008, S. 169; auf die bereichernden Querverbindungen zwischen Kulturpolitik und Kulturwirtschaft verweist auch Wiesand: „Private Firmen der Kulturwirtschaft stehen also in – im besten Fall: komplementären – Wechselbeziehungen mit Leistungen öffentlicher Kultur- und Medienbetriebe, solchen von Förderern und Bildungseinrichtungen, mit individuellen oder bürgerschaftlichen Initiativen u.a.m." (Wiesand 2008, S. 66).
831 Heller 2008, S. 168.

Doch Heller kritisiert „eine latente Abgrenzungsstrategie traditioneller Kulturpolitik gegenüber der Kulturwirtschaft", die vor allem im kulturpolitischen Kulturbegriff begründet liege, der den öffentlichen Kulturbetrieb allein „als Hüter des Guten, Schönen und Wahren" interpretiere. Notwendig wäre jedoch „die kritische Überprüfung selbstgesetzter kulturpolitischer Positionen" sowie „die Überwindung realpolitischer (Selbst-)Blockaden kulturpolitischer Handlungsfähigkeit".[832] Dies könnte jedoch zu einer erheblichen Erschütterung der „Konstrukte des eigenen idealpolitischen Politikverständnisses" führen,[833] da in der Folge eine „erhebliche Diskrepanz von Anspruch und Wirklichkeit kulturpolitischen Handelns" deutlich werden würde und zahlreiche Legitimationsbehauptungen nicht länger aufrecht erhalten werden könnten, da die „realpolitische Förderpraxis der öffentlichen Hand [...] häufig ganz andere Förderschwerpunkte, als in solchen Legitimationsbehauptungen formuliert"[834] offenbaren würden. Genau dieses Dilemma zwischen idealtypischem Anspruch und realpolitischer Wirklichkeit könne durch eine verstärkte Berücksichtigung der Kultur- und Kreativwirtschaft offen zu Tage treten und zu einer umfassenden Veränderung der Förderpraxis führen. Realpolitisch wäre dieses Hinterfragen (und langfristige Ändern) der eigenen Strategien und Handlungsmaßstäbe zwar schwierig, doch könnte die Kulturpolitik durch die Einbeziehung kulturwirtschaftlicher Akteure zur Umsetzung kulturpolitischer Ziele insgesamt an Legitimation und Aktualität gewinnen.[835] Denn um nicht lediglich zum „Hüter oder bestenfalls Zeremonienmeister im repräsentativen Tempel des kulturellen Erbes zu werden", müsse Kulturpolitik den politischen Diskurs mitgestalten und die gesellschaftlichen Auswirkungen neuer Kunstformen sowie die Gestaltung entsprechender Rahmenbedingungen beeinflussen. Kulturpolitik werde „nicht umhin kommen, allen realpolitischen Problemen zum Trotz neue Strategien und Maßnahmen zu entwickeln, welche die Kulturwirtschaft als Möglichkeit zur Erreichung kulturpolitischer Ziele mitdenkt".[836]

---

832 Heller 2008, S. 168 f.
833 Heller nennt hier Schlagwörter wie Teilhabegerechtigkeit, gesellschaftliche Relevanz von Kunst- und Kultur oder Formulierungen wie „Fördern, was es schwer hat" (vgl. ebd., S. 170).
834 Heller 2008, S. 170.
835 Vgl. Heller 2008, S. 171.
836 Heller 2008, S. 172; für sinnvoll hält Heller dabei drei strategische Maßnahmenbereiche und zwar die Förderung der Bildung künstlerisch-kreativer Milieus, Markteintritts- und Nachfrageförderung sowie die Erhöhung der Flexibilität der Förderpolitiken (vgl. Heller 2008, S. 173 f.).

Auch Klein sieht die Diskussionen über den Zusammenhang zwischen Kulturpolitik und Kulturwirtschaft als Möglichkeit, Bewegung in das Gesamtsystem zu bringen: Durch die neu entstehende Konkurrenz in Form der Kulturwirtschaft könne eine häufig anzutreffende Institutionenlogik innerhalb öffentlicher Kulturbetriebe überwunden und (wieder) durch eine sinnvolle Handlungslogik ersetzt werden. In der Konsequenz müsse die öffentliche Hand zunächst „ihre (kultur-)politischen Ziele klar und deutlich benennen und durch entsprechende Zielvereinbarungen mit den Zuwendungen erhaltenden Kultureinrichtungen absichern", sowie die Wirkung durch Erfolgskontrollen evaluieren. Kulturförderung sollte „stets aufs Neue reflektiert und begründet werden"; doch der „‚Rechtfertigungskonsens', dass Kunst und Kultur immer nur gut und wichtig seien, verschleiert diesen klaren Zusammenhang von gewollter Zielsetzung einerseits und tatsächlich erreichter Wirkung andererseits".[837] Als zentrale Konsequenz aus der Konfrontation mit der Kultur- und Kreativwirtschaft sollte somit die Formulierung konkreter kulturpolitischer Zielsetzungen folgen, um den Vorwurf der Beliebigkeit auszuräumen und in der Folge ihre politische Legitimation zu unterstützen.[838]

Die Ausführungen zeigen, dass das Spannungsverhältnis in dem Kulturpolitik und Kulturwirtschaft unverkennbar stehen, auf beiden Seiten bisher unberücksichtigte Potenziale freisetzen und durch eine entsprechende Neuausrichtung der Kulturpolitik deren Aktualität und Verankerung innerhalb der Gesellschaft verbessern kann. Insgesamt können die Impulse der Kultur- und Kreativwirtschaft somit einer selbstkritischen Auseinandersetzung der Kulturpolitik mit ihren eigenen Strukturen und Zielen dienen und zu ihrer Weiterentwicklung beitragen.

3.2.3 Dritter Sektor: Zivilgesellschaftliche Akteure in der deutschen Kulturpolitik

Nachdem in den vorangegangenen Kapiteln die Aktivitäten des öffentlichen Sektors sowie der privaten Akteure innerhalb der deutschen Kulturlandschaft vorgestellt wurden, soll im Anschluss der dritte, zivilgesellschaftliche oder freigemeinnützige Sektor mit seiner Relevanz für die Kulturpolitik Thema sein. Wie das zu Beginn von Kapitel 3.2 vorgestellte *Schweizer Modell* zeigt, bilden alle drei Sektoren zusammen eine Einheit, die vom gegenseitigen Austausch geprägt ist. Dementsprechend sollen – obwohl der Fokus der vorliegenden Arbeit auf dem

---

837 Klein 2008, S. 56.
838 Vgl. Klein 2008, S. 58.

ersten Sektor und somit der vom Staat geprägten Kulturpolitik liegt – auch die anderen Bereiche Beachtung finden und somit im Folgenden der dritte Sektor mit seiner Bedeutung für die deutsche Kulturpolitik verortet werden.

Zunächst umfasst der dritte Sektor „nicht gewinnorientierte, gemeinnützige Organisationen jenseits von Markt und Staat"[839] und das *Statistische Bundesamt* definiert den Bereich wie folgt:

> Analog zum englischen und eindeutigeren Begriff ‚nonprofit sector' wird im Deutschen zur Beschreibung des gleichen Sachverhalts die Bezeichnung Dritter Sektor benutzt. Dieser ist nicht mit dem tertiären Sektor, also dem Dienstleistungssektor, zu verwechseln. Vielmehr ist damit ein eigenständiger Bereich neben Staat (erster Sektor) und privaten Unternehmen beziehungsweise Markt (zweiter Sektor) gemeint.
>
> Im Gegensatz zum Begriff Dritter Sektor beschreibt der Ausdruck Zivilgesellschaft die Gesamtheit des Engagements der Zivilgesellschaft und umfasst Vereinigungen mit unterschiedlichem Organisationsgrad, von Bürgerinitiativen und sozialen Bewegungen bis hin zu Verbänden und Vereinen. Die Bezeichnung Dritter Sektor bezieht sich lediglich auf den wirtschaftlich relevanten und organisierten Teil der Zivilgesellschaft. Darunter fallen beispielsweise Wohlfahrtsverbände, eingetragene Vereine, Gewerkschaften und sonstige Interessenvertretungen, politische Parteien, Kunst und Kulturorganisationen sowie kirchliche Einrichtungen, aber auch Unternehmen, wie (frei)gemeinnützige Krankenhäuser oder Pflegeheime.[840]

Als Kriterien für die Definition einer Organisation als Teil des dritten Sektors bezieht sich die Studie des *Statistischen Bundesamtes* auf das *Handbook on Nonprofit Institutions in the System of National Accounts* der *Vereinten Nationen* (2003). Demnach sind Teile des dritten Sektors formal organisierte bzw. institutionalisierte Einheiten, die privat und somit vom Staat getrennt agieren; sie arbeiten nicht gewinnorientiert, sind selbstverwaltend und von Freiwilligkeit gekennzeichnet.[841] Zur Bedeutung des dritten Sektors innerhalb des gesamtwirtschaftlichen Systems ist festzuhalten, dass im Jahr 2007 in diesem Bereich rund 105.000 Unternehmen angesiedelt waren, was etwa 3% der Unternehmen sowie 9% der sozialversicherungspflichtig Beschäftigten entsprach.[842] Der dritte Sektor trug 2007 mit gut 89 Mrd. Euro und damit 4,1% zur gesamtwirtschaftlichen Leistung in Deutschland bei; dies entspricht in etwa dem Beitrag des Fahrzeugbaus oder des Baugewerbes.[843]

---

839 Statistisches Bundesamt 2012b, S. 1.
840 Statistisches Bundesamt 2012b, S. 2.
841 Vgl. Statistisches Bundesamt 2012b, S. 2.
842 Statistisches Bundesamt 2012b, S. 6.
843 Vgl. Statistisches Bundesamt 2012b, S. 9.

Spezifisch in Bezug auf den Kultursektor treten als Akteure des dritten Sektors vor allem Non-Profit-Organisationen, Vereine, Verbände und Stiftungen auf,[844] deren Engagement in den vergangenen Jahren wesentlich dazu beitragen konnte, trotz schwieriger Finanzlage der öffentlichen Haushalte die kulturpolitische Situation stabil zu halten:

> Der Gedanke privaten Stiftens und die Tätigkeit von Stiftungen als wichtiger Bestandteil der Zivilgesellschaft gewinnen auch in Deutschland immer mehr an Bedeutung. [...] Deutschland [erlebte] in den vergangenen Jahren einen regelrechten Stiftungsboom, der 2005 mit 880 Neugründungen rechtsfähiger Stiftungen des bürgerlichen Rechts einen vorläufigen Höhepunkt erreichte. [...] Als Stiftungszweck rangieren Kunst und Kultur bei einem kontinuierlichen Wachstum an zweiter Stelle bei Neuerrichtungen. Rund ein Fünftel der bekannten Stiftungen sind reine Kunst- und Kulturstiftungen. Das Maecenata-Institut prognostiziert für das Jahr 2011 mehr als 5000 Kunst- und Kulturstiftungen in Deutschland. Als Gesamtausgaben der heutigen Stiftungen wird ein Betrag zwischen 133 und 160 Mio. Euro geschätzt.[845]

In den vergangenen Jahren nahm die Bedeutung des dritten Sektors jedoch nicht nur aufgrund der strukturellen Finanzkrise der öffentlichen Hand zu: Das freiwillig gemeinnützige Element erlangte einen neuen Stellenwert und spiegelt

> ein verändertes gesellschaftliches Grundverständnis zum Verhältnis von Staat, Gesellschaft und Individuum: Der ‚kooperative Staat' moderiert eher die Interessen der gesellschaftlichen Gruppen, als dass er die Entwicklungslinien vorgibt. In der Bürgergesellschaft wird der Bürger als ‚Kunde' von Verwaltung (und Politik?) gesehen, er fungiert als Berater und politischer Auftraggeber und ist anerkannter Mitgestalter des Gemeinwesens. Der ‚dritte Sektor' gewinnt an Bedeutung.[846]

Scheytt entwickelte in diesem Zusammenhang das Modell des „aktivierenden Kulturstaats",[847] der von komplexen Verflechtungsstrukturen geprägt ist und

---

844 Stiftungen als Form der Unterstützung des Kulturbereichs wurden bereits im Kontext des zweiten Sektors und spezifisch im Zusammenhang mit dem Mäzenatentum (Kapitel 3.2.2) erwähnt, da die meisten Stiftungen auf Privatvermögen basieren und zudem in privatrechtlicher Form errichtet werden. Da sie jedoch primär einem gemeinnützigen Zweck dienen, sollen sie v.a. im Kontext des dritten Sektors thematisiert werden.
845 Deutscher Bundestag 2007, S. 172 f.; einen Überblick der Kulturstiftungen in Deutschland bietet die Homepage des *Deutschen Informationszentrum Kulturförderung*; Schneider verweist exemplarisch auf die finanzstarke *Bertelsmann-Stiftung* und die *Niedersachsen-Stiftung* der *Volkswagen AG* (vgl. Schneider 2000c, S. 277).
846 Ermert und Land 2000, S. 6.
847 Vgl. Scheytt 2008: *Kulturstaat Deutschland. Plädoyer für eine aktivierende Kulturpolitik*, hier S. 273 ff.

nicht für sich allein handelt, sondern in Kooperation mit Wirtschaft und Zivilgesellschaft. Ziel ist es dabei, durch Partnerschaften zwischen den diversen Akteuren synergetische Effekte zu mobilisieren. Neben Allianzen mit anderen Politikfeldern und der Wirtschaft steht die Zusammenarbeit mit der Bürgergesellschaft im Mittelpunkt: Dem kulturellen Trägerpluralismus solle durch Verantwortungspartnerschaften mit Akteuren des dritten Sektors wie Vereinen, Stiftungen, Bürgerbündnissen, Initiativen, Verbänden und Gewerkschaften Ausdruck verliehen werden und „diese müssen durch *Befähigungs- und Partnerschaftsstrategien* langfristig einbezogen [...] und zur kontinuierlichen Übernahme von Verantwortung für Kulturförderung und -einrichtungen ermutigt werden".[848] Dieses bürgerschaftliche Engagement im Sinne von Eigenleistungen, Freiwilligenarbeit und Ehrenamt solle jedoch nicht dazu führen, dass sich der Staat aus der Finanzierung von Kultur zurückzieht. Denn wie bereits in Bezug auf das Engagement des zweiten Sektors ausgeführt, muss die Beteiligung nichtstaatlicher Akteure am Kulturleben, ob nun *non-profit* oder *for-profit*, ohne Einfluss auf die staatliche Bereitstellung von Kulturmitteln bleiben. Stiftungen gelten in diesem Bereich als eine der nachhaltigsten Formen der Verantwortungsübernahme durch den dritten Sektor. Bei der Neugründung von Stiftungen stehen Kunst und Kultur an zweiter Stelle und das Stiftungswesen gilt als „eines der größten Entwicklungsfelder für partnerschaftliche Kulturpolitik und -finanzierung in der Zukunft".[849] Folglich muss die (Kultur-)Politik ein stiftungsfreundliches Klima schaffen, rechtliche und steuerrechtliche Rahmenbedingungen optimieren sowie den Austausch und die Zusammenarbeit von Stiftungen fördern.[850] Gefordert werden außerdem eine Verbesserungen der Absetzbarkeit[851] und eine Vereinfachung der Stiftungsakte, die nach wie vor als zu kompliziert gelten. Außerdem wird eine „erhebliche Rechtsunsicherheit und Ungleichheit in der Praxis der unterschiedlichen Länder" beklagt. Dementsprechend bleiben Forderungen nach einem bundeseinheitlichen Rahmengesetz, der Einrichtung eines Stiftungsregisters und auch nach Maßnahmen zur Verhinderung des Missbrauchs von Stiftungsprivilegien mit Blick auf mögliche Steuerersparnisse

---

848 Scheytt 2008, S. 274.
849 Vgl. Scheytt 2008, S. 275.
850 Vgl. Scheytt 2008, S. 275 f.
851 Zu ihrer Förderung – auch im Kulturbereich – wurden im Jahr 2000 Änderungen im Stiftungssteuerrecht und 2002 im Stiftungsprivatrecht umgesetzt (Deutscher Bundestag 2007, S. 172); Vollmer verweist zudem auf „die Erweiterung der Stiftungszwecke, die steuerliche Erleichterung des Stiftens und des Haushaltens mit Stiftungsgeldern" (vgl. Vollmer 2001, S. 175).

bestehen. Ungeachtet dieser Schwierigkeiten können Stiftungen aber eine Vorbildrolle übernehmen und als „Laboratorium für staatliches Handeln" dienen.[852] Unverzichtbar für den Kulturbereich ist zudem das Engagement Freiwilliger. Die Handlungslogiken „Solidarität" und „Sinn" prägen den dritten Sektor entscheidend und bürgerschaftliches oder zivilgesellschaftliches Engagement wird vor allem von altruistischen, instrumentellen und moralisch-obligatorischen Motiven geleitet: Erstere umfassen primär Solidaritätsgefühle, die instrumentellen Motive beziehen sich auf den Wunsch neue Erfahrungen zu sammeln, Freizeit sinnvoll zu nutzen oder neue Kontakte zu knüpfen. Die moralisch-obligatorischen Motive sind mit moralischen, religiösen oder ethischen Wertvorstellungen verknüpft oder haben das Ziel „moralische" Schulden zu begleichen.[853] 2009 engagierten sich 36% der Bevölkerung ehrenamtlich, wobei 5,2 Prozent der freiwillig Engagierten im Bereich Kultur/Musik aktiv waren (Platz 5 nach Sport/Bewegung, Schule/Kindergarten, Kirche/Religion und Sozialer Bereich);[854] es ist somit von rund 2,1 Mio. Freiwilligen im Kulturbereich auszugehen.[855] Insgesamt werden zahlreiche Initiativen des dritten Sektors durch ehrenamtliche MitarbeiterInnen getragen, die in der Folge für das Kulturleben in Deutschland eine ganz entscheidende Rolle spielen. In der Regel agieren die (zumeist gemeinnützigen) Kulturverbände als eingetragene Vereine und folgen damit den formalen Bestimmungen des Vereinsrechts, wodurch die Rahmendaten für ihr Handeln etabliert werden.[856]

Insgesamt profitiert der Kulturbereich ausgesprochen stark vom umfangreichen Engagement Freiwilliger sowie der dichten Stifterlandschaft. Aufgrund der großen Zahl einzelner Stiftungen und der unzähligen Initiativen des dritten Sektors soll auf die Vorstellung einzelner Akteure an dieser Stelle verzichtet werden. Vielmehr liegt der Fokus im weiteren Verlauf des Kapitels auf den beiden für die kulturpolitische Entwicklung in Deutschland prägenden Vereinen, der *Kulturpolitischen Gesellschaft e.V.* und dem *Deutschen Kulturrat e.V.*, die durch ihr umfangreiches Netzwerk und ihr langjähriges Engagement richtungsweisende Institutionen für die deutsche Kulturpolitik darstellen. Ergänzt werden diese Ausführungen durch eine kurze Vorstellung des *Deutschen Städtetages* als kulturpolitischem Akteur insbesondere auf kommunaler Ebene sowie einem Blick auf die kulturrelevanten Einflüsse der Kirchen.

---

852 Vgl. Vollmer 2001, S. 177 ff.
853 Vgl. Höhne 2009, S. 183 ff.
854 Statistisches Bundesamt 2013, S. 203.
855 Vgl. Blumenreich und Wagner 2010, S. 49.
856 Vgl. Fuchs 1998, S. 259.

Kulturpolitische Gesellschaft

Die *Kulturpolitische Gesellschaft e.V.* definiert sich in ihrem Grundsatzprogramm aus dem Jahr 2012 als „bundesweiter Zusammenschluss kulturpolitisch interessierter und engagierter Personen und Organisationen. Sie ist parteipolitisch unabhängig sowie weltanschaulich und religiös neutral."[857] Die *Kulturpolitische Gesellschaft* sieht sich mit Bezug auf die erste Grundsatzerklärung aus dem Jahr 1976 in der Tradition der Neuen Kulturpolitik, die „der Entfaltung und Entwicklung der sozialen, kommunikativen und ästhetischen Möglichkeiten und Bedürfnisse aller Bürgerinnen und Bürger dient und die aktive Beteiligung aller Schichten der Bevölkerung am kulturellen Leben gewährleistet". Zugleich zielt sie auf die Weiterentwicklung der kulturellen Demokratie sowie den Schutz der Freiheit der Künste.[858]

Die *Kulturpolitische Gesellschaft* wurde 1976 gegründet, um den Erfahrungsaustausch zwischen den kulturpolitischen Akteuren zu intensivieren und bundesweite kulturpolitische Debatten anzustoßen. Ihre Gründung stellt das Ergebnis eines Entwicklungsprozesses dar, der ausgehend von den *Loccumer Kulturpolitischen Kolloquien* und durch zahlreiche Tagungen und Erklärungen der vorangegangenen – von gesellschaftlicher, politischer und kultureller Aufbruchstimmung geprägten – Jahre schließlich zu einer institutionellen Verankerung der kulturpolitischen Erneuerungsbewegungen führte.[859] Die *Kulturpolitische Gesellschaft* sieht sich somit als wichtigen Faktor für die Umsetzung der Neuen Kulturpolitik; sie trug entscheidend dazu bei, in den 1970er Jahren ein soziokulturelles Verständnis von Kultur zu etablieren, entsprechend der Forderungen nach *Kultur für alle* bzw. einem *Bürgerrecht Kultur* eine Ausweitung des Kulturangebots zu erreichen und wachsenden Bevölkerungsgruppen Zugang zu kulturellen Angeboten zu ermöglichen.[860]

Die Idee einer Kulturpolitik als Gesellschaftspolitik steht nach wie vor im Mittelpunkt ihrer Arbeit: Auch im 2012 verabschiedeten Grundsatzprogramm stellt dieser Leitsatz einen der zentralen Aspekte dar und bündelt die Überlegungen zu einer nachhaltigen, interkulturellen Kulturpolitik, die durch ein verändertes Publikum in einer digitalen Gesellschaft notwendig werden. Ausgehend von den Grundsätzen eines erweiterten Kulturbegriffs, „der von einer Gleichwertigkeit

---

857 Kulturpolitische Gesellschaft 2012a, S. 24; diese Formulierung wählte sie bereits im Programm von 1998 (vgl. Kulturpolitische Gesellschaft 1998, S. 1).
858 Kulturpolitische Gesellschaft 2012a, S. 24.
859 Vgl. Schwencke 2006b, S. 27.
860 Vgl. Kulturpolitische Gesellschaft 1998, S. 1.

aller Kulturen ausgeht und die Künste und Alltagskulturen einschließt" steht die *Kulturpolitische Gesellschaft* „für eine interkulturelle, inklusive und gendergerechte Ausrichtung der Kulturpolitik". Sie zielt auf eine Stärkung der Kulturellen Bildung, einer Verankerung des Staatsziels Kultur im Grundgesetz sowie als pflichtige Selbstverwaltungsaufgabe der Kommunen. Mit Hilfe zeitgemäßer Angebots- und Vermittlungsformen, einem effektiven Kulturmanagement sowie partizipativen Planungsprozessen soll eine bürgernahe Kulturpolitik zur Entwicklung einer aktiven Bürgerschaft in Europa beitragen.[861]

In der kulturpolitischen Praxis wird Kulturpolitik als Gestaltungsauftrag und somit als „ein originäres Politikfeld in öffentlicher Verwaltung" wahrgenommen. Dementsprechend trägt Kulturpolitik Verantwortung für „die Verbesserung der sozialen und wirtschaftlichen Lage von Künstlern" sowie die „Pluralität und Dezentralität der Kulturangebote". Die *Kulturpolitische Gesellschaft* bekennt sich im Sinne einer kooperativen Kulturpolitik zur Zusammenarbeit von Bund, Ländern und Gemeinden, wobei insbesondere die Kommunen durch geeignete Reformen in die Lage versetzt werden müssten, dieser Verantwortung gerecht zu werden. Zusammen mit dem öffentlichen Sektor bilden zivilgesellschaftliche und kulturwirtschaftliche Akteure eine vielfältige Kulturlandschaft, wobei „das bürgerschaftliche Engagement und die Freiwilligenarbeit sowie die Laienkunst und die Breitenkultur eine besondere Berücksichtigung und Wertschätzung" verdienten.[862] Insgesamt sollte Kulturpolitik in diesem trisektoralen Feld eine Moderatorenrolle einnehmen und im Sinne des Subsidiaritätsprinzips agieren. Die *Kulturpolitische Gesellschaft* setzt sich für ein zeitgemäßes Kulturmanagement ein, fokussiert Kulturelle Bildung als „Kernaufgabe der Kulturpolitik" und sieht diese in enger Verbindung mit dem europäischen Einigungsprozess.[863]

Vermittlung finden diese Grundsätze und Ziele insbesondere durch das 1996 gegründete *Institut für Kulturpolitik*: Vierteljährlich erscheinen die *Kulturpolitischen Mitteilungen*, die aktuelle Informationen und Meinungen zur Kulturpolitik bieten. Zudem erscheint jeweils zu einem Schwerpunktthema das *Jahrbuch für Kulturpolitik*, das neben statistischen Informationen zur Entwicklung der Kulturpolitik eine regelmäßige umfassende Bestandsaufnahme des kulturpolitischen Feldes bietet. In verschiedenen Schriftenreihen erscheinen zudem zahlreiche Publikationen zum Themengebiet und auch die Erarbeitung von wissenschaftlichen Expertisen und Bestandsaufnahmen sowie die Umsetzung

---

861 Vgl. Kulturpolitische Gesellschaft 2012a, S. 24 f.
862 Kulturpolitische Gesellschaft 2012a, S. 26.
863 Vgl. Kulturpolitische Gesellschaft 2012a, S. 26 f.

von Forschungsaufträgen gehören zur Arbeit des *Instituts für Kulturpolitik*. Darüber hinaus findet alle zwei Jahre der *Kulturpolitische Bundeskongress* statt, der in Zusammenarbeit mit der *Bundeszentrale für politische Bildung* organisiert wird und als zentrale Austauschplattform für KulturpolitikerInnen und Kulturpolitik gelten kann.[864]

Aktuell zählt die *Kulturpolitische Gesellschaft* 1.400 Einzel- und korporative Mitglieder „aus den Bereichen der Kulturpolitik, -verwaltung und -praxis, der Wissenschaft und Kunst, der kulturellen Aus- und Weiterbildung, des Journalismus etc.", wobei die vermittelnd tätigen Akteure dominieren. V.a. die kommunale Ebene ist mit ihren KulturdezernentInnen stark vertreten; insgesamt „ist der Verband ein Zusammenschluss kulturpolitisch einflussreicher Akteure und MultiplikatorInnen, die ein reichhaltiges Potenzial an Kenntnissen und Erfahrungen in die Vereinsarbeit einbringen können" und somit zu einer Intensivierung der kulturpolitischen Debatte beitragen.[865] Es wird somit deutlich, dass die *Kulturpolitische Gesellschaft* seit ihrer Gründung als zentraler, zivilgesellschaftlicher Akteur gelten kann und eine wichtige Funktion innerhalb des mehrdimensionalen Handlungsfelds Kultur(-politik) einnimmt.

Deutscher Kulturrat e. V.

Der *Deutsche Kulturrat e.V.* definiert sich als Spitzenverband der Bundeskulturverbände und gliedert sich in acht Sektionen, und zwar den *Deutschen Musikrat*, den *Rat für Darstellende Kunst und Tanz*, die *Deutsche Literaturkonferenz*, den *Deutschen Kunstrat*, den *Rat für Baukultur*, die *Sektion Design*, die *Sektion Film und Audiovisuelle Medien* und den *Rat für Soziokultur und Kulturelle Bildung*. Im *Deutschen Kulturrat e.V.* sind aktuell 234 Mitglieder wie Berufs- und Fachverbände, Dachverbände, Organisationen der Kulturwirtschaft, Gewerkschaften etc. zusammengeschlossen.[866] Der *Deutsche Kulturrat* sieht sich als „Ansprechpartner der Politik und Verwaltung des Bundes, der Länder und der Europäischen Union", um „bundesweit spartenübergreifende Fragen in die kulturpolitische Diskussion auf allen Ebenen einzubringen". Er besteht seit 1981 „als politisch unabhängige Arbeitsgemeinschaft kultur- und medienpolitischer Organisationen und Institutionen von bundesweiter Bedeutung"; seit 1995 in der Form

---

864 Der letzte Kongress fand im Juni 2013 zum Thema „Kultur nach Plan? Strategien konzeptbasierter Kulturpolitik" statt.
865 Kulturpolitische Gesellschaft 2013.
866 Deutscher Kulturrat 2012.

eines gemeinnützigen Vereins.[867] Jeweils für den Zeitraum von drei Jahren legt der Vorstand des *Deutschen Kulturrats* die Arbeitsschwerpunkte fest; im April 2013 wurde eine Ausrichtung auf das Themenfeld *Kulturelle Vielfalt* beschlossen, das mit Blick auf die fünf Schwerpunktbereiche Teilhabe, Digitalisierung, künstlerisches Schaffen, Arbeitsmarkt Kultur und nationale/internationale Kulturpolitik Anwendung finden soll.[868] Als zentrale Aspekte zukünftiger Kulturpolitik betrachtet der *Deutsche Kulturrat* folgende:

1. Gute Kulturpolitik will Zugang zu Kunst und Kultur ermöglichen
2. Gute Kulturpolitik meint alle hier lebenden Menschen
3. Gute Kulturpolitik schützt die Kreativen
4. Gute Kulturpolitik gestaltet die digitale Gesellschaft
5. Gute Kulturpolitik ist offen für bürgerschaftliches Engagement
6. Gute Kulturpolitik setzt auf Kooperationen von Bund und Ländern
7. Gute Kulturpolitik will Kommunen stärken
8. Gute Kulturpolitik wird Profil der Bundeskulturpolitik schärfen[869]

Durch Pressemitteilungen und Stellungnahmen positioniert sich der *Deutsche Kulturrat* zu jeweils aktuellen Themenfeldern und zielt durch seinen regelmäßigen Newsletter auf eine umfassende Information der kulturpolitisch interessierten Bevölkerungsteile. Aktuell sind neben den erwähnten Themenschwerpunkten beispielsweise die Neuordnung des Urheberrechts, die Auswirkungen des Freihandelsabkommens auf den Kulturbereich, Kultur als Staatsziel sowie die Neuausrichtung der Länderkulturpolitik wiederkehrende Diskussionsfelder. Sechsmal jährlich erscheint zudem *Politik&Kultur*, die Zeitung des *Deutschen Kulturrats*, die als Austauschplattform dient und jeweils ein aktuelles Themenfeld vertiefend behandelt.[870]

Deutscher Städtetag

Der *Deutsche Städtetag* als kommunaler Spitzenverband der kreisfreien und kreisangehörigen Städte in Deutschland agiert bereits seit 1952 als wichtiger Akteur im Feld kommunaler Kulturpolitik. Insbesondere der *Fachausschuss Kultur* spielte dabei von Beginn an eine entscheidende Rolle, da er v.a. vor der Gründung der *Kulturpolitische Gesellschaft* im Jahr 1976 eine wichtige kulturpolitische

---

867 Deutscher Kulturrat 2010 (i.O. z.T. fett).
868 Deutscher Kulturrat 2013a.
869 Zimmermann 2013.
870 Deutscher Kulturrat 2013b.

Diskussionsplattform darstellte.[871] Der *Deutsche Städtetag* positionierte sich stets an der Schnittstelle zwischen Kommunal- und Kulturpolitik und prägte mit zahlreichen Veröffentlichungen die Entwicklung der deutschen Stadt- und Kulturlandschaft entscheidend mit.[872]

Mit Blick auf die kulturpolitisch entscheidende Phase der 1970er Jahre kann der *Deutsche Städtetag* als zentraler Motivator für die Integration der „Alternativkultur" in die kommunale Kulturarbeit gelten – auch wenn dieser Weg für viele Städte „mühselig und dornenvoll" war und erst nach und nach die Akzeptanz von soziokulturellen Angeboten wie kommunalen Kinos, museumspädagogischer Arbeit, der Organisation von Kulturfesten etc. sowie die Erkenntnis erfolgte, dass hierdurch eine Bereicherung der traditionellen Kulturangebote erreicht werden kann.[873]

In den vergangenen Jahren bezog der *Deutsche Städtetag* immer wieder Position zu aktuellen kulturpolitischen Themen, wie etwa mit den Veröffentlichungen *Stadt.Kreativität.Entwicklung* oder *Kultur in Deutschland aus Sicht der Städte*. Darin verleiht er seiner Einschätzung zum Bericht der Enquete-Kommission *Kultur in Deutschland* des Deutschen Bundestages Ausdruck. Einige zentrale Punkte sollen an dieser Stelle aufgegriffen werden: Hohe Bedeutung misst der *Deutsche Städtetag* der Kulturellen Bildung von Kindern, Jugendlichen und Erwachsenen sowie der kulturellen Vielfalt bei.[874] Er unterstützt den sogenannten *Governance-Ansatz*, der darauf zielt „die Gesamtheit der politischen Aufgaben auf mehrere gesellschaftliche Akteure zu verteilen und die formulierten Ziele kooperativ zu erreichen".[875] Der *Deutsche Städtetag* verweist darauf, dass die öffentliche Finanzierung von Kunst und Kultur angesichts der prekären Haushaltssituation in vielen Städten zunehmend unter Druck gerate. Er fordert deshalb, dass Bund und Länder die Finanzausstattung der Städte als Voraussetzung für die Erfüllung ihrer Kulturaufgaben und zur Sicherung der kulturellen Infrastruktur durch eine auskömmliche Gemeindefinanzierung

---

871 Vgl. Deutscher Städtetag 1992, S. 17 f.
872 Von besonderer Bedeutung sind dabei u.a. die *Leitsätze zur kommunalen Kulturarbeit (Stuttgarter Richtlinien)* sowie die im Band *Wege zur menschlichen Stadt* zusammengefassten Ergebnisse der Hauptversammlung des *Deutschen Städtetages* 1973 in Dortmund und dabei vor allem der Beitrag *Bildung und Kultur als Element der Stadtentwicklung* (vgl. Deutscher Städtetag 1973); vgl. zusammenfassend u.a. Deutscher Städtetag 1979, Deutscher Städtetag 1991a sowie Deutscher Städtetag 1992.
873 Vgl. Brüse 1992, S. 35 ff.
874 Vgl. Deutscher Städtetag 2009, S. 3 f. sowie S. 8 ff.
875 Deutscher Städtetag 2009, S. 7.

sicherstellen müssten. Zudem konstatiert der *Deutsche Städtetag*, dass „[d]em Ansatz der Enquete-Kommission, Kultur als ‚pflichtige Selbstverwaltungsaufgabe' zu regeln, [...] solange nicht gefolgt werden [kann], wie sich daraus keine konkreten Finanzierungsansprüche für die Kommunen ergeben".[876] Es ist zu erwarten, dass der *Deutsche Städtetag* auch in Zukunft die Interessen der Kommunen bündeln und gegenüber Bund und Ländern aktiv vertreten wird; er lässt sich somit als zentraler kulturpolitischer Akteure im Gesamtkontext des dritten Sektors einordnen.

Die Kirchen in der deutschen Kulturpolitik

In den vorangegangenen Kapiteln wurde bereits deutlich, dass Kulturpolitik in Deutschland ganz entscheidend von der Diversität der Akteure lebt. Dementsprechend können im Rahmen dieser Arbeit nur wenige der zentralen Organisationen detaillierter vorgestellt werden, obwohl unzählige weitere Stiftungen, Vereine und Initiativen die Kulturlandschaft prägen. Nicht unberücksichtigt bleiben sollen jedoch die Kirchen, die das kulturelle Leben maßgeblich beeinflussen. In der Veröffentlichung *Die Kirchen, die unbekannte kulturpolitische Macht* des *Deutschen Kulturrats* wird ihre zentrale Position deutlich:

> Die Kirchen gehören [...] für die Enquete-Kommission ‚Kultur in Deutschland' des Deutschen Bundestages ausweislich ihrer finanziellen Aufwendungen zu den zentralen kulturpolitischen Akteuren in Deutschland. Die Gutachter schätzen die Kulturfördermittel der Kirchen auf ca. 4,4 Milliarden Euro im Jahr ein. Die Kirchen setzen, so schreiben die Gutachter weiter, vermutlich etwa 20% ihrer Kirchensteuern und Vermögenserlöse für ihre kulturellen Aktivitäten ein. Die Kirchen liegen mit diesen Aufwendungen für Kultur im Vergleich der öffentlichen Ebenen auf einem der vorderen Plätze, mindestens aber gleichauf mit den Gemeinden (3,5 Milliarden Euro) und Ländern (3,4 Milliarden Euro). Bei insgesamt knapp 8 Milliarden Euro staatlicher Kulturförderung des Bundes, der Länder und Gemeinden 2004 spielen die Kirchen eindeutig die herausragende Rolle bei der Kulturfinanzierung außerhalb des Staates.[877]

Doch insbesondere durch die enge Verknüpfung mit der Gesellschaft sowie mit Kunst bzw. KünstlerInnen (prägten und) prägen die Kirchen nach wie vor das kulturelle Leben in Deutschland. Kirche und Kultur befinden sich seit Jahrhunderten in einem besonderen Spannungsverhältnis, boten durch umfangreiche Wechselwirkungen der jeweiligen Gegenseite aber auch kontinuierliche Inspiration.[878]

---

876 Deutscher Städtetag 2009, S. 3.
877 Zimmermann 2007, S. 5.
878 Vgl. Zimmermann 2007, S. 5.

Aktuell versteht sich die Kirche als „Anwältin einer ‚Breiten-Kultur'" und verfügt mit einer großen Zahl ehrenamtlich Engagierter (ca. 25.000), mit professionellen Kunst-, Musik-, Bau- und Denkmalpflegereferaten oder -ämtern, mit 18.000 katholischen Haupt- und Nebenberufs-Kirchenmusikern, 15.500 Mitgliedern in Erwachsenen-, Jugend- und Kinderchören, 1.800 kircheneigenen Orchestern und Instrumentalgruppen sowie knapp 5.000 öffentlichen Büchereien, über ein enges Netz an kulturellen Angeboten und Aktivitäten, das auch den ländlichen Raum bedient.[879] Zur zukünftigen Entwicklung schreibt Thomas Sternberg, der als Vertreter der Kirchen der Enquete-Kommission *Kultur in Deutschland* angehörte:

> Die Kirchen wollen eine dezentrale und plurale Kulturpolitik, die ihre kulturellen Tätigkeiten nicht behindert, sondern stützt. Vor allem sollte diese Tätigkeit in ihrem Volumen die angemessene Wahrnehmung in den kulturpolitischen Debatten finden. Die kulturelle Tätigkeit der Kirchen soll mit privaten, staatlichen und privaten Aktivitäten vernetzt werden können. Unter den Stichworten ‚bürgerschaftliches Engagement', ‚Soziokultur', ‚Kulturelles Erbe', ‚Public-private-Partnership', ‚Ehrenamtsförderung', ‚soziale Sicherheit im Kulturbereich' und ‚kulturelle Bildung' können kirchliche Aspekte eingebracht werden. Deutschland als Kulturnation wird durch die Kirchen und ihre Aktivitäten wesentlich mitgeprägt. Es stellen sich für die Kirchen die Fragen, wie bei zurückgehenden Kirchenanteilen von zur Zeit noch zwei Dritteln der Bevölkerung und schwindender finanzieller Sicherheit dieser Kulturbeitrag zu sichern ist.[880]

Die Kirchen können somit im kulturellen Gesamtkontext eine zentrale Rolle einnehmen, indem sie die Aktivitäten des ersten und zweiten Sektors ergänzen – allerdings sind sie in finanzieller Hinsicht mit ähnlichen Schwierigkeiten befasst.

Institutionell verankert ist das Kulturengagement der Kirchen durch einen *Kulturreferenten der Deutschen Bischofskonferenz* sowie seit 2006 einer *Kulturbeauftragten der Evangelischen Kirchen in Deutschland*, die mit einem Kulturbüro sowie einem Kulturbeirat (bestehend aus KünstlerInnen und KulturvertreterInnen) die verschiedenen Kulturbereiche gestaltet.[881] Besonderes Augenmerk liegt dabei auf den Sektoren Literatur und Buch, Musik, Architektur, Kirchenbau und Denkmalpflege, Bildende und Darstellende Kunst, Medien und Sepulkralkultur.[882]

---

879 Lehmann 2007, S. 13; vgl. auch Sternberg 2007, S. 31 f.
880 Sternberg 2007, S. 32 f.
881 Vgl. Bülow 2007, S. 98.
882 Vgl. Bülow 2007, S. 98 ff.; analog dazu beschreibt Koch das kulturelle Engagement der katholischen Kirche und nennt neben statistischen Daten auch Leitbilder und Schwerpunkte sowie Zukunftsperspektive für die einzelnen Bereiche (vgl. Koch 2007, S. 102 ff.).

Die Kirchen und mit ihnen sämtliche im Kulturbereich aktive Vereine und Initiativen sowie die unzähligen Ehrenamtlichen, stellen somit in ihrer Gesamtheit den dritten Sektor und damit eine wichtige Ergänzung der staatlichen und wirtschaftlichen Akteure im Kulturbereich dar. Es soll abschließend noch einmal unterstrichen werden, dass gerade in der Kombination der Aktivitäten der einzelnen Sektoren die Dynamik und Vielfalt der deutschen Kulturlandschaft begründet liegt.

3.2.4 Zusammenfassung

Die Auseinandersetzung mit den historisch gewachsenen Rahmenbedingungen deutscher Kulturpolitik zeigt, dass sich diese im Verlauf der vergangenen Jahrzehnte intensiv entwickelt haben und eine Ausdifferenzierung in die drei Sektoren Staat, Markt und Zivilgesellschaft erfolgte. Charakteristisch für das deutsche System der Kulturpolitik ist somit seine dezentrale und auch seine föderale Struktur, die Austausch und Kooperation zu bedeutsamen Bedingungen für das Funktionieren der dementsprechend komplexen Akteursstrukturen machen. Die Ausführungen zeigen jedoch, dass insbesondere im Kontext des ersten Sektors Kommunikationsschwierigkeiten bestehen: Die Zusammenarbeit der unterschiedlichen politischen Ebenen (EU, Bund, Länder und Kommunen) ist bisweilen von Kompetenzstreitigkeiten und unübersichtlicher -verflechtung geprägt. Zudem sind – trotz des grundsätzlichen Bekenntnisses der Kulturpolitik zur Zusammenarbeit mit dem zweiten Sektor – nach wie vor Abgrenzungsbestrebungen gegenüber der Kultur- und Kreativwirtschaft erkennbar; diese erscheinen sinnvoll, um die alleinige Ausrichtung auf Events und die Verwertbarkeit künstlerischer Leistungen einzuschränken und das kritische Moment der Kunst sowie die höchst subjektiven Prozesse ästhetischer Erfahrungen zu erhalten. Ziel von Kulturpolitik sollte es stets sein – in Kooperation mit dem zweiten und dritten Sektor – ein Klima für Innovation und Emanzipation, Engagement und Autonomie zu schaffen, damit sich Unbekanntes, Unvorhersehbares und auch Unbequemes entfalten kann.[883] Denn grundsätzlich bleibt festzuhalten, dass – trotz der umfangreichen Strukturen und Institutionen der jeweiligen Sektoren – nach wie vor die Kunst im Mittelpunkt jeglicher Kulturpolitik steht:

> Kunst verdichtet symbolische Strömungen und Tendenzen unserer kulturellen Entwicklung und macht sie damit reflektierbar. Umgekehrt schöpft Kunst aus dem Reservoir der Kultur und unserer gesellschaftlichen Wirklichkeit ihren Rohstoff. Und Kulturpolitik hält dieses Austauschverhältnis in Bewegung. Die Künste bringen uns immer wieder

---

883 Vgl. Scheytt 2008, S. 164 ff.

neue Kräfte, die wir für die Orientierung bei der Bewältigung der gesellschaftlichen Herausforderungen so dringend benötigen. Eine Politik für die Künste sichert uns Durchsicht, Zusammensicht und Voraussicht.[884]

Die vorangegangenen Ausführungen machen insgesamt deutlich, dass sich die konzeptionellen Grundlagen von Kulturpolitik in kontinuierlicher Weiterentwicklung befinden und einer unablässigen Anpassung an veränderte Rahmenbedingungen bedürfen. Insbesondere durch die prekäre Finanzsituation der Kommunen besteht ein verstärkter Legitimationsdruck und generell wird die dominierende Rolle der staatlichen bzw. kommunalen Akteure für die Sicherung und Weiterentwicklung von Kultur zunehmend bezweifelt und damit einhergehend die bislang vorherrschende Angebotsorientierung im kulturpolitischen Denken in Frage gestellt. Dies ist insbesondere auch deshalb der Fall, da durch die Veränderung der kulturellen Präferenzen der Bevölkerung und die Vervielfachung der kulturellen Angebote (v.a. durch die Audiovisuellen Medien) eine neuartige Konkurrenzsituation entstanden ist. Zudem haben sich die Grundlagen kulturpolitischen Handelns durch gesamtgesellschaftliche Veränderungen, Globalisierung, ökologische Krisenerfahrungen, Pluralisierung und Individualisierung der Lebensstile, Auflösung traditioneller Zusammenhänge, Veränderung der ethnischen, religiösen und kulturellen Zusammensetzung der Bevölkerung sowie den demographischen Wandel grundsätzlich verändert. In der Folge muss Kulturpolitik ihre Grundlagen, Zielsetzungen und Handlungsformen überprüfen und teilweise neu definieren. Die bisherige Legitimationsbasis im Sinne von Schiller oder Humboldt sowie der Bezug auf den „Kulturstaat" oder die „Kulturnation" reichen als Begründungsmuster nicht mehr aus und auch die Idee einer „Bildung und Kultur für alle" sowie die Rechtfertigung von Kultur als Standortfaktor können nur Teilaspekte der kulturpolitischen Praxis begründen.[885] Die Zusammenarbeit aller drei Sektoren im Sinne einer kooperativen Kulturpolitik scheint somit für die Weiterentwicklung der deutschen Kulturlandschaft unumgänglich (*Governance*-Ansatz). Es müssen für die Zukunft Mechanismen und Kommunikationsprozesse etabliert werden, die die erfolgreiche Zusammenarbeit der drei Sektoren im kulturpolitischen Kräfteparallelogramm ermöglichen und zugleich die individuellen Zielsetzungen und Herangehensweisen der jeweiligen Akteure und Institutionen respektieren.

---

884 Scheytt 2008, S. 154.
885 Vgl. Wagner 2009, S. 14 ff.

3.3 Fallstudie Deutschland: Essen

3.3.1 Vorstellung der Stadt und ihrer kulturellen Infrastruktur

Wie bereits in Kapitel 1.3 zur Methodik ausgeführt, lassen sich Turin und Essen aufgrund ihrer ähnlichen Größe und der jahrzehntelangen industriellen Prägung, insbesondere aber aufgrund der Fokussierung von Kultur(-politik) mit dem Ziel eines umfassenden Strukturwandels und einem dementsprechenden Engagement miteinander vergleichen.

In Essen fand dieses Bestreben v.a. in der Bewerbung und Durchführung der *Kulturhauptstadt Europas* im Jahr 2010 Ausdruck, die unter dem Motto „Wandel durch Kultur – Kultur durch Wandel" stand. Die Besonderheit des Konzepts bestand dabei in der Beteiligung von 53 Städten der gesamten Region mit insgesamt fünf Millionen BewohnerInnen, wie auch der Titel *RUHR.2010* widerspiegelt. Das *Mission Statement* unterstreicht, dass die Durchführung der Kulturhauptstadt nur ein Schritt auf dem Weg ist, „als unkonventionelle Metropole im Werden ein neues Zentrum Europas zu bilden" sowie „den atemberaubenden Wandel von Europas legendärer Kohle- und Stahlregion zu einer polyzentrischen Kulturmetropole neuen Typs" zu gehen. Durch kreative Allianzen regionaler Akteure aus Kultur, Politik und Wirtschaft sollten nachhaltig wirkende Strukturen für die Kulturmetropole Ruhr etabliert werden, die gemeinsam das Ziel verfolgen, „dass die Metropole Ruhr eine bedeutende Rolle in der Zukunft Europas spielt und zu einer neuen, unverwechselbaren Städtemarke auf der Landkarte Europas wird".[886] Die Vorbildfunktion dieser Zielsetzung hebt auch die Enquete-Kommission *Kultur in Deutschland* hervor:

> ‚RUHR.2010' spielt eine besondere Rolle, weil hier im Kleinen das Ganze abgebildet wird. Die strukturelle Analogie zur Europäischen Union war ein wichtiger Grund für die getroffene Auswahlentscheidung. Paradigmatisch wird hier der durch Kultur katalysierte Wandel eines durch die Montanindustrie geprägten Ballungsgebiets zur Dienstleistungsgesellschaft gezeigt. Die Kulturhauptstadt als polyzentrische Stadtregion präsentiert das Ergebnis eines mehrjährigen Wandlungsprozesses. Sie zeigt 2010 den erreichten Stand und ist ein Höhepunkt andauernder nachhaltiger Entwicklung. Zugleich wird hiermit der durch Partizipation der Bürger ermöglichte und begleitete Verschmelzungsprozess verschiedener Städte zu einer Region vorgestellt. Das was in den Regionen Europas stattfindet und sich vollziehen muss, wird hier exemplarisch vorgedacht und ist zugleich Vorbild für das, was sich in der ‚EU der 27' vollziehen wird – die schrittweise Integration der Regionen, die getrennt durch unterschiedliche Geschichte und verschiedene Kultur im

---

886 Essen für das Ruhrgebiet 2010.

Sinne des europäischen Ganzen immer stärker ihre Gemeinsamkeiten entdecken und voranbringen.[887]

Doch auch unabhängig von den Aktivitäten im Rahmen der *RUHR.2010* kann Essen als „kulturelle Hochburg des Reviers" gelten. Mit dem *Museum Folkwang*, der UNESCO-Welterbestätte *Zeche Zollverein* und dem *Aalto-Theater* verfügt die Stadt über kulturelle Highlights.[888] In der Spielzeit 2009/10 trat die Gemeinde als Träger des *Aalto-Theaters/Aalto-Foyers*, des *Grillo-Theaters* (mit den Spielstätten *Heldenbar*, *Cafe Central*, *Casa Nova* und *Box*) sowie der *Philharmonie* (mit den *Saalbauten Alfried Krupp* und dem *RWE-Pavillon*) auf. Insgesamt besuchten 387.502 Personen auf 3.265 angebotenen Plätzen 892 Veranstaltungen. Die Einrichtungen verfügten über 888 Beschäftigte, wovon 215 Personen dem künstlerischen Personal zuzuordnen sind. Die Gesamtausgaben betrugen gut 50 Mio. Euro, wobei sich die kommunalen Zuschüsse auf ca. 36 Mio. Euro beliefen.[889] In der Spielzeit 2009/2010 wurde das kommunale Angebot durch folgende Privattheater ergänzt: Das *Colosseum Theater* (GmbH) mit 1.678 Plätzen und 269 Veranstaltungen, das *Theater Freudenhaus im Grend* (e.V.) mit 99 Plätzen, 118 Veranstaltungen, 9.855 BesucherInnen und 60.000 Euro Zuweisungen aus öffentlichen Mitteln sowie das *Theater im Rathaus* (GmbH) mit 265 Plätzen, 307 Veranstaltungen und 78.500 BesucherInnen.[890]

Hinter Köln liegt Essen damit in NRW auf Platz zwei in Bezug auf die Zahl der Einrichtungen. Mit Blick auf die Besucherzahlen rangiert Essen bei den öffentlichen Theatern auf Platz zwei hinter Düsseldorf, bei den Privattheatern auf

---

887 Deutscher Bundestag 2007, S. 423.
888 Im Jahr 2012 besuchten das *Museum Folkwang* 229.850 Gäste für die Sonderausstellungen sowie weitere 81.713 für die Dauerausstellung. Im *Aalto-Theater/ Foyer* wurden bei 432 Veranstaltungen 178.152 BesucherInnen gezählt, in der *Philharmonie* bei 206 Aufführungen 139.913. Auch die *Alte Synagoge* mit 31.079 BesucherInnen sowie das *Grillo Theater* mit 38.759 gehören zur kulturellen Infrastruktur. Verwiesen sei auch auf die aktive Nutzung der Stadtbücherei, wobei in der Zentralbibliothek 2.278.546 Medien entliehen wurden sowie in den Stadtteilbibliotheken insgesamt 1.717.689 (vgl. Stadt Essen 2013a). Für Details zur Bibliotheksnutzung, zu den BesucherInnen der Veranstaltungen der Theater und der Philharmonie, zu den Belegungen von Kursen der Volkshochschule, den SchülerInnen der *Folkwang Musikschule*, Eintritte in den *Grugapark* ect., vgl. Stadt Essen 2012.
889 Vgl. Deutscher Städtetag 2011, S. 209.
890 Vgl. Deutscher Städtetag 2011, S. 243 f.

Platz fünf hinter Bochum, Bonn, Köln und Düsseldorf.[891] Doch die Stadt bietet auch in der Breite ein weit gefächertes Angebot:

> Essen ist Kultur-Hochburg – und das nicht nur für Hochkultur. Die freie Kulturszene erfreut seit Jahren ein stetig wachsendes Publikum. Und auch in Sachen Entertainment wartet die Stadt mit vielerlei Highlights auf. Der Lichtburg etwa, Deutschlands größtem historischen Filmpalast, dem GOP Varieté Theater oder der legendären Grugahalle. Und auch im Entertainment lebt die Industriekultur fort: Sei es in der Zeche Carl, die sich als soziokulturelles Zentrum, als Schauplatz von Rockkonzerten und Comedy-Shows einen Namen gemacht hat. Sei es in der ehemaligen ‚VIII. Mechanischen Werkstatt' der Firma Krupp, die heute als Colosseum Theater Veranstaltungsgeschichte schreibt.[892]

Insgesamt prägend für das Kulturangebot in Essen ist die sogenannte „Industriekultur", die paradigmatisch den Wandel von einer Bergbau- und Stahlregion und einer entsprechenden Industriegesellschaft in eine dienstleistungsgeprägte Wirtschaftsstruktur spiegelt. Generell wurde in NRW die Kultur- und Medienwirtschaft frühzeitig als Wachstumsbranche identifiziert und als erstes Bundesland erstellte NRW bereits 1991 einen Kulturwirtschaftsbericht, der eine Analyse des wirtschaftlichen Potenzials von Kunst und Kultur vornahm.[893] Die tiefgreifende Veränderung Essens spiegelt die Zunahme der Beschäftigten im tertiären Sektor: Waren 1951 lediglich 32,2% im Dienstleistungsgewerbe tätig, so stieg diese Zahl über 57,1% im Jahr 1981 auf 82,9% für 2012. Die Arbeitslosenquote liegt bei 13,6% (30.09.2012).[894]

Essen und insgesamt das Ruhrgebiet und NRW können als sozialdemokratisch geprägt gelten: Bei den letzten Kommunalwahlen 2009 erreichte die SPD 37,2% der Stimmen, gefolgt von der CDU mit 31,9%. Außer zwischen 1999 und 2004 wurde Essen in den vergangenen Jahrzehnten stets von der SPD regiert. Auch bei der letzten Landtags- und Bundestagswahl dominierte – nach der CDU-geführten Legislaturperiode von 2005 bis 2010 auf Landesebene – erneut die SPD.[895]

---

891 Vgl. Information und Technik Nordrhein-Westfalen und Geschäftsbereich Statistik 2012a, S. 168; die Ausgangsbasis für diese Angaben sind allerdings leicht abweichende Zahlen gegenüber den soeben zitierten des *Deutschen Städtetags*: Für die Spielzeit 2010/2011 wird von acht öffentlich getragenen Spielstätten mit 2.645 Plätzen, 890 Veranstaltungen und 351.543 BesucherInnen sowie drei Privattheater mit insgesamt 561 Veranstaltungen und 83.385 BesucherInnen ausgegangen (vgl. ebd.).
892 Stadt Essen 2013c.
893 Vgl. Deutscher Bundestag 2007, S. 336.
894 Stadt Essen 2013e.
895 Vgl. Information und Technik Nordrhein-Westfalen und Geschäftsbereich Statistik 2012b, S. 25.

Nach diesem kurzen Überblick zur Gesamtsituation, sollen im anschließenden Kapitel die Ergebnisse der Interviews mit den Kulturpolitikern zur Untersuchungsstadt Essen vorgestellt werden, die eine detaillierte Auseinandersetzung mit der Kulturpolitik in Essen, dem Ruhrgebiet und NRW ermöglichen und in der Folge Antworten auf die in Kapitel 1.2 aufgeworfenen forschungsleitenden Fragen geben können.

3.3.2 Ergebnisse der Interviews zur Kulturpolitik in Essen

Ziel der vorliegenden Studie ist es, die (kommunale) Kulturpolitik Deutschlands derjenigen in Italien vergleichend gegenüberzustellen, wofür exemplarisch die beiden Städte Essen und Turin ausgewählt wurden. Hier sollen nun zunächst die Ergebnisse der Interviews auf deutscher Seite vorgestellt werden. Wie bereits in Kapitel 1.3 zum methodischen Vorgehen ausgeführt, wurde dafür ein Mitarbeiter der Kulturabteilung des *Ministeriums für Familie, Kinder, Jugend, Kultur und Sport* des Landes Nordrhein-Westfalen für die Landesebene (L), ein Vertreter der regionalen Ebene repräsentiert durch den *Regionalverband Ruhr* (R), ein Vertreter des *Deutschen Städtetages* (KD), und somit der kommunalen Ebene mit Blick auf Deutschland in seiner Gesamtheit, sowie ein Vertreter der kommunalen Ebene der Stadt Essen (K) befragt.

Vor der Auswertung der Interviews soll ein kurzer Blick auf die jeweilige institutionelle Verortung der Interviewpartner[896] gegeben werden: Der Vertreter auf Landesebene nimmt eine zentrale Rolle innerhalb des *Ministeriums für Familie, Kinder, Jugend, Kultur und Sport* des Landes Nordrhein-Westfalen ein und kann auch aufgrund seiner langjährigen Erfahrung als kompetenter Ansprechpartner gelten. Mit einem Budget von 190 Mio. Euro fördert das Land NRW Kultur in all ihren Sparten und setzt vielfältige Förderprogramme um.

Auch der Interviewpartner auf regionaler Ebene kann u.a. aufgrund der Tatsache, dass er die Konzeption und Durchführung der *RUHR.2010* mitgeprägt hat und in der Kulturpolitik der Region umfassend verwurzelt ist, diese Ebene sehr kenntnisreich repräsentieren. Er ist dem *Regionalverband Ruhr (RVR)* zuzuordnen, der als Körperschaft des öffentlichen Rechts dem Gemeinwohl der Region Ruhr dient.[897] Mitgliedskörperschaften des *RVR* sind die kreisfreien Städte Duisburg, Essen, Mülheim an der Ruhr, Oberhausen, Bottrop, Gelsenkirchen,

---

896 Da es sich bei den deutschen Interviewpartnern in allen vier Fällen um Männer handelt, soll bei ihrer Nennung auf die geschlechtsneutrale Bezeichnung *InterviewpartnerInnen* verzichtet werden, die prinzipiell in dieser Arbeit Verwendung findet.
897 Vgl. Regionalverband Ruhr 23.10.2012.

Bochum, Dortmund, Hagen, Hamm und Herne sowie die Kreise Wesel, Recklinghausen, Ennepe-Ruhr-Kreis und Unna.[898] Der *RVR* mit Sitz in Essen repräsentiert damit rund 5,2 Mio. EinwohnerInnen, für die er vielfältige Aufgaben übernimmt: Er ist u.a. „für die Regionalplanung in der Metropole Ruhr zuständig", fungiert als „Träger bedeutender Infrastrukturprojekte wie der Route der Industriekultur und dem Emscher Landschaftspark" und organisiert die regionale Wirtschafts- und Tourismusförderung sowie die Öffentlichkeitsarbeit für die Metropole Ruhr.[899]

Befragt wurde auch ein Mitglied des Kulturausschusses des *Deutschen Städtetags*. Dieses Gremium bündelt die Interessen und Positionen von rund 3.400 kreisfreien und auch kreisangehörigen (Groß-)Städten in Deutschland und dient als zentrale Austauschplattform.[900] Es ist folglich davon auszugehen, dass dieser Interviewpartner Erkenntnisse zur kommunalen Kulturpolitik in Deutschland einbringen kann, die über die für eine einzelne Stadt gültigen Aussagen hinausgehen.

Der Interviewpartner auf kommunaler Ebene agiert in zentraler Position innerhalb des Essener Kulturdezernats, das zum *Geschäftsbereiche Kultur, Integration und Sport* gehört. Diesem unterstehen das Kulturbüro, die Museen der Stadt Essen, die Stadtbibliothek, die Volkshochschule, die *Folkwang Musikschule* und verschiedene andere kulturelle Einrichtungen und Arbeitsstellen.[901]

Nach dieser Vorstellung der Interviewpartner mit ihrem individuellen Arbeitskontext werden ihre Antworten im weiteren Verlauf des Kapitels gebündelt und dadurch die eingangs aufgeworfenen forschungsleitenden Fragen für die deutsche Seite beantwortet. Kapitel 4.3 verfährt analog für die Antworten der italienischen InterviewpartnerInnen, ehe Kapitel 5 die Ergebnisse für beide Länder gegenüberstellen wird.

Die ersten drei Fragestellungen beziehen sich auf die theoretisch erarbeiteten Erkenntnisse zur kulturpolitischen Entwicklung seit 1945 (Frage 1), den zugrunde liegenden Strukturen zwischen politischen, privatwirtschaftlichen und gemeinnützigen Akteuren (Frage 2) sowie der finanziellen Ausstattung (Frage 3).

---

898 Vgl. Information und Technik Nordrhein-Westfalen und Geschäftsbereich Statistik 2012a, S. 26; der Verband finanziert sich primär durch eine Umlage der Mitgliedskörperschaften (vgl. Regionalverband Ruhr 23.10.2012, S. 14); Details zur Finanzierung sind dem jeweiligen Haushaltsplan zu entnehmen (vgl. Regionalverband Ruhr 2012).
899 Vgl. Regionalverband Ruhr 2013.
900 Vgl. ausführlich zum *Deutschen Städtetag* Kapitel 3.2.3.
901 Vgl. Stadt Essen 2013d.

Da die Antworten auf diese Fragen primär auf den Ergebnissen der vorangegangenen Kapitel aufbauen, sollen sie hier nicht noch einmal diskutiert werden. Vielmehr erfolgt für die ersten drei Fragen in den Kapiteln 5.1 bis 5.3 der direkte Vergleich zwischen der deutschen und der italienischen Situation. Für die Fragen 4 bis 12 dagegen liefern die folgenden Seiten konkrete Antworten: Zunächst erfolgt eine Beschreibung der konkreten Ziele und Kompetenzen der interviewten Kulturpolitiker (Fragen 4 und 5) und ein Blick auf den Einfluss der föderalistischen Strukturen auf die Kulturpolitik (Frage 6), ehe die Auswirkungen der Finanzkrise (Frage 7) sowie die Legitimation und Einordnung von Kulturpolitik in den politischen Gesamtzusammenhang (Frage 8) thematisiert werden. Die Frage nach dem Umgang mit dem nach wie vor begrenzten Kulturpublikum (Frage 9) sowie den langfristig zu erwartenden Herausforderungen (Frage 10) wird ebenso untersucht, wie die Relevanz der Kulturpolitik für die zukünftige Gesamtentwicklung der untersuchten Stadt Essen mit dem Ruhrgebiet im Sinne eines tiefgreifenden Strukturwandels (Frage 11). Von besonderem Interesse sind die Antworten in Bezug auf den kulturpolitischen Kulturbegriff, der in der Praxis Anwendung findet (Frage 12), weil dieser als Entscheidungsgrundlage für die konkreten kulturpolitischen Aktivitäten und Initiativen dient. Da Kulturpolitik nur als Gesamtsystem betrachtet werden kann, basieren die eingangs formulierten forschungsleitenden Fragen auf idealtypischen Abgrenzungen und es werden immer wieder Querverweise zu den anderen Themenkomplexen erfolgen. Dennoch soll mit Hilfe der einzelnen Fragen eine übersichtliche Strukturierung und schließlich auch der Vergleich mit der Situation in Italien ermöglicht werden. Von großem Interesse ist dabei zunächst Frage 4, die die jeweilige inhaltliche Ausrichtung der (kommunalen) Kulturpolitik in Deutschland und Italien absteckt und somit einen der zentralen Vergleichsaspekte untersucht:

Frage 4: Welche Themenfelder stehen aktuell im Mittelpunkt (kommunaler) Kulturpolitik? Welche konkreten Ziele verfolgen deutsche und italienische KulturpolitikerInnen mit ihrer jeweiligen Kulturpolitik?[902]

Obwohl die Interviews mit Vertretern verschiedener Regierungsebenen geführt wurden, kristallisieren sich einige primäre Themenfelder heraus: Inhaltlich stehen im Moment die Kulturelle Bildung, die Ausweitung der Teilhabe an kulturpolitischen Angeboten und die Vernetzung mit anderen Politikbereichen im Fokus.

---

902 Die forschungsleitenden Fragen sind größtenteils komparatistisch formuliert, um in Kapitel 5.4 die gegenüberstellende Beantwortung zu ermöglichen. Im vorliegenden Kapitel sollen diese jedoch nur für die deutsche Seite beantwortet werden, Kapitel 4.3 verfährt analog für die italienische Seite.

Strukturell ist der Umgang mit der schwierigen Finanzlage der Kulturpolitik sowie der damit zusammenhängende Prozess der Regionalisierung zentral.[903]
Der Vertreter der Landesebene sieht zwischen den ersten beiden Punkten einen engen Bezug: Ausgehend von Initiativen der Kulturellen Bildung – wie z.b. *Jedem Kind ein Instrument* oder *Kulturrucksack NRW* –, die in der Regel auf Vermittlungsaktivitäten insbesondere für Kinder und Jugendliche basieren, ziele das Land NRW darauf, die jungen TeilnehmerInnen langfristig als aktive KulturnutzerInnen zu gewinnen, um ihnen für die Zukunft die Teilhabe am kulturellen Gesamtangebot zu eröffnen und insgesamt den Kreis der KulturnutzerInnen auszuweiten (L, 3[904]). Ein weiteres Hauptfeld der Landeskulturpolitik sei die Förderung der Künste in unterschiedlichsten Sparten und Erscheinungsformen sowie der KünstlerInnen selbst, die den „Kern" jeglicher Kulturpolitik bildeten. Zudem stelle die Pflege des kulturellen Erbes (Substanzerhalt) einen der Aufgabenschwerpunkte dar. Als Unterziele ließen sich zum einen die „Profilierung des Landes Nordrhein-Westfalen als Kulturland" anführen, zum anderen die Ausrichtung darauf, einen Beitrag zur Attraktivität des Lebensraums zu leisten und damit einhergehend auch seine Anziehungskraft für KünstlerInnen aus anderen Ländern zu steigern, um auch an internationaler Ausstrahlung zu gewinnen (L, 3).

Auch der Vertreter des *Deutschen Städtetags* sieht die Kulturelle Bildung für sämtliche Altersgruppen im Mittelpunkt kommunaler Kulturpolitik und interpretiert Investitionen in den Kulturbereich zugleich als langfristige Ressourcen (KD, 13). Hier klingt – im Sinne einer ganzheitlichen Bildungspolitik – bereits die Vernetzung mit anderen Politikbereichen an. Auch der Brückenschlag zur Kulturwirtschaft und zum Bereich der Stadtentwicklung werden thematisiert. Inhaltlich bedeutend seien zudem die Themenfelder Denkmalschutz und Kunst im öffentlichen Raum sowie die Beschäftigung mit der freien Szene, die gerade in Zeiten knapper Kassen häufig von Kürzungen betroffen sei. Insgesamt könne das Thema der allgemeinen „Finanzlage, die sich ja prinzipiell dann immer auf den Kulturbereich auch negativ niederschlägt" sowie der Umgang damit aktuell als unumgänglich gelten (KD, 7).

---

903 Wie auch die weiteren Ausführungen zeigen, wird der Begriff der Regionalisierung im Kontext dieser Arbeit nicht im üblichen Sinne der Dezentralisierung und damit Auslagerung zentralstaatlicher Kompetenzen an untere Regierungsebenen gebraucht. Vielmehr wird darunter die kooperative Zusammenarbeit der in einer bestimmten Region vorhandenen Kommunen sowie ihrer Kulturinstitutionen verstanden.
904 Neben dem Kürzel für den jeweiligen Interviewpartner wird der Abschnitt im Transkript angegeben, in dem die entsprechende Aussage getroffen wurde.

Aus regionaler Perspektive zeigt die schwierige Finanzlage ebenfalls Auswirkungen, da in der Folge der Prozess der Regionalisierung an Dynamik gewinne. Das Ziel der Etablierung von Essen und dem Ruhrgebiet als Metropolregion könne dadurch auch auf kommunaler Ebene mehr Bedeutung erlangen (R, 5–6/19). Als Zielsetzungen verfolge die regionale Ebene mit ihrer Arbeit zudem eine Wiederbelebung bzw. Erneuerung einer durch den strukturellen Wandel der Region verloren gegangenen Bildungs- und Identitätstradition (R, 19). Es lasse sich somit auch von einer auf gesellschaftliche Verantwortung ausgerichteten Zielsetzung sprechen, die in der Folge den Schulterschluss mit anderen Politikbereichen wie der Gesellschafts- und Regionalpolitik suche (R, 29/45). Dazu sei es unumgänglich, dass Kultur bzw. Kulturpolitik „raus geht", sich im öffentlichen Leben platziere und Teilhabe ermögliche (R, 23/31/35). Insgesamt werde eine Betrachtung und Verankerung im Gesamtkontext angestrebt und die gesamtgesellschaftliche Verantwortung von Kulturpolitik solle auch einen Beitrag zu ihrer Legitimation und damit wiederum ihrer Finanzierung von Seiten der öffentlichen Hand gewährleisten (R, 22). Dennoch sei absehbar, dass der Erhalt sämtlicher im Moment bestehender Institutionen nicht möglich sein werde (R, 42), sodass eines der primären Ziele die sinnvolle Neuausrichtung der kulturpolitischen Gewichte in der Region sei. Bedeutend erscheint zudem, dass nachhaltige Entscheidungen getroffen werden – insbesondere mit Blick auf die Ergebnisse der *RUHR.2010*, deren Fortbestehen gewährleistet werden soll, aber auch in Bezug auf die Veränderung der Gesellschaft durch den demographischen Wandel (R 4/46–52).

Dieser beeinflusst auch die Arbeit des kommunalen Gesprächspartners, da die Gewinnung neuer Publikumsschichten – und dabei gerade auch derjenigen mit Migrationshintergrund – ein gewichtiges Themenfeld darstelle (K, 53). In Verbindung mit der Kulturellen Bildung positioniere sich Kulturpolitik somit auch als Bildungs- und Sozialpolitik (K, 4). Zugleich werde eine Verknüpfung mit der Stadtentwicklungspolitik angestrebt, die wiederum mit dem Ziel antritt, KünstlerInnen in der Stadt zu halten bzw. Essen für sie attraktiv zu machen. Die Kulturpolitik der Stadt ziele darauf, Ansiedlungsstrategien zu etablieren und den entsprechenden „Humus" zu schaffen, auf dem Kreativität wachsen kann (K, 13–14). Ein wichtiges Ziel der kommunalen Kulturpolitik sei zudem die Vernetzung mit den anderen Sektoren, also der Wirtschaft sowie dem gemeinnützigen Bereich. Damit einher gehe, dass sich die Kulturpolitik aus dem operativen Geschäft teilweise zurückziehen und verstärkt eine steuernde Rolle einnehmen könne – Veranstalter aus dem Profit- und aus dem Non-Profit-Bereich könnten dann die konkrete Organisation übernehmen (K, 8). Auch für den kommunalen Gesprächspartner ist eines der zentralen Ziele kulturpolitischer Maßnahmen, die Region für Außenstehende attraktiv zu machen und Essen als Kulturstadt zu positionieren. Zugleich solle die Identität der Bevölkerung nach Innen gestärkt und die Identifikation auf eine breite Basis gestellt werden. Die BewohnerInnen sollten durch kulturelle Erfahrungen zudem in die Lage versetzt werden, ästhetische Urteile zu fällen und Wahrnehmungsprozesse – insbesondere mit Blick auf die neuen Medien – einzuordnen; eine Zielsetzungen, die wiederum im Kontext der Kulturellen Bildung und ihren Lernangeboten zu verorten ist (K, 24).

Die Ausführungen zeigen, dass sich kulturpolitische Ziele nicht länger auf die eng abgesteckten Bereiche von Kunst und Kultur im engeren Sinne eingrenzen lassen. Kulturpolitik hat sich in den vergangenen Jahren bzw. Jahrzehnten neue Themenfelder erobert und zielt darauf, als Querschnittsressort auf andere Politikbereiche wie die Bildungs-, Sozial- und Stadtentwicklungspolitik einzuwirken. In diesem Zusammenhang steht auch der Anspruch, die Angebote der Kulturellen Bildung auszuweiten und (davon ausgehend) langfristig die Teilhabe an kulturellen Angeboten für einen größeren Teil der Bevölkerung möglich zu machen.

Inwiefern die interviewten Kulturpolitiker nun in der Praxis diese Ziele auch umsetzen können bzw. wie ihr jeweiliger Aufgabenbereich mit den individuellen Zuständigkeiten konkret zugeschnitten ist, soll im Rahmen des nächsten Fragenkomplexes erörtert werden:

Frage 5: Wie definieren die InterviewpartnerInnen ihren eigenen Aufgabenbereich? Inwiefern unterscheidet sich die konkrete Umsetzung (kommunaler) Kulturpolitik in Deutschland und Italien? Wie groß sind die Entscheidungskompetenzen der deutschen und italienischen KulturpolitikerInnen (auf kommunaler Ebene)?

Der Landesvertreter sieht seine Aufgabe darin, Kulturpolitik „in das Land hinein, in allen Sparten der Kunst" zu betreiben. Das Land verfüge zwar über eine Reihe von eigenen Kultureinrichtungen, deren Zahl sei in NRW aufgrund der historisch gewachsenen Strukturen jedoch vergleichsweise gering, sodass v.a. die Kommunen als Träger und Financiers von Kultur aufträten. Die Landesebene versteht sich als Vertretung zum einen gegenüber dem Bund und der EU, zum anderen gegenüber den Gemeinden. Außerdem repräsentiere sie das Land NRW gegenüber den anderen Bundesländern in der Kultusministerkonferenz (L, 1).

Auch der *Deutsche Städtetag* begreift sich primär als Interessenvertretung: Er sieht seine Aufgabe in der Formulierung von Zielen und Perspektiven und definiert sich als kulturpolitisches Austauschgremium (KD, 2–5). Seine Zuständigkeit beziehe sich dabei primär auf die Mitgliedsstädte – für die kleineren Gemeinden übernähmen die anderen kommunalen Spitzenverbände, zu denen aufgrund der geringen Überschneidungen in Bezug auf die Problemlagen eher ein „Nicht-Verhältnis" bestehe, die Aufgabe der Interessenvertretung (KD, 9).

Inhaltlich definiert der *Deutsche Städtetag* den Aufgabenbereich von Kulturpolitik als Querschnittsressort. Anspruch müsse es sein, über den Kulturbereich hinaus zu wirken und Einfluss auf Sozial- und Schulpolitik, Stadtentwicklungs- und Wirtschaftspolitik zu nehmen:

> Also, sie [die Kulturpolitik] hat ihre Finger überall drin, das bedeutet für die Städte natürlich auch, dass es wichtig und notwendig ist, dass die einzelnen Referate in den Städten, oder auch Dezernate, oder wie auch immer die sich nennen, dort in diesen Bereichen nicht nur in ihren eigenen Schubladen und eigenen Richtungen denken, sondern quer, quer da rein denken, und dass die Stadtentwicklung der Zukunft nur in diesem interdisziplinären Arbeiten bestehen kann. Also ich hab es vorher schon mal an diesem Beispiel, weil wir es gerade machen, Stadtplanung und Kulturplanung müssen von Anfang an Hand in Hand gehen in diesen Bereichen. (KD, 29)

Ziel müsse es sein, „spartenübergreifendes Arbeiten auch in Ministerien, wo das noch viel schwieriger ist als in den Städten" zu etablieren. Die Erkenntnis, dass „die anderen [...] nicht unsere Gegner [sind]", sondern nur durch Kooperation eine Weiterentwicklung möglich sein werde, müsse sich noch weiter durchsetzen – auch wenn in diesem Bereich im Vergleich zu früher bereits große Fortschritte gemacht worden seien (KD, 36/49).

Als primäre Aufgabe sieht der Interviewpartner der regionalen Ebene die Fortführung der Projekte der Kulturhauptstadt sowie der zugrunde liegenden Ideen an. Er definiert sich als Koordinator und Moderator der kommunalen Kulturpolitik(en) und zielt darauf, diese zu einem strategischen Vorgehen zusammenzuführen. Ziel dieses Strukturierungs- und Regionalisierungsprozesses sei die Positionierung des Ruhrgebiets als Metropolregion (R, 4–11). Damit einher gehe die Koordination der regionalen Schwerpunktsetzung (auch in Bezug auf die bestehenden Institutionen), die in Folge der schwierigen Finanzlage unumgänglich erscheine (R, 19–22). Aufgabe sei in diesem Kontext auch, Kulturpolitik als Identitätspolitik zu betrachten und die Region dadurch auf die Zukunft vorzubereiten – etwa durch die Schaffung von Möglichkeiten zur Auseinandersetzung oder durch neue Inspirationen aus kulturellen Angeboten (R, 19/29/37). Die regionale Ebene fördere sowohl traditionelle als auch innovative Kulturprojekte und zudem „sehr niederschwellige Kultur", um ein möglichst breites Publikum anzusprechen. Abschottung solle generell vermieden werden, stattdessen könne der Aufgabenbereich etwa durch *Spill-over-Effekte* hin zur Kulturwirtschaft erweitert werden. Die regionale Ebene sieht ihren Aufgabenbereich somit nicht auf punktuelle Angebote und Projekte beschränkt, sondern definiert diesen sehr übergreifend.

Die kommunale Ebene erkennt ihre primäre Aufgabe in der Vermittlung zwischen Politik und Stadtverwaltung, in der Vorbereitung von Entscheidungsgrundlagen für die Politik und der anschließenden Umsetzungen der

Entscheidungen des Souveräns (K, 1). Wie bereits bei den anderen Interviewpartnern deutlich wurde, sehen die KulturpolitikerInnen ihren Aufgabenbereich nicht mehr auf die reine Sphäre der Kunst beschränkt. Übergeordnetes Ziel ist es, Kreativpotenzial in der Stadt zu halten bzw. in die Stadt zu bringen. Hierfür mischt sich die Kulturpolitik in die Stadtteilpolitik genau so ein, wie sie Existenzgründungsinitiativen von KünstlerInnen fördert und Interdependenzen mit anderen Sektoren in ihre Arbeit mit einbezieht:

> Und diese Zusammenhänge insgesamt in den Blick zu nehmen, ist eine andere kulturpolitische Ausrichtung, als nur zu gucken, was macht eigentlich die öffentliche Hand. Ich selber geh inzwischen hin und sage, das was andere tun, muss ich nicht selber machen. Insofern hat sich Kulturpolitik auch verändert. In den 70er Jahren war es so, dass die Kulturverwaltung auch die Kulturveranstaltungen organisiert hat in der Stadt. In der Regel war ein Theater auch ein Kulturamt, also ein Verwaltungsapparat. Das hat sich verändert, erheblich verändert. Es gibt im Profit-Bereich wie aber insbesondere auch im Nonprofit-Bereich eine Menge Veranstalter, sodass die öffentliche Hand sich zurückziehen kann als Veranstalter, als konkreter Organisator von Projekten, sondern eher in eine steuernde Rolle rutscht. So verstehe ich den Job auch, das wird so reinrassig nicht gehen, man ist immer ein Stück weit Veranstalter, auch in der Entwicklung, aber so verstehe ich meine Aufgabe in dem kulturellen Feld. (K, 8)

Die Aufgabe des Kulturpolitikers bestehe darin, Entwicklungen und Projekte „zu beobachten, die Impulse zu setzen und es in ein Gesamtgefüge von Kulturpolitik einzubauen" (K, 13). Der kulturpolitische Aufgabenbereich sei zwar durch das Finanz-, das Bau- und das Personalressort eingeschränkt. Die Aussagen des kommunalen Interviewpartners lassen aber in ihrer Gesamtheit erkennen, dass es der Aufgabenbereich durchaus erlaubt, etwa über die Kulturelle Bildung im Schul- und Bildungsbereich Impulse zu geben. Auch die Bestrebungen, ausgehend von der Stadt Essen für die gesamte Region Interesse zu wecken und sich generell einem Prozess der Regionalisierung und Vernetzung zu stellen, sind klar erkennbar – und weisen über die genuin kulturpolitischen Aufgaben hinaus:

> Einen zweiten Schwerpunkt sehe ich – nach der Kulturhauptstadt insbesondere – sehe ich in der Fragestellung der Regionalisierung. D.h. Essen als, ja, während der Kulturhauptstadt war Essen die Bannerträgerin für 53 Städte des Reviers, das muss nicht wieder sein, nicht die Bannerträgerin für 53 Städte, aber, wie kann ich denn jetzt diese Erfahrungen nutzen, um miteinander Dinge gemeinsam zu tun. Wir haben, ich mach das nur mal synthetisch an einem Beispiel deutlich, wir haben ein dezentrales Bibliotheksnetz in dieser Stadt und die Stadt Oberhausen hat auch ein dezentrales Bibliotheksnetz, die Stadt Mülheim auch. Und alle sind sozusagen konzentriert auf ihre eigenen Kerne, d.h. immer in die Stadtzentren hinein. Wenn es uns gelänge, eine Stadtbibliothek an die Stadtgrenze der drei Städte zu setzen, die von allen drei Städten besucht werden kann, dann wären diese Kosten von dieser Bibliothek von drei Städten getragen und nicht von einer, obwohl

es nur eine Bibliothek ist. Und das einfach mal zu untersuchen, geht so was im regionalen Verbund? Kann man dadurch ein Netzwerk aufbauen, was dann auch nach Gelsenkirchen, Oberhausen und Bochum ausstrahlt? Da sind wir unterwegs. (K, 19)

Die Aufgabenbereiche, Entscheidungskompetenzen und Strategien der Umsetzung kulturpolitischer Ziele haben sich somit entscheidend verändert: KulturpolitikerInnen sind nicht mehr allein für das Kulturangebot zuständig; inzwischen agieren sie als Netzwerker zwischen den unterschiedlichen Sektoren, bringen ihre Expertise in andere Politikfelder mit ein und forcieren die kulturpolitische Entwicklung der Region als Gesamtsystem.

Mit dieser Erweiterung des Blicks – ausgehend von der einzelnen Stadt auf die Gesamtregion – geht die Überlegung einher, inwiefern sich die einzelnen Ebenen in der Folge in ihren Kompetenzen überschneiden. Anknüpfend daran sollen Antwort auf die nächste Frage gefunden werden:

Frage 6: Welchen Einfluss haben die föderalistischen Strukturen in Deutschland sowie die Aufteilung der kulturpolitischen Kompetenzen auf Staat, Regionen und Kommunen in Italien auf die Kulturpolitik?

Wie die Ausführungen in Kapitel 3.2 zeigen, teilen sich in Deutschland die kulturpolitischen Kompetenzen zwischen den Regierungsebenen Bund, Länder und Kommunen auf. Die Abgrenzung der Zuständigkeiten geht nicht ohne Kontroversen einher, sodass die Antworten der in der Praxis verorteten Interviewpartner in Bezug auf diesen Themenkomplex von besonderem Interesse sind.

Der interviewte Landesvertreter bewertet die Abgrenzung gegenüber den Kommunen als relativ unkompliziert: Das Land respektiere selbstverständlich die verfassungsrechtlich verbürgte kommunale Selbstverwaltung mit der Kultur als Kernbereich; dementsprechend fördere das Land lediglich in Absprache mit den Kommunen – auch wenn in der Praxis die Situation häufig vor allem davon geprägt sei, „dass überall zu wenig Geld da ist und natürlich wir mit unseren Fördertöpfen immer willkommen sind" (L, 4).

> Das ist nicht so, dass sie [die Kommunen] jetzt sagen, ‚Was fällt euch ein, einfach hier herumzufinanzieren, schließlich brauchen wir unsere Autonomie, das Land soll sich gefälligst raushalten'. Das ist nicht so abwegig, was ich jetzt sage, weil das teilweise im Verhältnis zum Bund schon mal durchaus ein politisches Thema sein kann. Also wenn der Bund viel Geld hat, kann es nicht so sein, das er immer an der Kulturhoheit der Länder oder an seiner mangelnden Zuständigkeit für Kultur vorbei mit viel Geld hier irgendwie in den Ländern rumfuhrwerkt und es gibt durchaus Projekte, die für uns, für die Länder ein Ärgernis sind, obwohl sie uns Geld bringen, also insofern ist das nicht abwegig, aber wir würden eben wie gesagt auch anders als der Bund es teilweise tut,

niemals unabgestimmt in irgendeine Stadt rein, irgendwas machen. Das dann vielleicht kontraproduktiv ist für das, was die Stadt selber gerade tut oder doppelt gemoppelt ist […], also man hat einen ständigen Kommunikations- und Koordinierungsbedarf. (L, 4)

Die Abgrenzung gegenüber dem Bund – der zunehmend wichtiger und aktiver wird sowie mehr und mehr Geld im Kulturbereich investiert – gestaltet sich somit im Vergleich zum Verhältnis mit den Kommunen als schwieriger. Dennoch bescheinigt der Landesvertreter eine gute Zusammenarbeit und einen regen Austausch. Es bestehe zwar keine flächendeckende Schnittstelle wie im Verhältnis zu den Kommunen, doch es gebe eine Art „Röhrensystem", das Kooperation und Kommunikation notwendig und möglich mache (L, 6). Innerhalb Deutschlands scheint die Zusammenarbeit somit im Prinzip gut abgestimmt zu sein. Gegenüber der EU ist das Verhältnis jedoch nach wie vor als problematisch zu bezeichnen: Diese wird „hauptsächlich als Problemherd" wahrgenommen. Zwar bestünden zahlreiche Fördermöglichkeiten für den Kulturbereich, doch der bürokratische Aufwand der Einwerbung von Fördergeldern sei als hoch einzuschätzen und lohne sich im Allgemeinen nicht. Besonderes Missfallen erregt die EU jedoch dadurch, dass sie Kulturförderung bisher nicht als strukturwirksames Phänomen anerkenne, sondern diese als wettbewerbswidrige Subvention für einen einzelnen „Wirtschaftsbereich" betrachte und somit der Befreiungstatbestand Kultur bisher nicht anerkannt werde (L, 6). Zusammenfassend bewertet der Landesvertreter die föderalen Strukturen im Kulturbereich wie folgt:

> Naja, ich finde schon, dass das jetzt teilweise, manchmal ein bisschen mühsam ist dieses Föderalismussystem aufrechtzuerhalten und weil es da doch ziemlich viele Lebenslügen doch gibt und auch Krücken mit denen man sich da dann behilft. Also es wäre zum Beispiel wünschenswert, dass wir in vielen Fällen, dass wir Föderalismus hin, Föderalismus her, auf der EU-Ebene durch eine Stimme, die schnell agieren kann und nicht immer durch die 16 Bundesländer wirklich handlungsfähig werden. Da gibt es manchmal zwischen dem Auswärtigen Amt und dem BKM so ein Hin- und Hergeschiebe, wer macht jetzt eigentlich was. Das könnte effizienter und angenehmer geregelt sein.
>
> Was die Kommunen angeht, ich bin ein sehr großer Befürworter für die kommunale Kulturpolitik. Ich finde das sehr gut, dass das vor Ort gemacht wird. Also ich finde da prinzipiell unser Verhältnis und unsere Rolle gut.

Problematisch sei jedoch, dass die Kommunen zur Erfüllung ihrer kulturpolitischen Aufgaben finanziell besser ausgestattet sein müssten (L, 7) sowie das Land die Theater und Orchester, da sie „erstens ein sehr, sehr wichtiger Bestandteil unserer Kulturlandschaft sind und zweitens aber vor allem, alle eine deutlich über die jeweilige Stadt hinausgehende Bedeutung" hätten, entschieden mehr unterstützen müsste. Das Ziel könne „fifty-fifty" sein, doch diese Perspektive wird gleichzeitig als „illusorisch" eingeschätzt (L, 7). Insgesamt „wäre da manches, was man verbessern könnte, aber ich finde, dass das Grundsystem ganz okay ist" (L, 7).

Der Vertreter des *Deutschen Städtetags* äußert sich in Bezug auf die föderalistischen Strukturen eher pragmatisch: Er vertritt die Auffassung, dass es für das Kulturangebot an sich sowie die Kulturnutzer sekundär sei, wer für ein bestimmtes Angebot zuständig ist – Hauptsache sei, dass das Angebot überhaupt zur Verfügung stehe. Die strikte Abgrenzung zwischen den Ebenen, wie z.b. das Kooperationsverbot zwischen Bund und Kommunen, hält er für unsinnig. Zudem weist er darauf hin, dass die Konkurrenz bzw. das Abgrenzungsbestreben häufig weniger zwischen den einzelnen Ebenen bestehe, als dass die Konfliktlinien vielmehr zwischen den jeweils regierenden Parteien verliefen. Dennoch gebe es in der Kulturpolitik vergleichsweise wenig Parteipolitik und die Zusammenarbeit über Parteigrenzen hinweg sei im Kulturbereich normaler als in anderen Politikbereichen. Dies resultiere primär aus dem Bewusstsein, dass sich die Kulturpolitik zunächst gegenüber anderen Politikbereichen durchsetzen müsse – wobei auch dieses Gegeneinander möglichst abgebaut werden sollte, um spartenübergreifendes Arbeiten zwischen den Ressorts oder Ministerien zu ermöglichen (KD, 49).

Die Thematik der Abgrenzung der einzelnen Regierungsebenen steht in Zusammenhang mit der zentralen Leitfrage der vorliegenden Arbeit: Wie eingangs dargestellt, bezieht sich Strukturpolitik stets auf größere Zusammenhänge und komplexe Systeme. Es ist somit davon auszugehen, dass strukturelle Veränderungen für Essen und das Ruhrgebiet nur durch eine koordinierte Abstimmung aller Regierungsebenen eingeleitet werden können. Insbesondere die Zusammenarbeit der in der Region zahlreich vorhandenen Städte könnte ein erster Ausgangspunkt sein; die Abkehr vom „Kirchturmdenken" und die dadurch mögliche Bündelung von Ressourcen steht somit in einem engen Verhältnis zur föderalen Struktur. Diese hier nur angerissenen Auswirkungen des Föderalismus auf die möglichen strukturellen Veränderungen sollen jedoch im Rahmen von Frage 12 näher beleuchtet werden, die den generellen Beitrag von Kulturpolitik zum Strukturwandel im Detail untersucht.

Die Antworten zeigen, dass sich die föderale Organisation von Kulturpolitik in ihren Grundzügen bewährt (hat), dabei jedoch stets in Veränderung begriffen ist und Verbesserungen durchaus möglich wären. So scheinen ausgehend von der kommunalen Ebene direkte Kooperationen mit dem Bund wünschenswert – insbesondere aufgrund der schwierigen Finanzlage der Städte und Gemeinden, auf die sich der anschließende Fragenkomplex bezieht:

Frage 7: Welche Auswirkungen haben die Wirtschafts- und Finanzkrise bzw. die Finanznot der Kommunen auf die Praxis der Kulturpolitik? Welche Auswege werden diskutiert? Welche Rolle spielen Stiftungen, Sponsoring und Mäzenatentum für die deutsche und italienische Kulturpolitik? Welches Potenzial wird den Methoden des Kulturmanagements in diesem Kontext zugeschrieben?

Der Tenor aller Interviewpartner zu diesem Aspekt ist eindeutig: Die Kulturpolitik leidet insbesondere in Folge der kommunalen Finanznot und darf durch weitere Kürzungen nicht noch mehr in Bedrängnis gebracht werden. Das Stichwort sei „Mangelwirtschaft" – spezifisch für Essen aufgrund der Schaffung neuer Einrichtungen im Rahmen der *RUHR.2010*, deren langfristige Finanzierung jedoch nicht immer gesichert worden sei. Problematisch für den personalintensiven Kultursektor seien zudem die generellen Kürzungen im Personalbereich (K, 43). Thematisiert werden müsse folglich ein Lastenausgleich zwischen den Kommunen (K, 19), um der Situation angemessen zu begegnen. Zu beachten ist auch hier der Zusammenhang zu Frage 11 nach den strukturverändernden Auswirkungen von Kulturpolitik, denn durch die schwierige Finanzlage werde die kulturpolitische Regionalisierung begünstigt (K, 19). Es stellt sich somit die Frage, ob der Mangel an Geldern eventuell zu einer beschleunigten Konsolidierung der Strukturen führen könnte und sich mit Blick auf die Gesamtregion auch positive Auswirkungen konstatieren ließen? Dieser optimistischen Sichtweise steht nach Meinung des kommunalen Interviewpartners die Tatsache entgegen, dass sich die Städte aufgrund der kommunalen Finanznot auf ihre individuellen Schwerpunkte konzentrierten müssten und dadurch die Vielfalt der Künste akut bedroht sei. Alternative Maßnahmen mit Einsparpotenzial seien bessere Organisation, das Finden von Synergieeffekten und ein Ansetzen an den Produktionsprozessen (K, 30). Auch die kommunalen Organisationsabläufe bedürften einer Neustrukturierung: Die aktuelle Entwicklung auf kommunaler Ebene hin zu verstärkter Zentralisierung stehe der Idee des *Tillburger Modells*, das dezentrale Strukturen bzw. Ressourcenverantwortung sowie Querschnittsämter vorsieht,[905] entgegen, da diese inzwischen die Rolle von Controllern einnähmen und die Inhalte dadurch immer mehr hinter die Finanzierungsfragen zurückträten (K, 46).

Auch der Vertreter der regionalen Ebene stellt den Bezug zwischen Finanzkrise und Regionalisierung her: Er vertritt ebenfalls die Meinung, dass es die schwierige Haushaltslage den Kommunen erleichtere, Kompetenzen an höhere Ebenen abzugeben, um eine Entlastung herbeizuführen (R, 5). Durch verstärktes Dachmarketing könnten evtl. noch Einsparungen möglich sein; die Optimierungspotenziale

---

905 Vgl. Kapitel 3.1.5.

durch Kulturmanagement seien aber weitestgehend ausgeschöpft. Da in Folge der leeren Kassen die Notwendigkeit der Schwerpunktsetzung bestehe, sei zu erwarten, dass die regionale Ebene langfristig an Bedeutung gewinnen werde. Damit einher werde eine Einschränkung der Angebote sowie – Stichwort ist hier die kritische Bestandsaufnahme im 2012 erschienenen *Kulturinfarkt* – eine Reduzierung der Institutionen gehen (R, 20–26).

Diese Entwicklung in Richtung einer Verringerung der Kulturinstitutionen scheint charakteristisch zu sein für die aktuelle Situation der kommunalen Kulturpolitik, denn laut der Aussage des Vertreters des *Deutschen Städtetags*, der für die Gesamtheit der größeren Städte in Deutschland sprechen kann, seien die meisten Kommunen von der schwierigen Finanzlage betroffen und deren Auswirkungen auf den Kulturbereich massiv (KD, 7). Doch gerade in der aktuellen Situation sieht er die Rolle des Verbands auch im Sinne einer moralischen Unterstützung:

> Was wir machen ist, gerade bei Kommunen im Ruhrgebiet oder in Mecklenburg-Vorpommern oder Sachsen usw., dass wir immer wieder auch appellieren, dass es kein Weg sein kann in Zeiten schlechter Finanzen, Kultur abzubauen, weil was ich da abbaue, werde ich in einigen Jahren nicht wieder aufbauen können, sondern ich zerstöre die Urbanität der Städte. Und dass wir dabei immer wieder an die Politik und auch die Finanzverantwortlichen appellieren, nicht automatisch den Kulturbereich als Sparbereich anzusehen, denn das was dort vorhanden ist, wird keinen Haushalt retten, wird keinen Haushalt retten, und da eine gemeinsame Haltung immer wieder zu zeigen, das ist glaub ich wichtig dann auch für die Kolleginnen und Kollegen vor Ort in der Argumentation, das ist da unsere Aufgabe. (KD, 10)

Kulturförderung basiert in Deutschland nach wie vor zum Großteil auf öffentlichen Mitteln. In der Folge könne auch Sponsoring nicht als Ausweg aus der Krisensituation gelten – dies komme vielmehr „obendrauf, noch etwas Nettes und Schönes", könne aber keine solide Basis für eine langfristige Weiterentwickelung des Kunst- und Kulturangebots darstellen (KD, 13).

Auch die Landesebene kämpft darum „dass es jetzt aufhört, also dass nicht noch weiter gekürzt wird" (L, 9). Die bisherigen Reduzierungen wurden im Bauetat vorgenommen, da es weniger schlimm sei auf Neubauten zu verzichten, als bestehende und lebendige Strukturen zu zerstören. Wie bereits im Kontext von Frage 6 deutlich wurde, ist die Landesebene insgesamt mit ihrem Verhältnis zur kommunalen Ebene zufrieden. Doch um die Balance zu erhalten, sei es zentral, die Städte zur Erfüllung ihres kommunalen Kulturauftrags mit ausreichend Mitteln auszustatten:

> Nur müssten die Städte, damit das richtig funktioniert, finanziell einfach besser ausgestattet sein. Und damit kann man nicht zufrieden sein wie das im Moment ist, dass die Kultur in den finanziellen Notlagen der Städte überall ins Gedränge kommt und

manchmal in einem an sich reichen Land Dinge plötzlich in Frage gestellt werden, wo man sich fragt. (L, 7)

In Folge der schwierigen Haushaltslage zeichnen sich also tiefgreifende Veränderung in der kulturpolitischen Landschaft ab bzw. stehen diese langfristig zu erwarten. Insbesondere die Reduktion von Angeboten und Institutionen scheint als Ausweg wahrgenommen zu werden. Damit einher geht eine verstärkte Regionalisierung, die durch eine eventuelle (Neu-)Positionierung zugleich strukturell wirksam werden könnte, sodass die Frage der Kulturfinanzierung einen sehr engen Bezug zur übergeordneten Leitfrage nach der Kultur- als Strukturpolitik aufweist. Zugleich besteht ein direkter Zusammenhang zwischen der finanziellen Ausstattung eines Politikbereiches und seiner Legitimation im Gesamtkontext bzw. seinem Prestige, weshalb sich die folgende Frage mit der aktuellen Position der Kulturpolitik im Gesamtsystem kommunaler Politik beschäftigt:

Frage 8: Welche Rolle spielt Kulturpolitik im Gesamtkontext kommunaler Politik und welche Anknüpfungspunkte und Dialogstrukturen bestehen gegenüber anderen Politikfeldern? Wie viel Prestige wird ihr zuerkannt und wie legitimiert sie sich als eigenständiges Politikfeld?

Die Auswertung der Interviews zeigt, dass Kulturpolitik in Deutschland nach wie vor einen Sonderstatus im Gesamtsystem Politik einnimmt. Der Vertreter der Landesebene fasst dies in die Aussage „wir sind so die Exoten" – bereits innerhalb des Ministeriums *für* Familie, Kinder, Jugend, Kultur *und* Sport, und somit erst recht im Vergleich mit den anderen Ressorts. Allerdings weist er darauf hin, dass die öffentliche Aufmerksamkeit für kulturpolitische Entscheidungen „schon auch sehr hoch" sei (L, 2).

Mit diesem Sonder- oder eben Exotenstatus möchten sich die Vertreter der kommunalen Ebene jedoch nicht länger zufrieden geben: Sie streben offensiv die Wahrnehmung von Kulturpolitik als Querschnittsaufgabe an und fordern die interdisziplinäre Zusammenarbeit mit anderen Referaten wie demjenigen für Wirtschaft, für Tourismus und v.a. für Stadtteil- bzw. Stadtentwicklung. Aktuell bestehen Schnittstellen primär zu den Ressorts Finanzen, Immobilien- und Personalwirtschaft; generell sieht sich der kommunale Vertreter in einer Vermittlerrolle zwischen den Ressorts, insbesondere aber zwischen Politik und Stadtverwaltung sowie zwischen Politik und BürgerInnen (K, 1+4). Eine starke Verankerung der Kulturpolitik als Beitrag zu einer lebendigen Stadtkultur erscheint ihm zentral und insbesondere mit Blick auf den demographischen Wandel sieht er Potenzial für Kunst und Kultur, die Veränderungen zu gestalten. Auch die übergeordnete Fragestellung dieser Arbeit, inwiefern Kulturpolitik einen Beitrag zur Strukturpolitik leisten kann, wird hier tangiert: Insbesondere der Vertreter des *Deutschen Städtetags* positioniert Kulturpolitik in diesem Kontext sehr zentral. Selbstverständlich sei zunächst die Infrastruktur im klassischen Sinne ausschlaggebend, jedoch:

> Von daher strukturiere ich die Klientel, die denn nach [...] beispielhaft kommt, ganz stark darüber [über die kulturelle Infrastruktur], d.h. also ich baue wirklich die Struktur, die Einwohnerstruktur, die gesellschaftliche Struktur, die Wirtschaftsstruktur, ganz stark MIT. Ich würde nie behaupten NUR darüber, das wäre Quatsch. Die Infrastruktur, dass vernünftige Eisenbahnanbindungen, ein Flughafen da ist, gehört genauso dazu. Aber ganz stark über die Kultur baue ich die mit auf. Das merkt man sehr deutlich, dass Städte, die eben keine großen kulturellen Anstrengungen unternehmen, und ich sehe das mit Bedauern, dass es im Ruhrgebiet jetzt auch weniger wird, auch wegen der Finanzlage, dass die Städte dadurch noch ein Stücken weiter nach unten wegrutschen. Also Kulturpolitik IST Strukturpolitik für die Städte. (KD, 32)

Im Ergebnis zeigen die Antworten das Bewusstsein der Kulturpolitiker dafür, dass ihr Ressort im Vergleich mit anderen Politikbereichen zwar nur eine untegeordnete Rolle spielt. Dennoch nehmen sie sich als zentrale Motoren für die städtische Gesamtentwicklung wahr und die Antworten machen deutlich, dass sich die Kulturpolitiker durchaus über die Bedeutung ihrer Arbeit für das Image und die Strahlkraft der jeweiligen Stadt im Klaren sind.

Um diesen über kulturpolitische Zielsetzungen im engeren Sinne hinausgehenden Ansprüchen gerecht zu werden, sind Kooperationen mit anderen Politikbereichen notwendig und hierin lässt sich eine der zentralen Forderungen aller Interviewpartner erkennen: Kulturpolitik muss sich als Querschnittsressort verstehen und kann nur durch Austausch und Offenheit gewinnen. Bedeutend sind dabei Kommunikation und Zusammenarbeit mit externen Dialogpartnern wie z.B. der *Kulturpolitischen Gesellschaft* – auch wenn diese mit ihrer theoretischen Herangehensweise mitunter keine Lösungen für die handfesten Probleme der Kulturpolitiker vor Ort bieten könne. Dennoch wird die Relevanz des kulturpolitischen Austauschs und die Rolle der *Kulturpolitischen Mitteilungen* als Plattform für theoretische Auseinandersetzungen und als Informationsmedium gerade für kleinere Gemeinden unterstrichen (KD, 41). Auch die Landesebene pflege ein „sehr enges Kooperationsverhältnis" und „eine durchaus intensive Zusammenarbeit" mit der *Kulturpolitischen Gesellschaft* (L, 15). Weniger Bedeutung wird dagegen von sämtlichen Gesprächspartnern dem *Deutschen Kulturrat* beigemessen. Insgesamt ist aber unbestritten, dass der Austausch mit vielfältigen Dialogpartnern die kulturpolitische Weiterentwicklung unterstützen und begleiten und zugleich die Position von Kulturpolitik im politischen Gesamtsystem festigen kann.

Trotz der aktiven Dialogorientierung innerhalb des kulturpolitischen Feldes sowie der Anknüpfungspunkte zu anderen Politikbereichen und der damit bisweilen einhergehenden Ausweitung der Bedeutung oder Wertschätzung von

Kulturpolitik, wird im Rahmen der Interviews doch die generelle Einstellung erkennbar, dass sich Kunst und Kultur grundsätzlich aus sich selbst heraus legitimieren sollten. Ziel sei es, diese in erster Linie um ihrer selbst Willen zu fördern; weitere Effekte sollten zunächst sekundär bleiben, wie die Aussage des Landesvertreters zeigt:

> Sondern den aller aller größten Teil des Geldes, den wir ausgeben, also mindestens 70% oder irgendwas um den Dreh, geben wir im Jahr aus, ohne jeden Hintergedanken, für die Kunst als solche – weil wir gutes Theater haben wollen. (L, 11)

Der häufigen Forderung Kultur als Pflichtaufgabe der Kommunen zu verankern, begegnet der Landesvertreter mit Skepsis, da er eine juristische Festlegung der konkreten Kulturbereiche, die von den Kommunen zu fördern sind, insbesondere mit Blick auf den sich kontinuierlich wandelnden Kulturbegriff und auch die Problematik, für die einzelnen Sparten feste Förderhöhen zu definieren, für kaum machbar hält. Die für 2014 geplante Verabschiedung eines Kulturfördergesetzes habe jedoch Überlegungen in eben diese Richtung notwendig gemacht; die Formulierungen seien dabei jedoch mit Bedacht zu wählen, „weil man nicht gesetzlich Kultur zu Tode definieren darf und kann" (L, 12). Eine juristisch abgesicherte Legitimation von Kultur und ihrer Förderung scheint somit unrealistisch – Kulturpolitik muss durch ihre Ergebnisse überzeugen und ihre Position im politischen Gesamtkontext durch ihre Verankerung in der Bevölkerung sichern.

Der Vertreter des *Deutschen Städtetags* ist der Ansicht, Kultur und Kulturpolitik sollten sich zunächst nicht legitimieren müssen. Bereits die Tatsache, dass der Mensch das einzige Wesen sei, das Kultur habe, mache deutlich, dass diese konstitutiv zum Menschsein dazugehöre und somit keiner weiteren Legitimation bedürfe. Dies enthebe Kulturpolitik selbstverständlich nicht von der Legitimationsdiskussion um konkrete Förderentscheidungen oder den Bedarf einzelner Einrichtungen. Doch Ausgangspunkt müsse die Tatsache sein, dass Kultur essentieller Bestandteil des Menschseins sei.

> Und von daher geht unsere Richtung eher dahin, dass wir sagen, die öffentliche Hand ist verpflichtet kulturelle Leistungen anzubieten, kulturelle Leistungen zu ermöglichen, ob das jetzt ein Theater ist, ob das ein Bürgerkulturhaus ist, ob das eine städtische Bibliothek ist, ob das eine Volkshochschule ist, oder ob das ein Orchester ist – das heißt daran zu appellieren, dafür ist die öffentliche Hand da, das zu fördern, was es sonst so nicht geben würde. Das ist unsere Aussage [...] immer wieder zu sagen, es ist eine der wichtigsten Aufgaben der öffentlichen Hand, das kulturelle Leben zu fördern; [...] wir investieren über die Kultur in die geistige Infrastruktur einer Stadt, von der diese Republik lebt. Wir leben nicht mehr von Stahl, nicht von der Kohle, also nicht von den Ressourcen, die wir haben, sondern von den geistigen Ressourcen, die wir brauchen. Und das zu zeigen, dass es notwendig ist und wichtig ist, das ist unsere Aufgabe. (KD, 13)

Die Ausführungen zeigen somit, dass ein enger Zusammenhang zwischen der Frage nach Prestige und Legitimation von Kulturpolitik und ihrer Stellung im politischen Gesamtzusammenhang besteht. Sie kann sich durch eine engere Verknüpfung mit anderen Politikbereichen zentraler positionieren – der Gefahr einer Überfrachtung (kommunaler) Kulturpolitik durch zusätzliche Aufgaben und einer damit einhergehenden Aufweichung ihrer Kernaufgaben ist dabei jedoch stets vorzubeugen. Insgesamt lässt sich demnach festhalten, dass von Seiten der Kulturpolitik zwar großes Interesse daran besteht, als konstitutives Element des politischen Gesamtsystems wahrgenommen und bei Entscheidungen anderer Ressorts berücksichtigt zu werden. Im Vergleich zu vorangegangenen Jahrzehnten sind in dieser Hinsicht auch bedeutende Fortschritte erkennbar. Jedoch muss der Faktor Kultur nach wie vor um seine Wahrnehmung im politischen Tagesgeschehen und seine tatsächliche Berücksichtigung im Kontext politischer Entscheidungen kämpfen.

Dies gilt auch für den Bereich der Bildungs- und Sozialpolitik – trotz des bereits in den 1970er Jahren formulierten Anspruchs einer Kulturpolitik als Gesellschaftspolitik, mit dem die Zielsetzung einherging, Kultur als Beitrag zur kontinuierlichen Weiterbildung der Bevölkerung zu etablieren und ihre soziale Komponente verstärkt zu berücksichtigen. Die Idee, dass diese Effekte auf alle Teile der Bevölkerung wirken sollten, wurde im Schlagwort *Kultur für alle* zusammengefasst. Ausgehend von diesen Überlegungen soll nach den Auswirkungen dieser Zielsetzungen auf die heutige Kulturpolitik gefragt und die hiermit verknüpfte forschungsleitende Frage beantwortet werden:

Frage 9: Wie wichtig ist deutschen und italienischen KulturpolitikerInnen die Ausweitung des Kulturpublikums und welche Anstrengungen werden hierfür unternommen?

Zunächst lässt sich festhalten, dass Teilhabe für sämtlich Gesprächspartner eines der absolut zentralen Ziele ihrer Arbeit darstellt. Kulturangebote sollen allen BürgerInnen zugute kommen und es geht um die „Erweiterung des Spektrums der Menschen, die Kultur wahrnehmen und für sich irgendwie wichtig finden" (L, 3). Im Mittelpunkt sämtlicher Überlegungen steht folglich die Frage, wie es möglich wird „den Kreis der Menschen, die sich für Kultur interessieren und diese nutzen, zu erweitern" (L, 16). *Kultur für alle* „war immer ein frommer Spruch, das ist ganz klar" (L, 16) und der Teil der Bevölkerung, der sich für Kultur interessiert

> ist eben auch eine Minderheit in der Gesellschaft, aber eine wichtige, spielt seine Rolle und ich finde es ist gut und richtig, dass das vorgehalten wird und dass es ermöglicht wird. [...] Und, so, so dass jetzt nicht von Grund auf in Panik und Schrecken versetzt,

wenn ich feststelle, dass von den Kulturnutzern, dass das nur 10% sind. Und die regelmäßigen Kulturnutzer sogar noch weniger. Also so 5 bis 6%. Es gibt da auch unterschiedliche Zahlen, [...]. Nur, ich bin eben schon der Meinung, dass wir eben einen großen Teil einer heute neu sich entwickelnden Gesellschaft, das Bildungsbürgertum im weiten Sinne wird immer kleiner, und es gibt andere Formen von Bürgerschaft, die auch andere Formen von Bildung und von Interesse, von Lebensläufen, von Zielen und so weiter, Milieus, die sehr wohl eigentlich kultur-affin sind. Und das sieht man auch an manchen Ereignissen plötzlich, wo die dann zu Zigtausend auftauchen. Und darunter sind eben sehr viele, die nie ins Theater gehen würden, oder in ein Konzert oder irgendwas oder ins Museum. Und das wurmt einen dann, also da würde man gerne nach Mitteln und Wegen suchen, wie man die Leute bewegen kann, gewinnen kann dafür und ich bin mir ziemlich sicher, dass es da ein großes Potenzial noch gibt. Wenn man ein ganz großes Ziel setzen will, kann man sagen aus den 10% müsste es uns doch eigentlich gelingen können, durch bestimmte Trends, durch bestimmten Umgang mit den Medien und so weiter, zum Beispiel auf 20% zu kommen. Das wäre eine Verdopplung des Klientels. Das ist immer noch weit entfernt von *Kultur für alle*, ja, aber ist trotzdem sozusagen ein Quantensprung. (L, 16)

Um diese Ausweitung zu erreichen, muss die Kulturpolitik laut dem Vertreter des *Deutschen Städtetags* dazu beitragen, Barrieren gegenüber dem Kulturangebot abzubauen, sie muss „auf die Kunden zugehen" und „in den Stadtteil hineingehen":

Also der Versuch vor Ort klar zu machen, dass diese kulturellen Dinge, diese kulturellen Einrichtungen IHRE Einrichtungen sind, nicht für irgendein gutbetuchtes Publikum, sondern auch aus ihren Steuergeldern bezahlt werden. Das ist schwierig, weil Kultur oft auch anstrengend ist, das muss man dazu sagen, es erfordert oft auch eine geistige Präsenz, eine geistige Leistung, um was zu verstehen, aber diesen Anspruch würde ich auch nicht aufgeben und ich glaube man muss in vielen Bereichen die Menschen dann auch spielerisch da hin führen. (KD, 19)

Trotz der Zielsetzung eine Öffnung der Kultureinrichtungen und dadurch ein „Mithineinziehen" zu ermöglichen, „wird es niemals so sein, dass wir 100% der Bevölkerung erreichen – aber den Anspruch möglichst viele zu erreichen, haben wir schon" (KD, 21). Umsetzung findet dieser in niederschwelligen Angeboten, wie z.B. den Stadt(teil)bibliotheken, „die die Massen auch heranziehen" sowie generell einem breiten Angebot etwa im Bereich der Kulturellen Bildung:

Also, man muss das weit fassen, dann sieht man, dass man durchaus mehr Menschen erreicht, als man gemeinhin sagt, man sagt ja man erreicht nur so 10% des Bildungsbürgertums, die dann dort hin gehen. Gleichwohl glaub ich haben wir viele Möglichkeiten, oder [...] gerade durch die Kulturelle Bildung viele Möglichkeiten, diesen Kreis zu erweitern. (KD, 21)

Abhängig vom individuellen Kulturbegriff sei jedoch davon auszugehen, dass die meisten Menschen in irgendeiner Form mit Kultur in Berührung kämen. Auch der kommunale Gesprächspartner schließt sich dieser Auffassung an:

> Also, ich teil die These nicht, dass sich nicht alle für, dass sich niemand für Kultur interessiert. Wenn ich mir anhöre und angucke wie viele Leute Popmusik hören durch ihre iPods, dann interessieren sich da eine ganze Menge Leute für Kultur. Es mag sein, dass sich der ein oder andere für das Thema kulturelles Erbe nicht so sehr interessiert, also für Goethe oder für klassische Musik. Oder umgekehrt, für Popmusik, die die Klassik hören. Für mich ist Kultur ein Normen- und Wertesystem mit einer Geschichte, und nicht die Bewertung von guter oder schlechter Kunst. Die ästhetische Arbeit von Kunst, Kultur innerhalb einer solchen Kultur ist Ausdruck von Identität aber auch von Lust am Kreativen und Selbermachen und insofern bin ich überzeugt davon, dass bestimmte Milieus ihre ureigene Kunst und Kultur entwickeln, oder auch ihre Vorlieben. (K, 52)

Ziel von Kulturpolitik müsse es nun sein, diese „Milieukokons" zu durchbrechen, d.h. diejenigen Kulturnutzer mit dem Ziel eines „intellektuellen Vergnügens" mit denjenigen zu durchmischen, die durch Kultur auf eine „Verschönerung des Lebens" zielen. Die gegenseitige Abschottung dieser unterschiedlichen Milieus habe sich u.a. durch die neuen Medien verstärkt, da nur noch die Formate konsumiert würden, die dem individuellen Geschmack entsprächen. Auf die Dauer sei dies jedoch „inzestuös", sodass es eine der zentralen Aufgaben von Kulturpolitik sei, bestimmte gesellschaftliche Gruppen (etwa gegliedert entsprechend der Sinus-Studien) immer wieder auf untypische Angebote aufmerksam zu machen, die zentralen Fragestellung künstlerischer Projekte herauszuarbeiten und entsprechend der unterschiedlichen Blickwinkel der Gesellschaftsteile zu dekodieren (K, 52). Um potentielle Publika für die Nutzung kultureller Angebote zu motivieren, würden unterschiedliche Initiativen ergriffen: Neben der Durchführung von *Tagen der offenen Tür* sowie gezielter Werbung in bildungsfernen Milieus würden – auch mit Blick auf den demographischen Wandel – spezifische Angebote für Menschen mit Migrationshintergrund vorgehalten (K, 53). Generell werde der Brückenschlag zur Integrationspolitik angestrebt, die „im Prinzip Bildungs- und Sozialpolitik" sei. Mit Blick auf die gesellschaftlichen Veränderungen sei Kultur als Verhandlungsraum für Themen der Toleranz, Akzeptanz und gegenseitigem Lernen unverzichtbar. Gleichzeitig impliziere Kunst und Kultur immer Gesellschaft, sodass diese beiden Bereiche als untrennbar miteinander verwoben gelten könnten (K, 4).

Diesen Bogen möchte auch der Interviewpartner der regionalen Ebene schlagen: Ausgehend vom Strukturwandel im Ruhrgebiet und mit dem Verlust zahlreicher Arbeitsplätze sei eine Bildungs- und Identitätstradition verloren gegangen. In diesem Kontext stehe Kulturpolitik somit vor großen gesellschaftlichen

Herausforderungen: Sie könne Sozialpolitik keinesfalls ersetzen, doch werde Kulturpolitik in Zukunft von gesellschaftspolitischer Verantwortung geprägt sein. Durch das Zugehen auf neue Gesellschaftsgruppen und die verstärkte Öffnung kultureller Institutionen könne sich Kulturpolitik – im Gegensatz zu ihrer idealtypisch formulierten, dabei aber hermetisch abgeschlossen Form der 1970er Jahre („Salonpolitik") – zugleich neue Legitimation verschaffen (K, 23).

Das Erschließen neuer Publikumsschichten um Kulturpolitik tatsächlich in der Gesamtgesellschaft zu verankern, wird somit von den Interviewpartnern aller Ebenen als Zielrichtung vorgegeben und als zentraler Aspekt für die Weiterentwicklung der Kulturpolitik wahrgenommen. Die Ausrichtung der zukünftigen Kulturpolitik in ihrer Gesamtheit steht schließlich auch im Mittelpunkt des folgenden Abschnitts:

Frage 10: Welche Herausforderungen erwarten deutsche und italienische KulturpolitikerInnen für die Zukunft?

Dieser Fragenkomplex soll nicht nur in inhaltlicher Hinsicht Antworten liefern, sondern sich auch auf organisatorische und strukturelle Veränderungen beziehen. Zudem war nicht nur die passive Reaktion auf äußerlich veränderte Rahmenbedingungen Thema, sondern es wurde auch nach den langfristigen Veränderungen gefragt, die die Kulturpolitiker mit ihrer Arbeit aktiv verfolgen.

Inhaltliche betrachten die Interviewpartner die Kulturelle Bildung als das entscheidende Zukunftsthema, das eng mit dem soeben bearbeiteten Aspekt der (kulturellen und gesellschaftlichen) Teilhabe verknüpft ist. Das Themenfeld des demographischen Wandels gilt ebenfalls als zentral – auch, da MigrantInnen „ganz egoistisch" als enorme Besucherpotenziale mitgedacht werden müssten. Es handle sich hierbei um ein wichtiges Thema, das aktuell (im theoretischen Diskurs) bereits viel Berücksichtigung finde, jedoch seien Forschung und weitere Anstrengungen in der Praxis notwendig, v.a. um die am kulturellen Angebot interessierten Anteile der Migrantengruppen über ihre jeweiligen Medien und Kanäle noch besser zu erreichen. Mit Blick auf die alternde Gesellschaft gebe es bisher wenig konkrete Angebote oder auch Initiativen zu ihrer Aktivierung, wo diese doch als Volunteers einen entscheidenden Beitrag zur kulturellen Nahversorgung leisten könnten (R, 47–52).

Die Tatsache, dass der demographische Wandel als Schlagwort zur Umschreibung einer schrumpfenden und alternden Gesellschaft für die Kulturpolitik bisher eher sekundär ist, bestätigt auch der kommunale Interviewpartner. Mehr Beachtung bescheinigt auch er dem Themenfeld der Migration – eine Ausrichtung, die unter anderem durch die genuine Auseinandersetzung der Kultur(-politik) mit Fragen nach Identität(en) und dem Leben in verschiedenen

Kulturen bedingt sei. Bisher gebe es in diesem Bereich allerdings – trotz der soziokulturellen Zentren mit ihrer entsprechenden Ausrichtung – noch eine zu geringe Durchlässigkeit – doch „das üben wir gerade" (K, 55).

Zu erwarten sei für die Zukunft eine weitere Intensivierung der Wechselwirkungen zwischen dem Kulturbereich und der Kultur- und Kreativwirtschaft. Der Vertreter der regionalen Ebene geht davon aus, dass sich die aktuell noch bestehenden Abgrenzungen zwischen den Sektoren zunehmend auflösen werden (R, 45). Der kommunale Interviewpartner nimmt ebenfalls an, dass die Interdependenzen zwischen den drei Sektoren des Kulturbereichs weiter zunehmen werden. Es sei zu erwarten, dass die öffentliche Hand langfristig kulturpolitische Aufgaben an andere Akteure abgeben könne und selbst nur noch eine steuernde Rolle einnehmen werde (K, 8). Auch die KünstlerInnen werden vermehrt zwischen den einzelnen Sektoren wechseln oder parallel im Kultur- und Bildungsbereich tätig sein (K, 15) – v.a. mit Blick auf die Kulturelle Bildung, die KünstlerInnen mit pädagogischem Hintergrund erfordere (K, 22). Für die Zukunft anzustreben wären darüber hinaus eine europäische Perspektive, die vermehrte Freisetzung von Kreativpotenzialen und die Positionierung von Freiheit und Vielfalt der Künste als zentrale Zukunftsthemen (K, 13–30).

Es besteht Konsens darüber, dass die Weiterentwicklung der Kulturpolitik von ihrer finanziellen Ausstattung abhängig sein wird. Wünschenswert wären dabei u.a. (mehr) flexibel einsetzbare Ressourcen etwa zur Förderung der freien Szene sowie mehr Risikokapital zur Finanzierung von Sonderausstellungen etc. (K, 41). Mit Blick auf die finanzielle Weiterentwicklung wird zudem erwartet, dass sich subventionierte und nicht-subventionierte Kultur immer mehr ineinander verschieben werden (R, 42). Mäzenatentum und Sponsoring werden die Kultur zwar nicht retten; Kulturförderung und -finanzierung werde in Zukunft aber zweifelsohne auf unterschiedlichen Quellen basieren. Die abhängig von der Finanzlage langfristig größten Veränderungen werden in Bezug auf die kulturellen Institutionen erwartet: Diese werden aller Voraussicht nach zukünftig eine weniger große Rolle spielen und es wird prognostiziert, dass ihre Nutzung neuen Rahmenbedingungen unterliegen wird. Der regionale Interviewpartner geht davon aus, dass sich die kulturellen Institutionen in Zukunft mehr in das städtische Leben einbringen werden (müssen) und Kulturpolitik insgesamt stärker in den öffentlichen Raum sowie das politische und soziale Leben hineingehen wird. Insgesamt sei eine „gesellschaftliche Entwicklungslinie" zu erwarten und „gesellschaftspolitische Verantwortung wird Kulturpolitik in Zukunft prägen", wodurch diese zusätzliche Legitimation und damit zugleich Argumente für den Erhalt der bestehenden Institutionen erfahren könne (R, 22). Auch der kommunale Interviewpartner sieht die extrem kostenintensiven Apparate und Institutionen kritisch: Er ist der

Meinung, dass diese langfristig reduziert, Kulturinstitutionen verstärkt unternehmerisch tätig und die kommunale Organisation optimiert werden müssten. In diesem Zuge sei eine Flexibilisierung notwendig, auch in finanzieller Hinsicht – „ein bisschen mehr Geld in die Inhalte, das wäre mir schon wichtig" (K, 41). Diese Überlegungen und Handlungsansätze zu kommunizieren oder sie gar in die Tat umzusetzen, stelle jedoch große Schwierigkeiten dar.

Klare Prognosen für die weitere Entwicklung halten alle Interviewpartner für schwierig; grundsätzlich dominiert aber eine optimistische Erwartungshaltung. Unabhängig von den Veränderungen in finanzieller und institutioneller Hinsicht gehen sie davon aus, dass Kultur weiterhin eine wichtige Rolle für das Leben in den Städten spielen wird: Sie werde den urbanen Raum bedeutend prägen bzw. mitgestalten und dementsprechend auch in Zukunft subventioniert werden. Zusätzlich werde außerhalb der urbanen Zentren Kulturarbeit als Zielgruppenarbeit und in Form kultureller Nahversorgung weiterhin gewährleistet bleiben (R, 42). Eine ähnliche Einschätzung vertritt der Interviewpartner des *Deutschen Städtetags*: Kultur werde als Grundlage für die Urbanität der Städte fortbestehen, sich dementsprechend weiterentwickeln und möglicherweise sogar an Bedeutung gewinnen – eventuell auch bedingt durch ihre Funktion als Wirtschaftsfaktor. Es dominiert somit eine optimistische Gesamteinschätzung, „trotz aller Unkenrufe und trotz aller Dellen, die man hat" (KD, 29). Langfristig ausgerichtet ist auch das für 2014 geplanten NRW-Kulturfördergesetz: Eine unmittelbare Erhöhung der für Kultur verfügbaren Mittel sei davon zwar nicht zu erwarten, doch schaffe es Planungssicherheit, gewährleiste eine strategische Ausrichtung und ermögliche eine größere Transparenz in der Kulturförderung (L, 12–19).

Insgesamt sind sich alle Interviewpartner darin einig, dass die zukünftige Entwicklung der Kulturpolitik ganz essentiell von ihrer Finanzlage abhängen wird, die u.a. durch ihre Positionierung im Sinne von Sozial- und Wirtschaftspolitik und damit einhergehender zusätzlicher Legitimation positiv beeinflusst werden soll. Zentrale Zukunftsthemen sehen die Experten zudem im demographischen Wandel sowie inhaltlich in der Kulturellen Bildung mit der langfristigen Zielsetzung einer Ausweitung des Kulturpublikums. Einen Bezug zur weiteren Fortentwicklung der Kulturpolitik – ohne dabei allerdings das bisher Erreichte aus dem Blick zu verlieren – stellt auch die Frage zum Beitrag der Kulturpolitik im Sinne von Strukturpolitik her:

Frage 11: Welcher langfristige Einfluss bzw. welche Funktion wird der Kulturpolitik in den beiden untersuchten Städten Essen und Turin mit Blick auf ihre strukturelle Entwicklung beigemessen? Stellt sie einen Beitrag zum (regionalen) Strukturwandel dar?

In Kapitel 1.2 wurde die Leitfrage nach dem Beitrag von Kulturpolitik zum strukturellen Wandel bereits detailliert aufgefächert: Es sollen damit Fragen nach der Identifikation mit der eigenen Stadt oder Region impliziert sein, das Thema der Kulturellen Bildung als Ausgangspunkt einer neuen Bildungstradition und damit einer „Strukturveränderung in den Köpfen" sowie Kulturpolitik als Grundlage einer wirtschaftlichen Dynamisierung etwa in den Bereichen Tourismus sowie Kultur- und Kreativwirtschaft bearbeitet werden. Zentral ist zudem die Frage nach den strukturellen Effekten neuer Kooperationen und der Vernetzung relevanter Akteure zur Schaffung verbesserter kultureller Rahmenbedingungen.

Wie eingangs dargestellt, bezieht sich Strukturpolitik stets auf größere Zusammenhänge und komplexe Systeme. Es ist somit davon auszugehen, dass strukturelle Veränderungen für Essen und das Ruhrgebiet nur durch die Zusammenarbeit aller Regierungsebenen eingeleitet werden können (und somit ein enger Bezug zu Frage 6 besteht). Doch insbesondere Kooperationen zwischen den in der Region zahlreich vorhandenen Städten lassen einen ersten Ausgangspunkt für strukturelle Veränderungen erwarten. Allerdings weist der interviewte Landesvertreter darauf hin, dass „von Natur aus [...] unter den Kommunen ein großes Kirchturmdenken" herrsche. Positiv wirke sich dies natürlich in Form eines gesunden Wettbewerbs aus, negativ sei jedoch die Seite der Verschwendung von Ressourcen:

> Aber es ist eben doch dann häufig so, dass man sich wünschen würde, besonders bei kleineren Städten und Gemeinden, dass man etwas mehr schaut, nicht jeder muss alles machen, alles für sich tun, besonders wenn die Ressourcen knapp werden, wenn vielleicht sogar ein demographischer Wandel im Gange ist und die Bevölkerung abnimmt und so weiter, dann fängt man auch an darüber nachzudenken ob diese Gemeindegrenzen eigentlich tatsächlich das richtige Kriterium sind für die Frage ‚Was muss wohl sein?'. (L, 4)

Die Landesebene versuche durch die „goldenen Zügel", also eine entsprechende Förderpolitik, die Städte zur Zusammenarbeit über Gemeindegrenzen hinweg zu bewegen und Kooperationen anzuregen. Institutionelle Ausprägungen hiervon seien die *Kultursekretariate NRW* als Koordinierungsgeschäftsstellen, die Landschaftsverbände *(Landschaftsverband Rheinland* und *Landschaftsverband Westfalen-Lippe)* mit ihren Beiträgen zur regionalen Landschafts- und Kulturpflege sowie die Bezirksregierungen, die auch kulturpolitische Aufgaben innerhalb ihrer jeweiligen Gebiete übernähmen. Fokussiert werde eine regionale Kulturpolitik zudem durch Kooperationen innerhalb der jeweiligen „Kulturlandschaften und auch geographischen Landschaften" (wie z.B. dem Münsterland, der Region Niederrhein etc.), die „durch Fördermittel und durch eine von uns finanzierte

Geschäftsstelle jeweils animiert [werden] eine regionale Kulturpolitik gemeinsam zu betreiben und sich zu profilieren als Region" (L, 4).

Die Aussagen des Landesvertreters machen in ihrer Gesamtheit deutlich, dass er Kulturpolitik in jedem Fall als Strukturpolitik betrachtet. Zum einen weisen die bereits im Kontext von Frage 6 thematisierten Aussagen zum Verhältnis gegenüber der EU darauf hin: Ziel sei es demnach, Kultur als „strukturwirksames Phänomen" zu positionieren und klar zu machen, dass diese „nicht nur Tourismusfaktor, das auch unter anderem, aber auch sonst Entwicklungsfaktor für ein Land" sein könne (L, 6). Zum anderen belegt die Aussage, dass Kulturpolitik nicht auf Kunst beschränkt sein könne, sondern stets andere Politikfelder mit einschließe, den entsprechenden Ansatz:

> So haben wir einen weiten Kulturbegriff, dann gibt es im anderen Sinne noch das Thema, was haben wir für einen Kulturpolitikbegriff oder was verstehen wir als sinnvolle Gegenstände von Kulturförderung. Da sind wir sehr weit auch, also da gibt es sehr viel konservativere Haltungen als bei uns. Also wir geben unser Kulturgeld eben ausdrücklich auch aus für strukturpolitische Maßnahmen, wir kooperieren mit dem Städtebau, weil wir finden, dass deren Gelder und unsere Gelder gemeinsam sinnvolle Effekte im Stadtteil XY erzeugen können. Also wir kooperieren mit dem NRW-Tourismus und stecken Geld in die touristische Vermarktung Nordrhein-Westfalens, weil wir denken, dass das der *Ruhrtriennale* gut tut, wenn der Tourismus international NRW, die *Ruhrtriennale* zum Gegenstand ihrer Tourismuswerbung in Madrid und Helsinki macht, ja. So und deswegen geben wir denen Tourismuswerbung und unterstützen die dabei. Also solche Formen der Kooperation, insofern haben wir einen sehr weiten Begriff, was wir als Aufgabe für die, auch an nennenswerten, wünschenswerten Effekten neben der Kunst als Selbstzweck auch andere Zwecke sozusagen mitzuverfolgen, die wir für sinnvoll und für richtig halten. Insofern ist das ein sehr weiter Begriff. (L, 10)

Die Aussage zeigt, dass die Idee einer Kulturpolitik als vielfältig wirksamer Strukturpolitik sehr eng mit dem zugrunde liegenden Begriff von Kultur zusammenhängt.[906] Doch trotz aller Offenheit und der Unterstützung eines weiten und damit umfassend wirksamen Kulturbegriffs, weist der Interviewpartner darauf hin, dass Kulturpolitik in diesem Sinne immer nur sekundär sein könne – primäres Ziel jeglicher Kulturpolitik sei es oder müsse es sein, ein exzellentes kulturelles Angebot zu schaffen, Kunst eben primär als „Selbstzweck" zu fördern.

Strukturell wirksam könne Kulturpolitik zudem nur über ihre langfristige Ausrichtung in diesem Sinne werden: Der Interviewpartner der Landesebene ist der Meinung, dass das *RUHR.2010*-Motto „*Wandel durch Kultur – Kultur durch*

---

906 Vgl. hierzu vertiefend die Antworten auf Frage 12.

Wandel" die Quintessenz eines Prozesses darstelle, der bereits in den 1990er Jahren begonnen habe:

> Und wenn Sie diesen langfristigen Prozess sehen, dann ist das völlig außer Zweifel, dass solch ein Beitrag der Kultur zum Strukturwandel in der Region in massiver Weise stattgefunden hat, nur dass der Strukturwandel, der im Ruhrgebiet generell stattgefunden hat, ohne die Kultur so nicht denkbar gewesen wäre. Also mir ist das zu eng gegriffen, das eine Kulturhauptstadtjahr auf diese Frage jetzt zu beziehen und das ist weder historisch richtig noch ist das realistisch. [...] Und wenn man so denkt und das anschaut und beobachtet, dann glaube ich schon, dass man sehr überzeugend darstellen kann, dass die Kultur zum Strukturwandel im Ruhrgebiet eine wesentliche Rolle spielt, gespielt hat und weiter spielt. (L, 18)

Wesentlich für strukturelle Veränderungsprozesse ist somit die Nachhaltigkeit der Maßnahmen. Mit Blick auf die Etablierung des *Regionalverbands Ruhr*, die *Urbanen Künste Ruhr* sowie die *Ruhrtriennale* seien entsprechende Strukturen und Formate gefunden worden. Dennoch bleibe das Problem, dass ihre strukturelle Wirksamkeit empirisch nur schwer zu belegen sei – und wenn dann nur aus einer sehr langfristigen Perspektive heraus (L, 18).

Auch der Interviewpartner mit regionalem Hintergrund bestätigt die Bedeutung einer nachhaltigen Perspektive: Die Erfolge der *RUHR.2010* seien in einer Serie mit anderen Großprojekten zu sehen, wie der *Internationalen Bauausstellung Emscher Park* in den 1990er Jahren oder der *Klima-Expo NRW*, die in der aktuellen Dekade die Zusammenarbeit unterschiedlichster kommunaler und regionaler Akteure bündeln solle. Voraussetzung und zugleich Ergebnis all dieser Initiativen sei die Bereitschaft der Kommunen zur Zusammenarbeit. Der Interviewpartner der regionalen Ebene bestätigt, dass diese durch die *RUHR.2010* erweitert oder z.T. auch erst etabliert werden konnte; die Städte ließen sich in diesem Kontext motivieren, bestimmte Aufgaben an die regionale Ebene abzugeben (R, 4–5). Diese wird durch den *Regionalverband Ruhr* repräsentiert, der sich als Moderator des Gesamtprozesses verstehe und die regionale Koordination übernehme. Er ziele auf die Entwicklung regional abgestimmter Konzepte, um das Wuchern kommunaler Eigeninteressen bzw. die parallele Entwicklung ähnlicher Konzepte in den Städten zu vermeiden – auch mit dem Ziel, den Erfolg bei der Einwerbung von Mitteln des Landes oder von Stiftungen zu erhöhen. Der *Regionalverband Ruhr* sehe seine Aufgabe in der Bündelung der kommunalen Interessen und in der Vermittlung gegenüber der Landesebene, für die zu viele Einzelinteressen „bedrohlich" wären, und mit der auch in Folge der bereits durchgeführten Projekte eine strategische Partnerschaft bestehe (R, 14).

Bedeutend für die Ausgangsfrage nach der strukturellen Wirksamkeit kulturpolitischer Maßnahmen ist zudem die Aussage, dass regionale Kooperationen als Schutzwall und der Standortsicherung dienen könnten. Der *Regionalverband Ruhr* ziele deshalb auf eine strategische (und nicht primär operative) Herangehensweise. Er fokussiere eine regionale Schwerpunktsetzung, sehe sich jedoch häufig dem Stolz der Städte gegenüber, die nach der erfolgreichen Zusammenarbeit im Rahmen der *RUHR.2010* z.T. in ihre kommunalen Denkmuster zurückfallen und die Regionalisierung blockieren würden. Die Städte bzw. die kommunalen KulturpolitikerInnen von den positiven Effekten einer stärkeren Regionalisierung zu überzeugen, stelle somit eine der zentralen Herausforderungen der regionalen Ebene dar, um eine vertiefte Wirksamkeit kultureller Maßnahmen im Sinne einer strukturellen Veränderung der gesamten Region zu ermöglichen (R, 19-20).

Das Interview mit dem kommunalen Ansprechpartner bestätigt die Schwierigkeiten einer intensivierten Zusammenarbeit der Gemeinden deutlich: Er weist darauf hin, dass trotz der prinzipiellen Befürwortung einer verstärkten Bündelung kommunaler Interessen nicht vergessen werden dürfe, dass diese Bestrebungen eindeutig mit der schwierigen Finanzlage zusammenhingen. Die fehlenden Finanzmittel würden die Städte langfristig zur Konzentration auf ihre individuellen Stärken zwingen. Damit einher gehe jedoch das Problem, dass die Vielfalt der kulturellen Ausdrucksformen bedroht werde („Exzellenzgeschichte", „Kunstzensur" als Stichworte) (K, 19, 28-30). Nichtsdestotrotz betrachtet auch der kommunale Interviewpartner die Regionalisierung als Schwerpunktthema: Er ist der Meinung, dass die im Rahmen der *RUHR.2010* gemachten Erfahrungen dazu genutzt werden sollten, kulturelle Projekte auf regionaler Ebene umzusetzen. Als strukturell wirksame Veränderung in Folge der *RUHR.2010* sieht er die Tatsache, dass es bessere Absprachen zwischen den Kulturdezernenten der einzelnen Städte gebe und sich insgesamt eine stärker regionale Ausrichtung etablieren konnte. Wünschenswert wäre allerdings aus kommunaler Sicht eine noch stärkere Unterstützung durch das Land und den *Regionalverband Ruhr*. Sie müssten einen Moderationsprozess anstoßen, wiederbeleben oder am Leben halten, um die Städte dazu zu motivieren, einen Teil ihrer eigenen Interessen zurückzulassen. Denn das gemeinsame Ziel aller Ebenen sei, die Region in ihrer Gesamtheit attraktiv zu machen; unter dem Stichwort Fachkräftemangel gehe es darum, nicht nur eine anziehende Infrastruktur im klassischen Sinne zu etablieren, sondern auch durch „kulturelle Strukturpolitik" Neugierde für die Region zu wecken (K, 21).

Struktureffekte, die von der Kulturpolitik ausgehen, sollten zudem durch eine Intensivierung der Kulturellen Bildung herbeigeführt werden: Ziel müsse es sein, die ehemals bildungsferne Arbeiterregion hierdurch langfristig bildungsnah zu gestalten. Voraussetzung dafür wäre aus Sicht des kommunalen Interviewpartners allerdings auch hierfür eine stärkere Unterstützung der Kommunen durch die Landesebene (K, 21). Diese wird überdies mit Blick auf den demographischen und strukturellen Wandel des Ruhrgebiets gefordert, denn obwohl NRW als urban geprägtes Bundesland besondere Ausgangsvoraussetzungen aufweise, müsse sich das Land z.B. im Theaterbereich stärker engagieren (K, 37) – eine Aussage, die sich mit den (allerdings schwer umzusetzenden) Zielen der Landesebene durchaus deckt (L, 7). Generell sei notwendig, dass sich das Land noch mehr zur Kultur sowie ihrer Bedeutung für die Weiterentwicklung des gesamten Landes bekenne (zur Kultur „committen") und diese als ganzheitliches Phänomen wahrnehme und fördere (ohne dabei jedoch die Arbeit der Kommunen mit neuen Formaten als „add-on" zu beeinträchtigen) (K, 21, 59). In ihrer Gesamtheit zeigen die Ausführungen somit, dass Aspekte der regionalen Kooperation und der Vernetzung relevanter Akteure zur Schaffung verbesserter kultureller Rahmenbedingungen im Kontext struktureller Effekte von Kulturpolitik von ganz wesentlicher Bedeutung sind. Insbesondere der Kulturellen Bildung als Ausgangspunkt eines „mentalen" Strukturwandels fällt dabei langfristig eine entscheidende Bedeutung zu und die Zusammenarbeit der verschiedenen Ebenen scheint gerade im Hinblick auf diesen Aspekt von großer Relevanz zu sein, sodass sich einmal mehr die Wechselwirkungen zwischen den unterschiedlichen Aspekten strukturell wirksamer Kulturpolitik zeigen.[907]

Analog zu den in Kapitel 1.2 erarbeiteten Gesichtspunkten strukturwirksamer Kulturpolitik soll im Folgenden die Frage nach den Effekten von Kulturpolitik auf die Identität einer Stadt oder Region beantwortet werden. Die Interviewauswertung zeigt, dass Kultur als Element der Identitätsstiftung nach innen wahrgenommen wird und Kulturpolitik sich zugleich als das entscheidende Ressort begreift, um Essen und das Ruhrgebiet nach außen als Metropolregion zu profilieren: Der Vertreter der Landesebene möchte NRW langfristig als „Kulturland" etablieren und sieht eine seiner Aufgaben darin, die Attraktivität des Landes für KünstlerInnen aus anderen Teilen Deutschlands zu steigern sowie seine internationale Ausstrahlung zu erweitern bzw. zu verbessern. Vor allem die Durchführung der *RUHR.2010* sollte der Etablierung der Region als kulturellem „Hotspot" dienen (L, 3). Der regionale Interviewpartner sieht im Zusammenhang damit die Positionierung als Metropolregion durch die strategische Ausrichtung auf besondere Kompetenzfelder als Zielsetzung (R, 6). In engem Zusammenhand damit steht der Aspekt der (langfristigen) wirtschaftlichen Profilierung des

---

907 Kulturelle Bildung als gesellschaftspolitischer Aspekt von Kulturpolitik findet auch im Kontext von Frage 9 Berücksichtigung, sodass dieser Aspekt hier weniger Raum einnimmt als die übrigen damit zusammenhängenden Themenfelder.

Ruhrgebiets durch kulturpolitische Maßnahmen, wobei hier insbesondere die Bereiche Tourismus sowie Kultur- und Kreativwirtschaft berührt werden. Zugleich wurde gerade durch die RUHR.2010 das Ziel verfolgt, durch Kultur eine gemeinsame (regionale) Identität zu stiften und mit Blick auf die lokale Bevölkerung die Bedeutung von Kultur bzw. von Kultureinrichtungen als Identifikationspunkte nach innen unterstrichen:

> Das Interessante ist eigentlich auch, dass Menschen, die sich absolut nicht für Kultur interessieren, denen Theater völlig egal sind, [...], jetzt nehme ich das faszinierende Beispiel Bochum, auf ihr Schauspielhaus so stolz sind, dass sie es niemals zulassen würden, dass es geschlossen wird. Und selbst der Taxifahrer in Bochum, der noch nie im Schauspielhaus war, weiß was abends läuft. Also, Kultureinrichtungen sind auch ein Identifikationspunkt für Menschen in der Stadt. Also wenn man jetzt hier die Museen, [...] und die Kammerspiele schließen würde, oder die Philharmonie, oder die Philharmoniker, gäbe es einen Aufstand. Ich glaube das gäbe es in vielen anderen Städten auch, gerade bei denen, die möglicherweise gar nicht hingehen. (KD, 21)

Entscheidend sei jedoch, dass Identifikation nicht allein durch prestigeträchtige Leuchttürme gewährleistet werden könne. Ergänzend dazu seien Orientierungspunkte im konkreten Lebensumfeld der Bevölkerung zentral:

> Der letzte Punkt [...] dass die Strukturpolitik einer Stadt nicht darin besteht, nur Leuchttürme zu bauen, Theater usw., sondern dass es auch darum geht, in den einzelnen Stadtteilen Kirchtürme zu haben, an denen sich die Menschen orientieren können, was sie als ihres bezeichnen, und dass es nie dieses entweder oder geben kann, sondern immer dieses sowohl als auch. Beides ist notwendig und wichtig, für beides muss Geld und Personal her. Nicht nur für die Werbeglanzprospekte, die auf der Tourismusmesse in Berlin ausgelegt werden können – auch wichtig, auch, aber immer nur dieses auch. Und dass sich daraus, aus diesen Mosaiksteinen, die ja die Struktur einer Stadt und ihrer Stadtteile auch entwickelt, das sind so die wichtigen Gedanken. (KD, 8)

Salopp formuliert es der Vertreter der regionalen Ebene, dass nämlich die Identität einer Stadt eben nicht nur vom Fußballverein, sondern entscheidend auch vom Musiktheater abhänge (R, 19). Die engen Zusammenhänge zwischen den vielfältigen, im Kontext der Frage von Kulturpolitik als Strukturpolitik thematisierten Aspekten, und den Querverbindungen zur Durchführung der RUHR.2010 zeigt die Aussage des kommunalen Interviewpartners:

> Also ich glaube, dass das zu dem Thema Identität und Kulturhauptstadt geführt hat und dieser besondere Weg auch vor dem Hintergrund des strukturellen Wandels. Zweiter Impuls, den die Ruhr.2010 gegeben hat, ist, dass diese Identität auch bei der Bevölkerung angekommen ist und nach außen gestrahlt hat, wobei ich glaube, dass nach außen ist das Ruhrgebiet immer schon stärker wahrgenommen worden als von innen heraus. Wir haben eine gewisse Imageneurose. Und der dritte Aspekt ist, dass wir uns mit den Dezernentenkollegen viel stärker regional ausrichten, zumindest regional sprechen. (K, 59)

Kulturpolitische Maßnahmen können somit einen entscheidenden Beitrag zur Stärkung und/oder Veränderung der regionalen Identität leisten und auch dem Vertreter des *Deutschen Städtetags* erscheint der Aspekt einer gemeinsamen „Ruhr-Identität" – die sich auch in der verstärkten Zusammenarbeit niederschlage – zentral: Ausgangslage sei das Ruhrgebiet mit vielen großen Städten gewesen, die über Jahrzehnte hinweg gegeneinander gearbeitet hätten. Dieses Fehlen einer einheitlichen Struktur, die das Ruhrgebiet zusammenhalten würde, habe – bis auf wenige Ausnahmen – zu einem die Qualität der künstlerischen Produktion beeinträchtigenden Konkurrenzkampf geführt. Erst durch die *RUHR.2010* konnten die Kommunen zur Zusammenarbeit motiviert werden; die Realisierung der Europäischen Kulturhauptstadt habe dazu geführt, dass die Ruhrstädte „zum ersten Mal an einem Strang gezogen haben und gezeigt haben, welches Potenzial die Region wirklich hat" (KD, 25). Die Nachhaltigkeit dieser Entwicklung scheint jedoch bedroht:

> Das heißt, die Chance des gemeinsamen Aufbruchs bröselt, so wie ich das im Augenblick sehe, wieder auseinander, weil jede Stadt hat mit sich selber genug zu tun und Kooperationen verlangen ja auch, dass man sowohl Arbeitskräfte, als auch Finanzen einbringt. Und ich glaub im Moment versucht jede Stadt für sich selber zu retten, was zu retten ist, sodass dieser ‚Gedanke 2010' es nachhaltig auf diesem Level weiterzulaufen, wir als Ruhrgebiet, nicht mehr da ist. So bekomme ich das von außen mit, der ganz selten nur noch da bin. Aber das scheint mir ein bisschen das Manko zu sein. (KD, 27)

Zusammenfassend kann auf die Frage, welcher strukturelle Einfluss der Kulturpolitik in Essen und dem Ruhrgebiet beizumessen ist, geantwortet werden, dass sich dieser auf diverse Aspekte bezieht: Zum einen wird in einer stärkeren Regionalisierung der Kulturpolitik und in einer engeren Vernetzung der Akteure der Ausgangspunkt für eine strukturell wirksame Veränderung gesehen. Zum anderen stellt Kulturpolitik im Kontext der Weiterentwicklung hin zu einer auf Bildung und Wissenschaft basierten Gesellschaft – insbesondere durch die Kulturelle Bildung – ein zentrales Moment dar. Von ganz entscheidender Wichtigkeit ist zudem, dass in der Kultur und dem Kulturangebot der Motor für eine Neuausrichtung bzw. eine verstärkte Verinnerlichung der regionalen Identität gesehen wird. Es besteht Konsens darüber, dass Kulturpolitik einen unersetzbaren Beitrag zur Identitätsstiftung einer Stadt oder Region leisten kann und davon ausgehend strukturell wirksame Veränderungen eingeleitet werden können. Dass hiervon auch positive Effekte im Sinne einer wirtschaftlichen Entwicklung – etwa durch eine gesteigerte Anziehung auf TouristInnen, KünstlerInnen und BewohnerInnen im Allgemeinen – ausgehen, steht außer Frage.

Ausgangspunkt strukturwirksamer Kulturpolitik ist zweifelsohne eine entsprechende Idee von „Kultur". Der kulturpolitische Arbeitsalltag ermöglicht den Interviewpartnern zwar nur bedingt die Umsetzung eigener Präferenzen. Unabhängig davon verweisen die Aussagen in den Interviews auf individuelle Maßstäbe sowie persönliche Einstellungen, Ideale und Interessen, die sich langfristig in konkreten kulturpolitischen Entscheidungen niederschlagen können. Die abschließende forschungsleitende Frage beschäftigt sich dementsprechend mit dem Kulturbegriff der Interviewpartner und seiner Relevanz für die praktische Arbeit:

Frage 12: Inwiefern unterscheidet sich der in Deutschland und Italien in der Praxis präsente kulturpolitische Kulturbegriff?

Der Vertreter der Landesebene kann für einen weiten Kulturbegriff stehen, der sich kontinuierlich weiterentwickelt:

> Ich bin eigentlich ein ziemlicher Anhänger davon, weder Kunst noch Kultur irgendwie zu definieren. Wir haben so gesehen einen extrem weiten Kulturbegriff. Und wir haben vor allem keinen theoretisch vorgegeben Kulturbegriff, sondern wir haben einen im wahren Leben sich sozusagen vor-, weiterentwickelnden, das ist ein vegetativer Kulturbegriff. Wie sich Kultur verändert und wie sie jeweils definiert wird, heute anders als vor 10 Jahren und vor 20 und vor 50 Jahren. Und nächstes Jahr vielleicht schon wieder anders als dieses Jahr, hängt davon ab, wie sich die Kunst und Kultur im wahren Leben fortentwickelt. Es gibt dann eher das Kriterium der Qualität, was auch problematisch ist, aber ohnehin unvermeidbar, wenn man fördert, wenn man immer Auswahlentscheidungen trifft, also da kommt man nun nicht dran vorbei, also man muss irgendwann mal sagen, das ist ein gutes Projekt, deswegen will ich das fördern. Das ist gänzlich unvermeidbar. (L, 10)

Durch die Förderpolitik sieht der Vertreter der Landesebene eine Beteiligung an „dieser schleichenden Fortentwicklung dieses Kulturbegriffs" und ergänzt „Kunst ist eben das, wofür es gehalten wird" (L, 10). Entscheidend ist aber, dass er Kulturpolitik nicht nur auf das Feld der Kunst beschränkt sehen möchte, sondern andere Politikfelder mit einschließt. Dies zeigten bereits die Ausführungen zu den vorangegangenen Fragen, die deutlich machten, dass Kulturpolitik auch Bereiche wie den Städtebau oder den Tourismus und damit strukturwirksame Aspekte mit einschließt. Die Weite und Offenheit dieses Kulturbegriffs sollten auch in Zukunft erhalten bleiben: Obwohl das geplante Kulturfördergesetz eine gewisse Festlegung erforderlich mache, dürfe man Kultur nicht durch Definitionen in ihrer Lebendigkeit einschränken (L, 12).

Auf der Ebene des *Deutschen Städtetags* lässt sich ebenfalls ein weiter Kulturbegriff herausarbeiten, der auch Bereiche wie Mode, Design oder Architektur einschließt (KD, 2). Kulturpolitik sei zudem die Basis der „Urbanität der Städte" und dürfe bzw. müsse sich dementsprechend auch in die Stadtentwicklungspolitik einmischen (KD, 10). Ausgangspunkt ist die Position, dass Kultur(-politik)

Hochkultur genauso mit einschließe wie Breitenkultur und dementsprechend „Leuchttürme" und auch „Kirchtürme" brauche. Erst durch die Kombination verschiedenster Mosaiksteine könne eine reiche Kulturlandschaft Gestalt annehmen – Kultur sei somit stets ein „sowohl als auch" (KD, 22/38). In der Praxis lässt sich das wie folgt beschreiben:

> Also Kultur ist sicherlich zum einen der Umgang des Menschen mit der Natur, und zum anderen der Umgang des Menschen mit seiner Gesinnung. Aber wenn man das jetzt ein bisschen herunter bricht, ist der Kulturbegriff, den wir im Städtetag pflegen, zum einen, ja, es gibt eine sogenannte Hochkultur, die Höchstleistungen erbringt, die in den Städten auch dafür sorgen, dass die Städte ein Stückchen leuchten, auch nach außen hin leuchten, die damit auch Anziehungspunkte für Besucher, für Touristen, für Wirtschaft usw. ist, und das auf einem hohen Niveau vorwärts treibt. Und auf der anderen Seite ist als gleichberechtigt, nicht ein entweder oder, sondern ein sowohl als auch, die Kultur, die in den Stadtteilen stattfindet, die Notwendigkeit, die Stadtteilbibliotheken, die Volkshochschulen, die Bürgerhäuser, d.h. dort wo die Menschen wohnen, dass sie dort die Chancen und Möglichkeiten haben, dass sie dort in dem Umfeld, wo sie sich wohl fühlen, entweder kulturelle Leistungen in Anspruch zu nehmen, oder selbst kulturelle Dinge zu entwickeln, so sie denn wollen. D.h. dieses Angebot muss da sein und das lässt sich letztendlich auf den Begriff bringen, den viele nicht mehr benutzen, ich benutze ihn sehr wohl noch, von Hilmar Hoffmann, es muss eine *Kultur für alle*, und ich ergänze das mal, *mit allen* geben. D.h. der prinzipielle Anspruch muss da sein, für alle was zu machen. Ob es alle wahrnehmen und wollen oder ob die lieber ins Stadion gehen oder wohin auch immer ist etwas zweites. Aber wir müssen in einem erreichbaren Umfeld, zu bezahlbaren Preisen, einfach kulturelle Leistungen ermöglichen und auf der anderen Seite eben auch diese kulturellen Highlights haben, die Städte auch im Konkurrenzkampf untereinander oder im Konkurrenzkampf der Regionen in Europa brauchen. (KD, 16)

Der Vertreter des *Deutschen Städtetags* steht somit ganz klar für das Recht aller Menschen auf Kultur und kulturelle Leistungen; jedem müsse die Möglichkeit gegeben werden, die eigene Kreativität zu entwickeln (KD, 17). Daraus leite sich die Verpflichtung des Staats bzw. der Verwaltung ab, diese kulturellen Leistungen zur Verfügung zu stellen und diesen Anspruch umzusetzen (KD, 36) – auch in Kooperation mit den anderen Sektoren:

> Man muss auch nicht in die Oper gehen, um sozusagen als Kulturmensch zu gelten, muss ich überhaupt nicht. Es gibt Formen der Kultur, ob das im Bereich vom Tanz ist bis hin zur Volkskultur, bis hin zur Musikkapelle, die da sind, die natürlich Formen von Kultur sind, die wichtig sind für die Städte auch, und zwar quer Beet […]. Auch das sind ja kulturelle Leistungen, die wichtig für eine Stadt sind und das Mosaik einer Stadt bilden. Also Kultur ist nicht nur das, was wir in unseren großen Häusern machen. Kultur ist auch das, was in den Kirchen gemacht wird, in den Gewerkschaften gemacht wird, bei Vereinen und Verbänden, ob das Gesangsvereine sind, was auch immer. Und wenn

ich das mal alles zusammen nehme, dann glaub ich ist ein Großteil der Menschen mit Kultur beschäftigt, denn auch Breakdance ist Kultur. (KD, 22)

Die Idee, möglichst allen Bevölkerungsgruppen gerecht zu werden, ist auch für den regionalen Interviewpartner zentral. Ziel sei es, durch niederschwellige Angebote Zugang zu ermöglichen und somit egalitäre Kunst zu bieten (R, 33). Die Ausrichtung einer Kulturpolitik als Gesellschaftspolitik schwingt hier mit und findet auch Ausdruck in dem Bestreben bzw. dem Ausgangspunkt, dass Kultur(-politik) dem Leben Sinn, Attraktivität und Inspiration geben könne und das Bewusstsein erweitern solle (R, 37). Ausgangspunkt sei das „Bedürfnis nach Auseinandersetzung", das automatisch das Bedürfnis nach Kultur zur Folge habe (R, 38).

Von großer Bedeutung für den spezifischen Kulturbegriff in Essen und dem Ruhrgebiet sei zudem, dass sich diese als „Regionalpolitik" begreife: Sie solle – u.a. durch die Anregung der kulturellen Eigentätigkeit – zur Auseinandersetzung mit der Zukunft beitragen bzw. mithelfen, dass sich die Bevölkerung mit der Zukunft anfreundet und identifiziert. Durch künstlerische Projekte sollen Bilder geschaffen und kommuniziert werden, die diese Prozesse befördern können. Damit einher gehe das Bestreben, neue regionale Identität(en) zu entwickeln – auch durch den Umbau von Landschaften oder die Umgestaltung des urbanen Raums. Der in der Praxis wirksame Kulturbegriff möchte somit interdisziplinär und innovativ wirken, Traditionelles und Innovatives/Experimentelles verbinden und ganz eindeutig regional verankert sein: Spezifisch im Ruhrgebiet werde der Kulturbegriff stets auf seine „Brauchbarkeit" hin befragt (R, 52), beziehe Alltagskultur stärker mit ein als anderswo und erfahre eine genuine Ausrichtung in Bezug auf Industriekultur (R, 31). In der Gesamtheit gehe es nach wie vor darum, im Sinne von Kulturpolitik als Gesellschaftspolitik möglichst viele Menschen zu erreichen und ihnen Zugänge zu Kunst und Kultur zu eröffnen – u.a. auch durch Großprojekte, die die Aufmerksamkeit neuer Besuchergruppen auf sich lenken können wie etwa die *RUHR.2010* oder die *Urbanen Künste*, die dabei zugleich Ausdruck eines interdisziplinären Verständnisses von Kultur seien (R, 29).

Wie die Ausführungen in Kapitel 3.2 zeigen, wird das kulturelle Feld von Akteuren des öffentlichen, privatwirtschaftlichen und gemeinnützigen Sektors bestimmt. Die Idee einer Kulturlandschaft, in der sich diese drei Bereiche gegenseitig ergänzen, bereichern und gemeinsam Verantwortung übernehmen, vertritt auch der kommunale Interviewpartner (K, 8). Davon ausgehend kristallisiert sich ein sehr vielfältiger Kulturbegriff heraus, der Kulturpolitik begreift als

- Regional- und Lokalpolitik, die auf der spezifischen Geschichte des Ruhrgebiets basiere und den demographischen und strukturellen Wandel berücksichtigen müsse (13/21)

- Geschichtspolitik, da Kulturpolitik die spezifische historische Entwicklung zu berücksichtigen habe, wobei das Ruhrgebiet eben über eine tendenziell bildungsferne Geschichte verfüge (21)
- Stadtteil- und Stadtentwicklungspolitik u.a. durch dezentrale Kulturangebote (14)
- Bildungspolitik, da unter dem Stichwort der Kulturellen Bildung die Zielsetzung verfolgt werde, eine bisher eher bildungsferne Region bildungsnah zu gestalten (21)
- „Teilhabepolitik", da Kulturpolitik (etwa im Rahmen der Kulturellen Bildung) Teilhabe, Partizipation und Selbermachen ermöglichen müsse (22)
- Politik ästhetischer Erfahrungen: Diese Grundlage jeglichen Kulturverständnisses soll vermittelt werden durch explizite Education-Programme sowie die Vertiefung der Kulturellen Bildung, zugleich aber auch in der persönlichen Erfahrung etwa im Rahmen des Besuchs von Kulturveranstaltungen möglich sein (22)
- Medienpolitik, da es stets das Ziel von Kulturpolitik sein müsse, die Menschen zu ästhetischen Urteilen und zur Dekodierung ästhetischer Reize zu befähigen (24)
- Kulturwirtschaftspolitik/Kreativitätspolitik, da Kulturpolitik die Basis für die Weiterentwicklung der Kultur- und Kreativwirtschaft schaffen solle und der Kulturbegriff somit auch ökonomische Aspekte mit einschließe (15/21)
- Standortpolitik oder „Profilierungspolitik", da die Region durch Kultur für Außenstehende interessant(er) und attraktiv(er) gemacht werden und an Profil gewinnen solle (21/28)
- Identitätspolitik: Essen soll von außen als attraktive Kulturstadt wahrgenommen werden; zugleich wird angestrebt, der Bevölkerung nach innen u.a. durch kulturelle Erfahrungen Zutrauen in die eigene Stadt(-geschichte) und zugleich die Zukunft der Region zu vermitteln und durch ein kulturelles Bewusstsein die lokale/regionale Identität und die Identifikation mit der eigenen Heimat zu stärken – ein Prozess, der jedoch nur über große Zeiträume hinweg erfolgen und in dessen Entwicklungslinie die *RUHR.2010* lediglich einen Höhepunkt, nicht aber das Ende darstellen könne (26/30/59)
- Industriekulturpolitik: Der enge regionale Zusammenhang wird hier erneut deutlich, da Essen und das Ruhrgebiet ein anderes Publikum und zugleich ein anderes Kunstschaffen aufwiesen als andere Regionen. Dieses müsse in Essen und dem Ruhrgebiet stets vor dem Hintergrund einer proletarischen Entwicklungslinie betrachtet werden (30)
- Strukturpolitik: Der strukturelle Wandel von der Montanindustrie zur Kommunikationsgesellschaft, von der proletarisch orientierten hin zu einer eher bildungsorientierten Gesellschaft stelle einen zentralen Aspekt im Rahmen des für Essen wirksamen Kulturbegriffs dar (31; vgl. insgesamt Frage 11).

Die Ausführungen lassen in ihrer Gesamtheit erkennen, dass Kulturpolitik in Essen, dem Ruhrgebiet und NRW ein äußerst vielgestaltiger Kulturbegriff zugrunde liegt: Dieser muss zahlreichen Funktionen gerecht werden und es kristallisiert sich im Ergebnis heraus, dass Kulturpolitik längst nicht mehr auf die Bereiche der Kunst im engeren Sinne eingeschränkt werden kann: Weit darüber hinausgehend sollen Aspekte der Stadtentwicklung, der wirtschaftlichen

Neuorientierung, der gesellschaftlichen Weiterentwicklung, der Identitätsstiftung, der Bildung und viele mehr aus dem Kulturbereich Anregungen erhalten. Insgesamt bietet die Auswertung der Interviews mit deutschen Kulturpolitikern Einblicke in die zentralen Zielsetzungen, Ansätze und Ausrichtungen aktueller Kulturpolitik. Dabei wurde immer wieder deutlich, wie sehr diese von den Positionen und auch den Idealen und Ideen der vorangegangenen Jahrzehnte geprägt sind. Zugleich lassen die Antworten persönliche Motivationen und auch Abhängigkeiten von den bisherigen Erfahrungen und Tätigkeiten der Interviewpartner erkennen. Welche Anknüpfungspunkte zwischen diesen doch sehr spezifischen Aussagen und der in den vorangegangenen Kapiteln erarbeiteten kulturpolitischen Gesamtsituation in Deutschland bestehen, wird die anschließende Zusammenfassung in den Blick nehmen.

3.4 Zusammenfassung und Verknüpfung der theoretischen und praktischen Ergebnisse

Aufbauend auf der in Kapitel 3.1 und 3.2 erarbeiteten theoretischen Basis und den in Kapitel 3.3 dargestellten Interviewergebnissen, wird dieses Kapitel die Erkenntnisse aus Theorie und Praxis zusammenführen. Bezüge sollen zudem zu Kapitel 2.1 hergestellt werden, das den in der deutschen Kulturpolitik wirksamen Kulturbegriff thematisiert. Die Nützlichkeit dieser Herangehensweise unterstreicht folgende Aussage:

> Darüber hinaus können externe Ergebnisse anderer Untersuchungen und alternative Materialien (Statistiken, Textdokumente) als Hilfe zur endgültigen Interpretation herangezogen werden. So werden selektive Ergebnisse vermieden. Auf die Kernaussagen und die externen Ergebnisse aufbauend kann eine theoretische Generalisierung durch die Endaussagen geleistet werden, welche die Interpretation der Ergebnisse der Interview- bzw. Textauswertung unter Berücksichtigung der Fragestellung beinhaltet.[908]

Die Auswertung der Interviews kann zeigen, dass die interviewten KulturpolitikerInnen in vielfältiger Weise von den jeweiligen Kulturbegriffen bzw. Zielsetzungen von Kulturpolitik geprägt sind, die in den vorangegangenen Jahrzehnten besonders präsenten waren: In der Nachkriegszeit dominierte das Hochkulturmotiv die Kulturpolitik und trotz der weitestgehenden Überwindung dieser einseitigen Ausrichtung, schwingt in der nach wie vor gängigen Unterscheidung zwischen Hochkultur und Sozio- oder Breitenkultur das Bewusstsein für die unterschiedlichen „Niveaus" von Kultur bzw. von kulturellen Angeboten mit.

---

[908] Pickel und Pickel 2009, S. 461.

Auch der Ansatz „niederschwellige" Angebote zu schaffen, lässt auf eine gewisse Klassifizierung der künstlerischen Produktion schließen, die zugleich als Voraussetzung für klare Förderentscheidungen gilt. Prinzipiell haben sich jedoch das Demokratisierungs- und das Soziokulturmotiv durchgesetzt: Die Zielsetzung, kulturelle Angebote für alle Bevölkerungsgruppen zu schaffen, resultiert primär aus den 1970er Jahren und ist nach wie vor sehr präsent bzw. hat in den vergangenen Jahren unter dem Schlagwort der Kulturellen Bildung erneut an Bedeutung gewonnen, wie die Interviewpartner allesamt bestätigen. Das Ende der 1980er Jahre aufgekommene Ökonomiemotiv, das Kultur primär als Standortfaktor betrachtet, zeigt ebenfalls starke Nachwirkungen auf die Aussagen der Interviewpartner: Eine der Zielsetzungen von Essen bzw. dem Ruhrgebiet ist es, die Region durch Kultur als Metropolregion, oder NRW als „Kulturland" zu positionieren. Die Verknüpfung mit der Stadtentwicklungspolitik, der Plan „kreativen Humus" in der Stadt zu schaffen, um Kultur- und Kreativwirtschaft zu beflügeln, oder auch durch groß angelegte Projekte touristisch relevante Aufmerksamkeit zu schaffen, bestimmen die Richtungsentscheidungen der Interviewpartner ganz wesentlich mit.

Die theoretischen Ergebnisse in Kombination mit der Auswertung der Interviews lassen aufgrund der Vielzahl der präsenten Zielsetzungen und Prioritäten keine derart eindeutige Deklarierung der aktuellen Kulturpolitik zu, wie dies für die vorangegangenen Jahrzehnte möglich war. Auf gewisse Tendenzen kann aber durchaus geschlossen werden: Da die Kulturelle Bildung aktuell eines der unangefochten dominierenden Themenfelder darstellt, ließe sich zunächst von einer Klassifizierung als *Bildungsmotiv* sprechen. Obwohl das Ziel von Kulturpolitik spätestens seit den 1970er Jahren die Ausweitung der Bildung im qualitativen wie quantitativen Sinne war, ist erst seit wenigen Jahren eine derart eindeutige Fokussierung auf diesen Aspekt erkennbar, der durch konkrete Projekt (auf Landesebene etwa *Jedem Kind ein Instrument, Kulturrucksack NRW*), neue Weiterbildungsmöglichkeiten, Kongresse und zahlreiche Veröffentlichungen zum Themenfeld Umsetzung findet. Verstärkte Beachtung erfährt das Bildungsmotiv zudem mit Blick auf die umfangreichen gesellschaftlichen Veränderungen: Die primäre Zielgruppe Kultureller Bildung sind Kinder und Jugendliche, von denen bereits heute rund ein Drittel über einen Migrationshintergrund verfügt. Durch die Initiativen der Kulturellen Bildung soll ihnen langfristig Zugang zu bestehenden Kulturangeboten eröffnet werden.

Zugleich kann aktuell – vor allem ausgehend von den Folgen der Finanzkrise und den Schwierigkeiten der kommunalen Haushalte – von einem *Konsolidierungsmotiv* gesprochen werden. Dieses bezieht sich einerseits auf die vorhandenen Institutionen und die umfangreiche Infrastruktur, die sich einer teilweisen

Neuausrichtung oder Ausweitung ihrer Nutzung sowie insgesamt einer Reduktion gegenübersieht bzw. sehen wird. Andererseits geht damit der Aspekt der Schwerpunktsetzung auch im Sinne einer verstärkten Regionalisierung einher, die von allen Interviewpartnern als unausweichlich eingeschätzt wird.

Ergänzend dazu kann die kulturpolitische Weiterentwicklung der vergangenen Jahre unter dem Etikett *Identitätsmotiv* zusammengefasst werden: Die Zielsetzung aktueller Kulturpolitik besteht u.a. darin, durch ihre Angebote die Identifikation der Bevölkerung mit ihrer eigenen Stadt und der regionalen Kultur zu intensivieren – eine Ausrichtung, die in den vorangegangenen Jahrzehnten weit weniger präsent war. Die Strahlkraft kultureller Einrichtungen und Angebote wurde bislang eher zur Außendarstellung genutzt (und damit beispielsweise zur Steigerung der touristischen Attraktivität, die eher in Verbindung mit dem Ökonomiemotiv zu sehen ist); die aktuelle Zielsetzung durch Kultur(-politik) bewusst auch nach innen zu wirken, war dagegen bisher von eher geringerer Bedeutung.

In Kombination mit der eingehenden Literaturrecherche ermöglichen die Interviews somit eine Einschätzung dazu, welche Themenfelder aktuell von besonderer Bedeutung sind. Die Ergebnisse können zeigen, dass sich die Ausrichtung von Kulturpolitik und damit einhergehend die Inhalte des Kulturbegriffs in kontinuierlicher Weiterentwicklung befinden. Dominierten in den vorangegangenen Jahrzehnten Hochkultur-, Demokratisierungs-, Soziokultur- und Ökonomiemotiv, machen die Interviews in Kombination mit der Auswertung aktueller Literatur zum Themenfeld – zumindest in Bezug auf Essen und das Ruhrgebiet – eine neue Schwerpunktsetzung erkennbar: Neben dem Bildungsmotiv sowie dem Konsolidierungsmotiv steht aktuell das Identitätsmotiv im Zentrum kulturpolitischer Arbeit.

Ein wesentlicher Aspekt, der in der Literatur momentan viel Beachtung findet, ist die Verortung von Kulturpolitik in kooperativer Ausrichtung. Die Idee, dass die öffentliche Kulturpolitik nur noch ein Akteur unter vielen ist und v.a. eine koordinierende Funktion einnimmt, wird in kulturpolitischen Fachkreisen ausführlich thematisiert. Auch die Tatsache, dass Kulturpolitik in einem Kräfteparallelogramm agiert, das von vielfältigen Akteuren der drei Sektoren mitbestimmt wird, wurde in den vorangegangenen Kapiteln bereits berücksichtigt. Die Interviews ergänzen nun eine weitere Dimension: Nicht nur agiert Kulturpolitik äußerst dialogorientiert innerhalb des kulturpolitischen Feldes sondern es wird überdies deutlich, dass sich Kulturpolitik mehr und mehr als Querschnittsressort begreift. Angestrebt wird eine Vernetzung mit Akteuren der Bildungs- und der Sozialpolitik; zugleich sollen Brücken geschlagen werden zur (Kultur- und Kreativ-)Wirtschaft, zum Tourismussektor und aktuell insbesondere zur Stadtentwicklungspolitik. Kultur soll alle Lebensbereiche durchdringen und dieser Anspruch wird von den Interviewpartnern durchaus offensiv vertreten. Dadurch muss der Kulturbegriff vielfältigen und komplexen Ansprüchen gerecht werden und die aus den Interviews gewonnenen Erkenntnisse bestätigen, dass dies nur durch einen diskursiv und kooperativ ausgerichteten Kulturbegriff möglich ist bzw. sein wird.

Trotz aller Offenheit für Verknüpfungen mit anderen Akteuren im Sinne dieser kooperativen Kulturpolitik, zeigen jedoch die Recherchen und auch die Antworten der Interviewpartner, dass Kulturpolitik nach wie vor primär von den Akteuren des ersten Sektors geprägt wird. Dies betrifft einerseits die Finanzmittel, die – trotz der Beiträge von Mäzenen und Sponsoren – weiterhin größtenteils aus der Staatskasse kommen, andererseits aber auch die inhaltlichen Richtungsentscheidungen, die maßgeblich von den politischen Akteuren bestimmt werden – wenn auch im Dialog mit Vereinen wie etwa der *Kulturpolitischen Gesellschaft* auf Bundesebene oder kleineren Initiativen auf regionaler und kommunaler Ebene. Einigkeit besteht allerdings darüber, dass weiterhin gefördert werden soll, „was es schwer hat" und trotz der beschriebenen Neuakzentuierungen zieht sich dieser Konsens durch sämtliche Texte und Interviews. Die Zielsetzung, dass Kulturpolitik als Korrektiv zum Markt agieren sollte, wird auch darin erkennbar, dass diese sich mehr und mehr in der Rolle eines Moderators oder Koordinators sieht: Es besteht Einigkeit darüber, dass diejenigen Angebote, die von privaten Akteuren vorgehalten werden, in diesem Sektor gut aufgehoben sind. Die Kulturpolitik dagegen sollte Angebote ergänzen, die am Markt ohne staatliche Förderung nicht bestehen könnten.

Mit diesem Ansatz geht die Frage nach der Legitimation von Kulturpolitik einher: Weshalb fördert der Staat Angebote, die nur von einem kleinen Teil der Bevölkerung in Anspruch genommen werden und im freien Wettbewerb keinen Bestand hätten? Diese Herangehensweise an das Thema stößt bei den Interviewpartnern auf weitgehendes Unverständnis: Sie fordern, dass Kulturpolitik ähnlich der Bildungspolitik als essentieller Bestandteil von Gesellschaftspolitik Verankerung finden müsse. Sie verweisen in diesem Kontext u.a. auf die Potenziale von kulturpolitischen Angeboten im Sinne von Integration und Inklusion wirksam zu werden. Selbstverständlich geht damit auch der Ansatz einher, Kulturpolitik so zu gestalten, dass sie für alle Bevölkerungsgruppen zugänglich ist – wobei hier im Zuge des demographischen Wandels insbesondere MigrantInnen und ältere MitbürgerInnen im Fokus stehen. Die Interviews zeigen somit, dass Kulturpolitik unzähligen Aufgaben gerecht werden soll – Chancengleichheit herstellen, Bildung vermitteln, den Standort (für KünsterInnen) bewerben, Identität festigen etc. – sodass mit einer Positionierung in diesem

Sinne auch die Befürchtung einer Überlastung der Kulturpolitik aufkommen kann. Die Rückbesinnung auf ihren eigentlichen Anspruch, nämlich den Menschen durch die Künste neue Perspektiven und inspirierende Ideen abseits des Alltagslebens aufzuzeigen, sowie die Abwehr einer allzu starken bzw. einseitigen Instrumentalisierung, scheint in den Aussagen der Interviewpartner immer wieder durch. Gleichzeitig wird sehr stark deutlich, wie schwierig es für die Kulturpolitik ist, sich ohne diese „Zweitlegitimationen" neben den anderen Politikfeldern zu positionieren.

Im Zentrum der empirischen Analyse steht die Frage, ob Kulturpolitik als Strukturpolitik wirksam werden kann, wobei sich diese Fragestellung in mehrere Unteraspekte aufschlüsseln lässt. Für die Untersuchung des Beispiels Essen kann im Ergebnis festgehalten werden, dass vor allem in Bezug auf den Aspekt der Kooperation und Vernetzung positive Resultate zu verzeichnen sind. Insbesondere in Folge der *RUHR.2010* zeigen sich langfristig wirksame strukturelle Veränderungen: Der regionale Interviewpartner konstatiert, dass die interkommunale Kooperation von diesem Großereignis stark profitieren konnte. Regionale Aktivitäten hätten sich zum Standard entwickelt und es stünden auch Mittel zu ihrer Verstetigung zur Verfügung, sodass die Städte entsprechend dem Schlagwort „Kooperation und Eigensinn" ihre jeweilige Position finden konnten bzw. können.

Gefestigt und verstetigt hätten sich zudem die Allianzen zwischen Kultur, Wirtschaft und Tourismus, sodass die theoretischen Befunde aus dem Literaturstudium im Sinne einer kooperativen Kulturpolitik zwischen den einzelnen Kulturakteuren der verschiedenen Sektoren um die Dimension einer kooperativen Kulturpolitik über ihren ureigenen Bereich hinaus in andere Felder des gesellschaftlichen Lebens hinein ergänzt werden können. Auch der damit verbundene Aspekt der wirtschaftlichen Dynamisierung durch Kultur bzw. die dadurch mobilisierte Kultur- und Kreativwirtschaft können als strukturwirksame Phänomene eingeordnet werden.

Im Hinblick auf die strukturellen Auswirkungen von Kulturpolitik bisher wenig erforscht ist ihr Nutzen zur Neuausrichtung oder Stärkung der Identifikation der Bevölkerung mit der eigenen Stadt. Hier können die Interviews zeigen, dass Kulturpolitik diese Zielsetzung durchaus aktiv verfolgt und auch positive Ergebnisse vorweisen kann: Insbesondere durch Großveranstaltungen (wie etwa im Rahmen der *RUHR.2010*) kann es gelingen, ein Wir-Gefühl zu erzeugen und dieses mit der eigenen Stadt oder Region zu verknüpfen. Auch durch die Steigerung der allgemeinen Lebensqualität in Folge eines breiten kulturellen Angebots lassen sich strukturelle Wirkungen erzielen. Der damit einhergehende Prestigegewinn kann neue BewohnerInnen in die Stadt ziehen, die langfristig zu einer positiven Weiterentwicklung der Bevölkerungsstruktur insgesamt führen können.

Strukturell kann Kulturpolitik insbesondere durch Maßnahmen der Kulturellen Bildung wirken, sie kann die Kreativität und auch die Qualifikationen der Bevölkerung anregen und damit wiederum wirtschaftliche Innovationen aktivieren. Durch das Zusammenspiel all dieser Effekte und in Kombination mit einer entsprechenden Sozial- und Wirtschaftspolitik kann Kulturpolitik somit einen Beitrag zu sozialer Inklusion, Verteilungsgerechtigkeit und Armutsbekämpfung leisten.

Die Ausführungen zeigen in ihrer Gesamtheit, dass durch die Interviews zahlreiche Erkenntnisse zur aktuellen Kulturpolitik in Deutschland gewonnen werden konnten, die über bereits vorliegende Studien und Literaturbestände hinausgehen. Auch wenn sich die Ergebnisse dabei zunächst auf die Stadt Essen und das Ruhrgebiet beziehen, geben sie doch Hinweise auf innerhalb der deutschen Kulturpolitik momentan relevante Themenfelder und zukünftige Tendenzen. Die Fragestellung dieser Arbeit einerseits, andererseits aber auch die Methodik der leitfadengestützen ExpertInneninterviews, ermöglicht somit neue Perspektiven. Diese sollen nun durch die komparatistische Herangehensweise zusätzlich erweitert werden, sodass sich das folgende Kapitel der Kulturpolitik in Italien zuwenden wird.

4. Kulturpolitik in Italien

Ähnlich wie in Deutschland bzw. seinen politischen Vorgängerstaaten fanden auch auf dem italienischen Staatsgebiet bereits sehr früh Aktivitäten zur Förderung kultureller Leistungen und zum Schutz von Kulturgütern statt. Diese erfolgten jedoch in der Regel auf Initiative der Kirche oder privater Akteure wie etwa der Medici-Familie in Florenz oder der Este in Ferrara. Staatliche, durch Gesetze reglementierte Kulturpolitik stellt dagegen eine eher junge Disziplin dar: Stefano Moroni, Professor am *Politecnico di Milano*, nennt die 1902 verabschiedete Lg. 185 „Sulla conservazione dei monumenti e degli oggetti d'antichità e d'arte" als erste gesetzliche Regelung, auf die 1939 die Lg. 1089 zur „Tutela delle cose d'interesse artistico e storico" folgte, die über viele Jahrzehnte die Grundlage italienischer Kulturpolitik darstellen sollte.[909]

Doch von Anfang an wurde die Legitimation staatlicher Kulturpolitik thematisiert: Die anfänglich dominierende Frage – „Perché dovrebbe esser legittimo che la parte pubblica si impegni nella tutela (salvaguardia, conservazione...) di beni culturali?" – entwickelte sich hin zu der Fragestellung „perché tutelare *pubblicamente*".[910] Die folgenden Ausführungen zeichnen diese Entwicklung zunächst aus historischer Perspektive nach (Kapitel 4.1). Daran schließt sich die Vorstellung des Gesamtsystems Kultur(-politik) an, das sich analog zur Entwicklung in Deutschland in staatliche (4.2.1), private (4.2.2) und gemeinnützig orientierte (4.2.3) Institutionen und Akteure ausdifferenziert hat. Kapitel 4.3 stellt schließlich die Ergebnisse der Interviews zur Fallstudie Turin vor und gibt auf die forschungsleitenden Fragen Antworten aus italienischer Perspektive. Zum besseren Verständnis der Ausgangsbedingungen italienischer (Kultur-) politik soll jedoch zunächst ein Exkurs zur Zweiteilung Italiens in Nord und Süd erfolgen.

Exkurs zur Nord-Süd-Thematik

Die unübersehbaren Unterschiede zwischen den beiden Landesteilen sind von großer Relevanz für die Bewertung der folgenden Ausführungen und insbesondere der Auswertung des Interviewmaterials. Die Kulturpolitik der Stadt Turin, die in Kapitel 4.3 thematisiert wird und Ausgangspunkt für den Vergleich mit Essen ist, repräsentiert den wirtschaftlich und auch kulturell agileren Norden,

---

909 Vgl. Moroni 2001, S. 3; vgl. ausführlich dazu das folgende Kapitel.
910 Moroni 2001, S. 5.

wodurch die Ausgangssituation eine entschieden andere ist als dies beispielsweise für die Analyse von Neapel als süditalienischer Metropole der Fall wäre. Geographisch wird die Aufteilung in nördliche, zentrale und südliche Regionen in der Regel wie folgt vorgenommen:

- Nord: Piemont, Aostatal, Ligurien, Lombardei, Trentino-Südtirol, Friaul-Julisch Venetien, Venetien, Emilia-Romagna
- Zentrum: Toskana, Latium, Umbrien, Marken
- Süd: Abruzzen, Molise, Kampanien, Basilikata, Apulien, Kalabrien, Sizilien, Sardinien[911]

Die südlichen Regionen umfassen damit rund 40% des Territoriums und auch knapp 40% der italienischen Bevölkerung. Die – in nahezu jeglicher Hinsicht erkennbare – Zweiteilung Italiens in die nördlichen und zentralen Regionen einerseits, sowie die südlichen Regionen andererseits wird häufig historisch begründet, da seit Jahrhunderten eine kulturelle und politische Grenze zwischen den beiden Landesteilen verläuft. Bereits seit dem späten Mittelalter trennte der Kirchenstaat das von spanischen und arabischen Einflüssen geprägte süditalienisch-sizilianische Königreich vom territorial zersplitterten und politisch und kulturell stark durch die Kommunen, wie beispielsweise Genua, Mailand, Venedig, Florenz oder Siena, beeinflussten Norden ab.[912] Davon ausgehend und insbesondere seit der Einigung Italiens kann man „als strukturelles Element einen hartnäckigen wirtschaftlichen und gesellschaftlichen Dualismus beobachten", bei dem sich der industrialisierte Norden und der landwirtschaftlich geprägte Süden gegenüber stehen.[913] Bis heute konnten diese strukturellen Ungleichheiten trotz umfangreicher Geldtransfers und Förderprogramme – insgesamt flossen zwischen 1950 und 1993 rund 200 Mrd. Euro in den Süden – nicht überwunden werden, sodass 1994 „die Bemühungen, durch parastaatliche Institutionen den Süden an den Entwicklungsstand des Nordens heranzuführen, offiziell eingestellt" wurden.[914]

---

911 Vgl. ISTAT 2012a, S. 3.
912 Vgl. Jansen 2007, S. 90; Wagner führt hierzu aus, dass gerade in Bezug auf die Stadtentwicklung historisch bedingte Unterschiede zwischen Nord- und Mittelitalien sowie Süditalien bestehen und „[d]as Mezzogiornoproblem [...] offensichtlich eine tiefere historische Wurzel" hat (Wagner 1991, S. 3).
913 Giannolo 2010; vgl. auch Wagner 1991, S. 4.
914 Vgl. Jansen 2007, S. 93 ff.; als wichtigste Maßnahmen gelten die Bodenreform (*Riforma agraria*) von 1950 sowie die Gründung der *Cassa per il Mezzogiorno* (ebenfalls 1950); auch umfangreiche Bemühungen einer Industrialisierung blieben ohne durchschlagenden Erfolg (vgl. Wagner 1991, S. 36). Als Gründe werden

Die Regierung in Rom konzentrierte sich künftig vor allem darauf, dem Süden die gleichen wohlfahrtsstaatlichen Leistungen zu gewähren wie den anderen Landesteilen und ihm auch die Segnungen der Konsumgesellschaft nicht vorzuenthalten. Das geschah vor allem durch einen massiven Ressourcentransfer via Alters- und Invalidenrenten und Pensionen, die vielfach auch dann gezahlt wurden, wenn keinerlei Anspruch bestand. Man kann diese Politik auch als eine Art Wiedergutmachung dafür ansehen, dass der Staat kapituliert und sein ursprüngliches Ziel aufgegeben hatte, die Gleichwertigkeit der Lebensverhältnisse in Nord- und Süditalien herzustellen.[915]

Die strukturellen Unterschiede zwischen den Landesteilen lassen sich somit bis heute in nahezu jeglicher Hinsicht feststellen. Eine unübersehbare Kluft zwischen den nördlichen und zentralen Regionen auf der einen Seite und den südlichen auf der anderen besteht in wirtschaftlicher Hinsicht: Während zwischen 2004 und 2011 die Arbeitslosenquote in den nördlichen Regionen von 7,6% mit diversen Schwankungen auf 9,8% anstieg, erfolgte im gleichen Zeitraum im Süden ein Anstieg von 28,4% auf 32,1%.[916] Besonders schwerwiegend ist dabei insbesondere die hohe Jugendarbeitslosigkeit (im Januar 2013 lag sie bei 38,6%).[917] Auch der tägliche Durchschnittslohn angestellter MitarbeiterInnen liegt in den jeweiligen Landesteilen weit auseinander: 2010 betrug dieser für Italien insgesamt 84,40 Euro. Aufgeteilt nach Regionen stand der Nord-Westen mit 92 Euro an der Spitze, auf den Inseln lag der Wert bei 71,40 Euro, im Süden bei 72,40 Euro mit dem niedrigsten Wert für Kalabrien von 68 Euro.[918] Ende 2011 kam eine Studie von *Unioncamere* zu dem Ergebnis, dass sich die Entwicklung des Nordens immer weiter von derjenigen im Süden abkopple und die Produktivität

---

die „unmodifizierte Übernahme des ‚Nord-Modells' der Industrie als ungeeignete Strategie zur Entwicklung des kulturell anders gestalteten Mezzogiorno" genannt sowie das Problem, dass Mafia und Camorra „an einer grundlegenden ökonomischen und sozialen Emanzipation des Südens nicht interessiert" gewesen seien (Wagner 1991, S. 34 f.); auch Jansen kritisiert die Perspektive aller Programme und Geldströme für den Süden mit dem Ziel der „Entwicklung" im Sinne einer Angleichung an den Norden, die „kaum auf entwicklungsfähige Ansätze im Süden geachtet [hat], die hätten gefördert werden können" (Jansen 2007, S. 93).
915 Woller 2011, S. 330 f.
916 Vgl. ISTAT 2013d, Cap_03_Lavoro 02.
917 Vgl. Eurostat 2012; bereits seit dem Jahr 2000 lag die Jugendarbeitslosigkeit im Mezzogiorno kontinuierlich weit höher als in den nördlichen und zentralen Regionen: z.B. wurden für das Jahr 2000 für Centro-Nord 15,2% gegenüber 44,5% errechnet; für 2011 stehen 23,3% einem Wert von 40,4% gegenüber (vgl. ISTAT 2013c, S. 245).
918 Vgl. Ministero del Lavoro e delle Politiche Sociali; ISTAT; INPS 13.02.2012, S. 4.

des Südens für 2012 voraussichtlich bei lediglich zwei Dritteln des gesamtitalienischen Durchschnittswertes liege.[919] Die beiden Pole sind dabei Mailand und Caserta – erstere mit einer Produktivität pro Kopf von 149,5 (bzw. 34.797 Euro) gegenüber 55,8 (bzw. 13.002 Euro) der zweiten Stadt (bezogen auf Italien=100). Auf Mailand folgen Bologna, Bozen, Rom, Triest und Modena. Erst auf Platz 68 findet sich mit Chieti eine süditalienische Stadt. Auf den letzten Plätzen liegen durchgehend süditalienische Städte wie Neapel (Platz 94), Lecce (98) oder Agrigent (101). Insgesamt stehen der Nordwesten mit einem Wert von 120, der Nordosten mit 119 und das Zentrum mit 112 in deutlichem Gegensatz zum Mezzogiorno mit einem Durchschnitt von knapp 67.[920] Die Tendenz eines Rückgangs des Bruttoinlandsprodukts für 2012 ist für ganz Italien erkennbar. Doch besteht auch hier eine unübersehbare Differenz zwischen -0,4 bzw. -0,3 im Norden sowie -0,5 im Zentrum gegenüber -0,9 für den Süden und die Inseln.[921] Auch das Armutsrisiko ist in Süditalien signifikant höher als im Norden – 10,2% stehen 34,5% gegenüber; im Zentrum liegt der Wert bei 15,1%.[922] Tatsächlich arm sind im Süden 8,8% der Bevölkerung und damit mehr als doppelt so viele wie in den zentralen und den nördlichen Regionen.[923] Dementsprechend liegt für 2010 die „ricchezza netta media" im Süden mit 63.187 Euro weit unter derjenigen im Zentrum von 133.859 Euro und im Norden mit 121.280 Euro pro Kopf[924] und somit variieren auch die durchschnittlichen Ausgaben der Familien in den einzelnen Landesteilen beträchtlich: Im Norden werden durchschnittlich 2.796 Euro, im Zentrum 2.539 Euro und im Süden 1.882 Euro monatlich ausgegeben.[925]

---

919 Vgl. Unioncamere 17.01.2013, S. 1; Unioncamere definiert sich selbst als „l'Unione italiana delle Camere di commercio, industria, artigianato e agricoltura – è l'ente pubblico che unisce e rappresenta istituzionalmente il sistema camerale italiano" und stellt somit die Dachorganisation der Handelskammern in Italien dar (Unioncamere 2013).
920 Vgl. Unioncamere 30.12.2011, S. 6; vgl. hierzu auch ISTAT 2013c, S. 218 ff.: für die Regionen Centro-Nord lag das BIP pro Kopf bei 27.490 Euro, für den Mezzogiorno bei 15.717 Euro (vgl. ebd., S. 219).
921 Vgl. Unioncamere 30.12.2011, S. 4; bezogen auf einzelne Regionen lassen sich hier die Extremwerte –0,2 für die Emilia-Romagna und –1,0 für Molise anführen (vgl. Unioncamere 30.12.2011, S. 2).
922 Vgl. ISTAT 2013d, Cap_04_Benessere Economico 03; leicht abweichende Werte aufgrund anderer Definitionsgrundlagen liefert die Studie *Noi italiani 2013* (vgl. ISTAT 2013c, S. 252 ff.).
923 Vgl. ISTAT 2013d, Cap_04_Benessere Economico 06.
924 Vgl. ISTAT 2013d, Cap_04_Benessere Economico 04.
925 Vgl. ISTAT 2012a, S. 13.

Die umfangreichen Datensammlungen *Rapporto Bes 2013: il benessere equo e sostenibile in Italia* sowie *Noi italiani 2013* stellen darüber hinaus Daten zu den unterschiedlichsten Lebensbereichen bereit;[926] die Erkenntnis bleibt dabei jedoch stets die gleiche: Nord- und Süditalien unterscheiden sich signifikant sowohl in wirtschaftlicher, als auch in sozialer, kultureller und ganz allgemein in struktureller Hinsicht. In ihrer Gesamtheit machen die Zahlen deutlich, wie weit die beiden Landesteile insbesondere aus ökonomischer Perspektive voneinander entfernt sind. Zugleich bleiben die Hoffnungen auf Veränderung eher gering:

> Ancora una volta il Mezzogiorno si conferma come l'area più debole del Paese, penalizzata soprattutto dal lato della domanda interna e dalla persistenza di perdite occupazionali più significative che altrove. Il rientro dell'economia italiana su tassi di sviluppo positivi avrà luogo non prima del 2014 e rimarrà ancorato a traiettorie di crescita più intensa per il Nord e più debole per il Mezzogiorno, senza contribuire, pertanto, alla riduzione dei divari territoriali.[927]

Problematisch ist in diesem Zusammenhang, dass im Mezzogiorno weit weniger in Forschung und Entwicklung investiert wird als im Norden und somit auch langfristig Nachteile zu erwarten sind. Durchschnittlich gab Italien 2010 1,26% des BIP für Forschung und Entwicklung aus – 1,39% entfallen dabei auf die Regionen im Norden und im Zentrum, 0,86% auf diejenigen im Süden mit einem besonders niedrigen Wert für Kalabrien mit 0,46%.[928] Innovationsnachteile entstehen eventuell auch durch die im Mezzogiorno weit geringere Zahl von Unternehmen und Privathaushalten mit Internetanschluss.[929] Allerdings

---

926   Die Daten der ersten Studie reichen von der Zahl der Mordfälle bis zur Häufigkeit von Diskussionen über politische Themen; es wird der Themenbereich „Qualità dei servizi" genauso abgedeckt wie „Ricerca e innovazione" (vgl. ISTAT 2013d). Die zweite Studie liefert Daten u.a. zu folgenden Themenfeldern: Territorio, Ambiente, Popolazione, Stranieri, Istruzione, Sanità e salute, Cultura e tempo libero, Turismo, Criminalità e sicurezza, Strutture produttive, Agricoltura, Energia, Infrastrutture e trasporti, Scienza, tecnologia e innovazione, Macroeconomia, Mercato del lavoro, Condizioni economiche delle famiglie, Protezione sociale, Finanza pubblica (vgl. ISTAT 2013c).
927   Unioncamere 17.01.2013, S. 8; eventuell könnte die Tatsache, dass im Jahr 2012 zum dritten Mal ein sogenannter *Rapporto sulla Coesione sociale* erstellt wurde, eine Veränderung einleiten. Er bietet zunächst eine belastbare Datenbasis, die als Bestandsaufnahme dienen kann und auf der eventuelle Veränderungen aufgebaut werden können (vgl. ISTAT 2012b).
928   Vgl. ISTAT 2013c, S. 201.
929   Vgl. ISTAT 2013c, S. 212 ff.

muss angemerkt werden, dass sämtliche Zahlen und statistische Erhebungen in Bezug auf Süditalien nur eingeschränkt aussagekräftig sind, da die ausgeprägte Schattenwirtschaft stets mitgedacht werden muss:

> Ein Teil der offiziell Arbeitslosen ist in diesen Bereichen [Schmuggel, Schwarzarbeit, Drogen-, Waffen und Menschenhandel] beschäftigt, der Süden profitiert erheblich von der Schattenwirtschaft und ist deshalb nicht so arm, wie ihn die offiziellen Statistiken erscheinen lassen. So lag Palermo Ende der achtziger Jahre – gemessen am Pro-Kopf-Einkommen – unter den gut 100 Provinzen nur auf Rang 70, gemessen am Pro-Kopf-Konsum jedoch auf Platz 7.[930]

Dennoch fühlen sich Teile der norditalienischen Bevölkerung als „Zahlmeister" und zielen auf die Abgrenzung gegenüber dem wirtschaftlich, sozial und auch kulturell anders strukturierten Süden. Diese Tatsache spiegelt sich in den Wahlerfolgen separatistisch orientierter Parteien wie der *Lega Nord*, die auf ihrer Homepage mit Slogans wie *Prima il Nord* oder *Per l'indipendenza della Padania* für ein unabhängiges Norditalien wirbt. Ihre Entstehung und die eindeutige Propaganda „zeigten den Unmut im Norden über die andauernd hohen Transferleistungen und verschärften die Spaltung des Landes".[931]

Der insgesamt wesentlich geringere Finanzspielraum der süditalienischen Regionen schlägt sich auch in den für die vorliegende Studie relevanten Ausgaben für den Kulturbereich nieder: Die vom *Osservatorio culturale del Piemonte* erstellte Statistik zu den Kulturausgaben der italienischen Großstädte zeigt, dass die norditalienischen Städte im Jahr 2010 deutlich mehr Geld in Kultur investierten als die süditalienischen: Pro Kopf gaben Turin 93, Florenz 90 und Bologna und Mailand jeweils 79 Euro aus – Bari mit 16, Neapel mit 14 und Palermo mit 11 Euro kommen dagegen auf weit geringere Werte. Entsprechend klein ist auch der Anteil der Kulturausgaben am kommunalen Gesamtetat: Bari kommt auf 1,3%, Neapel und Palermo auf jeweils 0,7% – im Vergleich zu 4,8% in Florenz bzw. 4,6% in Turin und Bologna.[932] Insgesamt variieren die kommunalen Kulturausgaben sehr stark zwischen den Landesteilen: Während im Norden 14 Euro von insgesamt 680 Euro pro Kopf für Museen, Bibliotheken etc. und damit im Schnitt 2,1% investiert werden, liegt der Wert für das Zentrum bei 12 Euro von 650 Euro (1,8%) und für den Süden bei 5 Euro von 577 Euro, was einem Anteil von 0,8% und damit exakt der Hälfte des Landesdurchschnitts entspricht.

---

930 Jansen 2007, S. 95.
931 Jansen 2007, S. 107.
932 Vgl. Osservatorio culturale del Piemonte und IRES Piemonte 2013, S. 89; eine Ausnahme stellt Cagliari dar, das 70 Euro pro Einwohner in Kultur investierte.

Ausnahmen sind Sardinien mit 14 Euro sowie Kampanien mit 2,5 Euro pro Einwohner im Jahr 2010.[933]

Wie aus der Studie *Noi italiani 2013* hervorgeht, lagen die privaten Kulturausgaben der ItalienerInnen im Jahr 2010 bei 7,3% ihrer Gesamtausgaben.[934] Doch auch hier sind wieder deutliche regionale Unterschiede zu erkennen: Im Norden ist ein Wert von 8,2% zu verzeichnen, der über 7,0% im Zentrum auf 5,7% im Süden abfällt. Die Statistik wird vom Piemont (8,8%), der Lombardei (8,5%) und der Emilia-Romagna (8,4%) angeführt; besonders geringe Werte zeigen Apulien (5,7%), Kampanien (5,5%) und Kalabrien (5,3%). Insgesamt gingen die Kulturausgaben der italienischen Bevölkerung im Vergleich zum Jahr 2000 um 0,2% zurück; diejenigen im Mezzogiorno jedoch um 0,6%.[935] Festgehalten werden sollte aber folgendes:

> Tuttavia, grazie a una dinamica dei prezzi del settore ricreazione e cultura più lenta di quella complessiva, la spesa per consumi culturali è aumentata in termini reali a un ritmo superiore (1,6 per cento l'anno) rispetto ai consumi complessivi (+0,3 per cento l'anno), determinando un incremento in termini quantitativi di consumi culturali. Incrementi maggiori si sono avuti nelle ripartizioni settentrionali (2,7 e 1,6 per cento) e più modesti nel Centro e nel Mezzogiorno (1,3 e 0,5 per cento).[936]

Auffällige Differenzen zeigen sich auch in Bezug auf das Leseverhalten der Bevölkerung im Norden und Süden des Landes: Im Verlauf des Jahres 2012 haben 46,0% der Gesamtbevölkerung ab sechs Jahren mindestens ein Buch gelesen. Der Wert liegt im Norden bei durchschnittlich 54,0% (überdurchschnittlich hoch sind die Werte in den Autonomen Provinzen Bozen und Trient mit 59,2% bzw. 57,7% und in Trentino-Südtirol generell mit 58,4% sowie in Venetien und im Aostatal mit jeweils über 56%).

---

933 Vgl. ISTAT 2013d, S. 188 f.; verwiesen sei an dieser Stelle auf die *Statistiche culturali*, die in Tabellenform umfangreiche Informationen zu den staatlichen Kulturausgaben aber auch zum Kulturnutzungsverhalten in Italien bieten (vgl. ISTAT 2013b).

934 Vgl. ISTAT 2013c, S. 104; als Kulturausgaben deklariert werden „[…] le spese per servizi ricreativi e culturali comprendono i servizi forniti da sale cinematografiche, attività radio televisive e da altre attività dello spettacolo (discoteche, sale giochi, fiere e parchi divertimento); i servizi forniti da biblioteche, archivi, musei ed altre attività culturali e sportive; infine comprende i compensi del servizio dei giochi d'azzardo (inclusi lotto, lotterie e sale bingo).

935 Vgl. ISTAT 2013c, S. 104 f.; eine detaillierte Aufstellung für die Jahre 2000 bis 2010 gegliedert nach Regionen findet sich ebd., S. 105.

936 ISTAT 2013c, S. 104.

Nelle regioni del Mezzogiorno, invece, solo poco più di una persona su tre (34,2 per cento) ha letto almeno un libro nel tempo libero nel corso degli ultimi dodici mesi e la quota dei lettori sporadici (fino a tre libri l'anno) è all'incirca sette-otto volte superiore a quella dei lettori abituali (almeno un libro al mese). In particolare i valori più contenuti del numero di lettori si registrano in Puglia (31,7), Campania (32,2), Sicilia (32,8) e Basilicata (33,5 per cento persone di 6 anni e più).[937]

Das geringe Leseinteresse der Süditaliener spiegelt sich auch in der seltenen Zeitungslektüre: Insgesamt lasen 2012 bezogen auf ganz Italien 52,1% der Bevölkerung wenigstens ein Mal pro Woche Zeitung; ein Wert der im europäischen Vergleich bereits weit hinten liegt (Platz 17 von 24). Doch insbesondere der Blick auf die stark abweichenden Zahlen zwischen den nördlichen und den südlichen Landesteilen zeigt Auffälligkeiten: In der Autonomen Provinz Bozen liegt der Wert bei 76,3%, für alle nördlichen und zentralen Regionen liegen die Wert über 48% – im Gegensatz zu den südlichen Regionen, wo Kampanien mit 36,6% den Negativrekord hält.[938] Ähnliche Differenzen zeigen sich auch in Bezug auf die Lektüre von Nachrichten, Zeitungen oder Zeitschriften im Internet (Nord-Ost 28,7%, Zentrum 28,4%, Süden 19,2%).[939] Generell nutzen die BewohnerInnen Süditaliens Kulturangebote weit weniger als diejenigen im Norden des Landes:

L'analisi territoriale mostra come i livelli di fruizione siano più elevati nel Centro-Nord, mentre nel Mezzogiorno le quote siano in genere inferiori alla media nazionale. Le differenze maggiori si riscontrano per le visite a musei e mostre (33,2 per cento nel Centro-Nord, rispetto al 18,0 per cento nel Mezzogiorno), per le visite a siti archeologici e monumenti (rispettivamente 24,7 e 14,4 per cento) e per la partecipazione a spettacoli teatrali (rispettivamente 22,2 e 16,1 per cento). Più contenute, invece, le differenze geografiche relative agli altri intrattenimenti considerati nell'indagine.[940]

Wie bereits bei vorangegangenen Indikatoren liegen auch hier die Autonome Provinz Bozen, die Lombardei, Friaul-Venetien, Piemont, Latium und Aostatal an der Spitze, während Basilikata, Kalabrien, Apulien und Molise die hinteren Plätze einnehmen.[941] Zahlreiche weitere Daten belegen das weit geringere Interesse der süditalienischen Bevölkerung an Kulturangeboten, woraus wiederum eine geringere Vielfalt und in der Folge geringere Besucherzahlen resultieren, wie dies beispielsweise für die „rappresentazioni teatrali e musicali" der Fall war: 2011 wurden in Norditalien 87.266 Aufführungen angeboten, im Zentrum

---

937 ISTAT 2013c, S. 108.
938 Vgl. ISTAT 2013c, S. 110.
939 Vgl. ISTAT 2013c, S. 112.
940 ISTAT 2013c, S. 114.
941 Vgl. ISTAT 2013c, S. 114.

48.158 und im Süden lediglich 38.297, was auch zu einer großen Differenz in Bezug auf die Zahl der verkauften Tickets führte (im Norden 65.212, im Zentrum 73.058 und im Süden 34.039 pro 100.000 Einwohner).[942] Die schwierige Situation des Mezzogiorno fasst Carla Bodo, Vizepräsidentin der *Associazione per l'Economia della Cultura* und langjährig etablierte Kulturforscherin, deshalb wie folgt zusammenfassen:

> In merito al tema della uguaglianza delle opportunità di accesso alla cultura dei cittadini italiani su tutto il territorio del paese, le politiche culturali portate avanti negli anni '90 non sembrano aver deliberatamente perseguito obiettivi di reale perequazione. Gli squilibri territoriali fra l'Italia Centro-settentrionale e il Mezzogiorno si sono anzi in molti casi ulteriormente aggravati [...]. [...] La principale determinante di questo fenomeno è evidentemente da ricercarsi – oltre che nel differenziale nel reddito pro capite – nella più debole dinamica, in quell'area, delle risorse pubbliche destinate alla cultura dai governi regionali e locali [...]. In una situazione caratterizzata da crescenti disparità, è mancata, anche nello scorso decennio, l'assunzione di un ruolo di riequilibrio da parte dello Stato, i cui finanziamenti sono stati ripartiti per lo più assecondando i divari esistenti, e privilegiando le aree meglio servite: senza curarsi di perseguire quella funzione perequativa nei confronti degli squilibri sociali e territoriali che è uno dei principali fattori di legittimazione dell'intervento pubblico. Si aggrava, quindi, lo scandalo della deprivazione di un'area culturalmente così ricca di patrimonio e di talenti come il nostro Mezzogiorno.[943]

In Bezug auf die kulturpolitische Situation – aber nicht nur hierbei – stellt sich als problematisch dar, dass die Lösungsvorschläge sehr unterschiedlich und teilweise sogar konträr sind: Einerseits wird in verstärkter Regionalisierung der einzige Ausweg gesehen,[944] andererseits wird genau davor gewarnt, da ein weiteres „Sich-selbst-Überlassen" der südlichen Regionen zu einer zusätzlichen Verstärkung der Disparitäten führen und zudem kriminellen Strukturen weiteren Raum verschaffen könnte, v.a. in Anbetracht des weitgehenden Mangels einer Zivilgesellschaft.[945] Aktuell sind somit weder zielführende Strategien noch aktives Bemühen um eine Veränderung der Situation zu erkennen, sodass die folgenden Kapitel zur Kulturpolitik in Italien auch vor diesem Hintergrund betrachtet werden müssen.

---

942 Vgl. ISTAT 2013b, Tav. 5.2; dementsprechend verfügen die südlichen Regionen auch über weit weniger Aufführungsorte (vgl. ebd., Tav. 5.10).
943 Bodo und Spada 2004a, S. 16 f.
944 Vgl. Di Bello 1998, S. 20–21, S. 21.
945 Vgl. Giannolo 2010.

4.1 Historische Entwicklung der italienischen Kulturpolitik

4.1.1 Rückblick auf die Anfänge der Kulturpolitik im 19. und beginnenden 20. Jahrhundert

Wie einleitend erwähnt, entwickelte Italien bedingt durch sein umfangreiches Kulturerbe schon sehr früh eine konkrete Kulturpolitik – auch wenn sich dieser Begriff und die damit verbundenen Konzepte erst im Verlauf des 20. Jahrhunderts wirklich durchsetzten. Nach ersten Gesetzen bereits aus den Zeiten von Augustus erließ insbesondere der Kirchenstaat kulturpolitische Regelungen mit Vorbildfunktion „sia per la quantità degli atti normativi emanati, sia perché questi ultimi fungeranno da modello di intervento legislativo per tutti gli Stati pre e post unitari".[946] Das „editto 7 april 1820 del cardinale Pacca, finalizzato a limitare le esportazioni di oggetti d'arte e di antichità al di fuori dei confini dello Stato Pontificio" kann dabei als wichtigste Norm gelten.[947] Auch die anderen vor der Einigung Italiens bestehenden Herrschaftsgebiete, und dabei insbesondere das Reich der beiden Sizilien und die in der Toskana agierenden Souveräne, entwickelten kulturpolitische Normen, die schließlich mit der Lg. 286/1871 offiziell für die neu gegründete Republik bekräftigt wurden, doch:

> Possiamo senz'altro affermare che tutto l'Ottocento si caratterizza, in buona sostanza, da un panorama di assoluta carenza di impegno istituzionale per la configurazione di una disciplina di tutela delle cose d'arte e di archeologia con caratteri di organicità e completezza [...].[948]

Mit Beginn des neuen Jahrhunderts erfolgte schließlich eine stärkere Beachtung der Kulturpolitik: 1902 und 1903 wurden gesetzliche Regelungen verabschiedet („Legge Nasi"), die jedoch nur den Schutz von in bestimmten Katalogen registrierten Kunstwerken vorsahen und zum Verkauf bzw. zur Abwanderung zahlreicher Kunstwerke ins Ausland führten. Sie wurden deshalb durch die Lg. 364/1909 („Legge Rosadi") ersetzt, die neue Maßstäbe setzte:[949]

> [...] si dichiaravano invece soggette alla legge le cose immobili e mobili che avessero avuto interesse storico, archeologico o artistico, escludendo gli oggetti di autori viventi o risalenti a meno di 50 anni. Tale normativa stabiliva inoltre che ogni bene dello Stato o di enti pubblici fosse inalienabile, i beni invece di proprietà privata, naturalmente

---

946 Zanzarella 1999, S. 14.
947 Tamiozzo 2004, S. 381; zu den Details des Editto del Cardinale Pacca vgl. Cardinale Pacca 1820.
948 Tamiozzo 2004, S. 382.
949 Zanzarella 1999, S. 13 ff.

notificati, erano soggetti all'obbligo di denuncia di ogni trasmissione di proprietà e al diritto di prelazione da parte dello Stato. Veniva regolata inoltre la disciplina delle esportazioni di opere d'arte e degli scavi archeologici.[950]

Dieser Gesetzestext, der bereits die Unveräußerlichkeit von Kulturgütern („inalienabilità delle cose immobili e mobili di interesse archeologico, artistico e storico") festschreibt, gilt als Ausgangsbasis für die Gesetze aus dem Jahr 1939.[951] Wie bereits in Kapitel 2.2 ausgeführt, stellen die Lg. 1089/1939 sowie die Lg. 1497/1939 die grundlegende Basis für die „tutela delle cose d'interesse artistico o storico" sowie die „protezione delle bellezze naturali" dar:[952]

> L'intero programma di salvaguardia dei beni artistici e del paesaggio è da Bottai[953] inquadrato nell'affermazione del diritto superiore dello Stato fascista contro gli interessi particolari dei singoli, per cui un'opera d'arte o un belvedere, che sono l'espressione dello spirito e il dato fondamentale per la storia di ogni civiltà, devono diventare oggetto di pubblico interesse ed essere sottratti all'esclusività della proprietà privata.[954]

Auf institutioneller Ebene fand mit der Gründung der *Direzione generale degli scavi e dei monumenti*, die beim damaligen *Ministero dell'Istruzione Pubblica* angesiedelt war, bereits 1875 eine verstärkte Etablierung kulturpolitischer Strukturen statt.[955] 1905 wurden schließlich circa 70 *soprintendenze* gegründet, „distribuiti in tutta l'Italia diffusa e profonda, attivi nelle competenze tra artistiche e archeologiche, ancora architettoniche, archivistiche e bibliologiche".[956]

Während des Faschismus erfolgte eine Ausdehnung der staatlichen Kompetenzen auf die kulturellen Aktivitäten und Inhalte: Theater, Oper, Kinoproduktion und Presse unterstanden staatlicher Kontrolle.[957] Während der deutschen Besatzung ab 1943 wurde der sogenannte *Kunstschutz* eingeführt, der jedoch primär in Form der Verlagerung italienischer Kulturschätze nach Deutschland Anwendung fand. Diese wurden nach Kriegsende durch das *Ufficio Recupero Opere d'Arte*, das schließlich umbenannt wurde in *Delegazione italiana per la*

---

950 Zanzarella 1999, S. 22.
951 Vgl. Tamiozzo 2004, S. 383.
952 Vgl. auch Zanzarella 1999, S. 23.
953 Di Luca bezieht sich hier auf die soeben erwähnten Gesetze (Lg. 1089/1939 sowie Lg. 1497/1939), die unter dem Erziehungsminister Bottai verabschiedet wurden.
954 Di Luca 2010, S. 70.
955 Vgl. Tamiozzo 2004, S. 384.
956 Emiliani 2010, S. 27.
957 Vgl. hierzu ausführlich das Kapitel „Origine ed Evoluzione della legislazione dei beni culturali in Italia" bei Cosi 2008, S. 35 ff.

restituzione und heute als *Commissione Interministeriale per il recupero delle opere d'arte* bezeichnet wird, nach Italien zurückgeholt.[958]

Wie dieser kurze Überblick zeigt, verfügte die italienische Kulturpolitik bereits vor ihrer kontinuierlich zunehmenden Etablierung und Ausgestaltung nach dem Zweiten Weltkrieg über eine lange Geschichte und eine starke institutionelle und ideelle Verwurzelung:

> Dalle antiche collezioni sovrane al patrimonio culturale della Repubblica italiana, dai più antichi editti e decreti degli Stati preunitari fino alla legge 1089 del 1939 corre dunque un filo costante: il rispetto di alcuni principî ispiratori, che nulla hanno perso della loro attualità. Fra quei principî ne emergono due: primo, il patrimonio artistico pubblico è proprietà dei cittadini, in quanto titolari della sovranità popolare ereditata dalle antiche dinastie e repubbliche. Secondo: lo Stato ha il dovere di tutelare il patrimonio culturale (pubblico e privato) nella sua interezza, promuovendone una sempre migliore conoscenza mediante la ricerca. In base alla medesima *ratio* storica e giuridica, il patrimonio culturale di proprietà pubblica, in quanto costitutivo dell'identità nazionale, è inalienabile.[959]

Inwiefern sich die italienische Kulturpolitik in ihrer weiteren Entwicklung tatsächlich an diesen Prinzipien orientiert, werden die nun folgenden Kapitel zeigen.

4.1.2 Fruizione elitaria? — Kulturpolitik ab 1947 und bis in die 1960er Jahre

Mit dem bereits zitierten Art. 9 der italienischen Verfassung von 1947,[960] der die italienische Republik eindeutig zur Förderung und Weiterentwicklung von Kultur und Wissenschaft, zum Schutz des historischen und künstlerischen Erbes sowie der Kulturlandschaft verpflichtet, wird Kulturpolitik in Italien endgültig zu einem politisch entscheidenden Faktor.[961] Doch trotz dieser zentralen Positionierung und dem umfassenden Anspruch bestand das Kulturpublikum bis zur Mitte der 1960er Jahre aus einer kleinen Minderheit der Bevölkerung, sodass sich von einer „fruizione elitaria" sprechen lässt. „Conservazione" und „fruizione" können während dieser Zeit somit als Einheit angesehen werden und „il

---

958 Vgl. Borrelli 2010, S. 105 f.
959 Settis 2002, S. 28 f.
960 Vgl. Kapitel 2.2 bzw. Repubblica Italiana 22.12.1947.
961 Vgl. hierzu auch Zanzarella 1999, S. 25, der die Verfassung als entscheidenden Schritt für die Entwicklung der italienischen Kulturpolitik ansieht.

compito principale delle autorità pubbliche consisteva nella tutela, salvaguardia, ricerca e studio dei beni e delle attività legate a questi".[962]

Obwohl in den späten 1960er und schließlich den 1970er Jahren ein wirtschaftlicher Boom und eine starke Bildungsexpansion stattfanden, wirkte sich das zunehmende ökonomische und intellektuelle Potenzial der Bevölkerung zunächst kaum auf die Kulturpolitik aus und die Nachfrage nach kulturellen Angeboten nahm in diesem Zeitraum nicht im erwartbaren Ausmaß zu. Stattdessen stieg die Zahl der ausländischen BesucherInnen, die an den kulturprägenden, christlich-abendländischen Wurzeln interessiert waren, was zu einer starken Konzentration der kulturellen Nachfrage auf wenige Orte wie Venedig, Florenz, Rom, Assisi oder Pompei führte, die durch diesen Anstieg der Besucherzahlen in ihrem Bestand teilweise erheblich gefährdet wurden. Dieser einseitigen Entwicklung stand zugleich eine ungenügende Nachfrage sowie ein ungenutztes Angebot in Bezug auf einen Großteil der über das gesamte Territorium verstreuten Kulturgüter gegenüber, die nicht mit den *hotspots* konkurrieren konnten.[963]

Einen entscheidenden Einschnitt auf legislativer Ebene stellte die Lg. 310/1964 dar, die die Einsetzung der *Commissione Franceschini* „per la tutela e la valorizzazione delle cose d'interesse artistico, storico, archeologico e del paesaggio" vorsah und die in ihrem Abschlussbericht erstmals die Wendung „bene culturale" verwendete „a definizione di ciò che ‚costituisca testimonianza materiale avente valore di civiltà'".[964] Diese Überwindung des bisherigen Konzepts der „cose immobili e mobili che presentano interesse artistico, storico, archeologico e etnografico" und die theoretische Erweiterung des Kulturbegriffs verfügten über ein umfangreiches Potenzial für eine in sich homogene, umfassend durchdachte Entwicklung und Organisation der italienischen Kulturpolitik. Aufgrund fehlender Finanzmittel, bürokratischer Hürden, ideologisch geführter Diskussionen sowie dem Fehlen eines kulturpolitischen Gesamtentwurfs, konnten sich die positiven Impulse der *Commissione Franceschini* aber nur sehr begrenzt durchsetzen und die 1960er Jahre werden insgesamt in Bezug auf die kulturpolitische Entwicklung als wenig relevant angesehen.[965]

---

962   Leon 2006, S. 5.
963   Vgl. Leon 2006, S. 5.
964   Zanzarella 1999, S. 26; der Titel des Dokuments lautet „Per la salvezza dei beni culturali in Italia. Atti e documenti della Commissione d'indagine per la tutela e la valorizzazione del patrimonio storico, archeologico, artistico del paesaggio".
965   Vgl. Ravasi 2003, S. 7.

4.1.3 Institutionalisierung, Konsolidierung und Kulturboom — Kulturpolitik der 1970er und 1980er Jahre

Im Gegensatz dazu stehen die insbesondere auf institutioneller Ebene als kulturpolitische Aufbruchszeit bewerteten 1970er Jahre:

> Non c'è dubbio che le grandi novità istituzionali che hanno profondamente modificato il contenuto giuridico e di fatto delle politiche dei beni culturali nel nostro paese risalgono quasi tutte agli anni Settanta.[966]

Strukturell sind die zentralen Reformen der 1970er Jahre in der Etablierung des *Ministero per i Beni Culturali e Ambientali* sowie in der Schaffung der Regionen und der damit einhergehenden Stärkung des Föderalismus mit umfangreichen Auswirkungen auch auf die Kulturpolitik zu sehen.[967]

Auf Initiative von Giovanni Spadolini, der auch als erster das Ministeramt übernahm, wurde 1974/1975[968] das Kulturministerium eingeführt,

> con il compito di affidare unitariamente alla specifica competenza di un Ministero appositamente costituito la gestione del patrimonio culturale e dell'ambiente al fine di assicurare l'organica tutela di interesse di estrema rilevanza sul piano interno e nazionale.[969]

Das neu gegründete Ministerium übernahm zahlreiche Kompetenzen, die bisher bei anderen Ministerien angesiedelt waren: Das *Ministero della Pubblica Istruzione* übergab die Zuständigkeiten für „Antichità e Belle Arti, Accademie e Biblioteche", das *Ministero degli Interni* trat die Funktionen in Bezug auf die „Archivi di Stato" ab und die *Presidenza del Consiglio dei Ministri* verzichtete auf die „Discoteca di Stato, editoria libraria e diffusione della cultura".[970] Das neu gegründete Ministerium verfügte zunächst über drei „uffici centrali", das *Ufficio centrale per i beni ambientali, archeologici, architettonici, artistici e storici*, das *Ufficio centrale per i beni archivistici* sowie das *Ufficio centrale per i beni librari e gli Istituti culturali*; 1995 wurde schließlich das *Ufficio Centrale per i beni ambientali e paesaggistici* ergänzt.[971]

Außer der Gründung des Ministeriums stellt die Neuverteilung der kulturpolitischen Kompetenzen zwischen den einzelnen Regierungsebenen einen - oder

---

966 Bodo 1994e, S. 155.
967 Vgl. Bodo 1994e, S. 155.
968 Gesetzliche Grundlage ist die Lg. 43/1975 (vgl. Ministero per i beni e le attività culturali 2013b).
969 Ministero per i beni e le attività culturali 2013b.
970 Vgl. Ministero per i beni e le attività culturali 2013b sowie Tamiozzo 2004, S. 392 f.
971 Vgl. Tamiozzo 2004, S. 391.

sogar den – maßgeblichen Einschnitt in die kulturpolitischen Strukturen der 1970er Jahre dar.[972] Die Einführung der Regionen mit Normalstatus („regioni a statuto ordinario") zog 1972 und 1977 die Übergabe „di alcune competenze sui beni culturali e sulla promozione culturale a quelle regioni" nach sich und wurde ergänzt durch „il pieno trasferimento [...] delle competenze sul patrimonio artistico e storico alle 3 regioni a cui spettavano per statuto (Sicilia, Val d'Aosta, Trentino Alto Adige)".[973] Diese Neuverteilung sollte weitreichende Auswirkungen zeigen: Nicht nur im Verlauf der 1970er Jahre, sondern auch in den anschließenden Jahrzehnten führte die Frage der Kompetenzverteilung zu kontinuierlichen Auseinandersetzungen zwischen den einzelnen Regierungsebenen und bis heute ist die Abgrenzung der Zuständigkeiten nicht restlos geklärt.[974]

Für die 1980er Jahre lässt sich nach einem Jahrzehnt umfangreicher institutioneller Konsolidierung eine weit geringere Dynamik feststellen:

> Al confronto di quegli anni [gli anni Settanta] fervidi e innovativi, all'insegna della razionalizzazione, del decentramento e della regionalizzazione, gli anni Ottanta appaiono come anni di assestamento, portatori di mutamenti di fatto, ma a carattere meno ‚istituzionale'.[975]

Dies liegt auch darin begründet, dass die einschneidenden Veränderungen der 1970er Jahre – Gründung des Ministeriums und zunehmende Regionalisierung – zunächst Umsetzung finden bzw. die Verteilung der Gewichte zwischen den einzelnen Regierungsebenen neu austariert werden musste. Denn, nachdem durch die Schaffung des *Ministero per i Beni Culturali e Ambientali* eigentlich eine Bündelung der kulturpolitischen Kompetenzen erzielt werden sollte, wuchs doch die effektive Bedeutung von Regionen, Provinzen und Kommunen für die Kulturpolitik. Zugleich nimmt im Verlauf der 1980er Jahre die Zahl derjenigen Akteure zu, die weitgehend unabhängig vom Kulturministerium in Form von Sondermitteln einen finanziellen Beitrag zur Kulturpolitik leisten. Zu nennen sind hier insbesondere die sogenannten *Giacimenti*, die vor allem eine umfassende Bestandsaufnahme der vorhandenen Kulturobjekte zum Ziel hatten, um deren *valorizzazione* zu ermöglichen bzw. zu erleichtern[976] – mit der

---

972 Vgl. Bodo 1994e, S. 155 f.
973 Bodo 1994e, S. 155.
974 Vgl. hierzu ausführlich die folgenden Kapitel sowie Kapitel 4.2.1 zur Kompetenzverteilung zwischen Staat und Regionen, insbesondere mit Blick auf die Neufassung der Art. 117 und 118 der italienischen Verfassung von 2001.
975 Bodo 1994e, S. 155.
976 Vgl. Art. 15, Abs. 1 der Lg. 41/1986: „È autorizzata la spesa di lire 300 miliardi per l'anno 1986 e di lire 300 miliardi per l'anno 1987, di cui il 50 per cento riservato al

langfristigen Perspektive, sie als „potenziale fonte di sviluppo economico [...] ed occupazionale"⁹⁷⁷ zu nutzen:

> La legge prevedeva una molteplicità di azioni coordinate – mediante il ricorso all'innovazione tecnologica – per l'individuazione, la catalogazione, e l'organizzazione a fini di fruizione dell'immenso patrimonio culturale nazionale, che corre seri rischi ed in massima parte non è censito, né catalogato, né fruibile dal comune cittadino o dallo studioso. Le aree di intervento prioritarie riguardavano il patrimonio archeologico, architettonico e urbanistico, librario, letterario e linguistico, storico-archivistico, delle arti figurative e delle arti minori.⁹⁷⁸

Mit den *Giacimenti* deutete sich somit bereits Mitte der 1980er Jahre eine zunehmende Verknüpfung von Kultur und Ökonomie an (Stichwort *fruizione*), die entsprechend der in Amerika entwickelten Idee des *New Deal* die Schaffung von Arbeitsplätzen durch Kultur zum Ziel hatte:

> Il cosiddetto ‚Progetto Giacimenti' [...] – partendo dal presupposto che il patrimonio culturale rappresenta, per il nostro Paese, l'equivalente di un immenso giacimento di petrolio – stanziava infatti in due anni la considerevole somma di 600 miliardi da destinare ad iniziative atte ad occupare una manodopera giovane e qualificata nel campo della catalogazione e della valorizzazione di tale patrimonio attraverso l'utilizzo di nuove tecnologie.⁹⁷⁹

Unter anderem durch diese „fondi di natura straordinaria"⁹⁸⁰ gestaltete sich die finanzielle Entwicklung der italienischen Kulturpolitik in den 1980er Jahren sehr positiv:⁹⁸¹ Insgesamt standen mehr als doppelt so viele öffentliche Gelder

---

Mezzogiorno, da destinarsi alla realizzazione di iniziative volte alla valorizzazione di beni culturali, anche collegate al loro recupero, attraverso l'utilizzazione delle tecnologie più avanzate, ed alla creazione di occupazione aggiuntiva di giovani disoccupati di lungo periodo, secondo le disposizioni del presente articolo." (Il Presidente della Repubblica 28.02.1986).

977 Turci 1994, S. 208; diese Zielsetzungen wurden insbesondere mit Blick auf den Mezzogiorno anvisiert – allerdings ohne durchschlagenden Erfolg (vgl. Bodo 1994b, S. 150).

978 Turci 1994, S. 208.

979 Bodo 1994e, S. 158.

980 Neben den „Giacimenti culturali" nennt Leon hier den „Fondo investimenti ed occupazione", die „Legge 46", „Lotto" und „Otto per mille" (vgl. Leon 2006, S. 6). Trupiano unterscheidet „stanziamenti ordinari" (Gelder direkt vom Staat) und „finanziamenti aggiuntivi" (Gelder vom „Gioco del Lotto", der EU, des CIPE „a favore delle aree depresse") und „programmi straordinari" (z.B. für das „Giubileo" zum Jahrtausendwechsel) (vgl. Trupiano 2005c, S. 100).

981 Die Bewertung der Ergebnisse im Verhältnis zum finanziellen Aufwand ist jedoch umstritten: „La valutazione dei risultati conseguiti dall'iniziativa Giacimenti

für Kultur zur Verfügung als im vorangegangenen Jahrzehnt, wobei zwischen 1980 und 1985 v.a. Ausgabensteigerungen der Kommunen, zwischen 1985 und 1990 dagegen des Staates zu verzeichnen waren.[982] Obwohl die Datenlage insgesamt schwierig ist, geht Bodo davon aus, dass 1988 der Staat 61% (entspricht 0,34% der Gesamtausgaben), die Regionen 12% (0,22%), die Provinzen 2% (0,48%) und die Kommunen 25% (1,04%) der gesamten öffentlichen Ausgaben für Kultur bereitstellten. Zu beachten ist, dass die Höhe der Ausgaben sehr stark zwischen den einzelnen Regionen schwankte und, mit Ausnahme von Sizilien aufgrund seines Sonderstatus', die Regionen und auch die Kommunen im Süden deutlich weniger Geld in Kultur investierten als diejenigen im Norden.[983] Für das Jahr 1990 ist von einem Gesamtbudget von 4.200 Mrd. Lire auszugehen, wovon drei Viertel der Kulturausgaben auf die öffentlichen und ein Drittel auf die privaten Haushalte entfallen.[984]

Quanto alla destinazione funzionale dei finanziamenti pubblici, e in particolare statali, va detto che essi sono assorbiti prevalentemente dalla ‚conservazione/diffusione', seguita dall' ‚amministrazione' (in particolare dal personale)[985], nonché, a distanza, dalla ‚promozione culturale'. A peso e la responsabilità dell'immenso patrimonio del passato

---

culturali è tuttora molto controversa sul piano scientifico, anche rispetto ai costi dell'operazione." (Bobbio 1994, S. 38).
982 Vgl. Bodo 1994b, S. 150.
983 Vgl. Bodo 1994c, S. 177 ff.; so waren etwa 82% der kommunalen Kulturausgaben auf den Bereich *Centro-Settentrionale* konzentriert und folglich wies der Süden weit weniger Kulturangebote und eine weniger ausgeprägte kulturelle Infrastruktur auf (vgl. Bodo 1994a, S. XXII).
984 Mit privaten Haushalten / „spesa privata" ist hier folgendes gemeint:
1. „la spesa dei privati (famiglie, enti, imprese) per la manutenzione e il restauro di beni di loro proprietà;
2. la spesa delle famiglie per acquisto di biglietti di ingresso a musei, monumenti, scavi;
3. le erogazioni delle imprese, sottoforma di sponsorizzazioni e di interventi diritti nell'organizzazione culturale." (Bodo 1994c, S. 196).
985 Insbesondere durch die Schaffung des *Ministero per i Beni Culturali e Ambientali*, das eine rasche Verbürokratisierung („rapida involuzione burocratica del ministero stesso") erfährt, steigen die Ausgaben für administrative Funktionen (vgl. Bodo 1994e, S. 156). An anderer Stelle schreibt Bodo hierzu: „Il carattere eminentemente burocratico ormai assunto dal Ministero per i Beni Culturali – nato, almeno nelle intenzioni, con caratteristiche accentuatamente tecniche – è dimostrato dalla quota molto elevata di spesa assorbita dal suo personale nel 1990: 895 miliardi, pari al 45% della spesa complessiva per i beni culturali." (Bodo 1994c, S. 192).

inibisce invece quasi completamente, da noi, il sostegno agli artisti e all'arte contemporanea, ossia alla ‚produzione' e alla ‚creazione' di nuovi beni culturali.[986]

Eine entscheidende Neuerung in der Finanzierung besteht in der Einführung des *FUS, Fondo unico per lo spettacolo*, „[che] eroga finanziamenti agli enti che, sulla base di alcuni criteri, ne facciano richiesta per la realizzazione di spettacoli di prosa o musicali, attività circensi, ecc.",[987] der sich langfristig etablieren konnte.[988] Mit Blick auf die Finanzierung des Kulturbereichs lassen sich in den 1980er Jahren zudem erste Tendenzen hin zu einem größeren Beitrag des Privatsektors für *tutela* und *valorizzazione* des Kulturerbes erkennen:

> L'altra grande novità del decennio è l'accentuazione dell'impegno dei privati – come ‚sponsor', come ‚imprenditori diretti', come soggetti della manutenzione e della tutela – nel finanziamento a un settore che era stato fino agli anni Settanta una riserva privilegiata dell'intervento pubblico.[989]

Unter anderem bedingt durch die umfangreichen Finanzmittel – von öffentlicher wie privater Seite – konnte die italienische Kulturpolitik der 1980er Jahre ihre gesamtgesellschaftliche Bedeutung im Vergleich zu den vorangegangenen Jahrzehnten eindeutig ausweiten:

> Fino agli anni '70 i beni culturali erano un fatto per pochi, per gli studiosi e per i non molti cittadini che possedevano gli strumenti informativi e formativi per apprezzare un museo o una rara mostra elitaria. Gli anni '80 hanno ribaltato questo dato: il pubblico, le imprese, i politici e i mezzi di comunicazione si sono sempre più interessati a questo settore e alla valorizzazione dei suoi beni che caratterizzano ogni luogo del nostro paese. Si è diffusa la consapevolezza del valore economico di tali beni, in qualche caso forse in modo anche eccessivo.[990]

Gerade die Ausweitung des Kulturpublikums („ampliamento dell'accesso e della partecipazione alla cultura") stellte eines der primären Ziel der italienischen Kulturpolitik dieser Zeit dar. Zudem lag der Fokus auf der Künstlerförderung, der Unterstützung von Kreativität und Innovationen sowie der Förderung von

---

986 Bodo 1994b, S. 150.
987 Trupiano 2005c, S. 103.
988 Im Jahr 2012 verfügte der *FUS* über 411 Mill. Euro, die primär den *Fondazioni liriche* (47%), den *Attività cinematografiche* (19%), den *Attività teatrali di prosa* (16%) sowie den *Attività musicali* (14%) zur Verfügung standen (vgl. Il Ministro per i Beni e le Attività culturali 23.02.2012).
989 Bodo 1994b, S. 150.
990 Fuortes 2004, S. 198.

Meinungsfreiheit und eines pluralen Informationsangebots.[991] Doch trotz der zunehmenden Bedeutung dieser Ziele stand auch in den 1980er Jahren der Schutz und Erhalt des Kulturerbes ganz eindeutig im Mittelpunkt der italienischen Kulturpolitik: „La conservazione del patrimonio sembra essere stato l'obiettivo più strenuamente ed esplicitamente perseguito negli anni Ottanta, con un dispendio di mezzi assolutamente senza precedenti […]."[992] Obwohl indes beträchtlich erweiterte Finanzmittel zur Verfügung standen, ließen sich insgesamt zahlreiche Ziele der italienischen Kulturpolitik in den 1980er Jahren nicht oder nur eingeschränkt umsetzen:

> Ma se la mole degli interventi avviati, secondo procedure spesso più razionali e innovative, è stata certamente considerevole, i risultati non sono sempre all'altezza di questo eccezionale sforzo finanziario. La forbice fra la rilevanza del nostro patrimonio e la farraginosità e l'inefficienza della nostra burocrazia, alla prova dei fatti, è sembrata anzi allargarsi sempre più e i meccanismi di spesa sono risultati appesantiti come non mai dai residui passivi.[993]

Das zentrale Problem der 1980er Jahre bestand neben dieser ausufernden Verbürokratisierung im Fehlen einer kulturpolitischen Gesamtstrategie.[994] Zudem zeigten sich exzessiver Zentralismus und mangelhafte Koordination bzw. unklare Kompetenzverteilung zwischen den verschiedenen administrativen Ebenen sowie zwischen öffentlichem und privatem Sektor. Dessen zunehmende Bedeutung barg überdies die Gefahr, dass durch die mehr und mehr marktwirtschaftlich orientierte Ausrichtung der Kulturpolitik traditionelle kultur- und sozialpolitische Absichten in den Hintergrund hätten treten könnten. Zudem wurden bereits in den 1980er Jahren größere Autonomie für die einzelnen Kulturinstitutionen sowie

---

991 Vgl. Bodo 1994a, S. XXII.
992 Bodo 1994a, S. XXII (i.O. z.T. fett).
993 Bodo 1994a, S. XXII; De Biase sieht jedoch auch Erfolge in künstlerischer Hinsicht: „Un periodo in cui si delinearono alcune prassi dell'azione culturale nonché la nascita di veri e propri nuovi linguaggi artistico-espressivi. Basti pensare al teatro ragazzi, al teatro di comunità, al decentramento culturale, al territorio come aula didattica, luogo di incontro e azione teatrale, ma anche alle spinte per generare e liberare in ambito espressivo la creatività, l'espressività e in ambito sociale lo spirito critico, da parte di ognuno bambino o adulto che fosse." (Biase 2008, S. 2).
994 Vgl. Bodo 1994a, S. XXI: „Si è trattato però di un incremento non programmato e non coordinato, a cui è mancato il sostegno di un disegno strategico di ampio respiro. Stato e privati, regioni ed enti locali hanno risposto ciascuno per proprio conto alle spinte di varia natura provenienti dal mondo politico e dalla società civile […]."

mehr Professionalität in der öffentlichen Kulturverwaltung, mehr Transparenz in Bezug auf die Ressourcenverteilung und der Einsatz geeigneter Evaluationsmethoden gefordert.[995] Trotz der massiven Steigerung der öffentlichen und privaten finanziellen Ressourcen für Kultur und einer umfangreichen Zunahme sowohl des künstlerischen Angebots als auch (in Teilen) dem ihm entgegengebrachten Interesse, blieben viele Probleme ungelöst:[996]

> È innegabile che negli ultimi decenni si è registrato un mutamento rilevante nella gestione e nella tutela dei beni culturali, riconducibile in maniera evidente al progresso sociale ed ai suoi modelli applicativi. Tuttavia il rilevante mutamento istituzionale ed organizzativo, non è stato sufficiente a fronteggiare – senza carenze – la natura delle mutate esigenze di tutela e di valorizzazione. Oltre a carenze istituzionale ed a modestia progettuale, si evidenzia soprattutto la mancanza di un disegno organico di intervento basato sull'ordinarietà invece che sull'urgenza, ovvero sulla programmazione degli interventi, sulla predeterminazione delle finalità, sull'estensione nel tempo dei finanziamenti, ed anche sul coinvolgimento dei privati nel programma.[997]

Es besteht Konsens darüber, dass es sich bei den 1980er Jahren – insbesondere aufgrund eines „incremento eccezionale delle risorse pubbliche e private destinate alla cultura, una forte accentuazione dell'interesse verso il patrimonio artistico e storico e una espansione abbastanza generalizzata dell'offerta culturale"[998] – um ein „decennio chiave" für die italienische Kulturpolitik handelt.[999] Dennoch konnte diese nach wie vor keine zufriedenstellende Position im öffentlichen Leben finden und es blieben für das folgende Jahrzehnt umfangreiche Aufgaben bestehen:

> Se gli anni '80 sono stati l'epoca nella quale erano esploso il ‚fenomeno' dei beni culturali dal punto di vista culturale, sociale, economico e turistico, il decennio successivo doveva ad un tempo gettare le basi per favorire una crescita possibile e alimentare tale sviluppo.[1000]

Inwiefern im anschließenden Jahrzehnt eine entsprechende Weiterentwicklung zu beobachten ist, wird das folgende Kapitel zeigen.

---

995 Vgl. Bodo 1994a, S. XXVI.
996 Vgl. Bodo 1994a, S. XXV.
997 Turci 1994, S. 249.
998 Bodo 1994a, S. XXV.
999 Vgl. Bodo 1994a, S. XXI.
1000 Fuortes 2004, S. 197.

4.1.4 Valorizzazione? Devoluzione? Privatizzazione? — Kulturpolitik der 1990er Jahre

Tatsächlich rückten im Verlauf der 1990er Jahre die Themen Kultur und Kulturpolitik zunehmend ins Zentrum der Aufmerksamkeit: Es sind wesentlich höhere Besucherzahlen von Kulturveranstaltungen und -orten sowie erneut eine deutliche Budgetsteigerung von Seiten der öffentlichen Hand zu verzeichnen. Zudem zeigte sich eine stärkere Beachtung von Kultur in Bezug auf die sozioökonomische Entwicklung des Landes und damit verbunden den (kreativen) Arbeitsmarkt. Ende der 1990er Jahre erfolgten außerdem einschneidende strukturelle Veränderungen wie die Ausweitung der Kompetenzen des Kulturministeriums um die Bereiche Sport und „spettacolo" (1998) sowie die Schaffung einer neuen gesetzlichen Basis durch den „Testo unico" (1999), der einer Aktualisierung der Regelungen von 1939 entsprach und insbesondere Beachtung verdient, da er zum ersten Mal auch immaterielle Kulturgüter wie Musik, Theater oder Film als schützenswert definiert.[1001] Wie die folgenden Ausführungen zeigen werden, kam mit den frühen 1990er Jahren und insbesondere durch den Kulturminister Alberto Ronchey (1992-1994) Bewegung in das Gesamtsystem Kultur[1002] – auch wenn die wichtigsten Ziele für die Kulturpolitik Italiens in den 1990er Jahren stark an diejenigen des vorangegangen Jahrzehnts erinnern und damit zunächst eher „konservativ" anmuten:

a) la conservazione del patrimonio;
b) il sostegno all'eccellenza artistica, alla creazione, all'innovazione;
c) il sostegno alla produzione nell'industria culturale;
d) l'ampliamento dell'accesso e della partecipazione alla cultura;
e) il sostegno alla libertà di espressione e al pluralismo dell'informazione.[1003]

Mit Blick auf das erste Ziel (a) kommt Bodo zu dem Ergebnis, dass trotz der Entwicklung des Begriffs der *valorizzazione* zur „nuova parola feticcio" im Verlauf der 1990er Jahre, die *„conservazione del patrimonio"* erneut das am hartnäckigsten verfolgte Ziel und dementsprechend auch jenes mit den größten Erfolgen darstellte. Diese starke Konzentration der italienischen Kulturpolitik auf den Erhalt vorhandener Kulturgüter führte auch in den 1990er Jahren zu einer weitgehenden Vernachlässigung innovativer Kunst bzw. einer entsprechenden Künstlerförderung (Ziel b):

1001 Vgl. Bodo und Spada 2004a, S. 11 ff.
1002 Vgl. Dell'Orso 2002, S. 68.
1003 Bodo und Spada 2004a, S. 14.

Il sostegno all'eccellenza artistica, alla creazione, all'innovazione sembra essere il campo dell'azione pubblica nella cultura in cui – partendo da una situazione di 'tabula rasa' – si sono registrati, virtualmente, i maggiori progressi. [...] resta da recuperare il ritardo, rispetto agli altri paesi europei, per quanto riguarda l'avvio di efficaci politiche di sostegno agli artisti, tramite una migliore regolamentazione della committenza pubblica, la messa a disposizione di spazi e di servizi, l'attuazione del diritto di seguito, la riforma di un regime fiscale eccessivamente punitivo.[1004]

Während sich mit Blick auf die Kulturindustrie im Italien der 1990er Jahre entscheidende Fortschritte zeigten (Ziel c), stellte sich die Umsetzung eines für alle zugänglichen Kulturangebots nach wie vor als problematisch dar (Ziel d): Zu beachten ist jedoch, dass sich diese Zielsetzung in Italien (im Unterschied zu Deutschland) weniger auf eine Kulturpolitik bezieht, die sämtliche Bevölkerungsgruppen erreichen will. Vielmehr stehen hier die ungelöste Nord-Süd-Problematik sowie die Opposition zwischen städtischen und ländlichen Gebieten im Mittelpunkt.[1005] Das Ziel der Annäherung an eine umfassende Informations- und Ausdrucksfreiheit (Ziel e) stellte sich während der 1990er Jahre zwiespältig dar: Zum einen führten zwar neue Gesetze zu mehr Radio- und Fernsehprogrammen und somit einer Ausweitung des Pluralismus; zugleich aber wurden „incroci proprietari fra stampa e televisione" möglich, die zu „più alti livelli di concentrazione della proprietà nell'intero sistema dell'informazione" führten.[1006]

Diese fünf Ziele – Schutz des Kulturerbes, Künstlerförderung, Aktivierung der Kultur- und Kreativwirtschaft, Ausweitung des Publikums und Informationsfreiheit – standen während der 1990er Jahre inhaltlich im Fokus. In struktureller Hinsicht bezeichnet Carlo Fuortes, Kulturmanager und aktuell *Sovrintendente del Teatro dell'Opera di Roma*, allerdings *tutela/valorizzazione, centralismo/devoluzione* und *pubblico/privato* als die drei hauptsächlichen „opposizioni", also die zentralen Gegensatzpaare innerhalb der italienischen Kulturpolitik der 1990er Jahre.[1007] Dass es sich hierbei um kontroverse Themen handelt, zeigt bereits die – insbesondere im Vergleich zu den vorangegangenen Jahrzehnten – sehr umfangreiche Literatur zur Kulturpolitik dieser Zeit. Die drei genannten Konfliktpunkte

---

1004 Bodo und Spada 2004a, S. 15.
1005 Vgl. Bodo und Spada 2004a, S. 16 f.; vgl. den entsprechenden Exkurs zur Nord-Süd-Problematik in dieser Arbeit.
1006 Vgl. Bodo und Spada 2004a, S. 17; hingewiesen werden muss an dieser Stelle auf die zentrale Stellung von Silvio Berlusconi, der neben dem Staatsfernsehen *RAI* durch seinen Medienkonzern *Mediaset* sowohl Printmedien als auch TV-Programme zu seinem umfassenden Einflussbereich zählt(e).
1007 Vgl. Fuortes 2004, S. 197.

sollen als Struktur für den weiteren Verlauf des vorliegenden Kapitels dienen; es wird sich jedoch zeigen, dass sämtliche Themenfelder eng miteinander verknüpft sind: So hängt etwa die Abgrenzung zwischen *tutela* und *valorizzazione* mit der Kompetenzverteilung zwischen den unterschiedlichen Regierungsebenen und somit der Frage nach zentraler Steuerung oder verstärkter Devolution (*centralismo/devoluzione*) zusammen und die Abgrenzung von privaten und öffentlichen Aktivitäten und Akteuren (*pubblico/privato*) im Kulturbereich steht in enger Beziehung zur Ökonomisierung der Kultur – ein Thema, das wiederum mit der *valorizzazione* bzw. *gestione* von Kulturobjekten zusammenhängt. Es werden somit wiederholt Querverweise auf andere Teile des Kapitels erfolgen, um einen Gesamtüberblick zu diesem komplexen Netzwerk bzw. den gegenseitigen Abhängigkeiten zu ermöglichen.

Zunächst soll auf den während dieser Zeit sich verstärkenden Konflikt zwischen *tutela* und *valorizzazione* bzw. *tutela/conservazione* vs. *valorizzazione/gestione*[1008] eingegangen werden. Wie im vorangegangenen Kapitel dargestellt, erfuhr die italienische Kulturpolitik bereits in den 1980er Jahren eine entscheidende Öffnung in Bezug auf neue Publikumsgruppen und es wurde eine verbesserte „Nutzung" und Erschließung von Kulturgütern angestrebt.[1009] Doch trotz der auch in den 1990er Jahren zu verzeichnenden eindeutigen Dominanz der *tutela* gegenüber der *valorizzazione* ist unbestritten, dass letztere im Verlauf des Jahrzehnts an Bedeutung gewann, dass sie die „vera novità degli anni Novanta in tema di beni e servizi culturali" darstellt.[1010] Dabei wurden insbesondere auf regionaler und kommunaler Ebene *valorizzazione* und *gestione* häufig an private Akteure ausgelagert, sodass deren Gewinnstreben, das in der Regel auf einer Steigerung der Besucherzahlen basiert, z.T. zu einer Gefährdung der Kulturgüter führte und deren Schutz eindeutig gegenüberstand.[1011] Es wird hier somit die enge Verknüpfung bzw. das Konfliktpotenzial zwischen den Themenfeldern *tutela/valorizzazione* einerseits und *pubblico/privato* andererseits deutlich.

Die Thematik *tutela/valorizzazione* ist zudem untrennbar mit dem zweiten Themenfeld verbunden, demjenigen von *centralismo* und *devoluzione*, denn das zentrale Ergebnis der auf verstärkte Regionalisierung zielenden Reformbemühungen

---

1008 Zur Begriffsklärung vgl. Kapitel 2.2.
1009 Vgl. Fuortes 2004, S. 198.
1010 Grossi 1998, S. 65.
1011 Vgl. Fuortes 2004, S. 198; der Konflikt zwischen dem Schutz der Kulturgüter und dem Gewinnstreben der Betreiber konnte zwar laut Fuortes im Laufe der Zeit und durch zunehmende Erfahrung entschärft werden, doch prinzipielle Interessenskonflikte lassen sich nach wie vor erkennen.

in den 1990er Jahren war die Neuordnung der Zuständigkeiten: Die *tutela* sollte der staatlichen Kompetenz unterliegen, die *valorizzazione* dagegen durch die regionale bzw. kommunale Ebene erfolgen. Art. 9 der Verfassung sieht zunächst vor, dass alle Regierungsebenen für die Kultur, ihren Erhalt und ihre Verbreitung zusammenarbeiten.[1012] Doch seit den 1970er Jahren und insbesondere im Verlauf der 1990er Jahre strebten die Regionen (und mit ihnen auch die Ebene der Provinzen und Kommunen, die zusammen als „enti locali" bezeichnet werden) verstärkt nach einer Ausweitung ihrer Kompetenzen im Kulturbereich.[1013] Durch eine Revision der Verfassung bzw. durch eine *Delega legislativa*, die eine Verfassungsänderung umgeht und deshalb häufig als „federalismo amministrativo a Costituzione invariata"[1014] bezeichnet wird, sollte ein „regionalismo forte" eingeführt werden.[1015] In Folge dieser „terza devoluzione"[1016], die in Form der Lg. 59/1997 – auch bezeichnet als „Bassanini uno", benannt nach dem damaligen *Ministro della Funzione pubblica*, Franco Bassanini[1017] – eingeleitet wurde, erhält die zentralstaatliche Ebene

---

1012 Vgl. Kapitel 2.2.
1013 Vgl. Dell'Orso 2002, S. 94; es bestehen 16 Regionen „a statuto ordinario", die zunächst nur für den Erhalt von Museen, Bibliotheken und Archiven auf lokaler Ebene zuständig waren, sich inzwischen aber auch an der Finanzierung von „spettacolo, del patrimonio artistico e storico, della promozione culturale sul loro territorio con compiti precipui di programmazione e di coordinamento" beteiligen, „mentre le Regioni a statuto speciale hanno competenze assai più estese in campo culturale. In particolare tre di esse (Valle d'Aosta, Trentino Alto Adige e Sicilia) sono direttamente responsabili, fin dalla seconda metà degli anni Settanta, della gestione del loro patrimonio artistico e storico […]." (Bodo 1994d, S. 70).
1014 Barbati 2006b, S. 108 (i.O. z.T. fett); vgl. auch Cammelli 2004, S. 33–45, S. 40.
1015 Vgl. Forte und Jalla 2004, S. 221; Dell'Orso interpretiert dies als verspätete Antwort auf die Gründung der Regionen in den 1970er Jahren, dem das Konzept der Subsidiarität zugrunde liegt (vgl. Dell'Orso 2002, S. 71).
1016 Forte und Jalla sehen die Gesetzgebung der 1990er Jahre in einer Linie mit den vorangegangenen Gesetzen zur Devolution (D.P.R. 3/1972 und 616/1978), bewerten die Auswirkungen der neuesten Regelungen aber als wesentlich folgenreicher (vgl. Forte und Jalla 2004, S. 223).
1017 Vgl. Dell'Orso 2002, S. 70; der exakte Titel der „Bassanini uno" lautet „Delega al governo per il conferimento di funzioni e compiti alle regioni ed enti locali, per la riforma della pubblica amministrazione e per la semplifacazione amministrativa". Auf die „Bassanini uno" (Lg. 59/1997) folgten die „Bassanini bis" (Lg. 127/1997) „und die ‚Bassanini ter' (Lg. 191/1998), con la quale si è invano tentato di autorizzare la vendita non solo di beni immobili dello Stato, delle province e dei comuni già precedentemente ammessa, ma anche di quelli delle regioni" (vgl. Dell'Orso 2002, S. 70 f.). Es soll jedoch darauf hingewiesen werden, dass die „Legge Bassanini"

die Aufgabe der „tutela dei beni culturali e del patrimonio storico artistico".[1018] Die Definition von *tutela* als staatliche Aufgabe ordnet die verbleibenden Funktionen indirekt den anderen Regierungsebenen zu, sodass den Regionen bzw. den *enti locali* sämtliche Kompetenzen in Bezug auf *valorizzazione, gestione* und *promozione* zufallen und sich somit im Verlauf der 1990er Jahre die Zuständigkeitsverhältnisse grundlegend verändert haben. Dennoch verlief die Abgabe von staatlichen Kompetenzen an regionale oder kommunale Regierungsebenen in der Praxis eher schleppend.[1019] Im Ergebnis lässt sich somit für den Zeitraum 1990 bis 2000 mit Blick auf das Themenfeld *centralismo/devoluzione* folgendes festhalten:

> Anche a livello locale – regionale e degli altri enti locali – è difficile cogliere, nel decennio trascorso, segnali chiari di novità: non si sono ancora registrati passaggi significativi di risorse professionali dal centro alla periferia (né dal centro verso le Soprintendenze, né dal centro verso le regioni e altri enti territoriali); non sono rilevabili nemmeno rafforzamenti sistematici interni delle strutture preposte alla valorizzazione delle risorse culturali delle amministrazioni regionali, provinciali e comunali.[1020]

Die Übertragung von kulturpolitischen Handlungsmöglichkeiten an private Akteure erfuhr dagegen im Verlauf der 1990er Jahre eine verstärkte Dynamik, sodass im Folgenden auf das dritte entscheidende Themen- bzw. Diskussionsfeld während dieses Jahrzehnts eingegangen werden soll – die Opposition zwischen *pubblico* und *privato*. Die mangelnde Kompetenz des öffentlichen Sektors – Cammelli nennt „incertezza di competenze e di regole del gioco, instabilità di criteri di valutazione, lentezza nelle pratiche e nella erogazione dei finanziamenti si sommano alle oggettive difficoltà di operare nel settore in modo economicamente corretto" – hatte eine zunehmende Präsenz privater Akteure im Kulturbereich zur Konsequenz.[1021] Als Einschnitt gilt hierbei insbesondere die 1993 verabschiedete „Legge Ronchey" (Lg. 4/1993), die privaten Akteuren

---

nicht primär auf den Kulturbereich ausgerichtet war, sondern vielmehr eine generelle Neuverteilung der Kompetenzen zwischen Staat, Regionen und den „enti locali" anstrebte. Bonini Baraldi bezeichnet „decentramento" (Abgabe von Staatskompetenzen an die lokale Ebene), „modernizzazione" (Restrukturierung des Staatsapparates) und „semplificazione" (Vereinfachung der Administration) als die drei zentralen Ziele der Reform (vgl. Bonini Baraldi 2007, S. 60).

1018 Vgl. Il Presidente della Repubblica 15.03.1997, Lg. 59/1997 art. 1, comma 3, lettera d.
1019 Dies lässt sich auch für die Entwicklungen ab dem Jahr 2001 feststellen, obwohl durch die Reform des Artikel V der Verfassung diese Kompetenzverteilung bestätigt wurde (vgl. Forte und Jalla 2004, S. 215 sowie ausführlich das folgende Kapitel).
1020 Marchesi 2004, S. 253.
1021 Cammelli 2004, S. 36.

einen wesentlich leichteren Zugang zum Kulturbereich ermöglichte.[1022] Erstmals konnten externe Anbieter zusätzlichen Service wie Bookshops, Cafeterien, Bewirtung, Garderobe etc. innerhalb von Kultureinrichtungen bereitstellen:

> [...] la legge Ronchey [...] [è] il primo provvedimento a motivare l'ingresso dei privati nel mondo dei beni culturali, assegnando loro funzioni precise, ancorché limitate, nell'ambito dei servizi accoglienza per il pubblico. [...] La Ronchey, peraltro, fu un vero e proprio spartiacque. Se fino a quel momento si era stati indotti a pensare che l'unico rapporto possibile con il privato fosse confinato nella sponsorizzazione o nel mecenatismo, con quella legge si dichiarava un'inedita disponibilità a coinvolgerlo in settori nei quali la parte pubblica riconosceva i suoi limiti.[1023]

Zudem wurde es möglich, Freiwillige in Museen zu beschäftigen um die Öffnungszeiten zu verlängern, die Organisation von Ausstellungen an den Privatsektor auszulagern oder diesen Informations- und Serviceaufgaben zu übertragen – „[t]utte attività, strettamente collegate con le funzioni di conoscenza e di tutela, di solito esercitate dalla pubblica amministrazione".[1024] Als „successo principale" der „Legge Ronchey" bezeichnet Fuortes die Tatsache, dass die angebotenen Serviceleistungen italienischer Museen in der Folge internationalen Standards entsprechen und zudem eine Möglichkeit gefunden wurde, die Belastung der öffentlichen Haushalte durch private Beiträge zu entlasten.[1025]

Doch diese optimistische Einschätzung lässt sich in der Realität nur bedingt bestätigen: Derart einschneidende Veränderungen sind selbstverständlich mit Implementierungsproblemen verbunden. Als schwierig erwies sich dabei die Tatsache, dass die Erwartungen an den Privatsektor nicht immer klar formuliert wurden und folglich nur bedingt eingelöst werden konnten. Vor allem aber ging die Idee, Kulturgüter „for profit" zu nutzen, nicht wirklich auf. Zudem zeigte sich, dass trotz der Gesetzesänderungen der Großteil der Kulturausgaben, nämlich 83 Prozent, nach wie vor durch den Staat bestritten wurde. Die privaten Ausgaben für Kultur stiegen zwischen 1990 und 2000 zwar von 13 auf 17 Prozent an, doch diese Steigerung ist v.a. durch die neu gegründeten *Fondazioni delle Casse di Risparmio* bedingt.[1026] Der entscheidende Kritikpunkt ist allerdings, dass die

---

1022 Der Titel der Lg. 4/1993 lautet „Misure urgenti per il funzionamento dei musei statali e disposizioni in materia di biblioteche statali e archivi di Stato". Erste Versuche, die Beteiligung Privater zu vereinfachen, fanden bereits im Jahr 1982 statt (vgl. Dell'Orso 2002, S. 126).
1023 Dell'Orso 2002, S. 128.
1024 Villani 2005, S. 88.
1025 Vgl. Fuortes 2004, S. 200.
1026 Zu den Strukturen und der Finanzkraft der *Fondazioni Bancarie* vgl. Kapitel 4.2.3.

Reformen nicht weitreichend genug gingen bzw. keinen Fortschritt in Bezug auf die zentralen Probleme brachten:

> Se il giudizio sullo stato del nostro patrimonio non può che essere positivo, non altrettanto si può dire del suo sistema gestionale e organizzativo. I limiti della mancanza di autonomia gestionale ed economica dei musei, la cristallizzazione degli organici del personale, la mancata integrazione di figure manageriali non sono stati risolti ed, anzi, con l'andare del tempo si sono aggravati.[1027]

Trotz dieser grundsätzlichen Kritik wurde der mit der „Legge Ronchey" eingeleitete Prozess einer Öffnung des Kulturbereichs für private Akteure und den damit einhergehenden Veränderungen insgesamt zumeist positiv bewertet:

> In Italia la legge Ronchey (L. 14 gennaio 1993, n. 4) ha svolto il ruolo fondamentale di motore del cambiamento nella politica culturale italiana contribuendo ad influenzare la mentalità dell'amministrazione pubblica indirizzandola verso una gestione più 'moderna' degli istituti musealli, nonché ad accelerare il processo di attenzione e cura del visitatore in ogni suo bisogno, attuando un'apertura al mercato.
>
> Seppur inizialmente tale strategia abbia sofferto rallentamenti dovuti a ragioni psicologiche e burocratiche, l'evoluzione e la dimensione raggiunta dalla domanda soddisfatta, in termini qualitativi e quantitativi, tramite l'erogazione di questi servizi ne ha dimostrato il successo e l'impatto a livello finanziario.[1028]

Aufbauend auf der „Legge Ronchey" erfolgte im Verlauf der folgenden Jahre eine weitere Liberalisierung des Kultursektors: Durch die Lg. 41/1995 (später 85/1995), die vom damaligen Kulturminister Paolucci veranlasst wurde, konnten private Akteure wie „[f]ondazioni culturali e bancarie, società o consorzi, costituiti a tale fine" u.a. die Organisation von Ausstellungen sowie didaktische Funktionen im Museumsalltag übernehmen, was weit über die bisherigen Kompetenzen (etwa den Betrieb von Cafeterien oder Garderoben) hinausging.[1029] Dementsprechend war diese Entwicklung, die „la gran parte di quanto

---

1027 Fuortes 2004, S. 201.
1028 Ferretti 2007a, S. 22.
1029 Vgl. Il Presidente della Repubblica 23.02.1995, Art. 47 quater, comma 2: „I servizi affidabili in gestione ai sensi del comma 1 sono [...] quelli di accoglienza, di informazione, di guida e assistenza didattica e di fornitura di sussidi catalografici, audiovisivi ed informatici, di utilizzazione commerciale delle riproduzioni, di gestione dei punti vendita, dei centri di incontro e di ristoro, delle diapoteche, delle raccolte discografiche e biblioteche musealli, dei servizi di pulizia, di vigilanza, di gestione dei biglietti di ingresso, dell'organizzazione delle mostre e delle altre iniziative promozionali, utili alla migliore valorizzazione del patrimonio culturale ed alla diffusione delle conoscenza dello stesso."

connesso al funzionamento dei musei statali" an private Akteure auslagerte, eher umstritten.[1030]

Doch der von 1996 bis 1998 amtierende Kulturminister Walter Veltroni[1031] sollte während seiner Amtszeit diese Tendenzen zur Privatisierung noch verstärken: Er setzte große Hoffnungen auf den Privatsektor, als er mit der Lg. 352/1997 dem Ministerium die Befugnis erteilte, die *Società italiana per i beni culturali Spa (SIBEC)* zu gründen, „e cioè un organismo a natura societaria [...], finalizzato alla promozione e al sostegno finanziario, tecnico-economico e organizzativo di progetti e altre iniziative di investimento per la realizzazione di interventi di restauro, recupero e valorizzazione dei beni culturali".[1032] Ergänzend dazu sollte das D. Lg. 368/1998 die Zusammenarbeit mit privaten Akteuren noch weiter forcieren und ermöglichte dem Ministerium zur Steigerung seiner Effizienz die Abgabe von Kompetenzen durch Vereinbarungen mit oder die Beteiligungen an Stiftungen und Assoziationen.[1033] In der Auslagerung staatlicher Kulturkompetenzen an Kapitalgesellschaften und generell der Öffnung gegenüber privaten Akteuren spiegelt sich die in den 1990er Jahren zunehmend präsente Idee der „Ökonomisierung" von Kultur. Es setzte sich die Idee durch, dass durch Kultur neue Arbeitsplätze entstehen könnten und der Tourismus galt als primäre Motivation für die *valorizzazione* von Kulturgütern.[1034]

Das D. Lg. 368/1998 führte darüber hinaus zu einer grundlegenden Umstrukturierung des bisherigen *Ministero per i Beni Culturali e Ambientali*: Mit der neuen Bezeichnung *Ministero per i Beni e le Attività Culturali* ging auch eine Ausweitung der Kompetenzen einher und zwar um die Bereiche Sport und „spettacolo in tutte le sue espressioni: dal cinema al teatro, alla danza, alla musica, agli

---

1030 Vgl. Dell'Orso 2002, S. 129; siehe auch Settis 2002, S. 104.
1031 Ministero per i beni e le attività culturali 2013b.
1032 Tamiozzo 2004, S. 427; bereits 1991 wird die Übertragung von mobilen Kulturgütern an die *Immobiliare Italia* möglich, mit dem Ziel die öffentlichen Einnahmen zu erhöhen. Aufgrund des ausbleibenden Erfolgs wurde die Institution jedoch nach fünf Jahren wieder aufgelöst (vgl. Villani 2005, S. 81).
1033 Vgl. insbesondere Art. 10 „Accordi e forme associative" des D. Lg. 368/1998 (Il Presidente della Repubblica 20.10.1998); vgl. außerdem Settis 2002, S. 105 sowie Bonini Baraldi 2007, S. 51.
1034 Vgl. hierzu exemplarisch Grossi und Debbia 1998; die wirtschaftliche Bedeutung von Kultur zieht sich als roter Faden durch sämtliche Artikel des Sammelbandes. Zu den Risiken einer entsprechend ausgerichteten Kulturpolitik vgl. Council of Europe 1995, S. 65 ff. sowie Cammelli, der insbesondere ein weiteres Auseinanderdriften der beiden Landesteile befürchtet, u.a. aufgrund der unterschiedlich starken Präsenz der *Fondazioni bancarie* (vgl. Cammelli 2004, S. 33–45, S. 37).

spettacoli viaggianti".[1035] Im Zuge der Reform wurde das Ministerium mit einem „*segretario generale*" (Art. 5) ausgestattet sowie in zehn „*uffici dirigenziali generali*" (Art. 6) gegliedert; in Bezug auf die „organizzazione periferica" wurde die neue Ebene der „*soprintendenti regionali*" eingeführt (Art. 7), die als Schnittstelle zwischen dem Ministerium und den auf die Regionen verteilten Soprintendenti agieren sollten.[1036] Zudem wurden beratende Organe eingeführt (Art. 4): Neben dem *Consiglio per i beni culturali e ambientali* wurden die *Comitati tecnico-scientifici* sowie die *Conferenza dei presidenti delle Commissioni per i beni e le attività culturali* etabliert.[1037] Entscheidend war zudem, dass entsprechend der im vorangegangenen Jahr für Pompei gegründeten „*soprintendenza speciale*"[1038] weitere relativ autonome Strukturen zur Organisation von „complessi di beni distinti da eccezionale valore archeologico, storico, artistico o architettonico" ermöglicht wurden (Art. 8), wie dies schließlich 2001 für die Städte Rom, Florenz, Venedig und Neapel erfolgte.[1039] Diese *soprintendenze speciali* sollten über „autonomia scientifica, finanziaria, organizzativa e contabile" verfügen[1040] und stellen somit einen weiteren Aspekt im Kontext *centralismo/devoluzione* dar. Insgesamt führte das D. Lg. 368/1998 somit zu einer weitreichenden Umwälzung innerhalb der

---

1035 Ministero per i beni e le attività culturali 2013b; 2006 gab das *Ministero per i Beni e le Attività Culturali* diese Kompetenz wieder ab an das neu gegründete *Ministero per le Politiche Giovanili e Attività sportive* (D. Lg. 181/2006) (vgl. ebd.). Settis kritisiert die Reform von 1998 auf das Schärfste: „Purtroppo, il punto centrale del progetto del nuovo ministro diventò presto la creazione di una nuova struttura ministeriale, nella quale i Beni culturali furono diluiti in un più vasto e confuso calderone (D. Lg. 368/1998). Già il nuovo nome, ministero per i Beni e le attività culturali, riflette *volens nolens* l'idea che i ,beni' di per sé sono ben poca cosa, se non ,dinamizzati' nel contesto di ,attività'; [...]. Invece di ristabilire la centralità istituzionale del patrimonio culturale, la riforma del ministero finiva col suggerire una nuova forma di marginalizzazione." (Settis 2002, S. 38).
1036 Vgl. Il Presidente della Repubblica 20.10.1998.
1037 Vgl. Graziani 2002, S. 31.
1038 „[L]'articolo 9 della legge 8 ottobre 1997, n. 352, ha attribuito alla Soprintedenza archeologica di Pompei autonomia scientifica, organizzativa, amministrativa e finanziaria per l'espletamento della propria attività istituzionale, con esclusione delle spese per il personale." (Tamiozzo 2004, S. 424).
1039 Vgl. Tamiozzo 2004, S. 411; die Etablierung der *Soprintendenze speciali* rief jedoch die Befürchtung hervor, dass diese ohne ausreichenden Kontakt zum sie umgebenden Territorium arbeiten würden – wo doch in Italien der Bezug Kunstobjekt/Umgebung besonders eng ist (vgl. Dell'Orso 2002, S. 92). Settis bezeichnet die *Soprintendeze speciali* gar als „ferita al modello italiano di tutela" (Settis 2002, S. 134).
1040 Forte und Jalla 2004, S. 208.

italienischen Kulturpolitik: Waren früher *tutela* und *conservazione* die maßgeblichen Aktivitäten, die durch die öffentliche Verwaltung umgesetzt wurden, so zeigte sich zu Beginn der 1990er Jahre der zunehmende Gegensatz zwischen den Notwendigkeiten der *tutela* und der *valorizzazione* – und in Folge dessen „si è manifestata l'esigenza di integrare i compiti tradizionalmente svolti dal settore pubblico con strumenti e risorse provenienti dal settore privato".[1041] Gerade mit Blick auf die Aufwertung des Privatsektors stellten die Umwälzungen der 1990er Jahre eine tiefgreifende Veränderung der kulturpolitischen Gesamtsituation in Italien dar, wie der Bericht *Financing the arts and culture in the European Union* bestätigt:

> In fact, another feature common to most countries is the increasing opportunity for private individuals, companies and non-profit organisations to take an active part in cultural policy, not only supporting the cultural sector but operating within it. A case in point is Italy which, breaking from its long tradition of public dominion of the cultural sector, has in the last ten years introduced laws to directly involve the private sector in activities connected to heritage preservation and even management of cultural sites. This trend, common to other countries, corresponds to the increased awareness of the need for new sources of support for the arts and culture.[1042]

Erneut wird hier der enge Zusammenhang zwischen *tutela/valorizzazione* und *pubblico/privato* deutlich; für den insgesamt prägendsten Aspekt der italienischen Kulturpolitik der 1990er Jahre hält Fuortes jedoch das Gegensatzpaar *centralismo/devoluzione*:

> Gli anni '90 hanno segnato, come mai in precedenza, un'impressionante attività normativa da parte dello Stato e delle regioni in materia di beni culturali. Si è legiferato su tutti gli aspetti centrali inerenti al sistema dei beni culturali: modificando poteri e responsabilità dello Stato, delle regioni e degli enti locali, definendo nuove forme organizzative, introducendo nella gestione i soggetti privati, modificando il regime giuridico dei beni, prevedendo nuove forme di finanziamento, ecc.

1041 Fuortes und Ricci 2009, S. 141; vgl. auch Dell'Orso: „La politica dei beni culturali in Italia è stata storicamente concepita all'insegna della conservazione e della salvaguardia del patrimonio culturale, ambito nel quale il nostro Paese ha affinato competenze unanimamente riconosciute nel mondo. Non ha invece brillato, finora, quanto a capacità di valorizzare tale patrimonio e di metterlo in relazione con quelli che dovrebbero esserne i fruitori [...]. È questo il terreno su cui potrebbe meglio svilupparsi, in futuro, il rapporto pubblico-privato, laddove gli attori sono indifferentemente lo Stato e gli enti territoriali, a confronto col variegato universo di aziende, banche, fondazioni, cittadini e via elencando." (Dell'Orso 2002, S. 125).

1042 Europäisches Parlament 2006, S. 9.

Ma il punto centrale del dibattito, in campo normativo, è stato senz'altro l'opposizione *centralismo/devoluzione*, che ha anch'esso diviso profondamente da un lato i sostenitori del sistema statale di tutela e conservazione incardinato sul Ministero per i Beni e le Attività Culturali e dall'altro i fautori di un modello più decentrato a favore delle regioni e degli enti locali.[1043]

Über diese einschneidenden Veränderungen für die italienische Kulturpolitik der 1990er Jahre hinaus, erfolgte als „principale innovazione legislativa a livello nazionale"[1044] die Verabschiedung des „Testo Unico delle disposizioni legislative in materia di beni culturali e ambientali".[1045] Er löste 1999 die bisher wegweisende Lg. 1089/1939 ab, „[che] è stata considerata per decenni un modello insuperato di chiarezza normativa".[1046] Ziel des „Testo unico" war es dabei zwar nicht nur, bereits bestehende Gesetze zu systematisieren, vielmehr sollte eine „rielaborazione anche innovativa delle norme vigenti, a realizzare un vero e proprio statuto generale del bene culturale per quanto concerne la sua tutela e valorizzazione" erfolgen.[1047] Doch im Ergebnis zeigen sich inhaltlich kaum entscheidende Veränderungen:

> Il Testo unico, dati anche i limiti entro i quali era costretto dalla legge di delega, non ha apportato al contesto di oggetti e di rapporti disciplinati alcuna novità sostanziale; giustificando così l'impressione di chi lo ha acutamente definito come 'un nuovo incarto dalla 1089'. Né maggiori aiuti sono venuti dalle disposizioni che, dettate nel diverso contesto relativo al riparto di competenze tra Stato e regioni (al fine di dare ulteriore attuazione al regionalismo), hanno tentato di introdurre nella disciplina stessa definizioni più aggiornate dell'oggetto della tutela e delle funzioni connesse [...].[1048]

Insgesamt wird die Initiative des „Testo unico" zwar positiv bewertet,[1049] da er eine Zusammenführung sämtlicher Regelungen anstrebte, doch wurde von ihm keine Lösung der zentralen Probleme des kulturpolitischen Systems erwartet, nämlich „l'assetto dei compiti tra i vari livelli di governo, l'organizzazione del ministero e il modo col quale i suoi funzionari lavorano [...] una buona parte della normativa comunitaria e dei trattati internazionali, la relazione con le opere pubbliche e, più in generale, con la disciplina dell'assetto e della trasformazione

---

1043 Fuortes 2004, S. 199.
1044 Ravasi 2003, S. 9.
1045 Im Folgenden „Testo unico" (D. Lg. 490/1999).
1046 Urbani und Torsello 2004, S. 9; vgl. vertiefend zur Lg. 1089/1939 Kapitel 4.1.1.
1047 Ferri 2001, S. 10; vgl. vertiefend zum „Testo unico" Ferri und Pacini 2001.
1048 Urbani und Torsello 2004, S. 10.
1049 Vgl. etwa Ravasi 2003, S. 214.

del territorio".[1050] Zudem kritisiert Ravasi die mangelnde Verortung des „Testo unico" im internationalen Kontext.[1051] Auch Dell'Orso bezeichnet den „Testo unico" als „vertane Chance", da er dem bereits Bestehenden nichts Neues hinzufüge, sondern nur die zahlreichen in den vorangegangenen 90 Jahren in Kraft getretenen Gesetze zusammenführe. Lediglich die Erweiterung der Definition von „bene culturale" um die Bereiche Fotografie, Audiovisuelles, Musikpartituren oder wissenschaftliche und technische Instrumente bewertet sie als wegweisend, da dies die Aussage impliziere, dass auch in Zukunft neue Objekte oder Praktiken in die Definition aufgenommen werden können, wenn sie als „testimonianze aventi valore di civiltà" gelten können.[1052] Dell'Orso kommt somit zu folgendem Ergebnis:

> I fronti aperti, come si è visto, sono molteplici e mettono in gioco il reale funzionamento dell'intero sistema dei beni culturali. Ma è vero anche che finalmente la politica dei beni culturali è uscita dal dimenticatoio in cui è stata a lungo relegata. In questi anni sono aumentate le risorse destinate ai beni culturali, pubbliche e private.[1053]

In der Tat ist im Verlauf der 1990er Jahre eine weitreichende Diversifizierung in der Finanzierung und damit einhergehend eine Verbesserung der kulturpolitischen Finanzsituation festzustellen.[1054] Nicht nur, dass in Folge der erleichterten Beteiligung privater Akteure eine neue Gruppe von Geldgebern etabliert werden konnte. Auch die im Rahmen der Programme für Ziel-I-Regionen von der EU eingeworbenen Gelder, die dem Kulturbereich zugewiesenen Mittel der Lotterien und auch die einmaligen Ausgaben im Kontext der Jahrtausendfeierlichkeiten („Giubileo") trugen hierzu bei.[1055] Außerdem wurden im Rahmen der „stanziamenti del CIPE alle aree depresse" 200 Mrd. Lire für Kulturprojekte in Süditalien bereitgestellt.[1056] Doch entscheidend ist vor allem der Anstieg der öffentlichen Ausgaben für den Kulturbereich, die zwischen 1990 und 2000 um

---

1050 Ravasi 2003, S. 213.
1051 Vgl. Ravasi 2003, S. 20.
1052 Vgl. Dell'Orso 2002, S. 77; auch Ferri hält die Ergebnisse teilweise für enttäuschend, da der „Testo unico" nur wenige innovative Veränderungen zur Folge habe (vgl. Ferri 2001, S. 5).
1053 Dell'Orso 2002, S. 78.
1054 Trupiano verweist zudem auf die zunehmende Ausdifferenzierung auch in Bezug auf die „natura istituzionale", „forma giuridica", „gestione" und zahlreiche weitere Kategorien (vgl. Trupiano 2005a, S. 62 ff.).
1055 Vgl. Cicerchia und Attene 2004, S. 230.
1056 Vgl. Trupiano 2005c, S. 104; *CIPE* steht für *Comitato Interministeriale per la Programmazione Economica*.

46,4% zunahmen (ohne Personalkosten). Diese Entwicklung erfolgte nicht in Form eines kontinuierlichen Anstiegs: In der ersten Hälfte des Jahrzehnts lässt sich zunächst ein Rückgang um 15% verzeichnen, gefolgt von einem Anstieg um 70%. Der Anteil der vom Staat aufgebrachten Gelder stieg dabei von 45,5% auf 59,9% – wobei er jedoch zwischendurch (1995) auf einen Anteil von 39,1% absank. Im Jahr 2000 gab der Staat somit 0,52% seines Gesamtbudgets für Kultur aus – im Vergleich zu einem Anteil von 1,51% der Kommunen, die sich somit wesentlich aktiver in der Kulturpolitik zeigten. Der Anteil der Regionen lag bei 0,32%, wobei sich hier bereits die veränderte Kompetenzverteilung zwischen den Regierungsebenen zeigt: Im Vergleich zu 1990 gaben sie 20% mehr für Kultur aus; zu beachten ist jedoch, dass 58,6% der regionalen Ausgaben auf die Regionen mit Sonderstatus entfallen. Dennoch verzeichnen auch die Regionen mit Normalstatus – stark voneinander abweichende – Steigerungen (Zentrum 19,4%, Norden 18%, Süden 4,3%).[1057] Blickt man weiter zurück, lassen sich für den Verlauf der 1980er und 1990er Jahre folgende Zyklen erkennen:

> [...] durante gli anni Ottanta la spesa pubblica statale è aumentata, ma quella degli enti locali ha avuto un incremento decisamente superiore; nella prima metà degli anni Novanta la prima è diminuita, mentre la seconda ha continuato a crescere seppure a un ritmo d'incremento molto più basso rispetto a quello del decennio precedente; nella seconda metà degli anni Novanta, infine, la spesa statale ha ripreso a crescere e ancora di più quella di regioni ed enti locali.[1058]

Dell'Orso sieht in der Zunahme der öffentlichen Gelder für Kultur – auch wenn diese auf nationaler Ebene zum Teil durch die Ausweitung der Kompetenzen des Ministeriums auf die Bereiche Sport und *Spettacolo* im Jahr 1998 bedingt seien – ein Zeichen für das wachsende Bewusstsein in Bezug auf die Bedeutung des Kulturerbes:[1059]

> Nel 2001, come pure nel '99, il budget messo a disposizione del Ministero per i Beni e le Attività culturali è stato pari allo 0,37% dell'intero bilancio dello Stato, era lo 0,39% nel 2000 ed è lo 0,35% nel 2002, mentre nella prima metà degli anni Novanta si viaggiava tra lo 0,19% e lo 0,24%. Non sono davvero percentuali da capogiro, ma è un dato di fatto che la spesa statale per questo settore, a partire dal 1997, abbia subito una costante crescita: dal '96 al '99 le spese in conto capitale e quindi i finanziamenti destinati agli interventi

---

1057 Vgl. Cicerchia und Attene 2004, S. 231 ff.; vgl. auch Fuortes et al. 2004, die eine detaillierte Analyse der Situation in den verschiedenen Regionen vornahmen und darauf aufbauend einen „tentativo di classificazione dei livelli e delle dinamiche di sviluppo" entwickelten.
1058 Dell'Orso 2002, S. 119.
1059 Vgl. Dell'Orso 2002, S. 109 f.

di tutela, conservazione e restauro del patrimonio culturale, hanno avuto un incremento di quasi 400 milioni di euro.[1060]

Aufgrund mangelnder Anreize von Seiten des Staates „[r]estano invece una fonte ancora tutta da esplorare e da valorizzare gli individui, e non solo i grandi mecenati, ma i comuni cittadini".[1061] Als wichtigste nicht-staatliche Geldgeber konnten sich in den 1990er Jahren jedoch die „banche e fondazioni ex bancarie" etablieren, die im Jahr 2000 rund 183 Mio. Euro im Kulturbereich investierten, was 34,6% ihrer Gesamtausgaben entsprach.[1062] Ausgangspunkt für diese Entwicklung ist die „Legge Amato" (Lg. 218/1990), die eine Umstrukturierung des Bankensystems zum Ziel hatte „prevedendo la privatizzazione formale degli istituti di credito di diritto pubblico e affidando ad apposite fondazioni le attività di erogazione liberale a favore di attività sociali, separandole dalle attività bancarie propriamente dette".[1063] Im weiteren Verlauf der 1990er Jahre erhielten diese neu geschaffenen Akteure durch die Lg. 461/1998 und die darauf folgende D. Lg. 153/1999 den Status von

> soggetti giuridici privati, dotati di piena autonomia e con scopi statutari da scegliere nel campo dell'utilità sociale, con l'inclusione di almeno uno dei settori d'intervento che la legge definiva ‚rilevanti': ricerca scientifica, istruzione, sanità, arte, cultura, difesa delle categorie sociali deboli.[1064]

Es sollte sich zeigen, dass die *Fondazioni bancarie* von Anfang an das meiste Geld im Kulturbereich ausgaben. Wie schnell die *Fondazioni bancarie* hier eine zentrale Rolle übernahmen, belegt die Tatsache, dass diese bereits im Jahr 2000 in der Region Piemont 20% der Gelder bereitstellten, die von Staat, Region und Kommunen für Kultur ausgegeben wurden (über 100 Mrd. Lire

---

1060 Dell'Orso 2002, S. 114; erwähnt werden soll jedoch, dass die Gelder z.T. nicht kontinuierlich (als *fondi ordinari*) zur Verfügung standen, sondern häufig in Form von Sonderzahlungen (und somit *fondi straordinari*), die aufgrund mangelnder Planungssicherheit nicht die gleichen Funktionen übernehmen konnten wie verlässlich verfügbare Gelder. Dell'Orso verweist darauf, dass beispielsweise für den Bereich der Restaurierung im Jahr 1997 die *fondi straordinari* doppelt so hoch waren wie die *fondi ordinari* (vgl. Dell'Orso 2002, S. 118).
1061 Vgl. Dell'Orso 2002, S. 120; Bodo weist jedoch auf die schwierige Datenlage gerade mit Blick auf die privaten Kulturausgaben hin (vgl. Bodo in Bodo et al. 2004b, S. 121).
1062 Vgl. Dell'Orso 2002, S. 122; im Folgenden *Fondazioni bancarie*.
1063 Coni, Dal Pozzolo in Bodo et al. 2004b, S. 140.
1064 Vgl. Coni, Dal Pozzolo in Bodo et al. 2004b, S. 140.

gegenüber 476 Mrd. Lire).[1065] Problematisch an den Aktivitäten der *Fondazioni bancarie* ist jedoch, dass die Verteilung zwischen Nord und Süd sehr unausgeglichen ist: Im Jahr 2000 wurden beispielsweise 79,7% der Investitionen im Norden getätigt, 16,3% im Zentrum und lediglich 4% im Süden, sodass Coni und Dal Pozzolo auf die Gefahr hinweisen, dass die *Fondazioni bancarie* in ihrer „Ersatzfunktion" mangelnder staatlicher Finanzierung ohne entsprechende Korrekturen zu einer weiteren Vertiefung der bereits ausgeprägten regionalen Ungleichheiten bezüglich der Gesamtverteilung der Mittel im italienischen Kulturbereich führen würden.[1066]

Zusammenfassend zeigt die Darstellung der Kulturpolitik Italiens in den 1990er Jahren, dass sie während dieser Zeit verstärkt an Aufmerksamkeit gewinnen konnte – neue Gesetze sowie die insgesamt signifikante Erhöhung der Ausgaben für Kultur auf sämtlichen Regierungsebenen sind hierfür klare Indikatoren. Inhaltlich standen die Themenfelder *tutela/valorizzazione*, *centramento/devoluzione* sowie *pubblico/privato* im Mittelpunkt, die in einem engen Zusammenhang zu sehen sind: Durch die zunehmende Bedeutung der *valorizzazione* wurden im Sinne der *devoluzione* Kompetenzen an untere Regierungsebenen und erstmals auch an private Akteure ausgelagert – ein tiefgreifender und zugleich stark umstrittener Einschnitt in der Kulturpolitik Italiens. Betrachtet man jedoch die Entwicklung seit dem Beginn der 1970er Jahre, lässt sich in Bezug auf Regionalisierung oder Zentralisierung keine eindeutige Tendenz feststellen: Schien sich in den 1970er Jahren noch eine Aufwertung der Regionen und Kommunen abzuzeichnen, lässt sich für die 1980er Jahre diesbezüglich eine eher zurückhaltende Grundeinstellung nachweisen. In den 1990er Jahren erhielt die Devolution dagegen erneut Aufwind und die Regionen und Kommunen neue Kompetenzen, doch:

> La loro concreta devoluzione è peraltro in fase di stallo, in quanto oggetto di forte conflittualità con uno Stato tuttora particolarmente riluttante a cedere funzioni di gestione in campo culturale, per meglio concentrarsi invece – come sarebbe opportuno – sulle funzioni strategiche di centro propulsivo e riequilibratore del sistema.[1067]

Gerade das Fehlen einer ganzheitlichen Strategie stellte das zentrale Problem der italienischen Kulturpolitik am Ende der 1990er Jahre dar. Denn die zahlreichen

---

1065 Vgl. Coni, Dal Pozzolo in Bodo et al. 2004b, S. 140 ff.
1066 Vgl. Coni, Dal Pozzolo in Bodo et al. 2004b, S. 143; genauere Information zu den Aktivitäten der *Fondazioni bancarie* finden sich in Kapitel 4.2.3 zu ihrem Dachverband *ACRI*.
1067 Bodo und Spada 2004a, S. 12.

Gesetzesinitiativen, Reformen und Ausgabensteigerungen ließen keine eindeutige Ausrichtung auf ein Ziel hin erkennen:

> Perché nonostante i molti progressi fatti, non è ancora ben chiaro quali siano le finalità, gli obiettivi e le priorità della politica culturale italiana, mentre è chiarissimo che non si avrà una politica culturale degna di questo nome fino a quando non ci sarà un migliore coordinamento e una piena cooperazione tra le istituzioni.[1068]

Zu diesem Ergebnis kommt auch der EU-Report zur italienischen Kulturpolitik, der folgende *key issues* formulierte:

- Fragmented central responsibilities: the need for improved policy coordination
- Legal and financial confusion: the need for clearer procedures
- Towards a clear and open partnership: the need for improved articulation between levels of government
- Greater autonomy for cultural institutions: the key to responsibility and improved performance
- Professional personnel: management and training
- Expansion of cooperation between the public, private and voluntary sectors
- Participation[1069]

Trotz dieser vielfältigen und tiefgreifenden Defizite haben die gesetzlichen Neuerungen der 1990er Jahre einen weitreichenden Modernisierungsprozess und folglich Veränderungen auf zahlreichen Ebenen der italienischen Kulturpolitik angestoßen. Wie sich die konkrete Umsetzung dieser theoretisch-konzeptionellen Vorgaben nach der Jahrtausendwende gestaltet, ist Thema des folgenden Kapitels.

1068 Dell'Orso 2002, S. VIII.
1069 Council of Europe 1995, S. 33; der Bericht führt weiter aus: „Although it is obvious that the Italian public authorities themselves could never be in possession of the necessary resources on a level commensurate with the immense task of preservation, it appears to the external observer that political favours, archaic bureaucratic habits, lack of cooperation between departments and tiers of government and failure to set priorities have exacerbated the very real difficulties, and often delivered rather poor value for money to the taxpayer. The irony with which we were constantly confronted was that while virtually all our interlocutors working in the cultural sector identified as their major problems (a) lack of money, and (b) lack of specific legal competence, we thought that the first was by no means always lacking and certainly there is a superabundance of the second." (Council of Europe 1995, S. 28).

4.1.5 Der „Codice dei beni culturali e del paesaggio" — ein Wegweiser für die Kulturpolitik seit der Jahrtausendwende?

Die weitreichenden gesetzlichen Reformen des vorangegangenen Jahrzehnts boten der italienischen Kulturpolitik die Möglichkeit, in der Folge systemrelevante Veränderungen einzuleiten. Dell'Orso bewertet die praktische Umsetzung jedoch als mangelhaft und erkennt zahlreiche uneingelöste Erwartungen:

> Un insieme di leggi che, a parte il fatto di avere ingenerato un discreto caos nell'attribuzione delle competenze in materia di tutela, gestione e valorizzazione e di rappresentare per ora solo un potenziale inespresso e come tale anche facilmente sovvertibile, sembra tuttavia racchiudere un bel carico di promesse. Ne fanno parte le cosiddette ‚legge Bassanini' [...]; il decreto legislativo 368/98 che ha istituito il nuovo Ministero per i Beni e le Attività culturali; il Regolamento di organizzazione del nuovo ministero (441/2000); il Testo Unico dei beni culturali 490/99.[1070]

Die Gesetzesänderungen des vorangegangenen Jahrzehnts stellten lediglich „sulla carta" die Ausgangsbasis für „un profondo cambiamento"[1071] dar und folglich bleiben die bereits in den 1990er Jahren prägenden Themenfelder *tutela/valorizzazione, centralismo/devoluzione* und *pubblico/privato* auch nach der Jahrtausendwende zentral.

So erfolgte im Rahmen der Lg. 441/2000 - bereits zwei Jahre nach der tiefgreifenden Reform entsprechend durch das D. Lg. 368/1998 - erneut eine interne Umstrukturierungen des *MIBAC* und zugleich eine Reform der peripheren Strukturen des Ministeriums mit Auswirkungen auf den Aspekt *centralismo/devoluzione*: Zunächst sollte durch die Bekräftigung der zentralen Rolle des im Ministerium angesiedelten *segretario generale* der Führungsanspruch des Ministeriums unterstrichen werden.[1072] Des Weiteren wurde das Ministerium in acht *Direzioni generali* unterteilt.[1073] Zugleich festigt Lg. 441/2000 die Existenz der

---

1070 Dell'Orso 2002, S. 70.
1071 Dell'Orso 2002, S. 70.
1072 „Il Segretario generale assicura il mantenimento dell'unità dell'azione amministrativa del medesimo Ministero; provvede, [...] all'elaborazione del programma annuale e pluriennale degli interventi nel settore dei beni culturali e dei relativi piani di spesa, [...] coordina gli uffici con compiti gestionali e le attività del Ministero, vigila sulla loro efficienza e rendimento, [...]." (Il Presidente della Repubblica 29.12.2000, Capo I, Art. 1).
1073 Die *Direzioni generali* sind für folgende Bereiche zuständig: „patrimonio storico, artistico e demoetnoantropologico", „beni architettonici ed il paesaggio", „architettura e l'arte contemporanee", „beni archeologici", „archivi", „beni librari e gli istituti culturali", „cinema" und „spettacolo dal vivo" (vgl. Il Presidente della Repubblica 29.12.2000, Capo II, Art. 2, Abs. 1).

Soprintendenti regionali, die den 15 Regionen mit Normalstatus sowie Sardinien und Trentino-Südtirol zugeordnet wurden. Ihnen unterliegt die Koordination sämtlicher innerhalb der Regionen agierenden *soprintendenti territoriali*[1074] und sie dienen zugleich als Schnittstelle zwischen dem Ministerium einerseits und den Regionen, *enti locali* sowie weiteren regionalen Akteuren andererseits.[1075] Zu den Aufgaben der *soprintendenti regionali* gehört es außerdem, den Gesamtüberblick über die Verteilung der Gelder sowie der personellen Ressourcen zu gewährleisten.[1076]

Diese strukturell tiefgreifende Reform stieß auf umfassende Kritik, wobei insbesondere die gestärkte Position der *soprintendenti regionali* kritisiert wurde.[1077] Neben ihrer als zu weitreichend angesehenen Kompetenzen wurde generell die Einrichtung bzw. Festigung einer zusätzlichen – zahlreichen Kritikern nicht notwendig erscheinenden – administrativen Ebene abgelehnt, da diese neben einer weiteren Verkomplizierung der Strukturen auch Kostensteigerungen nach sich ziehen würde.[1078] Eine eindeutige Tendenz zur Zentralisierung der kulturpolitischen Kompetenzen lässt sich jedoch trotz der Aufwertung des *segretario generale* und der dem Ministerium direkt unterstellten *soprintendenti regionali* nicht erkennen, da die Umstrukturierungen eine Gliederung in zwei Ebenen zur Folge hatte: Der zentralen politisch-administrativen Einheit innerhalb des Ministeriums steht diejenige der „uffici periferici" mit Aufgaben im Bereich der konkreten Umsetzung (*gestione*) gegenüber.[1079] Zudem sei noch einmal auf die ebenfalls in diesem Zeitraum erfolgte Einführung der *Soprintendenze speciali* für Florenz, Neapel, Rom und Venedig als „organi periferici dell'amministrazione, dotati di autonomia scientifica, finanziaria, organizzativa e contabile" verwiesen.[1080]

1074 Einige Autoren bezeichnen die *soprintendenti territoriali* auch als *soprintendenti di settore*; zu unterscheiden sind diejenigen „per il patrimonio storico-artistico, le soprintendenze per i beni architettonici e per il paesaggio, le soprintendenze per i beni archeologici e quelle per i beni archivistici"; sie werden definiert als „organi periferici dell'amministrazione e dipendono dalla competente direzione generale" (Il Presidente della Repubblica 29.12.2000, Capo IV, Art. 14, Abs. 1).
1075 Vgl. Il Presidente della Repubblica 29.12.2000, Capo IV, Art. 13.
1076 Vgl. Tamiozzo 2004, S. 409 f.
1077 Vgl. exemplarisch Dell'Orso 2002, S. 75 f.
1078 Villani etwa fordert Entwicklungen in die Gegenrichtung, nämlich „sburocratizzare il Ministero, rivedendo radicalmente la funzione delle Sovrintendenze regionali" (Villani 2005, S. 89).
1079 Vgl. Dell'Orso 2002, S. 74 f.
1080 Tamiozzo 2004, S. 412.

Die hierin erkennbaren Tendenzen zur Devolution wurde schließlich 2001 durch die Reform des Artikels V der Verfassung noch weiter verstärkt. Nun sollten prinzipiell alle Kompetenzen auf regionaler Ebene liegen – außer diejenigen für explizit festgelegte Themenfelder, bei denen der Staat Einheitlichkeit gewährleisten will und die entsprechend Art. 117 der „competenza esclusiva statale" unterliegen. Dies betrifft u.a. den Bereich der „tutela dell'ambiente, dell'ecosistema e dei beni culturali", während der „legislazione concorrente" die „valorizzazione dei beni culturali e ambientali e promozione e organizzazione di attività culturali" zugeordnet wurde.[1081] Die klare Festschreibung der *tutela* als staatliche Aufgabe unterstützt somit die bereits seit der „Legge Bassanini" von 1997 weitgehend etablierte Interpretation,[1082] dass die anderen Funktionen (*valorizzazione* und *promozione*) den übrigen Regierungsebenen unterlägen.[1083] Quasi als verspätete Antwort auf die Gründung der Regionen in den 1970er Jahren besteht das zentrale Element der Bassanini-Gesetze und der Reform des Artikels V somit in der Übertragung von Kompetenzen und Ressourcen vom Zentrum in die Peripherie[1084] – eine Entwicklung, der im Prinzip das Konzept der Subsidiarität zugrunde liegt.[1085]

Doch gleichzeitig steht in Art. 118 der überarbeiteten Verfassung folgendes zu lesen: „La legge statale disciplina [...] forme di intesa e coordinamento [fra Stato e Regioni] nella materia della tutela dei beni culturali."[1086] – wobei die Intensität von „semplici operazioni di cofinanziamento" bis zu „forme di cogestione tra Stato, regioni ed enti locali" etwa auf Basis gemeinsamer *associazioni* oder Stiftungen reichen kann.[1087] Dadurch wird die in Art. 117 eindeutig erscheinende Aufteilung der Kompetenzen teilweise wieder in Frage gestellt und dementsprechend konnten sich die verschiedenen Regierungsebenen nach wie vor nicht auf eine gemeinsame Interpretation in Bezug auf die Aufgabenverteilung

---

1081 Costituzione italiana, Seconda parte, Titolo V, Art. 117, comma 2, lettera s bzw. Costituzione italiana, Seconda parte, Titolo V, Art. 117, comma 3.
1082 Bereits Lg. 59/1997 ordnete in Art. 1, Abs. 3 die „tutela dei beni culturali e del patrimonio storico-artistico" den „materie riservate alla competenza amministrativa dello Stato" zu und zog damit den Anspruch der übrigen Regierungsebenen auf die Ausübung von *valorizzazione* und *gestione* nach sich. Doch erst die Festschreibung in der Verfassung führte zu einer weitestgehenden Anerkennung dieser Kompetenzverteilung (vgl. Barbati 2006b, S. 110).
1083 Vgl. Dell'Orso 2002, S. 215.
1084 Vgl. Dell'Orso 2002, S. 71.
1085 Vgl. Forte und Jalla 2004, S. 224.
1086 Repubblica Italiana 22.12.1947.
1087 Vgl. Dell'Orso 2002, S. 100.

im Kulturbereich einigen. So klar die Abgrenzung der Zuständigkeiten auf den ersten Blick also erscheinen mag: Es werden allgemein Überlappungen, eine starke Kompetenzzersplitterung sowie die fast unmögliche Abgrenzung der einzelnen Bereiche voneinander beklagt,[1088] was insbesondere für den Bereich der *gestione* zu Auseinandersetzungen führt(e):

> In particolare il Consiglio di Stato ha affermato in varie occasioni che nella Carta costituzionale la valorizzazione *ricomprende* la gestione, che sarebbe così oggetto di potestà legislativa concorrente. Ma non manca chi ritiene che, a fronte del silenzio della norma costituzionale, tutto ciò che non è rimesso alla potestà legislativa esclusiva statale o concorrente – è il caso della gestione – è di intera, esclusiva capacità regionale (art. 117, comma 4, Cost.).[1089]

Absprachen zwischen den unterschiedlichen staatlichen Ebenen im Sinne einer „coerente sussidiarietà" erscheinen schwierig,[1090] eine klare Abgrenzung der Kompetenzen nahezu unmöglich. ExpertInnen kritisieren folglich, dass die „Leggi Bassanini" und auch der neue Artikel V der Verfassung entgegen der eigentlichen Zielsetzung einer verstärkten Devolution die dominante Rolle des Zentralstaates in der Kulturpolitik zusätzlich festigen würden: Denn der Bereich der *tutela*, der nach wie vor als zentrales Element italienischer Kulturpolitik anzusehen ist, wird ganz eindeutig der höchsten Regierungsebene zugeordnet. Die als weniger bedeutend eingestuften Funktionen der *valorizzazione* und der *promozione* wurden dagegen den unteren Ebenen überlassen.[1091] Dell'Orso fasst zusammen: „[...] la storia recente dell'Italia repubblicana insegna che alla tendenza verso il decentramento si è sempre opposta quella centralistica. Vincente anche in clima di federalismo."[1092] Somit bleibt trotz der ursprünglichen Zielsetzung einer klaren Abgrenzung der Kompetenzen insbesondere aufgrund von widersprüchlichen Gesetzen das Problem der Zuständigkeiten weiterhin

---

1088 Vgl. Dell'Orso 2002, S. 73 oder auch Forte und Jalla 2004, S. 213 bzw. 224.
1089 Forte und Jalla 2004, S. 207.
1090 Vgl. Forte und Jalla 2004, S. 227.
1091 Vgl. Dell'Orso 2002, S. 95; zudem behält sich der Staat zahlreiche Kompetenzen etwa in Bezug auf archäologische Recherchen, die Ausfuhr von Kulturgütern oder Archive vor (vgl. Forte und Jalla 2004, S. 214).
1092 Dell'Orso 2002, S. 94; es wird jedoch auch auf die Gefahren weitergehender Devolution verwiesen: die Entstehung eines kulturpolitischen „Flickenteppichs", verstärkter Dualismus zwischen starken und (v.a. im Süden befindlichen) schwachen Regionen sowie Korruption durch die größere Nähe zu entscheidungsbefugten PolitikerInnen (vgl. Dell'Orso 2002, S. 95 bzw. 106 sowie Forte und Jalla 2004, S. 214 bzw. 226).

ungelöst. Fuortes bezeichnet deshalb die Opposition zwischen *centralismo* und *devoluzione* weiterhin als „problema irrisolto":[1093]

> Se, dunque, in tutto ciò che attiene alla valorizzazione ed alla gestione dei beni culturali statali il sistema di governo locale deve avere un ruolo, la legislazione degli anni '90 non è ancora assestata chiaramente. [...] Sicché, nonostante le spinte di decentramento dello scorcio del decennio, e le riforme costituzionali già in atto, ancora oggi lo Stato conserva forti capacità di ingerenza sull'intero patrimonio culturale nazionale, pubblico o privato, nazionale o locale. [...] Al momento non è quindi possibile definire un quadro di ripartizione dei compiti pubblici sui beni culturali davvero netto e rigoroso, essendo sempre necessaria la collaborazione ed il coinvolgimento di più livelli di governo, testimoniato del resto dall'enorme incremento degli atti di tipo concordatario [...] con i quali Stato e regioni e, talvolta, enti locali programmano gli investimenti nel settore, o definiscono modalità comuni di gestione/promozione.[1094]

Auch Cammelli kritisiert, dass das Verhältnis zwischen „*centro e Stato*" auf der einen, sowie „*regioni ed enti locali*" auf der anderen Seite in der Praxis nach wie vor undefiniert und somit dringend zu regeln sei.[1095] Aber ungeachtet aller Defizite und weiterhin bestehender Unklarheiten bewertet er die eingeleiteten Veränderungen als einschneidend:

> Le riforme amministrative (leggi Bassanini) e costituzionali ('nuovo' Titolo V) dell'ultimo decennio, infatti, non solo hanno trasferito al sistema regionale e locale una quantità di poteri senza precedenti ma implicano un radicale ripensamento dell'intero sistema amministrativo italiano che, dal 2001, è destinato ad essere meno statale e più locale, non più autosufficiente ma sussidiario, non più centralizzato ma autonomo, non più uniforme ma diversificato.[1096]

Doch die Verfassungsreform hatte nicht nur die Stärkung des Subsidiaritätsprinzips in vertikaler Hinsicht (also in Bezug auf das Verhältnis zwischen den einzelnen Regierungsebenen) zur Folge, sondern führte auch zu einer Dynamisierung der horizontalen Subsidiarität (in Bezug auf das Verhältnis zwischen öffentlichen und privaten Akteuren), „il che appare destinato ad avere rilevanti conseguenze nel settore in esame, imponendo il ripensamento sia sul ‚quanto' di pubblico che sul ‚come' delle sue modalità operative".[1097] Wie im vorangegangenen Kapitel

---

1093 Vgl. Fuortes 2004, S. 199.
1094 Forte und Jalla 2004, S. 215.
1095 Vgl. Cammelli 2006, S. XXIV.
1096 Cammelli 2006, S. XXI.
1097 Cammelli 2006, S. XXII; vgl. auch Barbarti Barbati 2006b, S. 107: „Accanto alla sussidiarietà verticale, che governa l'allocazione delle funzioni tra i livelli di governo, si colloca il principio di sussidiarietà orizzontale che informa, invece, la distribuzione dei compiti amministrativi tra pubblico e privato."

dargestellt, erfolgte zwar bereits seit Ende der 1990er Jahre eine zunehmende Öffnung des Kultursektors für private Akteure. Da die entsprechenden Regelungen jedoch in der Praxis nach wie vor kaum Anwendung fanden, bekräftigte die „Legge Finanziaria 2002" (Lg. 448/2001) noch einmal die Möglichkeit, „[di] dare in concessione a soggetti diversi da quelli statali la gestione di servizi finalizzati al miglioramento della fruizione pubblica e della valorizzazione del patrimonio artistico".[1098] Die Notwendigkeit diese Regelungen erneut festzuschreiben, zog den Vorwurf der Ineffizienz und Unnötigkeit nach sich;[1099] doch die mangelnde Klarheit der bisher existierenden Vorgaben für die Zusammenarbeit mit privaten Akteuren konnte auch durch die „Legge Finanziaria 2002" nicht behoben werden, die vielmehr „adito a confusioni, sovrapposizioni [...] e contenziosi" gab.[1100] Generell werden in diesem Kontext Parallelstrukturen und unklare Zuständigkeiten beklagt, die durch neue Akteure noch verkompliziert würden:

> È in questo quadro di generale confusione che capita di veder riaffiorare di quando in quando, solitamente in coincidenza con le finanziarie, l'ipotesi di vendere o dare in concessione a privati beni di proprietà statale, tra chi si dichiara favorevole e chi, immancabilmente, denuncia la svendita del Colosseo. Ultimo episodio del genere è quello legato al decreto legge 63 del 15 aprile 2002 che all'articolo 7 ha istituito la società 'Patrimonio dello Stato Spa' per 'la valorizzazione, gestione ed alienazione del patrimonio dello Stato'.[1101]

Zur Umsetzung dieser Aufgaben wurde die *Patrimonio dello Stato Spa* mit einem Kapital von einer Mio. Euro ausgestattet.[1102] Entscheidend für den Kulturbereich ist, dass Art. 7 dieses sogenannten „Decreto Tremonti"[1103] die Voraussetzung dafür schafft, dass auch sämtliche Kulturgüter – also „beni mobili e immobili" wie z.B. Nationalparks, Küsten, historische Gebäude, Denkmäler, Museen, Archive oder Bibliotheken – an die *Patrimonio dello Stato Spa* übertragen werden können. Dadurch wird es wiederum möglich, diese an die ebenfalls durch das „Decreto Tremonti" (Art. 8) geschaffene *Infrastrutture Spa* zu transferieren, deren Daseinszweck im „finanziamento delle infrastrutture" besteht und deren Aufgabe es ist „di favorire la realizzazione di infrastrutture, opere pubbliche e

---

1098 Il Presidente della Repubblica 28.12.2001, Art. 33.
1099 Vgl. Dell'Orso 2002, S. 131 ff.
1100 Villani 2005, S. 88.
1101 Dell'Orso 2002, S. 135.
1102 Vgl. Il Presidente della Repubblica 15.06.2002, Art. 7, Abs. 2.
1103 Die Bezeichnung der Lg. 112/2002, die in Folge des D.Lg. 63/2002 verabschiedet wurde, geht auf den damals amtierenden Finanz- und Wirtschaftsminister Giuglio Tremonti zurück (vgl. Villani 2005, S. 80).

investimenti a sostegno dello sviluppo economico attraverso la concessione di finanziamenti e la prestazione di garanzie".[1104] Doch die *Infrastrutture Spa* ist „aperta anche al capitale privato, incluse le banche, e che ha come finalità, non la migliore gestione, ma il finanziamento delle opere pubbliche"[1105] – eine Aufgabe, die u.a. durch den Verkauf von ihr übertragenen Kulturgütern erfüllt werden soll.[1106] Eine Einschränkung besteht lediglich in Bezug auf „beni di particolare valore artistico e storico", die nur mit Einverständnis des Kultur- und des Wirtschaftsministeriums an die *Infrastrutture Spa* übergeben werden können.[1107] In Folge dieser offensichtlichen Prioritätensetzung rief das „Decreto Tremonti" trotz der Sonderregelung für den Kulturbereich wütende Reaktionen hervor, da das historische und künstlerische Kulturerbe Italiens akut bedroht erschien.[1108] Villani weist darauf hin, dass die *Patrimonio Spa* wenigstens noch vorgebe, das Ziel einer verbesserten *gestione* anzustreben, während die *Infrastrutture Spa* ganz eindeutig das Ziel verfolge, die öffentlichen Haushalte zu konsolidieren und damit als „molto amara e devastante per il patrimonio culturale" einzuschätzen sei.[1109] Somit sei in der kulturpolitischen Gesamtentwicklung der 1990er und

---

1104 Barbati 2006a, S. 220.
1105 Villani 2005, S. 81.
1106 Barbati 2006a, S. 220 f.; verwiesen sei in diesem Kontext auf die D.P.R. 283/2000 (Verifica dell'interesse culturale del patrimonio immobiliare di proprietà pubblica), die in Art. 1 eine Auflistung aller Objekte fordert, die „interesse artistico, storico, archeologico ed etnoantropologico" haben und in Folge dessen ihre „alienazione o l'affidamento a gestione esterna mediante concessione o convenzione è soggetta ad autorizzazione". Alle übrigen Kulturgüter sind veräußerlich – wenn auch nur nach offizieller Autorisierung (vgl. Forte und Jalla 2004, S. 217).
1107 Vgl. Il Presidente della Repubblica 15.06.2002, Art 7, Abs. 10; vgl. auch Barbati 2006a, S. 220.
1108 Vgl. Barbati 2006a, S. 220 f.; erst durch den „Codice" (Capo IV – Circolazione in àmbito nazionale; Sezione I – Alienazione e altri modi di trasmissione, Art. 54) wurde im Jahr 2004 festgelegt, welche staatlichen Kulturgüter absolut unverkäuflich sind: „a) gli immobili e le aree di interesse archeologico; b) gli immobili dichiarati monumenti nazionali a termini della normativa all'epoca vigente; c) le raccolte di musei, pinacoteche, gallerie e biblioteche; d) gli archivi" (Il Presidente della Repubblica 22.01.2004). Urbani und Torsello erkennen dementsprechend gegenüber den Regelungen aus den vorangegangenen Jahren „maggiori cautele e garanzie" (Urbani und Torsello 2004, S. 17).
1109 Villani 2005, S. 81 f.; zwar schätzt Villani das Risiko, dass Kulturobjekte tatsächlich verkauft werden, als relativ gering ein; er kritisierte jedoch die Mechanismen der potentiellen Veräußerung, die lediglich im Ermessen der jeweils amtierenden Minister für Kultur und Finanzen lägen und diesen somit die Einstufung eines

frühen 2000er Jahre ein Angriff auf das durch die Verfassung geschützte Kulturerbe zu sehen:

> La nostra Costituzione riserva allo Stato il compito primario della tutela del patrimonio culturale e ambientale, ma negli ultimi anni la normativa ha subito modifiche radicali fino al punto di trasformarsi in un dedalo legislativo ponendo le premesse non solo per una (s)vendita del patrimonio culturale, ma allo stesso tempo per uno svuotamento della stessa Costituzione.[1110]

Doch der Gesetzgeber ließ sich von dieser umfassenden Kritik nicht von seinem Weg hin zu verstärkter Privatisierung und der Auslagerung von Kompetenzen an Kapitalgesellschaften abbringen: Die 1997 gegründete *Società italiana per i beni culturali Spa (SIBEC)* wurde 2004 auf Basis der Lg. 291/2003 (Art. 2) durch die *Società per lo sviluppo dell'arte, della cultura e dello spettacolo Spa (ARCUS)* ersetzt, was mit der Hoffnung auf „risultati più proficui di quelli, del tutto sterili, conseguiti dalla SIBEC Spa, sostanzialmente mai decollata sul piano concretamente operativo" verbunden war, jedoch zugleich dazu führte, dass eine noch weitergehende Abgabe staatlicher Kernkompetenzen für die italienische Kulturlandschaft und insbesondere die Kernkompetenz der *tutela* befürchtet wurde.[1111] Für *SIBEC* und auch für *ARCUS* war der Staat als Hauptgesellschafter zwingend

---

Kulturobjekts als integralen Teil der italienischen Identität – oder aber als Belastung für den öffentlichen Haushalt – überließen (vgl. Villani 2005, S. 82; vgl. auch Dell'Orso 2002, S. 136 f.). Er bezeichnet Art. 7 des „Decreto Tremonti" als „spinta perversa a monetizzare il ‚valore d'uso' di musei e gallerie" und kritisiert vor allem die Gefährdung „kleiner" Kulturgüter, die er als fundamental für die historisch-kulturelle Identität ihres jeweiligen Ortes bewertet (vgl. Villani 2005, S. 86) – eine Befürchtung, der sich auch Settis anschließt: „E la verità è che fino a ieri tutto il patrimonio artistico era per legge rigorosamente inalienabile, e che con la nuova legge può passare in mano alle due S.p.a. e/o essere alienato. È ben poco consolante che si debba cominciare da monumenti 'minori', e lo è anche se al Colosseo non si dovesse arrivare mai [...]." (Settis 2002, S. 139). Auch Bonini Baraldi kritisiert die nun geschaffene Option „pur nel rispetto di alcuni vincoli, di vendere il patrimonio culturale italiano". Sie sieht darin nach dem sich zunehmend durchsetzenden Konzept der „valorizzazione economica" den nächsten Schritt hin zu einem „concetto di mero 'sfruttamento economico' nel senso più bieco" (vgl. Bonini Baraldi 2007, S. 55 ff.).

1110 Villani 2005, S. 80; dieser Argumentation folgt auch Settis in *Italia S.p.A. – L'assalto al patrimonio culturale*, wo er – mit drastischen Worten – die Rückbesinnung auf Art. 9 der Verfassung über den Schutz des Kulturerbes fordert, da dieses die Basis der nationalen Identität darstelle (vgl. Settis 2002, S. 30).

1111 Tamiozzo 2004, S. 429.

vorgesehen und die Beteiligung weiterer (privater) Akteure eher sekundär. Barbati bezeichnet *ARCUS* deshalb als „soggetto formalmente privatistico, ma di natura sostanzialmente pubblica, nella disponibilità dello Stato", der durch das *Ministero dell'Economia e delle Finanze*, das *Ministero delle Infrastrutture e dei Trasporti* und das *Ministero per i Beni e le Attività Culturali* repräsentiert wurde.[1112] *ARCUS* sollte – wie bereits *SIBEC* – im Sinne einer gemeinnützigen Organisation dazu dienen, öffentliche und private Ressourcen zu mobilisieren und zielführend zu bündeln.[1113] Insbesondere diese Zwitterstruktur wurde wiederholt kritisiert,[1114] aber auch die „distribuzione di risorse a macchia di leopardo, che rispondono più a esigenze incidentali, che a una programmazione ragionata"[1115] und die implizierte „generale deresponsabilizzazione della sfera pubblica centrale dal settore dei beni culturali".[1116] Auch das Ministeriums betrachtete *ARCUS* und generell die damit verbundene Logik zunehmend kritisch:

> La società ARCUS ha tradotto in atto un'idea nata già negli anni Novanta (ricordo la precedente legge n. 352 del 1997, che prevedeva la costituzione della analoga società SIBEC). Si era pensato, allora, che l'introduzione di modelli aziendalistici o societari potesse rappresentare la soluzione più rapida ed efficace per 'svecchiare' il sistema amministrativo, renderlo più efficiente ed efficace, per far affluire nuovi soldi alle attività culturali, per puntare sull'apporto dei privati, per avviare forme innovative di partenariato pubblico-privato orientato sia al no profit, sia al settore profit delle imprese commerciali.

1112 Barbati 2006a, S. 223; das Gesellschaftskapital wurde vom *Ministero dell'Economia* gestellt, während die inhaltliche Steuerung vorwiegend durch das *Ministro per i Beni e le Attività Culturali* in Kooperation mit dem *Ministro delle Infrastrutture* erfolgen sollte. Theoretisch können bis zu 60% der Anteile von *ARCUS* an weitere staatliche und private Akteure ausgegeben werden (vgl. Tamiozzo 2004, S. 428).
1113 Vgl. Barbati 2006a, S. 223; in der entsprechenden Satzung („Statuto della Società per lo sviluppo dell'arte, della cultura e dello spettacolo") werden ihr folgende Aufgaben zugeschrieben: „La Società [...] ha per oggetto la promozione e il sostegno finanziario, tecnico-economico ed organizzativo di progetti e altre iniziative di investimento per la realizzazione di interventi di restauro e recupero di beni culturali e di altri interventi a favore delle attività culturali e dello spettacolo, nel rispetto delle funzioni costituzionali delle regioni e degli enti locali." (Il Presidente della Repubblica 2003, S. 1). Gefördert wurden beispielsweise das MAXXI in Rom (27,7 Mio. Euro seit 2006), das Verdi-Festival in Parma (4,8 Mio. Euro) oder die barocken Stadtzentren in Apulien (7,74 Mio. Euro) (vgl. ARCUS Spa 2012); für die Angaben zu den Ausgaben für die einzelnen Projekte vgl. Senato della Repubblica 2012, S. 4.
1114 Vgl. etwa Borioni und Untolini 2006, S. 155 f.
1115 Borioni und Untolini 2006, S. 163 f.
1116 Vgl. Borioni und Untolini 2006, S. 165.

La realtà di questi anni si è però rivelata più difficile e complicata e un po' differente rispetto alle previsioni. Il trend di questi organismi più vicini all'azienda o societari è venuto, di fatto, a duplicare le strutture amministrative con la creazione di nuovi organismi formalmente privati, ma sostanzialmente pubblici, ai quali demandare compiti già propri della struttura ministeriale.[1117]

Dementsprechend wurde *ARCUS*, basierend auf einer „logica di semplificazione e di inevitabile risparmio, delineando un percorso graduale di rientro delle funzioni fin qui esercitate da ARCUS all'interno della normale programmazione ministeriale",[1118] am 1. Januar 2014 aufgelöst.[1119]

In Folge der verstärkten Ausrichtung der italienischen Kulturpolitik auf den Privatsektor und insbesondere der Reform des Artikels V der Verfassung wurde – obwohl erst 1999 durch den *Testo unico* eine Überarbeitung der bis dahin geltenden Regelungen aus dem Jahr 1939 erfolgt war – eine erneute Korrektur der kulturpolitischen Rechtslage notwendig.[1120] Am 1. Mai 2004 trat somit der „Codice dei beni culturali e del paesaggio" (D.Lg. 42/2004) in Kraft,[1121] der die Unterscheidung zwischen *tutela, valorizzazione* und *gestione* bestätigte. Diese Entwicklung wurde als „‚rivoluzione' nei rapporti tra lo Stato e le regioni" bezeichnet und der „Codice" lässt somit sehr deutlich die bereits seit den 1990er Jahren erkennbare Tendenz zur Dezentralisierung und somit zur Übertragung von Kompetenzen auf untere Regierungsebenen erkennen.[1122] Jedoch wurde die Neuverteilung der Zuständigkeiten in Folge der Verfassungsreform von 2001 und nun dem „Codice" entsprechend der jeweiligen Funktionen sehr kritisch bewertet, obwohl dieser grundsätzlich die Zusammenarbeit der unterschiedlichen Ebenen ermöglicht:[1123]

1117 Senato della Repubblica 2012, S. 5.
1118 Senato della Repubblica 2012, S. 6.
1119 Vgl. Titolo II *Riduzione della spesa delle amministrazioni statali e degli enti non territoriali*, Art. 12, Soppressione di enti e società, Abs. 24 (Il Presidente della Repubblica 06.06.2012, S. 47).
1120 Vgl. Urbani und Torsello 2004, S. 10 f.
1121 Aufgrund seiner weitreichenden Auswirkungen auf das generelle Verständnis von Kulturpolitik fand der „Codice" bereits in Kapitel 2.2 zum Kulturbegriff in Italien Beachtung.
1122 Urbani und Torsello 2004, S. 19.
1123 Vgl. Art. 5 des „Codice" zu „Cooperazione delle regioni e degli altri enti pubblici territoriali in materia di tutela del patrimonio culturale" (Il Presidente della Repubblica 22.01.2004).

Al riguardo il codice sembra offrire una soluzione equilibrata, da un lato prevedendo ampi margini di cooperazione delle regioni e degli enti territoriali minori nell'esercizio dei compiti di tutela; dall'altro, distinguendo concettualmente la fruizione dalla valorizzazione propriamente detta [...] e privilegiando, nell'esercizio di entrambe dette funzioni, il modello convenzionale: Stato, regioni ed enti locali agiscono sulla base di programmi concordati, di intese ed accordi con l'obiettivo di costituire un sistema integrato di fruizione e valorizzazione.

La fruizione funge in questo modo da saldatura della 'frattura' fra tutela e valorizzazione. Atteso che la 'gestione' del bene culturale non è un'autonoma funzione, ma è l'insieme delle attività strumentali di tutela e di valorizzazione (non a caso il codice ha eliminato la confusa nozione di 'gestione' fornita dal d.lgs. 112 del 1998), il punto di sintesi tra tutela e valorizzazione, nella gestione del bene culturale, è dato dalla nozione di servizio pubblico di fruizione del bene culturale.[1124]

Problematisiert wird, dass der Begriff der *tutela* zunächst die Funktionen der „conservazione, valorizzazione, gestione, fruizione" umfasst habe. Doch mit dem D.Lg. 112/1998 „[l]e funzioni di gestione e valorizzazione dei beni culturali sono state infatti scorporate nella normativa dalla funzione di tutela"[1125] – ein Prozess, der schließlich im „Codice" durch die abgrenzende Definition der einzelnen Funktionen eine weitere Verstärkung erfahren habe und zu folgenden Konsequenzen führe:[1126]

Dalla definizione sorge innanzi tutto un problema di attribuzione e sovrapposizione di competenze. L'irrigidimento normativo di concetti fragili e non facilmente distinguibili, come quelli di tutela e valorizzazione, ha infatti dato il via ad un interminabile, poiché intrinsecamente irrisolvibile, quanto 'vuoto' dibattito sul significato dell'uno e dell'altro, con conseguenti notevoli problematiche in termini di attribuzioni di competenze ai diversi livelli dell'amministrazione pubblica (Stato, regioni e enti locali).[1127]

Auch Cammelli bewertet die abstrakte Aufteilung der Zuständigkeiten nach Funktionen und nicht länger nach „materie" als problematisch[1128] und Urbani schreibt hierzu folgendes:

1124 Urbani und Torsello 2004, S. 19.
1125 Bonini Baraldi 2007, S. 47.
1126 Zur Definition der einzelnen Funktionen vgl. Kapitel 2.2 bzw. Il Presidente della Repubblica 22.01.2004.
1127 Bonini Baraldi 2007, S. 47 f.
1128 Vgl. Cammelli 2006, S. XXII; Settis hält die grundsätzliche Trennung von *tutela*, *gestione* und *valorizzazione* für willkürlich oder gar „falsa e dannosa, perché tutela e gestione non si possono separare: sono due momenti intimamente connessi di un processo unico" (Settis 2002, S. 90).

[...] dall'altro, collocando il discrimine delle competenze tra i diversi livelli istituzionali non sugli oggetti e sul loro rilievo, bensì sulle funzioni (tutela allo Stato, valorizzazione alle regioni), ha creato una frattura artificiosa tra attività difficilmente concepibili separatamente se non in una visione puramente astratta e di scuola del patrimonio culturale e delle sue molteplici finalizzazioni.[1129]

Trotz dieser umfassenden Kritik an den Grundprinzipien des „Codice" wurde jedoch die grundsätzliche Initiative einer Neuordnung der Kulturpolitik im Sinne einer „risistemazione aggiornata [...] del corpus normativo sui beni culturali", die über die Ansätze des „Testo unico", der 1999 lediglich die bisher bestehenden Gesetze systematisierte, insgesamt begrüßt.[1130] Die Mängel der neuen Rechtslage traten jedoch schnell zu Tage, sodass 2006 sowie 2008 eine Überarbeitung des „Codice"[1131] insbesondere mit Blick auf die zunehmend an Bedeutung gewinnenden Phänomene Sponsoring und New Public Management erfolgte.[1132] Zudem fand das Phänomen der Fondazioni bancarie, die im Verlauf der 2000er Jahre eine immer wichtigere Rolle einnahmen, nun Berücksichtigung.[1133] Vor allem aber wurden die „forme di gestione" präzisiert:[1134] Bereits die Version von 2004 ermöglichte die „forma indiretta di gestione" (Art. 45 ff.), sodass die jeweiligen soprintendenti die Möglichkeit erhielten, die gestione von Kulturobjekten auf Genehmigung des *MIBAC* hin an Regionen und „altri enti pubblici territoriali interessati", also beispielsweise Kommunen zu übertragen (Art. 46, Abs. 1). Zugleich unterstrich der „Codice" die Möglichkeit der Beteiligung privater Akteure

---

1129 Urbani und Torsello 2004, S. 10.
1130 Vgl. Urbani und Torsello 2004, S. 26.
1131 Konkret handelt es sich um die D. Lg. 156/2006 sowie die D. Lg. 62/2008 (vgl. Ministero per i beni e le attività culturali 18.11.11).
1132 Vgl. zum *New Public Management* vertiefend Bonini Baraldi 2007; in der Einleitung führt Zan aus, dass sich in diesem Kontext insbesondere die Orientierung an den „drei Es" – „efficienza, efficacia, economizzazione" – etabliert habe und als Ausgangspunkt der mögliche Kompromiss „*publicly owned and privately run*" dienen könnte – „un'uscita mirata dal settore pubblico, riducendo le regole e l'eccessiva regolamentazione che caratterizza la pubblica amministrazione, spesso con conseguenze impreviste o inattese." (Bonini Baraldi 2007, S. 17 ff.).
1133 Vgl. Il Presidente della Repubblica 26.03.2008.
1134 Eine Maßnahme, die Barbati für dringend geboten hielt, da er die Möglichkeiten der „forme di gestione" noch weit von einer abschließenden Klärung entfernt sah und zentrale Aspekte insbesondere mit Blick auf die Zusammenarbeit mit Privaten, seien diese nun gewinnorientiert oder nicht, in der ersten Version des „Codice" ungeklärt geblieben seien und folglich keine Umsetzung in der Praxis gefunden hätte (vgl. Barbati 2006a, S. 195).

("persone giuridiche private"/"privati interessati") in Bezug auf *fruizione* und *valorizzazione* des Kulturerbes (Art. 112, Abs. 7 f.). Durch die neuen "forme di gestione" unter Beteiligung privater Akteure konnten innovative Strukturen und mitunter auch neue Geldquellen gefunden werden.[1135] So unterstützten zwischen 2006 und 2009 rund 45% der italienischen Unternehmen Kulturevents oder investierten in anderer Form in den Kulturbereich. Insbesondere die *Fondazioni bancarie* übernahmen während dieser Zeit eine zunehmend wichtige Rolle

> a farsi promotrici di sviluppo locale e di innovazione sociale. L'intervento delle fondazioni non si esaurisce, infatti, in una donazione una tantum di risorse e, soprattutto, l'istituzione bancaria non deve rispondere a un elettorato, avendo così la possibilità di dare continuità sul territorio alla propria azione.[1136]

Insgesamt entwickelte sich seit Beginn der 1990er Jahre eine kontinuierlich engere Beziehung zwischen öffentlichen und privaten Akteuren im Kulturbereich und die Rolle von Privatpersonen, privaten Unternehmen, Stiftungen, Bankenstiftungen und *associazioni* wird – nicht zuletzt aufgrund der neuen gesetzlichen Möglichkeiten durch den "Codice" – immer wichtiger.[1137] Zugleich stehen die öffentlichen Akteure durch die zunehmende Aktivität des Privatsektors unter verstärktem Druck, ihre Aufgaben insbesondere in finanzieller Hinsicht strategischer auszurichten und entsprechend gehobener Qualitätsstandards zu agieren.[1138]

1135 Vgl. Nardella 2006, S. 80; vgl. insgesamt zu diesem Themenkomplex auch Urbani und Torsello 2004 sowie Ferretti 2007a.
1136 Borgognosi und Camaleonte 2009, S. 112; eine genauere Darstellung der *Fondazioni bancarie* und ihrer finanziellen Beiträge für den Kulturbereich findet sich in Kapitel 4.2.3.
1137 Vgl. Trupiano 2005c, S. 128; dabei dürfe jedoch nicht vergessen werden, dass private Akteure stets den Fokus auf das Erzielen von (Image-)Gewinnen richteten, während das zentrale Ziel staatlicher Akteure der Erhalt der Kulturlandschaft und die Bereitstellung von Kulturangeboten sei. Für Trupiano ist folglich ausgeschlossen, dass der Privatsektor den staatlichen Kulturauftrag übernimmt (vgl. ebd., S. 129). Nardella warnt in diesem Kontext vor einem "modello di *laissez faire* in favore dei privati come finanziatori o portatori di esperienze gestionali" (Nardella 2006, S. 89).
1138 Vgl. Trupiano 2005c, S. 127; Settis sieht in den Bemühungen einer verstärkten Kooperation mit privaten Akteuren eine klare Niederlage des veralteten und unflexiblen öffentlichen Kultursektors: "Prendiamo pure atto che la pubblica amministrazione dei beni culturali non ha tenuto il passo coi tempi, non ha mostrato la necessaria flessibilità, non ha fatto crescere abbastanza la propria cultura amministrativa." Dementsprechend führt Settis weiter aus: "La vera urgenza nel campo dei Beni culturali in Italia è solidificare, riqualificare e rilanciare il sistema pubblico di

Seppure l'idea dell'estensione di forme di concorrenza nell'ambito della valorizzazione dei beni culturali possa risultare concettualmente difficile da ammettere, il tema della fruizione culturale ha acquisito una centralità e un protagonismo mai assunti in passato, tanto da divenire uno dei fattori decisivi per interpretare l'incontro tra due grandi processi: l'innovazione dell'amministrazione pubblica da un lato, e la crescente diffusione di politiche e modelli di privatizzazione dei beni, dei soggetti e dei servizi in campo culturale, dall'altro.[1139]

Doch die umfangreichen Veränderungen auf legislativer Ebene können nicht darüber hinweg täuschen, dass die italienische Kulturpolitik in finanzieller Hinsicht zu Beginn des neuen Jahrtausends starke Einschränkungen hinnehmen musste:

> La programmazione delle risorse ordinarie del bilancio dello Stato nel corso degli anni è divenuta sempre più esigua, fino a scendere nel 2009 a 1.719 miliardi euro, pari allo 0,23% del bilancio dello Stato (i 6.825 miliardi di lire spesi nel 2000 rappresentavano lo 0,30%), una percentuale comunque non in grado di soddisfare le molteplici esigenze di conservazione e di valorizzazione del nostro ricco patrimonio culturale, e che avrà delle inevitabili ricadute sui servizi offerti, sui musei, i restauri, la qualità della gestione e manutenzione del patrimonio. Il suddetto budget viene assorbito per l'81% dalla missione istituzionale di tutela e valorizzazione, mentre solo il 6% è attribuito alla ricerca e innovazione; a livello di tipologia di spesa, invece, quasi la metà (48,8%) del bilancio ministeriale è destinata a coprire i costi del personale e solo per il 18,4% è finalizzata agli investimenti.[1140]

Diese Zahlen machen deutlich, dass ein verstärktes Engagement privater Akteure nicht nur aufgrund des allgemein kleinen Budgets für Kultur, sondern auch mit dem Ziel einer Effizienzsteigerung forciert wurde. Es besteht jedoch Einigkeit darüber, dass diese Entwicklung nicht zu einem Rückzug des Staates aus der Kulturfinanzierung führen dürfe. Denn mit einer Ausgabenquote von 0,23% lag Italien im Vergleich zum Rest Europas, der circa 0,5 bis 1% seines Budgets für

---

conservazione, tutela e conoscenza del patrimonio artistico-culturale. Ricostruire il pubblico, per poter costruire un rapporto valido col privato." (Settis 2002, S. 79 bzw. S. 101).
1139 Nardella 2006, S. 76.
1140 Borgognosi und Camaleonte 2009, S. 107; die verringerten Finanzmittel zeigen direkte Auswirkungen auf das Kulturangebot, z.B. auf den Sektor „spettacolo": „Il 2011 è stato un anno particolare per il mondo dello spettacolo: la crisi globale ha evidentemente inciso in misura significativa sulla struttura stessa del settore, modificando, in modo sostanziale, l'offerta di spettacoli e la modalità di fruizione degli eventi proposti." (Società italiana degli Autori ed Editori 2012, S. 11).

Kultur ausgibt, bereits 2009 am Ende der Skala.[1141] Blickt man weiter zurück, lässt sich für die Zeit von 1990 bis 2007 insgesamt ein Anstieg der staatlichen Kulturausgaben um 19% erkennen. Hierbei ist jedoch zu beachten, dass auf lokaler Ebene ein Anstieg um 150% erfolgte, währen auf privater Seite (durch Sponsoring, Bankenstiftungen, Einnahmen aus Serviceeinrichtungen im Kulturbereich etc.) eine Erhöhung um 130% vorliegt. Im gleichen Zeitraum ging der Anteil des Ministeriums an den insgesamt für Kultur zur Verfügung stehenden Mitteln von 40% auf 24% zurück.[1142] Eine wichtige Einnahmequelle für die italienische Kulturpolitik stellt seit 1997 das Lotteriespiel dar („Legge finanziaria per il 1997", Lg. 662/1996): Im Jahr 2012 wurden damit 48 Mio. Euro für „il recupero e la conservazione dei beni culturali, archeologici, storici, artistici, archivistici e librari"[1143] bereit gestellt. Ziel ist es, diese Gelder strategisch einzusetzen, um langfristige Restaurationsarbeiten zu ermöglichen und damit in allen Regionen, insbesondere aber in den südlichen, ein verbessertes Angebot zu ermöglichen, wobei der Fokus eindeutig auf dem Bereich „arti" liegt.[1144]

Wie bereits die Abnahme des staatlichen Anteils an der Kulturförderung vermuten ließ, nahmen zwischen den Jahren 2000 und 2010 Regionen, Provinzen und Kommunen eine immer wichtigere Rolle ein: Sie verfügen über 45,5% der Kulturgüter und im Jahr 2007 investierten sie beispielsweise 3,4% ihrer Gesamtausgaben für Kultur – im Vergleich zum Staat mit damals 0,29%; in konkreten Zahlen gaben die Kommunen 2.477 Mio. Euro aus, das *MIBAC* 1.987 Mio. Euro. Die zahlreichen Gesetzesänderungen und v.a. die Verfassungsreform von 2001, die zum sogenannten „federalismo fiscale" führte, wurden jedoch als Gefahr für das Gleichgewicht zwischen Staat, Regionen und Kommunen in der Kulturfinanzierung bewertet. Zudem fallen der Kulturbereich und insbesondere die kulturelle Infrastruktur nicht unter die „servizi essenziali" oder „funzioni fondamentali", deren Finanzierung garantiert ist, sodass insbesondere die Kommunen keine Garantie für den langfristigen Erhalt ihrer kulturellen Infrastruktur geben können.[1145] Carmosino gibt folglich eine eher pessimistische Einschätzung der Gesamtsituation:

> Nel complesso [...] appare un quadro poco confortante: mentre i musei europei promuovono costantemente iniziative e progetti di rinnovamento, venendo incontro alle esigenze del pubblico, i musei italiani si trovano ancora in una fase di stagnazione,

---

1141 Vgl. Borgognosi und Camaleonte 2009, S. 105.
1142 Vgl. Borgognosi und Camaleonte 2009, S. 107.
1143 Vgl. Borgognosi und Camaleonte 2009, S. 108.
1144 Vgl. Bellisario 2004, S. 239 ff.
1145 Vgl. Borgognosi und Camaleonte 2009, S. 110.

concentrati maggiormente sulla propria conservazione, dunque a perpetuare se stessi, quasi sordi ad una domanda di cultura in continuo aumento.[1146]

Denn unabhängig von den massiven Schwierigkeiten in finanzieller und legislativer Hinsicht, hat das Interesse der BürgerInnen an Kulturangeboten zwischen 1998 bis 2008 eindeutig zugenommen: Es lässt sich für diesen Zeitraum ein Anstieg der Besucherzahlen von Museen und archäologischen Orten um 20%, von Theatern um 42,6% festhalten. Steigende Zahlen finden sich v.a. in Bezug auf kommunale Angebote; staatliche Angebote verzeichnen dagegen geringere Steigerungsraten.[1147] Um diese Entwicklung fortzusetzen, dürfe jedoch keine einseitige „spettacolarizzazione" des Kulturangebots erfolgen; vielmehr müsse der Fokus auf nachhaltige Initiativen ausgerichtet werden und der identitätsstiftende Wert von Kulturlandschaften verstärkte Wertschätzung erfahren.[1148] Notwendig sei zudem eine verstärkte Berücksichtigung der fortschreitenden Globalisierung sowie der für den Kulturbereich zunehmend prägenden Digitalisierung, die Auswirkungen auf das kulturelle Angebot und die Kulturpolitik Italiens zeigen und gerade mit Blick auf die Ausweitung des Publikums und seiner verbesserten Information Potenziale bieten.[1149]

Die kulturpolitischen Entwicklungen in Italien seit der Jahrtausendwende sind somit vielfältig und tiefgreifend. Insbesondere die Reform des Artikels V der Verfassung führte zur Veränderung von Rechtsgrundlagen und Zuständigkeiten der unterschiedlichen Regierungsebenen, sodass in Folge dessen durch den „Codice" im Jahr 2004 (sowie durch die Überarbeitungen von 2006 und 2008) eine Neuordnung der italienischen Kulturpolitik im Sinne des Subsidiaritätsprinzips erfolgte. Auch die zunehmende Präsenz privater Akteure im Kulturbereich wurde dadurch umfassend geregelt – eine Notwendigkeit, nachdem sich bereits in den 1990er Jahren eine veränderte Einstellung der staatlichen gegenüber den privaten Akteuren abgezeichnet hatte: Nachdem ihnen zunächst lediglich „technische" Aufgaben wie Inventarisierung oder Katalogisierungen

---

1146 Carmosino 2010, S. 210 (i.O. nicht kursiv).
1147 Vgl. Borgognosi und Camaleonte 2009, S. 115 ff.
1148 Vgl. Trimarchi 2007, S. 232; als problematisch sieht Zangrandi in diesem Kontext jedoch die bürokratischen Vorgaben, die häufig kurzfristig orientierten Mittelzuweisungen und eine eindeutige Orientierung am Ablauf an, während eigentlich eine Ausrichtung an Inhalten sinnvoll wäre. Die Folge seien häufige Konflikte zwischen „Bürokraten" und „Experten"; notwendig wären somit effiziente Managementmethoden – um eine strategische Weiterentwicklung zu gewährleisten und auch um die geringen finanziellen Spielräume optimal auszunutzen (vgl. Zangrandi 2007, S. 11).
1149 Vgl. exemplarisch Traclò 2007, S. 52 ff. sowie Vitale 2010, S. 190 ff.

bzw. das Sponsoring für eingeschränkte Initiativen zugestanden wurde, eine Beteiligung an der „gestione o valorizzazione dei beni culturali" aber ausgeschlossen erschien, entwickelte sich seit der „Legge Ronchey" aus dem Jahr 1993 eine starke Dynamik. Insbesondere das D. Lg. 368/1998 ermöglichte die Auslagerung von Kompetenzen an private Akteure, u.a. durch die Gründung von Vereinen, Stiftungen und Gesellschaften. Die Einführung der „gestione indiretta" in Folge des „Codice" unterstrich schließlich diesen umfassenden Richtungswechsel, der eine modernere und effizientere Kulturpolitik für Italien zum Ziel hatte.[1150]

Insgesamt lässt sich für das in diesem Kapitel vorgestellte Jahrzehnt festhalten, dass unzählige Gesetzesänderungen für den Kulturbereich erlassen wurden. Problematisch ist jedoch, dass diese häufig keine Umsetzung fanden bzw. ihre Implementierung durch eine erneute Änderung der Gesetzeslage nicht vollständig erfolgen konnte:

> Nonostante la nuova struttura ministeriale sia entrata ufficialmente in vigore dal primo agosto 2004 infatti (senza tener conto delle recentissime modifiche apportate nel 2006) la riforma così come strutturata in base alla normativa più recente nella realtà, e dunque dal punto di vista organizzativo, ancora non esiste. La norma non ha cioè ancora avuto modo di essere tradotta in azione organizzativa.
>
> Lo Stato continua dunque a svolgere direttamente ed in via sostanzialmente esclusiva non solo l'attività di regolamentazione nel settore dei beni culturali ma anche quella di amministrazione diretta. Per ciò che riguarda la funzione di tutela il Ministero non ha infatti ancora attuato forme di collaborazione con regioni ed enti locali, ed è ancora l'amministrazione responsabile della tutela di tutto il patrimonio culturale presente sul territorio, sia esso di proprietà pubblica o privata. Anche per ciò che riguarda le attività di fruizione e valorizzazione, il funzionamento del Ministero ricalca ancora (o meglio 'non ancora totalmente') la struttura delineata dal D.Lgs. 368 del 1998: esso gestisce infatti in forma diretta, ad esclusione di una importante sperimentazione della gestione in forma indiretta (la Fondazione per il Museo Egizio di Torino), tutti i beni di proprietà statale, non essendo state costituite ancora quelle istituzioni partecipate a cui il codice si riferisce. Le modalità di gestione in forma diretta, inoltre, non ricalcano affatto quelle previste dal codice e cioè ,amministrazioni, dotate di adeguata autonomia scientifica, organizzativa, finanziaria e contabile e provviste di idoneo personale tecnico' (art 115 comma 2).[1151]

Diese ernüchternde Bilanz zeigt, dass in legislativer Hinsicht zwar zahlreiche sowie umfassende Veränderungen vorgenommen wurden – die konkrete Umsetzung jedoch weitestgehend ausblieb. Auch mit Blick auf die Strukturen des

---

1150 Vgl. Bonini Baraldi 2007, S. 50 ff.
1151 Bonini Baraldi 2007, S. 62.

MIBAC hat diese Tatsache schwerwiegende Folgen, da ein Großteil der Energien durch die internen Umstrukturierungen absorbiert wurden, die konkreten Inhalte im Sinne der aktiven Gestaltung einer zeitgemäßen Kulturpolitik dabei jedoch in den Hintergrund traten.

> Siamo dunque di fronte ad un settore che nel giro di pochissimi anni è stato oggetto di una proliferazione normativa decisamente eccezionale che ha visto modificarsi più volte in base a nuove leggi, decreti e regolamenti, la conformazione del settore per ciò che riguarda la definizione delle funzioni, la distribuzione delle competenze tra stato, regioni ed enti locali, l'organizzazione ministeriale, il rapporto pubblico privato, la disciplina delle alienazione dei beni e così via.[1152]

Bonini Baraldi diagnostiziert, dass durch den kontinuierlichen Reformprozess große Unsicherheiten entstanden seien, die in der Folge häufig lediglich zu oberflächlichen Veränderungen geführt hätten und die Reformen insgesamt auf einer „logica per tentativi [...] e di correzioni ex-post [...] piuttosto che su una logica ex-ante [...]" basierten.[1153] Die konkreten Ergebnisse der kulturpolitischen Initiativen dieser Jahre bleiben somit weit hinter den Ansprüchen zurück. Inwiefern sich der Kreislauf immer neuer Reformen ohne faktische Resultate in den Jahren seit 2010 durchbrechen lies, wird im anschließenden Kapitel zur aktuellen Lage der italienischen Kulturpolitik thematisiert.

4.1.6 Kultur als Ausweg aus der Krise? — Aktuelle Herausforderungen für die italienische Kulturpolitik

Die kulturpolitischen Entwicklungen der letzten Jahre sind ganz eindeutig von der ökonomischen Gesamtsituation geprägt. Die seit 2008 andauernde Wirtschaftskrise des Euroraums zeigt Auswirkungen insbesondere auf die Finanzlage des Kulturbereichs, wie Bodo, langfristige Beobachterin der italienischen Kulturpolitik, berichtet: Vor allem die Gesetze zur Stabilisierung der

---

1152 Bonini Baraldi 2007, S. 64.
1153 Bonini Baraldi 2007, S. 65; die Autorin ergänzt: „Ancor più, sulla base dell'esperienza degli ultimi anni, sorge in un certo senso il dubbio che una reale applicazione organizzativa della più recente normativa possa effettivamente avvenire prima che le norme stesse vengano nuovamente modificate da ulteriori provvedimenti legislativi." Ein gewichtiger Grund für die Schwierigkeiten der Implementierung sei, dass nur in geringem Umfang Experten in die Reformprozesse einbezogen worden seien und die Ergebnisse folglich in der Praxis kaum anwendbar seien bzw. ohne Erfolg blieben – und als Konsequenz jeweils erneute Reformen eingeleitet wurden (vgl. Bonini Baraldi 2007, S. 66).

Haushaltslage[1154] führten zu drastischen Kürzungen: Im Jahr 2000 betrug der Etat des *MIBAC* noch 2.490 Mio. Euro; 2011 lag er – nach *ups and downs* im Verlauf des Jahrzehnts – bei 1.425 Mio. Euro, was einem Anteil an den staatlichen Gesamtausgaben von 0,19% entspricht, im Vergleich zu 0,36% im Jahr 2000.[1155] Eine der weitreichendsten Folgen davon ist die Reduzierung der MinisteriumsmitarbeiterInnen von 25.000 im Jahr 2005 auf 20.000 fünf Jahre später. Zudem verringerten auch die unteren Regierungsebenen ihre Ausgaben – laut Schätzungen um rund 1.100 Mio. Euro allein in den Jahren 2012/13. Besonders dramatisch sind diese Einschnitte, da Italien mit 0,21% des BIP für Kultur im Vergleich zum europäischen Mittel von 1,4% bereits weit zurückliegt und weitere Kürzungen diese Kluft vertiefen werden.[1156]

Auf Ablehnung stießen insbesondere die Einschnitte für den *Fondo unico per lo spettacolo*, der von 428 Mio. Euro (2010) auf 231 Mio. (2011) nahezu halbiert werden sollte:[1157] Daniel Barenboim (*La Scala*, Mailand) und Riccordo Muti (*Teatro dell'Opera di Roma*) protestierten genauso gegen diese Einschnitte wie zahlreiche prominente KünstlerInnen und Intellektuelle und die Gewerkschaften riefen zu einem dreitägigen Generalstreik in Museen und Theatern auf. In Folge des massiven Widerstands wurde schließlich durch das D. Lg. 34/2011 der Etat des *MIBAC* um 236 Mio. Euro aufgestockt und der *Fondo unico per lo spettacolo* weniger stark gekürzt, was durch eine Erhöhung der Mineralölsteuer finanziert wurde. Die Auseinandersetzungen zum Thema kreisen dabei vor allem um den Grundkonflikt, ob es sich bei Kulturausgaben um *Kosten* oder aber langfristige *Investitionen* handle, die die entscheidende Basis für die Attraktivität und Wettbewerbsfähigkeit Italiens in der Zukunft legen könnten. Bisher konnte sich – gerade in Anbetracht der prekären Finanzlage – die Einordnung von Kultur als entscheidendes Kapital für die wirtschaftliche Wiederbelebung Italiens nicht durchsetzen. Und die mangelnde Finanzierung zeigt bereits Spuren: Nicht nur Pompei,

---

1154 Von Bedeutung ist insbesondere Lg. 220/2010 „Disposizioni per la formazione del bilancio annuale e pluriennale dello Stato (legge di stabilità 2011)".
1155 Bodo 2012.
1156 Vgl. Caliandro und Sacco 2011, S. 24.
1157 Doch bereits in den vorangegangen Jahren zeigte sich ein Rückgang der Mittel für den *FUS*: Beliefen sich diese im Jahr 2000 beispielsweise für die Region Piemont noch auf gut 25 Mio. Euro und steigerten sich bis 2005 auf knapp 27,5 Mio. Euro, so standen 2011 nur noch 21 Mio. Euro zur Verfügung – ein Rückgang, der v.a. die Bereiche „cinema" und „musica" betraf (vgl. Osservatorio culturale del Piemonte und IRES Piemonte 2013, S. 75).

sondern auch Museen (für moderne Kunst), Opernhäuser und Zeitungen sind in ihrem Bestand akut gefährdet.[1158] Die mangelnde Finanzierung kultureller Angebote durch den Staat führt langfristig zu einer Verarmung der Kulturlandschaft, was wiederum eine Verringerung der Nachfrage von Seiten des potentiellen Publikums zur Folge hat und somit den Einstieg in einen *circolo vizioso* bedeutet.[1159] Besonders schwerwiegend ist in diesem Kontext aber, dass verringerte Anstrengungen bzw. Ausgaben von staatlicher Seite auch eine Abnahme privater Kulturfinanzierung zur Folge haben: Insbesondere die *Fondazioni bancarie*, die in den vorangegangenen Jahren eine zunehmend wichtigere Rolle in der Kulturfinanzierung übernommen haben, reduzieren aktuell ihre Beiträge ganz erheblich.[1160] Demzufolge, so Ferretti, dürfe sich der Staat trotz privater Finanzierungsalternativen auch langfristig nicht aus der Kulturfinanzierung zurückziehen – denn nur die Kombination öffentlicher und privater Gelder garantiere eine angemessene Finanzierung und den Erhalt des inzwischen erreichten Niveaus in der *tutela* und *valorizzazione* des italienischen Kulturerbes.[1161]

Dennoch setzte auch Lorenzo Ornaghi, von 2011 bis 2013 Kulturminister im Kabinett Monti, weiterhin auf die Beteiligung privater Investoren, wie er in einem Interview mit der Wochenzeitung *Die Zeit* erklärte: Das Engagement von Diego della Valle für das Kolosseum in Rom oder die Übernahme des Fondaco dei Tedeschi in Venedig durch *Benetton* – die jeweils erhitzte Diskussionen über den Wert der Kultur und die Grenzen ihrer Vermarktung hervorriefen – könnten hierfür Beispiele sein. Doch abgesehen von wenigen Prestigeprojekten werde es insgesamt ohne das Engagement der BürgerInnen nicht möglich sein, den kulturellen „Dauernotstand" zu beheben. Ornaghi fordert deshalb einen umfassenden Mentalitätswandel und ruft die Europäer dazu auf, sich endlich als Kulturbürger zu empfinden – denn nur

---

1158 Beispielhaft sei lediglich auf die unsichere Lage des *Teatro Stabile Napoli* verwiesen (vgl. Giannini 2013).
1159 Vgl. Cipoletta 2011, S. 9.
1160 Vgl. Cipoletta 2011, S. 8; vgl. hierzu ausführlicher Kapitel 4.2.3. Dass sich die privaten Kulturausgaben analog zu den staatlichen entwickeln, zeigt der Rückgang öffentlicher Gelder um 43% parallel zu 40,5% der privaten Investitionen für den Zeitraum 2008 bis 2011. Auch eine Abhängigkeit der Ausgaben von Regionen und Kommunen von denjenigen der nationalen Ebenen lässt sich nachweisen (vgl. Grossi 2012b, S. 41 ff.).
1161 Vgl. Ferretti 2007a, S. 33 f.

so könne der Erhalt des umfangreichen Kulturerbes gelingen.[1162] Als Voraussetzung für die aktive Beteiligung der BürgerInnen wird jedoch zunächst eine veränderte Prioritätensetzung von Seiten der Politik gefordert – und zwar nicht allein mit Blick auf die Finanzsituation:

> In Italia la complicata congiuntura economica si è accompagnata con una consistente diminuzione delle risorse di provenienza pubblica per il mondo della cultura, giustificata apparentemente dalla necessità di manovre per ridurre il debito pubblico e fronteggiare la crisi, ma in realtà nel solco di un progressivo processo di disimpegno e riconsiderazione del ruolo della Pubblica Amministrazione nel sostegno ai diversi settori culturali. Emerge prepotentemente un tema di legittimazione delle politiche pubbliche di spesa per la cultura e contemporaneamente si assiste ad lento declino del rapporto con una classe politica sempre più disinteressata, ma soprattutto incapace di infondere respiro strategico alle politiche ed agli interventi per questo settore, che nei fatti non risulta essere inserito nella scala delle priorità nazionali.[1163]

„Il finanziamento non è tutto. Anzi!" – ist auch die Meinung von Merlo in ihrem in der Fachzeitschrift der *Associazione per l'Economia della Cultura* erschienen Artikel „Finanziamenti pubblici alla cultura: meno ma meglio", der die Problematik in der grundsätzlichen Ausrichtung der Politik, der Bewertung ihrer Ergebnisse sowie dem Management im Kulturbereich sieht. Die Autorin hält es vor allem für notwendig, effektive und langfristige Strategien, Evaluationskriterien und Kontrollmechanismen für die kulturpolitische Entwicklung Italiens (im Sinne des *policy making* und in der Folge der *policy evaluation*) zu entwickeln. Die *enti pubblici* könnten dabei nicht länger nur die Rolle des Finanziers übernehmen; vielmehr müssten sie kulturpolitische Visionen und konkrete Ziele entwickeln sowie zu „formulatori e valutatori di politiche" werden – „un ruolo molto più difficile, che richiede intelligenza, competenza, rigore, moralità, e che per definizione ha sempre un costo in termini di popolarità".[1164] Doch die staatlichen Akteure müssten bereit sein, auf Routine basierende Erwartungen zu enttäuschen – auch auf die Gefahr hin, sich (vorübergehend) unbeliebt zu machen. Merlo fordert, dass die Politik ihre Rolle als *policy maker* annehmen und insbesondere in Krisenzeiten mit beschränktem Budget die vorhandenen Mittel als strategischen Hebel und explizites Auswahlkriterium einsetzen müsse: „Meno fondi, ma amministrati meglio" sollte somit die Devise lauten.[1165]

1162 Vgl. Schönau 2012.
1163 Argano 2011, S. 3.
1164 Vgl. Merlo 2011, S. 14.
1165 Vgl. Merlo 2011, S. 14 ff.; auch Borletti Buitoni fordert eine klarere Prioritätensetzung in Bezug auf die Verteilung der Gelder: „L'azione pubblica ha troppo

Auch Caliandro und Sacco bewerten in *Italia Reloaded. Ripartire con la cultura* strategische Planung und innovative Kulturproduktion als einzige Möglichkeiten, den ökonomischen, sozialen und intellektuellen „blocco" Italiens zu durchbrechen.[1166] Grundlage hierfür wäre jedoch, dass nicht nur bereits Bestehendes gefördert wird – „con l'ovvio risultato di togliere qualunque spazio alle nove iniziative, che non hanno ancora (per così dire) diritto di cittadinanza"[1167] – sondern eine klare Auswahl getroffen wird, eine generelle Emanzipation des Geschmacks stattfindet und neuen, innovativen Ideen, die stets *bottom-up* entstünden, offen begegnet wird.[1168] Davon sehen die Autoren Italien allerdings noch weit entfernt: Sie beklagen mangelndes Interesse an neuen Kulturprodukten, der „produzione creativa attuale",[1169] und die generelle Tendenz, Kulturgüter mit nostalgischem Blick als „Schätze" wahrzunehmen, „che stanno lì, fermi, senza che nessuno li tocchi o li sposti" und deren *fruizione* sie folglich als „bloccata, totalmente passiva" beschreiben.[1170] Um Bewegung in das Gesamtsystem zu bringen, brauche Italien einen umfassenden Mentalitätswandel. Die Autoren kritisieren jedoch, dass selbst die Ideen für Italiens Zukunft von „gente ferma a un codice passato, anacronistico" vorgegeben würden – wo doch insbesondere mit Blick auf die Kulturpolitik Kreativität und v.a. die Umsetzung innovativer Ideen sowie das Angebot neuer Identitätsentwürfe im Mittelpunkt stehen sollten.[1171] Kreativität und Kultur als Ausgangspunkte für Innovationen sowie eine engere Vernetzung mit der Bildungs- und Wirtschaftspolitik – in diesem Sinne sehen Caliandro und Sacco die kulturpolitische Zukunft Italiens. Sie konstatieren jedoch zugleich, dass sich Kultur und Wirtschaft, nachdem sie bis vor kurzem weit voneinander getrennte Bereiche waren, inzwischen bedrohlich nahe stünden, da bisweilen der Eindruck entstehe, als hätte Kultur nur ein Existenzrecht, wenn sie wirtschaftliche Erfolge erzielt.[1172] Die Gefahr einer

---

frequentemente considerato la cultura un ambito funzionale alla distribuzione a pioggia di già esigui contributi, non secondo criteri di qualità o in base a una pianificazione utile alla crescita culturale di una regione o del Paese, ma secondo criteri derivanti da sfacciate propensioni, che da noi dilagano, verso gli 'amici', o peggio verso gli 'amici politici'." (Borletti Buitoni 2012, S. 73).
1166 Vgl. Caliandro und Sacco 2011, S. 12.
1167 Caliandro und Sacco 2011, S. 116.
1168 Vgl. Caliandro und Sacco 2011, S. 128 ff.
1169 Vgl. Caliandro und Sacco 2011, S. 22 f.; vgl. hierzu auch Kapitel 4.2.2 zur Kultur- und Kreativwirtschaft in Italien.
1170 Caliandro und Sacco 2011, S. 25.
1171 Vgl. Caliandro und Sacco 2011, S. 137 ff.
1172 Caliandro und Sacco 2011, S. 7.

zunehmenden Ökonomisierung von Kultur spiegelt sich dabei insbesondere in ihrer Gleichsetzung mit dem Rohstoff Öl:

> La cultura come il petrolio: nessuna metafora potrebbe essere più adatta per rappresentare la povertà mentale di questi anni. Il petrolio è un bene strumentale, che non ha valore in sé ma solo per produrre altri beni. [...] La cultura, in realtà, non potrebbe essere, dal punto di vista economico, più diversa dal petrolio. Richiede investimenti consistenti e rischiosi, ha un enorme valore intrinseco, e produce economie soltanto se è inserita in un contesto sociale caratterizzato da alti livelli di sviluppo umano e da una elevata propensione alla partecipazione dell'intera società civile. [...] I beni culturali non producono quindi valore economico se non si creano le condizioni opportune per la loro fruibilità.[1173]

Ausdruck der „visione ‚petrolifera'" seien die sogenannten „città d'arte", die aufbauend auf den bereits vorhandenen (Kultur-)Beständen nach den Bedürfnissen der Touristen gestaltet würden und durch „un'identità culturale totalmente incentrata su un passato definito e cristallizzato" sowie „un disinteresse pressoché completo per le forme di produzione culturale innovativa e legate alla contemporaneità" charakterisiert seien. Die kulturellen Bedürfnisse der Bevölkerung blieben dabei weitgehend unberücksichtigt und die Städte liefen Gefahr zur Kulisse für Erinnerungsfotos zu werden, die ohne Touristen und die entsprechenden Geschäfte und Restaurants zu „Nicht-Orten" würden.[1174] Als einzig möglichen Ausweg aus der Konzeption der „città d'arte" sehen die Autoren die verstärkte Beteiligung der StadtbewohnerInnen an der kommunalen Gesamtentwicklung sowie die Integration von Kultur als Teil einer „politica di welfare realmente moderna ed efficace" in den Alltag.[1175]

Auch Bodo sieht in zivilgesellschaftlichen Initiativen ein mögliches Korrektiv zum gesamtstaatlichen Versagen:

1173 Caliandro und Sacco 2011, S. 97 f.
1174 Vgl. Caliandro und Sacco 2011, S. 99 ff.; Caliandro und Sacco führen hierzu weiter aus: „Pensare che una rivitalizzazione turistica possa condurre a una rinascita culturale di una città è un errore grossolano: se la città non è stata in grado di esprimere autonomamente una sua vitalità culturale, un'eventuale operazione di marketing urbano che ne promuovesse l'attrattiva turistico-culturale, anche e soprattutto se avesse successo, finirebbe per comprometterne la progettualità innovativa [...] attraverso la progressiva affermazione e il consolidamento della logica ottusamente immobilista della rendita, che produce gli effetti che abbiamo sotto gli occhi." (ebd., S. 105). „Bestes" Beispiel hierfür ist wohl Venedig, das täglich von Tausenden von Touristen überrannt wird – wodurch die Lebensqualität für die kontinuierlich weniger werdenden EinwohnerInnen erheblich beeinträchtigt wird.
1175 Vgl. Caliandro und Sacco 2011, S. 106 f.

There is an urgent need to reverse such a situation: due to the protracted semi-hibernation of government action in this field, it is now up to civil society to take up the challenge. In this respect, prospects are becoming more encouraging in present times, as the awareness of the invaluable endogenous asset for our country's social and economic development represented by Italy's arts and heritage traditions is spreading out. Surprisingly enough, artists, cultural institutions, art and heritage associations, cultural economists are not alone in this belief any more, having found a quite unexpected ally in Confindustria, the Confederation of Italian Industry.[1176]

Denn in diesem Sinne veröffentlichte die *Confindustria* im Februar 2012 in ihrer Tageszeitung *Il Sole 24 Ore* den vieldiskutierten Beitrag „Niente cultura, niente sviluppo", der die kulturelle Entwicklung des Landes mit den sozioökonomischen Perspektiven verknüpft und folglich zur stärkeren Berücksichtigung kultureller Themenfelder in der Regierungsarbeit aufruft. Der Artikel stieß auf breite Resonanz und *Il Sole 24 Ore* bot für mehrere Wochen eine Diskussionsplattform zum Themenfeld.[1177] Der Beitrag basiert auf den folgenden fünf Punkten:

1. *Una costituente per la cultura*: Kultur müsse – entsprechend Artikel 9 der Verfassung – wieder ins Zentrum der Regierungsarbeit rücken und ihr Beitrag zur Entwicklung des Landes verstärkt Berücksichtigung finden.
2. *Strategie di lungo periodo*: Mittel- und langfristig könne (ökonomische) Entwicklung nur auf Basis von Kultur und Bildung, Forschung und Innovation entstehen, sodass Kultur und die entsprechenden Ministerien nicht länger marginalisiert werden dürften.
3. *Cooperazione tra i ministeri*: Das Kulturministerium müsse mit demjenigen für Wirtschaft und Entwicklung, für Soziales, Bildung und Forschung, Umwelt und Tourismus sowie dem Außenministerium und dem *Presidente del Consiglio* kooperieren. Zudem müsse eine engere Zusammenarbeit zwischen Nord und Süd, Zentrum und Peripherie sowie staatlicher und regionaler Ebene erfolgen.
4. *L'arte a scuola, il merito e la cultura scientifica*: Kultur müsse auf allen Bildungsebenen präsent sein und eine Verbesserung der Wissenschaftskultur solle dazu führen, der „fuga dei cervelli" entgegenzuwirken.
5. *Complementarità pubblico-privato, sbravi ed equità fiscale*: Die Zusammenarbeit zwischen staatlichen und privaten Akteuren müsse sich konsolidieren und verstetigen – wobei private Initiativen nicht zum Rückzug des Staates führen dürften, da nur gemeinsam die Hindernisse überwunden werden könnten und Entwicklung gelingen könne.[1178]

1176 Bodo 2012.
1177 Vgl. Bodo 2012.
1178 Il Sole 24 Ore 2012.

Auch der *Rapporto annuale Federculture 2012* positionierte sich bereits mit dem Titel *Cultura e sviluppo - La scelta per salvare l'Italia* sehr eindeutig. Roberto Grossi, der Präsident von *Federculture*, hält die aktuelle Krise des Kulturbereichs für eine umfassende Problemlage:

> Quindi il problema che abbiamo davanti non è solo quello di trovare i soldi necessari per restaurare i monumenti che cadono o per tenere aperti teatri e musei. Una rivoluzione culturale è necessaria per riaffermare che nella società del XXI secolo, in piena recessione economica, occorre davvero voltare pagina puntando a un cambiamento di mentalità e a una nuova idea di progresso, che ricongiunga il benessere economico alla qualità della vita, il mercato a un sistema di maggiore uguaglianza delle opportunità, l'interesse generale alla facoltà di esercitare la libera espressione di ogni individuo. In fondo il declino del XX secolo altro non è stato che la dissociazione tra progresso scientifico e progresso morale.[1179]

Grossi ist der Meinung, dass nur eine „rivoluzione culturale" und massive Investitionen in den Bildungsbereich Italien aus der Krise führen könnten. Er beklagt zudem das Fehlen strategischer Visionen und sieht in der größeren Autonomie des Kultursektors vom Staat einen Ausweg aus der Stagnation.[1180] Zentrales Ziel aller Aktivitäten müsse dabei Nachhaltigkeit sein und langfristige Veränderungen ließen sich seiner Meinung nach nur erreichen, wenn Italien das Vertrauen in sich selbst, in die eigene Identität wiederfinde. Das aktuelle wirtschaftliche, politische und moralische Debakel Italiens lässt sich laut Grossi nur beheben, wenn sich eine „cultura della legalità" durchsetze. Zentral für die Entwicklung des Landes sei zudem eine umfassende Reform des Bildungsbereichs („l'istruzione è una chiave dello sviluppo") und verstärkte Investitionen in Forschung und Entwicklung mit dem langfristigen Ziel, der „fuga di talenti" Einhalt zu bieten und den jungen Generationen eine Zukunft zu bieten. Grossi erkennt die Notwendigkeit, den BürgerInnen die eigene Kultur wieder nahe zu bringen

---

1179 Grossi 2012b, S. 16 f.
1180 Grossi 2012b, S. 20 ff.; auch Borgognosi und Camaleonte unterstreichen das Entwicklungspotenzial von Kultur: „La cultura è un valore in sé, che va difeso al di là delle sue possibili ricadute produttive, ma questo non vuol dire rinunciare a una gestione del patrimonio artistico e culturale che punti a ridurre gli sprechi e a ottenere il miglior ritorno possibile anche in termini economici. Le attività culturali, sebbene non generino direttamente profitti, creano effetti positivi per il turismo, il commercio e l'economia in generale. Ma per massimizzarne i benefici è necessario mutare la prospettiva che considera il patrimonio artistico, storico e paesaggistico solo come un bene da conservare ritenendolo, invece, un capitale da valorizzare per generare concrete opportunità di sviluppo." (Borgognosi und Camaleonte 2009, S. 124).

und die Wertschätzung für das Kulturerbe zu erneuern. Doch im „Paese del non fare" sieht er vor allem in der generellen „assenza della politica" ein Hemmnis für die Weiterentwicklung Italiens.[1181] Mit Blick auf die Zusammenarbeit zwischen staatlichen und privaten Akteuren im Kulturbereich sei eine Weiterentwicklung von der Logik des *sponsorship* hin zu einer des *partnership* erforderlich. Hinderlich sei dabei allerdings das generelle Fehlen verbindlicher Regeln, „[e]ccessiva frammentarietà, macchinosità delle procedure, mancanza di adeguata informazione" und fehlende Langzeitplanung.[1182]

> L'unica via per superare la dicotomia pubblico-privato è, dunque, quella di sanare le attuali contraddizioni, normative ed economiche, del nostro sistema e avviare una reale convivenza e cooperazione tra i due soggetti, fondata su un quadro regolamentare chiaro che delimiti le rispettive sfere di azione, di reciproco sostegno e d'intervento nella gestione, in una logica di 'sussidarietà'.[1183]

In Kooperation zwischen staatlichen und privaten Akteuren müssten die Antworten auf die beiden zentralen Zukunftsfragen gefunden werden, nämlich „come estendere la fruizione della cultura [e] come trovare i finanziamenti". Grossi schlägt vor, dass zunächst Kulturorte ohne Besucher geschlossen werden sollten, der Staat sich stärker aus der konkreten Kulturarbeit zurückziehen und mehr Kompetenzen an unabhängige Akteure übergeben werden sollten. Darüber hinaus müssten die durch Kulturinstitutionen eingenommenen Gelder auch dem Kulturbereich zu Gute kommen – und dürften nicht im Gesamthaushalt untergehen. Außerdem könnten weitere Steueranreize und verbesserte Kooperationen zwischen den verschiedenen Regierungsebenen zu einer Revitalisierung des Kultursektors beitragen.[1184]

Im Grunde ist auch die Politik der Meinung, dass ein enger Bezug zwischen Kultur und Wirtschaft bestehe und Kultur(-politik) im weiteren Sinne einen wichtigen Beitrag zur Lösung der aktuellen Krise leisten könnte: „Il ruolo della cultura, intesa anche come conoscenza e ricerca, diventa sempre più cruciale nel determinare gli equilibri socio-economici delle nazioni e nel costruire il benessere duraturo delle società."[1185] Kulturminister Ornaghi erklärte zusammen mit seinen Kollegen Corrado Passera, *Ministro dello Sviluppo Economico e delle*

1181 Grossi 2012b, S. 26 ff.
1182 Grossi 2012b, S. 41 f.
1183 Grossi 2012b, S. 42.
1184 Grossi 2012b, S. 50 f.
1185 Vgl. Ornaghi 2012, S. 12.

Infrastrutture e Trasporti, sowie Francesco Profumo, *Ministro dell'Istruzione*, dass die Investitionen Italiens in Kultur, Bildung und Forschung unzureichend seien. Sie fordern eine verbesserte *valorizzazione*, um die Entwicklung Italiens zu einer „Repubblica della conoscenza" und einer offenen und modernen Gesellschaft voranzutreiben.[1186] Insgesamt besteht somit Konsens darüber, dass Kulturpolitik einer Neuausrichtung bedarf und ihr eine zentrale Rolle für die Überwindung der aktuellen Krise sowie die Weiterentwicklung Italiens zukommen wird:

> Può sembrare peregrino in un momento di grave crisi come questo parlare di cultura, di produzione e di fruizione culturale, di costruzione dell'identità. Ma sono proprio questi gli unici fattori che, se lo capiremo per tempo, potranno davvero salvarci e proiettarci nel futuro molto più fiduciosi di prima, dal momento che l'arte, la cultura e la creatività sono palestre naturali di *preinnovazione*. Questa è la vera risposta alla crisi economico-sociale, naturalmente da articolare e calibrare a seconda dei casi e delle dimensioni progettuali, dal livello del singolo a quello della nazione: la cosa più importante è riconoscere sul serio che ce l'avevamo davanti, e non ce n'eravamo accorti.[1187]

Inwiefern sich auf den einzelnen Ebenen eine konkrete Umsetzung dieser Ziele abzeichnet, werden, nach einer kurzen Zusammenfassung der Entwicklung der italienischen Kulturpolitik von ihren Anfängen bis heute, die folgenden Ausführungen zu den strukturellen Rahmenbedingungen der italienischen Kulturpolitik sowie insbesondere die Auswertung der Interviews zeigen, die einen aktuellen Blick auf die kulturpolitische Situation in Italien ermöglichen.

4.1.7 Zusammenfassung

Die vorangegangenen Kapitel haben die wichtigsten Aspekte der historischen Entwicklung italienischer Kulturpolitik von ihren Anfängen bis heute beschrieben, die nun in ihrer Bedeutung (für die aktuelle Kulturpolitik) reflektiert werden sollen.

Die Grundlage für die „tutela delle cose d'interesse artistico e storico" wurde durch erste gesetzliche Regelungen im Jahr 1939 gelegt, worauf Art. 9 der

---

1186 Vgl. Ornaghi et al. 2012, S. 13 f.; auch Ministerpräsident Enrico Letta hat in seiner Regierungserklärung vom 5. Mai 2013 diesen Ansatz unterstrichen: „Mi prendo l'impegno: Io mi dimetto se dovremmo fare dei tagli alla cultura, alla ricerca e all'università."
1187 Caliandro und Sacco 2011, S. 135 f.

Verfassung von 1947 aufbaut, der den Staat seitdem zum grundsätzlichen Schutz und zur Pflege des Kulturerbes verpflichtet. Kultur war in der Nachkriegszeit und bis in die 1960er Jahre hinein ein Elitenphänomen und erfuhr erst durch die Arbeit der *Commissione Franceschini*, die das Konzept des „bene culturale" etablierte, größere Aufmerksamkeit. Dies hatte auf institutioneller Ebene die Einrichtung des *Ministero per i Beni Culturali e Ambientali* im Jahr 1975 zur Folge. Langfristige Auswirkungen sollte die Gründung der Regionen in den 1970er Jahren haben, da hiermit ein genereller Prozess der Dezentralisierung mit entscheidendem Einfluss auf die Organisation der Kulturpolitik Italiens angestoßen wurde. Für die 1980er Jahre lässt sich ein starker Anstieg der Finanzmittel für Kultur feststellen, der zu einer deutlichen Ausweitung des kulturellen Angebots und damit einhergehend des Publikums sowie der gesamtgesellschaftlichen Bedeutung von Kultur führte. In den 1990er Jahren verdichtet sich diese Tendenz in der Aufwertung der *valorizzazione*, die eine verstärkte Abgrenzung gegenüber der *tutela* erfährt. Prägend für dieses Jahrzehnt ist zudem die zunehmende Bedeutung des Privatsektors gegenüber den öffentlichen Akteuren in der Kulturpolitik, ein Prozess der insbesondere durch die „Legge Ronchey" aus dem Jahr 1993 eingeleitet wurde. Sponsoring und Mäzenatentum gewinnen an Bedeutung; v.a. aber die Entstehung der *Fondazioni bancarie* sollte tiefgreifende Auswirkungen auf den gesamten Kultursektor zeigen, da sie sich sehr schnell als finanzkräftige Player im Gesamtsystem etablierten. Auch Regionen und Kommunen entwickelten sich mehr und mehr zu zentralen Akteuren, nachdem ihnen in Folge der „Legge Bassanini" (1997) und der damit einhergehenden *devoluzione* neue Kompetenzen übertragen wurden. Dies führte zugleich zu einer Steigerung der regionalen Kulturinvestitionen, sodass sich in Kombination mit den privaten Akteuren eine Diversifizierung der Geldquellen und damit einhergehend eine beträchtliche Steigerung der finanziellen Ressourcen für Kultur feststellen lässt. Entscheidende Schritte in der Kulturpolitik der 1990er Jahre waren zudem die Reform des Ministeriums und seine Umbenennung in *Ministero per i Beni e le Attività Culturali* im Jahr 1998, sowie die Verabschiedung des „Testo unico" im darauffolgenden Jahr, der eine Bündelung aller Gesetzestexte darstellte, die seit den 1939 erstmals etablierten Regelungen für den Kulturbereich in Kraft gesetzt wurden. Die lediglich zusammenfassende Ausrichtung des „Testo unico" erfuhr umfassende Kritik – und kann zugleich als Ausdruck der insgesamt in den 1990er Jahren fehlenden kulturpolitischen Gesamtstrategie gewertet werden. Das anschließende Jahrzehnt nimmt zahlreiche Konfliktfelder wieder auf: 2001 erfolgte durch die Verfassungsreform ein neuer Versuch, die unklare Kompetenzverteilung zwischen den unterschiedlichen Regierungsebenen zu regeln. Doch auch die

Zuordnung der *tutela* an die staatliche Ebene und der *valorizzazione* an die unteren Regierungsebenen auf Basis des Subsidiaritäsprinzips führte in der Praxis zu keiner eindeutigen Lösung dieser Problematik. Diese konnte auch durch den „Codice" (2004) nicht gelöst werden, da die schematische Gliederung in kulturpolitische Funktionen (*tutela, valorizzazione, gestione, fruizione*) nach wie vor zu starken Kontroversen führte. Auch nach der Jahrtausendwende bleibt die Öffnung des Kulturbereichs für private Akteure ein zentrales Thema, wie auch die durch den „Codice" neu eingeführten Regelungen zur *forma diretta* bzw. *indiretta di gestione* und die generelle Klärung der Möglichkeiten privater Beteiligung zeigt. Hierin – und auch in der Gründung der staatseigenen Gesellschaften *SIBEC* bzw. *ARCUS* – lässt sich die zunehmende Tendenz der Politik erkennen, kulturpolitische Kompetenzen auszulagern bzw. neue Geldgeber zu finden. Denn das Engagement privatrechtlicher Institutionen erschien insbesondere aufgrund immer geringer werdender staatlicher Mittel für Kulturpolitik – die nur zum Teil durch Regionen und Kommunen ausgeglichen wurden – unverzichtbar: Zwischen 2000 und 2011 sank der staatliche Kulturhaushalt von 2,1 auf 1,4 Mrd. Euro und damit von 0,39% auf 0,19% der staatlichen Gesamtausgaben. Die hierin erkennbare Finanznot des Kultursektors zeigte bereits zu Beginn des Jahrzehnts Auswirkungen im Sinne einer tendenziellen Ökonomisierung von Kultur, wie die Gründung der *Patrimonio dello Stato Spa* sowie der *Infrastrutture Spa* zeigt: U.a. durch den Verkauf von Kulturobjekten sollten sie zur Sanierung des Staatshaushaltes beitragen, was zu massiven Protesten und einem generellen Diskurs über die Funktionen und die Ausrichtung der italienischen Kulturpolitik führte. Gefordert wurde eine stärkere Konzentration auf die Langzeitperspektive sowie eine engere Verknüpfung von Kultur- und Bildungspolitik im Sinne einer gesamtgesellschaftlichen Weiterentwicklung. Doch diese Ausrichtung konkurrierte auch in den Jahren ab 2010 kontinuierlich mit einer ökonomischen Perspektive auf Kultur: In Folge der wirtschaftlichen Gesamtsituation wurde Kultur häufig als „ökonomische Ressource" interpretiert, die in Verbindung mit dem Tourismusbereich Italien aus der Krise führen sollte. Die Idee einer Wiederbelebung Italiens durch Kultur und Bildung sowie einer generellen „rivoluzione culturale" im Sinne einer Erneuerung der politischen, rechtsstaatlichen und gesellschaftlichen Situation, konnte sich jedoch bisher nicht umfassend durchsetzen. Einen gesamtgesellschaftlichen Einfluss kann Kulturpolitik aber nur dann gewinnen, wenn der Staat seine Rolle als *policy maker* – die er zuletzt zunehmend an die unteren Regierungsebenen sowie private Akteure ausgelagert hat – (wieder) annimmt, klare kulturpolitische Zielsetzungen formuliert und deren Umsetzung durch konkrete Evaluationsmethoden verifiziert.

4.2 Strukturelle Rahmenbedingungen der italienischen Kulturpolitik

Analog zur Beschreibung der Kulturpolitik in Deutschland sollen auch für Italien die zentralen Akteure vorgestellt werden, die sich in die Bereiche Staat (erster Sektor), Markt (zweiter Sektor) sowie Non-Profit-Organisationen (dritter Sektor) einteilen lassen.

4.2.1 Erster Sektor: Staatliche Akteure in der italienischen Kulturpolitik

Wie bereits in den vorangegangenen Kapiteln deutlich wurde, ist Kulturpolitik in Italien vor allem durch die nationale Ebene geprägt. Nichtsdestotrotz stellen auf der einen Seite die EU, auf der anderen die Regionen, Provinzen und Kommunen wichtige Akteure dar und insbesondere durch die Reform des Artikels V der italienischen Verfassung im Jahr 2001 sowie den 2004 verabschiedeten „Codice" wurden die Kompetenzen neu verteilt – strukturelle Reformen, die bereits seit langem notwendig waren:

> The national problem of confusion over roles and competence in the field is still enormous, and it is unhelpful at all levels. The ad hoc solutions which arise inevitably create duplication, some conflict, and a poor rate of return for public money.[1188]

Das grundsätzliche Problem der Kompetenzüberschneidungen ist somit altbekannt, wie nicht nur der EU-Bericht zur italienischen Kulturpolitik von 1995 zeigt, sondern auch die Aussage von Bodo aus dem Jahr 1994:

> [...] una mano ignora quello che fa l'altra, e prescindendo non solo da una chiara definizione delle reciproche competenze e responsabilità, ma spesso anche da forme empiriche di collaborazione e di coordinamento, e da una sia pur minima base di informazione reciproca.[1189]

Welche Veränderungen in der Zwischenzeit erfolgt sind und wie sich die aktuelle Aufgabenverteilung zwischen dem Staat, den 20 Regionen, 110 Provinzen und 8.092 Kommunen[1190] gestaltet, wird deshalb auf den folgenden Seiten

---

1188 Council of Europe 1995, S. 52; der Bericht führt auf S. 54 weiter aus: „During our programme of visits, we became increasingly convinced that the greatest obstacle to the modernisation of systems operating in the cultural field in Italy is structural. The structures tend to perpetuate problems. We received a strong message that 'when things in Italy do not work, it is usually for structural reasons'."
1189 Bodo 1994d, S. 70.
1190 Vgl. ISTAT 2012c.

beschrieben. Zunächst soll jedoch die EU als kulturpolitischer Akteur in Italien vorgestellt werden.

Europäische Union

Der Kulturbereich gilt als ein zentrales Element der strategischen Entwicklung der EU und zugleich als Wirtschaftsfaktor: 2003 umfasste er 2,6% des in der EU produzierten Inlandsprodukts und im Jahr 2004 waren 3,1% der Arbeitnehmer in der EU im Kulturbereich beschäftigt – mit steigender Tendenz. Wie bereits im entsprechenden Kapitel zum Bezug deutscher Kulturpolitik zur EU erläutert, stellen die zentralen Förderprogramme mit Auswirkungen auf die Kulturlandschaft neben dem *Europäischen Sozialfonds*, dem *Europäischen Kohäsionsfonds* und dem *Europäischen Fonds für regionale Entwicklung*, die Programme *Kultur 2000* (für den Zeitraum 2000 bis 2006) sowie das Folgeprogramm *Kultur* (2007 bis 2013) dar.[1191] Aktuell läuft das Programm *Kreatives Europa 2014–2020*.[1192]

Vom Programm *Kultur 2000* konnte Italien überdurchschnittlich stark profitieren: Von 1.078 geförderten transnationalen Projekten standen über 20% (223 Projekte) und somit der größte Anteil unter italienischer Leitung.[1193] Die Antragsteller waren dabei sehr verschieden: Sie reichten von Universitäten über staatliche Akteure (Regionen, Provinzen, Kommunen) bis hin zu Kulturorganisationen, Stiftungen und Verlagen. Die regionale Verteilung ließ insgesamt eine höhere Zahl von Anträgen aus den nördlichen Regionen erkennen (v.a. Lombardei, Venetien, Emilia Romagna); lediglich in Bezug auf den Teilbereich „patrimonio culturale, traduzioni letterarie, letteratura, libri e lettura e arti visuali" lagen die zentralen Regionen vorn (Latium, Toskana, Umbrien). Der Süden erzielte insgesamt geringere Anteile (am aktivsten zeigen sich im Vergleich mit den anderen südlichen Regionen Apulien, die Abruzzen und Sizilien), kann aber Initiativen aus den verschiedensten Bereichen vorweisen.[1194]

1191 Programme mit Relevanz für den Kulturbereich sind zudem *Citizenship*, *Lifelong Learning*, *Youth in Action*, *Leader +* und *MEDIA 2007* (vgl. Bocci und Mommo 2009, S. 172 f.).

1192 Vgl. Europäische Kommission 2014; zu den Zielsetzung vgl. das entsprechende Kapitel im Kontext deutscher Kulturpolitik (3.2.1).

1193 Einen wichtigen Anteil am großen Erfolg Italiens im Rahmen der EU-Programme hat der innerhalb des Generalsekretariats des *MIBAC* eingerichtete Cultural Contact Point, der Informationen und Unterstützung im Bewerbungsverfahren bietet (vgl. Nista 2013).

1194 Vgl. Murrau und Stratta 2011, S. 77 ff.

La scarsa partecipazione del Sud è sintomo di una presenza meno densa nei settori creativi e di una esclusione dalle reti che facilitano il *networking*. Infatti la prevalenza dei progetti italiani finanziati proviene dalle regioni del Nord e del Centro, dove il tessuto socio-economico è più articolato, il settore no-profit maggiormente sviluppato e la partecipazioni [sic!] a reti sovra regionali più attiva. Da questo punto di vista, la debolezza del Mezzogiorno è particolarmente critica in quanto tende a perpetuarsi.[1195]

Gerade aufgrund der strukturellen Defizite im Süden konnte Italien nach Polen und Spanien am meisten von den Struktur- und Kohäsionsfonds profitieren und erhielt zwischen 2007 und 2013 Gelder in Höhe von 28 Mrd. Euro. 2,8% (bzw. 796 Mio. Euro) davon waren für den Kulturbereich vorgesehen, wobei 47,5% (ca. 378 Mio. Euro) für den Erhalt des Kulturerbes, 32,9% (262 Mio. Euro) zur Verbesserungen des kulturellen Serviceangebots und die verbleibenden 155 Mio. für die Entwicklung der kulturellen Infrastruktur investiert wurden.[1196] Die für den Zeitraum 2007 bis 2013 verfügbaren 28 Mrd. Euro der EU wurden durch nationale Co-Finanzierungen in Höhe von 96 Mrd. Euro ergänzt, sodass insgesamt 124 Mrd. für die zunehmende Homogenisierung der Bedingungen in den italienischen Regionen bereitstanden.[1197] Ausgehend von durchschnittlich 114 Mio. Euro pro Jahr an EU-Mitteln in Relation zu den staatlichen Kulturausgaben in Italien liegt der Anteil der EU am gesamten Kulturbudget zwischen 5,6 und 8% für die Jahre 2007 bis 2013.[1198] Von großer Bedeutung für die italienische Kulturpolitik ist aktuell die Zusage der EU aus dem *Europäischen Fonds für regionale Entwicklung* zusätzlich 105 Mio. Euro für den Erhalt von Pompei bereitzustellen. Die Ausgrabungsstätte, die in den vergangenen Jahren v.a. durch klimatische Einflüsse Schäden erlitten hatte, gilt als Teil des geschichtlichen Erbes Europas und stellt für die Region Kampanien einen wichtigen Wirtschaftsfaktor dar. Die Gelder sollen „unter anderem in den Bau einer Wasserkanalisation, in eine systematische Konservierung der Ausgrabungsstätte und die bessere Ausbildung der Mitarbeiter investiert werden".[1199]

Inhaltlich setzt sich auch auf europäischer Ebene zunehmend ein Kulturverständnis durch, das Kultur in einem gesamtgesellschaftlichen Kontext verortet:

1195 Murrau und Stratta 2011, S. 88.
1196 Auch Murrau bestätigt die eindeutige Ausrichtung auf den Bereich „cultural heritage": Die meisten der geförderten Projekte können den Bereichen „patrimonio culturale" (372), „arti dello spettacolo" (334) und „arti figurative" (193) zugeordnet werden (vgl. Murrau und Stratta 2011, S. 80).
1197 Vgl. Bocci und Mommo 2009, S. 175.
1198 Eigene Berechnungen auf Basis der Angaben von Bocci und Mommo 2009, S. 175 und Ministero per i beni e le attività culturali 2011, S. 27.
1199 Europäische Kommission 2012c.

Il rapporto che lega cultura e sviluppo (civile, sociale ed economico) teorizzato dagli economisti della cultura, il cui dibattito si è avviato a metà degli anni Ottanta, è diventato nel corso degli anni sempre più evidente, con importanti conferme a livello europeo e mondiale.

Non ci deve pertanto meravigliare se, solo recentemente, la cultura viene guardata sotto una luce diversa. Non più intesa come elemento distintivo di ristrette élite, ma come fattore fortemente identitario, di integrazione e di coesione sociale, come elemento centrale per la qualità della vita dei cittadini, per l'attrazione da parte dei territori e, in ultima analisi, per lo sviluppo economico.[1200]

Es ist somit davon auszugehen, dass Kulturförderung auch weiterhin ein zentrales Element europäischer Politik darstellen wird, und die noch immer benachteiligten Regionen Süditaliens auch in Zukunft – finanziell, aber auch ideell – davon profitieren werden.

Nationale Ebene

Wie die entsprechenden Kapitel zur Kulturpolitik seit den 1990er Jahren zeigen, ist die Abgrenzung der Zuständigkeiten zwischen nationaler und regionaler Ebene ein andauernder Konflikt. Als nach wie vor unbestritten wichtigster Akteur ist jedoch das in Rom angesiedelte *Ministero dei Beni e delle Attività Culturali e del Turismo* (*MIBACT*) zu bewerten, das seit Februar 2014 von Minister Dario Franceschini geleitet wird.[1201] Auf staatlicher Ebene sind darüber hinaus der *Presidente del Consiglio* (bzw. das *Dipartimento Informazione ed Editoria* für den Presse- und Medienbereich), das *Ministero dell'Economia e delle Finanze* (Kommunikation), das *Ministero degli Affari Esteri* (Auswärtige Kulturpolitik) sowie das *Ministero dell'Istruzione, dell'Università e della Ricerca* (Kulturelle Bildung, Musikkonservatorien, Akademie der Schönen Künste, Tanz- und Schauspielakademien etc.) kulturpolitisch aktiv. Insgesamt ist die Rolle der staatlichen Ebene und insbesondere des Ministeriums für die italienische Kulturpolitik kaum zu überschätzen – auch wenn Regionen und Kommunen in struktureller und finanzieller Hinsicht kontinuierlich an Bedeutung gewinnen: Die Höhe der staatlichen Ausgaben nahm zwischen 2000 und 2010 um 8,6% (von 2.718 auf 2.484 Mio. Euro) ab, während im gleichen Zeitraum die nicht-staatlichen Ausgaben von

---

1200 Bocci und Mommo 2009, S. 180.
1201 Das bisherige *Ministero per i Beni e le Attività Culturali* wurde in Folge der Lg. 71/2013 umbenannt und mit erweiterten Kompetenzen ausgestattet (vgl. Ministero per i beni e le attività culturali 2013b).

3.236 auf 4.426 Mio. Euro und somit um 36,8% stiegen.[1202] Das *MIBAC* verfügte im Jahr 2011 über einen Haushalt von 1.425 Mio. Euro, der damit dem historisch niedrigen Wert von 0,19% der staatlichen Gesamtausgaben entsprach, und zugleich die abnehmende Bedeutung der nationalen Ebene spiegelt:[1203]

> Public cultural expenditure in Italy had always been highly centralised, although the state share gradually declined from around 60% to around 50% at the end of the last century. According to the last reliable data on public cultural expenditure, referring to 2000 [...], the state accounted for 52% of the total, the regions for 15%, the provinces for 3%, and the municipalities for 30%.[1204]

Im Dezember 2010 beschäftigte das *MIBAC* 20.367 MitarbeiterInnen, wobei 186 davon in Führungspositionen angesiedelt waren. Der größte Anteil (8.303) entfiel auf Beschäftigte im Aufsichts- und Empfangsbereich, gefolgt von 6.491 im wissenschaftlich-technischen Bereich und 4.360 für administrative Aufgaben.[1205]

Seit der Umstrukturierung von 2004 (D.Lg. 3/2004) sowie 2007 (Lg. 233/2007) und der erneuten Reform von 2009 (DPR 91/2009)[1206] gliedert sich das Ministerium intern in *Organi centrali del Ministero*, die *Organi consultivi centrali*, die *Istituti centrali, nazionali e dotati di autonomia speciale* sowie extern in die *Organi periferici del Ministero*.[1207] Zu den zentralen Organen des Ministeriums gehören neben den beiden *Sottosegretarie* das *Segretariato generale* sowie die acht *Direzioni Generali*.[1208] Die *Organi consultivi centrali* sind das *Consiglio Superiore per i*

1202 Vgl. Bodo und Bodo 2012, S. 62; die nicht-staatliche Ebene bzw. das „local level" umfasst: „regions and autonomous provinces, provinces, consortia of municipalities, municipalities, consortia of communes in mountain areas, and institutions providing cultural services at the local level." (ebd.).
1203 Vgl. Ministero per i beni e le attività culturali 2011, S. 27.
1204 Bodo und Bodo 2012, S. 62; zur den konkreten Abläufen bei der Verteilung der von nationaler Seite bereitgestellten Gelder vgl. Nova 2007, S. 57 ff.
1205 Vgl. Ministero per i beni e le attività culturali 2011, S. 30.
1206 Vgl. Ministero per i beni e le attività culturali 2013b.
1207 Vgl. das entsprechende Organigramm auf der Seite des Ministeriums (Ministero per i beni e le attività culturali 2013b); die folgenden Ausführungen beziehen sich auf Lg. 233/2007, insbesondere Art. 1 bis 18 (vgl. Il Presidente della Repubblica 26.11.2007). Unterstützt wird das Ministerium zudem durch das *Comitato carabinieri per la tutela del patrimonio culturale*, das als Spezialeinheit für den Schutz des Kulturerbes agiert (vgl. Tamiozzo 2004, S. 421 f.). Für weitere Informationen vgl. Nistri 2010.
1208 Dies sind im Einzelnen die *Direzione generale per l'organizzazione, gli affari generali, l'innovazione, il bilancio ed il personale, per la valorizzazione del patrimonio culturale, per le antichità, per il paesaggio, le belle arti, l'architettura e l'arte contemporanee,*

Beni Culturali e Paesaggistici, die *Consulta per lo Spettacolo* sowie die verschiedenen *Comitati tecnico-scientifici*, die jeweils entsprechend ihrer Sektoren wie etwa „per i beni archeologici" oder „per i beni architettonici e paesaggistici" beratende Funktionen übernehmen.[1209] Unter die *Istituti centrali, nazionali e dotati di autonomia speciale* fallen beispielsweise das *Istituto centrale per il catalogo e la documentazione* oder das *Istituto centrale per il catalogo unico delle biblioteche*, die relativ selbständig agieren und die *Direzioni generali* unterstützen. Zudem sind hier die *Soprintendenze speciali* verortet, die die Kulturpolitik in Rom, Florenz, Venedig, Neapel und Pompei gestalten. Über umfangreiche Kompetenzen verfügt der *Segretario generale*. Ihm unterliegt die Gesamtkoordination sowohl der innerhalb des Ministeriums angesiedelten *Direzioni generali* als auch der *Direzioni regionali*, die im Prinzip die Außenrepräsentanz des Ministeriums in den Regionen darstellen; außerdem fungiert er als zentrale Schnittstelle zwischen dem Minister und den übrigen Institutionen des *MIBACT*.[1210]

Die *Organi periferici del Ministero* gliedern sich in die *Direzioni Regionali per i beni culturali e paesaggistici* der 15 Regionen mit Normalstatus sowie Friaul-Julisch Venetien und Sardinien[1211], denen wiederum die *Soprintendenze* für die einzelnen Sektoren unterliegen.[1212] Konkret handelt es sich bei den *Direzioni regionali per i beni culturali e paesaggistici* um „articolazioni territoriali, di livello dirigenziale generale, del dipartimento per i beni culturali e paesaggistici",[1213] die die 1998 eingeführten *Soprintenze regionali* ersetzen sollten.[1214]

---

per gli archivi, per le biblioteche, gli istituti culturali ed il diritto d'autore, per il cinema sowie *per lo spettacolo dal vivo*.

1209 Vgl. Capo II, Organi consultivi centrali, Articolo 13: Consiglio superiore per i beni culturali e paesaggistici; zu den *Comitati tecnico-scientifici* vgl. Articolo 14.

1210 Vgl. Il Presidente della Repubblica 26.11.2007, Art. 2, Absatz 3 bietet eine umfangreiche Auflistung der Kompetenzen des *Segretario generale*.

1211 Ende der 1970er Jahre wurden kulturpolitische Kompetenzen an die autonomen Regionen Aostatal, Sizilien, Trentino-Südtirol, Friaul-Julisch Venetien und Sardinien übertragen; in Bezug auf die *Direzioni regionali* sind die letzten beiden Regionen jedoch mit den 15 Regionen mit Normalstatus vergleichbar (vgl. Bodo und Bodo 2010, S. 6).

1212 Im Einzelnen sind dies die *Soprintendenze per i beni archeologici, per i beni architettonici e paesaggistici, per i beni storici, artistici ed etnoantropologici; le soprintendenze archivistiche; gli archivi di Stato; le biblioteche statali; i musei* (vgl. Il Presidente della Repubblica 26.11.2007, Art. 16).

1213 Il Presidente della Repubblica 08.01.2004, Art. 5, Abs. 2.

1214 Barbati weist jedoch darauf hin, dass mit der Umstrukturierung bzw. Umbenennung auch eine Ausweitung der Kompetenzen in administrativer, technischer und organisatorischer Hinsicht einher ging (vgl. Barbati 2006b, S. 144).

Das *MIBACT* agiert somit nicht nur durch seinen zentralen Sitz in Rom („amministrazione centrale"), sondern verfügt über eine weitreichende „amministrazione periferica" – eine über das gesamte Land vernetzte Struktur, die eine kontinuierliche Rückkopplung mit dem Ministerium selbst garantiert. Aufgabe der *Direzioni regionali per i beni culturali e paesaggistici* ist es, die Aktivitäten der *strutture periferiche* des Ministeriums zu koordinieren sowie Kontakt zu halten mit Regionen, *enti locali* und weiteren in den jeweiligen Regionen präsenten Akteuren des Kulturbereichs. Die *Direzioni regionali* haben gegenüber den übrigen *strutture periferiche* „i poteri di direzione, indirizzo, coordinamento, controllo e, solo in caso di necessità ed urgenza, informati il direttore generale competente per materia ed il segretario generale, avocazione e sostituzione".[1215] Die zentrale Aufgabe der jeweils für ihren spezifischen Sektor zuständigen *Soprintendenze* sind insbesondere die Katalogisierung der in ihrer jeweiligen Region vorhandenen (staatlichen) Kulturgüter sowie deren Erhalt; zudem haben sie die Aufgabe, die im Rahmen des „Codice" vorgesehene Funktion der *tutela* praktisch umzusetzen.[1216] Die *Soprintendenze* verfügen zudem über die Möglichkeit, ihrer Kompetenz unterstellte Kulturobjekte zu verleihen oder im Fall von Bauwerken über ihre Nutzung zu entscheiden.[1217]

Bereits in den vorangegangen Kapiteln wurde deutlich, dass die 2004 durch den „Codice" erfolgte Aufteilung der kulturpolitischen Kompetenzen auf die verschiedenen Regierungsebenen auf umfangreiche Kritik gestoßen ist. Grundsätzlich ist umstritten, inwiefern überhaupt eine Unterscheidung zwischen den einzelnen Funktionen (insbesondere zwischen *tutela* und *valorizzazione*) erfolgen kann. Zudem gibt es unterschiedliche Einschätzungen darüber, ob die nationale Ebene durch die weitgehende Übertragung der Kompetenzen für *valorizzazione* und *gestione* an untere Regierungsebenen tatsächlich eine Ausweitung des Subsidiaritätsprinzips verfolgt – oder durch die hiermit festgeschriebene Zuständigkeit des Ministeriums für den Bereich der *tutela* bereits

---

1215 Vgl. Il Presidente della Repubblica 26.11.2007, Art. 17.
1216 Vgl. Il Presidente della Repubblica 26.11.2007, Art. 18; der Fokus der *Soprintendenti* liegt auf dem staatlichen Kulturbesitz, zugleich sind die *Soprintendenze* aber auch dafür zuständig, Aufsicht über private Besitztümer von künstlerischem oder historischem Wert zu führen (vgl. Il Presidente della Repubblica 22.01.2004, insbesondere Sezione II – Misure di conservazione, Art. 29 ff.).
1217 Vgl. Il Presidente della Repubblica 22.01.2004, Sezione III – Altre forme di protezione, Art. 45 ff.

etablierte Strukturen und Abläufe gesichert werden sollten.[1218] Insgesamt erscheinen die bisherigen Reformbemühungen jedoch – innerhalb des Ministeriums, aber auch in Bezug auf die peripheren Strukturen (hier mit besonderem Blick auf die Museen) – als nicht zufriedenstellend:

> La riforma del Mibac, seppur ispirata dalla volontà di promuovere una gestione più flessibile e volta ad obiettivi di efficienza, efficacia ed economicità, sembra sinora aver fallito il suo scopo. Da più parti, infatti, emerge l'insoddisfazione circa la riorganizzazione della struttura del Mibac che, ne ha comportato, in ultima analisi, un sostanziale ampliamento, più che una sua razionalizzazione.
>
> I musei statali in quanto diretta emanazione delle Soprintendenze settoriali si configurano come istituti privi di autonomia, mentre le Soprintendenze titolari godono di un livello di autonomia organizzativa e finanziaria limitato.[1219]

Die dominante Position des Ministeriums gegenüber den peripheren Strukturen in den Regionen bleibt somit bestehen und auch aktuell sind keine Tendenzen erkennbar, die eine Veränderung dieser Situation erwarten ließen. Als Gründe für den Erhalt der vergleichsweise starken Zentralisierung italienischer Kulturpolitik sieht Bonini Baraldi folgende:

> La centralizzazione – o piuttosto il 'grado' di accentramento di un sistema – è il risultato di complessi processi nazionali, politici e amministrativi: è un prodotto della storia amministrativa, che differisce da paese a paese. Da questo punto di vista è impossibile comprendere la tradizione del Ministero italiano per i beni culturali senza considerare la storia dello stato unitario dal 1861. Si tratta di un modello difficilmente esportabile [...]. Il coinvolgimento dello Stato nel sostegno e nella promozione della cultura e del patrimonio artistico è segnato da forti tensioni tra passato, presente e futuro. Nonostante il contesto generale, le sue diverse origini e gli 'accidenti' storici, l'accentramento dell'amministrazione del patrimonio culturale italiano ha le proprie ragioni e una propria logica anche in senso organizzativo/gestionale: segnatamente il modo specifico in cui tratta due degli aspetti più controversi, il controllo professionale e le esternalità economiche.[1220]

Neben dieser historischen Komponente sei ein weiterer entscheidender Faktor die „straordinaria ricchezza del patrimonio culturale italiano", in deren Folge sich eine besondere „Kultur des Erhaltens" („cultura della conservazione") – mit den entsprechenden Strukturen („basato sul forte ruolo dell'amministrazione centrale (il Ministero) e del suo complesso apparato locale (le soprintendenze))" – entwickelte, sowie das Verständnis von Kulturerbe als gemeinsamem Besitz aller

---

1218 Vgl. hierzu ausführlich Kapitel 4.1.4 und 4.1.5 sowie Tamiozzo 2004, Ferretti 2007b und spezifisch für den Museumssektor Nova 2007.
1219 Nova 2007, S. 72 f.
1220 Bonini Baraldi 2007, S. 14.

BürgerInnen, wie es auch in der Verfassung Berücksichtigung finde.[1221] Bonini Baraldi ist der Überzeugung, dass sich die Besonderheiten der italienischen Kulturlandschaft durch die aktuellen Strukturen am besten erhalten lassen:

> Gli osservatori stranieri tendono a sottovalutare la realtà cruciale dell'obbligo per i dirigenti di fare direttamente riferimento al Ministero centrale, elemento caratterizzante la tradizione della Soprintendenza sia con connotazioni negative (come regole superate per gestire il personale e i dipendenti di alto livello), che più positive (come indipendenza dai rapporti col potere e con le lobby locali). [...] Ciò che emerge da questo quadro è che mentre la gestione dei siti archeologici e dei musei nazionali potrebbe ben essere trasferita a livelli amministrativi decentrati (con la dovuta cautela) con qualche vantaggio operativo, un certo tipo di centralizzazione (il controllo professionale attraverso un insieme complesso di regole amministrative) costituisce ancora un aspetto positivo nella tutela, elemento di forza per la conservazione del variegato patrimonio culturale italiano nei secoli.[1222]

Gerade die Tatsache, dass Kulturpolitik in Italien traditionell vom Zentrum her organisiert ist und beispielsweise die Regionen erst seit den 1970er Jahren mehr Raum einnehmen, ließe eigentlich eine Politik „aus einem Guss" erwarten. Doch bereits 1995 kritisierte der Report des *Council of Europe* folgende Mängel der italienischen Kulturpolitik:

> Greater clarity in thinking could ameliorate the current confusion between *ends* (strategic national objectives and constitutional responsibilities) and *means* (operational roles at national, regional and local levels).
>
> *Coordinating high level policy* and *setting minimum standards* nationally should reduce confusion in carrying out tasks at lower levels, permitting those responsible to make much more rapid progress through setting their own priorities and forging creative partnerships at the point where this is most likely to come about.[1223]

Die seitdem erfolgte Serie von Gesetzesänderungen im Hinblick auf die kulturpolitischen Strukturen (gerade der nationalen Ebene) konnte jedoch keine signifikante Verbesserung erzielen:

> La frenetica e compulsiva attività di produzione normativa che ha caratterizzato le nostre istituzioni in questi ultimi anni non può tuttavia essere valutata positivamente, poiché ha creato una notevole instabilità del quadro di riferimento legislativo e strutturale.
>
> È evidente, per esempio, che le ricorrenti modifiche della struttura organizzativa del Ministero, attuate senza che i cambiamenti apportati producessero risultati concretamente

---

1221 Bonini Baraldi 2007, S. 15.
1222 Bonini Baraldi 2007, S. 15 f.
1223 Council of Europe 1995, S. 25 (i.O. Hervorhebungen unterstrichen).

valutabili, non hanno giovato alla continuità e dunque all'efficacia delle politiche culturali, frustrando così l'operato die funzionari ministeriali, costretti a rincorrere continue riorganizzazioni interne anziché concentrarsi unicamente e concretamente sui problemi e le necessità che caratterizzano il sistema della cultura in Italia.[1224]

Die Folgen dieser Politik fasst Borletti Buitoni zusammen, die inzwischen in der Funktion *Sottosegretario al Ministero dei Beni Culturali* die italienische Kulturpolitik aktiv mitgestaltet:

> Il risultato finale è il paesaggio distrutto, i beni storici in grave stato, il Ministero dei Beni Culturali esautorato dal compito di tutela e promozione del patrimonio collettivo, sfibrato da continue riforme e tagli di fondi e quindi arroccato su posizioni difensive, le attività di cultura immateriale impossibilitate a fare qualsiasi programmazione a medio termine.[1225]

So fehlt nach wie vor eine strategische Ausrichtung und eine gezielte Abgabe von Kompetenzen an die einzelnen Institutionen und die unteren Regierungsebenen, die vor Ort häufig in der Lage wären, praxis- und bedarfsorientierter zu entscheiden. Die umfassenden Reformen der kulturpolitischen Strukturen auf nationaler Ebene führten damit insgesamt zu unbefriedigenden Ergebnissen – denn weder konnten die Forderungen der direkt betroffenen Akteure nach einem größeren Handlungsspielraum erfüllt werden, noch erfolgte eine erfolgreiche Neupositionierung des *MIBACT* innerhalb der Gesamtregierung:

> Un Ministero avvilito, ritenuto secondario nella scelta delle strategie generali dei Governi e che non si apre a un confronto costruttivo con il mondo delle istituzioni private, con le quali invece si pone spesso in uno spirito di contrapposizione. Seppur ricco di eccellenze straordinarie, si può dire che il Ministero dei beni culturali sia in questa fase privo di qualsiasi strategia che non sia quella della sopravvivenza di fronte al susseguirsi di emergenze causate dallo stato del patrimonio dei beni archeologici, artistici e storici. La mancanza, quindi, di una politica culturale pubblica almeno a medio termine, che nasca anche dal confronto costante con altri soggetti, è certamente un elemento maggiormente sfavorevole a un cambiamento positivo nella gestione dei beni culturali.[1226]

Andrea Carandini, der *Presidente del Consiglio Superiore per i Beni Culturali e Paesaggistici*, sieht sogar die Gefahr, dass das *MIBAC* abgeschafft wird.[1227] Doch notwendig sei eine strukturelle Reform der italienischen Kulturpolitik, bei der z.B. „produzioni culturali e turismo" in den Zuständigkeitsbereich des

---

1224 Valsecchi 2009, S. 6.
1225 Borletti Buitoni 2012, S. 73.
1226 Borletti Buitoni 2012, S. 74 f.
1227 Vgl. Carandini 2012, S. 80.

MIBAC übergehen könnten, die einzelnen Ministerien untereinander enger zusammenarbeiten sowie mit den Regionen und *enti locali* kooperieren sollten.[1228] Ziel müsse zudem die engere Zusammenarbeit von *Soprintendenze* und Universitäten sein, um langfristig und kontinuierlich das umfassende Kulturgut zu erhalten; zudem seien Synergien zwischen öffentlichen und privaten Akteuren unabdingbar. Denn Kultur und Gesellschaft müssten laut Carandini systematisch verbunden und Kulturpolitik prägend für alle anderen Politikbereiche werden – „il ministero della cultura ideale coincide con il governo della nazione".[1229]

Doch bereits früher (auch nach der Umbenennung und Reform von 1998) zeigte sich die generelle Schwäche des Ministeriums:

> Poteva essere una buona idea; lo sarebbe stata, se alla creazione del nuovo ministero si fosse accompagnata una crescita degli investimenti sul nostro patrimonio culturale, e una piena consapevolezza istituzionale della centralità del suo significato. Al contrario, il nuovo ministero fu da subito visto come un dicastero 'minore', e infatti affidato quasi sempre a figure deboli, di secondo piano, di corta visione istituzionale, inadeguate a gestire il cambiamento, con scarsa o nulla capacità di iniziativa, con poco potere contrattuale all'interno delle diverse compagini ministeriali; o fu inteso come un 'inizio di carriera' per ministri magari ambiziosi, ma che proprio per questo avevano fretta di spostarsi su un altro dicastero. In tal modo, la creazione di un nuovo e 'indipendente' ministero, piuttosto che valorizzare i beni culturali, finì con l'isolarli e marginalizzarli: tanto che, secondo alcuni, è proprio con il nuovo ministero che comincia il decadere della macchina amministrativa e della sua funzionalità.[1230]

Somit konnten die Reformen der nationalen Ebene – repräsentiert durch das Ministerium sowie die auf die Regionen verteilten Außenstellen – bisher nicht zu einer zufriedenstellenden Gesamtsituation führen und in der Folge weder der beispiellose Kulturreichtum Italiens umfassend zur Geltung kommen, noch die im Kulturbereich tätigen ExpertInnen ihr volles Potenzial ausschöpfen:

> The Ministry of Cultural Heritage has two huge assets: the unparalleled patrimony of Italy and a unique corps of dedicated and expert staff. The latter is treated rather badly, although perhaps not intentionally so. The two are mutually inter-dependent and it is urgent for steps to be taken to bring the situation into some form of balanced equilibrium to match aspirations with available resources. Improved management and

---

1228 Die 2013 erfolgte Reform leistete durch die Integration des Tourismussektors in das *Ministero dei Beni e delle Attività Culturali e del Turismo* dieser Forderung inzwischen Folge.
1229 Vgl. Carandini 2012, S. 81 f.
1230 Settis 2002, S. 36.

motivation of personnel, backed up by appropriate and practical training, is the key to progress.[1231]

Die in den 1990er Jahren von externen Experten der EU als dringend notwendig empfohlenen Reformen konnten bisher nicht bzw. nur bedingt umgesetzt werden, sodass die nationale Ebene der italienischen Kulturpolitik sich weiterhin folgenden Notwendigkeiten stellen müsste:

a) high level policy coordination;
b) cooperative public sector strategy with clearer objectives;
c) decentralisation of defined and agreed functions;
d) setting minimum standards of operation;
d) control and implementation of legal provisions;
e) evaluation of results.[1232]

Zudem erscheint eine flexiblere Ressourcenverteilung dringend notwendig und eine Erhöhung der Effizienz von kulturpolitischen Arbeitsabläufen durch eine Straffung der aktuellen Dienstwege angebracht. Noch im Jahr 2004 beklagte Cammelli den mangelnden Respekt von Seiten des Ministeriums gegenüber der Professionalität der wissenschaftlich-technischen MitarbeiterInnen und zudem den fehlenden Pluralismus in Folge der zentralen Rolle des Ministeriums. Insgesamt stellen das Verhältnis *centro-autonomie* und die damit zusammenhängenden Aspekte ein ständiges Diskussionsthema dar, doch „le componenti pregiudiziali, autoreferenziali o decisamente ideologiche hanno avuto il sopravvento rendendo il dibattito per lo più ripetitivo e bloccato, dunque scontato e fatalmente sterile".[1233]

Trotz der zentralen Rolle, die dem *MIBACT* die Möglichkeit geben würde, die italienische Kulturpolitik strukturell neu auszurichten, effizientere Abläufe zu etablieren und einen zielführenden Mitteleinsatz zu garantieren, zeigen somit auch die umfassenden Reformen seit der Jahrtausendwende kaum praktische Relevanz. Ob die Leerstellen durch die anderen Regierungsebenen (teilweise)

1231 Council of Europe 1995, S. 48; als „action points" empfiehlt der Bericht folgende: „Set objectives", „Define missions", „Institute training", „Encourage incentives", „Tackle labour problems", „Work on rule changes", „Limit new projects" und „Harness business expertise" (vgl. ebd., S. 49).

1232 Council of Europe 1995, S. 108; bereits das Inhaltsverzeichnis des EU-Reports nennt als „Seven key issues" folgende: „Fragmented central responsibilities", „Legal and financial confusion", „Towards a clear and open partnership", „Greater autonomy for cultural institutions", „Professional personnel", „Expansion of cooperation" und „Participation" (vgl. Council of Europe 1995).

1233 Cammelli 2004, S. 33.

gefüllt werden können, sollen die anschließenden Kapitel zur Rolle der Regionen, Provinzen und Kommunen in der italienischen Kulturpolitik zeigen.

Regionen

In Deutschland prägt der Begriff der „Kulturhoheit der Länder" seit Langem den kulturpolitischen Diskurs – in Italien dagegen mussten sich die (den Ländern vergleichbaren) Regionen zunächst ihre kulturpolitische Position im Gesamtgefüge erkämpfen:

> With the enforcement of the Constitution in 1970 to create the fifteen regions with 'ordinary' statue, new players came on the scene. Initially, regional powers in cultural policy were legally restricted to the supervision and financing of local libraries and museums. The regions however ignored these limits and started to become active in the protection and promotion of culture much more generally within their territory, particularly in the performing arts.[1234]

Insbesondere im Verlauf der 1990er Jahre („Legge Bassanini") gewannen die Regionen an kulturpolitischem Einfluss und ihre Rolle fand schließlich durch die 2001 (Reform des Artikels V der Verfassung) und 2004 („Codice") erfolgten Gesetzesänderungen eine legislative Verankerung – auch wenn die Zuordnung der einzelnen kulturpolitischen Funktionen (insbesondere *tutela* und *valorizzazione*) nach wie vor umstritten ist und bislang keine Klarheit in Bezug auf die „forme di intesa e coordinamenti" besteht. Die Kommunikation und Zusammenarbeit zwischen den Ebenen bleibt somit problematisch:[1235]

> Non soltanto, infatti, non è stata operata alcuna riduzione nella taglia del ministero, il quale continua a possedere una struttura pesante, anche nelle sue articolazioni periferiche, ma non sono state neppure accolte soluzioni capaci di fare del ministero un interlocutore delle regioni o, il che è lo stesso, di riconoscere alle regioni il ruolo di interlocutrici del centro statale.[1236]

Zudem sind die Regionen – trotz ihrer seit 2001 bzw. 2004 erweiterten und gefestigten Kompetenzen – mit ihrem Handlungsspielraum unzufrieden und sehen in der nationalen Ebene eine zu starke Einschränkung ihrer Befugnisse. Insgesamt sehen die Regionen trotz einer wiederholten Erneuerung der Gesetzeslage ihre Rolle im

---

1234 Council of Europe 1995, S. 48; vgl. vertiefend Il Presidente della Repubblica 24.07.1977 sowie Conferenza delle Regioni e delle Province autonome 2011, S. 3 bzw. 12.
1235 Vgl. vertiefend die Kapitel 4.1.4 und 4.1.5 zur Entwicklung der italienischen Kulturpolitik seit den 1990er Jahren; vgl. auch Forte und Jalla 2004, S. 220 ff.
1236 Barbati 2006b, S. 160.

Kultursystem bisher als nicht restlos geklärt. Als Lösung für die Gesamtsituation werden „coerente sussidiarietà, integrando a livello locale tutela, valorizzazione e gestione" und die Erkenntnis gesehen, dass die einzelnen Regierungsebenen nur gemeinsam in der Lage sein werden, erfolgreich Kulturpolitik zu betreiben.[1237] Die weitere Entwicklung der Kräfteverhältnisse bleibt somit abzuwarten.

Die konkrete Umsetzung der kulturpolitischen Kompetenzen sowie die strukturelle Ausgestaltung differieren von Region zu Region.[1238] Von entscheidender Bedeutung ist jedoch, dass sich die Regionen in ihrer Entwicklung signifikant unterscheiden und ein ausgeprägter Dualismus zwischen starken und schwachen Regionen erkennbar ist, wobei letztere v.a. im Süden zu finden sind.[1239] Die strukturellen Unterschiede treten auch in Bezug auf die *Soprintendenze* deutlich zu Tage, wobei es die meisten in Kampanien, im Latium und in der Toskana gibt:

> Analizzando l'organico del ministero, la sproporzione tra Italia settentrionale e centro-meridionale appare evidente. Su un totale di circa 22mila dipendenti (ma si arriva a circa 28mila con i lavori precari), poco più di 4mila sono in servizio nelle regioni settentrionali.[1240]

Aktuell üben die Regionen ihre kulturpolitischen Kompetenzen über die jeweiligen Regionalparlamente sowie die *Assessorati regionali alla cultura* aus.[1241] Im Piemont lautet die konkrete Bezeichnung beispielsweise *Assessorato Cultura, Patrimonio Linguistico e Minoranze Linguistiche, Politiche Giovanili, Museo Regionale di Scienze Naturali*. Konkret handlungsfähig wird der *Assessore alla cultura, Patrimonio linguistico e Politiche giovanili* über die *Direzione regionale* für *Cultura, Turismo e Sport*, die wiederum in einzelne Abteilungen gegliedert ist wie z.B. *Biblioteche – Archivi ed istituti culturali, Musei e patrimonio culturale* oder *Promozione delle attività culturali e del patrimonio culturale e linguistico*.[1242]

1237 Vgl. Forte und Jalla 2004, S. 227.
1238 Vgl. Barbati 2006b, S. 157 ff.; als kulturpolitischer Sonderfall gilt seit den 1970er Jahren die Emilia Romagna mit dem 1974 gegründeten *Istituto per i Beni Culturali* (vgl. Forte und Jalla 2004, S. 220).
1239 Vgl. Forte und Jalla 2004, S. 226.
1240 Dell'Orso 2002, S. 83; als Grund für die evident höheren Beschäftigtenzahlen im Süden nennt Dell'Orso die geringeren Lebenshaltungskosten in den südlichen Regionen. So hat beispielsweise die *Soprintendenza archeologica di Napoli e Caserta* ca. 1.000 Angestellte, während die *Soprintendenza ai Monumenti di Milano* über ca. 70 MitarbeiterInnen verfügt, ergänzt durch ca. 240 Beschäftigte an der *Pinacoteca di Brera*.
1241 Vgl. Bodo und Bodo 2010.
1242 Vgl. Regione Piemonte 13.03.13.

Sonderfälle sind die fünf Regionen mit Sonderstatus (Aostatal, Sizilien, Trentino-Südtirol, Sardinien und Friaul-Julisch Venetien), die auch in kulturpolitischer Hinsicht über besondere Kompetenzen verfügen.[1243]

Als Beispiel für die legislative Verankerung kulturpolitischer Prinzipien auf regionaler Ebene soll – mit Blick auf Turin als Untersuchungseinheit der empirischen Analyse im Rahmen der vorliegenden Arbeit – der entsprechende Art. 7 zum *Patrimonio culturale* des *Statuto della Regione Piemonte* zitiert werden:

1. La Regione valorizza le radici storiche, culturali, artistiche e linguistiche del Piemonte e, in particolare, salvaguarda l'identità della comunità secondo la storia, le tradizioni e la cultura.
2. La Regione coopera con lo Stato, nei limiti e con le modalità previste dalla legge statale, alla tutela dei beni culturali.
3. La Regione salvaguarda le minoranze culturali e religiose nel rispetto delle diversità.
4. La Regione tutela e promuove l'originale patrimonio linguistico della comunità piemontese, nonché quello delle minoranze occitana, franco-provenzale e walser.
5. La Regione valorizza il legame con la comunità dei piemontesi nel mondo, sostiene i rapporti culturali ed economici, favorisce il più ampio processo di conservazione delle radici delle identità storico-piemontesi.[1244]

Die Zusammenarbeit der Regionen untereinander erfolgt in der *Commissione Cultura della Conferenza delle Regioni*, die eine der elf Arbeitseinheiten der *Conferenza delle Regioni e delle Province autonome* darstellt und zuständig ist für die Bereiche „valorizzazione dei beni culturali, promozione e organizzazione di attività culturali, musei e biblioteche regionali, patrimonio storico e artistico, ordinamento sportivo, spettacolo, turismo industria alberghiera, tempo libero".[1245] Die Zusammenarbeit zwischen nationaler und regionaler Ebene erfolgt seit 1983 über die *Conferenza Stato Regioni*; hier besteht jedoch keine eigenständige Abteilung für den Kulturbereich (im Gegensatz beispielsweise zu den Bereichen *Politiche agricole e forestali* oder *Sanità e politiche sociali*).[1246] Seit Februar 2012 besteht zudem die sogenannte *Cabina di regia presso il Ministero per i beni e le attività culturali*, die als „tavolo di lavoro permanente" konzipiert ist und der besseren Abstimmung der nationalen Ebene mit Regionen, Provinzen und Kommunen in Bezug auf den Kulturbereich

---

1243 Insbesondere Trentino-Südtirol ist hier hervorzuheben, da die Region wiederum umfangreiche Kompetenzen an die *Provincia Autonoma di Bolzano* und die *Provincia Autonoma di Trento* ausgelagert hat (vgl. hierzu vertiefend das folgende Kapitel).
1244 Regione Piemonte 04.03.2005, S. 9 f.
1245 Conferenza delle Regioni e delle Province autonome 2013.
1246 Vgl. Governo italiano - Presidenza del Consiglio dei Ministri 2013.

dienen soll.¹²⁴⁷ In den vorangegangenen Jahren zeigten sich die Regionen mit ihren Kompetenzen und der Zusammenarbeit mit der nationalen Ebene unzufrieden:

> È dunque a futuri interventi che viene demandata la possibilità di assicurare alle esigenze ed alle ragioni della cooperazione fra i diversi livelli di governo quelle sedi o comunque quei supporti organizzativi, la cui assenza sembra compromettere la stessa effettività della cooperazione.¹²⁴⁸

Es bleibt somit abzuwarten, ob das neu geschaffene Gremium dazu beitragen kann, in Zukunft zielführende Strategien der Zusammenarbeit zwischen der nationalen und der regionalen Regierungsebene zu finden.

Provinzen

Die Provinzen können im Verhältnis zu den anderen Regierungsebenen noch immer als die unbedeutendsten Akteure bezeichnet werden. Jedoch haben sie in der zweiten Hälfte der 1990er Jahre kulturpolitisch verstärkte Aktivitäten gezeigt, was sich u.a. an einer Ausgabensteigerung um 116% zeigt. Vor allem die Provinzen in den Regionen Lombardei, Toskana und Apulien geben Gelder für Kultur aus; in Bezug auf die Kulturausgaben pro Einwohner liegen diejenigen in Molise, den Marken, den Abruzzen sowie der Toskana in Führung.¹²⁴⁹ Allein die Provinzen Trient und Bozen verfügen über umfassende kulturpolitische Kompetenzen, die ihnen von der Region Trentino-Südtirol übertragen wurden. In den übrigen Provinzen bestehen die sogenannten *Assessorati provinciali alla cultura*, die für ihre eigenen Kulturinstitutionen – in der Regel Bibliotheken und Museen – zuständig sind.¹²⁵⁰ Insgesamt bleibt jedoch festzuhalten:

> Confinate in un ruolo prevalente di intermediazione e di coordinamento, anche in campo culturale, e con un numero non molto elevato di strutture gestite in proprio, le province sono mediamente il livello amministrativo che spende di gran lunga di meno per la cultura. Nel 2000 i pagamenti hanno sfiorato i 400 mld. con una incidenza sulla spesa provinciale complessiva del 2,8%, pari a un decimo della spesa dei comuni.¹²⁵¹

Fabio Severino, Vizepräsident der *Associazione per l'economia della cultura*, sieht jedoch großes kulturpolitisches Potenzial für die Provinzen: Langfristig könnten sie nicht nur die Vorgaben der Regionen umsetzen, sondern Aufgaben der

---

1247 Vgl. Commissione cultura conferenza delle Regioni e Province autonome 2012, S. 4.
1248 Barbati 2006b, S. 162.
1249 Vgl. Bodo et al. 2004a, S. 104 ff.
1250 Vgl. Bodo und Bodo 2010, S. 9.
1251 Bodo et al. 2004a, S. 104.

Planung und Koordination übernehmen, etwa in Bezug auf die Themenfelder digitale Teilhabe oder soziale Inklusion, und dazu beitragen, die Angebotsdichte zu erhöhen und Zugangsbarrieren abzubauen.[1252] Da die kulturpolitische Aufgaben- und Kompetenzverteilung zwischen den einzelnen Regierungsebenen nach wie vor nicht eindeutig geklärt ist, besteht somit durchaus die Möglichkeit, dass die Bedeutung der Provinzen für die italienische Kulturpolitik zukünftig an Bedeutung gewinnen wird. Der *Unione Province d'Italia* mit ihrer Abteilung für *Cultura, Tourismo e Sport* könnte dabei eine prägende Rolle zufallen.[1253]

Die empirische Analyse der vorliegenden Arbeit wird sich mit der Region Piemont bzw. ihrer Regionalhauptstadt Turin beschäftigen. Exemplarisch sei deshalb die Entwicklung der Kulturausgaben der Provinzen dieser Region nachgezeichnet: Ausgehend von einem Budget in Höhe von ca. 12 Mio. Euro im Jahr 1999, schwankte die Höhe der Ausgaben im anschließenden Jahrzehnt erheblich. Einschnitte von über 30% (2000) sind genauso feststellbar wie Steigerungsraten um 46% (2004); die 2010 für Kultur ausgegebenen Gelder beliefen sich schließlich wieder auf eine Höhe von ca. 12 Mio. Euro, wobei der Großteil dabei auf „Attività culturali" entfiel (11 Mio. Euro) und lediglich 1 Mio. Euro für „Musei, Biblioteche e Pinacoteche" ausgegeben wurde. Vor allem im Vergleich mit Region und Kommunen, aber auch den *Fondazioni bancarie* lag der Anteil der Provinzen jedoch weit zurück.[1254]

Aktuell diskutiert die italienische Politik die Abschaffung der Provinzen, um durch die Aufhebung dieser Regierungsebene insbesondere in der Verwaltung Gelder einzusparen. Es bleibt somit abzuwarten, ob in der Folge die Kulturaktivitäten der Provinzen aufgehoben werden, oder diese – im Falle ihres Fortbestehens – an Bedeutung gewinnen und ihre Rolle zwischen der regionalen und der kommunalen Ebene finden können.

Kommunen

Die Kommunen stellen innerhalb der italienischen Kulturpolitik die finanziell wichtigsten Akteure dar.[1255] In der Folge prägen sie als lokal präsente Institutionen – neben der zentral agierenden nationalen Ebene – auch die inhaltliche Ausrichtung ganz entscheidend:

1252 Severino 2010b.
1253 Vgl. die Homepage der *Unione Province d'Italia* www.upinet.it.
1254 Vgl. Osservatorio culturale del Piemonte und IRES Piemonte 2013, S. 46 ff.
1255 Vgl. exemplarisch Abbildung 10 zu den Kulturausgaben im Piemont.

The *comuni* have always provided the basis of public support for culture in Italy. Their traditional fields of activity are the running of cultural institutions (museums art galleries, libraries and archives), the protection of their own historical and artistic heritage and the provision of theatres and opera houses. More recently some have become active in the direct promotion of exhibitions, concerts, festivals and community arts activities.[1256]

Graziano Delrio, der Präsident der *Associazione Nazionale Comuni Italiani* (*ANCI*), sieht insbesondere in der lokalen Verankerung kommunaler Kulturpolitik ihr entscheidendes Potenzial:

> I Comuni italiani, anche per la loro natura di terminale istituzionale 'di base', costituiscono un elemento fondamentale delle politiche culturali nel nostro Paese, sia per la quantità di risorse investite, che per la responsabilità gestionale diretta e indiretta di strutture culturali di vario genere, dalle biblioteche ai teatri, dai musei ai siti archeologici.[1257]

Die „quantità di risorse investite", die als Ausdruck der großen Bedeutung der italienischen Kommunen für den Kulturbereich gelten kann, ist in der Tat beachtlich: Im Jahr 2009 investierten sie 2.368 Mio. Euro und somit rund 3,3% ihrer Gesamtausgaben.[1258] Im Jahr 2000 lag dieser Anteil noch bei 2,8%. Die Ausgaben der Kommunen zeigen jedoch eine große regionale Differenz: Während 55% der kommunalen Kulturausgaben auf den Norden und 25% auf die zentralen Regionen entfallen, verbleiben lediglich 20% für die süditalienischen Regionen.[1259]

> L'articolazione regionale della spesa culturale dei comuni conferma che il primato della spesa in valori assoluti resta ancora saldamente nelle mani di 2 regioni settentrionali: la Lombardia e l'Emilia-Romagna [...], ora tallonate dal dinamico Piemonte, nonché, nel Centro, dal Lazio e dalla Toscana. In relazione alla popolazione, invece, sono i comuni del Trentino-Alto Adige a spendere il più per la cultura, seguiti da quelli dell'Emilia-Romagna, dell'Umbria e delle Marche, mentre i meno propensi a spendere – in relazione agli abitanti – sono i comuni della Campania.[1260]

1256 Council of Europe 1995, S. 48 (i.O. Hervorhebung unterstrichen); vgl. auch Bodo 1994d, S. 70.
1257 Delrio 2012, S. 95.
1258 Vgl. Federculture 2012, S. 241; Delrio geht von 3,5% aus und weist v.a. auf die große Differenz zu den staatlichen Kulturausgaben von 0,19% an den Gesamtausgaben hin (vgl. Delrio 2012, S. 95).
1259 Vgl. Bodo et al. 2004a, S. 107 ff.; zwischen 1990 und 2000 kann jedoch eine leichte Verbesserung der Verteilungsgerechtigkeit festgestellt werden: 1990 lag der Anteil der süditalienischen Regionen noch bei 18%.
1260 Bodo et al. 2004a, S. 109 f.

Institutionell findet das kommunale Kulturengagement Ausdruck in den *Assessorati comunali alla cultura*, die insbesondere für die kommunalen Kulturinstitutionen wie Museen, Archive, Büchereien oder Theater zuständig sind. Zudem investieren die italienischen Kommunen – in Kooperation mit den staatlichen Stellen – in den Erhalt und den Ausbau historischer Stätten. Außerdem bleibt festzuhalten:

> Municipalities also promote and support a wide range of cultural activities, actively contributing to the rich national supply of art exhibitions, performing arts festivals, literature festivals, street events, *White Nights (Notti Bianche)*, cultural minorities' celebrations, etc.[1261]

Die Reformen in Bezug auf die Zuständigkeiten im Kulturbereich („Legge Bassanini", Reform des Artikels V der Verfassung, „Codice") weisen den Kommunen keine explizite Funktion zu. Doch ermöglichen sie die Zusammenarbeit zwischen den Regierungsebenen etwa in Form von Zielvereinbarungen, wobei die Intensität von „semplici operazioni di cofinanziamento" bis zu „forme di cogestione tra Stato, regioni ed enti locali" etwa auf Basis gemeinsamer *associazioni* oder Stiftungen reichen kann. Die Rolle der Kommunen ist hierbei stets zentral:[1262]

> Uno scenario per nulla statico, dunque, che si va sempre più configurando all'insegna di un dialogo e di una collaborazione necessari tra le varie parti in causa, all'interno del quale hanno un ruolo di primo piano i comuni. Non soltanto perché l'Italia è uno straordinario mosaico di culture e identità diverse [...] ma anche perché sono questi, teoricamente, i primi depositari delle competenze in materia di beni culturali, in nome di quel principio di sussidiarietà che sta alla base della riforma Bassanini e che assegna prima di tutto all'ente più vicino al cittadino/utente competenze nel campo della gestione, della promozione e della valorizzazione.[1263]

Grossi verweist jedoch auf die Tatsache, dass trotz der aus Sicht der Kommunen gut etablierten Subsidiarität im Kulturbereich, die kommunale Kulturfinanzierung schließlich und endlich von der nationalen Ebene abhängig ist: Die Rolle des Staates in der Kulturfinanzierung dürfe folglich nicht zur Diskussion gestellt werden, denn dieser müsse die Kommunen weiterhin dazu befähigen, ihre traditionell wichtige Rolle zu erfüllen und ihnen den (finanziellen) Spielraum bieten, um verantwortungsvoll mit der ihnen unterstellten kulturellen Infrastruktur – die

---

1261 Bodo und Bodo 2010, S. 10.
1262 Vgl. Dell'Orso 2002, S. 100.
1263 Dell'Orso 2002, S. 105.

mindestens 50% der gesamten Kulturangebote ausmache – umzugehen.[1264] Diese Meinung vertritt auch *ANCI*-Präsident Delrio:

> A fronte di questo impegno e di queste responsabilità, dobbiamo registrare con preoccupazione che negli ultimi anni le politiche statali hanno invece cercato, in misura purtroppo crescente, di comprimere l'autonomia comunale e di limitarne il ruolo e la capacità di intervento. E questo sia attraverso riduzioni dei trasferimenti e introduzione di vincoli sui bilanci, a volte veramente poco comprensibili nella logica e disastrosi nelle conseguenze concrete […], sia con un insieme di norme che fanno diventare sempre più difficile il mantenimento delle strutture di gestione più innovative e aperte all'apporto costruttivo dei privati […].[1265]

Er sieht zudem die Gefahr, dass die Kommunen in Folge der zunehmenden Regionalisierung zwischen Staat und Regionen zerrieben und Kultur nicht länger als „prestazione essenziale" bewertet werden könnte, sondern zunehmend nur noch als ein „„di più', che potrà essere concesso solo una volta soddisfatti altri bisogni".[1266] Als besonders problematisch erweist sich zudem die Tatsache, dass die Kommunen kein gleichmäßig über das ganze Land verteiltes kulturelles Angebot gewährleisten können:

> Il sistema italiano è purtroppo caratterizzato, oltre che dallo storico, profondo dualismo che contrappone al Centro-Nord, ad alta intensità di servizi (teatri, cinema, sale per concerti, musei, gallerie d'arte, biblioteche, librerie, edicole, ecc.), il Sud e le Isole, dove le dotazioni si fanno rare e inferiori per dimensioni e attività, anche da un significativo squilibrio territoriale che contrappone aree urbane metropolitane o di dimensioni medio-grandi, dotate di un buon mix di servizi culturali a una pletora di comuni piccoli e piccolissimi, specie se interni o montani, in via di spopolamento o di invecchiamento, ai quali manca l'indispensabile massa critica capace di sostenere, attraverso una domanda quantitativamente adeguata, il funzionamento dei servizi culturali indispensabili.[1267]

65,3% der italienischen Bevölkerung lebt in Gemeinden mit weniger als 50.000 Einwohnern, sodass Giovannini die Rolle der Kommunen bei der Bereitstellung kultureller Angebote – als Ausgangspunkt „per lo sviluppo della socialità, della coesione, dell'integrazione, e la rottura delle forme d'isolamento e di emarginazione" – für absolut zentral hält.[1268] Inwiefern die Stadt Turin dieser Rolle gerecht werden kann, wird die empirische Analyse im weiteren Verlauf dieser Arbeit zeigen. Doch zunächst sollen diejenigen Akteure vorgestellt werden, die

---

1264 Vgl. Grossi 2009, S. 43.
1265 Delrio 2012, S. 96.
1266 Delrio 2012, S. 96.
1267 Giovannini 2012, S. 109.
1268 Vgl. Giovannini 2012, S. 109.

unabhängig von staatlicher Institutionalisierung die italienische Kulturpolitik mitgestalten.

4.2.2 Zweiter Sektor: Privat-kommerzielle Akteure in der italienischen Kulturpolitik

Neben den staatlichen Akteuren der einzelnen Ebenen sowie den Beteiligten des dritten Sektors, die Thema des anschließenden Kapitels sein werden, konnten sich, insbesondere aufgrund der Veränderungen der gesetzlichen Rahmenbedingungen seit Beginn der 1990er Jahre, zunehmend auch private Akteure innerhalb der italienischen Kulturpolitik etablieren: Sie treten zum einen als sogenannte *gestori*, also Betreiber oder Pächter von Kultureinrichtungen auf, die dabei im Besitz der öffentlichen Hand bleiben. Zum anderen sind sie als reine Geldgeber präsent und fördern beispielsweise als Mäzene oder Sponsoren einzelne Events oder auch langfristige Projekte. Prägend sind private Akteure darüber hinaus als Unternehmer in der Kultur- und Kreativwirtschaft, die etwa im Werbe- und Mediensektor, als Autoren, Musiker, Architekten oder Designer aktiv sind. Das vorliegende Kapitel stellt diese drei Akteursgruppen im Detail vor und zeigt auf, welche Wechselwirkungen zwischen ihren jeweiligen Aktivitäten und der staatlichen Kulturpolitik bestehen.

Gestori als Akteure der italienischen Kulturlandschaft

Ausgangspunkt für die Integration privater Akteure in die Organisation der italienischen Kulturpolitik ist die Tatsache, dass sich die öffentliche Hand zunehmend ihrer strukturellen und finanziellen Defizite bewusst wurde.[1269] Dies hatte zur Folge, dass die private und die öffentliche Organisation und Finanzierung des Kulturbereichs in den vergangenen Jahren mehr und mehr ineinander übergingen:

> La diversificazione dei finanziamenti contribuisce a ridurre la possibile concentrazione del potere sulla politica culturale da parte del settore pubblico o l'interferenza dei donatori privati. Interessanti sono forme di cofinanziamento pubblico-privato che pongono

---

[1269] Vgl. exemplarisch Settis, der bereits in den ersten Bemühungen einer verstärkten Kooperation mit privaten Akteuren eine Niederlage des veralteten und unflexiblen öffentlichen Kultursektors erkannte, der insbesondere in Bezug auf die *gestione* kontinuierlich geprägt sei von „lentezze, impacci, burocratismi": „Prendiamo pure atto che la pubblica amministrazione dei beni culturali non ha tenuto il passo coi tempi, non ha mostrato la necessaria flessibilità, non ha fatto crescere abbastanza la propria cultura amministrativa." (Settis 2002, S. 79).

in equilibrio i due sistemi; imprese e privati operano in collaborazione, co-partecipazione e altre forme simili, coinvolti anche in erogazioni liberali in denaro o attraverso disponibilità di tecnologie e altre professionalità gestionali e finanziarie.[1270]

Die Möglichkeit der Gründung von Stiftungen unter Beteiligung privater Akteure entwickelte sich zu einem beliebten Modell, genauso wie die bereits erwähnte Übertragung des Managements von staatlichen Kultureinrichtungen an private Unternehmen. Häufig werden diese Veränderungen unter dem Begriff „Privatisierung" zusammengefasst; es müssen jedoch verschiedene Inhalte differenziert werden:

> Riguardo a ciò occorre chiarire fin da subito che il concetto stesso di 'privatizzazione' non sta ad indicare un effetto sostanziale univoco, ma abbraccia, nella sua genericità di significato, differenti dinamiche del rapporto pubblico-privato, come l'esternalizzazione' (l'erogazione del servizio mediante un operatore esterno all'amministrazione dell'ente locale) o la 'collaborazione' (o 'pertenariato') tra ente pubblico e soggetto privato (come avviene, ad esempio, nell'affidamento diretto della gestione del servizio ad una società, fondazione o associazione costituita o partecipata dall'ente locale con altri soggetti pubblici o privati).[1271]

In der Folge besteht mittlerweile eine enge Verflechtung zwischen der privaten und der öffentlichen Organisation des Kulturbereichs – auch wenn beiden Seiten eine grundsätzlich unterschiedliche Motivation zu Grunde liegt: Denn selbst wenn private Akteure auch mit Blick auf das Gemeinwohl handeln, steht in der Regel doch eine kommerzielle Motivation bzw. eine Gewinnorientierung im Mittelpunkt. Der öffentliche Sektor agiert dagegen im Sinne des Wohlfahrtsstaates und nutzt die privaten Unterstützer, um von ihm alleine – aufgrund organisatorischer, bürokratischer oder auch finanzieller Einschränkungen – nicht umsetzbare Ziele zu erreichen, und kommt diesen mit steuerlichen Anreizen sowie neuen Organisationsmodellen entgegen. Öffentliche und private Aktivitäten sind somit kaum mehr voneinander zu trennen und privaten Akteuren wurde vor allem im Hinblick auf *gestione* und *valorizzazione* zunehmend Kompetenzen zur effizienten Organisation der jeweiligen Kulturinstitution übertragen.[1272]

In der Folge wurden seit Mitte der 1990er Jahre zahlreiche staatliche Institutionen in privat geführte Stiftungen umgewandelt (z.B. *Biennale di Venezia*, *Triennale di Milano* sowie zahlreiche Opernhäuser, die nun als *Fondazioni*

1270 Trupiano 2005a, S. 69.
1271 Nardella 2006, S. 79.
1272 Vgl. Trupiano 2005a, S. 69 ff.; zu den seit 1993 („Legge Ronchey") sich ausweitenden gesetzlichen Möglichkeiten der Beteiligung privater Akteure vgl. Kapitel 4.1.4 sowie 4.1.5.

liriche agieren), um ein effizienteres Management zu ermöglichen sowie das Fundraising zu vereinfachen. Im Jahr 2009 ließen sich zudem auf lokaler Ebene rund 400 *gestioni autonome* zählen, die insbesondere durch den Einsatz moderner Managementmethoden und neuer Kommunikationstechnologien erfolgreich agieren konnten.[1273] Nachdem zunächst relativ wenige „gestori della cultura" aktiv waren,[1274] gründete sich bereits 2001 *Confcultura*, „l'associazione delle imprese private che gestiscono i servizi per la valorizzazione, fruizione e promozione del Patrimonio Culturale":

> Confcultura [...] si pone al centro del dibattito culturale in atto per l'affermazione del sostanziale valore aggiunto che il privato può dare alla valorizzazione del nostro patrimonio storico e artistico con l'obiettivo di raggiungere forme più mature di collaborazione fra le istituzioni pubbliche e il settore privato specializzato.
>
> A questo fine Confcultura rappresenta le esigenze e le proposte delle 'imprese della cultura' nei confronti delle principali istituzioni politiche ed amministrative, incluse le Soprintendenze, le Direzioni Regionali, il Ministero per i Beni e le Attività culturali, il Parlamento, il Governo e le forze sociali che operano nello stesso ambito dell'Associazione.[1275]

Die zunehmenden Aktivitäten privater Kulturakteure dürfe jedoch nicht als Alternative zur Reorganisation des öffentlichen Sektors betrachtet werden oder gar als Rechtfertigung für eine weitere finanzielle und insbesondere ideelle Benachteiligung des Kulturbereichs:

> Può esserci un ruolo per le imprese private nell'ambito dei beni culturali? Sì, naturalmente, purché senza spreco di denaro pubblico e con vantaggio del patrimonio culturale e dei cittadini. Ma questo ruolo non può essere sostitutivo di un'amministrazione che intanto viene abbandonata allo sfacelo; non può e non deve essere propugnato e promosso proprio mentre si rinuncia a far funzionare l'amministrazione pubblica dei beni culturali, cioè se ne favorisce di fatto il progressivo smantellamento. Al contrario, è importante che il ruolo dei privati venga costruito a partire da un buon funzionamento

---

1273 Vgl. Bodo und Bodo 2010, S. 55; es gab zunächst Tendenzen, Aktiengesellschaften oder GmbHs als Organisationsmodelle zu wählen, inzwischen sind aber Stiftungen die am häufigsten genutzte Form (vgl. Lo Presti 2010, S. 126).
1274 „Sono 84 a tuttòggi i siti in concessione con presenza di bookshop, 19 i punti di ristoro, 17 i servizi di biblioteche e archivi. A dividersi il territorio, tuttavia, non sono in molti, ma essenzialmente Elemond, Ingegnieria per la Cultur, Novamusa, Electa Napoli, il Gruppo editoriale Giunti, Arethusa e la Réunion des Musées Nationaux con Allemandi. Sono queste le aziende del merchandising, dei bookshop, delle biglietterie e di molto altro [...]." (Dell'Orso 2002, S. 175 f.).
1275 Confcultura 2014.

dell'amministrazione, e cioè proprio da quello che sembra essere l'ultimissima preoccupazione dei nostri ministri. La vera urgenza nel campo dei Beni culturali in Italia è solidificare, riqualificare e rilanciare il sistema pubblico di conservazione, tutela e conoscenza del patrimonio artistico-culturale. Ricostruire il pubblico, per poter costruire un rapporto valido col privato.[1276]

Settis ist der Meinung, dass die öffentliche Verwaltung durchaus mit einem unternehmerischen Blick organisiert werden sollte – unter Anwendung der Prinzipien „efficienza delle strutture, efficacia dei progetti, ottimizzazione delle risorse". Doch er warnt zugleich davor, den Fokus allein auf effizientes Management auszurichten und der Gefahr des „Ausverkaufs" der Kultur zu erliegen.[1277]

Die Ausführungen und auch die in den vorangegangenen Kapiteln thematisierten legislativen Veränderungen mit Blick auf den Aspekt der *privatizzazione* zeigen somit, dass Italiens Kultursektor von einer großen Verunsicherung über den „richtigen" Weg in die Zukunft geprägt ist und die Suche nach der Balance zwischen öffentlichen und privaten Akteuren dabei einen wesentlichen Aspekt darstellt.

Mäzenatentum, Sponsoring und weitere Formen privaten Kulturengagements

Weit häufiger als die Funktion der *gestori* nehmen private Akteure jedoch die Rolle reiner Geldgeber ein oder beteiligen sich lediglich als Projektpartner etwa an der Umsetzung von Kulturevents oder dem Bau von Kultureinrichtungen. Grundsätzlich lassen sich bei privaten Kulturinvestitionen zwei Typen unterscheiden: Entweder liegt „amore dell'arte e della cultura" zu Grunde und der Geldgeber erwartet keinerlei Gegenleistung – in diesem Fall handelt es sich um einen Mäzenen. Im zweiten Fall werden die Ausgaben für den Kulturbereich als Investitionen betrachtet und sollen als günstiges Kommunikations- und Werbeinstrument dienen – in diesem Fall handelt es sich um Sponsoring.[1278]

Das Mäzenatentum geht auf den Namensgeber Gaio Mecenate und dessen uneigennützige (Künstler-)Förderung zurück. Und auch heute definiert sich ein Mäzen noch dadurch, dass er fördert „senza l'attesa di ritorni". In Italien unterstützen Mäzene aktuell den Kulturbereich mit ca. 30 Mio. Euro pro Jahr.[1279] Sponsoren erwarten dagegen sehr wohl eine Gegenleistung für ihr finanzielles Engagement. In der Regel zielt der Sponsor darauf, die eigene Sichtbarkeit zu

---

1276 Settis 2002, S. 100 f.
1277 Vgl. Settis 2002, S. 101.
1278 Vgl. Cristofaro 2005, S. 139; vgl. auch die entsprechenden Ausführungen zur Situation in Deutschland (Kapitel 3.2.2).
1279 Vgl. Severino 2010a, S. 86.

erhöhen und die öffentliche Meinung über seine Person, sein Unternehmen etc. positiv zu beeinflussen. Es handelt sich somit um eine „attività di comunicazione e di promozione" zum gegenseitigen Nutzen: Der Sponsor bietet einer Institution finanzielle Unterstützung und erhält im Gegenzug eine Ausweitung seines Bekanntheitsgrades oder seines Prestiges.[1280] Das Phänomen des Sponsorings breitete sich in den vergangenen Jahren stark aus, sodass sich inzwischen eine weitestgehend einheitliche Definition etabliert hat:

> Secondo orientamenti dottrinali ampiamente condivisi, il contratto di sponsorizzazione consiste in una forma di comunicazione pubblicitaria per cui un soggetto (sponsee) si obbliga, generalmente, contro corrispettivo, ad associare alla propria attività, il nome o un segno distintivo di un altro soggetto (sponsor), il quale attraverso tale abbinamento si propone di incrementare la propria notorietà e la propria immagine verso il pubblico.[1281]

Möglich gemacht haben diese Sponsoringaktivitäten zum einen die Reform des Artikels V der Verfassung (2001), der den enti locali erweiterte Kompetenzen für den Kulturbereich übertrug, sowie der „Codice" (2004), der privaten Akteuren eine umfassende Beteiligung an der Organisation des Kulturbereichs einräumte.[1282] Insbesondere in Bezug auf die *valorizzazione* und die *gestione* ermöglicht der „Codice" in Art. 111 bzw. Art. 115 die Beteiligung privater Akteure und Art. 120 regelt privates Sponsoring ganz explizit:

> È sponsorizzazione di beni culturali ogni contributo, anche in beni o servizi, erogato per la progettazione o l'attuazione di iniziative in ordine alla tutela ovvero alla valorizzazione del patrimonio culturale, con lo scopo di promuovere il nome, il marchio, l'immagine, l'attività o il prodotto dell'attività del soggetto erogante. Possono essere oggetto di sponsorizzazione iniziative del Ministero, delle regioni, degli altri enti pubblici territoriali nonché di altri soggetti pubblici o di persone giuridiche private senza fine di lucro, ovvero iniziative di soggetti privati su beni culturali di loro proprietà. La verifica della compatibilità di dette iniziative con le esigenze della tutela è effettuata dal Ministero in conformità alle disposizioni del presente codice.[1283]

1280 Vgl. Cristofaro 2005, S. 140.
1281 Lo Presti 2010, S. 124.
1282 Vgl. Cristofaro 2005, S. 161; als Ausgangsbasis dieser Regelungen kann wiederum die „Legge Bassanini" von 1997 gelten. Severino sieht in der „Legge Mammì" (Lg. 223/1990) die erste offizielle Definition für Sponsoring als „un rapporto di sinallagma tra due soggetti, uno dei quali, lo sponsor, che finanzia con denaro, o beni o servizi, l'attività di terzi, dello sponsee, dal quale si aspetta un ritorno in termini di immagine, reputazione, notorietà." (Severino 2010a, S. 86).
1283 Il Presidente della Repubblica 22.01.2004.

Abs. 2 gibt zudem vor, dass die Sponsoringaktivitäten mit dem „carattere artistico o storico" kompatibel sein und in einem Vertrag zwischen Sponsor und Sponsee festgehalten werden müssen.[1284] Die Rolle des Sponsors ist dabei nicht festgelegt, es kann sich um Unternehmer, Unternehmenszusammenschlüsse, Verbände etc. handeln, die eine Ausweitung ihres Bekanntheitsgrades anstreben, wobei der Sponsee nicht für den tatsächlichen Erfolg verantwortlich ist.[1285] In der Regel werden die Ziele des Sponsors – „una migliore immagine aziendale, un aumento delle vendite, una maggiore visibilità, un ruolo sociale, un sostegno per una causa, un mix di comunicazione più ampio, il raggiungimento target specific" – jedoch zumindest in Teilen erfüllt.[1286] Entscheidend ist folglich, dass der Sponsor ein zu ihm sowie seiner Zielgruppe passendes Event oder auch Langzeitprojekt auswählt (etwa im Hinblick auf die regionale Orientierung, die Zahl der Besucher, das Prestige des Events etc.), um die gewünschten Erfolge zu erzielen. Sponsoring hat sich inzwischen als „importante fonte di sostegno per il settore culturale e dello spettacolo" etwa für die Einsatzgebiete „restauro di beni culturali, manifestazioni artistiche, spettacoli teatrali, di danza, musicali, di entertainment nel senso più ampio, cinema etc." erwiesen. Als Ausgangsbasis hierfür wird häufig der europaweite Bewusstseinswandel gesehen, dass Kunst und Kultur durch den Kontakt mit ökonomischen Interessen nicht automatisch an Qualität verlieren müssen.[1287] In der Folge leistet inzwischen v.a. das Sponsoring von kleineren Beiträgen auf kommunaler und regionaler Ebene einen wichtigen Beitrag für das Funktionieren des Gesamtsystems Kultur. Doch vor allem die spektakulären Initiativen wie beispielsweise die Restaurierung der *Fontana di Trevi* durch *Fendi* mit einem Beitrag von 2,5 Mio. Euro, der Rialto-Brücke in Venedig durch den *Diesel*-Gründer Renzo Rosso mit 5 Mio. Euro oder des Kolosseums in Rom durch Diego della Valle, den Chef der Luxusgruppe *Tod's*, mit einem Beitrag von 25 Mio. Euro,[1288] machen deutlich, dass private Beiträge inzwischen „una crescente consistenza sino talvolta a divenire *conditio sine qua non* per la realizzazione di tanti progetti" erreicht haben.[1289]

Severino geht davon aus, dass jährlich 1,5 Mrd. Euro in Sponsoringaktivitäten fließen, wobei der Wert jährlich um ca. 1,5% wachse. Seine für den Raum Rom durchgeführte Studie kommt zu dem Ergebnis, dass die Hälfte

---

1284 Vgl. Il Presidente della Repubblica 22.01.2004.
1285 Vgl. Cristofaro 2005, S. 142 ff.
1286 Cristofaro 2005, S. 152; vgl. hierzu auch Ferretti 2007a, S. 37.
1287 Vgl. Cristofaro 2005, S. 149 f.
1288 Bachstein 01.02.13, S. 10.
1289 Dell'Orso 2002, S. 147.

der 345 befragten Unternehmen Sponsoring betreibt und diese größtenteils mit den Ergebnissen ihres Engagements zufrieden sind (86%) – obwohl sich der tatsächliche Erfolg des Sponsorings nur sehr schwer messen lässt. 33% der Sponsoren engagierten sich im Kulturbereich,[1290] doch sei problematisch, dass Unternehmen die jeweiligen Sponsoring-Aktivitäten stärker von ihrer wirtschaftlichen Lage abhängig machten, als etwa die *Fondazioni bancarie*.[1291] Severino konnte herausfinden, dass diejenigen Unternehmen, die bisher kein Sponsoring betreiben, ohne Kenntnis der hierbei möglichen Steuervorteile sind.[1292] Es wird zwar häufig gefordert, diese weiter auszubauen, um weitere Sponsoren zu gewinnen bzw. deren bereits bestehendes gesellschaftliches Engagement auszuweiten, doch auch aktuell gewährt der Staat bereits starke Anreize,[1293] um dadurch „uno dei migliori ponti per l'interazione fra pubblico e privato, tra sociale e commerciale" weiter auszubauen.[1294]

Eine weitere Form der Zusammenarbeit zwischen privaten und öffentlichen Akteuren stellt das *Fundraising* dar, das die aktive Suche nach Sponsoren bezeichnet. Zentrales Anliegen ist hierbei jedoch nicht nur das Auffinden möglicher Geldquellen für einzelne Events, eine bestimmte Ausstellung oder die Restaurierung eines Kunstwerks, sondern möglichst die Etablierung langfristiger Partnerschaften: „Il fundraising è uno strumento strategico per la sostenibilità e lo sviluppo di tutte le organizzazioni culturali, private non profit e pubbliche italiane."[1295] Insbesondere durch die Finanzkrise erhöhte sich das Interesse an Fundraising („vera esplosione di interesse per il fundraising"), doch Ferretti hält fest:

> Tuttavia, per quanto se ne parli diffusamente, sono ancora pochi i casi di istituzioni culturali italiane che hanno scelto di impostare una strategia di ricerca di fonti di finanziamento alternative al tradizionale finanziamento pubblico con sistematicità e professionalità e che possono costituire ad oggi modelli di riferimento per l'adozione di politiche di fundraising efficaci.
>
> Allo stato attuale la maggior parte delle istituzioni operanti in ambito culturale basano ancora il loro sostentamento su fondi di prevalenza pubblica o su fondi erogati da

---

1290 Vgl. Severino 2010a, S. 86 f.; die Untersuchung von Severino zeigt, dass Sponsoring primär im Sportbereich zu finden ist (42%), wogegen die Bereiche Soziales, Gesundheit oder Umwelt (zwischen 10 und 15%) weit weniger Sponsorengelder erhalten (vgl. ebd., S. 87).
1291 Vgl. Dell'Orso 2002, S. 154 f.
1292 Vgl. Severino 2010a, S. 87.
1293 Vgl. Dell'Orso 2002, S. 154 f.
1294 Severino 2010a, S. 86.
1295 Ferretti 2007a, S. 35.

finanziatori 'istituzionali' privati quali le fondazioni bancarie o gli istituti di credito. [...] Le donazioni dei privati cittadini in ambito culturale sono poi, a differenza di quanto accade in altri paesi, soprattutto quelli anglosassoni, relativamente modeste.[1296]

Auch wenn einige Institutionen also aktiv und durchaus effizient Fundraising betreiben, fehlt häufig eine sinnvolle Gesamtstrategie. Dies mag auch daran liegen, dass neue Partnerschafts- und Finanzierungsmodelle lange Zeit argwöhnisch betrachtet wurden, da sie dem Schutz von Kulturgütern und der Förderung von Kulturaktivitäten entgegenzustehen schienen. Doch inzwischen ist klar geworden, dass neue Finanzierungsmethoden häufig die einzige Möglichkeit bieten, bestimmte Projekte durchzuführen, sodass sich auch das sogenannte *Project Financing* nach und nach etablieren konnte, wobei in Italien zumeist eine gemeinsame Finanzierung durch private und öffentliche Akteure erfolgt.[1297] Project Financing weist drei Basiselemente auf, und zwar die beteiligten Akteure, die Finanzstruktur und das Risikomanagement: „Ogni operazione di project financing coinvolge un numero spesso considerevole di soggetti a vario titolo interessati all'iniziativa, ognuno dei quali svolge un ruolo ben specifico e delineato al fine del buon esito dell'operazione."[1298] Vorteile dieser neuen Finanzierungsmodelle sind die größere Transparenz und eine Zunahme der Effizienz im Vergleich zu rein durch öffentliche Akteure organisierte Initiativen; sie dienen der Wettbewerbsfähigkeit und der Ausweitung des know-hows des öffentlichen Sektors, verringern bzw. verteilen zudem das Risiko im Falle eines Scheiterns des Projekts und stellen häufig ganz generell die einzige Möglichkeit dar, allein durch öffentliche Gelder nicht finanzierbare Projekte umzusetzen.[1299] Die Ausführungen zeigen somit in ihrer Gesamtheit, dass der Privatsektor durch unterschiedliche Formen der Beteiligung eine zunehmend wichtige Rolle innerhalb der italienischen Kulturpolitik einnimmt, wie auch Dell'Orso bestätigt:

> Se ancora non si riscontra una piena sintonia tra chi opera all'interno delle pubbliche istituzioni e chi, attraverso la propria attività imprenditoriale, si rende disponibile a

---

1296 Ferretti 2007a, S. 36.
1297 Vgl. Ferretti 2007a, S. 36 ff.; es lässt sich deshalb auch von Public Private Partnerships sprechen.
1298 Ferretti 2007a, S. 42.
1299 Vgl. Ferretti 2007a, S. 44; vgl. hierzu auch Dell'Orso: „L'intervento del privato ha dunque un doppio vantaggio per l'ente pubblico. Il primo è di carattere economico, in quanto la joint-venture lo libera da gran parte del rischio d'impresa, facendolo però rimanere socio: il comune versa una parte dell'investimento e incamera una parte dei ricavi. Il secondo vantaggio è dato dalla maggiore flessibilità operativa di cui gode un privato rispetto a un ente pubblico." (Dell'Orso 2002, S. 164).

offrire un contributo per la tutela e la valorizzazione del patrimonio culturale, sono stati fatti molti passi avanti in direzione di una più fattiva collaborazione.[1300]

Grundsätzlich erfolgt somit eine positive Bewertung der neuen Akteure und der Etablierung innovativer Formen der Zusammenarbeit zwischen öffentlichem und privatem Sektor. Immer wieder wird aber angemahnt, darauf aufbauende Möglichkeiten der ökonomischen Nutzung von Kulturgütern – etwa in Form des Kulturtourismus – nicht überzubewerten bzw. einer Abhängigkeit des Staates von privaten Akteuren rechtzeitig vorzubeugen. Doch diese Gefahr erscheint bisher eher gering, da auf beiden Seiten Experten für Marketing und Fundraising fehlten und nach wie vor ein Mangel an entsprechenden Studiengängen sowie an einem vertieften Dialog zwischen dem Kultur- und dem Wirtschaftsbereich bestehe.[1301] Bedeutender erscheint dagegen eine Gefährdung der Kulturlandschaft durch den Rückzug des Staates aus der Kulturfinanzierung unter Verweis auf die neuen Akteure:

> Ma un punto è chiaro: l'intervento privato non può in nessun modo essere considerato sostitutivo della spesa pubblica anzi, al contrario, le imprese si dimostrano interessate a investire quando il settore pubblico fa la propria parte e dimostra di non tirarsi indietro.[1302]

Die kommenden Jahre werden somit entscheidend sein in Bezug auf das Finden eines neuen Gleichgewichts zwischen den staatlichen und den privaten Kulturakteuren. Dabei ist zu hoffen, dass beide Seiten Erkenntnisse aus den Handlungsmustern des jeweiligen Gegenübers gewinnen können und die Zusammenarbeit somit langfristig zu positiven Resultaten und einer konstruktiven Weiterentwicklung führen kann.

Kultur- und Kreativwirtschaft

Ein weiterer Bereich, der in den vergangenen Jahren stark an Bedeutung gewonnen hat, ist die Kultur- und Kreativwirtschaft (in Italien sind hierfür die Begriffe „industria culturale" oder „economia culturale" gebräuchlich).[1303] Für das Jahr 2003 geht die im Auftrag der *Europäischen Kommission* von *Kea European Affairs*

1300 Dell'Orso 2002, S. 148.
1301 Vgl. Dell'Orso 2002, S. 164 ff.
1302 Grossi 2012b, S. 42.
1303 Zur Definition der einzelnen Sektoren vgl. Kapitel 3.2.2 zur Kultur- und Kreativwirtschaft in Deutschland.

erstellte Studie *L'economia della cultura in Europa* davon aus, dass ihr Beitrag in Italien bereits 2,3% des BIP betrug.[1304] Entscheidend ist dabei v.a., dass der Kreativsektor schneller wächst, als die restliche Wirtschaft: Für den Zeitraum 1999 bis 2003 konstatiert die *KEA*-Studie der italienischen Wirtschaft 5,3% Wachstum – die Kreativbranche wuchs im gleichen Zeitraum um 7,3%.[1305] Im EU-Durchschnitt sind 2,5% der Beschäftigten in diesem Bereich tätig, wobei Italien mit 2,8% leicht darüber liegt.[1306] Von großer Bedeutung ist, dass diese Beschäftigten im Vergleich zum restlichen Arbeitsmarkt überdurchschnittlich gut qualifiziert sind.[1307] Dennoch handelt es sich häufig um prekäre Beschäftigungsverhältnisse: Die Branche zählt eine vergleichsweise hohe Zahl an Selbständigen, Beschäftigten mit Projektverträgen bzw. befristeten Arbeitsplätzen (17% im Vergleich zu 13,3% in anderen Branchen) sowie Teilzeitstellen oder auch Zweitbeschäftigungen.[1308]

Wie bereits die Ausführungen zur Kultur- und Kreativindustrie in Deutschland zeigten, besteht nach wie vor keine eindeutige Definition dieses Sektors, sodass die verfügbaren Zahlen großen Schwankungen unterliegen: Für Italien geht beispielsweise das *Libro bianco sulla creatività*, das die Ergebnisse der von der Regierung einberufenen *Commissione di studio ministeriale sulla creatività e produzione di cultura in Italia* zusammenfasst, für das Jahr 2004 von einem Anteil der Kulturindustrie von 9,3% des BIP aus und zählt für diesen Bereich 2,5 Mio. Beschäftigte.[1309] Gründe für diese große Differenz gegenüber der *KEA*-Studie sind, dass in die Berechnungen der *Commissione* auch die Sektoren „Made in Italy" wie z.B. Mode oder Design mit eingingen und nicht nur die „kreative Phase" sondern

---

1304 Deutschland lag im Vergleich bei 2,5%; den höchsten Anteil verzeichneten Frankreich und Norwegen mit 3,4% bzw. 3,2% (vgl. KEA European Affairs 2006b, S. 71); die Studie wurde zunächst auf Englisch erstellt mit dem Titel *The economy of culture in Europe* und durch das *Centro Studi di Diritto delle Arti, del Turismo e del Paesaggio* in Bari ins Italienische übersetzt.
1305 Vgl. KEA European Affairs 2006b, S. 75.
1306 Vgl. KEA European Affairs 2006b, S. 88.
1307 Vgl. KEA European Affairs 2006b, S. 94.
1308 Vgl. KEA European Affairs 2006b, S. 98 ff.
1309 Vgl. Santagata 2007, S. XII; auf S. XVII f. führt der Bericht weiter aus: „Se si considera l'intera filiera produttiva il Macrosettore vale nel 2004 il **9,31% del PIL** italiano e impiega più di 2,8 milioni di lavoratori. Le industrie culturali e creative in Italia, in base a questa classificazione, hanno un peso rilevante nell'economia italiana e maggiore di altri settori quali ad esempio quello dei *Trasporti* (7,66% del PIL), delle *Poste e Telecomunicazioni* (2,31% del PIL) e dell'*Energia* (2,01% del PIL)."

die komplette Produktionskette von der Idee bis zum fertigen Produkt und seinem Verkauf in die Berechnungen aufgenommen wurden.[1310]

Aktuellere Zahlen – die wiederum auf der Basis davon abweichender Kriterien errechnet wurden[1311] – legt die *Fondazione Symbola* gemeinsam mit *Unioncamere* vor, die für 2011 von einem 5,4%igen Anteil der Kreativindustrie an der gesamten italienischen Produktion ausgeht. Mit 1,4 Mio. Beschäftigten werden ihr 5,6% der Arbeitsplätze zugeordnet – ein Wert, der über demjenigen des Primären Sektors liegt.

> E allargando lo sguardo dalle imprese che producono cultura in senso stretto – ovvero industrie culturali, industrie creative, patrimonio storico-artistico e architettonico, performing arts e arti visive – a tutta la 'filiera della cultura', ossia ai settori attivati dalla cultura, il valore aggiunto prodotto dalla cultura schizza dal 5,6 al 15% del totale dell'economia nazionale e impiega ben 4 milioni e mezzo di persone, equivalenti al 18,1% degli occupati a livello nazionale.[1312]

Zwischen 2007 und 2011 stieg die Zahl der Beschäftigten des Kultursektors im Durchschnitt um jährlich 0,8% – im Vergleich zu einem Rückgang der generellen Zahl der Arbeitsplätze in Italien um 0,4%. Zugleich wuchs die Kreativbranche im gleichen Zeitraum um 0,9% während das Wirtschaftswachstum insgesamt lediglich um 0,4% zulegte.[1313] Zu beachten ist jedoch, dass hierbei große Unterschiede zwischen den einzelnen Teilsektoren sowie insbesondere zwischen den Regionen zu verzeichnen sind.[1314] Die Autoren der Studie ziehen aus diesen Zahlen die Erkenntnis, dass der Kulturbereich nicht den Sparmaßnahmen zur Haushaltskonsolidierung zum Opfer fallen dürfe, da er sehr wohl in der Lage sei, das Land „zu ernähren".[1315] Denn der Bericht von *Fondazione Symbola* und *Unioncamere* weist

---

1310 Vgl. Santagata und Bertacchini 2012; vgl. zur Unterteilung der einzelnen Sektoren auch Santagata 2007, S. XVI.
1311 Der Bericht unterscheidet zwischen den Bereichen „industrie creative" (Architektur, Design, Werbung, Neue Medien), „industrie culturali" (Kino, Film, Video; Radio und Fernsehen; Musikindustrie, Verlagswesen etc.), „infrastruttura culturale" (Kulturerbe, Kulturevents) sowie „core delle arti" (zeitgenössische Kunst, Darstellende Künste) (vgl. Fondazione Symbola und Unioncamere 2012, S. 3).
1312 Fondazione Symbola und Unioncamere (in collaborazione con la Regione Marche) 2012.
1313 Vgl. Fondazione Symbola und Unioncamere 2012, S. 69; vgl. zur Zahl der Beschäftigten nach Geschlecht, Alter, Ausbildung etc. auch ISTAT 2013b, Tavole 8_9 ff.
1314 Vgl. Fondazione Symbola und Unioncamere 2012, S. 70 ff.; vgl. hierzu auch die detaillierte Analyse in ISTAT 2013c, S. 107 f. sowie ISTAT 2013b, Tavole 8_12 ff.
1315 Vgl. Fondazione Symbola und Unioncamere (in collaborazione con la Regione Marche) 2012.

zudem darauf hin, dass der Kultursektor weitere Gewinne generiere: „per un euro prodotto dal sistema produttivo culturale in senso stretto, ne vengono generati 1,6 all'interno della filiera complessiva".[1316]

Die stark voneinander abweichenden Zahlen der KEA-Studie, des *Libro bianco sulla creatività* sowie des Berichts der *Fondazione Symbola* und *Unioncamere* sind symptomatisch für den Bereich der Kultur- und Kreativindustrie:

> L'eterogeneità di approcci e definizioni è in parte dovuto al tentativo di risolvere in modi innovativi la difficoltà di misurare un fenomeno che per la sua trasversalità intersettoriale è difficile da far emergere nei dati statistici e per la sua contemporaneità non è ancora oggetto di valutazione contabile e quantitativa.[1317]

Es wäre somit notwendig, statistische Daten nach neuen und v.a. einheitlich (evtl. von der *UNESCO*) definierten Kriterien zu erheben, auch wenn Untersuchungen des Kultur- und Kreativsektors schwierig und teuer seien. Dennoch fordern Santagata und Bertacchini mit Blick auf die langfristige Perspektive, den Kulturbereich ins Zentrum der Entwicklung Italiens zu stellen und in Anbetracht der – trotz aller statistischen Abweichungen – signifikanten wirtschaftlichen Bedeutung dieses Sektors, eine kontinuierliche Datenerhebung. Vorläufig konstatieren die Autoren jedoch:

> In Italia, al contrario, quello che manca attualmente per avere una misurazione unitaria di questo fenomeno è forse una volontà politica che favorisca il coordinamento tra diversi soggetti che finora hanno osservato il mondo della cultura e della creatività solo dal loro ambito di competenze specifiche.[1318]

Gerade Vergleiche auf europäischer und internationaler Ebene stellten sich in der Folge als schwierig dar, zumal das sogenannte „modello italiano" auf einer charakteristischen Kleinteiligkeit der Strukturen basiere und somit durch statistische Methoden schwer zu fassen sei:

> Soprattutto nel caso italiano, poi, in cui esiste una vasta componente del comparto manifatturiero spesso fondata su una tradizione artigianale di piccola, piccolissima e micro-impresa, esiste una vasta 'zona grigia' nella quale il confine tra settori creativi e manifatturiero tradizionale si fa sfumato e particolarmente sfuggente. Ed è proprio questa 'zona grigia' un elemento caratterizzante del modello italiano di sviluppo a base culturale.[1319]

Auch das *Libro bianco sulla creatività* verweist auf diesen Umstand: Kreativität werde stets in enger Verbindung mit dem historischen und künstlerischen Erbe

---

1316 Fondazione Symbola und Unioncamere 2012, S. 86 (i.O. fett).
1317 Santagata und Bertacchini 2012.
1318 Santagata und Bertacchini 2012.
1319 Fondazione Symbola und Unioncamere 2012, S. 40.

des Landes und als Ausgangsbasis für die Kulturindustrie gesehen, die Güter und Dienstleistungen von hohem symbolischem Wert hervorbrachten. Zugleich unterstreicht der Bericht die enge Verbindung zwischen Kreativität und (handwerklicher) Kulturproduktion mit der Geschichte und dem jeweiligen Territorium sowie seinen BewohnerInnen, was das „modello italiano" in besonderer Weise charakterisiere.[1320] Der Bericht von *Fondazione Symbola* und *Unioncamere* stellt außerdem einen engen Bezug zur lokalen Entwicklung her und leitet daraus die Forderung nach einer entsprechenden Politik ab:

> Se dunque vogliamo davvero provare ad elaborare un modello di sviluppo locale a base culturale che davvero rifletta la specificità italiana, dobbiamo operare alcune forti discontinuità rispetto alle pratiche e soprattutto alle politiche recenti: da un lato, integrando pienamente le politiche culturali all'interno delle politiche industriali e della competitività; dall'altro, pensando alle politiche culturali stesse come politiche della produzione e dell'innovazione competitiva e non più soltanto della fruizione turistica; infine, riconoscendo in pieno le interdipendenze strategiche tra patrimonio culturale, contenitori culturali e dimensioni di innovazione tecnologica e sociale – un tema, quest'ultimo, oggi di gran moda ma che ancora una volta, e piuttosto singolarmente, sembra del tutto scisso da una comprensione del ruolo che la cultura può giocare in esso.[1321]

Aufgrund dieser engen Verbindung zwischen Kulturpolitik und Kulturindustrie und der Abhängigkeit kultureller Innovation von kulturpolitischen Angeboten und Strukturen, kommt der Bericht zu dem Ergebnis, dass gerade in der aktuellen Situation Einsparungen im Kulturbereich gefährliche Folgen haben könnten. Er warnt davor, die kulturelle Infrastruktur zu beschneiden, da hierin die Basis für die lokale Entwicklung sowie generell der Schlüssel zu neuem Wachstum liege. Insbesondere in den beiden Funktionen der „attrazione" und der „attivazione" von Kulturorten werden die zentralen Faktoren für die lokale und regionale Entwicklung sowie die hieraus entstehende Dynamik gesehen – unter anderem mit Auswirkungen auf den Bereich der Kultur- und Kreativindustrie: Kulturorte werden zum einen als „attrattori" gesehen, die z.B. die Sichtbarkeit verbessern und Touristen anziehen können. Zum anderen stellen sie „attivatori" dar, als dass sie neue (kreative) Projekte anregen und als Ausgangspunkt für die generelle Entwicklung der jeweiligen Stadt oder Region dienen könnten.[1322] Hier

---

1320 Vgl. Santagata 2007, S. 21 ff.; bereits in Kapitel 2.2 wurde auf die traditionell enge Verbindung zum jeweiligen Territorium hingewiesen, die prägend für den italienischen Kulturbegriff ist.
1321 Fondazione Symbola und Unioncamere 2012, S. 45 f.
1322 Vgl. Fondazione Symbola und Unioncamere 2012, S. 45.

zeigt sich somit die enge Verbindung von Kulturpolitik und ihren Angeboten mit der Kultur- und Kreativindustrie, die diese als Innovationspotenzial nutzt und darauf aufbauend zu ökonomisch relevanten Ergebnisse führen kann. Ziel muss somit sein, ein „laboratorio di ricerca e sviluppo"[1323] zu schaffen, um das „modello italiano" neu zu beleben und die internationale Wettbewerbsfähigkeit wiederherzustellen – „con una specifica attenzione al come sia possibile utilizzare in modo innovativo ed intelligente il nostro patrimonio storico-artistico come leva di innovazione e non semplicemente come *showroom* della nostra identità culturale di un tempo".[1324] Kulturelle Innovationen beruhen somit auf entsprechenden lokalen Voraussetzungen – und zugleich hänge die lokale Entwicklung von der kulturellen Innovationsfähigkeit ab. Dementsprechend seien folgende Konsequenzen zu ziehen:

> Occorre operare una discontinuità netta che crei spazio per quelle risorse e quelle opportunità che sono state finora marginalizzate se non addirittura mortificate. La cultura rappresenta forse la risorsa per antonomasia che è stata soggetta negli ultimi decenni ad un rituale di degradazione del tutto incomprensibile e dissennato per un paese come il nostro. Finché esistono ancora le condizioni per un rilancio strategico del modello italiano e delle sue specificità, esiste una precisa responsabilità delle amministrazioni centrali e locali nel non lasciare che questa opportunità cada. Se il nostro paese non vuole condannarsi ad una lunga fase di stagnazione e di decadenza, la crisi non può essere un alibi per la mancata ricerca di soluzioni innovative e compatibili con le nostre forme di potenziale vantaggio competitivo. Tra il difendere uno status quo comunque precario e in via di smantellamento e riallocare le risorse per trovare nuove leve di crescita, la via da prendere è pressoché obbligata, e ci si augura che i nostri territori abbiano la lucidità per capirlo in tempo utile.[1325]

Der Staat ist somit gefordert, kulturelle Entwicklungen durch entsprechende Aktionen und Investitionen zu bestärken. Teilweise scheint diese Tatsache bereits Umsetzung zu finden: Seit den 1990er stiegen in Italien die staatlichen Ausgaben für die „industrie culturali" stark an (+239%). Insbesondere Finanzhilfen für den Bereich der Presse haben an Bedeutung gewonnen, um durch staatliche Gelder das Marktversagen in diesem Bereich auszugleichen und Innovationen zu fördern.[1326] Dennoch bleib festzuhalten, dass auch im Bereich der italienischen Kultur- und Kreativindustrie die Beharrungskräfte stark ausgeprägt sind: Die Ausrichtung auf das bereits bestehende Kulturerbe und darauf aufbauend den Kulturtourismus erscheinen zentral und insbesondere im Vergleich mit anderen

---

1323 Fondazione Symbola und Unioncamere 2012, S. 45.
1324 Fondazione Symbola und Unioncamere 2012, S. 56.
1325 Fondazione Symbola und Unioncamere 2012, S. 64.
1326 Vgl. Bodo et al. 2004a, S. 93.

europäischen Ländern weit prägender.¹³²⁷ In der Folge wird die in Italien geringe Beachtung der „produzione creativa attuale" beklagt und als Gründe nennen Caliandro und Sacco folgende:

> Innanzi tutto, perché da noi cultura è sinonimo da sempre di 'patrimonio culturale', e molto, molto meno di 'produzione culturale'. [...] In Italia, dunque, la cultura è confinata nell'ambito angusto dei 'beni culturali', da cui rimangono escluse praticamente tutte le espressioni e le energie vive, attive, quelle che fanno la 'produzione culturale': la musica, ad esempio, i blockbusters cinematografici e i film indipendenti, fino ai videogiochi e alle serie TV [...].¹³²⁸

Die Autoren sprechen von einem „disinteresse pressoché totale per la produzione culturale attuale" und sehen in den Strukturen der italienischen Kulturpolitik zugleich den Ausgangspunkt als auch den Beweis dieser Einschätzung.

> Allargando il discorso all'intero sistema dell'arte nazionale, c'è sicuramente un problema di fondi, c'è un problema di visibilità, ma soprattutto c'è un problema di organizzazione: vale a dire, la difficoltà di integrare e di coordinare le varie forze in campo – artisti, collezionisti, politica, media, pubblico – per ottenere il risultato di riconoscere (all'interno) e di far riconoscere (all'esterno) l'esistenza di una contemporaneità italiana.¹³²⁹

Sekundär ist die zeitgenössische Kunstproduktion Italiens auch für den Bereich des Kulturtourismus. Dieser basiert primär auf dem Kulturerbe und verzeichnet nach wie vor dynamische Wachstumsraten: Mehr als ein Drittel der internationalen Touristen besucht Italien aufgrund seines kulturellen Angebots und diese geben inzwischen 8,5 Mrd. Euro aus, was dem dreifachen Umsatz des Strandtourismus entspreche. Entscheidend sei jedoch, dass nicht allein die Erschließung für Touristen in den Mittelpunkt gestellt, sondern primär die jeweiligen BewohnerInnen berücksichtigt sowie *valorizzazione* und *conservazione* nicht als Antithesen wahrgenommen werden dürften, wie Renzo Iorio, der Präsident der *Federturismo Confindustria*, unterstreicht. Doch die – v.a. im Vergleich mit

---

1327 „In Europa troviamo, allo stato attuale, una situazione duale relativamente ai modelli di sviluppo a base culturale: da un lato, nei paesi nordici, nel Regno Unito, in Francia, in Belgio e in Olanda e nei paesi di lingua tedesca, nonché in alcuni paesi ex socialisti dell'est come l'Estonia e la Lituania, prevale un approccio basato sulla produzione culturale e creativa; dall'altro, nella maggior parte dei paesi mediterranei come l'Italia e la Grecia e in molti paesi ex socialisti, ad esempio Bulgaria, Romania, Repubblica Ceca ed Ungheria, prevale invece un approccio centrato sul turismo culturale nel quale la cultura gioca un ruolo abbastanza ancillare." (Fondazione Symbola und Unioncamere 2012, S. 21).
1328 Caliandro und Sacco 2011, S. 22.
1329 Caliandro und Sacco 2011, S. 24.

Frankreich, dem direkten Konkurrenten auf dem Tourismusmarkt – geringen Mittel gefährdeten diesen Wirtschaftszweig, genauso wie die fehlende Langzeitplanung und die mangelnde Integration privater Akteure.[1330]

> Il farraginoso contesto normativo, lo stratificarsi di livelli decisionali e di competenza e un 'diritto di blocco' di fatto straordinariamente diffuso e spesso ingovernabile fanno purtroppo il resto. [...] Sulla base di tali considerazioni è evidente che occorre sviluppare un rapporto più stretto e strutturato tra pubblico e privato e tra patrimonio artistico e culturale e industria turistica.
>
> Servono regole del gioco più snelle ed efficaci per attrarre risorse private sulla cultura, garantendo il controllo pubblico di indirizzo e di tutela, ma permettendo l'attrazione di competenze e innovazione, assicurando che le scarse risorse pubbliche non vengano distratte in mille rivoli o in assurde concorrenze con il settore privato, ma si concentrino sulla loro fondamentale missione di indirizzo, salvaguardia e tutela.[1331]

Auch der Bereich der Kultur- und Kreativindustrie im weitesten Sinne ist somit im Umbruch und entscheidend für eine gelingende Weiterentwicklung erscheint erneut das richtige Gleichgewicht zwischen öffentlichen und privaten Initiativen. Im Ergebnis bleibt außerdem festzuhalten, dass die Kultur- und Kreativindustrie in Italien bisher stark auf dem bereits vorhandenen, historisch gegebenen Potenzial aufbaut. Durch eine Neuausrichtungen bzw. einen Wechsel der Perspektive hin zu aktuellen Möglichkeiten und innovativen Ideen, könnte sie ihre Bedeutung jedoch noch erheblich steigern. Zentral wäre somit ein Paradigmenwechsel, der die einseitige Ausrichtung auf das bereits vorhandene Kulturerbe durchbrechen und eine grundsätzliche Wertschätzung aktueller Kulturproduktion ermöglichen könnte. Zudem sollte insbesondere den Wechselwirkungen zwischen Kulturindustrie und Kulturpolitik zukünftig mehr Beachtung geschenkt werden, um aufbauend auf kulturpolitischen Strukturen Kreativität zu ermöglichen, die einen entscheidenden Beitrag zur ökonomischen Dynamisierung, aber auch zur Verbesserung der ideellen Lage in Italien leisten könnte.

4.2.3 Dritter Sektor: Zivilgesellschaftliche Akteure in der italienischen Kulturpolitik

Wie bereits im entsprechenden Kapitel zum dritten Sektor in Deutschland herausgearbeitet,[1332] handelt es sich dabei um den Non-Profit-Bereich, der weder marktorientiert noch als originärer Teil der Volkswirtschaft agiert, zugleich

---

1330 Vgl. Iorio 2012, S. 116.
1331 Iorio 2012, S. 117.
1332 Vgl. Kapitel 3.2.3.

aber auch unabhängig von politischen Akteuren ist: Non-Profit-Organisationen stehen somit zwischen den Polen „Markt" und „Staat". Die Aktivitäten der entsprechenden Vereine, Verbände und Stiftungen sind auf Gemeinnützigkeit ausgerichtet und ihr Handeln ist durch die Elemente Vorsorge, Fürsorge, Vertrag und Solidarität charakterisiert.[1333] Von besonderer Bedeutung für den dritten Sektor ist die Organisationsform der Stiftung, die sich wie folgt charakterisieren lässt:

> Come è noto, lo scopo della fondazione, privo di finalità lucrativa, si realizza nel soddisfacimento dei bisogni di una determinata categoria di soggetti, diversa da coloro che l'hanno fondata. Le rendite percepite dal patrimonio, unitamente alle obbligazioni assunte dai soggetti sostenitori e fondatori e ai ricavi da attività accessorie e donazioni, vengono quindi erogate a favore di terzi per sostenere l'offerta di beni e servizi.[1334]

Die vorangegangenen Ausführungen machten bereits deutlich, dass der dritte Sektor in Italien im Verlauf der letzten Jahrzehnte entscheidend an Bedeutung gewinnen konnte:

> Un fenomeno che ha assunto sempre maggiore importanza negli ultimi tempi è l'interesse da parte della società, del sistema economico e politico nonché delle pubbliche istituzioni nei confronti del c.d. terzo settore. Si è, infatti, compreso che non era più possibile garantire un progressivo sviluppo del welfare state e, più in generale, soddisfare i bisogni della collettività facendo riferimento unicamente all'intervento dello Stato e del mercato, ma che era ormai indispensabile riconoscere il ruolo fondamentale delle organizzazioni privati operanti per scopi di pubblica utilità.[1335]

Zu unterscheiden von diesen Non-Profit-Akteuren sind die im vorangegangenen Kapitel dargestellten privatwirtschaftlichen Akteure im Kulturbereich. Zentrales Kriterium der Abgrenzung ist dabei, dass diese *for profit* agieren – sei es in Form von Unternehmen der Kultur- und Kreativwirtschaft oder etwa in Form von Sponsoring, das zwar stets eine Zahlung zugunsten der kulturellen Institutionen und Initiativen darstellt, mit dem die Unternehmen jedoch zugleich

---

1333 Vgl. Helmig 2013.
1334 Nardella 2006, S. 91 f.
1335 Fiumara 2007, S. 175; die entscheidenden gesetzlichen Voraussetzungen fasst Trupiano zusammen: „Il quadro legislativo italiano, per quanto riguarda le istituzioni culturali, ha iniziato a delinearsi con la legge 460/97 che si occupa del settore non profit relativamente alle agevolazioni fiscali. Altra norma rilevante è la legge 367/96 che prevede la trasformazione in fondazioni degli enti lirici. Le fondazioni bancarie hanno ricevuto una prima disciplina con la legge 218/90 che ha separato l'attività creditizia dall'attività di promozione della cultura. Per gli aspetti fiscali si sottolinea il ruolo della Legge finanziaria 2000 che consente alle imprese di dedurre completamente dal reddito d'impresa le erogazioni liberali alla cultura." (Trupiano 2005a, S. 58).

eindeutig auf einen Mehrwert im Sinne der besseren Bekanntmachung oder der Schaffung positiver Konnotationen mit ihrer jeweiligen Marke zielen.
Der Non-Profit-Bereich ist stark vom Engagement Freiwilliger geprägt: Ca. 2.000 Organisationen mit ca. 70.000 Freiwilligen sind allein im Kulturbereich aktiv und ihre Bedeutung wird voraussichtlich weiter zunehmen:[1336]

> Come dice giustamente Gian Paolo Barbetta (2000), tra i massimi esperti di organizzazioni non profit, il sistema pubblico di welfare non è più in grado di rispondere all'accresciuta domanda di servizi, determinata dai cambiamenti demografici, sociali, economici e legislativi. Così si comincia a guardare al terzo settore 'come una risposta di qualità e di basso costo ai nuovi bisogni che emergono nell'area dei servizi sociali e sanitari, nonché alla nuova domanda di servizi culturali e ricreativi che non trovano risposte di mercato'.[1337]

Dell'Orso unterstreicht jedoch, dass der Staat diese privaten Initiativen nicht instrumentalisieren bzw. sich (institutionell und/oder finanziell) zurückziehen und ihnen originär öffentliche Aufgaben überlassen dürfe. Sie sollten vielmehr als Ergänzung staatlicher Aktivitäten dienen, wie dies etwa bei den zahlreichen „associazioni di amici dei musei" der Fall sei.[1338] Diese sind in der Regel auf einzelne Kulturorte wie eben Museen oder in vergleichbarer Struktur auch auf Opernhäuser oder Theater ausgerichtet. Im Gegensatz dazu verfügen die *Fondazioni bancarie*, die sich in den vergangenen 20 Jahren als die zentralen Akteure des dritten Sektors etablieren konnten, über einen weit umfassenderen Anspruch und zugleich ein deutlich größeres Budget. Aufgrund ihrer zentralen Bedeutung als Akteure des dritten Sektors und generell für die italienische Kulturpolitik soll zunächst ihre Funktionsweise und die ihres Dachverbands, der *Associazione di Fondazioni e di Casse di Risparmio (ACRI)* mit seinen Strukturen und Tätigkeiten vorgestellt werden. Anschließend werden die Aktivitäten der *Fondazione Fitzcarraldo* thematisiert und neben *Federculture* und den Kirchen weitere kleinere Akteure des dritten Sektors mit ihren jeweiligen Aufgabenfeldern und ihrer Bedeutung für die italienische Kulturpolitik analysiert.

Fondazioni bancarie und ihr Dachverband ACRI

Die 1912 gegründete *Associazione di Fondazioni e di Casse di Risparmio (ACRI)* ist heute der Dachverband der stiftungs- und der finanzwirtschaftlich orientierten Teile der italienischen Sparkassen. *ACRI* definiert sich als „associazione

---

1336 Vgl. Dell'Orso 2002, S. 156.
1337 Dell'Orso 2002, S. 158.
1338 Vgl. Dell'Orso 2002, S. 159 f.

volontaria, senza fini di lucro, è apolitica" und hat das Ziel ihre Mitglieder zu repräsentieren sowie deren Aktivitäten zu koordinieren und zu unterstützen.[1339] Bereits seit ihrer Gründung im 19. Jahrhundert übernahmen die *Casse di Risparmio* neben ihren Bankengeschäften auch gemeinnützige Funktionen.[1340] In den 1990er Jahren erfolgte schließlich eine tiefgreifende Veränderung dieser Struktur in operativer sowie juristisch-institutioneller Hinsicht: Durch die „Legge Amato" (D. Lg. 218/1990)[1341] wurden die *Casse di Risparmio* in die jeweiligen *Casse di Risparmio Spa* (im Sinne einer kommerziellen, privatrechtlichen Gesellschaft) mit der Zuständigkeit für die klassischen Bankgeschäfte sowie die entsprechenden *Fondazioni di origine bancaria* (bzw. *Fondazioni bancarie*) aufgeteilt, die im öffentlichen Interesse und mit dem Ziel sozialen Nutzens agieren sollten.[1342] Die Gründung der *Fondazioni bancarie* war somit zunächst nur das Nebenprodukt einer umfassenden Reform des Bankensektors und erst in den darauffolgenden Jahren erfuhren sie eine vertiefte juristische Verankerung und Ausgestaltung.[1343] Insbesondere die Lg. 461/1998 zeigte Auswirkungen, da die Stiftungen hiermit zu juristischen Personen im Sinne des Privatrechts wurden und sich bestimmten Aufgabenbereichen des dritten Sektors verpflichten mussten; im Einzelnen sind dies „la ricerca scientifica, l'istruzione, l'arte, la conservazione e la valorizzazione dei beni culturali e ambientali, la sanità, l'assistenza a categorie sociali deboli".[1344] Als Hauptstiftungszweck oder Hauptaktionsbereich wählten daraufhin fast alle der aktuell 88 Stiftungen den Kunst- und Kulturbereich aus,[1345] sodass sie diesen seitdem auf vielfältige Weise unterstützen.[1346] Im Jahr 2000 waren die Stiftungen

---

1339 Vgl. Associazione di Fondazioni e di Casse di Risparmio SPA 2012b.
1340 Vgl. Dell'Orso 2002, S. 139.
1341 Die Lg. 218/1990 „Disposizioni in materia di ristrutturazione e integrazione patrimoniale degli istituti di credito di diritto pubblico" wurde 1994 durch die „Direttiva Dini" überarbeitet (vgl. Molinari 1999b, S. 12).
1342 Vgl. Associazione di Fondazioni e di Casse di Risparmio SPA 2013a sowie Sacco 2006, S. 269; Grilli bezeichnet die beiden Aktionsbereiche als „attività bancaria" und „quella della tradizionale beneficienza" (vgl. Grilli 1999, S. 41–47, S. 41).
1343 Vgl. Segre und di Lascio 2009, S. 131 f.; vgl. zur „Evoluzione normativa" zudem Associazione di Fondazioni e di Casse di Risparmio SPA 2013b.
1344 Sassoli Bianchi 1999, S. 19; der 17. *ACRI*-Bericht gliedert die Bereiche inzwischen in „Arte, attività e beni culturali", „Ricerca", „Assistenza sociale", „Educazione, Istruzione e Formazione", „Salute pubblica", „Volontariato, Filantropia e Beneficenza" sowie „Sviluppo locale" (vgl. Associazione di Fondazioni e di Casse di Risparmio SPA 2011, S. 4).
1345 Vgl. Sala 2010, S. 20.
1346 Bariletti von der wirtschaftswissenschaftlichen Fakultät der *Università degli Studi di Firenze* hat für den Kulturbereich sieben Hauptaktionsbereiche der *Fondazioni*

der *IntesaBci,* der *Unicredito* und der *Monte dei Paschi* die wichtigsten Förderer.[1347] Die neu geschaffenen Stiftungen erlangten sehr schnell kulturpolitische und soziale Bedeutung „per guidare un grande processo di programmazione, innovazione e sviluppo delle iniziative sociali nel nostro Paese".[1348] Ihre Einführung und zunehmende Etablierung entspricht einer „svolta epocale [...] soprattutto nel mondo dei soggetti non profit".[1349] Mit dem Selbstverständnis von „interpreti e attori nel Terzo settore" und der Zielsetzung durch eine aktive Managementkultur von Beginn an Vorreiter des Non-Profit-Sektors zu sein,[1350] entsprechen die *Fondazioni bancarie* sehr genau den Erwartungen der öffentlichen Institutionen, die sich von der Zusammenarbeit mit dem Non-Profit-Bereich sowie mit privaten Akteuren eine Steigerung der Effizienz versprachen und diese entsprechend durch den „Codice" ermöglichten:

> Il codice dei beni culturali ha previsto che Ministero per i Beni e le Attività culturali, regioni ed enti pubblici territoriali possano stipolare, anche congiuntamente, protocolli di intesa con le fondazioni bancarie, al fine di coordinare gli interventi di valorizzazione sul patrimonio culturale.[1351]

Entscheidend mit Blick auf den „Codice" ist für Sala, dass die *Fondazioni bancarie* als nicht-staatliche Akteure durch die im „Codice" festgeschriebene Unterteilung der kulturpolitischen Aktionsfelder in *tutela, valorizzazione* und *gestione* nicht in ihren Aktivitäten eingeschränkt werden: Sie können über diese – theoretischen – Grenzen hinweg agieren und Projekte in ihrer Gesamtheit fördern.[1352]

---

bancarie herausgearbeitet: „la ricerca applicata ai beni culturali [...]; il restauro [...]; la progettazione e la logistica per la conservazione e la valorizzazione del patrimonio; la formazione: per le pubbliche amministrazioni, per gli addetti delle imprese specializzate, ecc.; la produzione di servizi culturali, dai materiali informativi e didattici all'editoria specializzata, all'organizzazione di eventi culturali, al merchandising; le attività legate alla fruizione diretta del patrimonio e quindi la gestione di musei, siti archeologici, la fornitura di servizi didattici o di biglietteria, bookshop, ristorazione, sicurezza, manutenzione, pulizia e quant'altro; le attività legate all'indotto turistico del patrimonio" (vgl. Dell'Orso 2002, S. 123).

1347 Vgl. Dell'Orso 2002, S. 140 ff.
1348 Sassoli Bianchi 1999, S. 19.
1349 Segre und di Lascio 2009, S. 131.
1350 Sassoli Bianchi 1999, S. 24 f.
1351 Sala 2010, S. 20; vgl. entsprechend Art. 121 des „Codice" zu „Accordi con le fondazioni bancarie" (Il Presidente della Repubblica 22.01.2004).
1352 Vgl. Sala 2010, S. 22; Leardini sieht die *Fondazioni bancarie* im „Codice" sogar als Gegenstück zum Ministerium und den übrigen staatlichen Akteuren angelegt (vgl. Leardini und Rossi 2010, S. 10).

Insbesondere auf lokaler Ebene etablierten sie sich dadurch rasch zu gefragten Finanziers.[1353] Doch auch die *Fondazioni bancarie* blieben von der aktuellen Finanz- und insbesondere Bankenkrise nicht verschont; eine langfristige Ausrichtung, neue Partnerschaften, die Senkung der Verwaltungskosten, eine gezielte Auswahl der geförderten Projekte und neue Evaluationskriterien zur Steigerung der Effizienz sollten zwar die Funktionsfähigkeit gewährleisten.[1354] Im Vergleich zum Vorjahr belegen die Zahlen für 2011 jedoch einen Rückgang um 20% in Bezug auf die Höhe der Ausschüttungen und um 8% mit Blick auf die Zahl der durchgeführten Projekte, sodass die 88 *Fondazioni bancarie* 2011 insgesamt 1.092,5 Mio. Euro für 24.906 Maßnahmen investierten. Durchschnittlich entfallen somit 43.866 Euro (minus 6.592 Euro im Vergleich zu 2010) auf ein Projekt, während im Mittel jede der Stiftungen 283 Projekte unterstützte (im Vergleich zu 308 im Vorjahr).[1355] Auffallend ist, dass die *Fondazioni bancarie* zahlreiche kleinere Projekte mit Zuschüssen von bis zu 5.000 Euro förderten (2011 traf dies auf 46,5% der geförderten Projekte zu; lediglich 1,9% der Projekte erhielt mehr als 500.000 Euro).[1356] Primär finanzieren die *Fondazioni bancarie* dabei von Dritten initiierte Projekte:

> Anche nel 2011, come in tutti gli anni precedenti, le iniziative che nascono da proposte di terzi rimangono prevalenti ricevendo il 69,2% degli importi, con un significativo incremento rispetto all'anno precedente (55,5%) a svantaggio dei progetti di origine interna alle Fondazioni, che passano dal 23,3% al 17,9% degli importi, invertendo un trend che registrava nel tempo un progressivo aumento del peso delle iniziative 'pensate' all'interno della Fondazione.[1357]

Wie bereits in den vorhergehenden Jahren entfiel auf den Bereich „Arte, attività e beni culturali" auch in 2011 mit 335 Mio. Euro oder 30,7% der größte Anteil am Gesamtbudget. Auf dem zweiten Platz findet sich der Bereich „Ricerca" (14,3%), gefolgt von „Assistenza sociale" (14%), „Educazione, Istruzione e Formazione" (11,6%), „Salute pubblica" (9,5%) sowie „Volontariato, Filantropia

---

1353 Mitte der 2000er Jahre entsprach der Anteil der *Fondazioni bancarie* an den kommunalen Kulturausgaben bereits rund 4% (vgl. Segre und di Lascio 2009, S. 138).
1354 Vgl. Associazione di Fondazioni e di Casse di Risparmio SPA 2011, S. 5 f.
1355 Vgl. Associazione di Fondazioni e di Casse di Risparmio SPA 2011, S. 12; extrem starke Einschnitte zeigt die Förderung durch die *Monte dei Paschi di Siena*, da dieses als älteste Bank der Welt geltende Institut im Zuge der Finanzkrise in große Schwierigkeiten geraten ist.
1356 Vgl. Associazione di Fondazioni e di Casse di Risparmio SPA 2011, S. 213.
1357 Associazione di Fondazioni e di Casse di Risparmio SPA 2011, S. 13.

e Beneficienza" (9,1%).[1358] Dementsprechend wurden mit einer Zahl von 9.179 (36,9%) auch die meisten Projekte im Kulturbereich gefördert.[1359] Innerhalb des Bereichs „Arte, attività e beni culturali" dominierte wiederum die „Conservazione e valorizzazione dei beni architettonici e archeologici", auf die mit 26,7% der Mittel weiterhin der größte Anteil entfällt, wobei jedoch im Vergleich zum Vorjahr auch hier tiefe Einschnitte zu verzeichnen sind. „Iniziative a sostegno di creazioni e interpretazioni artistiche e letterarie" liegen mit 20,8% der Ausgaben dieses Sektors auf Platz zwei, gefolgt von den Aktionsfeldern „Attività museali" (6%) und „Arti visive" (4,6%).[1360] Der 17. ACRI-Bericht beschreibt seine generelle Ausrichtung im Bereich „Arte, attività e beni culturali" wie folgt:

> L'intervento delle Fondazioni nel settore, quindi, continua a svilupparsi lungo diverse direttrici: dalla tutela e conservazione dei beni storico-artistici locali alla realizzazione di interventi catalizzatori e promotori di opportunità di sviluppo turistico-culturali; dal sostegno ad attività artistiche tese per lo più a dare impulso alla creatività giovanile, alla creazione di sistemi culturali innovativi in grado di offrire opportunità occupazionali, in particolare alle nuove generazioni. Si predilige infatti il sostegno a iniziative e istituzioni di eccellenza che favoriscono la formazione, la ricerca e la produzione culturale giovanile, in un'ottica di strategia condivisa per l'intero territorio.[1361]

Konkret profitieren im Kulturbereich sehr verschiedene Akteure von den Mitteln der *Fondazioni bancarie*: 2011 wurden 27,7% der Gelder über andere Stiftungen investiert, 16,7% über *Enti locali* und 16,9% über *Enti pubblici non territoriali* – insgesamt gingen 64,8% an private und die verbleibenden 35,2% an öffentliche Akteure.[1362] Auf lokaler Ebene wurden dabei zwei Drittel der Gelder für laufende Kosten (*gestione*) ausgegeben und ein Drittel für Investitionen, sodass Segre und

---

1358 Vgl. Associazione di Fondazioni e di Casse di Risparmio SPA 2011, S. 13 f.; zu den finanziellen Kapazitäten der *Fondazioni bancarie*, der Zahl und Ausrichtung ihrer Aktivitäten in den 1990er Jahren vgl. Molinari 1999b, S. 15 ff. sowie den jeweiligen Jahresbericht der vorangegangenen Jahre. Verwiesen sei hierbei noch auf die Tatsache, dass die kleinen und mittleren Stiftungen im Bereich „Arte e cultura" aktiver sind als die großen Stiftungen und 2008 bis zu 37% in diesem Bereich investierten. Zudem zeigen sich regionale Differenzen: In den südlichen Regionen und auf den Inseln entfielen 42% der Gesamtausgaben auf den Kulturbereich, während der Anteil beispielsweise im Nordwesten nur 26,8% betrug (vgl. Sala 2010, S. 21).
1359 Vgl. Associazione di Fondazioni e di Casse di Risparmio SPA 2011, S. 214.
1360 Vgl. Associazione di Fondazioni e di Casse di Risparmio SPA 2011, S. 99 ff. sowie die graphische Darstellung ebd., S. 215.
1361 Associazione di Fondazioni e di Casse di Risparmio SPA 2011, S. 95 f.
1362 Vgl. Associazione di Fondazioni e di Casse di Risparmio SPA 2011, S. 223 f.

di Lascio eine zunehmende Bedeutung der *Fondazioni bancarie* für die lokale Kulturlandschaft erkennen.[1363] Ihre konkrete Rolle („modalità di intervento principali") finden die *Fondazioni bancarie* vor allem in den drei folgenden Modellen: „sostenere interventi di pura e semplice conservazione; sostenere o partecipare a programmi/progetti di sistema; entrare in società/istituzioni di servizio/ gestione dei beni culturali". Erstere ist mit Abstand am weitesten verbreitet; die dritte Kooperationsform hat bisher noch wenig Verbreitung gefunden, meistgenanntes Beispiel hierfür ist die *Fondazione Museo Egizio* in Turin.[1364] Generell sehen sich die *Fondazioni bancarie* als Vorreiter bei der Erprobung neuer Partnerschaftsmodelle insbesondere zwischen privaten und öffentlichen Akteuren,[1365] wobei hier die Ausrichtung auf das jeweilige Territorium von entscheidender Bedeutung ist:

> Un altro elemento di forte caratterizzazione nella scelta strategica e operativa delle Fondazioni è la focalizzazione su progetti che abbiano un forte impatto sociale ed economico per il territorio e che vedano la collaborazione e il coinvolgimento di più soggetti e istituzioni pubbliche e private. La collaborazione con le istituzioni locali è frutto di un'intensa attività di dialogo e concertazione attraverso la quale si identificano linee comuni di intervento coerenti con le istanze provenienti dalla collettività.[1366]

Diese starke Verbundenheit mit dem jeweiligen lokalen Bezugsfeld zeigte sich bereit im ersten Jahrzehnt ihrer Aktivität;[1367] nach wie vor deckt sich der Aktionsradius der Stiftungen in der Regel mit demjenigen der Bankgeschäfte („in pratica la rete degli sportelli") und der jeweilige Name gibt häufig Hinweise auf die regionale Orientierung.[1368] Im Jahr 2011 wurden 61,5% der Gelder in der Provinz investiert, in der die jeweilige Stiftung ihren Sitz hat, und 29,5% in anderen Provinzen der entsprechenden Region, sodass sich aufgrund der ungleichen Verbreitung der *Fondazioni bancarie* auf das gesamte Land folgende prozentuale Verteilung ergab: Auf den Nordwesten entfielen 37,9%, auf den Nordost 33,5%,

---

1363 Vgl. Segre und di Lascio 2009, S. 138.
1364 Vgl. Ferretti 2007a, S. 41.
1365 Vgl. Associazione di Fondazioni e di Casse di Risparmio SPA 2011, S. 98.
1366 Associazione di Fondazioni e di Casse di Risparmio SPA 2011, S. 97.
1367 Die Stiftungen setzten anfangs jeweils 96% der Projekte in der Region bzw. 77,6% in der Provinz um, in der sie ihren Stammsitz hatten. Daraus folgte eine ausgeprägte Differenz zwischen den Landesteilen, sodass 79% der Gelder im Norden, 17,6% im Zentrum und lediglich 3,4% im Süden ausgeschüttet wurden (Molinari 1999b, S. 19).
1368 Vgl. Segre und di Lascio 2009, S. 132 f.

auf die zentralen Regionen 22% und auf die südlichen Regionen inklusive der Inseln 6,7% der Gesamtausgaben.[1369]

> La distribuzione geografica delle erogazioni è influenzata dal fatto che la maggior parte delle Fondazioni ha sede nelle regioni del Nord e del Centro d'Italia (76 Fondazioni sul totale di 88), e che le Fondazioni presenti al Sud sono limitate, nella propria azione, da una ridotta dotazione patrimoniale.[1370]

Die ausgeprägte regionale Orientierung der *Fondazioni bancarie* war von Beginn an einer der Hauptkritikpunkte an ihrer Struktur und bereits 1999 wurde die Gründung einer Stiftung auf nationaler Ebene gefordert, um die starken regionalen Disparitäten auszugleichen[1371] sowie Solidarität mit den benachteiligten Regionen zu beweisen.[1372] Ende 2006 erfolgte schließlich die Gründung der *Fondazione del Sud*,[1373] die – unter anderem durch die Beiträge der 77 beteiligten *Fondazioni bancarie* – mit einem Gesamtvermögen von 315 Mio. Euro ausgestattet wurde und das Ziel verfolgt, (Kultur-)Projekte im Süden des Landes zu fördern.[1374]

Zentrale Aufgabe der *Fondazioni bancarie* sollte es seit ihrer Gründung sein, Projekte anzuregen und durch die Zusammenarbeit mit anderen Akteuren (z.B. „autorità locali, esperti di arte, di economia, di geografia, di storia, die marketing…") Synergieeffekte zu erzielen.[1375] Zudem wurde ihnen die Aufgabe zugeschrieben, als *gate keeper* zu wirken, um Projekte, die nur auf Eventisierung und „fare *business*" ausgerichtet sind, zu beschränken. Sie sollten einen Beitrag dazu leisten, dass Kunst, Tourismus und lokale Entwicklung Hand in Hand gehen und

---

1369 Vgl. Associazione di Fondazioni e di Casse di Risparmio SPA 2011, S. 229 f.; insbesondere die kleineren Stiftungen sind sehr stark lokal verwurzelt: 2011 entfielen 91% der Investitionen bzw. 95% der Projekte auf die jeweilige Heimatregion. (vgl. Associazione di Fondazioni e di Casse di Risparmio SPA 2011, S. 186).
1370 Associazione di Fondazioni e di Casse di Risparmio SPA 2011, S. 187.
1371 Vgl. Molinari 1999a, S. 69.
1372 Vgl. Guzzetti 1999, S. 28.
1373 Inzwischen erfolgte die Umbenennung in *Fondazione con il Sud*; ihre Aufgaben beschreibt sie wie folgt: „La Fondazione sostiene interventi 'esemplari' per l'educazione dei ragazzi alla legalità e per il contrasto alla dispersione scolastica, per valorizzare i giovani talenti e attrarre i 'cervelli' al Sud, per la tutela e valorizzazione dei beni comuni (patrimonio storico-artistico e culturale, ambiente, riutilizzo sociale dei beni confiscati alle mafie), per la qualificazione dei servizi socio-sanitari, per l'integrazione degli immigrati, per favorire il welfare di comunità." (Fondazione con il Sud 2013).
1374 Vgl. Associazione di Fondazioni e di Casse di Risparmio SPA 2011, S. 166.
1375 Vgl. Nardi Spiller 2010, S. 150.

ihre Befugnisse und Kompetenzen dafür nutzen in diesem Sinne zu agieren.[1376] Allerdings besteht die Gefahr, dass die *Fondazioni bancarie* keineswegs als inhaltlich kompetent wahrgenommen sondern lediglich in der Rolle des Geldgebers gesehen werden:[1377]

> Un fatto però è certo: in qualunque direzione si muovano le fondazioni ex bancarie, limitandosi a elargire finanziamenti oppure operando direttamente, magari con imprese strumentali o con centri operativi esterni, non potranno mai sostituirsi né allo Stato né ad altri soggetti pubblici, ma solo affiancarli unendo ben più proficuamente le forze in campo.[1378]

Segre und di Lascio werfen folglich die Frage auf, ob es sich hier um eine langfristige und geglückte Verbindung zwischen öffentlichem und privatem Sektor handelt oder „di un semplice processo di supplenza/sostituzione nei riguardi degli enti locali da parte delle fondazioni".[1379] Trotz dieser Bedenken wird die Einführung sowie die Arbeit der *Fondazioni bancarie* bisher positiv bewertet und als wichtiger Beitrag für den Kulturbereich angesehen.[1380] Ihre immense Bedeutung und das ihnen zugeschriebene Potenzial zeigt auch die umfangreiche Literatur zum Thema,[1381] und die *ACRI* ist bestrebt den Aktionsradius der *Fondazioni bancarie* auszuweiten, „a consolidare ed accrescere l'assistenza allo sviluppo strategico, progettuale e organizzativo; a sviluppare i rapporti internazionali e a concertare azioni e iniziative comuni con soggetti terzi".[1382] Leardini und Rossi sehen folglich im Gesamtsystem der *Fondazioni bancarie* Potenziale, die über die finanzielle Förderung hinausgeht könnten:

> Il sistema delle fondazioni bancarie rappresenta una realtà significativa a livello nazionale, sia in relazione alle dimensioni del proprio patrimonio e della propria capacità di intervento sul territorio, sia in relazione alla dinamica di coinvolgimento nelle problematiche di *governance* dei gruppi bancari di maggiori dimensioni operanti in Italia.[1383]

Die *Fondazioni bancarie* spielen somit eine ganz entscheidende Rolle für den italienischen Kulturbereich bzw. aktuell primär für seine Finanzierung. Es ist davon

---

1376 Vgl. Nardi Spiller 2010, S. 160.
1377 Von Anfang an wurde befürchtet, dass „le nostre Fondazioni corrono a diventare, di fatto, enti erogatori per le attività degli enti locali, è un rischio molto prossimo e molto immanente [...] le Fondazioni potrebbero essere identificate come i soggetti che integrano le risorse ulteriormente ridotte degli enti locali" (Guzzetti 1999, S. 32).
1378 Dell'Orso 2002, S. 146.
1379 Segre und di Lascio 2009, S. 139.
1380 Vgl. u.a. Sala 2010, S. 17 oder Dell'Orso 2002, S. 139 ff.
1381 Associazione di Fondazioni e di Casse di Risparmio SPA 2012a.
1382 Associazione di Fondazioni e di Casse di Risparmio SPA 2012b.
1383 Leardini und Rossi 2010, S. 9.

auszugehen, dass sie diese – möglicherweise ergänzt um erweiterte inhaltliche Kompetenzen – auch in Zukunft ausfüllen und somit die italienische Kulturpolitik langfristig prägen werden. Abzuwarten bleibt jedoch, inwiefern die Finanz- und Bankenkrise langfristig eine Verringerung des finanziellen Förderumfangs zur Folge haben wird. Entscheidend wird aber bleiben, dass die *Fondazioni bancarie* ein Laboratorium für neue Formen der Kooperation zwischen staatlichen und zivilgesellschaftlichen Akteuren darstellen und somit einen entscheidenden Beitrag zur Entwicklung einer kooperativ geprägten Kulturlandschaft mit Akteuren aller drei Sektoren leisten können.

Fondazione Fitzcarraldo

Als zentraler Akteur des dritten Sektors der italienischen Kulturpolitik erweist sich die *Fondazione Fitzcarraldo*, die ihre Aufgaben und Aktivitäten wie folgt beschreibt:

> Fondazione Fitzcarraldo è un centro indipendente che svolge attività di progettazione, ricerca, formazione e documentazione sul management, l'economia e le politiche della cultura, delle arti e dei media. Le predette attività vengono realizzate a beneficio di chi crea, pratica, partecipa, produce, promuove e sostiene le arti e le culture con particolare attenzione a gruppi sociali svantaggiati e in quanto tali esclusi o in condizioni di difficoltà di accesso alla pratica artistica e alla fruizione dei beni e delle attività culturale.
>
> La Fondazione contribuisce allo sviluppo, alla diffusione ed alla promozione dell'innovazione e della sperimentazione nei citati campi di attività, collaborando sistematicamente con enti e organismi locali, regionali, nazionali ed internazionali.[1384]

Durch vielfältige Aktivitäten wie die Organisation von Tagungen, die Durchführung von Studien, die Weiterbildung von KulturarbeiterInnen etc. leistet die *Fondazione Fitzcarraldo* einen entscheidenden Beitrag für die italienische Kulturpolitik. Die 1999 gegründete Stiftung mit Sitz in Turin ist eng mit dem Piemont verbunden, gewinnt ihre Dynamik jedoch zugleich aus ihrer internationalen Vernetzung. Zudem stellt sie einen Knotenpunkt zwischen den Akteuren aller Sektoren dar und steht insbesondere in engem Kontakt mit der Kulturpolitik der *Regione Piemonte* sowie den im Piemont aktiven *Fondazioni bancarie*.

Als die vier Kernaktivitäten der *Fondazione Fitzcarraldo* lassen sich neben der *Formazione* und der *Ricerca e Consulenza*, die *Documentazione* sowie die Erstellung des *Osservatorio culturale del Piemonte* festhalten, das eine umfangreiche kulturpolitische Datenbasis für das Piemont darstellt und durch die Dokumentation

---

1384 Fondazione Fitzcarraldo 2013 (i.O. z.T. fett).

genereller Entwicklungen im Kulturbereich ergänzt wird.[1385] Für den Fortschritt der italienischen Kulturpolitik ist der Bereich der *Formazione* entscheidend: Die *Fondazione Fitzcarraldo* stellt kontinuierliche Weiterbildungsangebote für Beschäftigte des Kulturbereichs bzw. in Vorbereitung auf eine derartige Tätigkeit bereit; Schwerpunkte sind dabei Projekt- und Kulturmanagement, Marketing, Fundraising oder Audience Development. Kennzeichen der *Fondazione Fitzcarraldo* ist dabei stets die Ausrichtung auf *New Media*.[1386]

Einen wichtigen Beitrag zur Kommunikation und Innovation im Gesamtfeld der italienischen Kulturpolitik leistete die *Fondazione Fitzcarraldo* insbesondere durch den seit 2006 alle zwei Jahre stattfindenden Kongress *ArtLab*, der KulturpolitikerInnen aus allen Landesteilen mit Akteuren der anderen Sektoren zusammenbringt und aktuelle kulturpolitische Themen in den Mittelpunkt rückt: Die letzte Ausgabe 2013 beschäftigte sich etwa unter dem Motto *Territori. Cultura. Innovazione.* mit der Bedeutung von Kultur im Kontext regionaler Entwicklung und dem generellen Einfluss auf eine nachhaltige und soziale Weiterentwicklung.

Die *Fondazione Fitzcarraldo* lässt sich somit als innovative Organisation der italienischen Kulturlandschaft einordnen, die dieser durch ihre internationale Vernetzung und die vielfältigen Aktivitäten zahlreiche neue Impulse geben kann.

Federculture

Eine ganz andere Ausrichtung verfolgt *Federculture*: Zentrale Aufgabe der 1997 gegründeten *Federazione delle Aziende e degli Enti di gestione di cultura, turismo, sport e tempo libero* (im Folgenden *Federculture*) ist es, die Rolle des Privatsektors im Kulturbereich zu stärken und die Kooperation zwischen öffentlichen und privaten Akteuren zu vertiefen. Zudem agiert *Federculture* seit 1999 als Gewerkschaft für die Angestellten des Kultur-, Tourismus- und Sportsektors. Mitglieder sind Regionen, Provinzen, Kommunen, Unternehmen, Stiftungen und Verbände,[1387] die durch ihre Beiträge die Finanzierung von *Federculture* gewährleisten.[1388] *Federculture* versteht sich zudem als Lobby für den Kulturbereich und zielt auf die Beeinflussung legislativer Neuerungen durch den direkten Austausch

---

1385 Vgl. Kapitel 4.3.1, das die Daten des *Osservatorio culturale del Piemonte* für die konkrete Analyse der Kulturpolitik in Turin nutzen wird.
1386 Vgl. Fondazione Fitzcarraldo 2010, S. 10 ff.
1387 Vgl. Federculture 2013a.
1388 Vgl. Federculture 2008, Art. 9.

mit dem Gesetzgeber.[1389] In Art. 3 der Satzung definiert *Federculture* die eigene Ausrichtung und die daraus resultierenden Aufgaben wie folgt:

1. La Federazione non ha fini di lucro, rappresenta e tutela gli interessi degli Enti e delle imprese che gestiscono servizi pubblici riguardanti la produzione di beni e attività rivolti a promuovere lo sviluppo economico, sociale e culturale, nonché la formazione nei settori di riferimento.
2. A tal fine la Federazione:
   a) promuove ogni opportuna iniziativa in materia di turismo, cultura e tempo libero, sport, ambiente e formazione al fine di favorire lo sviluppo di un sistema dei servizi orientato alla qualità, all'efficienza, all'economicità e di sostegno all'attività nei settori rappresentati.
   b) rappresenta gli associati per la conclusione di accordi e contratti collettivi di lavoro in campo nazionale, l'assistenza dei medesimi nella stipulazione di accordi locali, nelle vertenze locali di lavoro e nel campo dei rapporti sindacali in genere.
   c) oltre all'esercizio di attività a favore degli associati, incentiva la creazione di forme ottimali di gestione dei servizi culturali, turistici, sportivi ed ambientali e degli altri settori rappresentati. [...][1390]

Zentral für die italienische Kulturpolitik ist, dass *Federculture* im jährlichen *Rapporto annuale* eine umfassende Bestandsaufnahme der aktuellen kulturpolitischen Situation vorlegt, die von ExpertInnen im Detail analysiert wird und durch vertiefende Studien sowie darauf aufbauende Datensammlungen einen wichtigen Überblick zur aktuellen Lage gibt.

In den letzten Jahren zielte Roberto Grossi als Präsident von *Federculture* auf eine zunehmend gesamtgesellschaftliche Orientierung der Organisation. Bereits der Titel des aktuellen *Rapporto annuale: Cultura e sviluppo. La scelta per salvare l'Italia* macht deutlich, dass *Federculture* in Kultur und Bildung den Ausweg aus der Krise Italiens sieht. Grossi ist der Überzeugung, dass lediglich durch einen umfassenden Mentalitätswandel, durch einen Ausbau der Bildung und eine nachhaltig orientierte Wirtschaft mit Fokus auf die Kultur- und Kreativindustrie die aktuelle Krise Italiens überwunden werden kann.[1391] Aus Anlass der Parlamentswahlen im Februar 2013 veröffentlichte *Federculture* zudem den Aufruf „Ripartire dalla Cultura", der von zahlreichen Verbänden, KandidatInnen sowie BürgerInnen unterstützt wurde. Kernpunkte sind dabei folgende:

1. La cultura è un diritto di tutti ed è un dovere dello Stato garantirla.
2. La cultura è un valore che appartiene alla nostra storia ed è fondamentale anche nel presente.

1389 Vgl. Federculture 2013b.
1390 Federculture 2008.
1391 Grossi 2012a.

3. La cultura è una grande ricchezza economica, ma soprattutto un fattore essenziale per una società equa, solidale, libera, aperta.
4. La cultura produce benessere, sviluppa saperi, favorisce l'innovazione e l'inclusione sociale.
5. L'Italia ha rinunciato alla cultura, alla propria identità e, quindi, al futuro.
6. Non sono più accettabili l'indifferenza, il degrado, la barbarie sociale che subiscono la nostra comunità e i nostri territori.
7. Il nostro Paese da anni non ha una strategia di sviluppo e una politica per la cultura.
8. Il disinteresse dei governi degli ultimi anni ha mortificato il valore pubblico della cultura.[1392]

Federculture bezieht somit – bisweilen auch in polemischem Tonfall – inhaltlich klare Positionen und kann durch die enge Vernetzung mit kulturpolitischen ExpertInnen mitunter wichtige Akzente setzen. Als zivilgesellschaftliche Organisation ist *Federculture* innerhalb der italienischen Kulturpolitik aktiv und trägt durch den Schulterschluss mit Politik und Wirtschaft dazu bei, den dritten Sektor im kulturpolitischen Gesamtsystem weiter zu etablieren.

Die Kirchen in der italienischen Kulturpolitik und weitere Akteure

Neben den bisher vorgestellten Akteuren des dritten Sektors – *Fondazioni bancarie, Fondazione Fitzcarraldo* und *Federculture* – spielen insbesondere die Kirchen eine zentrale Rolle in der italienischen Kulturlandschaft. Durch die Lg. 121/1985 („Accordo di modificazione al Concordato Lateranense firmato il 18 febbraio 1984") wird die Zusammenarbeit zwischen dem Heiligen Stuhl und der Republik Italien geregelt:

> La Santa Sede e la Repubblica italiana, nel rispettivo ordine, collaborano per la tutela del patrimonio storico ed artistico. Al fine di armonizzare l'applicazione della legge italiana con le esigenze di carattere religioso, gli organi competenti delle due Parti concorderanno opportune disposizioni per la salvaguardia, la valorizzazione e il godimento dei beni culturali d'interesse religioso appartenenti ad enti e istituzioni ecclesiastiche.[1393]

Entscheidend ist, dass die Zusammenarbeit nicht nur in Bezug auf Kulturgüter mit „carattere sacro", sondern generell „per la tutela del patrimonio storico ed artistico" vereinbart wurde.[1394] Vertieft wurden diese Absprachen 1996 durch die „Intesa relativa ai beni culturali di interesse religioso appartenenti ad enti ed istituzioni ecclesiastiche", die zwischen dem *MIBAC* sowie dem Präsidenten

---

1392 Federculture 2013c.
1393 Il Presidente della Repubblica 18.02.1984, Art. 12.
1394 Feliciani 2002, S. 334.

der *Conferenza Episcopale Italiana (CEI)* zustande kam, „che si propone, essenzialmente e principalmente, di definire le procedure da adottare per una collaborazione a vasto raggio".[1395] Zunächst ging es darum, die Ansprechpartner beider Seiten auf den verschiedenen Ebenen zu definieren und regelmäßige Zusammenkünfte zu vereinbaren, die über gemeinsame Aktionsprogramme und entsprechende Finanzierungsmöglichkeiten vorzugsweise für einen mehrjährigen Zeitraum entscheiden sollten – ein absolutes Novum in der jahrhundertelangen gemeinsamen Geschichte von Staat und Kirche.[1396] 2005 erfolgte eine Überarbeitung dieses Abkommens, die aufgrund der Verfassungsreform sowie der veränderten Situation in Folge des „Codice" notwendig geworden war, der in Bezug auf die „Beni culturali di interesse religioso" in Art. 9 folgendes festschreibt:

1. Per i beni culturali di interesse religioso appartenenti ad enti ed istituzioni della Chiesa cattolica o di altre confessioni religiose, il Ministero e, per quanto di competenza, le regioni provvedono, relativamente alle esigenze di culto, d'accordo con le rispettive autorità.
2. Si osservano, altresì, le disposizioni stabilite dalle intese concluse ai sensi dell'articolo 12 dell'Accordo di modificazione del Concordato lateranense firmato il 18 febbraio 1984, ratificato e reso esecutivo con legge 25 marzo 1985, n. 121, ovvero dalle leggi emanate sulla base delle intese sottoscritte con le confessioni religiose diverse dalla cattolica, ai sensi dell'articolo 8, comma 3, della Costituzione.[1397]

Auch das 2005 geschlossene Abkommen zielt im Grunde auf eine kooperative Zusammenarbeit der staatlichen und der kirchlichen Einrichtungen, um das geistliche Kulturerbe zu schützen und durch eine möglichst enge Zusammenarbeit, gegenseitige Information und Rücksichtnahme für beide Seiten sinnvolle Ergebnisse zu gewährleisten.[1398] Eine besondere Bedeutung kommt in diesem Kontext dem *Osservatorio centrale per i beni culturali di interesse religioso di proprietà ecclesiastica* zu, das aus VertreterInnen des *MIBAC* sowie der *CEI* besteht und mindestens vierteljährlich tagt.[1399] Entsprechend Art. 8 der italienischen Verfassung („Tutte le confessioni religiose sono egualmente libere davanti alla legge."[1400]), bestehen auch Abkommen mit weiteren Kirchen wie z.B. der Jüdischen Gemeinde

---

1395 Feliciani 2002, S. 335, konkret handelt es sich um das D.P.R. 571/1996.
1396 Vgl. Feliciani 2002, S. 335 f.
1397 Il Presidente della Repubblica 22.01.2004.
1398 Art. 4 spricht von „più ampia informazione" in Bezug auf die geplanten Aktivitäten und ihre Finanzierung (vgl. Il Presidente della Repubblica 26.01.2005).
1399 Vgl. Il Presidente della Repubblica 26.01.2005, Art. 7.
1400 Repubblica Italiana 22.12.1947.

oder auch der Evangelischen Kirchengemeinde, wobei sich letztere jedoch darauf beschränken „a enunciare il principio della collaborazione".[1401] Ganz konkreten Ausdruck findet der Beitrag der Kirchen insbesondere in Bezug auf die „compiti di custodia", die die Kirchen mit ihren Priestern und Mönchen in der täglichen Pflege kulturell bedeutsamer Kirchengüter leisten.[1402]

Außer den Kirchen gilt im kulturellen Gesamtsystem Italiens die 1986 gegründete *Associazione per l'economia della cultura* als umfassend präsenter Akteur des dritten Sektors. Als ihre primären Ziele nennt sie folgende:

> [...] promuovere la conoscenza e lo sviluppo dell'economia nel settore dei beni culturali, dello spettacolo e dell'industria culturale, favorire l'integrazione tra disegno istituzionale e gestione più efficace dell'intervento pubblico, creare un collegamento fra esigenze culturali e sociali e utilizzazione economica dei beni, delle attività e della produzione culturale.[1403]

Insbesondere durch die vierteljährlich erscheinende Zeitschrift „Economia della cultura",[1404] die sich ihrem Titel entsprechend primär mit den ökonomischen Aspekten des Kulturbereichs auseinandersetzt, sowie die beiden umfangreichen Berichte zur Lage der italienischen Kulturpolitik (1994 bzw. 2004), konnte sich die *Associazione per l'economia della cultura* innerhalb der italienischen Kulturlandschaft etablieren.[1405]

Neben den bisher vorgestellten, auf nationaler Ebene sichtbaren Akteuren des dritten Sektors – *Fondazioni bancarie, Fondazione Fitzcarraldo* und *Federculture* sowie den Kirchen und der *Associazione per l'economia della cultura* – sind darüber hinaus unzählige weitere Initiativen gerade auf regionaler und kommunaler Ebene daran beteiligt, unabhängig von staatlichen und marktwirtschaftlichen Interessen, die italienische Kulturlandschaft vielfältig zu gestalten. 2005 zählte die *Fondazione Agnelli* 132 im Kulturbereich engagierte Stiftungen, wobei sich diese gerade auf lokaler Ebene zunehmend nicht nur finanziell sondern auch operativ engagieren, während sie sich inhaltlich vorwiegend auf „mostre ed

---

1401 Feliciani 2002, S. 337.
1402 Feliciani 2002, S. 334.
1403 Associazione per l'Economia della Cultura 2013a.
1404 Die Zeitschrift nimmt aktuelle Themen der Kulturpolitik auf und bearbeitet jeweils einen Schwerpunkt wie z.B. 2011 „Gestione finanziaria delle organizzazioni culturali", „Cinema ed economia" oder „L'italia unita: Unità culturale, unità sociale". 2012 widmete sich die Zeitschrift „Il patrimonio culturale obiettivo sensibile nelle situazioni di conflitto" oder „L'occupazione culturale in tempo di crisi" (vgl. Associazione per l'Economia della Cultura 2013b).
1405 Vgl. Presidenza del Consiglio dei Ministri 1994 sowie Bodo und Spada 2004b.

esposizioni, conservazione e restauro e gestione/promozione di attività museali" konzentrieren.[1406]

Zusammenfassend lässt sich somit festhalten, dass der dritte Sektor in den vergangenen Jahrzehnten durch die zunehmende Zahl an Stiftungen und auch die Ausweitung ihrer Wirkungsbereiche, insbesondere aber durch die Aktivitäten der *Fondazioni bancarie*, umfassend an Bedeutung gewinnen konnte. Nicht nur deren finanzielles Engagement, sondern auch die Tatsache, dass neue Akteure stets eine Bereicherung in ideeller und struktureller Hinsicht bedeuten, ist dabei entscheidend und wird den Kultursektor voraussichtlich langfristig prägen. Unterstrichen werden soll jedoch abschließend, dass der zivilgesellschaftliche Bereich insbesondere auf kommunaler Ebene unzählige Initiativen und Angebote organisiert, die komplementär zu den hier vorgestellten nationalen Akteuren wirken, und damit zugleich das Kulturangebot des ersten und zweiten Sektors facettenreich ergänzen.

4.2.4 Zusammenfassung

Die bisherigen Ausführungen zeigen, dass die italienische Kulturlandschaft von unterschiedlichsten Akteuren bestimmt wird. Neben den staatlichen Institutionen konnten sich vor allem seit den späten 1990er Jahren gewinnorientierte private Initiativen genauso etablieren wie gemeinnützig orientierte Stiftungen und Verbände.

In Bezug auf den staatlichen bzw. den ersten Sektor ist die italienische Kulturpolitik von kontinuierlichen Auseinandersetzungen um die Kompetenzen der einzelnen Regierungsebenen geprägt. Insbesondere zwischen der nationalen und der regionalen Ebene bestehen Differenzen, die sich durch den veränderten Artikel V der Verfassung von 2001 sowie den „Codice" von 2004 noch verstärkt haben: Ziel war es dabei eigentlich, die kulturpolitischen Verantwortlichkeiten entsprechend der Funktionen *tutela*, *valorizzazione* und *fruizione* zu gliedern und den unterschiedlichen Regierungsebenen eindeutig zuzuordnen. Zugleich wurden aber umfassende Möglichkeiten der Zusammenarbeit geschaffen, sodass das Verhältnis zwischen den einzelnen Regierungsebenen eines der kontroversen Themen italienischer Kulturpolitik blieb. Zudem stieß die weithin

---

1406 Vgl. Nardella 2006, S. 91 f.; 23% der Neugründungen erfolgten nach dem Jahr 2000 und zum Teil nahmen diese Stiftungen innovative Formen z.B. als „fondazione di partecipazione" oder „fondazione comunitaria" an; für vertiefende Informationen zu den einzelnen Typen und ihre jeweiligen Vor- und Nachteilen vgl. ebd., S. 93 f.

als fiktiv bewertete Aufteilung der Kompetenzen auf umfassende Kritik und es ist somit unübersehbar, dass die Beziehungen zwischen der nationalen Ebene einerseits sowie der regionalen und kommunalen Ebene andererseits nach wie vor nicht restlos geklärt sind. Vor allem besteht aber allgemeiner Konsens darüber, dass die seit Ende der 1990er Jahre eingeleiteten Reformprozesse zwar Schritte in Richtung einer veränderten, am Subsidiaritätsprinzip orientierten Zuständigkeit der einzelnen Regierungsebenen darstellen können – ihre konkrete Umsetzung bisher jedoch mangelhaft geblieben ist und in der Praxis eine noch weit bessere Implementierung erfolgen müsste. Tatsächlich erscheint eine strukturelle Neuausrichtungen mit dem Ziel der Überwindung bestehender Zuständigkeitszersplitterungen innerhalb der italienischen Kulturpolitik unumgänglich, da die Reformen nur wirksam werden können, wenn alle Beteiligten kooperativ agieren und das Ziel etwaiger Auseinandersetzungen strukturelle Verbesserungen sind und nicht allein ein Kampf um neue, formale Befugnisse geführt wird. Es wird deshalb gefordert, dass sich Kulturpolitik ganzheitlich definieren müsse und die einzelnen Akteure ein Verständnis dafür entwickeln sollten, dass sich zwar ihre tatsächlichen Kompetenzen möglicherweise nur auf einzelne Objekte oder ein begrenztes Gebiet beziehen, kulturpolitische Entscheidungen jedoch stets in einem deutlich größeren Kontext zu verortet sind, da diese zugleich Auswirkungen etwa auf sozioökonomische oder lokalpolitische Aspekte zeigten.

Kommunen, Provinzen, Regionen und Nationalstaat müssen somit ihr kulturpolitisches Gleichgewicht noch immer austarieren. Unbestritten empfehlenswert erscheint jedoch – trotz der Gefahr einer unterschiedlichen Entwicklung in starken und schwachen (zumeist süditalienischen) Regionen –, dass die nationale Ebene einige Zuständigkeiten an ihre über die Regionen verteilten Stützpunkte abgibt: Die *Direzioni regionali*, insbesondere aber die *Soprintendenze di settore* könnten von größerer Autonomie in finanzieller, personeller und organisatorischer Hinsicht stark profitieren. Entscheidungsbefugnisse dorthin zu verlagern, wo kompetentes Personal den eigenen Aufgabenbereich betreffende Entscheidungen fällen kann, erscheint sinnvoll – und muss nicht unbedingt die Einheitlichkeit der Kulturpolitik in Italien gefährden. Denn klare Regeln für die Entscheidungsfindung vor Ort könnten weiterhin vom *MIBACT* vorgegeben und auch vom Ministerium auf ihre Einhaltung hin überprüft werden. Insgesamt sollten die konkreten Befugnisse jedoch im Sinne des Subsidiaritätsprinzips möglichst auf den unteren Ebenen liegen und der Nationalstaat entsprechend dieser Logik auch dafür sorgen, dass die Kommunen weiterhin über den finanziellen Spielraum verfügen, um kulturelle Angebote vor Ort bereitzustellen und damit die Umsetzung des zentralen Motivs von Kulturpolitik – nämlich den

Schutz des bestehenden Kulturerbes sowie seine Nutzbarmachung für die Bevölkerung – zu ermöglichen.

Einen wichtigen Beitrag hierzu erbringen seit den 1990er Jahren auch die Akteure des zweiten Sektors: Private *gestori* übernehmen mittlerweile die Organisation einiger Kulturinstitutionen und es konnten sich neue Formen der Trägerschaft kultureller Einrichtungen etablieren. Initiativen der Kultur- und Kreativindustrie tragen dazu bei, kulturelle Angebote bereitzustellen, zu vermarkten und damit einem größeren Teil der Bevölkerung zugänglich zu machen. Entscheidend ist zudem das Kulturengagement in Form von Sponsoring und Mäzenatentum. Zusätzliche Gelder von privater Seite ermöglichen die Umsetzung insbesondere von kulturellen Prestigeprojekten, da Sponsoring in der Regel mit dem Ziel verbunden ist, das eigene Image zu verbessern; dagegen fördern Mäzene – zumeist uneigennützig – auch kleine, weniger prestigeträchtige Initiativen und tendenziell gemeinnützig orientierte Projekte. Es besteht somit ein fließender Übergang zum dritten Sektor, der seit den 1990er Jahren ebenfalls an Bedeutung gewinnen konnte: Allen voran die *Fondazioni bancarie*, aber auch andere Stiftungen oder die Kirchen tragen dazu bei, das kulturelle Erbe Italiens langfristig für die Allgemeinheit zu erhalten und durch unterschiedlichste Initiativen das Gesamtsystem Kultur zu bereichern.

Das Zusammenspiel zwischen staatlichen Institutionen sowie kommerziell und gemeinnützig ausgerichteten Akteuren kann somit die Basis für eine vielfältige, integrative und dadurch in ihrer Gesamtheit gelingende Kulturpolitik darstellen. Inwiefern und mit welchen Methoden und Herangehensweisen dies in der konkreten Umsetzung gelingt, wird die Fallstudie zu Turin im anschließenden Kapitel zeigen.

4.3 Fallstudie Italien: Turin

4.3.1 Vorstellung der Stadt und ihrer kulturellen Infrastruktur

Drei ausschlaggebende Argumente sprechen für die Wahl Turins als Untersuchungseinheit: Erstens die hervorragende Datenlage durch die Arbeit des *Osservatorio Culturale del Piemonte*, zweitens der seit Mitte der 1990er Jahre angestrebte Strukturwandel mit Hilfe einer klaren Fokussierung auf Kultur, sowie drittens die Tatsache, dass durch das *Museo Egizio* mit seiner innovativen Organisationsstruktur ein neues Modell der Zusammenarbeit mit privaten Akteuren in die Analyse eingehen kann. Im Anschluss werden diese drei Bestimmungsfaktoren näher erläutert und durch eine Vorstellung Turins als Stadt und als Kulturort ergänzt, um vor diesem Hintergrund die kulturpolitische Situation auf kommunaler Ebene exemplarisch zu analysieren.

Die Region Piemont mit ihrer Hauptstadt Turin stellt in kulturpolitischer Hinsicht den idealen Ausgangspunkt für detaillierte Studien dar, da seit 1998 das *Osservatorio Culturale del Piemonte (OCP)* umfangreiche Daten sammelt:

> Obiettivo dell'OCP è fornire un quadro sistematico ed aggiornato delle principali variabili del settore culturale, che possa costituirsi come lo scenario di base, lo sfondo conosciuto e condiviso rispetto al quale valutare le strategie di intervento, i risultati attesi, le dinamiche di singoli sub-settori in rapporto al complesso delle attività.[1407]

Das *OCP* sieht sich als Serviceeinrichtung, die Daten als Entscheidungsgrundlage für sämtliche Akteure des regionalen Kulturbereichs bereitstellt. So werden monatlich die Besucherdaten von Kultureinrichtungen wie Theater, Museen oder Kinos sowie die Höhe der Kulturausgaben der staatlichen und auch der nicht-staatlichen Geldgeber erhoben.[1408] Zudem erscheint jährlich die *Relazione annuale*, die eine Zusammenfassung sämtlicher Daten enthält, die für die folgende Analyse von großem Nutzen sein wird. Das *OCP* stellt eine Public Private Partnership zwischen der Region Piemont, der Provinz Turin, der Stadt Turin, der *Fondazione Cassa di Risparmio di Torino*, der *Compagnia di San Paolo*, der *AGIS (Associazione Generale Italiana dello Spettacolo)*, der *IRES (Istituto di Ricerche Economiche e Sociali del Piemonte)* sowie der *Fondazione Fitzcarraldo* dar, durch die auch die operative Ausführung erfolgt.

Als besonders interessanter Untersuchungsgegenstand erweist sich Turin aber durch den umfassenden Strukturwandel, der auf einem kulturellen Ansatz basiert:

> Data dalla metà degli anni '90 la decisione di investire su Cultura e Turismo come assi strategici per lo sviluppo del Piemonte e della città di Torino, con una dotazione di risorse impiegate per restauri e nuovi musei stimabili attorno ai due miliardi di euro in poco più di un quindicennio. Bastano i dati di partenza e di oggi per render conto della strada percorsa: nel 1992 l'insieme dei musei e dei beni culturali assimilabili dell'area metropolitana di Torino faceva registrare in 15 sedi 700 mila presenze; nel 2010 le sedi aperte al pubblico tra musei storici, riaperture, beni culturali restaurati, residenze sabaude che vanno a comporre il Sistema Museale Metropolitano sono 56 e fanno registrare quasi 3,5 milioni di visite.[1409]

Insbesondere seit dem Jahr 2000 stiegen die Besucherzahlen an und erreichten 2011 aufgrund der Jubiläumsausstellung zu *150 Jahre Italien* einen vorläufigen

---

1407 Osservatorio culturale del Piemonte 2012.
1408 Vgl. Osservatorio culturale del Piemonte 2012.
1409 Osservatorio culturale del Piemonte 2011, S. 6.

Höchststand.[1410] Allerdings stellt sich inzwischen die Frage der Nachhaltigkeit der bisherigen Investitionen sehr konkret: Der Ausbau des gesamten kulturellen Angebots in Turin und dem Piemont, der die 1990er Jahre und die Zeit bis zu den Olympischen Spielen im Jahr 2006 prägte, erscheint heute mit Blick auf die lokale und nationale Finanzlage nicht länger tragbar – allein die langfristige Aufrechterhaltung des täglichen Betriebs bereitet große Schwierigkeiten.[1411] Bereits seit der zweiten Hälfte der 1990er Jahre ist dieses Problem erkennbar:

> La possibilità di accedere a fondi europei per gli investimenti, la necessità di rafforzare l'infrastrutturazione culturale della regione, la possibilità di accedere a mutui per investimenti, il supporto essenziale delle Fondazioni di origine bancaria hanno dato vita a una grande stagione di restauri, di nuove aperture di musei, di fondazione di nuove istituzioni, capace di importanti risultati anche sul piano dell'impatto economico, purtroppo senza una contemporanea crescita proporzionata e strutturalmente sostenibile delle spese per la gestione corrente e un coinvolgimento di nuovi soggetti in grado di farsene carico, anche in cambio dei benefici valutabili.[1412]

Aktuell ist trotz Sparzwängen noch kein Rückgang der Besucherzahlen erkennbar;[1413] es zeigt sich somit, dass die bisherigen Investitionen nachwirken und Turins Ruf als Kulturstadt offenbar in der Lage ist, auch Krisenzeiten zu übersehen. Der Anteil der BesucherInnen, die nicht aus der Stadt kommen (Kulturtouristen) konnte zwischen 2001 und 2009 von 15% auf 50% gesteigert werden:[1414] „Ciò vuol dire che 43,6 milioni investiti da Città e Regione producono un volume economico di quasi 115 milioni che ritornano all'economia

---

1410 Zwischen März und November 2011 besucht 450.000 Personen die Ausstellung „Fare gli italiani" (vgl. Osservatorio culturale del Piemonte und IRES Piemonte 2013, S. 53). Es sei jedoch darauf hingewiesen, dass es sich bei der Steigerung der Besucherzahlen um keine geradlinige Entwicklung gehandelt hat: Trotz großer (finanzieller) Anstrengungen konnte zunächst keine Ausweitung des Publikums erzielt werden, da ein starkes Beharrungsvermögen überwunden werden musste und die neue Strategie skeptisch beurteilt wurde. Nach und nach konnte das lokale Publikum jedoch erobert werden, „grazie alle attività culturali e alle mostre temporanee, alla comunicazione più efficace, a un marketing diffuso, a una politica di coinvolgimento capillare delle scuole, al progressivo affermarsi dell'Abbonamento Musei e delle card turistiche" (Osservatorio culturale del Piemonte 2011, S. 6 f.).
1411 Vgl. Osservatorio culturale del Piemonte 2011, S. 12.
1412 Osservatorio culturale del Piemonte 2011, S. 17.
1413 Die geringeren Investitionen von Kommunen und *Fondazioni bancarie* seit 2008 konnten größtenteils durch höhere Ausgaben der Region ausgeglichen werden (vgl. Osservatorio culturale del Piemonte 2011, S. 11).
1414 Vgl. Osservatorio culturale del Piemonte 2011, S. 7.

locale, se semplicemente si aggiunge la spesa diretta dei turisti ai costi di gestione."[1415] Doch durch die Finanz- und Wirtschaftskrise verschärfte sich die ökonomische Situation zunehmend und aktuell müssen dringend Lösungen gefunden werden, um die Funktionsfähigkeit der bestehenden Kulturorte zu gewährleisten. Das *OCP* sieht zum einen die Notwendigkeit, die *gestione* effizienter zu gestalten, hält aber auch ein stärkeres Engagement der BürgerInnen für unumgänglich:

> Se gli enti pubblici non sono in grado di aumentare le risorse a disposizione possono però spingere le organizzazioni culturali verso forme di finanziamento alternativo, dal *crowd funding* a specifiche campagne di *fund raising*, mirate su obiettivi di sviluppo e di trasformazione che possano mobilitare l'interesse di segmenti di utenti e di pubblici.[1416]

Zugleich wird der Einbezug des gesamten Territoriums und seiner kulturellen Ressourcen (statt einer Ausrichtung auf wenige „Leuchttürme") und die Zusammenarbeit der verschiedenen Akteure gefordert durch „modalità di erogazione dei contributi che favoriscano anche la cooperazione tra grandi e piccole strutture, tra esperienze consolidate e giovani emergenti, tra esigenze di continuità e stabilità e fermenti innovativi".[1417] In diesem Sinne wäre es wünschenswert, dass Kulturangebote zwar nach Nachhaltigkeit strebten, jedoch gleichzeitig bereit sind, den einmal „eroberten" Status zu revidieren, um auch sich neu etablierenden Kräften (durch finanziellen Spielraum) eine Entwicklungsperspektive zu ermöglichen.[1418]

Wie die bisherigen Ausführungen zeigen, fand in Turin in den vergangenen 20 Jahren ein tiefgreifender (kultureller) Strukturwandel statt, dessen Erfolge es aktuell zu verteidigen bzw. auszubauen gilt. Kultur und -tourismus konnten sich als entscheidende Wirtschaftsfaktoren etablieren. Als besonders wichtiger Einschnitt sind dabei die Olympischen Winterspiele von 2006 zu bewerten:

> Tale periodo [dei Giochi olimpici] può essere considerato come un ponte, un punto di snodo molto importante tra la 'città sotto i riflettori del mondo' e la 'Torino che verrà' che si è giocata le sue chances e deve dimostrare di saper patrimonializzare l'investimento di immagine e la buona reputazione in termini di organizzazione e di accoglienza.[1419]

Die Olympischen Spiele trugen maßgeblich dazu bei, die neue Ausrichtung der Stadt einem breiten Publikum zu vermitteln: Nicht mehr *Fiat* und Smog sondern

---

1415 Osservatorio culturale del Piemonte 2011, S. 8 (i.O. z.T. fett).
1416 Osservatorio culturale del Piemonte 2011, S. 33.
1417 Osservatorio culturale del Piemonte 2011, S. 32.
1418 Vgl. Osservatorio culturale del Piemonte 2011, S. 33.
1419 Fondazione CRT 2006, S. 76.

Weltoffenheit und Kultur sollten Turin charakterisieren. Doch Befragungen nach den Olympischen Spielen kommen zu folgendem Ergebnis:

> L'immagine prevalente è quella della 'città monumentale' (55,9% contro il 38,6% del periodo olimpico), anche se aumentano in modo significativo le altre associazioni, in particolare quella della 'città industriale-caotica' (dal 16,2% al 44,6%), della 'città contemporanea-postmoderna' (dal 3,4% al 23,7%) e della 'città multiculturale' (dal 3,1% al 15,8%). Permangono relativamente basse le associazioni con la 'città vitale-giovane-notturna' (11,3%).[1420]

Turin wird somit als Kultur- bzw. „Denkmalstadt" aber zugleich auch als chaotische Industriemetropole wahrgenommen. Trotz dieser Ergebnisse, die primär die Außenperspektive wiedergeben, lässt sich insbesondere im Hinblick auf die lokale Bevölkerung ein umfangreicher Bewusstseinswandel erkennen: Der Kulturkonsum im Piemont stieg seit Ende der 1990er Jahre signifikant an: 1997 betrug die Zahl der Besucher des *Sistema Museale Metropolitano* etwas über einer Million – für das Jahr 2011 wurden knapp fünf Mio. Gäste gezählt. Zwei Beispiele sollen herausgegriffen werden: Die Zahl der BesucherInnen im *Museo Egizio* nahm im gleichen Zeitraum von 292.484 auf 577.037 zu; diejenigen des *Palazzo Reale* vervielfachten sich von 38.327 auf 296.601.[1421] Auch für die letzten Jahre lässt sich eine weitere Dynamisierung feststellen: Allein zwischen 2009 und 2011 stieg die Besucherzahl von 3.407.631 auf 4.996.173.[1422] Außerdem hat für Turin und die gesamte Region Piemont die Kultur- und Kreativindustrie an Bedeutung zugenommen: Im Jahr 2011 wurden 5,8% der Wirtschaftsleistung in diesem Bereich erbracht, was 6.402,3 Mio. Euro entspricht – lediglich die Regionen Lombardei, Venetien, Marken und Latium weisen einen höheren Anteil auf. Zudem sind inzwischen 5,9% der Beschäftigten der Region Piemont im Kulturbereich angestellt.[1423] Turin gilt in Italien als Musterbeispiel für gelungenen Strukturwandel durch Kultur, wie die Aussage des Präsidenten der *Federturismo Confindustria* zeigt:

> Investire sulla cultura, sulla qualità del territorio – a partire dai beni monumentali e artistici – crea ricchezza, consapevolezza, qualità della vita: per tutti, cittadini residenti e turisti.

1420 Fondazione CRT 2006, S. 77.
1421 Vgl. für die Zahlen aus dem Jahr 1997 Osservatorio culturale del Piemonte 1999, S. 8, für diejenigen zu 2011 Osservatorio culturale del Piemonte und IRES Piemonte 2013, S. 38.
1422 Vgl. Osservatorio culturale del Piemonte und IRES Piemonte 2013, S. 41; hier finden sich zudem umfangreiche Daten zum generellen Kulturkonsum im Piemont, aufgeteilt nach Provinzen, Kulturangeboten etc.
1423 Fondazione Symbola und Unioncamere 2012.

Ne è esempio virtuoso Torino, che intorno all'evento Olimpico ha saputo trarre stimolo e risorse per cambiare volto al proprio territorio, mettere in valore l'enorme patrimonio culturale di cui già disponeva, creare consapevolezza e attrattività.

Oggi Torino, dalla grigia capitale industriale degli anni Settanta che era, è una importante destinazione turistica, che trae proprio dal turismo e dalla cultura quegli elementi di crescita e prospettiva che la crisi e la delocalizzazione del manifatturiero tradizionale pareva precluderle solo pochi anni fa.[1424]

Ein weiteres entscheidendes Argument für Turin als Untersuchungsgegenstand – neben der guten Datenlage und dem auf Kultur ausgerichteten Strukturwandel – stellt die Tatsache dar, dass mit dem *Museo Egizio* im Jahr 2004 erstmals der Versuch unternommen wurde, unter staatlicher Leitung doch mit privater Beteiligung ein Museum zu betreiben: das *MIBAC*, die Region Piemont, die Provinz Turin, die Stadt Turin, die *Compagnia di San Paolo* und die *Fondazione CRT* (*Fondazione Cassa di Risparmio Torino*) bilden zusammen die *Fondazione Museo delle Antichità Egizie di Torino*.[1425] Alle Beteiligten treffen gemeinsam die jeweils anstehenden Entscheidungen, über den größten Einfluss verfügt dabei jedoch das *MIBAC*, gefolgt von der Region Piemont; gleich viel Gewicht haben Provinz und Stadt Turin (jeweils 11%); die Privaten verfügen über einen Anteil von 22%.[1426] In den ersten Jahren fehlten Erfahrungen in Bezug auf solche Public Private Partnerships im Kulturbereich, sodass die Organisationsstrukturen noch nicht eindeutig festgelegt waren. Auch die Personalstruktur war noch in Veränderung begriffen, da die Beschäftigten teilweise direkt dem *MIBAC* unterstanden, teilweise aber auch den beteiligten Stiftungen angehörten und dementsprechend Kompetenzen und Pflichten zum Teil verwischten.[1427] Doch trotz der anfänglichen Schwierigkeiten, bieten Public Private Partnerships eine neue Form der (finanziellen) Zusammenarbeit zwischen den verschiedenen Akteuren, die auch in der vorliegenden Analyse Berücksichtigung finden soll:

> L'interazione tra pubblico e privato può peraltro divenire, se mantiene un corretto equilibrio tra i conferimenti e poteri decisionali, un mezzo strategico e sinergico per permettere la fruizione della cultura da parte dei cittadini.
>
> La fondazione risulta in ogni caso fonte, in senso lato, di risorse finanziarie per lo Stato, in quanto in accordo con tutti i soci fondatori, al fine di finanziare la fondazione stessa, sono stati stanziati dagli stessi 50.000.000 euro. Ossia da soli, i privati apporteranno

---

1424 Iorio 2012, S. 117.
1425 Vgl. Fondazione Museo delle Antichità Egizie di Torino 2013.
1426 Vgl. Indelicato 2007, S. 211.
1427 Vgl. Indelicato 2007, S. 218.

nell'interesse pubblico 30.000.000 euro, mentre i restanti 20.000.000 euro derivano dalle casse degli enti pubblici. Il nuovo apporto dei soci fondatori denota la capacità della fondazione di far fronte alle proprie necessità di risorse finanziarie e al contempo permette alla stessa di mantenere salda la propria missione di motore della conservazione e promozione culturale.[1428]

Vor dem Hintergrund dieser drei zentralen Auswahlkriterien für die Stadt Turin als Fallstudie – hervorragende Datenlage, „kultureller Strukturwandel" sowie innovative Organisationsstrukturen – sollen nun noch einige generelle Daten die Stadt vorstellen:[1429] Turin liegt im Nordwesten Italiens in der Region Piemont, die im Norden an die Schweiz und im Westen an Frankreich sowie die Region Aostatal grenzt. Richtung Osten schließt sich die Lombardei an, südöstlich liegt die Emilia-Romagna und gen Süden Ligurien. Turin, die Hauptstadt des Piemont, wird im Norden durch die Alpen eingegrenzt und vom Fluss Po durchquert. Am 31.12.2012 betrug die Zahl der Einwohner 911.823,[1430] wovon 142.191 ausländischer Herkunft waren, vorwiegend aus Rumänien und Marokko.[1431] Turin ist die Heimatstadt von *Fiat* – lange Zeit wichtigster Arbeitgeber der Region. Im Jahr 2012 waren im Durchschnitt 9,2% der Bevölkerung im Piemont arbeitslos.[1432] Der Großteil der Familien im Piemont (55,6%) ist mit seiner ökonomischen Situation zufrieden, 37,6% halten die verfügbaren Mittel für knapp und 6,1% für absolut unzureichend.[1433]

Im Gegensatz zur soliden Finanzlage der Bevölkerung ist die Stadt Turin selbst bereits seit Jahren immens verschuldet: 2012 hatte die Stadt mit circa 3,5 Mrd. Euro das größte Pro-Kopf-Defizit aller italienischen Kommunen angehäuft. Als Gründe hierfür sind u.a. die Ausgaben im Kontext der Olympischen Spiele 2006 zu nennen, aber auch „avventure finanziarie".[1434] Probleme entstehen zudem in Folge der kontinuierlich geringer werdenden staatlichen Zuwendungen an die Kommunen.[1435] Durch den Verkauf kommunaler Anteile am öffentlichen

---

1428 Indelicato 2007, S. 219.
1429 Da sich die Studie primär an deutschsprachige Leser wendet, erscheint eine – im Vergleich zur Vorstellung Essens als Untersuchungseinheit in Deutschland – ausführlichere Vorstellung Turins angemessen.
1430 Città di Torino - Ufficio di Statistica 2012a.
1431 Città di Torino - Ufficio di Statistica 2012b.
1432 ISTAT 2013f.
1433 ISTAT 2013e; 0,4% bewerten ihre finanzielle Situation als „ottime".
1434 Pasteris 2012.
1435 Vgl. Quotidiano Piemontese 2012b; Piero Fassino, Turins Bürgermeister, verweist auf Einschnitte der staatlichen Zuwendungen an die Kommunen um 50%: „Nel 2010 ammontavano a 361 milioni di euro, nel 2012 sono stati ridotti a 183." (vgl. ebd.).

Personennahverkehr, der Abfallwirtschaft und dem Flughafen, soll ein ausgeglichener Haushalt ermöglicht werden, um 2013 nicht erneut den Stabilitätspakt zu überziehen.[1436] Doch den größten Beitrag zur Haushaltskonsolidierung werden die BürgerInnen aufgrund einer Anhebung der *IMU*, der 2011 eingeführten Steuer auf Wohnungseigentum auf die höchstmögliche Stufe, erbringen müssen. Zudem werden sie sich generell auf weniger Service von Seiten der Kommune einzustellen haben.[1437] Die Pressesprecherin des Turiner Gemeinderats verweist zwar darauf, dass für 2012 eine ausgeglichene Bilanz ohne Einsparungen bei „servizi di welfare, cultura, istruzione" erreicht werden konnte.[1438] Doch Turin wird auch in den kommenden Jahren zu intensiven Sparanstrengungen gezwungen sein – die sehr wahrscheinlich nicht ohne Folgen für das kulturelle Angebot bleiben werden.

Im Piemont insgesamt stellte sich die Finanzlage in Bezug auf die Kultur bis zum Jahr 2010 generell als relativ stabil dar, auch wenn sich die Gewichte der einzelnen Geldgeber teilweise verschoben haben. Große Einschnitte sind allerdings – insbesondere auf regionaler Ebene sowie bei den *Fondazioni bancarie* – für 2011 zu verzeichnen, wie die folgende Tabelle veranschaulicht:

Abbildung 10: Finanzausgaben staatlicher und privater Akteure in der Region Piemont 2008 bis 2011 (in Euro)[1439]

Ente	2008	2009	2010	2011	Var. % 2008-2009	Var. % 2010-2009	Var. % 2011-2010
Stato	34.009.077	34.078.724	25.046.160	24.887.547	0,2	-26,5	-0,6
Regione Piemonte	79.595.430	88.439.362	81.324.441	45.000.000¹ 1 Dati stimati	11,1	-8,0	-44,7
Province	11.466.003	11.991.646	12.083.502	13.960.773	4,6	0,8	15,5
Comuni	158.430.408	139.879.719	147.517.434	160.343.747	-11,7	5,5	8,7
Fondazioni Bancarie	88.342.719	79.020.277	84.109.392	69.922.931	-10,6	6,4	-16,9
Consulte	1.101.700	1.117.700	1.168.300	1.168.3001	1,5	4,5	0,0
Erogazioni liberali	1.268.726	1.651.668	2.073.678	2.036.234	30,2	25,6	-1,8
TOTALE	374.214.063	356.179.096	353.322.907	317.319.532	-4,8	-0,8	-10,2

1436 Bisher war die Strategie, kommunale Anteile zur Sanierung der Stadtfinanzen zu verkaufen allerdings leidlich erfolgreich: „la strategia sulle 'dismissioni patrimoniali' si è rivelata un fallimento, soprattutto per quanto riguarda gli immobili pubblici" (Quotidiano Piemontese 2012a).
1437 Vgl. Pasteris 2012.
1438 Quotidiano Piemontese 2012a.
1439 Osservatorio culturale del Piemonte und IRES Piemonte 2013, S. 112.

Es zeigt sich grundsätzlich, dass die Kommunen den mit Abstand größten Anteil beisteuern, gefolgt von den *Fondazioni bancarie* und der Region Piemont. Im Vergleich zu den anderen Provinzen profitiert Turin ganz erheblich von den Finanzhilfen der *Fondazioni bancarie*: 2010 erhielt sie mehr als 61 Mio. der insgesamt verfügbaren rund 84 Mio. für die gesamte Region.[1440] Auch in Bezug auf die regionalen Gelder erhält die Provinz Turin gemessen an anderen Provinzen den Löwenanteil (56 Mio. von insgesamt 80 Mio.).[1441] 2010 investierte die Stadt Turin rund 84 Mio. Euro in Kultur, wobei rund 39 Mio. auf den Bereich „attività culturali" sowie rund 46 Mio. auf „musei, biblioteche e pinacoteche" entfielen.[1442]

In Relation zu anderen italienischen Großstädten zeigt sich, dass Turin im Jahr 2010 mit 4,6% für Kulturausgaben am kommunalen Gesamtbudget zur Spitzengruppe gehörte. Lediglich Florenz investierte mit 4,8% einen minimal größeren Anteil und Bologna lag mit 4,6% gleichauf, gefolgt von Cagliari mit 4,0% und Rom mit 3,8%. Mit Blick auf die Pro-Kopf-Relation führte Turin das Städteranking an: Pro EinwohnerIn wurden 93 Euro für Kultur ausgegeben – im Vergleich zu den nahe gelegenen Metropolen Mailand (79 Euro) und Genua (51 Euro) ein signifikant höherer Wert.[1443]

Auch in Folge dieser bevorzugten Finanzlage verfügt Turin über zahlreiche hochkarätige Museen sowie ein breites Angebot an kulturellen Einrichtungen und Initiativen. Die Kulturlandschaft der Stadt und das insgesamt bestehende kulturelle Klima sollen hier in Vorbereitung der Analyse der Kulturpolitik Turins kurz beschrieben werden. Wahrzeichen der Stadt ist die *Mole Antonelliana*, in der heute das *Museo nazionale del Cinema* untergebracht ist. Herausragende Kulturinstitution Turins ist außerdem das *Museo Egizio*, das als eine der weltweit wichtigsten Sammlungen ägyptischer Kunst gilt. Kulturell bedeutend sind neben dem *Palazzo Reale* und dem *Palazzo Madama* auch der *Duomo di San Giovanni*, der das von zahlreichen Pilgern besuchte Grabtuch beherbergt, sowie die *Reggia di Venaria* und das *Castello di Racconigi*.

> Per quanto riguarda le preferenze dei turisti, il Museo del Cinema (55%) e il Museo Egizio (48%) rimangono le due istituzioni museali di riferimento. Superga, indicata come destinazione dal 22% dei 'turisti musealì, è la terza in ordine di preferenza seguita da Palazzo Reale e dal Borgo e Rocca Medievale.[1444]

1440 Osservatorio culturale del Piemonte und IRES Piemonte 2013, S. 91.
1441 Vgl. Osservatorio culturale del Piemonte und IRES Piemonte 2013, S. 79.
1442 Vgl. Osservatorio culturale del Piemonte und IRES Piemonte 2013, S. 86.
1443 Vgl. Osservatorio culturale del Piemonte und IRES Piemonte 2013, S. 89.
1444 Fondazione CRT 2006, S. 70.

Aber auch darüber hinaus bietet Turin ein breites Kulturangebot, wie folgende Beispiele zeigen: Es gibt das *Museo dell'Automobile*, das *Museo di Scienze Naturali*, die beiden privaten Initiativen *Fondazione Sandretto* und *Pinacoteca Agnelli*, die *GAM – Galleria dell'arte moderna* sowie diverse Schlösser des Hauses Savoyen: „Si tratta di una fascia di completamento del Sistema Museale che svolge un ruolo di cerniera tra il pubblico locale e il turismo culturale."[1445] Diese Angebote und v.a. die bereits erwähnten, meistbesuchten Museen sind in der Lage, Kulturtouristen anzuziehen und für mehrere Tage in der Stadt zu halten – die „‚infrastruttura' museale" ist somit zentral und macht Turin zu einem nationalen und internationalen Touristikziel:

> Ne consegue, evidentemente, non solo un valore intrinseco delle attività, delle collezioni, ma una capacità di contribuire a una ricaduta economica importante sul tessuto urbano: il loro ruolo non si esaurisce in un impatto culturale ma genera ricchezza per la città. Se così stanno le cose, il ruolo assunto da queste istituzioni eccede l'ambito strettamente culturale per investire e contribuire direttamente alle politiche di sviluppo urbano: per quanto sia banale a questo punto ricordarlo, ciò meriterebbe forme di sostegno che coinvolgano non solo gli assessorati alla cultura, ma anche le politiche turistiche e di sviluppo che potrebbero contribuire pertinentemente a sostenere forme di marketing internazionale, di ottimizzazione delle ricadute locali, ecc.[1446]

Außer dem dauerhaft bestehenden Angebot sollen durch Sonderausstellungen Besucher angezogen werden. Allerdings können trotz der meist hohen Besucherzahlen dadurch kaum Gewinne erzielt werden und die Ergebnisse bleiben in der Regel ohne langfristige Wirkungen.[1447] Es wird gefordert, dass Sonderausstellungen und insgesamt Ausgaben im Kulturbereich stärker als „investimenti di interi territori, precisamente indirizzati e valutati quanto ai loro ritorni di immagine ed economici" wahrgenommen werden müssten und folglich eine aktive Vernetzung mit anderen Politikfeldern (und damit auch eine kooperative Finanzierung) notwendig sei – gerade mit Blick auf das Ziel national und international an Attraktivität zu gewinnen.[1448] Denn trotz zahlreicher (Werbe-)Maßnahmen gilt Turin noch immer als relativ unbekannte Stadt Italiens, deren Potenzial bis-

---

1445 Osservatorio culturale del Piemonte 2011, S. 24 f.
1446 Osservatorio culturale del Piemonte 2011, S. 24.
1447 Vgl. Osservatorio culturale del Piemonte 2011, S. 26 f.
1448 Vgl. Osservatorio culturale del Piemonte 2011, S. 27; ähnlich argumentiert der Bericht *Visiting the city – lo sguardo del turista sulla città* der *Fondazioni CRT* und *Fitzcarraldo*, der Sonderausstellungen als strategische Marketinginstrumente betrachtet, die somit nicht nur kulturelle sondern auch wirtschaftliche oder touristische Effekte aufwiesen (vgl. Fondazione CRT 2006, S. 5).

her nicht ausgeschöpft wird[1449] und es sind nach wie vor nicht die Kulturevents oder -einrichtungen, die Touristen primär anziehen. Dies ist lediglich der Fall in Bezug auf die Einwohner der Region, die jedoch in der Regel nur für Tagesausflüge in die Stadt kommen.[1450] Die wichtigsten Kulturevents sind der *Salone del libro* (2011 mit 305.481 BesucherInnen) sowie *Paratissima* und *Artissima*, zwei Messeevents für zeitgenössische Kunst mit 50.000 bzw. 45.000 BesucherInnen in 2011.[1451]

Nach diesem Überblick zur generellen Situation Turins und im Speziellen der Kulturlandschaft sowie einer ausführlichen Begründung ihrer Wahl für die nachfolgende Analyse, sollen im Anschluss die InterviewpartnerInnen mit ihrer jeweiligen Einschätzung der Situation vorgestellt werden (Kapitel 4.3.2), um schließlich die theoretischen Befunde mit den empirisch erhobenen Daten zu einem umfassenden Gesamtbild zu verknüpfen (Kapitel 4.4).

4.3.2 Ergebnisse der Interviews zur Kulturpolitik in Turin

Vor der Präsentation der konkreten Interviewergebnisse soll zu deren Einordnung in den Gesamtkontext ein kurzer Blick auf die politische Situation zum Zeitpunkt der Datenerhebung im September 2012 geworfen werden. Die Interviews fanden in der Amtszeit der „technischen Übergangsregierung" von Mario Monti statt. Der amtierende Kulturminister Lorenzo Ornaghi hatte sein Amt seit wenigen Monaten inne und mit Blick auf die Wahlen im Frühjahr 2013 bestand ein Klima von Ungewissheit und Unsicherheit: Die Stimmung schwankte zwischen der vagen Hoffnung auf positive Veränderungen und der Befürchtung, dass insbesondere in Folge der weltweiten Finanzkrise weitere Kürzungen im Kulturbereich bevorstehen und die systemischen Defizite auch im Falle eines Regierungswechsels nicht durch konkrete Reformen angegangen würden.

Wie in Kapitel 1.3 dargelegt, basieren die Erkenntnisse zur Kulturpolitik in Turin auf vier Interviews. Die GesprächspartnerInnen repräsentieren dabei die entscheidenden Ebenen italienischer Kulturpolitik: Als Repräsentant der staatlichen Ebene wurde ein Mitarbeiter der *Direzione regionale* für die Region Piemont befragt, der somit als Außenstelle des *MIBAC* gelten kann. Ebenfalls dem Ministerium unterstellt ist die befragte Mitarbeiterin der *Soprintendenza*, deren

---

1449 Vgl. Fondazione CRT 2006, S. 5 f.
1450 Vgl. Fondazione CRT 2006, S. 67; auf S. 69 präzisiert die Studie: „Il 74% degli intervistati ha dichiarato di aver visitato/di voler visitare almeno un museo." (vgl. Fondazione CRT 2006, S. 69).
1451 Vgl. Osservatorio culturale del Piemonte und IRES Piemonte 2013, S. 56.

Zuständigkeit sich jedoch nur auf einige Provinzen bezieht sowie auf den eng begrenzten Fachbereich der *Beni Architettonici e Paesaggistici*. Für die regionale Ebene wurde eine Mitarbeiterin der piemontesischen Regionalverwaltung befragt, deren Schwerpunkt auf dem Museumswesen sowie dem Kulturerbe der Region liegt. Auf kommunaler Ebene erfolgte das Interview mit einem Mitarbeiter der *Direzione Centrale Cultura e Educazione* der Stadt Turin. Analog zum Vorgehen in Kapitel 3.3.2, das die Erkenntnisse der Interviews mit den deutschen Kulturpolitikern vorstellte, sollen nun die Aussagen der italienischen InterviewpartnerInnen ausgewertet werden, wobei erneut die forschungsleitenden Fragen 4 bis 12 im Mittelpunkt stehen und die Auswertung strukturieren sollen.[1452]

Die Antworten der deutschen Interviewpartner zeigen sehr vielfältige und komplexe kulturpolitische Zielsetzungen. Von großem Interesse für die komparatistische Perspektive der vorliegenden Arbeit sind deshalb die Antworten der italienischen KulturpolitikerInnen in Bezug auf die entsprechende forschungsleitende Frage:

Frage 4: Welche Themenfelder stehen aktuell im Mittelpunkt (kommunaler) Kulturpolitik? Welche konkreten Ziele verfolgen deutsche und italienische KulturpolitikerInnen mit ihrer jeweiligen Kulturpolitik?[1453]

Den Angaben des kommunalen Interviewpartners zu Folge kann als zentrales Ziel der Kulturpolitik in Turin die Ausweitung des Publikums gelten sowie die intensivere Nutzung der bestehenden kulturellen Angebote (CT, 24). Neben einem „aumento, una maggiore fruizone" gilt es als zentral, die gesamte Stadt einzubeziehen („la città tutta coinvolta", „decentramento", „diffusione nel panorama cittadino") und das Niveau des kulturellen Angebots auf einem hohen, einem internationalen Level zu halten.

> L'altro [obiettivo] ancora è il turismo, senza dubbio. [...] Quindi l'obiettivo è sempre il turismo, fare anche, anche iniziative che promuovono il turismo, quindi noi siamo cultura e turismo come divisione e educazione, quindi l'obiettivo è il turismo [...] Quale iniziative facciamo, come promuoviamo le iniziative, come abbiano un appeal tale per avere il turismo in città. Questi sono i macro-obiettivi e poi vengono declinati iniziativa per iniziativa. (CT, 25)

1452 Vergleiche zur Begründung dieses Vorgehens die Ausführungen in Kapitel 3.3.2.
1453 Auch an dieser Stelle sei noch einmal darauf hingewiesen, dass die forschungsleitenden Fragen trotz ihrer komparatistischen Formulierung nach der bereits erfolgten Beantwortung für Deutschland (Kapitel 3.3.2) nun für Italien bearbeitet werden und erst in Kapitel 5.4 der konkrete Vergleich erfolgt.

Sämtliche Maßnahmen – gerade auch mit Blick auf die Ausweitung des Publikums – hingen jedoch zugleich von den verfügbaren Finanzmitteln ab. Insgesamt präge die aktuelle Finanz- und Wirtschaftskrise die kulturpolitische Situation ganz entscheidend: Sie führe zur verstärkten Wahrnehmung von „Kultur als Entwicklungsmotor" (CT, 38) und habe zur Folge, dass eine kulturpolitische „visione futura" entwickelt werden müsse, da die aktuellen Herausforderungen nur mit Hilfe des Kultur- und Bildungsbereichs sowie durch die Zusammenarbeit aller Ebenen gemeistert werden könnten (CT, 39).

Wichtigste Zielsetzung der Interviewpartnerin der Region Piemont ist es, über die gesamte Region hinweg ein gleichmäßiges und für alle zugängliches kulturelles Angebot bereitzustellen. Dadurch solle Teilhabe ermöglicht werden, wobei es die zentrale Voraussetzung für diese „accessibilità all'offerta" sei, möglichst niedrige Zugangsbarrieren zu gewährleisten. So solle die Bevölkerung etwa durch niedrige Eintrittspreise und eine umfassende Informationspolitik zur Nutzung des Angebots animiert werden. Inhaltlich zielt die regionale Interviewpartnerin darauf, dass die Kultureinrichtungen und -angebote Informationen transportieren, wobei sie für sekundär hält, mit Hilfe welcher „linguaggi" das Publikum erreicht wird, solange es sich überhaupt angesprochen fühlt (RP, 4a).[1454]

Vermutlich aufgrund der Tatsache, dass die Handlungsrahmen der beiden Ansprechpartner der *Soprintendenza* und der *Direzione regionale* recht präzise festgelegt sind, äußerten diese kaum eigene Ziele oder Themenfelder, die sie primär verfolgen möchten. Ihre Antworten sind vielmehr für die folgende Fragestellung relevant:

Frage 5: Wie definieren die InterviewpartnerInnen ihren eigenen Aufgabenbereich? Inwiefern unterscheidet sich die konkrete Umsetzung (kommunaler) Kulturpolitik in Deutschland und Italien? Wie groß sind die Entscheidungskompetenzen der deutschen und italienischen KulturpolitikerInnen (auf kommunaler Ebene)?

Der Interviewpartner der *Direzione regionale* sieht seine primäre Aufgabe in der „gestione dei lavori" und in der Erteilung oder Ablehnung von Genehmigungen für bauliche Veränderungen an Gebäuden von kulturellem Interesse. Auch die Vertreterin der *Soprintendenza* ist vor allem dafür zuständig, die fraglichen

---

1454 Aufgrund einer Unterbrechung des Interviews liegen zwei Aufnahmen vor. Beziehen sich die Aussagen auf die erste, wird die Minutenangabe verzeichnet; bei Bezug auf die zweite Aufnahme wird diese um die Kennzeichnung „a" ergänzt.

Kulturobjekte innerhalb des ihr zugeteilten Gebiets zu besuchen und die Eigentümer im Hinblick auf Restaurierungsarbeiten zu beraten.[1455]
Ganz anders definiert sich der Aufgabenbereich der regionalen Ebene: Wie die Interviewpartnerin ausführt, erstrecke sich dieser geographisch auf die gesamte Region Piemont, inhaltlich ziele er darauf, das Kulturangebot durch die Vergabe von Fördergeldern und Projekten sowie die Durchsetzung einheitlicher Standards zu organisieren. Dabei stehe die Aufgabe im Mittelpunkt, im gesamten Territorium ein umfassendes und qualitativ hochwertiges Kulturangebot bereitzustellen. Die Region selbst unterhalte allerdings (bis auf ein Museum) keine Kultureinrichtungen. Sie übe lediglich beratende Funktionen aus, könne aber beispielsweise die Kommunen nicht zum Erhalt oder zur Etablierung neuer Kultureinrichtungen zwingen (RP, 3):

> La Regione non ha un ruolo di gestione. Nella legislazione italiana la Regione è un ente di programmazione. Quindi un ente che organizza il sistema territoriale. Ma ogni singolo museo, ogni singolo bene culturale ha un suo proprietario, un suo referente, un suo ente gestore. La regione svolge questa sua funzione assegnando dei contributi, quindi dando delle risorse economiche, facendo degli accordi di sviluppo di progetto, ha una sua legge, molto vecchia, su tutto che è il comparto cultura, una legge che ora è in ridefinizione, e si occupa di standard museali, quindi si occupa di dare degli strumenti per organizzare il territorio. E questo ruolo lo svolgiamo noi sostanzialmente. (RP, 2)

Unterstützung erhält die regionale Ebene dabei durch diejenige der Kommunen, die ihren Arbeitsbereich ebenfalls nicht allein auf die Stadt beschränkt sehen möchte, sondern darüber hinausgehende Kooperationen anstrebt bzw. unterhält. Wichtigstes Beispiel hierfür ist *MITO*, ein Projekt, das seit 2007 jeden September *MI*lano und *TO*rino zu einer gemeinsamen „Musikregion" verbindet. Kommunale Kulturpolitik impliziert für den kommunalen Gesprächspartner Networking bzw. „costruire la rete" und „coordinamento". Er betrachtet Kulturpolitik als „Koordinationspolitik" und sieht die Aufgabe der Stadt darin, das Gesamtsystem im Blick zu behalten. Zudem sei es notwendig, die ganzheitlichen Auswirkungen von Kultur und Kulturpolitik mitzudenken („visone un po' olistica del sistema"; CT, 11). Dies impliziert für den kommunalen Interviewpartner auch die Zusammenarbeit mit anderen Bereichen – wobei sich hier der Kreis zum Ziel der Ausweitung des Publikums schließt: „Con il sistema educativo, di educazione e di fruizione, abbiamo tutto una serie di initiative tese a favorire il pubblico. Perché è centrale." (CT, 43). Über den „klassischen" Zuschnitt von

---

1455 Hier wird die teilweise Ausrichtung italienischer Kulturpolitik im Sinne des deutschen Denkmalschutzes deutlich, die weiter unten im komparatistischen Teil der Arbeit (Kapitel 5.4) vertiefend Beachtung finden wird.

Kulturpolitik geht der kommunale Interviewpartner mit seinem Anspruch, soziale, industrielle und kulturelle Aspekte zusammen zu denken, deutlich hinaus. Seit den 1990er Jahren ziele Turin auf eine Neupositionierung, wobei insbesondere der Tourismusbereich als Hebel wirken solle.[1456]

In ihrer Gesamtheit zeigen die Aussagen, dass der Interviewpartner auf kommunaler Ebene die Notwendigkeit sieht, Kulturpolitik ganzheitlich zu betrachten und seinen Aufgabenbereich dementsprechend weit fasst. Dass diese Ausweitung des eigenen Blickwinkels bzw. des konkreten Handlungsrahmens von Seiten der anderen Akteure innerhalb des Gesamtsystems nicht immer gutgeheißen wird, zeigen die Antworten mit Bezug auf die nächste forschungsleitende Frage.

Frage 6: Welchen Einfluss haben die föderalistischen Strukturen in Deutschland sowie die Aufteilung der kulturpolitischen Kompetenzen auf Staat, Regionen und Kommunen in Italien auf die Kulturpolitik?

Ausgangspunkt dieser Fragestellung ist insbesondere die mit dem „Codice" im Jahr 2004 eingeführte Aufteilung der Zuständigkeiten, die die *tutela* dem Staat und die *valorizzazione* den unteren Regierungsebenen zuweist. Doch „tutela e valorizzazione non sono due cose diverse" ist der Interviewpartner der *Direzione regionale* überzeugt und sieht hierin lediglich eine politisch motivierte Festschreibung:

> Quello lì, è un opinion personale ovviamente, è un pasticcio linguistico, perché tutela e valorizzazione non sono due cose diverse. Ovvio, perciò dico, quello lì è, quando in Italia è stato fatto uno delle ultime provvedimenti normativi sul „Codice" c'era, come dire, una specie di dualismo tra le competenze dello stato e le competenze della regione. Si sono inventati questa dicotomia tutela allo stato, valorizzazione alla Regione, che è una stronzata […] è una stupidaggine, è una stupidaggine. (DR, 11)

In der Praxis sei es die Regel, dass bei Vorliegen eines „interesse comune" oder „quando c'è un obiettivo condiviso in relazione a una tutela generale, a una possibilità di valorizzazione del territorio, del patrimonio, chiaramente questi sono lavori che facciamo spesso insieme chiaramente a Regione, Provincia e comune, sono le tre amministrazioni territoriali." (DR, 7). Als Beispiel hierfür nennt er den kürzlich fertiggestellten neuen Sitz der *Galleria Sabauda*. Die Aussagen

---

1456 Dieser Aspekt soll hier nur kurz erwähnt werden. Eine vertiefende Auseinandersetzung wird im Kontext von Frage 11 erfolgen, die sich mit den strukturrelevanten Einflüssen von Kulturpolitik auseinandersetzt und dabei die auch im vorangegangenen Kapitel erarbeiteten Erkenntnisse berücksichtigen wird.

belegen somit die kooperative Zusammenarbeit, die der Interviewpartner, v.a. für den Bereich der *gestione*, für essentiell hält. Ganz generell fordert er eine „sensibilità comune" und verstärkte „collaborazione" etwa auch mit den Universitäten (DR, 23). Doch trotz dieser prinzipiellen Dialogorientierung bestehen nach wie vor Verfahren, die nach streng hierarchischen Strukturen ablaufen: Denn über die Umsetzung konkreter Projekte, die die *Soprintendenti* vorschlagen und die von der *Direzione regionale* nach Prioritäten geordnet würden, entscheide nach wie vor das Ministerium (DR, 18).

Diese Tatsache bestätigt auch die Vertreterin der *Soprintendenze*; es bestehe kein direkter Kontakt zum Ministerium: „La *Direzione regionale* ci filtra" (S, 8) und „è il Ministero che dice come deve essere organizzata la cultura. [...] Ma è un sistema che in qualche modo funziona, ecco, [...] è molto faticoso, ecco." (S, 31). Die Interviewpartnerin bestätigt, dass das Kultursystem in Italien von außen sehr bürokratisch wirken könne und in der Tat „quel lato lì è molto pesante" (S, 21). Doch treffe dies primär auf das Zusammenspiel zwischen den (peripheren) Einrichtungen des Ministeriums zu. Mit den Institutionen der Region bestehe dagegen reger Austausch:

> Noi, con la Regione, noi lavoriamo molto bene. [...] Quando abbiamo dei dubbi, ci vediamo. È capitato più volte di andare alla Regione per parlare con queste persone per cercare di capire [...]. Quindi la [la valorizzazione] la facciamo noi tramite loro, nel senso noi abbiamo, proponiamo delle cose che diciamo loro. [...] Siamo sempre noi che siamo sul territorio, quindi sappiamo [...] c'è uno scambio [...]. (S, 10).

Dies bestätigen auch die Aussagen der Interviewpartnerin der Region Piemont: „Noi, ci affianchiamo allo Stato, o con il sostegno economico, o con l'organizzazione di servizi." (RP, 1). Es bestünden somit direkte Kontakte zur staatlichen Ebene bzw. den peripheren Ablegern in Form der *Direzione regionale* und der verschiedenen *Soprintendenti*; insgesamt „c'è un rapporto istituzionale diretto molto forte" (RP, 1-2) – unabhängig von der vieldiskutierten Kompetenzverteilung zwischen den Ebenen:

> Diciamo che è proprio un ordine, sono competenze almeno sulla carta molto separate. Lo stato ha un compito di vigilanza di tutta la deconservazione, la Regione ha un compito di programmazione, sta in mezzo, e anche l'ente che almeno in passato aveva più risorse, quindi poteva aiutare di più al territorio, e i comuni o gli enti proprietari gestiscono. (RP, 5)

Die Rolle der Provinzen sei in diesem Kontext unwichtig: Sie befänden sich kulturpolitisch in großen Schwierigkeiten, verfügten kaum über eigene Strukturen; „sono un po' compresse tra i comuni e la Regione. È difficile individuare un ruolo. Sennò quello di andare ad occupare degli spazi che sono un po' stati lasciati vuoti dagli altri, però non è facile" (RP, 11a).

Auch zwischen regionaler und kommunaler Ebene bestehen enge Verbindungen, wie die Aussagen des kommunalen Interviewpartners etwa in Bezug auf *ContemporaryArt*, das gemeinsame System von Stadt, Region und der Stiftung *Fondazione per l'Arte Moderna e Contemporanea* zur Förderung zeitgenössischer Kunst, bestätigen: „Si, la regione fa molto. Perché l'operazione viene fatta al livello regionale. Non solo Torino, ma regionale." (CT, 12). Dennoch wird insgesamt eine stärkere Zusammenarbeit gefordert, insbesondere um eine „visione futura" zu entwickeln, die von allen Ebenen – national, regional und kommunal – gemeinsam getragen werden müsse. „Non può essere una città che fa per conto suo. Non può essere sola." (CT, 38). Dieses kooperative Vorgehen sei vor allem aufgrund der Finanzkrise und der daraus resultierenden Mittelkürzungen notwendig, wobei diese aktuell zu entgegengesetzten Prozessen führten, nämlich dass von den Städten bereits aufgebaute Netzwerke weniger handlungsfähig seien oder die Umsetzung konkreter Projekte erschwert werde (CT, 38–39). Doch nur im regionalen Verbund könne Kulturpolitik erfolgreich agieren – wie auch das Beispiel der „macroregione contemporanea" mit Mailand und Genua zeige, mit denen Turin eine „macroaria di diffusione, di distribuzione, promozione e scambio sia sui giovani artisti, sia sulle iniziative varie" (CT, 10) geschaffen habe.

Im Ergebnis zeigt sich somit, dass im Piemont die Vernetzung gerade auf interkommunaler Ebene sowie zwischen den Kommunen (mit Turin im Speziellen) und der Region gut zu funktionieren scheint. Davon relativ unabhängig agiert – wohl auch aufgrund des doch recht anders akzentuierten Aufgabengebiets – die staatliche Ebene mit ihren Vertretungen in den Regionen.

Bereits in den Antworten auf die bisherigen Fragestellungen klangen die Probleme und Auswirkungen an, die sich in Folge der Finanzkrise im Kulturbereich Italiens zeigen. Vertiefend soll darauf im Kontext der nächsten Frage eingegangen werden:

Frage 7: Welche Auswirkungen haben die Wirtschafts- und Finanzkrise bzw. die Finanznot der Kommunen auf die Praxis der Kulturpolitik? Welche Auswege werden diskutiert? Welche Rolle spielen Stiftungen, Sponsoring und Mäzenatentum für die deutsche und italienische Kulturpolitik? Welches Potenzial wird den Methoden des Kulturmanagements in diesem Kontext zugeschrieben?

Alle italienischen InterviewpartnerInnen thematisieren dieses Problemfeld sehr ausführlich und es wird eine starke Verunsicherung deutlich. Der Gesprächspartner der *Direzione regionale* bestätigt, dass in Folge der Finanz- und Wirtschaftskrise eindeutig weniger Gelder zur Verfügung stünden, wobei bisher vor allem die Mittel „per il funzionamento" betroffen gewesen seien; es sei jedoch damit zu rechnen, dass langfristig auch diejenigen „per l'investimento" gekürzt würden (DR, 15-16). Aufgrund der langfristigen Planungszeiträume hätten die Effekte der Krise bisher noch nicht umfassend durchgeschlagen, doch:

> Temo che noi la crisi la avvertiremo tra un paio d'anni. Se oggi non ci danno nuovi soldi, tra un paio d'anni, finiti i lavori che teniamo in corso, non avremo molto da fare, o piuttosto, caso mai, le poche risorse si concentreranno soltanto in alcune priorità d'intervento. (DR, 17)

Für besonders problematisch hält der Interviewpartner, dass auch die privaten Geldgeber und insbesondere die *Fondazioni bancarie*, die neben anderen Verbänden und Non-Profit-Organisationen als wichtige Partner bezeichnet werden (DR, 8), von der Krise hart betroffen seien: Falls keine generelle wirtschaftliche Erholung eintreten sollte, „fra un paio d'anni subiremo delle contracolpi. Al momento, insomma, riusciamo ancora a fare il nostro lavoro" (DR, 19).

Auch die Vertreterin der *Soprintendenze* kommt nicht umhin, die Kulturpolitik „in un momento di crisi" zu sehen (S, 2). Sie problematisiert insbesondere die Tatsache, dass durch die geringen staatlichen Investitionen auch das Engagement der *Fondazioni bancarie* rückläufig sei (S, 6).

Diese spielen jedoch laut Aussage der regionalen Ansprechpartnerin nach wie vor eine entscheidende Rolle; ihre Investitionen für den Kulturbereich seien im Vergleich zu den Kulturausgaben der Regionen „clamorosamente più alto".[1457] Obwohl die *Fondazioni bancarie* ihre Mittel aktuell reduzierten und z.T. auch ihre Förderverfahren veränderten (thematisch ausgerichtete Ausschreibungen ersetzten mehr und mehr die bisherige Rolle als reine Geldgeber), blieben sie nach wie vor zentral bzw. nehme ihre Bedeutung in Folge der Finanzkrise sogar noch weiter zu: „Però credo che oggi senza le *Fondazioni bancarie* il sistema si bloccherebbe." (RP, 23). Denn mit Blick auf die von staatlicher Seite verfügbaren Finanzmittel seien circa seit dem Jahr 2009 spürbare Verringerungen zu verzeichnen: „Sono pochissime. C'è proprio un abbattimento enorme delle risorse." (RP, 6) Alternative Finanzierungsquellen – außer den *Fondazioni bancarie* – seien Gelder der EU, die die Umsetzung einiger Projekte ermöglichten:

> Diciamo che il 2012 è a zero per tutti. Nel 2012 proprio non c'è nulla. Alcuni interventi si fanno ancora con fondi europei ad esempio. Misure di finanziamento europeo oppure i grandi progetti nazionali, c'è questo grosso progetto nazionale che si chiamano *Fondi FAS, Fondi per le Aree Sottosviluppate, Fondo FAS* oppure *FESR, Fondo Europeo per lo*

[1457] Die objektive Datenlage zeigt, dass 2011 – nachdem die Ausgaben von Region und *Fondazioni bancarie* über viele Jahre hinweg ungefähr gleichauf (bei etwa jeweils 80 Mio.) lagen – ein Einbruch erfolgte: Die Region investierte 2011 ca. 45 Mio. Euro; die *Fondazioni bancarie* 70 Mio. Euro (vgl. Regione Piemonte 2013b, S. 112).

Sviluppo Regionale, FESR. Questi sono ancora dei contenitori, in cui ci sono delle risorse e alcuni interventi di recupero del patrimonio culturale in questi ultimi due anni li stiamo facendo con queste risorse. (RP, 12)

Die regionale Interviewpartnerin ist der Überzeugung, dass in Folge der veränderten Finanzlage ein grundsätzliches Umdenken in der Kulturpolitik notwendig sei: Zum einen sollten durch Kooperationen und Regionalisierung Kosten eingespart werden (RP, 10), zum anderen sollte die regionale Ebene ihr Aufgabengebiet generell neu ausrichten:

> Io credo che ci sarebbe necessità di organizzare in modo un po' diverso. La Regione oggi è un ente che è stato abituato a fare un'attività prevalentemente amministrativa. Forse c'è spazio, secondo me, c'è spazio perché la Regione fornisca anche direttamente dei servizi. Allora quando c'erano tanti soldi, la prima preoccupazione era distribuire le risorse. E quindi la struttura si è organizzata in modo parcellizzato, ogni collega aveva una sua specializzazione, i musei, le chiese, i complessi monumentali, le aree archeologiche, per avere un rapporto diretto anche di tipo tecnico col territorio e quindi poter valutare meglio le domande, i progetti etc. Adesso sarebbe necessario proprio ribaltare un po' il discorso e creare dei gruppi, anche gruppi dell'ascolto del territorio, e gruppi che svolgano determinati servizi. Allora, visto che ci sono storici dell'arte etc. – perché non mettere a disposizione del territorio quelle competenze? Mentre prima la competenza dello storico dell'arte piuttosto dell'archeologo erano finalizzate all'analisi del progetto, oggi secondo me c'è spazio per dare un aiuto tecnico a chi i progetti li deve fare. Perché far costruire un progetto al territorio, ha dei costi – i soldi non ci sono, ma ci sono le competenze. Bisognerebbe, è un passaggio difficile. È un mio giudizio. Per la mentalità delle persone, per l'abitudine a lavorare in un certo modo, ma anche credo perché comunque la stessa politica, quindi gli assessori, presidenti etc. considerano che la Regione sia un ente amministrativo. La loro visione è legata a 'ho i soldi, do i soldi'. (RP, 16)

Die Interviewpartnerin vertritt somit die Auffassung, dass sich die Aufgabengebiete der Region entsprechend der verfügbaren Mittel anpassen sollten. Es könne nicht mehr allein darum gehen, die vorhandenen Ressourcen zu verteilen, sondern der Fokus müsse sich auf verstärkte Beratungs- und Vermittlungsarbeit verschieben. Zudem müsse ein „recupero delle competenze" angestrebt werden: „L'attivazione di giovani, le collaborazioni con gli atenei ad esempio, con l'università, col politecnico per mettere a disposizione dei servizi." So könnten etwa SchülerInnen und Studierende Museen in ihrer Arbeit unterstützen und es würden beide Seiten davon profitieren. Kontraproduktiv für solche Projekte seien jedoch häufig rechtliche Hindernisse, wie z.B. Versicherungsfragen, sodass bereits durch kleine Veränderungen neue Handlungsmöglichkeiten geschaffen werden könnten (RP, 17). Die Finanzkrise erfordere somit grundsätzlich neue Strategien und Herangehensweisen und kann aus Sicht der regionalen Interviewpartnerin nicht allein durch Einsparungen gelöst werden.

Auch der kommunale Interviewpartner sieht die Notwendigkeit, aus der veränderten finanziellen Situation umfassende Konsequenzen zu ziehen: „Non è più solo come prima. Cioè prima c'erano delle risorse, si gestivano. Oggi c'è... quindi c'è bisogna anche di cambiamenti, di aggiornamenti di competenza del personale, no?" (CT, 31) Allerdings würden die notwendigen Kompetenzen, um den Folgen der Finanzkrise zu begegnen, bisher weitestgehend fehlen. Es mangele an kompetentem Personal für Fundraising und für den Aufbau stabiler Beziehungen zu privaten Förderern; zudem fehle es an juristischem Fachwissen für die Wahl der richtigen Rechtsstruktur für Kultureinrichtungen, an Kenntnissen im Kulturmanagement sowie Kriterien für die gezielte Auswahl von Projekten, um das überholte und unmöglich gewordene Gießkannenprinzip zu überwinden. Zum Teil hätten sich die MitarbeiterInnen in Reaktion auf die veränderten Bedingungen zwar weitergebildet, aber die stratifizierten administrativen Strukturen, die Einschränkungen durch die von der Politik vorgegebenen Zielsetzungen, die geregelten Verfahren zum Einsatz der öffentlichen Gelder, die gestuften Entscheidungsprozesse und vieles mehr, machten schnelle Veränderungen unmöglich – die kommunale Kulturverwaltung „non è un'azienda privata", die sich weit schneller umstrukturieren ließe (CT, 33). Doch auch die seit den 1990er Jahren populären Methoden der Privatisierung sowie der *esternalizzazione* könnten nicht alle Probleme lösen:

> Perché si diceva che gli enti pubblici non erano efficaci, allora erano migliori i privati, ora affidiamo al esterno, ai privati le risorse e tutto, quindi si è passato alla fase di esternalizzazione, cioè affidiamo ai privati la gestione. [...] Non credo nel privato è bello, che nel privato risolve tutti i problemi, non è vero perché poi in molti casi la cultura – in alcuni casi ho visto che sono molto più inefficace della pubblica amministrazione. (CT, 34–35)

Nicht zu bestreiten sei jedoch, dass gewisse privatwirtschaftliche Mechanismen teilweise schneller reagieren und ein externes Management für Kultureinrichtungen mit mehr Autonomie häufig agiler und effizienter agieren könne (CT, 51). Trotz erster Erfolge bleibe die Zusammenarbeit zwischen öffentlichem und privatem Sektor und die Etablierung neuer Organisationsstrukturen aber nach wie vor in der Testphase. Gleichwohl sei bereits erkennbar, dass sich nach den Verschiebungen der Zuständigkeiten in den vergangenen 20 Jahren diese in Folge der Finanzkrise weiter verändert würden: In den 1990er Jahren organisierte das Kulturbüro noch direkt Ausstellungen und Veranstaltungen mit eigenen MitarbeiterInnen. Jetzt unterliege dieser Aufgabenbereich *(gestione)* primär privaten Akteuren und die Kulturpolitik an sich sei vor allem für die *governance* zuständig (CT, 34–36). Der kommunale Interviewpartner kritisiert allerdings, dass die Politik in diesem Bereich sehr kurzsichtig agiere: Starke Einschnitte und ein insgesamt geringes Finanzierungsniveau im Kulturbereich hätten dazu geführt, dass sich die Kulturgüter in sehr schlechtem Zustand befänden. Daran werde das Fehlen einer langfristigen Strategie erkennbar und der Interviewpartner kritisiert, dass spezifisch in Turin vor allem ökonomische Argumente für die Kulturförderung ausschlaggebend seien: „Il nostro Sindaco, la nostra Giunta politica dice che la cultura è importante, non si taglia, non si tocca. Però lo dicono da economista." Es handle sich somit um eine opportunistische Ausrichtung der Kulturförderung, da diese auf wirtschaftliche Erfolge ausgerichtet sei (CT, 37). Doch selbst dieser Mechanismus werde nicht konsequent verfolgt: Die Erkenntnis, dass nur Städte, die auf Kultur setzen, in Zukunft erfolgreich sein würden, sei zwar hinlänglich bekannt. Dennoch werde ständig im Kulturbereich gekürzt und die Idee, „Kultur als Entwicklungsmotor" einzusetzen, nicht durch konkrete Maßnahmen und praktikable Mechanismen umgesetzt. Es fehle somit eine langfristige Perspektive, um der Finanzkrise (im Kulturbereich) umfassend zu begegnen (CT, 38). Schwierig sei der Ausweg aus dieser Situation zudem, da – wie bereits die anderen InterviewpartnerInnen bestätigt haben – auch die privaten Geldgeber (Stiftungen, Banken, Unternehmen) von der Krise betroffen seien und aufgrund der sehr komplexen Zusammenhänge nur langfristige Lösungswege Erfolge versprechen würden (CT, 39). Als gravierende Folge der verringerten Finanzmittel werde der Prozess der Ausweitung des Publikums und der Erleichterung der Zugänglichkeit kultureller Angebote gehemmt – obwohl es sich hierbei um eine der zentralen Zielsetzungen handle und die Vernachlässigung des (jungen) Publikums langfristig tiefgreifende Folgen zeigen könne (CT, 45).

Insgesamt machen die Ausführungen deutlich, dass im wahrsten Sinne des Wortes Krisenstimmung herrscht. Problematisch ist insbesondere, dass durch die verringerten Mittel die Gestaltungsmöglichkeiten wesentlich beeinträchtigt werden und demnach für die Zukunft negative Effekte zu befürchten sind. Grund zum Optimismus besteht allerdings aufgrund der Tatsache, dass ausgehend von der schwierigen Finanzlage innovative Ideen und neue Herangehensweisen entwickelt werden (wie die Interviews auf regionaler und kommunaler Ebene zeigen) und daraus möglicherweise umfassende Veränderungen resultieren werden.

In der Regel lässt der finanzielle Spielraum eines Politikbereichs stets auch Rückschlüsse auf seine Wertschätzung und seinen Einfluss im Gesamtkontext zu, sodass ein enger Bezug zum nächsten Fragenkomplex besteht:

Frage 8: Welche Rolle spielt Kulturpolitik im Gesamtkontext kommunaler Politik und welche Anknüpfungspunkte und Dialogstrukturen bestehen gegenüber anderen Politikfeldern? Wie viel Prestige wird ihr zuerkannt und wie legitimiert sie sich als eigenständiges Politikfeld?

Nach Aussage des kommunalen Gesprächspartners ziele die kommunale Kulturpolitik in Turin zunächst darauf, Kunst in die Stadt und damit den öffentlichen Raum hineinzubringen: Die „arte pubblica" könne somit als wesentlicher Aspekt der kommunalen Kulturpolitik gelten, die Umsetzung finde in der Idee der Stadt als „museo all'aperto" oder auch den vielfältigen Lichtinstallationen, mit denen sich Turin international einen Namen gemacht habe (CT, 16). Damit verbunden sei das zentrale Ziel, durch kulturpolitische Aktivitäten und insbesondere niederschwellige Angebote eine Ausweitung des Publikums zu erreichen. Problematisch sei jedoch, dass Kulturpolitik dabei stets von den gesamtpolitischen Entscheidungen der *Giunta* und des Bürgermeisters abhängig sei, die die politischen Prioritäten setzten (CT, 24). Diese lägen zumeist nicht im Kulturbereich; im Gegenteil werde, wie bereits im Kontext der vorangegangenen Frage angedeutet, an der Kultur noch immer zuerst gespart (CT, 31), sodass ihr Ansehen und ihre Legitimation im kommunalen Gesamtkontext als beschränkt bewertet werden kann. Zudem lässt die Tatsache, dass Kultur und ihre Förderung größtenteils in Verbindung mit nicht-kulturellen Zielsetzungen gesehen wird – also beispielsweise einen Beitrag zur Positionierung Turins als touristisch interessanter Stadt leisten soll – auf eine relativ abseitige Rolle der Kulturpolitik im politischen Gesamtgefüge schließen. Die Legitimation von Kulturförderung scheint somit primär auf ihrer Nützlichkeit für andere Politikfelder zu beruhen.

Die großen Schwierigkeiten der MitarbeiterInnen im Kulturbereich, sich gegenüber den übrigen Politikbereichen zu positionieren, thematisiert auch die regionale Interviewpartnerin:

> I comuni hanno grossissime difficoltà, più ancora della Regione a far passare il messaggio che la cultura è importante. Perché a livello comunale, visto che il comune è quello che da i servizi, le scuole, gli asili nido, la mensa, gli anziani etc., queste sono tutte spese che vengono prima della cultura. Quindi è molto difficile, io ad esempio avevo come assessore anche la biblioteca del comune. Ecco, riuscire a far capire che la biblioteca ad esempio, è un luogo anche sociale, perché ci vanno molte persone che a casa non avrebbero l'opportunità di leggere, di avere il computer. E poi è un luogo di aggregazione, quindi di mitigazione dei conflitti. È molto difficile far passare questo discorso. È allora mi ha anche fatto capire perché molti comuni con cui io mi rapporto come Regione mi manifestino delle difficoltà. (RP, 27)

Die einzige Möglichkeit, die Politik von der Bedeutung des Kulturbereichs zu überzeugen, bestehe im Vorweisen konkreter Zahlen:

> I numeri, i numeri [hanno fatto capire i funzionari in comune]. [...] Quanta gente, le fasce di popolazione quali sono, la composizione anche sociale, perché appunto, torno a dire, non tutti a casa hanno internet. Dare un servizio di questo genere in una biblioteca

vuol dire aiutare anche delle persone in difficoltà. Allora un po' il concetto su cui si debba lavorare molto è l'accessibilità. (RP, 1a)

Die Schwierigkeit, konkrete Projekte zu initiieren bzw. die Politik davon zu überzeugen, dass sich diese auf lange Sicht positiv auswirken werden, kennt auch die Vertreterin der *Soprintendenze* (S, 5). Insgesamt zeigen die Aussagen, dass die Rolle der Kultur im politischen Gesamtkontext als schwierig zu bezeichnen ist. Prestigeträchtige Kulturprojekte werden gerne als Beitrag zur Positionierung der Stadt im (internationalen) Tourismussektor genutzt, doch dieser eindeutige Fokus auf die Nützlichkeit schließt Kultur, Kulturpolitik und Kulturangebote, die sich aus sich selbst heraus legitimieren, weitestgehend aus.

In der Folge ist die Anbindung der Kulturpolitik an weitere Politikbereiche notwendig; dementsprechend bestehen insbesondere mit der Tourismusabteilung enge Kontakte und es wird gemeinsam an dem Ziel gearbeitet, Turin international zu positionieren. Dieser Ansatz resultiert aus den 1990er Jahren und seitdem werden soziale, industrielle und kulturelle Aspekte zusammen gedacht, was insbesondere im Kontext der Olympischen Winterspiele 2006 Ausdruck fand (CT, 27). Innerhalb des Kultursektors wiederum kooperieren die verschiedenen Abteilungen miteinander (v.a. Museen, Bibliotheken, Theater, zeitgenössische Kunst), sie organisieren übergreifende Projekte und erstellen jährlich eine gemeinsame Programmplanung (CT, 22).

Die Vernetzung und der Austausch funktioniert jedoch nicht auf allen Ebenen gleich gut: Die Interviewpartnerin der *Soprintendenza* weist darauf hin, dass häufig Austauschgremien fehlten, die einzelnen Akteure oft nicht auf dem gleichen Wissensstand seien und Beschlüsse gefasst oder auch Gesetze verabschiedet würden, ohne Rücksprache mit den Betroffenen zu nehmen (S, 14). Dies liege u.a. daran, dass die Entscheidungen auf politischer Ebene, etwa durch den *Sindaco*, den *Vicesindaco* oder *Assessori* getroffen würden, während die Umsetzung in der Regel durch *Technici* erfolge (S, 29). Insgesamt mangele es an strategischen Richtungsentscheidungen und eine fehlende Integration in den Gesamtzusammenhang verhindere ganzheitlich wirksame Ergebnisse. Dadurch werde mitunter die Chance vertan, durch Kultur ein „territorio addormentato" aufzuwecken und Gegenden ohne viel Industrie und/oder Arbeitsplätzen zu (re-)aktivieren (S, 24).

Mitunter wird die Kommunikation zwischen den unterschiedlichen Akteuren im Piemont aber auch positiv bewertet: So weist der Gesprächspartner der *Direzione regionale* an zwei Stellen darauf hin, dass die Zusammenarbeit – sowohl zwischen den diversen Regierungsebenen, als auch zwischen staatlichen und nicht-staatlichen Partnern – insgesamt sehr gut funktioniere, wobei er diese Aussage insbesondere mit Blick auf die regionalen Unterschiede trifft:

In realtà, io vengo dalla Campania, e c'era un'altra condizione di comunicazione tra le amministrazioni. Qua in Piemonte veramente si lavora bene, [...]. (DR, 9)

Però l'impressione mia è, però dico, in Piemonte, non so al livello nazionale, ma in Piemonte obiettivamente c'è una disponibilità al dialogo e a valutare le proposte per quel che sono prima che per chi le fa. (DR, 25)

Insgesamt wird somit eine gewisse Dialogorientierung erkennbar, auch wenn sich diese primär auf den Austausch mit den anderen Akteuren innerhalb des Kulturbereichs bezieht und nur sehr begrenzt – etwa mit Blick auf den Tourismus – aktiv Kontakte zu anderen Politikfeldern hergestellt werden. Von geringer Relevanz scheinen die Möglichkeiten einer intensivierten Kooperation mit privaten sowie gemeinnützigen Akteuren zu sein, obwohl in Turin mit dem *Museo Egizio* eine innovative Struktur in diesem Sinne besteht, die als Testfall für neue Formen der Zusammenarbeit zwischen den Sektoren dienen könnte. Die Aussagen der Interviewpartner machen in ihrer Gesamtheit deutlich, dass der Kulturbereich auf der politischen Agenda relativ weit unten rangiert. Nur wenn die Nützlichkeit von Kulturförderung unzweifelhaft ist oder einen Prestigegewinn verspricht, lassen sich (zusätzliche) Ausgaben legitimieren.

Trotz der entscheidenden Relevanz von Vernetzung und Dialog und der damit zusammenhängenden Positionierung im politischen Gesamtkontext bzw. dem darin liegenden Potenzial für eine Bedeutungsausweitung, erscheint neben dem Austausch zwischen den Kulturakteuren sowie mit anderen Politikbereichen die Kommunikation mit dem Publikum noch weit bedeutender. Welcher Stellenwert diesem Aspekt in der Kulturpolitik Turins und des Piemonts beigemessen wird und welche Aktivitäten hierfür eingeleitet wurden bzw. nach Meinung der ExpertInnen wünschenswert wären, untersucht der folgende Abschnitt:

Frage 9: Wie wichtig ist deutschen und italienischen KulturpolitikerInnen die Ausweitung des Kulturpublikums und welche Anstrengungen werden hierfür unternommen?

Bereits die bisherigen Antworten zeigen, dass die Ausweitung des Publikums eines der wichtigsten Ziele der kommunalen Kulturpolitik in Turin und dem Piemont darstellt. Analog zur Zielsetzung der EU sollen neue Nutzerschichten gewonnen und zugleich eine intensivere Nutzung des Angebots forciert werden („Sicuramente un aumento, una maggiore fruizione, accesso del pubblico, creare sempre delle iniziative, dei meccanismi, delle metodologie che facciano, che incrementino la fruizione [...]." (CT, 24)). Ausgehend von der Zielsetzung ein breites Publikum für Kultur zu begeistern, möchte die Turiner Kulturpolitik auch geographisch die gesamte Stadt einbeziehen. Zugleich sei der „sostegno del pubblico" zentral und es bestünden zahlreiche Maßnahmen zur Besucherbindung, wie z.B. die *CardMusei*, Abonnements, reduzierte Eintrittspreise zu bestimmten Zeiten oder auch Gratisangebote. Zudem zielten „initiative educative" auf eine Verbesserung der „fruizione", die sich quantitativ UND qualitativ verbessern solle. Darüber hinaus hält der kommunale Interviewpartner zusätzliche Maßnahmen wie etwa weitere Studien und eine intensivere Besucherforschung aus unterschiedlichen Blickwinkeln (Psychologie, Kunst, *DAMS – Discipline delle Arti della Musica e dello Spettacolo*) für notwendig (CT, 43). Unabdingbar für eine verstärkte Kulturnutzung seien zudem zielführende Kommunikationsstrategien, wobei sich ihre „linguaggi, titoli, meccanismi, modalità" verstärkt an diesem Ziel orientieren müssten. Darüber hinaus sei eine gezielte inhaltliche Schwerpunktsetzung notwendig, beispielsweise „bisogna educare fortemente la comprensione del linguaggio del contemporaneo", da es sich bei zeitgenössischer Kunst aktuell unübersehbar um eine „arte dell'élite" handle. Das Gesamtziel „di facilitare l'accesso" habe somit oberste Priorität – mache aber entsprechende Mittel erforderlich (CT, 45) und erfordere somit insbesondere die aktive Unterstützung von Seiten der Politik (CT, 24).

Auch für die Interviewpartnerin der Region Piemont ist die Ausweitung des Publikums und die Überwindung der Wahrnehmung von Kultur als Elitenphänomen eines der zentralen Anliegen:

> Esatto, questa lotta continua, perché dimostrare che questa cultura serve, che la cultura non è più un discorso di pochi, di un élite, ma è, dalla cultura deriva la prima formazione del cittadino. Il primo impatto sociale sono i luoghi di cultura. Quindi non si capisce perché debba essere considerata diversamente dalla scuola. (RP, 0a).

Sie verweist insbesondere auf die soziale Funktion, die Kulturangebote wie z.B. Bibliotheken übernähmen (RP, 27) und thematisiert die „accessibilità all'offerta":

> Ecco, l'accessibilità non solo fisica ai portatori di handicap, che questa ovviamente è fondamentale, ma l'accessibilità all'offerta. Perché appunto accessibilità significa anche sostenere dei costi, significa anche avere delle opport..., sapere che ci sono delle opportunità. Non tutti hanno un livello d'informazione tale da conoscere tutto quello che succede. Quindi accessibilità è cercare di allargare il più possibile l'opportunità di raggiungere l'offerta. (RP, 4a)

Dementsprechend dürfe das kulturelle Angebot nicht durch Barrieren abgeschottet werden, sondern solle für alle Bevölkerungsgruppen zugänglich und verständlich sein:

> Cioè la cultura non deve rappresentare una barriera. Io non devo sentirmi ignorante quando vado da qualche parte perché non capisco che cosa mi vogliono dire. È un problema di chi mi parla – cercare di spiegarsi nel migliore dei modi. Quindi un bene culturale deve essere messo in condizione di presentarsi a qualunque categoria di cittadini, adulti, bambini, acculturati o meno. La sfida è un po' questa. (RP, 4a)

Das Kulturangebot müsse somit seine Zugangsschwellen absenken und zudem Mobilität generieren, etwa durch eine „offerta integrata", also beispielsweise die Kombination von kulturellen mit kulinarischen Aspekten im Sinne der „enogastronomia". Die Interviewpartnerin weist auch darauf hin, dass Kultur und kulturelle Angebot dafür genutzt werden dürften, Informationen zu transportieren sowie soziale Prozesse zu ermöglichen – wobei sie darauf hinweist, dass diese Ausrichtung und entsprechende Angebote stark von den handelnden Personen abhängig seien und Regierungswechsel häufig zum Austausch des Personals und damit auch inhaltlichen Rückschlägen führten (RP, 4–5a).

Auch für die *Soprintendenti* ist das Thema „accessibilità", die Ausrichtung der eigenen Arbeit auf ein konkretes Publikum hin, präsent. Es werde angestrebt, durch mehr Events die Aufmerksamkeit der Bevölkerung zu erhöhen. Allerdings seien diese Aktivitäten „su un livello molto basso", weil hierfür lediglich wenige Mittel zur Verfügung stünden und die Durchführung in der Folge häufig von der Kooperation mit *associazioni* abhängig sei (S, 24). Als Ausgangspunkt für eine Erweiterung der Besuchergruppen sieht der Vertreter der *Direzione regionale* die Notwendigkeit „di creare delle situazioni di stimoli" (DR, 27).[1458]

Die zentrale Bedeutung dieses Themenfeldes wird somit in der Gesamtheit der Antworten sehr deutlich. Es besteht Konsens darüber, dass eine Ausweitung der Besucherschichten anzustreben ist und insbesondere auf regionaler und kommunaler Ebene, denen entsprechend dem „Codice" die Aufgabe der *valorizzazione* primär obliegt, wird die Absenkung der Zugangsbarrieren als zentral erachtet. Da dieser Anspruch auch in Zukunft im Mittelpunkt kulturpolitischer Arbeit stehen wird, besteht hier ein direkter Anknüpfungspunkt zur folgenden Fragestellung:

Frage 10: Welche Herausforderungen erwarten deutsche und italienische KulturpolitikerInnen für die Zukunft?

Auf der Ebene der *Direzione regionale* sowie der *Soprintendenza* dominieren – ausgehend von der schwierigen finanziellen Lage – negative Erwartungen gegenüber der kulturpolitischen Zukunft (DR, 17; S, 2). Auch der kommunale Interviewpartner sieht seine Arbeit in Abhängigkeit von den verfügbaren Finanzmitteln. Deren Höhe und somit die weitere Entwicklung der Kulturpolitik seien abhängig von politischen Entscheidungen: „Dipende dalla politica. […] Questa è una scelta

---

[1458] In der unterschiedlichen Gewichtung dieses Aspekts in den Aussagen der RepräsentantInnen der diversen Regierungsebenen ist doch die – wenn auch als theoretisch abgelehnte – Aufteilung der Zuständigkeiten in *tutela* einerseits (*Direzione regionale* und *Soprintendenza*) und *valorizzazione* (Region und Kommune) andererseits erkennbar.

POLITICA." (CT, 46) Insgesamt basiere die Zukunft der Kulturpolitik auf gesamtgesellschaftlichen Entwicklungen und Entscheidungen: Notwendig sei deshalb ein generelles Umdenken, das die Grenzen der industriellen Weiterentwicklung berücksichtige und stattdessen auf eine Zukunft der „industria culturale" baue – die Zukunft der Kulturpolitik liege somit auch in der Kulturwirtschaft (CT, 46).

Konkrete Ansätze zur Entwicklung der Kulturpolitik in der Zukunft lassen die Antworten der regionalen Interviewpartnerin erkennen: Auch diese sind zunächst geprägt von der erheblichen Finanznot und regen an, dass sich die regionalen Kulturabteilungen langfristig verstärkt als Service-Einrichtungen definieren sollten („centro servizi", „pronto intervento"). Die Kompetenzen der regionalen Institutionen müssten somit den Kommunen zur Verfügung gestellt werden, die dadurch keine externen professionellen Berater mehr benötigen würden (RP, 19). Sponsoring stelle dagegen keinen Ausweg aus der schwierigen Situation dar; auch in Zukunft würden private Finanziers eine eher untergeordnete Rolle spielen bzw. sei zu erwarten, dass die Sponsoren sehr genaue Kosten-Nutzen-Rechnungen aufstellen und sehr zielgerichtet fördern würden. Insgesamt wird das Problem der Finanzierung als absolut zentral wahrgenommen: „La mancanza di risorse è un ostacolo, questo è evidente." (RP, 9a). Inhaltlich spricht die regionale Interviewpartnerin von „tre concetti chiave", die eine zukünftige Kulturpolitik charakterisieren sollten:

- „Non lavorare su strutture singole, ma il territorio al centro." Hier ist bereits ein Aspekt gestreift, der im anschließenden Abschnitt zur strukturellen Aufstellung der Kulturpolitik und ihren Auswirkungen vertieft werden soll.
- „Cercare di far parlare il patrimonio culturale, quindi renderlo il più possibile fruibile e visitabile, quindi l'accessibilità." Dieser Aspekt fand bereits im vorangegangen Abschnitt umfassend Berücksichtigung und seine Bedeutung auch für die zukünftige Entwicklung kann als unbestritten gelten. Damit zusammen hängt die „qualità del servizio", d.h. kulturelle Angebote müssen durch umfassenden Service – wie etwa gut verfügbare Informationen für TouristInnen und TagesbesucherInnen – begleitet werden, um die Zugänglichkeit zu gewährleisten und einen gewinnbringenden Besuch zu ermöglichen.
- Damit einher geht der dritte Aspekt, derjenige der „didattica": Es sei entscheidend, dass KulturnutzerInnen durch Führungen etc. näher an das Kunstwerk heranrückten oder wie es die Interviewpartnerin formuliert: „passare da una fruizione passiva a una fruizione attiva. Cioè io devo sentirmi parte del mondo culturale che vado a conoscere, del bene culturale che vado a conoscere. Per sentirmi parte qualcuno mi deve contestualizzare quel bene." (RP, 9a)

Sie fasst die Zukunftserwartungen wie folgt zusammen: „Quindi, credo che il futuro sia quello, spostare l'attenzione dal singolo bene al territorio, vedere il singolo bene in un sistema di relazione. Questa è un po' la sintesi." (RP, 9a)

In ihrer Gesamtheit zeigen die Antworten, dass die finanzielle Krisensituation die Aussichten auf die Zukunft bestimmen und die weitere kulturpolitische Entwicklung primär von politischen Entscheidungen abhängen wird. Zugleich ist zu erwarten, dass Kulturpolitik zukünftig stärker regional ausgerichtet sein wird, sodass ein enger Bezug zur Kernfrage dieser Arbeit besteht:

Frage 11: Welcher langfristige Einfluss bzw. welche Funktion wird der Kulturpolitik in den beiden untersuchten Städten Essen und Turin mit Blick auf ihre strukturelle Entwicklung beigemessen? Stellt sie einen Beitrag zum (regionalen) Strukturwandel dar?

Die zentralen Aspekte dieser Fragestellung sollen zu ihrer Beantwortung hier noch einmal wiederholt werden: Einerseits soll untersucht werden, welchen Beitrag Kulturpolitik zur Stabilisierung und/oder Weiterentwicklung der regionalen Identität und auch der Identifikation mit dem Lebensumfeld leisten kann. Andererseits soll analysiert werden, inwiefern über die Kulturelle Bildung neue Bildungstraditionen in industriell geprägten Städten wie Turin und Essen etabliert werden können. Zudem steht die Frage nach der wirtschaftlichen Dynamisierung durch Kultur(-politik) im Mittelpunkt und es soll geklärt werden, inwiefern Kultur als Entwicklungsfaktor etwa durch die weitere Etablierung der Kultur- und Kreativwirtschaft wirken kann. Außerdem wird unter dem Stichwort „Strukturpolitik" analysiert, ob Kooperationen und Vernetzung zwischen den einzelnen Akteuren positive Auswirkungen auf die Gesamtheit des kulturellen Angebots zeigen.

Insbesondere die Antworten der regionalen Interviewpartnerin bieten Erkenntnisse zu diesem letzten Gesichtspunkt: Die Region Piemont versucht die Kommunen zur Zusammenarbeit zu motivieren („Ma nulla di imposto, si cerca sempre il dialogo, la collaborazione, è evidente questo." (RP, 4)) oder auch zur Einhaltung gewisser Standards zu bewegen, wie die regionale Interviewpartnerin anhand des konkreten Beispiels der „standard musealı" ausführt:

> Poiché non ci sono più le risorse, si è cercato di spostare molto più l'attenzione sul fornire degli strumenti, degli strumenti che il territorio si organizzi in sistemi e quindi mettano in comune il poco che c'è, fornire strumenti per economie di scala, per il raggiungimento di obiettivi, quindi aiutare i musei a darsi degli obiettivi. Un po' quello che si è visto negli anni è che tutti pensano di poter far tutto – e poi alla fine si disperde molto. Noi stiamo cercando attraverso gli standard musealı di aiutarli a trovare quali sono i punti di forza, i punti di debolezza e quindi andare ad intervenire sui punti di debolezza per aiutarli, oppure aiutarli a condividere i punti di forza perché diventino una risorsa per tutti in sostanza. (RP, 7)

Die Interviewpartnerin erläutert, dass insbesondere in Folge der Mittelkürzungen eine Regionalisierung der Kulturpolitik notwendig geworden sei: Vor der

Finanzkrise und den daraus resultierenden Einsparungen habe der Fokus auf der Förderung und Umsetzung konkreter Projekte gelegen – jetzt stehe dagegen die Bündelung von Ressourcen im Mittelpunkt und es gehe darum, die Stärken der einzelnen Institutionen zu betonen bzw. diesen zu vermitteln, welche Ziele sie nicht mehr länger verfolgen könnten („aiutarli a punto a capire che cosa non è il caso di continuare ad esempio, di continuare a fare perché non funziona" (RP, 8)). Übergeordnetes Ziel sei es, „di stimolare il territorio di organizzarsi da solo" – die Region gäbe somit lediglich Anregungen und Impulse, aber keinerlei feste Parameter vor (RP, 8). Sie ziele auf die Etablierung regionaler Kooperationen, um durch eine bessere Vernetzung der Kultureinrichtungen den Austausch erfolgreicher Konzepte anzuregen. Davon ausgehend bestehe die Zielsetzung aber v.a. darin, einen Austausch des Publikums zu erreichen: Durch die Zusammenarbeit der vorhanden Strukturen bzw. Angebote solle das Publikum insbesondere zwischen Stadt und Land mobilisiert werden (*Piani di valorizzazione territoriale e sistemi urbani*). Nur so könne das aktuelle Konkurrenzdenken überwunden werden:

> Sono tutti stati abituati a lavorare in modo mooolto individualistico, e quindi bisogna cercare poco per volta ad abituarli a condividere, perché altrimenti cercano di strapparsi le cose l'uno con l'altro. [...] Esatto, si rubano il pubblico. Fanno due volte lo stesso dépliant, non riescono a mettere insieme un calendario di iniziative, vanno a soprapporsi, allora in questo la Regione sta intervenendo, anche per dare un metodo, per dare un metodo alla valorizzazione, si. (RP, 10–11)

Übergeordnetes Ziel sei somit die Bündelung von Kompetenzen und dadurch die Straffung der Strukturen, wodurch zudem Mitteleinsparungen möglich würden. Es müsse das Gesamtterritorium in den Blick genommen werden, statt die bisherige Fokussierung auf einzelne Einrichtungen beizubehalten (RP, 9a). Auch die *Fondazioni bancarie* arbeiteten mehr und mehr mit Blick auf das „territorio" insgesamt bzw. den „sviluppo territoriale":

> Già da anni [le Fondazioni bancarie] lavorano sui distretti culturali, quindi su operazioni più allargate di territorio, quindi non solo i beni culturali, ma lo sviluppo territoriale che comprende anche la cultura ovviamente. (RP, 23)

Die hier beschriebenen Veränderungen und Zielsetzungen zeigen, dass die Kulturpolitik in Turin bzw. der Region Piemont auf Kooperation und Vernetzung ausgerichtet ist. Auch unter dem Druck der verringerten Finanzmittel scheint eine Abgrenzung zwischen den einzelnen Kultureinrichtungen – und damit auch ihren unterschiedlichen Trägern – nicht länger zielführend. Kulturpolitik als Strukturpolitik gewinnt somit durch neue Kooperationen und eine stärkere Vernetzung zwischen den Akteuren in diesem Sinne an Profil.

Auf den Aspekt der Vernetzung verweist auch die Interviewpartnerin der *Soprintendenza*: Die *Soprintendenti* arbeiteten nicht nur mit der Region gut zusammen, sondern auch zwischen den Verantwortlichen für die einzelnen Themenfelder (wie z.B. *beni archeologici, beni architettonici e paesaggistici, beni storici, artistici ed etnoantropologici* etc.) bestehe keine Konkurrenz – „si lavora insieme" (S, 9). Fehlen würde allerdings ein kontinuierlicher Austausch oder verstärkte Kommunikation auf theoretischer und konzeptioneller Ebene (S, 30). Dieser werde auch dadurch gehemmt, dass in Folge eingeschränkter finanzieller Spielräume eine hohe Arbeitsbelastung bestehe und die Organisation von Austauschaktivitäten etwa in Form von Konferenzen, als erstes wegfalle (S, 31). Bemängelt wird im Hinblick auf eine bessere Vernetzung zudem, dass es im Kulturbereich insgesamt an guter Organisation fehle: Studium und Praxis seien zu weit voneinander entfernt und Kulturmanagement gelte nach wie vor als „neues Phänomen", das noch keine durchschlagende Wirkung entfalten konnte (S, 35).

In Bezug auf die anderen Aspekte dieser Fragestellung zeigen die Interviews, dass makrostrukturelle Veränderungen auch im Sinne einer wirtschaftlichen Dynamisierung mit Hilfe der Kultur(-politik) für Turin von Bedeutung sind. Der kommunale Interviewpartner sieht einen engen Bezug zwischen dem Ende des industriellen Zeitalters, das von Arbeitsplätzen in der verarbeitenden Industrie geprägt gewesen sei, und der zunehmenden Etablierung eines „kulturellen Zeitalters", das von der „industria culturale" bestimmt sein werde und in dem Kultur- und Kreativwirtschaft als zukunftsrelevante Branchen zu betrachten wären (CT, 46). Als Wirtschaftszweig mit Potenzial wird zudem der Tourismus eingeschätzt („l'obiettivo è sempre il turismo, fare anche iniziative che promuovono il turismo" (CT, 25)) und dementsprechend wird dieser Aspekt in der Regel bei kulturpolitischen Entscheidungen berücksichtigt. Kulturpolitik sieht sich (auch) als Wirtschaftspolitik, wie etwa die Studie über die ökonomischen Auswirkungen von *ContemporaryArt* zu Besucherzahlen, Ausgaben der BesucherInnen, Auswirkungen auf den Tourismusbereich etc. belegt (CT, 11). Eine (wenigstens) teilweise Neuausrichtung der Erwerbsstrukturen geht somit Hand in Hand mit einer Fokussierung der Kulturpolitik und in der Folge lässt sich für diesen Bereich durchaus von einer strukturverändernden Wirkung sprechen. Um aber ein wirklich zukunftsfähiges System zu schaffen, dürfe bzw. müsse Kulturpolitik laut dem kommunalen Interviewpartner Schwerpunkte setzen: Turin definiere sich beispielsweise als „capitale dell'arte contemporanea italiana" (CT, 8) und positioniere sich damit erfolgreich im nationalen Wettbewerb der Städte. Hierfür und generell für eine Kulturpolitik mit positiven Resultaten seien entsprechende Strukturen, eine Koordinierungsstelle und zielführende Kommunikation unabdingbar – um eine Positionierung als eigenständige Marke zu erreichen, sei somit ein „impatto comune" notwendig (CT, 10). Kulturpolitik könne nur dann umfassend wirken, wenn sie sich als Networking begreife: „coordinamento" und „costruire la rete" sieht der kommunale Interviewpartner somit als wesentliche Aufgaben an (CT, 14), um Strukturveränderungen im hier gemeinten Sinne zu generieren.

Der kommunale Gesprächspartner ist zudem der Meinung, dass Kulturpolitik verstärkt als „Imagepolitik" zu betrachten sei: Insbesondere die mediale Kommunikation müsse in den Kontext einer Neupositionierung einbezogen werden und internationale Medienpartner bzw. Berichterstattungen seien hierfür entscheidend (CT, 11). Stichworte sind somit „promozione" und „communicazione" als wesentliche Bestandteile der kulturpolitischen Arbeit – mit Blick auf die „macroaria", aber auch das internationale Potenzial (CT, 13). Voraussetzung hierfür sei natürlich, dass ein hohes, international konkurrenzfähiges kulturelles Niveau geboten werde (CT, 25). Ziel ist somit, durch eine Gesamtstrategie mit dem Fokus auf Kultur, der Stadt zu internationaler Beachtung zu verhelfen (CT, 27) – Kulturpolitik nimmt somit eine wesentliche Funktion für die Gestaltung der Zukunft der Stadt Turin ein.

Es ist jedoch davon auszugehen, dass nicht nur nach außen hin eine (Neu-) Profilierung angestrebt wird. Durch eine international erfolgreich positionierte Stadt, der nicht mehr allein das Image der „città grigia" anhaftet, kann auch nach innen und somit in die Bevölkerung hinein eine neue Identität wachsen bzw. die Identifikation mit der eigenen Heimat (wieder) gestärkt werden: Es soll in diesem Zusammenhang herausgearbeitet werden, inwiefern Kulturpolitik zu „Strukturveränderungen in den Köpfen" beitragen kann. In diesem Kontext ist die Aussage des kommunalen Ansprechpartners von Relevanz, der Kulturpolitik als Gesamtsystem wahrgenommen sehen möchte und dessen ganzheitliche Auswirkungen für zentral hält („visione un po' olistica del sistema"). Demgemäß wurde auch eine Studie in Auftrag gegeben, die z.B. die Effekte der Ausrichtung auf „arte contemporanea" und den entsprechenden Aktivitäten u.a. aus ökonomischer und architektonischer, aber auch aus psychologischer Perspektive analysiert. Der Einfluss kulturpolitischer Aktivitäten auf die unterschiedlichsten Aspekte des öffentlichen Lebens wird somit erkennbar und spiegelt die Idee, durch Kulturpolitik Strukturveränderungen in die gesamte Gesellschaft hinein zu bewirken (CT, 11).

Dieses übergeordnete Ziel scheint auch bei den Aussagen des Interviewpartners der *Direzione regionale* durch: Er hält Kultur für die Basis einen jeden Nationalstaats und Ziel müsse stets der „cittadino acculturato" sein. Die Arbeit von KulturpolitikerInnen müsse somit neben der „conservazione del patrimonio" stets auf die „diffusione della conoscenza" ausgerichtet sein und die „consapevolezza del essere" sowie seine „capacità riflessiva" erhöhen (DR, 26–27).

Die vielfältigen und auch weitreichenden Zielsetzungen der italienischen KulturpolitikerInnen ermöglichen die Interpretation von Kulturpolitik als Strukturpolitik: Kulturpolitik soll hiernach langfristig gesamtgesellschaftliche Strukturen verändern, die Identifikation mit der eigenen Stadt stärken und einen Beitrag zur wirtschaftlichen Dynamisierung leisten. Innerhalb des kulturpolitischen Systems sind strukturelle Veränderungen v.a. mit Blick auf die – bedingt durch die Finanz- und Wirtschaftskrise – knapper werdenden Ressourcen erkennbar, die langfristig eine Intensivierung der Austauschaktivitäten und vermehrte Kooperationen zwischen den einzelnen Akteuren und Regierungsebenen erwarten lassen. Inwiefern sich diese Veränderungen auch auf den Kulturbegriff bzw. das generelle Kulturverständnis auswirken, das der Kulturpolitik in Turin und dem Piemont zugrunde liegt, soll nun im folgenden Abschnitt geklärt werden.

Frage 12: Inwiefern unterscheidet sich der in Deutschland und Italien in der Praxis präsente kulturpolitische Kulturbegriff?

Auf der Ebene der *Direzione regionale* scheinen sich zunächst die Erkenntnisse der theoretischen Analysen zum Kulturbegriff (Kapitel 2.2) zu bestätigen: Der Interviewpartner beruft sich auf die geltenden Gesetzestexte („interesse storico-artistico"), beschreibt die formalen Abläufe innerhalb seines Arbeitsfeldes und es wird ein tendenziell technisches Arbeitsverständnis deutlich (DR, 2-5). Im weiteren Gesprächsverlauf treten über diese „politisch korrekten" Aussagen hinaus aber auch von der offiziellen Linie abweichende Einstellungen zu Tage: So erklärt der Interviewpartner beispielsweise, dass sich die theoretische Abgrenzung zwischen *tutela* und *valorizzazione* keineswegs so strikt durchhalten lasse wie in den Gesetzestexten formuliert. Denn „promuovere il territorio, valorizzare il patrimonio" zähle genauso zu den Zielsetzungen der *Direzione regionale* wie die *tutela*. Zentral ist die Aussage, dass *tutela* ohne *valorizzazione* keinen Sinn mache und Entscheidungen deshalb mit Blick auf die *valorizzazione* gefällt würden und „non a virtù a un astratto principio di tutela e conservazione del patrimonio. Il patrimonio viene esser tutelato e conservato se riesce anche a essere riproposto e ripromosso." So müsse etwa mit Blick auf den Architekturbereich stets ein Kompromiss gefunden werden zwischen den Anforderungen an ein modernes Gebäude (Sicherheit, Zugänglichkeit etc.) und den Anforderungen des Kulturerhalts: „Bisogno adeguare quel complesso architettonico alle esigenze moderne. Dovendo fare questo, non c'è motivo di arroccarsi dietro di un conservatorismo rigido." (DR, 12) Der Interviewpartner vertritt die Auffassung, das die Kulturgüter allen gehörten und in der Folge auch von den verschiedensten Akteuren erhalten werden müssten („abbiamo un patrimonio che è proprietà di tutti" (DR, 23)). Auf die Frage nach einer übergeordneten Zielsetzung seiner Arbeit bzw. generell von Kulturpolitik kommt der Vertreter der *Direzione generale* zu dem Ergebnis, dass Kultur(-politik) einen der Ausgangspunkte eines stabilen Staates darstelle und zwar aus dem Grunde, dass dieser auf den gebildeten Bürgern aufbaue („cittadino acculturato") bzw. diese als Referenzpunkte zu betrachten habe. Es gehe somit nicht nur um den Erhalt des Kulturerbes, sondern im Hintergrund stehe die Zielsetzung der

> diffusione della conoscenza, della consapevolezza del essere. Poi ognuno medita con la propria tesa, chiunque vedendo un bel quadro spero che possa meditare con la propria testa. Però se non ha l'opportunità di vederlo quel quadro non ha la possibilità di meditarlo. (DR, 26).

Zentral sei somit, „situazioni di stimoli" zu schaffen, um durch die Auseinandersetzung mit Kunst die „capacità riflessiva" zu erweitern (DR, 27). Hier zeigt sich erneut das bereits im Rahmen von Frage 9 thematisierte Bestreben italienischer Kulturpolitik, diese auch zu vermitteln und zugleich als Gesellschaftspolitik wirksam zu werden.

Trotz dieses relativ umfassend wirkenden (persönlichen) Kulturbegriffs des interviewten Repräsentanten der *Direzione regionale* und damit der staatlichen Ebene, müsse laut der regionalen Interviewpartnerin generell zwischen den abweichenden Kulturbegriffen der politischen Ebenen unterschieden werden:

> Lo Stato ha un'impostazione di cultura molto più conservatrice, molto più aulica, noi diciamo, non so, molto più imponente, molto più importante, molto più elitaria. Non credo che sia da scandalizzarsi invece se anche i linguaggi sono molto più diretti, molto più accessibili per tutti. (RP, 4a)

Der in den Aussagen der regionalen Ansprechpartnerin erkennbare Kulturbegriff ist im Vergleich zu demjenigen des Vertreters der *Direzione regionale* weit praktischer angelegt und ihre Beiträge zur Beantwortung der anderen forschungsleitenden Fragen konnten bereits zeigen, dass diese einen sehr stark auf „accessibilità", auf Zugänglichkeit, ausgerichteten Kulturbegriff vertritt. Sie sieht als Kernpunkte einer erfolgreichen Kulturpolitik die Teilhabe für alle sowie die Öffnung gegenüber neuen Publikumsschichten an, und legt den Schwerpunkt auf die Vermittlung der kulturellen Angebote. Kultur dürfe kein Elitenphänomen (mehr) darstellen, sondern müsse barrierefrei zugänglich sein und zugleich eine soziale Funktion übernehmen.

Diese Auffassung vertritt auch der Interviewpartner der kommunalen Ebene: Wie im Kontext der bisher bearbeiteten Fragestellungen deutlich wurde, soll das Kulturpublikum kontinuierlich ausgeweitet und die Nutzung der Angebote intensiviert werden. Insgesamt basiere die kulturpolitische Arbeit in Turin auf einem recht weiten Kulturbegriff, der „non solo i tradizionali" wie Kino, Musik,

Theater, sondern auch „i linguaggi un po' più contemporanei" und somit auch zeitgenössische Kunstformen wie Architektur, Design, Mode, Graphik, Comics etc. umfassen solle (CT, 2). Wichtig erscheint jedoch der Verweis, dass die zeitgenössische Kunst stets auf dem Kulturerbe aufbaue, oder wie es der Interviewpartner formuliert: „un contesto di linguaggi del contemporaneo, che dialogano anche con il passato" (CT, 3). Ausgehend von dieser primären Idee von Kultur solle diese zugleich sekundäre Funktionen erfüllen, wie eben einen Beitrag zur Wirtschafts- und Tourismuspolitik leisten oder das Image der Stadt verbessern helfen (CT, 11). Bereits seit den 1990er Jahren bestehe die Strategie Turins darin, durch einen Fokus auf Kultur der Stadt zu internationaler Beachtung zu verhelfen und entsprechend werde von der Kulturpolitik auch weiterhin ein wesentlicher Beitrag zur zukünftigen Gestaltung der Stadt in ihrer Gesamtheit erwartet (CT, 27). Seit kurzem fungiere Kulturpolitik auch im Sinne von „Entwicklungspolitik": Der Kulturbereich werde als möglicher Ausweg aus der Krise gesehen bzw. solle einen entscheidenden Beitrag hierzu leisten. Doch auch wenn diese Idee derzeit sehr präsent sei, fehlten bisher doch die entsprechenden Mechanismen und Strategien – vielmehr werde von Tag zu Tag entschieden und ohne langfristige oder ganzheitlich Perspektive agiert (CT, 38).

Für den Kulturbegriff mit Relevanz für die konkrete Ausgestaltung der Kulturpolitik in Turin und dem Piemont lässt sich somit festhalten, dass dieser sehr unterschiedlichen Funktionen gerecht werden muss. Einerseits soll er die Ausgangsbasis für eine Kulturpolitik bieten, die der Bevölkerung Zugang zu Kunst und Kultur im Sinne des „Wahren und Schönen" eröffnen kann und dieser eine Erweiterung ihres Bildungshorizonts ermöglicht. Andererseits soll das Image der Stadt verbessert, die Wirtschaft gestärkt und ein Beitrag zur Bewältigung der allgemeinen Krise geleistet werden – somit also ganz praktischen Ansprüchen Genüge geleistet werden. Im Ergebnis lässt sich folglich konstatieren, dass durch die unterschiedlichen Schwerpunkte der einzelnen Regierungsebenen und auch die von der gesamtgesellschaftlichen Veränderung geprägte kontinuierliche Weiterentwicklung, der Kulturbegriff der Akteure in der Stadt Turin und der Region Piemont sehr unterschiedliche Facetten aufweist, die in ihrer Gesamtheit die konkrete Umsetzung der Kulturpolitik bestimmen.

Nach der Beantwortung der forschungsleitenden Fragen aus italienischer Perspektive wird Kapitel 5.4 diesen Befunden diejenigen zu Deutschland (Kapitel 3.3.2) in komparatistischer Weise gegenüberstellen. Vorher sollen die Ergebnisse der Interviews mit italienischen KulturpolitikerInnen aber mit den theoretischen Erkenntnissen zur italienischen Kulturpolitik verknüpft werden, die in den vorangegangenen Kapiteln erarbeitet wurden. Ziel ist es dabei herauszuarbeiten, inwiefern die auf dem Literaturstudium basierenden Aussagen mit der kulturpolitischen Realität in Turin und dem Piemont korrespondieren bzw. welche zusätzlichen Erkenntnisse die Interviews erbringen können.

4.4 Zusammenfassung und Verknüpfung der theoretischen und praktischen Ergebnisse

Zunächst lässt sich konstatieren, dass die Aussagen der InterviewpartnerInnen von den aktuellen Diskursen in der italienischen Kulturpolitik geprägt sind, zugleich aber auch eine deutliche Verortung im historischen Kontext erkennbar wird. Insbesondere die Angaben in Bezug auf die Ausweitung des Publikums und die Bestrebungen, Kultur nicht länger als „Eliteveranstaltung" zu begreifen, erinnern an die Zielsetzungen der 1970er und 1980er Jahre. Nachdem in der Nachkriegszeit Kulturangebote lediglich von einem kleinen Personenkreis wahrgenommen wurden, setzte ab Mitte der 1970er Jahre ein regelrechter „Kulturboom" ein, der zu erhöhten öffentlichen Kulturausgaben, einer stärkeren Institutionalisierung und damit einhergehend einem größeren Nutzerkreis von Kulturangeboten führte.

Ebenfalls in dieser Zeit nahmen die Bestrebungen der Regionen zu, Verantwortung für den Kulturbereich zu übernehmen. Dieser Prozess der *devoluzione* scheint nach wie vor nicht abgeschlossen zu sein bzw. mit einem verlagerten Fokus voranzuschreiten: Aktuell sind es verstärkt die peripheren Einrichtungen des *MIBACT*, also die *Direzioni regionali* und die ihnen unterstellten *Soprintendenze*, die mehr Autonomie und eine größere Unabhängigkeit vom Ministerium fordern. Die Regionen selbst streben momentan weniger eine Kompetenzausweitung auf Kosten des Gesamtstaates an, als dass sie vielmehr das Ziel verfolgen, die Aktivitäten der in den Kommunen vorhandenen Kultureinrichtungen zu bündeln.

Bezüge stellen die InterviewpartnerInnen zudem zum Phänomen der *privatizzazione* her, das in den 1990er Jahren seinen Ausgangspunkt hat: Die Interviews können zeigen, dass diesen theoretisch formulierten Veränderungen und Neuausrichtungen – trotz des inzwischen zwei Jahrzehnte andauernden Prozesses – teilweise nach wie vor mit Skepsis begegnet wird und diese sich bisher kaum in konkreten Aktivitäten niederschlagen. Die Wahl Turins als Untersuchungsgegenstand sollte die Analyse des *Museo Egizio* als innovatives Modell der Zusammenarbeit zwischen öffentlichen und privaten Akteuren ermöglichen. Die Tatsache, dass dieser Aspekt von keinem der Interviewpartner thematisiert wurde, legt jedoch die Vermutung nahe, dass es sich hierbei um ein in der Literatur vieldiskutiertes Thema handelt – das für das konkrete kulturpolitische Handeln im Alltag aber von recht geringer Relevanz ist. Insgesamt scheint sich inzwischen die Erkenntnis durchzusetzen, dass der Ausweg aus den Problemen des staatlichen Kultursektors nicht allein in der Privatisierung gesucht werden darf. Unbestritten ist zwar nach wie vor, dass sich die kulturpolitischen Institutionen des ersten Sektors – auch durch die Integration privatwirtschaftlicher Methoden etwa des Kulturmanagements oder des *New Public Managements* – weiterentwickeln müssen. Zugleich ist aber nach Meinung der ExpertInnen in Theorie und Praxis eine eindimensionale Auslagerung staatlicher Kompetenzen an private Unternehmen zu vermeiden, da dies langfristig einer Verweigerung der ganz eindeutig dem Staat zugeordneten Funktion der *policy* gleichkäme.

Ein ebenfalls seit den 1990er Jahren vieldiskutierter Aspekt italienischer Kulturpolitik – mit konkreten Auswirkungen auf die Aussagen der InterviewpartnerInnen – ist der Zusammenhang zwischen *tutela* und *valorizzazione*: Der „Codice" aus dem Jahr 2004 weist die *tutela* der nationalen und die *valorizzazione* der regionalen und kommunalen Ebene zu. Diese vielfach kritisierte Aufteilung lässt sich nach Einschätzung der InterviewpartnerInnen in der praktischen Umsetzung nicht durchhalten und wird allgemein als wenig sinnvoll betrachtet. Nichtsdestotrotz zeigen sich Tendenzen einer Ausrichtung der eigenen Arbeit in diesem Sinne, sodass die InterviewpartnerInnen der *Direzione regionale* sowie der *Soprintendenza* eine stärkere Ausrichtung auf die *tutela*, diejenigen der regionalen und der kommunalen Ebene dagegen auf die *valorizzazione* erkennen lassen. Die aus den Interviews hervorgehenden Einstellungen hierzu können insgesamt wie folgt zusammengefasst werden: Ohne *tutela* keine *valorizzazione* – ohne *valorizzazione* keine *tutela*. Nur wenn das vorhandene Kulturerbe gut erhalten und gepflegt wird, interessiert sich das Publikum dafür. Im Umkehrschluss gilt, dass intensive Anstrengungen im Sinne der *tutela* unsinnig sind, wenn aus Gründen des Denkmalschutzes der Zugang nahezu unmöglich und damit die *valorizzazione* blockiert wird.

Auch die Erkenntnisse zu den strukturellen Rahmenbedingungen der italienischen Kulturpolitik hängen mit diesem Aspekt zusammen und schlagen sich in den Aussagen der InterviewpartnerInnen nieder: Es zeigt sich, dass der Nationalstaat zwar eine prägende Rolle spielt und die unteren Regierungsebenen ihre Rechte demgegenüber durchaus offensiv verteidigen müssen. Die in der Literatur häufig und ausführlich beschriebenen Auseinandersetzungen zwischen den Ebenen scheinen jedoch für die tägliche Praxis wenig relevant zu sein. Vor allem die regionale und die kommunale Ebene arbeiten enger zusammen, als dies zunächst den Eindruck machen kann.

Zugleich ist der Bedeutungsgewinn des zweiten Sektors nicht von der Hand zu weisen: Im Vergleich zum ersten Sektor bleiben – laut Aussage der InterviewpartnerInnen – die Funktionen privater Akteure (wie etwa Sponsoren oder auch *gestori*) im Gesamtgefüge zwar nach wie vor unbedeutend und auch die erhofften positiven Effekte lassen bislang weitestgehend auf sich warten. Ein sehr enger Zusammenhang bzw. eine gegenseitige Abhängigkeit besteht jedoch in Bezug auf die Kultur- und Kreativwirtschaft sowie den Tourismussektor; beide Bereiche prägen Ausrichtung und Zielsetzungen der Kulturpolitik, die wiederum auf diese beiden Sektoren zurückwirkt. Eine zentrale Rolle im Gesamtgefüge italienischer Kulturpolitik nehmen zudem die *Fondazioni bancarie* ein, die allseits als essentiell für den Kulturbereich bewertet werden – vor allem mit Blick auf ihr trotz der Finanz- und Bankenkrise immenses finanzielles Potenzial. In Bezug auf die Rolle zivilgesellschaftlicher Akteure kann festgehalten werden, dass diese insgesamt von eher geringer Bedeutung für die italienische Kulturpolitik sind. Lediglich einige wenige Institutionen dieses Sektors (wie z.B. die *Fondazione Fitzcarraldo* oder *Federculture*) bereichern bislang die italienische Kulturlandschaft.

Insgesamt lässt sich eine geringe Vernetzung der staatlichen Kulturträger mit nichtstaatlichen Akteuren wie z.b. auch den Universitäten konstatieren, was zu einem generell schwach ausgeprägten theoretischen Diskurs im kulturpolitischen Gesamtsystem Italiens führt. Die Interviews bestätigen somit die traditionelle Prägung des Kulturbereichs durch den ersten Sektor und eine gewisse Abgeschlossenheit gegenüber Einflüssen von außen. Problematisch an dieser Situation ist jedoch, dass der Staat kontinuierlich weniger Finanzmittel für Kultur zur Verfügung stellt und wohl auch stellen wird. Eine weitere strategische Öffnung gegenüber dem Privatsektor, eine engere Zusammenarbeit mit *Associazioni* und *Fondazioni bancarie*, vor allem aber die Entwicklung einer gemeinsamen Strategie aller Akteure im Feld scheinen somit für eine weitere Entfaltung des Gesamtsystems essentiell. Bereits die Auseinandersetzung mit der kulturpolitischen Fachliteratur zeigt, dass sich öffentliche und private Akteure (For-Profit und Non-Profit) als komplementär verstehen und ihre jeweiligen Stärken in das Gesamtsystem einbringen müssten, um eine effiziente Kulturpolitik zu gewährleisten. Nur so ließen sich die zahlreichen Zielsetzungen – von einem effektiven Schutz des Kulturerbes über dessen verbesserte Zugänglichkeit bis hin zu kulturpolitischen Beiträgen für eine wirtschaftlich nachhaltige Entwicklung in Zeiten veränderter (makro-)ökonomischer Voraussetzungen, Finanzkrisen, Globalisierung etc. – realisieren. Bislang wird jedoch allgemein das Fehlen entsprechender Politikstrategien erkennbar und die InterviewpartnerInnen beklagen sehr deutlich den Mangel einer kulturpolitischen „visione futura".

Unabhängig von diesem grundlegenden Defizit des kulturellen Gesamtsystems sind die InterviewpartnerInnen der Meinung, dass die öffentlich-rechtlichen Strukturen insgesamt funktionierten. Ohne Frage wären mit größeren personellen Ressourcen umfassendere Arbeit oder auch neue Projekte denkbar. Doch prinzipiell ermöglichen die Ausgangsvoraussetzungen den InterviewpartnerInnen ihren Aufgabenbereich zu erfüllen und der kommunale Ansprechpartner zeigt sich sogar explizit zufrieden mit der Personalsituation in seiner Abteilung. Der in der Literatur bisweilen angeschlagene alarmistische Ton wird von den InterviewpartnerInnen nicht aufgegriffen – vielmehr gehen diese sehr pragmatisch vor und setzen ausgehend von den vorhandenen Ressourcen ihre Arbeit möglichst zielführend um. Nicht nur die Personalsituation, sondern generell das in der Literatur vieldiskutierte Thema der mangelnden Autonomie der kulturpolitischen Akteure, wurde in den Interviews kaum diskutiert – die InterviewpartnerInnen scheinen mit ihren Handlungsspielräumen insgesamt zufrieden zu sein, auch wenn die Stichworte der Regionalisierung und der Umstrukturierung in Folge geringer finanzieller Spielräume in den Interviews mehrmals zur Sprache kamen.

Die Auswertung der Interviews zeigt, dass der inhaltliche Fokus der KulturpolitikerInnen primär auf der Erweiterung des Publikumskreises und dem Abbau von Zugangsbarrieren liegt sowie eine Ausdehnung des kulturpolitischen Handlungsfeldes über die „klassischen" Kulturorte hinaus bzw. in die Stadtteile hinein angestrebt wird. Dieses Ergebnis war ausgehend vom vorangehenden Literaturstudium nicht in dieser Deutlichkeit zu erwarten: Hier werden primär die strukturellen und vor allem die legislativen Aspekte italienischer Kulturpolitik thematisiert; die inhaltlich dominierenden Themenfelder bzw. die Auseinandersetzung mit den konkreten Praxisfeldern finden in der Literatur dagegen eher wenig Beachtung. Auch von einer derart ganzheitlichen Ausrichtung der italienischen Kulturpolitik und ihrem Anspruch, soziale, wirtschaftliche und kulturelle Aspekte zusammen zu denken – ein Absatz, der insbesondere auf regionaler und kommunaler Ebene zu Tage getreten ist – war in dieser Form nicht auszugehen. Dennoch muss konstatiert werden, dass Kulturpolitik im politischen Gesamtkontext nach wie vor eine Randstellung einnimmt. Dies wird insbesondere durch den geringen Anteil der Kulturausgaben am Gesamtbudget der einzelnen Regierungsebenen deutlich. Zudem bestätigen die Interviews die geringe Wertschätzung von Kunst und Kultur als Wert an sich – Entscheidungen über Kulturförderung bzw. ihre Höhe hängen demnach häufig von ökonomischen Interessen ab.

Die Gefahr, dass Italien sein reiches kulturelles Erbe primär als wirtschaftliche Ressource und als verwertbares Kapital betrachtet, darf somit nicht unterschätzt werden. Die InterviewpartnerInnen stimmen mit der in der Literatur häufig vertretenen Auffassung überein, dass Italien auf die Einmaligkeit seiner Kulturlandschaft setzen müsse, um insbesondere durch den Tourismus wirtschaftlich davon zu profitieren. Hierbei muss jedoch darauf geachtet werden, dass kein „Ausverkauf" des Kulturerbes erfolgt, wie dies bereits jetzt in einigen „città d'arte" wie etwa in Venedig zu beobachten ist. Entscheidend ist in diesem Kontext vor allem eine stärkere Identifikation der Gesamtbevölkerung mit ihrem kulturellen Erbe und die Interviews machen deutlich, dass diese durch eine entsprechende Kulturpolitik gestärkt werden kann und sollte – Stichworte sind hier wiederum *accessibilità* und verstärkte Teilhabe u.a. durch eine Intensivierung der Vermittlungsangebote. Ziel ist somit, das „modello Italia", also die Identifikation der Bevölkerung mit „ihrem" Kulturerbe und -angebot, zu (re-)aktivieren und zu intensivieren, um damit einhergehend seinen Erhalt zu gewährleisten und zugleich die Identität der Bevölkerung zu stabilisieren.

In Abgrenzung zur staatlichen Ebene sehen gerade die regionale und die kommunale Ebene in sozial- und bildungspolitischen Aspekten eine wichtige Aufgabe der Kulturpolitik und die unterschiedlichen Zielsetzungen lassen zugleich Rückschlüsse auf die voneinander abweichenden Kulturbegriffe der diversen Regierungsebenen zu. Der auf Grundlage der Gesetzestexte und der Literaturrecherchen recht statisch wirkende Kulturbegriff mit tendenziell elitärer Ausrichtung kann für die Kulturpolitik des *MIBACT* als nach wie vor prägend gelten. Wie die Interviews zeigen, verfolgen dagegen die unteren Regierungsebenen – zumindest in der Region Piemont und der Stadt Turin – das Ziel einer integrativen Kulturpolitik, die auf einem sehr praktisch ausgerichteten Kulturbegriff basiert. Damit einher geht auch eine insgesamt weniger starke Fokussierung auf das Kulturerbe. Vielmehr lässt sich in den Interviews für die regionale sowie die kommunale Ebene ein weiter Kulturbegriff nachweisen, der die *valorizzazione* in den Mittelpunkt rückt und damit die soziale Funktion von kulturellen Angeboten fokussiert. Die Interviews können somit zu diesem Aspekt eine bedeutende Ergänzung liefern und die Begriffe umfassend schärfen.

Die übergeordnete Fragestellung dieser Arbeit betrifft die Strukturwirksamkeit von Kulturpolitik auf die zukünftige Entwicklung Turins bzw. des Piemonts. Die Auswertung der Interviews kann in diesem Kontext zeigen, dass Kulturpolitik durchaus Effekte auf die makrostrukturellen Bedingungen einer Region haben kann – wie etwa auf die Positionierung als Reiseziel des internationalen Tourismus in Folge der Etablierung eines veränderten Images oder auch die Beiträge der Kultur- und Kreativwirtschaft zur wirtschaftlichen Gesamtsituation. Der Bezug zwischen Kultur und Wirtschaft wird auch in der Literatur bearbeitet und die Interviews können zeigen, dass Turin und das Piemont durch eine explizit darauf ausgerichtete Kulturpolitik die Umsetzung dieser Aspekte anstreben. Die Analyse macht deutlich, dass vor allem die Zielsetzung, durch Kultur einen Beitrag zum „sviluppo urbano e territoriale" zu leisten, in Turin durchaus erfolgreich Umsetzung fand und findet. Veränderungen in diesem Sinne fokussieren insbesondere die regionale Ebene sowie die *Fondazioni bancarie*. Durch Umstrukturierungen, Schwerpunktsetzungen und die Vernetzung kulturpolitischer Akteure untereinander soll eine überregionale Neuausrichtung und damit eine strategische Positionierung der einzelnen Angebote erfolgen.

Auch die Zielsetzung durch Kulturpolitik sozioökonomische Veränderungen mitzugestalten lässt sich für Turin und das Piemont nachweisen: Das wirtschaftliche Potenzial von Kultur – v.a. mit Blick auf die Kultur- und Kreativwirtschaft sowie den Tourismussektor – rückt zunehmend in den Fokus. Auch die Themenfelder der Verteilung der Einkommen und der Armutsbekämpfung gewinnen in Folge der Wirtschafts- und Finanzkrise an Bedeutung. In der Literatur, in Veröffentlichungen kulturnaher Verbände, aber auch von Politikern, wird aktuell massiv die Auffassung proklamiert, dass Kultur(-politik) den Ausweg aus der Krise weisen könne. So veröffentlichte etwa *Federculture* im Januar 2013 die *Proposte Federculture – La Cultura al centro delle politiche di sviluppo*, die notwendige Maßnahmen auflisten, um die Kulturpolitik in Italien zu reaktivieren und damit einen Beitrag zur Überwindung der aktuellen Krisensituation zu leisten.[1459] Die Quintessenz der darin enthaltenen Denkanstöße liegt klar auf einer Linie mit den Ansätzen der InterviewpartnerInnen: Kultur wird als Ausgangspunkt für die weitere soziale und ökonomische Entwicklung des Landes angesehen. Die Fokussierung auf Tourismus und Kreativität, die Bündelung von kulturellen Potenzialen, der Brückenschlag zur Bildungspolitik sowie die Ausrichtung auf soziale Faktoren sind durchweg Argumentationslinien, die sich in den Interviews wiederfinden lassen.

Theoretische Befunde sowie empirische Daten ergänzen sich somit gegenseitig und ausgehend von dieser breiten Datenbasis können umfassende Erkenntnisse zur italienischen Kulturpolitik vorgelegt werden. Die Ergänzung der Literaturrecherchen durch ExpertInneninterviews ermöglicht es insbesondere, aktuelle Bedingungen, Ansätze und Tendenzen herauszuarbeiten. Diese sollen im nun anschließenden Kapitel den Beobachtungen zur momentanen Kulturpolitik in Deutschland gegenübergestellt werden, um durch die komparatistische Herangehensweise noch tiefer gehende Erkenntnisse gewinnen zu können.

1459 Vgl. Federculture 2013d, S. 3 ff.

5. Vergleich der italienischen und der deutschen Kulturpolitik

Ziel des vorliegenden Kapitels ist es, die bisher erarbeiten Erkenntnisse zur deutschen und italienischen Kulturpolitik gegenüberzustellen. Dies soll zunächst für diejenigen Fragestellungen erfolgen, die sich auf Basis der Ergebnisse des Literaturstudiums beantworten lassen: Kapitel 5.1 beschäftigt sich dementsprechend mit der historischen Entwicklung der Kulturpolitik insbesondere seit 1945 und stellt die entscheidenden Schritte hin zu ihrer heutigen Ausprägung in beiden Ländern gegenüber. Das darauffolgende Kapitel 5.2 vergleicht die strukturellen Voraussetzungen und die jeweilige legislative Verankerung in Deutschland und Italien. Zudem wird die Frage nach den primären Trägern und Akteuren der deutschen und italienischen Kulturpolitik gestellt. Im Anschluss (Kapitel 5.3) erfolgt eine Gegenüberstellung der finanziellen Voraussetzungen für die jeweilige Kulturpolitik.

Kapitel 5.4 geht schließlich der vergleichenden Analyse auf Basis der Interviewtexte nach. Das mit Hilfe der leitfadengestützten ExpertInneninterviews erhobene Datenmaterial wird hier – analog zum Vorgehen bei der separaten Analyse der Ergebnisse für Essen bzw. Turin – anhand der eingangs vorgestellten forschungsleitenden Fragen ausgewertet, die optimale Vergleichbarkeit gewährleisten sowie die einzelnen Themenkomplexe voneinander abgrenzen, ohne dabei jedoch die zweifelsohne vorhandenen Querverbindungen zu ignorieren. Übergeordnetes Ziel ist es, ausgehend von den kulturpolitischen Ansätzen in Essen und Turin ein Bild der aktuellen Kulturpolitik in Deutschland und Italien zu entwerfen, die jeweiligen Schwerpunkte und Herangehensweisen herauszuarbeiten und mit Bezug auf die theoretischen Erkenntnisse einzuordnen.

5.1 Vergleich der kulturpolitischen Entwicklung seit 1945

Zunächst soll ein Vergleich der historischen Entwicklung der Kulturpolitik in Deutschland und Italien vor allem seit dem Ende des Zweiten Weltkriegs erfolgen, der auch kulturpolitisch als Einschnitt zu werten ist. Anknüpfend an die in Kapitel 3.1 sowie 4.1 erarbeiteten Erkenntnisse kann dadurch ein erster komparatistischer Zugang geschaffen werden, der die Ergebnisse der Untersuchungen zur aktuellen Kulturpolitik in Turin und Essen nachvollziehbar werden lässt.

Die historische Entwicklung der deutschen und italienischen Kulturpolitik verlief zunächst relativ parallel: Nachdem bereits seit der Neuzeit kirchliche und weltliche Herrscher Kunst und Kultur förderten, entwickelte sich am Ende des 19. Jahrhunderts ein allmähliches Bewusstsein dafür, dass der Staat in diesem

Bereich Verantwortung übernehmen sollte. Diese fand in Form der Zentralisierung und Gleichschaltung während der faschistischen Regime in beiden Ländern einen extremen Ausdruck. Nach Ende des Zweiten Weltkriegs war Kulturpolitik in beiden Ländern zunächst primär auf eine „Kulturelite" ausgerichtet.[1460] In Italien leitete die *Commissione Franceschini* (1964) einen Paradigmenwechsel ein, der zu einer vorsichtigen Ausweitung des Kulturbegriffs führte. In Deutschland erfolgte im Verlauf der 1970er Jahre ein wichtiger Umbruch: Zusammengefasst im Begriff *Soziokultur* erhielten nun auch Angebote abseits des bisherigen Kulturprogramms – primär bestehend aus hochkulturellen Angeboten wie Oper oder Museen – verstärkte Aufmerksamkeit und damit einhergehend auch finanzielle Förderung. In der Folge konnte das Angebot im Sinne einer Breitenkultur ausgeweitet und vor diesem Hintergrund auch eine Steigerung der Besucherzahlen verzeichnet werden. In Italien stehen die späten 1970er und die 1980er Jahre im Zeichen der zunehmenden Institutionalisierung und Konsolidierung von Kulturpolitik, was unter anderem in der Gründung des *Ministero per i Beni Culturali e Ambientali* (1975) Ausdruck findet, sowie in der erheblichen Zunahme der verfügbaren Mittel. Für beide Länder kann festgehalten werden, dass die maßgeblichen kulturpolitischen Veränderungen ihren ideellen Ausgangspunkt in den 1970er Jahren nehmen und im anschließenden Jahrzehnt ihre Institutionalisierung finden – es konnten sich in dieser Phase die inhaltlichen Prämissen und die institutionellen Rahmenbedingungen ihrer Umsetzung etablieren, die bis heute wirksam sind: In Italien sind die entsprechenden Stichworte legislative Verankerung, Institutionalisierung des Kulturministeriums, Devolution und neue Kompetenzen für die autonomen Regionen. In Deutschland setzte sich die Soziokultur durch und die Paradigmen *Kultur für alle* sowie *Bürgerrecht Kultur* wurden geprägt – Leitlinien, die sich bis heute in der Ausrichtung von Kulturpolitik als Gesellschaftspolitik wiederfinden.

Im Italien der 1990er Jahre stand das Themenfeld der Abgabe staatlicher Kulturkompetenzen im Mittelpunkt: Dies fand einerseits Ausdruck in der Tatsache, dass Befugnisse an untere Regierungsebenen abgegeben wurden – eine Tendenz, die bereits seit den 1970er Jahren zu beobachten war. Andererseits wurden Möglichkeiten der Beteiligung privater Kulturakteure geschaffen. Trotz einer regen Produktion von kulturpolitisch relevanten Gesetzen konnten jedoch drängende Fragen der Kompetenzverteilung zunächst nicht gelöst werden. Die Zuständigkeit für *tutela, valorizzazione, gestione* und *fruizione* sollte durch eine

---

1460 Der vorliegende Überblick konzentriert sich auf die Entwicklung in Westdeutschland; in der DDR fand die Hochkultur bereits vor den 1970er Jahren Ergänzung durch Alltags-, Breiten- und Arbeiterkultur.

Verfassungsreform (2001) sowie den „Codice" (2004) geklärt werden, doch nach wie vor sind die Trennlinien zwischen den einzelnen Regierungsebenen sowie zwischen öffentlichen und privaten Akteuren umstritten. Auch in Deutschland wurde die Beteiligung privater Akteure zunehmend wichtiger bzw. wurde Kulturpolitik vor allem in den 1980er und 1990er Jahren mit einer stark wirtschaftswissenschaftlichen Logik betrachtet. Kulturpolitik als Wirtschafts- oder Standortpolitik oder auch als Motor für die Tourismusbranche standen in dieser Zeit im Mittelpunkt und bewirkten die Einführung von Kulturentwicklungsplänen, die Neuorganisation kommunaler Kulturpolitik durch das Neue Steuerungsmodell und die Etablierung des Kulturmanagements. Erst nach und nach erfolgte in beiden Ländern eine Rückbesinnung auf die tatsächliche Relevanz von Kultur für die Gesellschaft: In Deutschland findet dieses Bewusstsein insbesondere in der Neuausrichtung auf die Kulturelle Bildung einen Ausdruck. In Italien dagegen zeigt sich zunehmend, dass allein ein solides Kultur- und Bildungssystem Ausgangspunkt für einen Neuanfang und die Überwindung der aktuellen Wirtschafts- und Finanzkrise sein kann. Einfluss auf die Kulturpolitik in beiden Ländern weisen zudem seit der Jahrtausendwende die Phänomene der Digitalisierung sowie der Globalisierung auf, die eine Positionierung etwa in Bezug auf Fragen des Urheberrechts oder neuer Freihandelsabkommen notwendig machen. Die deutsche Kulturpolitik diskutiert aktuell zudem die Auswirkungen durch den demographischen Wandel und sucht – mit Blick auf die insbesondere kommunale Finanznot – nach Lösungswegen etwa durch ehrenamtliches Engagement oder neue Sponsoringmodelle. Die Kulturpolitik in Italien steht vor vergleichbaren Herausforderungen; angesichts der allgemeinen Krisensituation wird von den kulturpolitischen Akteuren aber auch ein Beitrag zu einem umfassenden gesamtgesellschaftlichen Wandel erwartet, der die politische Kultur, die Bildungspolitik etc. mit einschließen sollte.

Ein in die Gegenwart hineinwirkender, historisch gewachsener Unterschied zwischen den kulturpolitischen Bedingungen beider Länder ist die sehr enge Verknüpfung des italienischen Kulturerbes mit seiner jeweiligen Umgebung sowie der täglichen Lebenswirklichkeit ihrer BewohnerInnen. Das Kulturerbe wird als essentielles Element der italienischen Identität und Gesellschaft angesehen und in der Folge entwickelte sich das sogenannte „modello Italia" bzw. die Idee der „conservazione del patrimonio *in situ*". Im Vergleich dazu zeigt die historische Entwicklung, dass das Kulturerbe und die einzelnen Kultureinrichtungen in Deutschland – trotz der Idee der „Kulturnation" oder des „Kulturstaats" – nicht derart dicht mit der jeweiligen Umgebung und der lokalen Gesellschaft verwoben sind. Dem entsprechen auch die zentralen Prinzipien deutscher Kulturpolitik: Dezentralität, Subsidiarität und Pluralität, verbunden im Begriff der kooperativen Kulturpolitik, können den Gesamtkontext deutscher Kulturpolitik sehr gut umschreiben. Die folgende Abbildung veranschaulicht noch einmal graphisch die kulturpolitischen Entwicklungsschritte in beiden Ländern und macht die Herausbildung dieser aktuell wirksamen Grundsätze nachvollziehbar:

Abbildung 11: Kulturpolitische Entwicklung in Deutschland und Italien seit 1945

Deutschland	Italien
Ende des Zweiten Weltkriegs	
1950/1960	
• Kulturpflege • Hochkultur • kulturelle Selbstrepräsentation • Affirmativität	• Art. 9 der Verfassung von 1947 (*Tutela del patrimonio storico e artistico*) • Kultur als Elitenphänomen • *Commissione Franceschini* strebt Ausweitung des Kulturbegriffs an („bene culturale")
1970	
• Hochkultur ergänzt durch Alltags- und Breitenkultur • Neue Kulturpolitik • Soziokultur • *Kultur für alle* und *Bürgerrecht Kultur* als Schlagworte	• Institutionalisierung u.a. durch die Gründung des *Ministero per i Beni Culturali e Ambientali* • Dezentralisierung durch Ausweitung der regionalen Kulturkompetenzen
1980	
• Konsolidierung nach der Reformphase der 1970er Jahre • Ausweitung des kulturellen Angebots und der verfügbaren Mittel • Idee von Kulturpolitik als Gesellschaftspolitik	• Ausweitung der verfügbaren Mittel und des kulturellen Angebots • in der Folge Ausweitung/Diversifizierung des Publikums („Kulturboom")
1990/2000	
• Kulturpolitik als Wirtschafts- und Standortpolitik • Kulturentwicklungspläne • Neues Steuerungsmodell • Kulturmanagement • Etablierung von Kulturpolitik auf Bundesebene (*Beauftragter der Bundesregierung für Kultur und Medien* seit 1998) • Auseinandersetzungen in Bezug auf den Kulturföderalismus • Kultur- und Kreativwirtschaft	• zunehmende Bedeutung von *valorizzazione, gestione* und *fruizione* gegenüber *tutela* • Aufwertung des Privatsektors („Legge Ronchey") • Etablierung der *Fondazioni bancarie* • umfangreicher Reformprozess v.a. in Bezug auf die Dezentralisierung der Kulturkompetenzen („Legge Bassanini" (1997), „Testo unico" (1999), Verfassungsreform (2001), „Codice dei beni culturali e del paesaggio" (2004/2006/2008) • Umstrukturierung des Ministeriums und Umbenennung in *Ministero per i Beni e le Attività Culturali*
2010	
• Demographischer Wandel als Thema der Kulturpolitik • Kulturelle Bildung als Schwerpunkt • Stichwort „Kulturinfarkt" • Digitalisierung und Globalisierung, Urheberrecht und Freihandelsabkommen als Themenfelder • Bürgerschaftliches Engagement • Dezentralität, Subsidiarität und Pluralität als Grundprinzipien deutscher Kulturpolitik • Idee der kooperativen Kulturpolitik • Zielsetzung der kulturellen Demokratie	• Finanznot des Kultursektors und in der Folge Interpretation von Kultur als „ökonomischer Ressource" (*petrolio*) • Forderung nach engerer Verknüpfung von Kultur- und Bildungspolitik • erneute Umbenennung des Ministeriums in *Ministero dei Beni e delle Attività Culturali e del Turismo* (2013) • „modello Italia" und „conservazione del patrimonio *in situ*" als historisch gewachsene Grundprinzipien • *tutela* und *valorizzazione* als Grundpfeiler italienischer Kulturpolitik

5.2 Vergleich der strukturellen Voraussetzungen

Nach der Beschäftigung mit den strukturellen Rahmenbedingungen deutscher und italienischer Kulturpolitik in den Kapiteln 3.2 und 4.2, sollen im Folgenden die Ergebnisse einander gegenübergestellt und die Unterschiede und Gemeinsamkeiten in Bezug auf die kulturpolitischen Akteure, ihre jeweiligen Aufgaben und ihr Verhältnis zueinander herausgearbeitet werden.

Auf Grundlage der vorangegangenen Analysen kann festgehalten werden, dass in Deutschland und in Italien Akteure des ersten (Politik), zweiten (Wirtschaft) und dritten (Zivilgesellschaft) Sektors aktiv an der Ausgestaltung der jeweiligen Kulturpolitik beteiligt sind. Von besonders großer Bedeutung ist dabei in beiden Ländern nach wie vor der erste Sektor. Sowohl in Deutschland als auch in Italien tragen alle Regierungsebenen zur konkreten Formulierung kulturpolitischer Zielsetzungen und deren Umsetzung bei: In Deutschland gliedern sich diese in EU, Bund, Länder und Kommunen; in Italien sind EU, nationale Ebene, Regionen, Provinzen und Kommunen zu nennen. Ein wesentlicher Unterschied besteht jedoch in den konkreten Zuständigkeiten und dem jeweiligen Umfang der Kompetenzen: Während in Deutschland Kulturpolitik Ländersache ist und damit jeweils eine sehr individuelle Ausgestaltung in den 16 Bundesländern erfährt, dominiert in Italien nach wie vor die nationale Ebene den Bereich der Kulturpolitik. Das *MIBACT* und damit die nationale Ebene mit ihren zentralen sowie peripheren Strukturen stellt somit – obwohl seit den 1970er Jahren Kompetenzen an untere Regierungsebenen und zwar insbesondere die Regionen abgegeben wurden – nach wie vor die primäre Entscheidungsinstanz dar. Von großer Bedeutung ist jedoch in beiden Ländern die kommunale Ebene, die sowohl finanziell, als auch in Bezug auf die konkrete Umsetzung und Ausgestaltung über umfangreiche Zuständigkeiten verfügt.

Die Aufgabenverteilung zwischen den einzelnen Regierungsebenen in Deutschland und Italien unterscheidet sich dabei wesentlich: In Deutschland setzt sich die Bundesebene primär für die Verbesserung der rechtlichen Rahmenbedingungen ein (Urheberrecht, Stiftungsrecht, Künstlersozialversicherung) und finanziert wichtige Einrichtungen wie die *Stiftung Preußischer Kulturbesitz*, die *Deutsche Nationalbibliothek*, die *Bundesbeauftragte für die Unterlagen des Staatssicherheitsdienstes der ehemaligen DDR*, die *Deutsche Welle*, das *Deutsche Historische Museum* in Berlin oder das *Haus der Geschichte* und die *Kunst- und Ausstellungshalle* in Bonn. Außerdem gehören die Kulturförderung in der Bundeshauptstadt Berlin sowie zahlreiche Projekte zur Förderung der Medienkompetenz und die Filmförderung zu den Aufgaben des *BKM* und damit der Bundesebene. Auf Landesebene, wo die Kulturpolitik in der Regel mit der Bildungspolitik kombiniert wird, stehen primär überregionale Themen im Vordergrund. Konkret gefördert werden zumeist (Staats-)Theater, Kunsthochschulen, Museen und Ausstellungen, aber auch Musik- und Volkshochschulen insbesondere mit Blick auf die Kulturelle Bildung als aktuellem Schwerpunktthema der Kulturpolitik der Länder. Die kommunale Ebene schließlich ist für das konkrete Kulturangebot vor Ort zuständig und fördert neben den etablierten, „hochkulturellen" Kultureinrichtungen wie Theater, Oper und Museen, „breitenkulturelle" Angebote wie Bibliotheken, Musik- und Volkshochschulen sowie die freie Szene.

In Italien dagegen sind die Zuständigkeiten weniger nach Inhalten, Sparten oder konkreten Einrichtungen, als vielmehr nach Funktionen unterteilt. Die Verfassung (Art. 5) sowie der darauf aufbauende „Codice" weist den jeweiligen Regierungsebenen konkrete Befugnisse zu: Die staatliche Ebene ist mit der *tutela*, also dem Schutz und Erhalt des bestehenden Kulturerbes beauftragt, während den unteren Ebenen primär die *valorizzazione* und *gestione* von Kulturangeboten unterliegt, diese also die Kulturvermittlung zur Aufgabe haben und dafür Sorge tragen, dass der Bevölkerung Zugang zu kulturellen Institutionen und Angeboten ermöglicht wird. Diese Abgrenzung wird von zahlreichen ExpertInnen als theoretisch und damit in der praktischen Umsetzung unmöglich kritisiert. Zudem zieht sie Kompetenzstreitigkeiten nach sich, die zum Teil als Grund für die mangelnde Dynamik des Gesamtsektors gelten können. Allerdings wird in der Abgabe der Kompetenzen für *valorizzazione* und *gestione* häufig die grundsätzliche Bereitschaft der nationalen Ebene erkannt, Kulturpolitik zu dezentralisieren bzw. die Kompetenzen der unteren Regierungsebenen auszuweiten und zu stabilisieren.

Diese Tendenz wird dadurch unterstrichen, dass in Italien seit den 1990er Jahren eine zunehmende Auslagerung von Zuständigkeiten an Akteure des zweiten und dritten Sektors erfolgte: Insbesondere die Etablierung der *Fondazioni bancarie* führte zu einer Verschiebung der Gleichgewichte, doch auch die größere Präsenz privater Mäzene oder Sponsoren wirkte sich auf den Gesamtsektor aus. Zahlreiche Gesetzesänderungen ermöglichten die zunehmende Integration privater Akteure (*gestori*), u.a. im Rahmen von Stiftungen oder Gesellschaften zur Organisation von Kulturinstitutionen, und damit ihre Beteiligung an der Umsetzung kulturpolitischer Ziele (insbesondere der *valorizzazione* und der *gestione*). Parallel dazu konnte sich die Kultur- und Kreativwirtschaft als eigenständiger Wirtschaftszweig etablieren.

Eine vergleichbare Entwicklung lässt sich für Deutschland konstatieren: Seit etwa zwei Jahrzehnten werden neue Wege der Kulturfinanzierung (Sponsoring, PPP) begangen und die Kulturinstitutionen verfolgen zunehmend das Ziel, ihren Eigenanteil an der Finanzierung zu erhöhen sowie stärker marktwirtschaftlich zu agieren. Zusätzliche Einnahmequellen werden in Museumsshops, Cafés etc. gesehen und mit Hilfe von Kulturmanagement wird die Schaffung effizienterer Strukturen angestrebt. In diesem Zusammenhang steht auch eine größere Kunden- und Publikumsorientierung, der Einsatz moderner Marketing-Methoden sowie die vermehrte Aktivierung bürgerschaftlichen Engagements. Als entscheidender Akteur in der deutschen Kulturlandschaft trat in den letzten Jahrzehnten aber die Kultur- und Kreativindustrie hervor: Die Bündelung der Unternehmen dieses Sektors, wie z.B. der Musik- und Filmwirtschaft, in Kombination mit einer Ausweitung der Aktionsfelder unter anderem in Folge der Etablierung neuer Technologien etwa um die Software-/Games-Industrie, konnte seine Präsenz entscheidend erhöhen. Die Wirtschaftsleistung der Kultur- und Kreativindustrie gilt inzwischen als wichtiger Beitrag zum BIP und durch ihre enge Vernetzung mit der Kulturpolitik stellt sie eine unbestreitbare Größe im Gesamtkontext Kultur dar.

In beiden Ländern fand somit seit den 1990er Jahren ein tiefgreifender Wandel in der kulturpolitischen Landschaft statt. Es ist jedoch festzustellen, dass dieser in Italien weit größere Unsicherheiten zur Folge hatte als in Deutschland, da das bisher stark auf das Ministerium und insgesamt den ersten Sektor ausgerichtete System nun die Integration neuer Akteure zu bewältigen hatte und die Gleichgewichte zwischen staatlichen Institutionen, privaten Beteiligungen, Unternehmen der Kultur- und Kreativwirtschaft sowie zivilgesellschaftlichen Akteuren neu austariert werden mussten und mitunter nach wie vor müssen. Insbesondere das umfangreiche finanzielle Engagement der *Fondazioni bancarie* und die Möglichkeit privater Beteiligungen am öffentlichen Kulturbetrieb – in Kombination mit der Abgabe von Zuständigkeiten an untere Regierungsebenen – führten zum Vorwurf, die staatlichen Institutionen würden dadurch einen entscheidenden Anteil ihrer Kompetenzen auslagern und sich mehr und mehr ihrer Rolle als primärem *policy maker* entziehen. In Deutschland, dessen kulturelles System traditionell – v.a. aufgrund der Kulturhoheit der Länder aber auch der Stärke der zivilgesellschaftlichen Akteure wie der *Kulturpolitischen Gesellschaft* – durch sehr unterschiedliche Ebenen und Ansätze geprägt ist, lässt sich eine geringere Skepsis gegenüber diesen Entwicklungen hin zu einer Diversifizierung der Handlungsträger konstatieren. Zudem ist seit Ende der 1990er Jahre eine gegenläufige Entwicklung zu beobachten: Mit der Einführung des *Beauftragten der Bundesregierung für Kultur und Medien* im Jahr 1998, der Übernahme neuer Kompetenzen insbesondere für die Hauptstadtkultur sowie der Gründung der *Kulturstiftung des Bundes* (2002), können Ansätze einer verstärkten Bündelung kulturpolitischer Kompetenzen auf Bundesebene erkannt werden.

Trotz dieser weitreichenden Veränderungen fällt in der Gesamtsicht auf, dass in Italien die politischen Akteure im Verhältnis zu denjenigen der Wirtschaft oder

der Zivilgesellschaft innerhalb der kulturpolitischen Diskussion eine wesentlich dominantere Rolle spielen als in Deutschland. Hier ist unübersehbar, dass die zivilgesellschaftlichen Akteure den theoretischen Diskurs ganz maßgeblich mitbestimmen und damit auch die praktische Ausgestaltung der Kulturpolitik beeinflussen. Kulturpolitik ist in Deutschland somit – durch die Beteiligung der privatwirtschaftlichen und zivilgesellschaftlichen Akteure sowie die dezentrale Kompetenzverteilung innerhalb des ersten Sektors – insgesamt eher multipolar organisiert. In der Konsequenz besteht die Notwendigkeit einer kooperativen Kulturpolitik, d.h. es bedarf der Bereitschaft aller Akteure in gegenseitiger Rücksichtnahme zu agieren und durch kontinuierlichen Informations- und Meinungsaustausch Parallelstrukturen sowie Kompetenzstreitigkeiten zu vermeiden. Dies kann nicht immer gelingen; die Prioritäten der jeweiligen Ebenen sind jedoch relativ klar, sodass das Gesamtsystem Kultur davon nicht zwingend Schaden nehmen muss. Positiv zu bewerten ist eine andere Folge der zahlreichen und sehr verschiedenen Akteure: Es treffen dadurch unterschiedliche Ideen von Kultur und ihrer Ausgestaltung aufeinander, sodass intensive Kommunikationsprozesse notwendig sind, um gesamtgesellschaftliche Akzeptanz zu erzielen. In Folge dessen liegt der deutschen Kulturpolitik ein diskursiv geprägter Kulturbegriff zu Grunde. Es zeigt sich somit, dass in Deutschland eher ein Zurücktreten des Staates gefordert und ein intensiverer gesellschaftlicher Diskurs über Kulturpolitik mit ihren Aufgaben, Schwerpunkten und Zielsetzungen für notwendig gehalten wird.

Diese Tatsache unterscheidet deutsche Kulturpolitik ganz wesentlich von italienischer, die aufgrund der starken Präsenz des *MIBACT*, das den Kulturbereich mit seinen zahlreichen Gesetzen und Verordnungen strukturiert, auf einem tendenziell legislativ geprägten Kulturbegriff aufbaut. Bereits 1939 wurde eine erste Grundlage geschaffen, die durch die Verfassung von 1947 gestärkt und insbesondere in den 1990er Jahren durch die „Legge Ronchey" und den „Testo unico", sowie 2004 durch den „Codice" neu vermessen wurde. Zu beachten ist in diesem Kontext, dass Kulturpolitik in Italien (von Beginn an) *tutela* zum Ausgangspunkt hat und damit der Denkmalschutz in das Gesamtkonzept und auf allen Regierungsebenen integriert wird. In Deutschland dagegen bezieht sich Kulturpolitik weniger auf den Erhalt bestehender Kulturobjekte – dafür sind die Denkmalschutzbehörden separat zuständig – sondern primär auf die Vermittlung von Kultur in ihren jeweiligen Institutionen. In Deutschland bestehen (außer in Bezug auf den Denkmalschutz) nach wie vor kaum Gesetze für den Kulturbereich. Eine wichtige Ausnahme stellt das Kulturraumgesetz in Sachsen dar; Nordrhein-Westfalen will 2014 ein Kulturfördergesetz verabschieden, bisher liegen dort aber – wie in den meisten anderen Bundesländern auch – lediglich Gesetze für einzelne Bereiche wie etwa das Archiv-, das Weiterbildungs- oder das Kunsthochschulgesetz vor. Somit kommt im Vergleich dazu der legislativen Festlegung kulturpolitischer Handlungsprinzipien in Italien weit mehr Bedeutung zu.

Aus der vom Ministerium (mit seinen PolitikerInnen und BürokratInnen im Sinne eines top-down-Systems) geprägten Ausrichtung italienischer Kulturpolitik ergibt sich häufig – vor allem für die dem *MIBACT* direkt nachgeordneten Ebenen – mangelnde Autonomie in Bezug auf finanzielle, personelle und organisatorische Entscheidungen. Während somit in Italien die zu starke Zentralisierung der Kulturkompetenzen beim Ministerium beklagt wird und insbesondere die Tatsache, dass dennoch keine Gesamtstrategie erkennbar wird, halten deutsche KulturpolitikerInnen bisweilen eine zu geringe Bündelung der unterschiedlichen Ansätze und Strategien vornehmlich mit Blick auf die fehlende gemeinsame Linie gegenüber der EU für problematisch. Auch hinsichtlich der organisatorischen Probleme der Kulturstiftungen wird häufig bemängelt, dass diejenige des Bundes und diejenige der Länder nebeneinanderher arbeiteten und ihre Zusammenführung sinnvoll wäre. Insgesamt besteht jedoch Konsens darüber, dass Kulturpolitik den einzelnen Institutionen breite Handlungsspielräume bieten muss, um ihnen die selbständige Bereitstellung der gesellschaftlich gewünschten Angebote zu ermöglichen und entsprechend wird Kulturpolitik in Deutschland als ständig zu verhandelnder Politikbereich wahrgenommen. Ein davon ausgehender deutlicher Unterschied zwischen Deutschland und Italien ist somit die Tatsache, dass Kulturpolitik mit ihren Strukturen in Italien nicht immer wieder derart generell in Frage gestellt wird, wie dies in Deutschland der Fall ist. In Italien ist unbestritten, dass der Staat eine grundsätzliche Kompetenz bzw. sogar die Pflicht zu Kulturpolitik und -förderung hat. In Deutschland dagegen entwickeln sich immer wieder lebhafte Auseinandersetzung darüber, ob das Grundgesetz diese Kompetenz überhaupt vorsieht oder auch darüber, ob Kulturpolitik auf kommunaler Ebene eine pflichtige oder eine freiwillige Aufgabe ist, die notfalls Einsparbemühungen geopfert werden kann. Zuletzt haben die Autoren des *Kulturinfarkts* (2012) die prinzipielle Ausrichtung der aktuellen Kulturpolitik mit ihren Institutionen und routinierten Abläufen grundsätzlich in Frage gestellt.

Insgesamt lässt sich für die Kulturpolitik in beiden Ländern konstatieren, dass sich diese in einer Phase des Übergangs befindet, was nicht ohne Auswirkungen auf die strukturellen Rahmenbedingungen blieb bzw. bleiben kann. Spezifisch in Italien findet diese allgemeine Verunsicherung Ausdruck in wiederholten Reformbemühungen, die jedoch in derart rascher Folge durchgeführt wurden, dass sich langfristige Effekte häufig nicht einstellen konnten. Zudem wird häufig beklagt, dass die Veränderungen „auf dem Reißbrett" bzw. ohne Einbezug der betroffenen Stellen geplant wurden und in der Folge unrealistische Erwartungen bestanden, die in der Praxis kaum eingelöst werden konnten bzw. können. Zudem erhöhen in beiden Ländern die Vervielfachung der kulturellen Angebote (Stichworte sind audiovisuelle Medien und Globalisierung) und die Veränderungen bzw. die Ausdifferenzierung der kulturellen Präferenzen in der Bevölkerung den Konkurrenzdruck auf die Kultureinrichtungen ganz erheblich. Es stellt sich somit die Frage, wie Kulturpolitik diesen neuen Interessen im Sinne einer *Kultur für alle* gerecht werden kann. Zudem nimmt insbesondere mit Blick auf die angespannte Finanzlage auf allen Regierungsebenen, in Deutschland aber insbesondere bei den Kommunen, die Notwendigkeit neuer Begründungs- und Legitimationsmuster für Kulturpolitik erheblich zu. Insgesamt befindet sich die deutsche Kulturpolitik in einer Phase der Neugewichtung der drei zentralen Akteure Staat, Markt und Gesellschaft mit den jeweiligen Steuerungsmedien „Macht", „Geld" und „Bedeutung/Anerkennung". Bisher gültige theoretischkonzeptionelle Begründungen kulturpolitischer Praxis werden überprüft und die Vorstellung von der dominanten Rolle der staatlichen beziehungsweise kommunalen Akteure und der öffentlichen Kulturpolitik bei der Sicherung und Weiterentwicklung der vielgestaltigen Kunst- und Kulturlandschaft gerät – gerade mit Blick auf die Schwierigkeiten ihrer Finanzierung – ins Wanken. Es setzt sich zunehmend die Erkenntnis durch, dass öffentlich geförderte Kunst und Kultur – auch wenn diese im allgemeinen Bewusstsein dominiert – nur eines der drei Felder darstellt und der wachsende Einfluss der Kulturwirtschaft genauso wenig vernachlässigt werden darf, wie das umfangreiche private oder ehrenamtliche Engagement. Dem Trägerpluralismus von staatlich-kommunaler Kulturpolitik, kulturwirtschaftlichen Unternehmen und gesellschaftlich-bürgerschaftlichem Engagement fällt somit im Rahmen der aktuellen Veränderungsprozesse eine zentrale Rolle zu.

Die kulturpolitischen Strukturen in Deutschland und auch diejenigen in Italien sind somit kontinuierlichen Veränderungen ausgesetzt. Das beständige Austarieren der Zuständigkeiten und Machtverhältnisse zwischen den Regierungsebenen sowie ihre Positionierung gegenüber dem zweiten und dritten Sektor, können als strukturell grundlegend für die Kulturpolitik beider Länder erachtet werden. Die grundsätzlichen Unterschiede aber auch Gemeinsamkeiten der kulturellen Systeme in Deutschland und Italien sollen abschließend durch die folgende Übersicht noch einmal anschaulich dargestellt werden und dabei die unterschiedlichen legislativen Voraussetzungen sowie die jeweilige Verankerung von Kulturpolitik im Gesamtsystem veranschaulichen:

Abbildung 12: Strukturelle und legislative Voraussetzungen deutscher und italienischer Kulturpolitik

Deutschland	Italien
• Schutz und Förderung von Kultur-/gütern sind (noch) nicht im Grundgesetz festgeschrieben; Art. 5, Abs. 3 garantiert lediglich die Freiheit von Kunst, Wissenschaft, Forschung und Lehre • z.T. schreiben die Länder entsprechende Formulierungen in ihren Verfassungen fest • einige Länder verfügen über Gesetze zu kulturpolitischen Teilbereichen (wie Bibliotheken, Archive, Denkmalschutz etc.) → insgesamt kaum Verrechtlichung: Kulturbegriff und konkrete Ausgestaltung der Kulturpolitik sind nicht gesetzlich festgeschrieben • in Folge fehlender legislativer Festlegungen kontinuierliche inhaltliche Diskussion zwischen politischen und zivilgesellschaftlichen Akteuren → diskursiv geprägte Kulturpolitik	• Art. 9 der Verfassung von 1947 schreibt den Schutz und die Förderung von Kultur als Teil der „Principi fondamentali" fest: „La Repubblica promuove lo sviluppo della cultura e la ricerca scientifica e tecnica. Tutela il paesaggio e il patrimonio storico e artistico della Nazione." • auf regionaler Ebene finden sich in den jeweiligen Statuten unterschiedliche Formulierungen zum Kulturauftrag → umfassende Verrechtlichung: „Codice dei beni culturali e del paesaggio" schreibt sehr explizit fest, wie Kulturpolitik konkret zu gestalten ist • Zielsetzungen sind in Gesetzesform festgeschrieben; dementsprechend inhaltlicher Diskurs sekundär und wenig Austausch zwischen KulturpolitikerInnen und zivilgesellschaftlichen Akteuren → legislativ geprägte Kulturpolitik
• stark föderalistische Struktur; Kulturpolitik ist grundsätzlich Ländersache • „Kulturpolitik ist Kommunalpolitik" • seit 1998 Verankerung der Kulturpolitik auf Bundesebene durch den *Beauftragen der Bundesregierung für Kultur und Medien* • Kulturpolitik verfügt mit dem *Ausschuss für Kultur und Medien* über ein parlamentarisches Diskussionsorgan	• grundsätzlich zentralistische Struktur jedoch mit starker Beteiligung der regionalen und der kommunalen Ebene • seit 1975 *Ministero per i Beni Culturali e Ambientali* • Umbenennung 1998 in *Ministero per i Beni e le Attività Culturali* sowie 2013 in *Ministero dei Beni e delle Attività Culturali e del Turismo* mit entsprechender Kompetenzerweiterung • Kulturpolitik wird im wesentlichen durch das Kulturministerium konzipiert und durchgeführt – geringe parlamentarische Kontrolle
• Dreiteilung des Kulturbereichs in die Sektoren Politik, Wirtschaft, Zivilgesellschaft • seit den 1990er Jahren zunehmendes Gewicht des zweiten und dritten Sektors (Kultur- und Kreativwirtschaft, Mäzenatentum, etc.) • dennoch bleibt der erste Sektor der größte Geldgeber und wichtigste Entscheidungsträger	• Dreiteilung des Kulturbereichs in die Sektoren Politik, Wirtschaft, Zivilgesellschaft • seit den 1990er Jahren zunehmendes Gewicht des zweiten und dritten Sektors (Kultur- und Kreativwirtschaft, *Fondazioni bancarie*, etc.) • dennoch bleibt der erste Sektor der größte Geldgeber und wichtigste Entscheidungsträger

5.3 Vergleich der finanziellen Voraussetzungen

Neben den historisch gewachsenen sowie den strukturellen Voraussetzungen stellen die finanziellen Ausgangsbedingungen einen wesentlichen Parameter für die jeweilige Ausgestaltung der Kulturpolitik dar, sodass im vorliegenden Kapitel die Situation in Deutschland und in Italien vergleichend beleuchtet werden soll. Vor der konkreten Gegenüberstellung der Erkenntnisse zu beiden Ländern muss jedoch darauf hingewiesen werden, dass vor allem in Bezug auf den Vergleich statistischer Angaben nach wie vor erhebliche Defizite bestehen, da jedes Land entsprechend seiner eigenen kulturpolitischen Strukturen sowie der jeweils spezifischen Methoden und Inhalte statistische Werte erhebt, die nur beschränkt Vergleichbarkeit mit anderen (europäischen) Ländern ermöglichen.[1461] Als primäre Defizite hat die *Working Group European Statistical System Network on Culture* (*ESSnet-Culture*) dabei folgende herausgearbeitet:

> The absence of a real European system for cultural statistics, or the fact that no harmonized specific data on culture are yet produced, means that data produced by Member States are often very difficult to compare due to
> (a) differences in the definition of the cultural field and its boundaries,
> (b) the constant evolution of the cultural field, which jeopardizes consensus on its very definition,
> (c) the diversity of administration and data generation systems for cultural statistics within the European Union,
> (d) the production of data from countries that are heterogeneous in terms of collection methods, periodicity, field covered and sources used, and
> (e) the absence of any centralization mechanism at European level.[1462]

Ziel der Arbeitsgruppe war es, „[to] take the development of knowledge on cultural statistics to another level";[1463] insbesondere die (Neu-)definition der kulturellen Felder stand dabei im Mittelpunkt. Im Ergebnis „*ESSnet-Culture* prepared the ground for a production of European statistics on the culture" und die Mitgliedsstaaten bekräftigten das Ziel, langfristig die regelmäßige Generierung vergleichbarer Daten umzusetzen.[1464] Die vorliegende Arbeit konnte von diesen Bemühungen jedoch noch nicht profitieren; die folgenden Ausführungen basieren deshalb zu einem großen Teil auf den Angaben in den Länderberichten des Projekts *Compendium. Cultural Policies and Trends in Europe*, das

---

1461 Vgl. Bína 2012, S. 17; vgl. hierzu auch die entsprechenden Ausführungen in Kapitel 1.2.
1462 Bína 2012, S. 25.
1463 Bína 2012, S. 5.
1464 Vgl. Bína 2012, S. 5.

seit 1998 einen entscheidenden Beitrag zur europaweiten Harmonisierung der kulturpolitischen Datenerhebung und zur Schaffung eines gemeinsamen methodischen Grundkonzepts leistet. Bisher beteiligen sich daran 41 Mitgliedsländer, sodass hiermit „der bisher umfassendste Datensatz zur Kulturfinanzierung vorliegt, der nach einheitlichen definitorischen Vorgaben gesammelt wurde"[1465] und dieser durch die Beteiligung Deutschlands und Italiens auch als Quelle für die vorliegende Arbeit genutzt werden kann.[1466] Für einen ersten Überblick zur Kulturfinanzierung in beiden Ländern sollen zunächst einige *Quick Facts* der *Compendium*-Homepage gegenübergestellt werden:

Abbildung 13: Kulturfinanzierung in Deutschland und Italien[1467]

	Deutschland	Italien
Culture as share of total central government spending:	1,67%	0,90%
Government expenditure on culture:	9.127.300.000 Euro	6.910.000.000 Euro
Government expenditure on culture per capita:	117.00 Euro	117.00 Euro
Share of spending on culture by central government:	13,42%	35,90%
Share of Gross Domestic Product:	0,38%	0,44%

Wie bereits in den entsprechenden Kapiteln zu den kulturpolitischen Strukturen ausgeführt, beteiligen sich sowohl in Deutschland als auch in Italien sämtliche Regierungsebenen an kulturpolitischen Maßnahmen. In Bezug auf ihre jeweiligen Anteile zeigt die vorangegangene Tabelle, dass die nationale Ebene in Italien mit fast 36% einen weit größeren Anteil des Gesamtbudgets beisteuert, als dies in Deutschland mit gut 13% (bzw. 1,2 Mrd. Euro) der Fall ist. Der Anteil der deutschen Länder war 2009 mit 42,2% im Verhältnis zu demjenigen der Kommunen mit 44,4% in etwa gleich groß. Die Länder (einschließlich der Stadtstaaten) stellten somit ein Budget von 3,8 Mrd. Euro und die Gemeinden

---

1465 Hofecker 2008, S. 423.
1466 Die weiteren Ausführungen werden allerdings zeigen, dass v.a. auf italienischer Seite dennoch statistische Defizite bestehen: So unterscheiden die Daten von *ISTAT* beispielsweise lediglich zwischen nationaler Ebene einerseits und allen weiteren Ebenen andererseits (Regionen, Provinzen, Kommunen), ohne diese im Einzelnen aufzuschlüsseln (vgl. Bodo und Bodo 2012, S. 61 f.).
1467 Vgl. für die Angaben zu Deutschland Compendium of Cultural Policies and Trends in Europe 2013d, zu Italien Compendium of Cultural Policies and Trends in Europe 2013e; die Daten für Deutschland beziehen sich auf 2009, diejenigen für Italien auf 2010.

von 4,1 Mrd. Euro zur Verfügung.[1468] In Italien wird der Anteil des Staates von rund 36% durch einen regionalen bzw. kommunalen Anteil von 64% ergänzt,[1469] wobei diese Werte das Ergebnis eines langjährigen Prozesses sind:

> [...] in the 2000s, the decentralisation process went further, the higher growth rate in local expenditure including the regions, provinces and municipalities (+36% between 2000 and 2010), making up for the decrease in state expenditure (−8.6%) [...]. The share of state expenditure for culture – the most affected by the financial crisis – declined from 46% of total public expenditure to 36% in the same time span. On the other hand, local cultural expenditure – dominated by municipalities, followed by the regions and, at a distance, by provinces – increased to reach nearly two thirds of the total. It looks as if the regions and the local authorities were possibly on the way to concretely carrying out, on the ground, the 'unfinished decentralisation process' (Council of Europe, 1995), by making available the financial resources allowing them to exercise the still partly denied 'concurrent' cultural competencies assigned by Constitutional Law 3/2001.[1470]

Die Daten belegen somit die schrittweise Aufweichung der zentralstaatlichen Dominanz in finanzieller Hinsicht und bestätigen analog dazu die zunehmenden Kompetenzen der Regionen und Kommunen in der italienischen Kulturpolitik. Trotz einer gewissen Angleichung sind diese jedoch nach wie vor nicht mit der

---

1468 Vgl. Statistische Ämter des Bundes und der Länder 2012, S. 28; zu beachten ist jedoch, dass der Anteil der Länder und Kommunen zwischen den einzelnen Bundesländern erheblich schwankt: Während z.B. in einem Flächenstaat wie Bayern der Kommunalisierungsgrad bei knapp über 50% liegt, wird dieser für NRW auf 76% ausgewiesen (vgl. ebd., S. 36).

1469 Vgl. Bodo und Bodo 2012, S. 61; hier zeigen sich statistische Defizite, die einen differenzierten Vergleich der verschiedenen Ebenen unmöglich machen. Die Ausgaben von Regionen und Kommunen werden zusammen als Investitionen des „local level" bezeichnet und umfassen diejenigen von „regions and autonomous provinces, provinces, consortia of municipalities, municipalities, consortia of communes in mountain areas, and institutions providing cultural services at the local level". Bodo führt zu den methodologischen Defiziten weiter aus: „For the time being, it is not possible to comply with the classification of public cultural expenditure in Italy according to the Compendium requirements." ERICarts, das European Institute for Comparative Cultural Research, geht für Italien im Jahr 2008 von zentralstaatlichen Ausgaben in Höhe von 3,5 Mrd. Euro (52,2%) aus und beziffert den Anteil der Regionen auf 984 Mio. (14,6%) sowie denjenigen der Städte und Gemeinden auf 2,2 Mrd. (33,2%), sodass insgesamt knapp 6,8 Mrd. für Kultur zur Verfügung standen. Für Deutschland geht die gleiche Studie von einer Gesamtsumme von 6,2 Mrd. aus, die sich mit 13,4% auf den Bundeshaushalt, 43,4% auf die Länder sowie 43,2% auf die Städte und Gemeinden verteilt (vgl. Hofecker 2008, S. 427).

1470 Bodo und Bodo 2012, S. 62.

föderalen Aufteilung der Befugnisse und den entsprechenden Finanzierungsanteilen der einzelnen Regierungsebenen in Deutschland vergleichbar.

Einen Gradmesser für die Bedeutung des Kulturbereichs in Relation zu den anderen staatlichen Aufgaben stellt jeweils der Anteil an den Gesamtausgaben sowie am BIP dar:

> In Relation zur Wirtschaftskraft Deutschlands erreichten 2009 die öffentlichen Ausgaben für Kultur einen Anteil von 0,38% am Bruttoinlandsprodukt (BIP). Insgesamt stellten die öffentlichen Haushalte hierfür 1,64% ihres Gesamtetats bzw. 111,48 Euro je Einwohner zur Verfügung. Sehr unterschiedlich ist die Bedeutung der Kulturausgaben für die einzelnen Körperschaftsgruppen in Relation zu ihren Gesamtausgaben. Während der Bund 2009 0,7% seiner Gesamtausgaben der Kultur widmete, wendeten die Länder (ohne Gemeinden) 1,8% und die Gemeinden 2,3% ihres Gesamtetats für diesen Aufgabenbereich auf.[1471]

In Italien beläuft sich der Anteil der Kulturausgaben am BIP auf 0,44%.[1472] 2010 investierte die nationale Ebene 0,21% ihres Gesamtbudgets in Kultur; dies entsprach 0,11% des BIP.[1473] Auf den unteren Regierungsebenen ist wie in Deutschland der Anteil für Kultur am Gesamtbudget höher: Die Provinzen gaben 2,4% ihres Budgets (214 Mio. Euro) für Kultur aus, die Kommunen 3,4% (1.774 Mrd. Euro).[1474]

In Bezug auf die regionale Verteilung der Kulturausgaben ist für Italien die große Differenz zwischen Nord und Süd charakteristisch, die sich auch in den Zahlen der KulturnutzerInnen in den jeweiligen Regionen spiegelt: Zum Beispiel haben 2011 im Süden 82,2% der Bevölkerung kein Museum bzw. keine Ausstellung besucht, gegenüber 63,2% im Nord-Osten.[1475] Doch auch in Deutschland lassen sich regionale Unterschiede feststellen, wie die folgende Abbildung zur Höhe der Kulturausgaben der einzelnen Bundesländer veranschaulicht:

1471 Statistische Ämter des Bundes und der Länder 2012, S. 26.
1472 Vgl. Compendium of Cultural Policies and Trends in Europe 2013a.
1473 Für 2011 waren 0,19% sowie für 2012 0,22% des nationalen Gesamtbudgets für Kultur verfügbar, 2013 sollten 0,20% bereitgestellt werden (vgl. Ministero per i beni e le attività culturali 2013a, S. 27).
1474 Ministero per i beni e le attività culturali 2013a, S. 27 ff.; *ISTAT* geht für die Kommunen von 3,3% aus und die Zahlen lassen erneut die regionalen Differenzen erkennen: Im Zentrum gaben die Gemeinden einen Anteil von 4,7% für Kultur aus, im Nord-Osten 4,4%, im Nord-Westen 3,2%, auf den Inseln 2,4% und im Süden 1,8% (vgl. ISTAT 2013b, Tav. 8.6); dies entspricht Pro-Kopf-Ausgaben von 10,5 Euro insgesamt (14,3 Euro im Norden, 11,8 Euro im Zentrum und 4,8 Euro im Süden) (vgl. ebd. Tav. 8.7).
1475 Vgl. ISTAT 2013b, Tav. 8.1; Übersicht bietet überdies Informationen zu den Nicht-Nutzern etwa in Bezug auf die einzelnen Sparten, in Abhängigkeit von der jeweiligen Region oder der Größe des Wohnorts.

Abbildung 14: Öffentliche Ausgaben der Länder (einschließlich Gemeinden) für Kultur 2007[1476]

Ein in Italien seit den 1990er Jahren vieldiskutiertes Thema ist die Tatsache, dass nicht mehr allein der Staat kulturpolitische Richtungsentscheidungen

---

1476 Statistisches Bundesamt 2012a, S. 3.

trifft, sondern der zweite und der dritte Sektor an Bedeutung gewinnen und dies zugleich Niederschlag in der Finanzstruktur findet:

> However, the public/private mix of financial resources significantly changed over the years. Public expenditure [...] has traditionally been the primary source of support for heritage, archives and libraries, and an important one for the live performing arts (music, theatre, etc.). On the other hand, the cultural industries – book publishing, the press, cinema and the audiovisuals – are mainly supported by the private sector through the marketplace: that is household expenditure for cultural goods and services, and advertising for radio television and the press. However, the boundaries between what the public and private sectors fund have become more porous: cinema, and notably the press, have been heavily subsidised by the public sector, due to problems of 'market failure', whereas, since the 1980s, sponsorship and donations have become a more and more relevant source of support for heritage and museums.[1477]

Die Kulturfinanzierung veränderte sich insbesondere durch die Etablierung der *Fondazioni bancarie*, deren Bedeutung im Verhältnis zu den staatlichen Kulturausgaben bereits durch Abbildung 10 deutlich wurde, die die Anteile der staatlichen und privaten Akteure exemplarisch für die Region Piemont darstellt. Auch in Deutschland sind neue Akteure auf den Plan getreten, doch finanziert der Staat nach aktuellen Schätzungen noch immer rund 90 Prozent der Kulturausgaben.

> Numerous types and models for partnerships between public cultural institutions and private firms have emerged in Germany in recent years. However, most cultural institutions, including the largest ones, are still exclusively state-run. Permanent co-operation and co-financing arrangements have been reached mainly for smaller institutions at local level [...].[1478]

Ein Vergleich der Sponsoringsituation in Deutschland und Italien zeigt, dass in Deutschland keine spezifischen Abschreibungsgesetze zur Förderung privaten Kulturengagements vorliegen, jedoch Steuererleichterungen bestehen; in Italien regelt dagegen Lg. 342/2000 die Abschreibung von Spenden und Sponsorships. Die primär geförderten Kategorien sind in Deutschland die Bildenden Künste sowie der Musikbereich, während in Italien vor allem das Kulturerbe, Musik und Darstellende Künste, Ausstellungen und Kulturevents von Sponsoren unterstützt werden. Die jährlich von Sponsoren aufgewendeten Summen belaufen sich in Deutschland auf ca. 500 Mio. Euro, in Italien auf ca. 206 Mio. Euro.[1479]

1477 Bodo und Bodo 2012, S. 60.
1478 Blumenreich und Wagner 2010, S. 44.
1479 Compendium of Cultural Policies and Trends in Europe 2013b; die Daten für Deutschland basieren auf einer Studie von Sievers, Wagner und Wiesand für den Deutschen Bundestag von 2004. Die vergleichende Studie *Financing the arts and*

Relevant für einen Vergleich der deutschen und der italienischen Kulturlandschaft ist zudem eine Gegenüberstellung der jeweiligen Finanzmittel für die unterschiedlichen kulturellen Sparten, da hieraus die inhaltliche Prioritätensetzung in beiden Ländern deutlich werden kann. Für Deutschland ist im Kulturfinanzbericht 2012 zu lesen:

> Auf Theater und Musik entfielen im Jahr 2009 über ein Drittel (35,4%) der gesamten Kulturausgaben von Bund, Ländern und Gemeinden. Weitere 18,0% flossen in die Finanzierung der Museen und 15,1% in die für Bibliotheken. Für die Sonstige Kulturpflege wurden 13,0% aufgebracht. Der Ausgabenanteil für Kulturverwaltung belief sich auf 3,4%, der für Denkmalschutz und -pflege auf 5,5%. Den Bereichen Kunsthochschulen und Kulturelle Angelegenheiten im Ausland wurden in 2009 5,4% bzw. 4,1% der Kulturausgaben zugeordnet.

Vergleicht man die Ausgabenstruktur der Körperschaften, so zeigten sich unterschiedliche Schwerpunkte in der Kulturfinanzierung, die den verschiedenen Aufgabensetzungen geschuldet sind. Die Hauptausgabenlast der Gemeinden entstand 2009 durch die Finanzierung von Theatern und Musik (44,0% aller Gemeindemittel für Kulturelle Angelegenheiten). Zweitgrößter Bereich waren die Museen (19,1%) und drittgrößter die Bibliotheken (16,9%).

Eine ähnliche Ausgabenstruktur zeigten die Länder. Auch hier lagen die Theaterausgaben 2009 mit 37,4% an den Länderkulturausgaben insgesamt deutlich vor den Ausgaben für Museen (16,1%) und Bibliotheken (9,9%). Der Sammeltitel Sonstige Kulturpflege band 12,3% der Ländermittel.

Beim Bund lagen 2009 die Ausgaben für Kulturelle Angelegenheiten im Ausland mit einem Anteil von 30,5% an den Gesamtmitteln des Bundes im Bereich Kultur vorne. Diesem Ausgabeposten, der bei den Ländern und Gemeinden praktisch unbedeutend ist, folgten die Ausgaben für Bibliotheken (25,6%) und Museen (20,6%).

---

culture in the European Union von 2006 kommt dagegen zu dem Ergebnis, dass in Deutschland 6,1% der Kulturausgaben aus privaten Quellen stammen (entspricht 500 Mio. Euro gegenüber 8,2 Mrd. Euro aus staatlichen Quellen für 2002). Für Italien wird ein Wert von 4,2% (115 Mio. Euro gegenüber 2,7 Mrd. Euro aus der Staatskasse im Jahr 2000) angegeben. Inhaltlich liege der Förderschwerpunkt in Deutschland auf „Cultural institutions, fine arts and music" während in Italien „Heritage and classical music" dominierten (vgl. Europäisches Parlament 2006, S. 113). Aktuellere Zahlen finden sich im *Rapporto Federculture*: 2010 standen danach 180 Mio. Euro in Italien 4 Mrd. Euro in Deutschland gegenüber (vgl. Grossi 2012a, S. 42), zudem sei für Italien zwischen 2008 und 2011 ein Rückgang der Sponsorengelder für Kultur um mehr als 38% zu verzeichnen (vgl. Grossi 2012b, S. 237).

Abbildung 15: Öffentliche Ausgaben für Kultur 2009 nach Körperschaftsgruppen und Kulturbereichen in % – Grundmittel[1480]

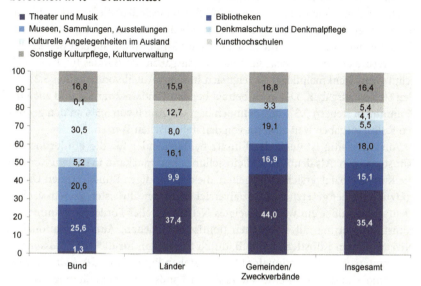

Für Italien liegen keine vergleichbaren Daten vor:

A detailed sector breakdown of public cultural expenditure is not available in Italy, due to the lack of such a breakdown for provincial and municipal expenditure: as far as the latter is concerned, only poorly disaggregated data are made available. A breakdown approaching the required classification can be obtained only by means of ad hoc surveys based on the analysis of final accounts.

2000 is the last year for which surveys have been carried out in Italy on the amount and the sector breakdown of cultural expenditure by the regions and by all five ministries involved in the financial support of the cultural field, as well as on the aggregated amount of provincial and municipal expenditure. More recent official data on state cultural expenditure, broken down by four macro sectors, can be made available only as far as MiBAC is concerned, which is responsible for the bulk of such expenditure.[1481]

Das Budget des *MIBAC* verteilte sich demnach auf *Heritage* (35,2%), *Libraries and Archives* (15,3%), *Performing Arts and Cinema* (24,3%) sowie *Administration*

1480 Statistische Ämter des Bundes und der Länder 2012, S. 50.
1481 Bodo und Bodo 2012, S. 63.

and Interdisciplinary (25,2%). Im Vergleich zu den Zahlen aus dem Jahr 2000 musste insbesondere der Bereich *Heritage* Kürzungen hinnehmen (-42%), sodass dieser inzwischen weit vom traditionellen Anteil von mehr als der Hälfte der Ausgaben des *MIBAC* entfernt liegt.[1482]

Die Zahlen – auch wenn sie aufgrund der mangelnden Verfügbarkeit für die italienischen Regionen und Gemeinden nur bedingt aussagekräftig sind – lassen doch die eindeutige Ausrichtung italienischer Kulturpolitik auf den Bereich des Kulturerbes erkennen: Blickt man auf die Ausgaben des Bundes für Denkmalschutz und Denkmalpflege, so zeigt sich hier ein Anteil von lediglich 5,2% an den Gesamtausgaben. Der Wert beträgt bei den Ländern zwar 8% und auch die Kommunen steuern 3,3% bei, dennoch liegt der Anteil von 5,5% an den gesamten Kulturausgaben weit entfernt von den italienischen Werten.[1483]

Aussagekräftig ist auch der Einsatz beider Länder für die Förderung der KünstlerInnen: Als deutsches Alleinstellungsmerkmal kann in diesem Kontext die Künstlersozialversicherung gelten, die selbständigen KünstlerInnen Unterstützung bei der gesetzlichen Sozialversicherung gewährleistet. Zudem verfügt Deutschland über ein weitverzweigtes Netz kultureller Förderprogramme zur Künstlerförderung auf sämtlichen politischen Ebenen: Auf internationalem Niveau werden KünstlerInnen z.B. durch Stipendien für die *Villa Massimo* in Rom unterstützt. Auf nationaler Ebene bestehen Programme der *Kulturstiftung des Bundes* und es sind eine Vielzahl von Fonds zur Unterstützung diverser Sparten aktiv wie etwa der *Deutsche Literaturfonds*, der *Fonds Darstellende Künste* oder der *Fonds Soziokultur*. Auf lokaler Ebene unterstützen viele Kommunen z.B. SchriftstellerInnen durch ihre Beschäftigung als Stadtschreiber.[1484] Zudem bestehen zahlreiche Kulturpreise: Im Jahr 2010 wurden mehr als 4.000 Auszeichnungen an KünstlerInnen in den verschiedensten Bereichen wie Musik, Literatur oder Film vergeben. Außerdem nahm die Zahl der Preise, die von Privatpersonen oder Unternehmen ausgelobt wurde, in den vergangenen Jahren deutlich zu. Dennoch lässt sich festhalten: „Nevertheless, the share of spending on individual artist support, as part of the total expenditure on culture

---

1482 Vgl. Bodo und Bodo 2012, S. 64.
1483 Statistische Ämter des Bundes und der Länder 2012; vgl. auch die Übersicht *Öffentliche Ausgaben für Kultur nach Kulturbereichen, Körperschaften und Ländern 2007* in Statistisches Bundesamt 2012a, S. 13.
1484 Für einen Gesamtüberblick sei auf die Datenbank des *Deutschen Informations-Zentrum Kulturförderung* verwiesen, die umfassende Informationen über Fördermöglichkeiten kunst- und kulturfördernder Stiftungen, Unternehmen und anderer Einrichtungen in Deutschland bietet.

in Germany, may be described as rather small."[1485] Vielmehr dominiere die „indirekte" Förderung von KünstlerInnen, indem Projekte ausgeschrieben oder Stellen z.B. im Bereich der Kulturellen Bildung geschaffen würden. Ähnliches ist auch für Italien festzuhalten:

> At present, Italian visual artists do not enjoy any special direct government support scheme, and make their living either in the marketplace, or through second jobs (mainly teaching at schools or arts academies). [...] Support for the promotion of contemporary creation has been until now mostly indirectly provided for through the three main national exhibiting institutions for contemporary visual arts: the *Biennale di Venezia*, the *Triennale di Milano* and the *Quadriennale di Roma* [...]. Increased support to artists and to promotion of contemporary art is presently also at the core of the activities of the new *Museum of the Arts of the XXI century (MAXXI)*, which successfully opened in Rome in spring 2010, by appealing to unusually large audiences.[1486]

Durch das *Dipartimento della gioventù e del servizio civile nazionale* soll zudem die Kreativität junger Menschen gefördert werden. Darüber hinaus unterstützt seit 1989 die *Associazione per il Circuito dei Giovani Artisti Italiani* junge KünstlerInnen insbesondere im Hinblick auf ihre internationale Mobilität (Projekt *Movin'up*) und konnte seit 1999 rund 900 bildende und darstellende Künstler und 460 Projekte unterstützen sowie Stipendien für Aufenthalte in Berlin, Paris, Istanbul und New York vergeben.[1487] Trotz dieser Ansätze ist im *Compendium* zur italienischen Kulturpolitik zu lesen:

> There are no specific funds, grants, scholarships for artists of relevance in Italy at the state level. Support of this kind may be provided in some cases by Regions and municipalities, but information is currently not available. [...] Although there are several artists associations and unions in Italy, they do not receive any government support.[1488]

Relevante Vergleichsparameter in Bezug auf die kulturpolitische Finanzlage sind zudem die Höhe der privaten Kulturausgaben sowie die damit zusammenhängende Intensität der Kulturnutzung in beiden Ländern. Hierzu enthält der *Compendium*-Bericht zu Italien folgende Angaben:

> By far the most relevant source of private financing for culture in Italy – according to the broader definition of culture adopted by the *Compendium* – is the marketplace: that

---

1485 Blumenreich und Wagner 2010, S. 46.
1486 Bodo und Bodo 2012, S. 71.
1487 2010 förderte *Movin'up* 17 Projekte und zeichnete 36 Künstler aus, 2011 wurden 54 Projekte bzw. 84 KünstlerInnen/Gruppen gefördert, sodass das Programm als sehr klein bezeichnet werden kann (vgl. Ministero per i beni e le attività culturali 2011 sowie Ministero per i beni e le attività culturali 2013a, jeweils S. 12).
1488 Bodo und Bodo 2012, S. 71.

is, *household expenditure for the purchase of cultural goods and services* [...]. *Advertising* ranks as the second source: although this is limited to the media (radio TV, the press, cinema...). Private giving in the form of *donations* and *sponsorship* – as a whole – only ranks in third place, and is by far the more limited source of cultural financing.[1489]

Auch in Deutschland fördern private Haushalte in erster Linie durch die Nutzung kultureller Angebote den Kultursektor, wobei 2009 pro Person durchschnittlich 1.386 Euro ausgegeben wurden.[1490] Insgesamt wird für 2005 der *Share of cultural expenditure in total household expenditure* für Deutschland mit knapp 5% beziffert, in Italien liegt er bei knapp 3%.[1491]

In Bezug auf die Kulturnutzung muss unterschieden werden zwischen

attendance data, measuring cultural consumption through the number of theatre tickets sold, the number of visitors to museums, etc., by collecting statistics and carrying out audience surveys

und

participation data, which is obtained through sample surveys, by singling out population rates involved in the various cultural activities: visiting museums and exhibitions, attending musical and theatrical performances, reading books and newspapers, etc..[1492]

Zu Letzteren bietet das *Compendium* Angaben und zwar wird der *Share of adults actively taking part in a public performance in the last 12 months (2007) (singing, dancing, acting or music)* für Deutschland mit 11% und für Italien mit 24% angegeben, wobei in beiden Ländern die Partizipationsrate bei den 25- bis 34-jährigen am höchsten ist (12% bzw. 33%) und der Anteil der Personen mit hohem Bildungsniveau signifikant überwiegt (in Deutschland nutzen 15% der Bevölkerung mit hohem Bildungsstand Kulturangebote gegenüber 6% mit niedrigem Bildungsstand, in Italien liegen die Werte bei 32% bzw. 17%).[1493] Weitere Daten liefert *Eurostat*: So lag beispielsweise die *Percentage of persons who have attended a live performance at least once in the last 12 months* 2006 bei 30% in Italien gegenüber 52% in Deutschland;[1494] die *participation data* zeigt, dass 54%

1489 Bodo und Bodo 2012, S. 64; die wichtigste private Geldquelle in institutionalisierter Form sind in Italien die bereits erwähnten *Fondazioni bancarie*.
1490 Vgl. Statistische Ämter des Bundes und der Länder 2012, S. 82.
1491 Eurostat 2011, S. 205; die Daten von *ISTAT* kommen für Italien 2011 auf 7,3%, was aber an den deutlich abweichenden Berechnungsgrundlagen liegt (vgl. ISTAT 2013b, Tav. 8.5). Der *Rapporto Federculture* gibt für 2009 6,8% für Italien sowie 9,5% für Deutschland an (vgl. Grossi 2012b, S. 213).
1492 Vgl. Bodo und Bodo 2012, S. 64.
1493 Vgl. Compendium of Cultural Policies and Trends in Europe 2013c.
1494 Vgl. Eurostat 2011, S. 176.

der Deutschen 2006 wenigstens ein Mal ins Kino gingen, während der Wert in Italien bei 46% lag.[1495]

Die Gegenüberstellung der Daten zu den finanziellen Ausgangsbedingungen und damit zusammenhängender Parameter für Deutschland und Italien belegen somit die Erkenntnisse der vorangegangenen Kapitel zu den historischen und strukturellen Rahmenbedingungen: Kulturpolitik ist in Deutschland wie in Italien Aufgabe sämtlicher Regierungsebenen, wobei in Italien die nationale Ebene im Vergleich zu Regionen und Kommunen nach wie vor mehr Gewicht hat – die Bedeutungszunahme der unteren Ebenen jedoch nicht zu übersehen ist. Diese geben in beiden Länder einen höheren Anteil ihrer Gesamtausgaben für Kultur aus als die nationale Ebene. Trotz der Bemühungen um eine stärkere Integration privater Geldgeber stellen die politischen Institutionen in beiden Ländern noch immer die zentralen Akteure des Kultursektors dar. In Deutschland erhalten nach wie vor Theater und Musik, Museen und Bibliotheken die intensivste Förderung – in Italien stehen dagegen das kulturelle Erbe, Bibliotheken und Archive sowie Darstellende Künste und Filmförderung (zumindest entsprechend der lediglich für das *MIBACT* vorliegenden Daten) im Mittelpunkt. Für beide Länder belegen die Zahlen, dass die Ausweitung des Kulturpublikums sowie der Kulturnutzung nicht ohne Grund zu den zentralen Anliegen der KulturpolitikerInnen gehört: Die Partizipationsraten und insbesondere die signifikanten Unterschiede zwischen der Nutzungsintensität und -regelmäßigkeit in Abhängigkeit vom Bildungsniveau machen verstärkte Anstrengungen in dieser Hinsicht unumgänglich. Insgesamt ermöglichen die verfügbaren Daten somit in Bezug auf zahlreiche Faktoren einen aussagekräftigen Vergleich zwischen Deutschland und Italien; die statistischen Defizit sind jedoch weiterhin enorm, sodass die Forderungen nach einer einheitlichen Definition der kulturpolitischen Handlungsfelder als Ausgangsbedingung für einen tatsächlichen Vergleich der finanziellen Ressourcen (der unterschiedlichen Regierungsebenen) nur unterstützt werden können.

5.4 Qualitative Analyse: Vergleich der Fallbeispiele Essen und Turin

Nach der Gegenüberstellung der historischen, strukturellen und finanziellen Voraussetzungen von Kulturpolitik in Deutschland und Italien, geht das vorliegende Kapitel der Frage nach, welche inhaltlichen Schwerpunkte in beiden Ländern zu finden sind. Hierzu werden die Ergebnisse der Interviewauswertungen zu Essen

---

[1495] Vgl. Eurostat 2011, S. 170; der Bericht liefert insgesamt eine umfangreiche Datensammlung zur Kulturnutzung in Europa.

(Kapitel 3.3.2) mit denjenigen zu Turin (Kapitel 4.3.2) verglichen. Wie bereits die Auswertung der Teilergebnisse für die beiden Städte soll auch der direkte Vergleich der Kulturpolitik in Deutschland und Italien durch die forschungsleitenden Fragen strukturiert werden, die eine systematische Auswertung garantieren. Die vorangegangenen Kapitel (5.1 bis 5.3) geben Antworten auf die ersten drei Fragestellungen; nun sollen ausgehend von den Fallstudien zu Turin und Essen die Fragen 4 bis 12 in komparatistischer Perspektive bearbeitet werden. Die folgende Gegenüberstellung der Ergebnisse zur Kulturpolitik in Turin und Essen kommt – entsprechend dem Auswertungsverfahren für leitfadengestützte ExpertInneninterviews nach Meuser und Nagel – der Phase 5 gleich. Im Sinne der soziologischen Konzeptualisierung sollen die Ergebnisse weitestgehend von den Interviewtexten sowie der Terminologie der Interviewten abgelöst und Gemeinsamkeiten und Differenzen herausgearbeitet werden, wobei Verallgemeinerungen im Sinne dieser empirischen Generalisierung auf das vorliegende empirische Material begrenzt bleiben.[1496]

Der erste Vergleichsaspekt bezieht sich auf die aktuell relevanten Themenfelder und Zielsetzungen deutscher und italienischer Kulturpolitik. Es soll der Frage nachgegangen werden, inwiefern sich diese unterscheiden bzw. übereinstimmen und es werden auch Überlegungen dazu angestellt, inwiefern die jeweilige Ausrichtung der aktuellen Kulturpolitik in Deutschland und Italien von historischen Prämissen geprägt ist. Relevant ist dieser Themenkomplex insofern, als die Zielsetzung dieser komparatistisch angelegten Arbeit durchaus darin besteht, ausgehend von den Fallstudien Ansätze für eine generelle Weiterentwicklung der Kulturpolitik in Deutschland und Italien zu erarbeiten. Die InterviewpartnerInnen in beiden Ländern haben darauf hingewiesen, dass mitunter eine schlüssige Gesamtstrategie fehle. Gerade die Antworten auf die folgende Frage können somit Anregungen dazu geben, welche Aspekte eine derartige „Kulturplanung" enthalten sollte, welche Themenfelder in Zukunft besondere Beachtung verdienen und welche Schwerpunkte gesetzt werden sollten:

Frage 4: Welche Themenfelder stehen aktuell im Mittelpunkt (kommunaler) Kulturpolitik? Welche konkreten Ziele verfolgen deutsche und italienische KulturpolitikerInnen mit ihrer jeweiligen Kulturpolitik?

Die Auswertung der Interviews zur Kulturpolitik in Essen zeigt, dass aktuell das Bildungs-, das Konsolidierungs- sowie das Identitätsmotiv von besonderer Bedeutung sind. Der Aspekt der Kulturellen Bildung geht mit dem Anspruch

---

1496 Vgl. Meuser und Nagel 2009, S. 477 sowie Kapitel 1.3.

einher, die kulturpolitischen Angebote einem möglichst großen Teil der Bevölkerung zu erschließen. In diesem Punkt besteht zwischen den deutschen und den italienischen KulturpolitikerInnen große Einigkeit: Auch die italienische Kulturpolitik verfolgt die Zielsetzung, das Kulturpublikum auszuweiten und hierfür ein gleichmäßiges und für alle zugängliches Angebot in sämtlichen Teilen des Landes bereitzustellen. Teilhabe und *accessibilità* sowie die intensivere Nutzung des kulturellen Angebots auch in qualitativer Hinsicht gelten insbesondere auf regionaler und kommunaler Ebene als die zentralen Zielsetzungen. In Deutschland wird die Diskussion hierzu vor allem in Bezug auf die gesamtgesellschaftliche Verantwortung von Kulturpolitik geführt: Mit Blick auf den demographischen Wandel (und dabei insbesondere den wachsenden Anteil von Menschen mit Migrationshintergrund an der Gesamtbevölkerung) zielt Kulturpolitik verstärkt darauf, sich als Beitrag zur Stabilisierung der Gesellschaft auszurichten. Damit einher geht die Positionierung von Kulturpolitik als Querschnittsaufgabe, die neben dem Brückenschlag zur Bildungs- und Sozialpolitik den Austausch mit der Stadtentwicklungspolitik, dem Tourismus- sowie dem Wirtschaftsbereich sucht. Dieser über die Künste und ihre Vermittlung und Förderung im engeren Sinne hinausreichende Ansatz ist auch in Italien erkennbar: Dort soll ebenfalls die gesamte Stadt (auch in ihrer architektonischen Gesamtheit) von Kultur geprägt werden, Kulturpolitik soll Informationen transportieren und damit im Sinne der Bildungspolitik wirken sowie durch ein hohes, internationales Niveau den Tourismussektor befördern. Doch nicht nur für BesucherInnen soll die Stadt attraktive Angebote bieten: Wie die Interviewpartner in Deutschland formulieren, soll Kulturpolitik überdies dazu beitragen, dass die Stadt auch auf zukünftige BewohnerInnen und KünstlerInnen anziehend wirkt, sodass hier erneut Bezüge zur Gesamtentwicklung der Stadt deutlich werden. Die Zielsetzung, NRW als „Kulturland" zu profilieren und als Metropolregion auszurichten, passt sich in diesen Kontext ein. Voraussetzung hierfür ist nach Meinung der Interviewpartner ein langfristiger Regionalisierungsprozess, der eine nachhaltige Neupositionierung der Kulturangebote impliziert, sowie eine finanzierbare Schwerpunktsetzung, die die Stärken der einzelnen Städte hervorhebt. Insgesamt wird deutlich, dass die Konsolidierung der kulturpolitischen Strukturen eines der aktuell zentralen Motive deutscher und italienischer Kulturpolitik darstellt und diese zugleich als „Entwicklungsmotor" interpretiert wird: Nicht nur in Turin sondern in Italien insgesamt wird von der Kultur- und auch Bildungspolitik ein Beitrag erwartet, der dem Land Auswege aus der Krise aufzeigen kann.

Die Ausführungen zeigen, dass in Essen und Turin sehr ähnliche Zielsetzungen die aktuelle kulturpolitische Ausrichtung bestimmen: In beiden Städten stehen die

Ausweitung der Teilhabe am kulturellen Angebot und die Vernetzung mit anderen Politikbereichen im Mittelpunkt. Spezifisch für die Situation in Essen ist, dass sich die Kulturpolitik der Stadt in den Gesamtkontext des Ruhrgebiets einordnet und somit eine zentrale Zielsetzung darin besteht, durch einen strukturierten Regionalisierungsprozess Schwerpunkte zu setzen und die Kulturpolitik insgesamt in Zeiten beschränkter Finanzmittel zukunftsfähig zu gestalten. Die Frage nach den primären Zielen sowie den aktuell relevanten kulturpolitischen Themenfeldern steht dabei in enger Verbindung mit der folgenden:

Frage 5: Wie definieren die InterviewpartnerInnen ihren eigenen Aufgabenbereich? Inwiefern unterscheidet sich die konkrete Umsetzung (kommunaler) Kulturpolitik in Deutschland und Italien? Wie groß sind die Entscheidungskompetenzen der deutschen und italienischen KulturpolitikerInnen (auf kommunaler Ebene)?

Bereits die von den InterviewpartnerInnen in beiden Ländern formulierten Zielsetzungen können zeigen, dass diese ihren Aufgabenbereich nicht mehr allein auf die Bereitstellung eines soliden Kulturangebots beschränkt sehen: Sie definieren sich vielmehr als NetzwerkerInnen zwischen den unterschiedlichen Politikbereichen und forcieren die Entwicklung der Region als Gesamtsystem. In der Folge verändert sich auch die konkrete Rolle der KulturpolitikerInnen, die sich in beiden Ländern immer weniger als Organisatoren denn als Koordinatoren definieren. Sie verstehen sich nicht mehr als allein für das Kulturangebot zuständig sondern sehen ihre Aufgabe darin, Schwerpunkte zu setzen und Impulse zu geben; die konkrete Umsetzung wird aber immer häufiger Akteuren des zweiten oder dritten Sektors überlassen.

Trotz dieser in beiden Ländern übereinstimmenden Auffassung unterscheiden sich die konkreten Aufgabenbereiche und Entscheidungskompetenzen der KulturpolitikerInnen der jeweiligen Regierungsebenen zum Teil erheblich. Noch am ehesten vergleichbar ist die kommunale Ebene: In beiden Ländern sind es die KulturpolitikerInnen der Kommunen, die zwischen Politik und BürgerInnen sowie zwischen Politik und Stadtverwaltung vermitteln. Ihre Aufgabe ist es, entsprechend der politischen Beschlüsse kulturpolitische Entscheidungen zu treffen, Fördermittel zu verteilen und die Gesamtkoordination der kulturellen Initiativen in der jeweiligen Stadt zu übernehmen.

Die Interviews machen jedoch deutlich, dass die kommunalen KulturpolitikerInnen danach streben, auch über die Stadtgrenzen hinaus Initiativen anzuregen, wie z.B. das von Turin und Mailand gemeinsam organisierte Musikfestival *MITO* zeigt. Auch die Städte des Ruhrgebiets agieren bisweilen über die kommunale Ebene hinweg und werden in der Etablierung überregionaler Kooperationen durch den *RVR*, aber auch die Landschaftsverbände und die Kultursekretariate unterstützt. Die regionale Ebene versteht sich in diesem Kontext als Koordinator und Moderator der kommunalen Interessen und will den Prozess der Schwerpunktsetzung begleiten und auch anregen. Diese Aufgabe übernimmt in Italien zwar ebenfalls die regionale Ebene – institutionell ist diese jedoch bei der *Regione* angesiedelt, die mit der deutschen Landesebene vergleichbar ist. Diese definiert sich primär als „ente di programmazione" und zielt darauf, innerhalb der gesamten Region ein flächendeckendes Kulturangebot mit vergleichbaren Standards zu etablieren bzw. zu erhalten. Ihre Bedeutung als Projektförderer hat seit dem Rückgang der verfügbaren Fördermittel entschieden abgenommen, sodass die regionale Ebene mehr und mehr eine beratende Funktion übernimmt.

Ebenfalls auf die Region Piemont begrenzt ist der Aktionsradius der *Direzione regionale*; die Aufgaben der ihr unterstellten *Soprintendenze* beziehen sich wiederum auf kleinere Gebiete (in der Regel mehrere Provinzen). Obwohl diese somit einen regionalen Bezug aufweisen bzw. eng mit dem sie umgebenden Territorium verknüpft sind, lassen sich ihre Aufgaben und ihre Verortung im Gesamtkontext nicht mit derjenigen der regionalen Akteure in Deutschland vergleichen: Wie das entsprechende Kapitel zu den strukturellen Unterschieden zwischen beiden Ländern zeigt, stellt die *Direzione regionale* eine Außenstelle des *MIBACT* dar und agiert als Bindeglied zu den in der jeweiligen Region verteilten und nach thematischen Schwerpunkten untergliederten *Soprintendenze*. Beide Institutionen sind somit von den Entscheidungen der nationalen Ebene abhängig und auch inhaltlich zeigt sich ein wesentlicher Unterschied zu Deutschland: Die primäre Aufgabe der *Soprintendenze* und der *Direzione regionale* ist es, das Kulturerbe durch entsprechende Maßnahmen sowie die Beratung von Eigentümern zu sichern. Damit übernehmen diese Institutionen Aufgaben, die in Deutschland weitestgehend den Denkmalschutzbehörden zugeordnet sind und nicht im engeren Sinne als „Kulturpolitik" definiert werden. Hierfür besteht eine eigene Struktur, die jedoch im Gegensatz zu Italien nicht dem Kulturministerium untersteht, sondern beispielsweise in NRW dem *Ministerium für Bauen, Wohnen, Stadtentwicklung und Verkehr*. Analog zur Kulturpolitik in Deutschland insgesamt unterliegt auch der Denkmalschutz der Länderkompetenz, sodass hier im Gegensatz zu Italien keine Untereinheiten der nationalen Ebene auf die Länder verteilt sind. Da die primäre Aufgabe von *Direzione regionale* und den ihr unterstellten *Soprintendenze* der Erhalt der in ihrem jeweiligen Gebiet verteilten Kulturgüter umfasst, ist ihr Aufgabenbereich relativ festgelegt; sie verfügen – auch im Vergleich zu den anderen Regierungsebenen – über wenig inhaltliche Spielräume.

Die Zuteilung der denkmalpflegerischen Aufgaben zum Bereich der Kulturpolitik im engeren Sinne und die Eingliederung in den Kompetenzzusammenhang des *MIBACT* machen deutlich, dass sich auch strukturell die unterschiedlichen Auffassungen beider Länder, welche Bereiche dem Kultursektor zuzuordnen sind, niederschlagen. Außerdem wird erkennbar, dass sich die unterschiedlichen Regierungsebenen in ihren Funktionen und damit auch in ihren Aufgabenbereichen und Entscheidungskompetenzen erheblich unterscheiden. Inwiefern sich diese in Folge des Föderalismus in Deutschland bzw. des Regionalismus in Italien voneinander verschiedenen Kompetenzverteilungen in beiden Ländern auf die konkrete Kulturpolitik auswirken, thematisiert die folgende Frage.

Frage 6: Welchen Einfluss haben die föderalistischen Strukturen in Deutschland sowie die Aufteilung der kulturpolitischen Kompetenzen auf Staat, Regionen und Kommunen in Italien auf die Kulturpolitik?

Zunächst lassen sich für beide Länder Abgrenzungs- und Abstimmungsdefizite feststellen. In Deutschland ist insbesondere das Verhältnis zwischen Bund und Ländern schwierig – in Italien entsprechend die Kooperation zwischen nationaler Ebene und Regionen. Im Gegensatz dazu arbeiten laut Aussage der InterviewpartnerInnen sowohl in Deutschland als auch in Italien die unteren Regierungsebenen gut zusammen (Kommune – Land bzw. Kommune – *Regione*). In Deutschland wird die Landesebene von den Kommunen insbesondere als Geldgeber geschätzt – gerade in Zeiten schwieriger Kommunalfinanzen ein nicht unwesentlicher Aspekt. Doch prinzipiell weisen die deutschen Interviewpartner darauf hin, dass der Föderalismus nur funktionieren könne, wenn alle Ebenen, v.a. aber die Kommunen, mit ausreichenden Mitteln ausgestattet sind. Ein wesentlicher Aspekt ist dabei allerdings, dass es für das Kulturangebot an sich sowie für die KulturnutzerInnen im Ergebnis sekundär ist, wer für ein bestimmtes Kulturangebot zuständig ist, sodass im Rahmen der Interviews mehrmals eine Abkehr vom Kirchturmdenken und eine verstärkte Bündelung der insgesamt verfügbaren Ressourcen gefordert wurde. Trotz der bisweilen auftretenden Abstimmungsschwierigkeiten zwischen den Ebenen sehen die Interviewpartner die Konfliktlinien eher zwischen den politischen Ausrichtungen bzw. Parteien, als zwischen den einzelnen Ebenen. So besteht zwischen Land und Bund ein dichtes „Röhrensystem" und die Landesebene sieht sich in NRW als Bindeglied zwischen den Kommunen einerseits und dem Bund sowie der EU andererseits. Im Ergebnis zeigen die Interviews mit den deutschen Kulturpolitikern jedoch, dass der Föderalismus die kulturpolitischen Strukturen v.a. auf den höheren Ebenen verkompliziert. Die Tatsache, dass sich 16 Länderinteressen auf EU-Ebene Gehör verschaffen wollen, macht Deutschland in diesem Zusammenhang zu einem schwierigen Verhandlungspartner.

Im Gegensatz dazu steht die italienische Struktur: Zwar verfügen die Regionen inzwischen über umfangreiche Kompetenzen und sind zentrale Akteure des italienischen Kulturbereichs. Dennoch ist das *MIBACT* nach wie vor von entscheidender Bedeutung und koordiniert folglich auch die Beziehungen auf europäischer Ebene. In Bezug auf die Abgrenzung der Kompetenzen der unterschiedlichen Akteure ist festzuhalten, dass vor allem die 2001 bzw. 2004 etablierte formale Unterscheidung zwischen *tutela* und *valorizzazione* nach wie vor ein zentrales Thema darstellt. Die Zuweisung der *tutela* an die staatliche und der *valorizzazione* an die regionale Ebene kann als politischer Kompromiss gewertet werden, um beiden Akteuren ihre Kompetenzen auch in legislativer Form zuzusichern. Die Auswertung der Interviews zeigt jedoch, dass diese Abgrenzung primär formaler Art ist und somit lediglich den beiderseitigen Abgrenzungsbestrebungen Rechnung trägt, ohne sich wirklich auf die praktische Umsetzung auszuwirken. Gerade bei Vorliegen eines gemeinsamen Interesses arbeiten die verschiedenen Ebenen unabhängig von der formalen Aufteilung der Zuständigkeiten zusammen, wobei sich die InterviewpartnerInnen noch mehr „collaborazione" wünschen würden. Insbesondere zwischen Region und Kommune wäre eine engere Kooperation angebracht, um größere Projekte umzusetzen und eine gemeinsame Vision von Kulturpolitik zu entwickeln, die aufgrund der Finanzkrise nur im regionalen Verbund möglich erscheint. Die zwischen Regionen und Kommunen stehenden Provinzen werden als kaum relevante Akteure beschrieben – vergleichbar der unbedeutenden Funktion, die die Landkreise in Deutschland im Rahmen der kulturpolitischen Aktivitäten einnehmen.

Insgesamt lässt sich in Bezug auf die Zusammenarbeit der einzelnen Regierungsebenen für beide Länder festhalten, dass die Strukturen kompliziert und eng verflochten sind, was mit vielfältigen Abstimmungsschwierigkeiten einhergeht. In Deutschland wird insbesondere das Kooperationsverbot zwischen Bund und Ländern als unsinnig erachtet und eine Überarbeitung im Zuge einer erneuten Föderalismusreform gefordert. In Italien stößt vor allem die fiktive Aufteilung in *tutela* und *valorizzazione* auf Kritik, die die Abgrenzungsschwierigkeiten zwischen den Ebenen in der Praxis nur bedingt beheben konnte. Doch trotz des bürokratischen Aufbaus mit komplizierten Zuständigkeiten und Abläufen sind die InterviewpartnerInnen mit der Gesamtstruktur zufrieden und bestätigen das Funktionieren des Systems. Auch auf deutscher Seite wird im Föderalismus zwar bisweilen und v.a. auf den höheren Ebenen eine Verkomplizierung gesehen. Insgesamt scheint die Zusammenarbeit aber gut zu funktionieren und gerade die Selbstverwaltungsgarantie der Kommunen sowie die „Kulturhoheit" der Länder möchte niemand prinzipiell in Frage stellen. Allerdings machen die Aussagen der Interviewpartner zugleich deutlich, dass die einzelnen Ebenen und vor allem die Kommunen ihre Aufgaben nur erfüllen können, wenn sie über die entsprechenden Ressourcen verfügen, worauf sich der anschließende Themenkomplex bezieht:

Frage 7: Welche Auswirkungen haben die Wirtschafts- und Finanzkrise bzw. die Finanznot der Kommunen auf die Praxis der Kulturpolitik? Welche Auswege werden diskutiert? Welche Rolle spielen Stiftungen, Sponsoring und Mäzenatentum für die deutsche und italienische Kulturpolitik? Welches Potenzial wird den Methoden des Kulturmanagements in diesem Kontext zugeschrieben?

Die Interviews sind Momentaufnahmen der kulturpolitischen Situation in Italien und Deutschland aus den Jahren 2012 und 2013. Während dieser Zeit sind die Auswirkungen der Euro- und Finanzkrise deutlich zu spüren und für Italien ist eine generelle wirtschaftliche Stagnation zu verzeichnen. Diese Gesamtsituation schlägt sich in den Aussagen der InterviewpartnerInnen nieder und es wird deutlich, dass „la crisi" für die italienischen KulturpolitikerInnen das Thema mit der aktuell größten Brisanz darstellt. Sie gehen jeweils sehr detailliert darauf ein und es wird befürchtet, dass sich die Situation in Zukunft noch weiter verschlechtern wird und damit deutliche Reduzierungen der Mittel zu erwarten sein werden. Auch in Deutschland wird der zukünftigen Entwicklung mit Skepsis begegnet: Auf Landesebene besteht die Hoffnung, dass keine weiteren Einsparungen drohen,[1497] doch gerade die Kulturpolitik der Kommunen sieht sich aufgrund der allgemeinen kommunalen Finanznot Einschränkungen gegenüber. Angesichts dieser in beiden Ländern schwierigen Lage stellt sich die Frage, wie den Herausforderungen begegnet werden kann bzw. aktuell begegnet wird.

Auf beiden Seiten wird die Lösung in einer stärkeren Regionalisierung gesehen: In Deutschland scheint eine Straffung der kulturellen Infrastruktur unausweichlich, wobei das Ruhrgebiet durch die Nähe der einzelnen Städte zueinander womöglich in der Lage sein wird, die notwendigen Veränderungen so vorzunehmen, dass weiterhin ein flächendeckendes Kulturangebot besteht. Auch im Piemont wird der Ausweg aus der schwierigen Lage in engeren Kooperationen und einer verstärkten Regionalisierung gesehen. Die regionale Ebene sieht sich dabei in der Pflicht, ihre eigenen Aktivitäten an die neuen Bedingungen anzupassen: Es soll weniger darum gehen, Gelder für konkrete Projekte zu verteilen; vielmehr müssten Beratung und Serviceleistungen angeboten werden. Dementsprechend zeigen die Interviews, dass die veränderten

---

1497 Diese Aussage bezieht sich lediglich auf NRW – in anderen Bundesländern wie beispielsweise Sachsen-Anhalt sind aktuell umfangreiche Kürzungsmaßnahmen im Gange, die die Einstellung einzelner Sparten oder teilweise die komplette Schließung von Theatern oder anderen Kultureinrichtungen nach sich ziehen.

finanziellen Voraussetzungen zugleich neue Kompetenzen des Personals notwendig machen. Auch auf kommunaler Ebene müssen die MitarbeiterInnen veränderte Aufgaben übernehmen: Durch die neuen Akteure des zweiten und dritten Sektors sind sinnvolle Strategien im Umgang mit diesen notwendig und auch ExpertInnen für Fundraising oder die langfristige Bindung von Sponsoren werden gebraucht. Generell wird in der Privatisierung und der Übernahme privatwirtschaftlicher Mechanismen ein Ansatz gesehen, Mittel einzusparen, auch wenn zugleich vor einer einseitigen Ausrichtung darauf gewarnt wird.

In Deutschland führen die veränderten Ausgangsbedingungen ebenfalls zur Notwendigkeit grundsätzlicher Umstrukturierungen. Bereits seit den 1980er Jahren wird mit Hilfe der dezentralen Ressourcenverantwortung das Ziel verfolgt, durch die Abgabe der Finanzverantwortung an die einzelnen Abteilungen Einsparungen zu erreichen. Diese dezentralen Strukturen könnten aktuell sehr nützlich sein, doch es wird kritisiert, dass sich diese inzwischen tendenziell als Controller verstünden und somit in Krisenzeiten eher das Gegenteil der eigentlichen Zielsetzung bewirkten.

Trotz der tiefgreifenden Schwierigkeiten sind sich alle InterviewpartnerInnen darin einig, dass Kulturpolitik auch in Zukunft staatlich finanziert sein wird. Sponsoring und Mäzenatentum könnten auch weiterhin nur eine ergänzende Rolle einnehmen – ein langfristiger Lösungsweg oder gar ein Ausweg aus der Krise des Kulturbereichs sei darin aber wohl nicht zu sehen. Die italienischen InterviewpartnerInnen verweisen zudem darauf, dass auch die *Fondazioni bancarie* – trotz ihrer aktuell und wohl auch zukünftig enormen Bedeutung für das Gesamtsystem – nicht als Rettungsanker betrachtet werden können, da sie (wie alle anderen privaten Geldgeber auch) von der Krise akut betroffen seien und somit ihre Investitionen im Kulturbereich zukünftig noch genauer abwägen würden. Dennoch stimmen die InterviewpartnerInnen darin überein, dass gerade die *Fondazioni bancarie* unverzichtbar für den Kulturbereich sind – sie stellen somit eine Struktur dar, die in Deutschland über kein Pendant verfügt.

Die Antworten der InterviewpartnerInnen machen deutlich, dass sich die aktuelle Situation grundsätzlich von derjenigen der vorangegangenen Jahre oder Jahrzehnte unterscheidet: Bisher waren zwar stets wenige Mittel verfügbar bzw. hätte durch ein höheres Budget ein umfangreicheres oder künstlerisch anspruchsvolleres Angebot bereitgestellt werden können. Jetzt dagegen erfordere die Situation nicht nur punktuelle Einsparungen, sondern grundsätzliche Entscheidungen und neue Strategien. Die italienischen InterviewpartnerInnen bemängeln jedoch, dass diese bisher fehlen würden; es gäbe keinen langfristigen Gesamtplan, der alle Regierungsebenen berücksichtigen würde. Stattdessen werde erkennbar, dass die Kulturpolitik selbst ihre primären Zielsetzungen – wie etwa die Ausweitung des Kulturpublikums – in Folge der finanziellen Engpässe vernachlässige. Es zeige sich eine vermehrte Fokussierung auf „Zweiteffekte", indem sich die Kulturpolitik über ihre ökonomischen oder touristischen Effekte Legitimation verschafft. Darin und auch in der Tatsache, dass die Mittelkürzungen Regionalisierungsprozesse beschleunigen, werden strukturwirksame Effekte der aktuellen Finanzlage erkennbar, die im Rahmen der entsprechenden Fragestellung (Frage 11) weiter vertieft werden sollen.

Die Sparzwänge in Deutschland und noch mehr in Italien zeigen somit tiefgreifende Auswirkungen auf die Gesamtstrukturen: Sie erfordern immer stärkere Schwerpunktsetzungen und beschleunigen dadurch Prozesse der Regionalisierung. Diese können durch Effekte der Bündelung – insbesondere im Ruhrgebiet mit seinem aktuell sehr dichten Angebot, das aber qualitativ nicht durchgängig höchstes Niveau aufweist – zu einer Qualitätssteigerung führen. Wahrscheinlicher ist jedoch, dass darunter die Vielfalt der Künste langfristig erheblich leiden wird. Trotz der unterschiedlich starken Betroffenheit der beiden Länder von Einsparzwängen zeigt sich im Ergebnis, dass die Situation auf beiden Seiten ähnlich eingeschätzt wird: Kleinere Veränderungen reichen nicht mehr aus – es geht um eine strukturelle Neuausrichtung, wobei die InterviewpartnerInnen sowohl in Turin als auch in Essen insbesondere in der Regionalisierung und der Bündelung von Kompetenzen Potenziale sehen. Dieser Ansatz kann jedoch nur Erfolge erzielen, wenn ein Gesamtplan vorliegt, der strategische Kooperationen zwischen den einzelnen Regierungsebenen aufbaut bzw. bereits bestehende Kontakte vertieft und zudem sämtliche Akteure der drei Sektoren mit einbezieht.

Dass im Zuge der Finanzkrise auch der Kulturbereich Einsparungen leisten muss, liegt einerseits auf der Hand. Andererseits wird gerade in Kultur und Bildung häufig der einzige Ausweg aus der wirtschaftlichen Stagnation gesehen, sodass die Kürzungen wenig zielführend erscheinen. In direktem Zusammenhang mit der Finanzausstattung ist somit die Funktion des jeweiligen Politikfeldes im politischen Gesamtzusammenhang zu sehen, die im Folgenden thematisiert werden soll.

Frage 8: Welche Rolle spielt Kulturpolitik im Gesamtkontext kommunaler Politik und welche Anknüpfungspunkte und Dialogstrukturen bestehen gegenüber anderen Politikfeldern? Wie viel Prestige wird ihr zuerkannt und wie legitimiert sie sich als eigenständiges Politikfeld?

Die KulturpolitikerInnen in beiden Ländern sind sich der Tatsache bewusst, dass ihr Ressort im Vergleich zu anderen Politikbereichen nur eine untergeordnete Rolle spielt. Dennoch ist die öffentliche Aufmerksamkeit für den Kulturbereich insgesamt sehr hoch: Imposante Kulturbauten oder kulturelle Veranstaltungs-Highlights sind durchaus in der Lage, einer Stadt Glanz zu verleihen und somit nicht nur das Prestige innerhalb der kulturellen Nische, sondern auch im gesamten öffentlichen Bewusstsein zu verändern. Insbesondere die Aussagen der deutschen Interviewpartner lassen erkennen, dass sie Kultur als zentralen Motor für die städtische Gesamtentwicklung ansehen, da Image und Strahlkraft einer Stadt ganz wesentlich von ihrem Kulturangebot abhängig seien. Damit einher geht jedoch die Gefahr, dass Kulturpolitik versucht über diese – im Endeffekt touristisch oder auch wirtschaftlich motivierten – Zielsetzungen zusätzliche Legitimation zu gewinnen. Gerade dieser Aspekt wird auch in den Interviews mit den italienischen KulturpolitikerInnen deutlich: Kulturpolitik hat insbesondere auf kommunaler Ebene große Schwierigkeiten, sich als relevantes Politikfeld zu positionieren. Um dennoch ernst genommen zu werden, „verkaufe" sich Kulturpolitik mitunter als Tourismus- oder Wirtschaftsförderpolitik – denn ein prestigeträchtiges Großevent lässt sich allemal besser rechtfertigen, als die Förderung einer soziokulturellen Einrichtung oder einer Stadtteilbibliothek. Diese Legitimierung von Kulturarbeit durch sekundäre Argumente zeigt, dass Kultur bisweilen aufgrund ihres Nutzens und nicht um ihrer selbst Willen gefördert wird, was Rückschlüsse auf ein geringes Prestige im politischen Gesamtkontext zulässt.

Doch auch die deutschen Interviewpartner kennen dieses Problem, dass sich Kulturpolitik ihre Position und Legitimation über Sekundäraspekte „verdienen" muss oder nur noch auf Akzeptanz stößt, wenn sie als Querschnittsressort agiert, das zugleich weitere Politikbereiche unterstützt. Zum Teil geht aus den Interviews eine klare Abwehrhaltung gegenüber dieser Vereinnahmung hervor: Es wird betont, dass Kultur nach wie vor zum Großteil um ihrer selbst Willen gefördert werde. Sie müsse sich zudem zu dieser Legitimation aus sich selbst heraus verstärkt bekennen bzw. dürfte es gar nicht notwendig sein, dass sich Kultur und ihre Förderung legitimieren müssen – es sollte eigentlich klar sein, dass Kulturinvestitionen als Zukunftsinvestitionen zu betrachten seien. Die Analyse führt somit zu einem paradoxen Ergebnis: Einerseits möchte Kulturpolitik ganz klar aufgrund ihrer genuin kulturellen Zielsetzung akzeptiert und auch wertgeschätzt werden; andererseits strebt sie bewusst danach, auch in anderen Politikbereichen wie Bildung oder Stadtentwicklung Akzente zu setzen.

Gerade mit Blick auf die Entfaltung des öffentlichen Raums spielt Kulturpolitik eine zentrale Rolle: In Turin besteht die Zielsetzung, Kunst in die Stadt und damit in den öffentlichen Raum hineinzubringen („museo all'aperto"). Indem somit für alle Bevölkerungsteile – auch diejenigen, die vielleicht kein Museum oder Opernhaus besuchen würden – ein Anknüpfungspunkt geschaffen wird, soll die Akzeptanz kulturpolitischer Arbeit erweitert und ihr Prestige in der

Gesamtbevölkerung gesteigert werden. In Essen sieht sich Kulturpolitik ebenfalls als Beitrag zu einer lebendigen Stadt(-kultur) und als Ausgangspunkt gesellschaftlicher Entwicklung. Darauf baut auch die optimistische Zukunftsprognose einiger Interviewpartner auf: Sie setzen darauf, dass Kultur als zentrales Element von Urbanität erkannt wird und dadurch an Prestige gewinnen kann. Insgesamt ist Kulturpolitik jedoch – in Deutschland wie in Italien – von den gesamtpolitischen Prioritätensetzungen und den daraus resultierenden Entscheidungen abhängig. Der kommunale Interviewpartner in Italien verweist eindringlich darauf, dass die Zukunft der Kultur ganz eindeutig eine „scelta politica" sei. Dabei zeigen die Interviews, dass das Ansehen des Kulturbereichs von Seiten der Politik derzeit als eher gering einzuschätzen ist: Die politischen Prioritäten liegen in der Regel nicht auf dem Kulturbereich – im Gegenteil wird dort häufig zuerst gespart, obwohl das Einsparpotenzial im Vergleich zu anderen Ressorts quasi vernachlässigbar ist. Der mitunter thematisierte Ansatz, Kulturförderung juristisch abzusichern, erscheint in der Theorie zwar sinnvoll, ist aber nach Meinung der InterviewpartnerInnen kaum umsetzbar. Es bleibt somit nur der Ansatz, sich „ideell" zu verankern und durch eine klare Positionierung zu versuchen, politische Entscheidungen im Sinne der Kulturförderung zu beeinflussen.

Die Interviews mit deutschen und italienischen KulturpolitikerInnen können demnach zeigen, dass diese mit dem Problem konfrontiert sind, kein sehr prestigeträchtiges Amt zu bekleiden und mit ihrem Aufgabengebiet im Verhältnis zu anderen Politikbereichen eine eher geringe Rolle zu spielen. In beiden Ländern wird deshalb versucht, diese Situation einerseits durch kulturelle Highlights, andererseits durch die Anknüpfung an weniger umstrittene Politikbereiche wie die Bildungs- oder Wirtschaftspolitik zu verändern. Prestigeträchtige Aktivitäten setzen sich dabei jedoch stets dem Vorwurf der Geldverschwendung aus, sodass auch dieser Weg Schwierigkeiten aufwirft. Die Legitimation von Kulturpolitik im gesamtpolitischen Kontext kann sich somit zwar mitunter auf positive Nebeneffekte berufen. Der einzige langfristig gangbare Weg scheint aber darin zu bestehen, dass Kulturpolitik weiterhin dafür kämpft, als zentrales Politikfeld wahrgenommen zu werden, das ebenso wenig in Frage gestellt wird, wie dies etwa bei der Bildungspolitik bereits jetzt der Fall ist. Gerade zu diesem Politikfeld besteht durch die Priorisierung der Kulturellen Bildung in Deutschland bereits jetzt ein enges Band und durch die Zusammenarbeit mit dem Tourismusbereich kann das lange Zeit präsente „Spartendenken" und die bewusste Abgrenzung gegenüber anderen Politikbereichen als überwunden gelten. Insgesamt belegen die Aussagen der deutschen und italienischen InterviewpartnerInnen, dass Kulturpolitik danach strebt, in den Gesamtzusammenhang einbezogen zu werden und sich als Querschnittsressort zu positionieren. Dennoch muss sie sich beständig darum bemühen, im politischen Gesamtsystem als eigenständiges Ressort wahrgenommen zu werden.

Als wichtiger Faktor für eine erfolgreiche Positionierung im politischen Gesamtgefüge dient neben der Kommunikation mit anderen Politikbereichen auch die Dialogorientierung innerhalb des kulturpolitischen Feldes, da nur durch die kooperative Zusammenarbeit aller kulturpolitischen Akteure eine erfolgreiche Außendarstellung möglich erscheint. Diese Dialogorientierung lässt sich für Deutschland als sehr ausgeprägt beschreiben: Zahlreiche Kongresse und Austauschmedien verbinden die unterschiedlichen Akteure, wie z.B. der *Kulturpolitische Bundeskongress* beweist, der alle zwei Jahre von der *Kulturpolitischen Gesellschaft* durchgeführt wird und von Akteuren aller Sektoren sowie von Wissenschaftlern und Praktikern besucht wird. Auch die Lobbyarbeit des *Deutschen Städtetags* oder die Initiativen des *Deutschen Kulturrats* sind umfangreich und integrieren die Kulturpolitik in das gesellschaftliche Leben.

In Italien lassen die Antworten der InterviewpartnerInnen darauf schließen, dass eine noch stärkere Vernetzung wünschenswert wäre; gerade der fehlende Austausch mit den Universitäten wird dabei beklagt. Der theoretische Diskurs verfügt über wenige Plattformen, wobei die alle zwei Jahre stattfindende Konferenz *ArtLab* der *Fondazione Fitzcarraldo* eine große Zahl von KulturpolitikerInnen miteinander in Dialog bringt. Mit Blick auf die Region Piemont konstatieren die InterviewpartnerInnen zwar ein relativ gutes Kommunikationsniveau, gerade im Vergleich mit anderen, vorwiegend süditalienischen Regionen, sodass hier erneut starke Divergenzen in der Entwicklung der einzelnen Landesteile deutlich werden. Doch zugleich weisen die InterviewpartnerInnen darauf hin, dass durch verstärkten Austausch gerade auch zwischen den Akteuren der einzelnen Regierungsebenen die theoretische Diskussion noch weiter intensiviert werden könnte. Dies wäre insbesondere erstrebenswert, da in den vorliegenden Kommunikationsdefiziten einer der Gründe für mangelnde strategische Richtungsentscheidungen, die den Kulturbereich in einem weiteren Kontext betrachten würden, gesehen wird. Doch nicht nur der Austausch zwischen den Akteuren des kulturellen Feldes ist von zentraler Bedeutung. Vielmehr ist es für eine erfolgreiche Positionierung von Kulturpolitik unumgänglich, möglichst viele und auch möglichst verschiedene Menschen durch kulturpolitische Angebote zu erreichen. Inwiefern diese Zielsetzung in der konkreten Kulturpolitik in Essen und Turin Niederschlag findet, vertieft die folgende Fragestellung:

Frage 9: Wie wichtig ist deutschen und italienischen KulturpolitikerInnen die Ausweitung des Kulturpublikums und welche Anstrengungen werden hierfür unternommen?

Bereits die Antworten auf die vorangegangenen Fragen machen deutlich, dass das Erschließen neuer Publikumsgruppen und die Intensivierung der Kulturnutzung im Allgemeinen eines der zentralen Ziele sowohl der deutschen als auch der italienischen KulturpolitikerInnen darstellt. Für Deutschland ist dieses Ergebnis ein wenig überraschender Befund, da dieser Anspruch bereits seit den 1970er Jahren besteht bzw. die Idee einer *Kultur für alle* seitdem verfolgt wird. Daher identifizieren sich die Gesprächspartner aller institutionellen Ebenen mit dieser Zielsetzung. Im Gegensatz dazu zeigen die Ergebnisse der Interviewauswertung mit den italienischen GesprächspartnerInnen, dass der Anspruch, ein Angebot für möglichst große Teile der Bevölkerung bereitzustellen, primär auf den unteren Ebenen zu finden ist. Die vom zentralen Kulturministerium abhängigen Akteure der *Direzione regionale* und der *Soprintendenza* verfolgen dieses Ziel weniger intensiv als die regionale und die kommunale Ebene.

Wie bereits der aktuelle kulturpolitische Diskurs vermuten lässt, bestätigen die Interviews mit den deutschen Kulturpolitikern, dass die Kulturelle Bildung ein entscheidendes Element im Portfolio kulturpolitischer Aktivitäten darstellt. Hierin ist ein klarer Bezug zur Zielsetzung erkennbar, neue Publikumsgruppen zu erschließen: V.a. Kinder und Jugendliche sollen erreicht und langfristig als KulturnutzerInnen gewonnen werden. Trotz aller Anstrengungen ist den interviewten Kulturpolitikern jedoch bewusst, dass *Kultur für alle* wohl nie möglich sein wird – doch „den Anspruch möglichst viele zu erreichen, haben wir schon", wie es einer der Interviewpartner formuliert. Hierfür sei es notwendig, dass Barrieren abgebaut würden und die Kultureinrichtungen mit ihrem Angebot auf potentielle Zielgruppen zu- und in die Stadtteile hineingingen. Es müssten niederschwellige Angebote wie z.B. Stadtteilbibliotheken geschaffen bzw. erhalten und ausgebaut werden. Zentral sei, dass sich die Bevölkerung mit den jeweiligen Kulturangeboten identifiziere und sie durch Inanspruchnahme zu IHREN Einrichtungen mache. Langfristiges und übergeordnetes Ziel ist es somit, durch das Erschließen neuer Publikumsschichten Kulturpolitik tatsächlich in der Gesamtbevölkerung zu verankern.

Genau dieses Ziel verfolgt auch die Kulturpolitik in Turin: Inhaltlich soll insbesondere durch die aktive Vermittlung von Kunst und Kultur ein Bezug hergestellt und Zugang vermittelt werden. Organisatorisch soll durch „decentramento" und „diffussione nel panorama cittadino" allen Bevölkerungsgruppen vor Ort Zugang ermöglicht werden. Ein dezentral organisiertes Kulturangebot soll außerdem dazu beitragen, dass dieses zugleich eine soziale Funktion wahrnehmen kann. Die italienischen InterviewpartnerInnen verweisen wiederholt darauf, dass Kultur kein Elitenphänomen sein dürfe – im Gegenteil müssten

Zugangsbarrieren abgebaut und durch Vermittlungsangebote Kultur für alle nachvollziehbar werden. Langfristig wird neben der Intensivierung der Nutzung auch der Aufbau einer stärkeren Besucherbindung angestrebt. Hierfür und insbesondere um das Publikum zu erweitern, sei der Einsatz geeigneter Kommunikations- und Werbemittel für die einzelnen Zielgruppen zentral.

Diese Auffassung vertreten auch die deutschen Interviewpartner, die es für entscheidend halten, dass immer wieder auf die kulturellen Angebote aufmerksam gemacht wird – etwa durch Werbung oder auch einen niederschwelligen Erstkontakt im Rahmen von Festveranstaltungen, *Tagen der offenen Tür* etc.. Für sinnvoll gehalten wird zudem eine gezielte Ansprache von Menschen mit Migrationshintergrund und prinzipiell ein Mitdenken dieser Zielgruppe bzw. ein bewusstes Einbeziehen ihres spezifischen Blickwinkels. Trotz des generellen Bestrebens noch größere Teile der Bevölkerung für kulturelle Angebote zu begeistern, weisen die deutschen Interviewpartner zugleich darauf hin, dass bereits jetzt ein Großteil der Bevölkerung mit Kultur in Berührung komme – denn auch über den MP3-Player gehörte Popmusik stelle eine Form des Kulturkonsums dar. Übergeordnetes Ziel müsse es jedoch sein, die einzelnen Kulturen miteinander in Kontakt zu bringen. Damit einher geht auch die Ausrichtung der Kulturpolitik in Essen und dem Ruhrgebiet, mit Hilfe von Kultur eine neue Bildungs- und Identitätstradition zu etablieren. Diese wird verstärkt die veränderten und vor allem sehr unterschiedlichen Ausgangsvoraussetzungen innerhalb der Bevölkerung zu berücksichtigen haben. Die Aussagen der Interviewpartner machen insgesamt deutlich, dass Kulturpolitik in Zukunft noch stärker von gesellschaftspolitischer Verantwortung geprägt sein werde und sich gerade daraus neue Legitimation verschaffen könne. Diese wiederum basiert auf der Nutzung von Kulturangeboten durch eine möglichst breite Bevölkerungsgruppe. Die Interviews zeigen somit, dass zur Zielsetzung Kulturangebote für alle zugänglich zu machen, seit den 1970er Jahren neue Aspekte hinzugekommen sind: Kulturpolitik will sich durch einen großen Nutzerkreis legitimieren und gerade auch durch die Integration von Menschen mit Migrationshintergrund einen Beitrag zur gesellschaftlichen Weiterentwicklung leisten.

Diese Ansätze, die über die alleinige Konzentration auf eine Ausweitung des Publikums hinausgehen, lassen sich für Italien weit weniger konstatieren. Insgesamt zeigen die Antworten der italienischen InterviewpartnerInnen zwar sehr deutlich, dass die Ausweitung des Kulturpublikums eines der zentralen Ziele darstellt. Dieses scheint allerdings einen prinzipiellen Anspruch widerzuspiegeln, der auf der Idee einer generellen Verbreitung kultureller Angebote resultiert und weniger „instrumentalisiert" wird als in Deutschland, wo Aspekte der Integration und der gesamtgesellschaftlichen Weiterentwicklung stets mitschwingen.

Im Ergebnis lässt sich für beide Länder festhalten, dass der Anspruch das Kulturpublikum auszuweiten im Mittelpunkt der Arbeit steht. In Italien wird diese Zielsetzung durch den Schlüsselbegriff der *accessibilità* ausgedrückt, der in enger Verbindung mit demjenigen der *valorizzazione* steht, die insbesondere durch ihre begriffliche Verankerung und primäre Zuschreibung als Aufgabe der Regionen und Kommunen durch den „Codice" 2004 verstärkte Beachtung erlangen konnte. In Deutschland wird dieses Bewusstsein vor allem durch die Stärkung der Kulturellen Bildung deutlich, die primär Kindern und Jugendlichen einen ersten Zugang ermöglichen soll und dadurch deren langfristige Verankerung im Kulturleben erreichen möchte. Für Deutschland und Italien lässt sich somit insbesondere für das letzte Jahrzehnt ein deutlich stärkeres Bewusstseins dafür konstatieren, dass Kulturangebote nur durch eine aktive Publikumsvermittlung Bedeutung erlangen können. Welche inhaltlichen Schwerpunkte (in Ergänzung dazu) in den nächsten Jahren und Jahrzehnten zu erwarten sind, soll der folgende Abschnitt aufzeigen.

Frage 10: Welche Herausforderungen erwarten deutsche und italienische KulturpolitikerInnen für die Zukunft?

Die Aussagen der deutschen und italienischen InterviewpartnerInnen zu diesem Themenkomplex unterscheiden sich deutlich: Während in Deutschland Veränderungen und auch finanzielle Einschränkungen erwartet werden, ist doch eine gewisse Zuversicht zu erkennen, dass die Bedeutung der Kulturpolitik langfristig erhalten bleiben oder sogar zunehmen wird. In Italien dagegen dominieren sehr negative Zukunftserwartungen, die insbesondere auf den zu befürchtenden Einsparungen aufgrund der aktuellen Finanz- und Wirtschaftskrise basieren.

Inhaltlich streben beide Seiten danach, weiterhin neue Besuchergruppen zu erschließen – in Italien durch eine weitere Fokussierung auf *accessibilità* und verstärkte *didattica*, in Deutschland primär durch Kulturelle Bildung sowie den Einbezug von Menschen mit Migrationshintergrund. In dieser Hinsicht fordern die deutschen Interviewpartner mehr Durchlässigkeit und sehen den Bedarf weiterer Forschung. Mit dieser Zielsetzung geht zugleich die Erwartung einher, dass Kulturpolitik in Zukunft verstärkt von gesellschaftlicher Verantwortung geprägt sein wird – was jedoch zugleich einen Beitrag zu ihrer Legitimation leisten kann. Optimistisch stimmt die ExpertInnen zudem die Tatsache, dass sich das Bewusstsein für die entscheidende Funktion von Kultur für den urbanen Raum mehr und mehr durchsetzen und Kulturpolitik folglich auch in Zukunft Förderung erhalten wird. In beiden Ländern wird erwartet, dass sich der Kontakt mit der Kultur- und Kreativindustrie intensivieren bzw. die Zukunft der Kulturpolitik auch von deren Entwicklung abhängig sein wird. In Deutschland gehen die Interviewpartner insgesamt von einer zunehmenden Verknüpfung der drei Sektoren aus und sehen die Kulturpolitik langfristig in einer eher steuernden und weniger einer durchführenden Rolle.

Den KulturpolitikerInnen in beiden Ländern ist bewusst, dass die zukünftige Entwicklung von den jeweiligen politischen Prioritäten und den entsprechenden Entscheidungen abhängen wird, da diese insbesondere über die Finanzausstattung entscheidenden Einfluss nehmen werden. In Deutschland wird zwar eine Diversifizierung der Geldquellen, weiterhin aber die Finanzierung von Kulturpolitik primär durch den ersten Sektor erwartet. Diese Erwartung lassen auch die Aussagen der italienischen InterviewpartnerInnen erkennen: Sie gehen davon aus, dass die *Fondazioni bancarie* auch in Zukunft eine entscheidende Geldquelle für die Kulturpolitik darstellen werden. Hauptsächlich wird sich der Handlungsspielraum aber in Abhängigkeit von politischen Entscheidungen weiterentwickeln. Zum Teil klingt in den Interviews die Hoffnung durch, dass sich die Idee von Kultur als Zukunftsmodell durchsetzen kann: Es wird mitunter die Perspektive gesehen, dass Italien mit Hilfe seines kulturellen Potenzials einen Ausweg aus der Krise finden und sich eine nachhaltige kulturelle Entwicklung als Gegensatz zum Streben nach unendlichem Wachstum durch industrielle Produktion etablieren kann. Doch zugleich sind sich die KulturpolitikerInnen der Tatsache bewusst, dass hierfür ganzheitliche Veränderungen notwendig wären, die nicht ernsthaft erwartet werden – auch, da die Abhängigkeit von Finanzierungsfragen in diesem Kontext ebenfalls unübersehbar ist. Die KulturpolitikerInnen erwarten deshalb ausgehend von den Mittelkürzungen zwei grundsätzliche Veränderungen: Einerseits wird sich insbesondere auf regionaler Ebene die Ausrichtung „weniger Geldverteilen – mehr Serviceleistungen" durchsetzen und auch auf kommunaler Ebene ist von einer primär steuernden oder beratenden Rolle auszugehen, während die Umsetzung konkreter (und bisweilen kostenintensiver) Projekte in den Hintergrund rücken wird. Andererseits wird eine verstärkte Regionalisierung und eine intensivere Zusammenarbeit zwischen den einzelnen Kulturakteuren bzw. ein engerer Bezug zwischen den Kulturangeboten erwartet.

Auch die deutschen Interviewpartner sehen in der Regionalisierung eine unvermeidliche Zukunftsentwicklung. Sie gehen zudem davon aus, dass sich die kulturellen Institutionen insgesamt weiter öffnen bzw. die kostenintensiven Apparate reduziert werden müssen. Langfristig werde eine stärker unternehmerische Ausrichtung notwendig und gefordert, wobei die grundlegende Zielsetzung wohl darin bestehen wird, weniger Geld für die Infrastruktur auszugeben, um mehr Spielraum für die Gestaltung der Inhalte zu haben. Insgesamt unterstreichen die ExpertInnen jedoch, dass nur durch eine angemessene Finanzausstattung auch in Zukunft die Vielfalt der Künste gesichert werden könne.

Zusammenfassend wird deutlich, dass sich Kulturpolitik in beiden Ländern in starker Abhängigkeit von den zukünftigen politischen Richtungsentscheidungen sieht. Es besteht die Hoffnung, dass Kultur als Potenzial für die wirtschaftliche und gesamtgesellschaftliche Entwicklung verstärkt wahrgenommen wird – zugleich ist aber insbesondere in Italien großer Pessimismus erkennbar und die Gefahr von entwicklungshemmend wirkenden Sparzwängen ständig präsent.

Die soeben erfolgte Analyse der kulturpolitischen Zukunftserwartungen weist bereits einzelne Aspekte auf, die mit der strukturellen Weiterentwicklung in Deutschland und Italien zusammenhängen. Im Folgenden soll der Blick auf die beiden Untersuchungseinheiten Turin und Essen fokussiert werden, wobei nicht nur die zukünftigen Veränderungen herausgearbeitet, sondern auch der bisherige Einfluss kulturpolitischer Maßnahmen Berücksichtigung finden soll:

Frage 11: Welcher langfristige Einfluss bzw. welche Funktion wird der Kulturpolitik in den beiden untersuchten Städten Essen und Turin mit Blick auf ihre strukturelle Entwicklung beigemessen? Stellt sie einen Beitrag zum (regionalen) Strukturwandel dar?

Wie in den entsprechenden Abschnitten ausgeführt, werden in der vorliegenden Arbeit unter struktureller (Weiter-)entwicklung vier zentrale Aspekte gebündelt:

- *Fragen der Identität und Identifikation mit der eigenen Stadt oder Region*
- *Fragen der Kulturellen Bildung*
- *Fragen der wirtschaftlichen Dynamisierung etwa in den Bereichen Tourismus oder Kultur- und Kreativwirtschaft*
- *Fragen neuer Kooperationen und Vernetzung zur Schaffung verbesserter kultureller Rahmenbedingungen*

Die Interviews mit den KulturpolitikerInnen in Turin und Essen zeigen, dass der letztgenannte Aspekt in beiden Ländern ein zentrales Thema darstellt. Übergeordnetes Ziel ist dabei stets die Verbesserung der kulturellen Rahmenbedingungen. Insbesondere die Antworten im Kontext von Frage 7 zu den finanziellen Voraussetzungen können jedoch deutlich machen, dass die Verknappung der Ressourcen hierbei eine nicht unwesentliche Rolle spielt und häufig sogar den Ausgangspunkt für strukturelle Veränderungen darstellt, um durch die Straffung der Strukturen Einsparungen zu ermöglichen.

Die InterviewpartnerInnen in beiden Ländern weisen darauf hin, dass regionale Kooperationen mitunter zukunftsfähige Strukturen schaffen, die als Schutzwall und zur Standortsicherung dienen können. Zudem lassen sich dadurch Schwerpunkte setzen, die eine nationale oder auch internationale Positionierung ermöglichen, wie etwa Turin als „capitale dell'arte contemporanea italiana" oder Essen als Zentrum der Industriekultur. Mit einer Schwerpunktsetzung geht jedoch unweigerlich auch eine Veränderung der kulturellen Angebotsstruktur einher. Die Fokussierung auf einzelne Aspekte kann sich positiv auswirken im Sinne einer Qualitätssteigerung. Zugleich verweisen aber insbesondere die deutschen Interviewpartner darauf, dass die Vielfalt und auch die breite territoriale Streuung des Angebots stets ein unverzichtbares Element qualitativ hochwertiger Kulturpolitik darstelle, das nicht zugunsten von Exzellenz in wenigen Bereichen geopfert werden sollte. Trotz dieser Einwände sehen sich die KulturpolitikerInnen in beiden Ländern mehr und mehr dazu gezwungen, Schwerpunkte zu setzen und beobachten in Folge von Regionalisierung, Bündelung und der Herausarbeitung von Stärken und Schwächen die langfristige Veränderung der kulturellen Angebotsstruktur. Übergeordnetes Ziel (neben etwaigen Einsparungen) ist dabei in Deutschland und Italien, die Stadt sowie die Region nach außen hin interessant zu machen – was nach Aussage der deutschen Interviewpartner nur durch gemeinsame Initiativen, eine aktive und auf ein geteiltes Ziel hin ausgerichtete Bündelung der Interessen der beteiligten Städte sowie im Ergebnis einer attraktiven Gesamtstruktur gelingen könne. Durch die besondere Gliederung des Ruhrgebiets mit seinen zahlreichen sehr dicht beieinander liegenden Städten, steht diese Region mit Blick auf Bündelung, Kooperation und Schwerpunktsetzung vor ganz anderen Herausforderungen als Turin, wo um die Regionalhauptstadt herum nur kleinere Gemeinden zu finden sind. Nichtsdestotrotz fokussiert auch die Kulturpolitik in Turin und der Region Piemont Kooperationen zwischen den Kulturakteuren: Vor allem die regionale Ebene drängt darauf, Kultureinrichtungen stärker zu vernetzen, das jeweilige Publikum auch für andere Angebote zu interessieren und es folglich an die anderen Kulturanbieter „weiterzureichen". Unabdingbare Voraussetzung hierfür sei allerdings, dass die einzelnen Institutionen ihr Konkurrenzdenken überwinden und sich dazu bereit erklären, erfolgreiche Konzepte zu teilen – was jedoch Koordinierung, Kommunikation und Networking erforderlich mache. Die italienischen InterviewpartnerInnen weisen allerdings darauf hin, dass gerade hierfür im Alltagsgeschäft häufig die Zeit fehle und es auch an entsprechenden Austauschgremien mangele. Ohne kontinuierliche Kommunikation und vor allem ohne eine gemeinsame Zielsetzung im Sinne eines „impatto comune" werde die Realisierung einer strukturierten Vernetzung jedoch schwierig und der übergeordnete Zweck einer Steigerung der Besucherzahlen u.a. durch die Weitergabe von *Best Practice* in der Umsetzung kaum möglich sein. Neben der regionalen Ebene fokussieren inzwischen auch die *Fondazioni bancarie* eine stärkere Regionalisierung im Sinne eines „sviluppo territoriale". Handhabe ist dabei stets die bewusste Lenkung der Geldströme, durch die regional oder kooperativ ausgerichtete Projekte bevorzugt werden können. Dass die Kultureinrichtungen zur Verbesserung ihres Angebots und einer Steigerung der Besucherzahlen Kooperationen aufbauen sollten, ist unbestritten – problematisch ist jedoch die Tatsache, dass das entscheidende Motiv hierfür die Einsparung von Mitteln darstellt.

Diese Tatsache bestätigen auch die deutschen Interviewpartner: Ausgehend von den leeren Kassen würde in der Bündelung und der Perspektive auf die Gesamtstruktur der Ausweg aus den aktuellen Engpässen gesehen. Die Konzentration auf die individuellen Stärken dürfe jedoch nicht dazu führen, dass der gesunde Wettbewerb zwischen den Kommunen sowie die Vielfalt der kulturellen Angebote vernachlässigt werde. Trotz dieser Warnungen fordern insbesondere die Landesebene sowie die regionale Ebene eine Abkehr vom Kirchturmdenken, um insgesamt bessere kulturelle Rahmenbedingungen zu schaffen. Voraussetzung hierfür ist die Bereitschaft der Kommunen zur Zusammenarbeit, die durch die Aktivitäten im Rahmen der *RUHR.2010* entscheidend gesteigert werden konnte. Insbesondere der *RVR* sieht sich in einer Moderatorenrolle und die Landesebene fokussiert die weitere Regionalisierung durch eine gezielte Förderpolitik im Sinne der „goldenen Zügel". Zudem stellen die Kultursekretariate und die Landesverbände institutionelle Ausprägungen dieser Zielsetzung dar. Die deutschen und die italienischen ExpertInnen sind sich darin einig, dass neue Kooperationen und übergeordnete Strukturprozesse stets der Moderation bedürfen. Ein Mangel an Austauschgremien, wie ihn die italienischen InterviewpartnerInnen beklagen, kann die regionale Vernetzung dabei verzögern oder gar blockieren. Kooperative Kulturpolitik ist folglich die entscheidende Voraussetzung für Synergieeffekte, die schließlich auf lange Sicht strukturell wirksam werden können.

Ein weiterer Aspekt, der im Rahmen der Fragestellung nach dem Beitrag der Kulturpolitik zur strukturellen Weiterentwicklung einer Stadt oder einer Region betrachtet werden soll, ist die Frage nach der wirtschaftlichen Dynamisierung in Folge gezielter kulturpolitischer Maßnahmen. Dieser Aspekt gliedert sich primär in die beiden Bereiche Tourismus und Kultur- und Kreativwirtschaft. Die deutschen Interviewpartner sehen einen sehr engen Zusammenhang zwischen Kulturpolitik und ihrem Einfluss auf die wirtschaftlichen Strukturen: Zum einen könne durch kulturelle Highlights das Stadtmarketing und damit der Tourismus unterstützt werden; zum anderen werde durch gezielte Ansiedlungsstrategien und die Bereitstellung eines reichen (kulturellen) „Humus" die Kreativität der Bevölkerung gestärkt und die Entstehung künstlerischer Projekte gefördert, die langfristig wirtschaftliches Wachstumspotenzial versprechen. Auch die italienischen InterviewpartnerInnen sehen in der Kulturpolitik einen Hebel, um Wirtschafts- und Erwerbsstrukturen langfristig zu verändern, wobei in Turin insbesondere der Tourismusbereich im Fokus steht, nachdem im Kontext der Olympischen Spiele eine Neupositionierung in dieser Hinsicht eingeleitet werden konnte. Die Aussagen der InterviewpartnerInnen in beiden Ländern machen deutlich, dass sich Kultur insgesamt als Entwicklungsfaktor positionieren möchte.

In Bezug damit steht auch der Aspekt der (Kulturellen) Bildung, der ebenfalls im Kontext der strukturellen Entwicklung von Städten und Regionen Beachtung finden soll. Die Aussagen der deutschen Interviewpartner können zeigen, dass das übergeordnete Ziel von Kulturpolitik in Essen und dem Ruhrgebiet u.a. in der Etablierung einer neuen Bildungstradition besteht. In Kooperation mit der Bildungspolitik strebt sie danach, eine vormals bildungsferne Region bildungsnah zu gestalten. Insbesondere durch die Kulturelle Bildung sollen langfristige Effekte erzielt und „Strukturveränderungen in den Köpfen" herbeigeführt werden. Strukturell wirksam werden diese Veränderungen schließlich in einer auf Bildung und Wissenschaft basierenden Gesellschaft, in der (kulturell) gebildeten BürgerInnen neue Arbeitsperspektiven offen stehen, womit auch Möglichkeiten der sozialen Inklusion einhergehen. Auch in Italien wird Kultur als ganzheitlich wirksames Phänomen betrachtet, das sich langfristig auf die Bevölkerung und ihre Einstellungen auswirken kann. Ziel ist folglich der umfassend gebildete, reflektierte Bürger. Die in Deutschland daraus abgeleiteten Zielsetzungen im Sinne einer strukturellen Veränderung der Bildungslandschaft und den daraus resultierenden wirtschaftlichen Potenzialen finden in den Interviews mit den italienischen ExpertInnen jedoch keine vergleichbare Ausprägung.

Die einzelnen Aspekte einer strukturellen Veränderung in Folge einer entsprechenden Kulturpolitik finden einen übergeordneten Ausdruck in der Frage, ob sich insgesamt eine Neuausrichtung der Identität der jeweiligen Stadt oder Region feststellen lässt bzw. ob sich die Identifikation damit verändert. Für Essen und das Ruhrgebiet gehen die Interviewpartner davon aus, dass die *RUHR.2010* und insbesondere die kulturellen Großereignisse in diesem Rahmen langfristige Auswirkungen zeigen: Die Teilnahme an derartigen Events kann das Identitätsbewusstsein der Bevölkerung nach innen aktiv stärken und dazu beitragen, dass die BewohnerInnen des Ruhrgebiets ihre „Imageneurose" überwinden. Durch Angebote, die die Lebensqualität steigern und auf die die Bevölkerung stolz sein kann, werde somit einerseits das Gemeinschaftsgefühl und die Identifikation mit der Stadt und der Region gestärkt, andererseits könnten diese dazu beitragen, nach außen hin die jeweilige Identität zu repräsentieren, was wiederum eine Dynamisierung unter Tourismusaspekten herbeiführen könne. Diese Zielsetzung verfolgen auch die italienischen KulturpolitikerInnen, die Kulturpolitik ganz klar als Imagepolitik betrachten, um über entsprechende Presseberichterstattung etc. das eigene Profil national und international zu schärfen und die Stadt im globalen Wettbewerb zu positionieren. Neben dieser nach außen gerichteten

Perspektive zielt aber auch die Kulturpolitik in Turin darauf, die Identifikation mit der eigenen Stadt zu intensivieren und somit zugleich nach innen wirksam zu werden. Die Interviews zeigen demnach, dass die Kulturpolitik in beiden untersuchten Städten danach strebt, die Identifikation der Bevölkerung mit der eigenen Stadt und/oder Region u.a. durch lokale und regionale Weiterentwicklung sowie eine Steigerung der Lebensqualität zu stärken. Zugleich soll nach außen eine erfolgreiche Positionierung im internationalen Tourismuswettbewerb erfolgen.

Die italienischen KulturpolitikerInnen lassen ein sehr klares Bewusstsein dafür erkennen, dass Kulturpolitik langfristig über die Zukunft der Stadt mitentscheiden wird. Auch die deutschen Experten erwarten vom Kulturbereich Impulse, warnen jedoch vor überhöhten Erwartungen: Kultur könne Veränderungen und auch makrostrukturell wirksame Veränderungen einleiten, begleiten, beschleunigen – diese seien jedoch stets auf mittelfristige Zeiträume ausgerichtet. Der Slogan der *RUHR.2010* „Wandel durch Kultur – Kultur durch Wandel" könne nur als Quintessenz eines langjährigen Prozesses betrachtet werden, denn die Ergebnisse würden auf vorangegangenen Initiativen wie etwa der *Internationalen Bauausstellung Emscher Park* oder dem Projekt *Urbane Künste* aufbauen, die seit dem Ende der 1980er Jahre Veränderungen eingeleitet bzw. die Grundlagen dafür geschaffen hätten.

Die Ausführungen zeigen insgesamt, dass Kulturpolitik sowohl in Deutschland als auch in Italien strukturell wirksam werden kann. Neben Veränderungen im Sinne einer intensivierten Kooperation und Vernetzung zwischen den einzelnen Kulturakteuren mit dem Ziel eines qualitativ hochwertigeren Programms mit gezielten Schwerpunkten, stellt der Beitrag zur Weiterentwicklung im ökonomischen Sinne, vor allem mit Blick auf die Bereiche Tourismus und Kultur- und Kreativwirtschaft, einen entscheidenden Aspekt dar. Darüber hinaus wirkt Kulturpolitik in Folge der Kulturellen Bildung auf das Bildungsniveau der Bevölkerung ein, für die sich langfristig neue Arbeitsperspektiven in einer zunehmend auf Wissenschaft und Forschung ausgerichteten Gesellschaft eröffnen können. Hinzu kommt, dass Kulturpolitik Beiträge zur intensivierten Identifikation der Bevölkerung mit der eigenen Stadt bzw. der Region leisten und zugleich nach außen ein klares Profil vermitteln kann, wodurch sie wiederum einen Beitrag zur Imageverbesserung und damit der Intensivierung des Tourismus ermöglicht. Entscheidend ist, dass sich die einzelnen Aspekte gegenseitig verstärken können und voneinander abhängen: Ein positives Image etwa intensiviert die Identifikation mit der eigenen Stadt, führt aber zugleich dazu, dass sie von mehr Touristen besucht wird. Diese erwarten ein umfassendes (kulturelles) Angebot, sodass in diesem Bereich Jobs entstehen, neue Kooperationen zwischen den einzelnen Kulturanbietern sinnvoll werden und damit wiederum ein qualitativ hochwertiges Angebot entsteht, das im Umkehrschluss das Image nach außen hin verbessert.

Trotz dieser vielfältigen Beiträge und den engen Berührungspunkten zwischen den einzelnen Aspekten sind sich die KulturpolitikerInnen beider Länder jedoch darin einig, dass diese Struktureffekte letztlich sekundär sind: Ziel jeglicher Kulturpolitik müsse zunächst ein exzellentes kulturelles Angebot sein. Dass hiervon vielfältige, mehr oder weniger intensive oder nachweisbare Struktureffekte ausgehen, die langfristige Wirkungen zeigen können, dürfte die Legitimation kulturpolitischer Maßnahmen unterstützen, die grundsätzliche Ausrichtung auf die kreative Weiterentwicklung und kulturelle Bildung der Bevölkerung aber nicht überlagern.

Diese Einstellungen und die allesamt bisher herausgearbeiteten Zielsetzungen der deutschen und italienischen KulturpolitikerInnen schwingen stets mit, wenn nun der Frage nachgegangen wird, welche Aspekte den in der Praxis wirksamen Kulturbegriff prägen:

Frage 12: Inwiefern unterscheidet sich der in Deutschland und Italien in der kulturpolitischen Praxis präsente Kulturbegriff?

Zunächst lässt sich festhalten, dass dieser in Deutschland und Italien vielfältigen Funktionen und Ansprüchen gerecht werden muss. Es kann somit in beiden Ländern zunächst von einem weiten Kulturbegriff ausgegangen werden, der die „klassischen" Sektoren wie Theater, Museum, Bibliotheken etc. enthält, zugleich aber neue kulturelle Ausdrucksformen und auch Zielsetzungen zu integrieren sucht. Die Aussagen der italienischen InterviewpartnerInnen machen dabei jedoch deutlich, dass der aktuelle Kulturbegriff stets auf dem bestehenden Kulturerbe aufbaut. Die deutschen Interviewpartner sehen sich ebenfalls in einer Entwicklungslinie mit dem bereits Bestehenden: Durch die ständigen Förderentscheidungen arbeiteten die KulturpolitikerInnen an der kontinuierlichen Weiterentwicklung des Kulturbegriffs mit. Da es sich um zahlreiche, größtenteils voneinander unabhängige Entscheidungen handle, lasse sich der Kulturbegriff nur als aus vielen Mosaiksteinchen zusammengesetztes Ganzes begreifen. In der Folge könne der Kulturbegriff nur als extrem weit bezeichnet werden und die deutschen Interviewpartner sehen sich nicht in der Lage ihn zu definieren. Darin lässt sich zugleich ein zentrales Element des praktisch wirksamen Kulturbegriffs erkennen: Er ist stets auf ein „sowohl-als-auch" ausgerichtet und schließt in der Folge Hochkultur und Breitenkultur mit ein. Dieses Begriffspaar wird zwar teilweise aufgrund seiner wertenden Komponente als überholt wahrgenommen. Dennoch zeigen die Interviews, dass diese Unterscheidung nach wie vor von Bedeutung ist und sich auf die Förderentscheidungen bzw. die Prioritätensetzung der Interviewpartner auswirkt. Die Experten sind der Meinung, dass Kulturpolitik einerseits dafür sorgen muss, dass kulturelle Höchstleistungen erbracht werden (können), um die Städte – gerade mit Blick auf die im vorangegangenen Abschnitt bearbeiteten Themen der Identifikation der Bevölkerung mit der eigenen Stadt sowie den Tourismus – „zum Strahlen zu bringen". Andererseits müsse durch niederschwellige Aktivitäten Zugang ermöglicht und ein Angebot mit Identifikationspotenzial für die gesamte Bevölkerung geschaffen werden.

Diese Zweigleisigkeit, die die Arbeit der deutschen Interviewpartner nachhaltig prägt, lässt sich für die italienische Seite nicht in dieser Deutlichkeit erkennen. Die Interviews im Piemont machen stattdessen deutlich, dass sich die Ansätze oder die dementsprechenden Kulturbegriffe eher in Abhängigkeit von den einzelnen Regierungsebenen unterscheiden: Während die nationale Ebene bzw. die vom *MIBACT* auf die Regionen verteilten Akteure *(Direzione regionale, Soprintendenza)* einen tendenziell elitären Kulturbegriff erkennen lassen, der mit der deutschen Idee von Hochkultur vergleichbar wäre und auf das bestehende Kulturerbe ausgerichtet ist, zeigen die unteren Regierungsebenen *(Regione Piemonte, Comune di Torino)* einen eher breitenkulturell orientierten, praktischer ausgerichteten Kulturbegriff. Dies wird insbesondere dadurch deutlich, dass die Zielsetzung der *accessibilità* hier im Mittelpunkt steht und Teilhabe für alle sowie die Öffnung für neue Publikumsgruppen durch niederschwellige Angebote – eben im Sinne von Breitenkultur – größeren Raum einnimmt. Zugleich zeigen die Aussagen der kommunalen sowie der regionalen InterviewpartnerInnen die Bedeutung der sozialen Funktion von Kulturpolitik auf und sie unterstreichen damit, dass Kultur kein Elitenphänomen darstellen dürfe, sondern durch intensive Vermittlungsaktivitäten für jeden zugänglich gemacht werden sollte. Wie bereits weiter oben dargestellt, unterscheiden sich die Aufgabenbereiche der Regierungsebenen voneinander, sodass hierin einer der Gründe für die unterschiedlichen Einstellungen und Herangehensweisen zu sehen ist. Nichtsdestotrotz zeigen die Interviews, dass die zwar von allen Seiten als schematisch und in gewisser Weise als fiktiv bezeichnete Abgrenzung zwischen *tutela* und *valorizzazione* schließlich doch wirksam zu sein scheint: Die unteren Regierungsebenen fühlen sich eindeutig mehr dafür zuständig, für alle Bevölkerungsgruppen relevante und zugängliche Kulturangebote zu bieten, als die darüberstehenden Regierungsebenen. Die Aussagen machen deutlich, dass *tutela* und *valorizzazione* als Zielsetzungen von Kulturpolitik verstanden werden, die nur in Kombination miteinander sinnvoll sind – es besteht Konsens darüber, dass der Kulturerhalt mit der Möglichkeit des Zugangs für die Bevölkerung einhergehen muss. Es lässt sich somit festhalten, dass alle Akteure – insbesondere aber diejenigen der unteren Ebenen – eine größere Teilhabe und eine Intensivierung der Nutzung anstreben, sodass dieses Element den praktisch wirksamen Kulturbegriff tiefgreifend prägt.

Die deutschen Kulturpolitiker aller Ebenen sind sich darin einig, dass Kultur für alle da sein muss, der Staat also zur Bereitstellung eines entsprechenden Angebots verpflichtet ist – auch wenn letztlich nicht alle BürgerInnen davon Gebrauch machen. Eine der zentralen Motivationen dafür ist in der ganzheitlichen Positionierung der deutschen Kulturpolitik zu erkennen: Kultur soll dem Leben Sinn, Attraktivität und Inspiration geben, das Bewusstsein erweitern und das „Bedürfnis nach Auseinandersetzung" stillen. Der derart umfassende Auftrag von Kulturpolitik und die damit einhergehende soziale Positionierung machen Kulturpolitik zu einem integrativen Teil des gesellschaftlichen Wertesystems, sodass der entsprechende Begriff nicht nur Ausdruck konkreter kulturpolitischer Entscheidungen ist, sondern auch aktuell gültige Normen widerspiegelt. Zudem ist der Kulturbegriff stets in Beziehung mit dem Bildungsbegriff zu sehen. Die Interviews mit den italienischen ExpertInnen zeigen, dass auch der dort präsente Kulturbegriff die Bereiche Kultur und Bildung in Bezug setzt: Der (kulturell) gebildete Bürger wird als Fundament eines funktionierenden Staates gesehen, sodass der Kulturbegriff in beiden Ländern auch im weiteren Sinne ethische und moralische Aspekte beinhaltet.

Die Auswertung der Interviews zeigt darüber hinaus, dass der in Deutschland und Italien wirksame Kulturbegriff außer diesen eher ideellen Komponenten zugleich sehr praktische Aspekte auf sich vereint: Wie bereits im vorangegangenen Abschnitt herausgearbeitet, wird von Kulturpolitik ein Beitrag zur Strukturpolitik erwartet, also die Erfüllung gewisser Ansprüche von Seiten des Tourismus- und Kreativwirtschaftsbereichs etwa durch die Etablierung oder Festigung eines attraktiven Images, das in der Lage ist, Besucher anzuziehen. Die Ausrichtung der Kulturpolitik im Sinne von Standortpolitik mit dem Ziel der Profilierung nach außen ist somit nach wie vor präsent – auch wenn dieser Aspekt häufig primär den 1980er und 1990er Jahren zugeordnet wird. Auf deutscher Seite hinzugekommen ist die Zielsetzung der Profilierung nach innen: Kulturpolitik soll integrativ wirken und die Identifikation der Bevölkerung mit der eigenen Stadt unterstützen. Damit einher geht auch die für das Ruhrgebiet spezifische Ausrichtung als Regionalpolitik: Ziel ist es, dass sich die Bevölkerung mit der Region verstärkt identifiziert und eine positive Erwartungshaltung gegenüber der Zukunft entwickelt. Künstlerische Projekte können hierfür Bilder schaffen, die diesen Aspekt kommunizieren. Notwendig ist dabei eine regionale Prägung der künstlerischen Produktion, sodass als charakteristisch für den Kulturbegriff in der untersuchten Region der Aspekt der Industriekultur gelten kann. Der Kulturbegriff integriert somit auch die regionale Geschichte und Kulturpolitik lässt sich in der Folge auch als Regional- oder Lokalpolitik im übertragenen Sinne bezeichnen. Die jeweilige regionale Prägung des Kulturbegriffs geht auch mit der Tatsache einher, dass Kultur mehr und mehr als Alleinstellungsmerkmal im globalen Wettbewerb der Städte sowie als Basis für die „Urbanität der Städte" wahrgenommen wird. Der bereits herausgearbeitete Zusammenhang zur Stadtentwicklungspolitik wirkt somit auf den Kulturbegriff zurück. Insgesamt machen die Aussagen der Interviewpartner deutlich, dass sie einen interdisziplinären und innovativen Kulturbegriff vertreten, der Einflüsse anderer Politikbereiche integrieren und sich vielfältig vernetzen soll.

Spezifisch für Italien ist in diesem Zusammenhang, dass von der Kulturpolitik ein signifikanter Beitrag zur Überwindung der aktuellen Krise erwartet wird. Kulturpolitik soll zahlreiche sekundäre Funktionen wahrnehmen, wie etwa einen Beitrag zur wirtschaftlichen und spezifisch touristischen Dynamisierung leisten und insgesamt die Zukunft der Städte bzw. im konkreten Fall Turins positiv beeinflussen. Dennoch zeigt der Vergleich mit Deutschland, dass der italienische Kulturbegriff nach wie vor primär auf das Ziel ausgerichtet bleibt, durch Kulturpolitik bzw. kulturelle Angebote ästhetische Erfahrungen zu ermöglichen. Selbstverständlich steht diese Ausrichtung auch in Deutschland im Zentrum aller kulturpolitischen Aktivitäten. Die Interviews verdeutlichen jedoch, dass sich Kulturpolitik zu einem von zahlreichen anderen Politikbereichen beeinflussten Feld entwickelt hat und die Erwartung besteht, dass durch diese ästhetischen Erfahrungen eine Weiterentwicklung in Gang gesetzt wird.

Im Ergebnis zeigen die Interviews, dass Kulturpolitik in beiden Ländern von einem weiten, sehr vielfältig beeinflussten und sich kontinuierlich weiterentwickelnden Kulturbegriff bestimmt wird. Einige spezifisch in Turin und Essen präsente Elemente und Einflüsse konnten durch die Analyse der Interviews herausgearbeitet werden. Es wird jedoch deutlich, dass der Kulturbegriff jedes einzelnen Interviewpartners sehr individuelle Züge aufweist und von jeweils spezifischen Erfahrungen und auch Erwartungen an die eigene Arbeit geprägt ist. Gleichwohl wird aber erkennbar, dass die KulturpolitikerInnen in beiden Ländern zum einen Kernelemente der Kulturpolitiken der vorangegangenen Jahrzehnten in ihren persönlichen Kulturbegriff aufgenommen haben und somit in gewisser Weise historisch geprägt sind, und zum anderen die jeweilige Sozialisation im länderspezifischen Kontext in den persönlichen Prioritäten gespiegelt wird.

Die Antworten auf die forschungsleitenden Fragen in vergleichender Perspektive ermöglichen in ihrer Gesamtheit, die in Essen und Turin die Kulturpolitik prägenden Einzelaspekte aufzuzeigen und geben damit zugleich Hinweise auf die aktuell in Deutschland und Italien insgesamt dominierenden Themenfelder.

Durch die komparatistische Herangehensweise werden Aspekte erkennbar, die bisher von den Akteuren beider Seiten als „normal" wahrgenommen werden – erst die Gegenüberstellung mit einem anderen System ermöglicht die kritische Prüfung und gegebenenfalls Infragestellung dieser größtenteils über lange Zeiträume hinweg gewachsenen Strukturen, Einstellungen und Handlungsweisen.

5.5 Methodenkritik

Ehe die bisher erarbeiteten Ergebnisse, die die Interviews mit deutschen und italienischen KulturpolitikerInnen ermöglichen, gebündelt und abschließend bewertet werden, soll zunächst eine kritische Auseinandersetzung mit den angewandten Methoden erfolgen, da die jeweilige Herangehensweise an den Forschungsgegenstand die Erkenntnisse entscheidend beeinflussen kann. Ausgangspunkt der vorliegenden Studie ist die komparatistische Analyse der Kulturpolitik in Deutschland und Italien mit einer Spezifizierung auf die kommunale Ausprägung in Essen und Turin. Die vielfältigen und in ihrer Gesamtheit die Kulturpolitik in beiden Ländern weiterführenden Ergebnisse können als Beleg dafür gelten, dass die angewandte Herangehensweise und die gewählte Methodik eine sinnvolle Wahl für die vorliegende Fragestellung darstellen. Das Verfahren der leitfadengestützten ExpertInneninterviews nach Meuser und Nagel zielt darauf, sowohl Kontextwissen als auch Betriebswissen zu gewinnen. Nicht nur die generellen Bedingungen deutscher und italienischer Kulturpolitik sollen somit erarbeitet werden, sondern die Arbeit zielt auch darauf, die konkreten Entscheidungsabläufe in den Untersuchungsstädten Turin und Essen, die impliziten Strukturen und Handlungsmuster herauszuarbeiten, um im Ergebnis die forschungsleitenden Fragen zu beantworten. Es seien hierzu noch einmal Meuser und Nagel zitiert:

> Die im Interview gestellten Fragen sollten sich auf das Wie des Entscheidens und Handelns konzentrieren. Auf diese Weise lassen sich allgemeine Prinzipien und Maximen erfassen, wird eine Rekonstruktion der Entscheidungslogik möglich. Die Fragen sollten des Weiteren durch ihre Formulierung deutlich machen, dass sie auf das überpersönliche, institutionenbezogene Wissen abzielen. [...] So wird sowohl deutlich, was offizielle institutionalisierte Wirklichkeit ist, als auch, inwieweit der Experte im Spannungsfeld von wahrgenommenen institutionellen Vorgaben und eigener Regelinterpretation handelt.[1498]

Gerade diese Herangehensweise erlaubt es – im Falle eines gelungenen Interviews – die persönliche Wahrnehmung der InterviewpartnerInnen herauszuarbeiten, wodurch die Möglichkeit geschaffen wird, die theoretischen

---

1498 Meuser und Nagel 2009, S. 474.

Wissensbestände um subjektive Einschätzungen zu ergänzen und eher unbewusste Handlungslogiken, etwa in Bezug auf den in kulturpolitischen Entscheidungen wirksamen Kulturbegriff, zu erfragen (Betriebswissen); die angewandte Methode ermöglicht die Umsetzung dieser Doppelstrategie und führt im Ergebnis zu einer breiten Datenbasis.

Positiv bewertet werden kann auch die Konzentration auf je einen Fall in Deutschland und Italien, wodurch die vertiefende Analyse eines bestimmten Phänomens ermöglicht wird. Voraussetzung hierfür ist stets das Vorliegen eines „comparative merit", also die Analyse spezieller Fälle „unter Berücksichtigung wissenschaftlicher Theorien oder Konzepte".[1499] Für Fallstudien wie die vorliegende Arbeit stellt das induktiv-deduktive Prinzip eine geeignete Herangehensweise dar – es ermöglicht, bestehende Hypothesen zu testen sowie über die Analyse des Falles neue Annahmen aufzustellen (theorie-generierend + theorie-testend).[1500]

Fallstudien sehen sich häufig dem Vorwurf ausgesetzt, dass sie keine geeignete Basis für Generalisierungen oder auch für Falsifikationen darstellten. Es soll jedoch unterstrichen werden, dass Fallstudien sehr genaues Wissen über einen bzw. im Rahmen der vorliegenden Studie zwei konkrete Fälle liefern können. Auch wenn somit eine Verallgemeinerung schwierig bleibt, können Fallstudien zu Tiefe und Dichte des Verstehens beitragen und in die Lage versetzen, komplexe Phänomene zu analysieren, induktiv neue Variablen bzw. neue Hypothesen beizusteuern sowie zur Formulierung kontingenter Generalisierungen oder typologischer Theorien anregen.[1501] Insgesamt werden qualitative Methoden häufig aufgrund von Problemen der Vergleichbarkeit, ihrer starken Subjektivität oder der großen Heterogenität der Untersuchungsgegenstände kritisiert. Oftmals stellen sie jedoch „die einzige Form [dar], um an bestimmte Informationen heranzukommen".[1502] Durch die Verdichtung des Materials im Auswertungsprozess und die Standardisierung der Forschungsergebnisse wird schließlich eine Abstrahierung möglich und die Interviews gewinnen an Aussagekraft. Diese Zielsetzung wird im anschließenden Kapitel verfolgt, das entsprechend der Auswertungsmethode nach Meuser und Nagel Schritt 6 der theoretischen Generalisierung anstrebt.

Um aber die Ergebnisse der Interviews mit deutschen und italienischen ExpertInnen angemessen bewerten zu können, soll vorab eine kritische

---

1499 Muno 2009, S. 117.
1500 Vgl. Muno 2009, S. 119.
1501 Vgl. Muno 2009, S. 121 ff.
1502 Pickel und Pickel 2009, S. 462.

Betrachtung der Dynamik der Interviewsituationen erfolgen, da diese „im Experteninterview wie bei anderen Interview- und sonstigen reaktiven Verfahren entscheidend von der wechselseitigen Wahrnehmung der Beteiligten bestimmt" wird.[1503] Die Interviews werden somit vom Erscheinungsbild der Interviewerin, von Merkmalen wie Alter, Ausbildung, Geschlecht oder sozialem Status beeinflusst. Für ExpertInneninterviews von besonderer Bedeutung sind die Faktoren Status- und Geschlechterrelation: In Bezug auf die Statusrelation ist entscheidend, dass die ExpertInnen die Interviewpartnerin als kompetente Gesprächspartnerin wahrnehmen. Durch die umfassende Vorbereitung mit Hilfe entsprechender Forschungsliteratur zur deutschen und italienischen Kulturpolitik kann davon ausgegangen werden, dass dies grundsätzlich der Fall war. Gelegentlich konnte das Feedback am Ende der Interviews bestätigen, dass die InterviewpartnerInnen das Gespräch auch ihrerseits als aufschlussreich erlebt haben und mitunter Anregungen für die weitere Arbeit gewinnen konnten. In Bezug auf die Geschlechterrelation schreiben Meuser und Nagel wie folgt:

> Die Geschlechterrelation erfährt im Experteninterview insofern eine gesteigerte Bedeutung, als in einer geschlechtshierarchisch strukturierten Gesellschaft Expertenkompetenz geschlechtlich ungleich verteilt ist. Experten sind trotz aller Umbrüche in den Geschlechterverhältnissen in den meisten Untersuchungsfeldern männlichen Geschlechts. [...] Forscherinnen wird oftmals die Anerkennung des professionellen Status verweigert.[1504]

Für den deutschen Kontext kann die Forscherin diese Auffassung nicht bestätigen; bei sämtlichen, allesamt männlichen, Interviewpartnern erscheint die Geschlechterrelation vernachlässigbar. In Italien erfolgte die Hälfte der Interviews mit weiblichen Interviewpartnerinnen, sodass auch hier dieses Phänomen nicht auftrat. Lediglich in einem Fall zeigten sich entsprechende Einflüsse, wobei der Erkenntnis anderer Forscherinnen beizupflichten ist, dass sich diese Konstellation mitunter auch instrumentalisieren oder in produktiver Weise nutzen lässt, da die männlichen Experten gegenüber weiblichen Interviewerinnen eher bereit sind, komplexe Sachverhalte eingehend zu erklären.[1505]

Einfluss auf die Ergebnisse zeigt auch die Tatsache, dass die Interviews in zwei verschiedenen Sprachen stattfanden, wobei Deutsch die Muttersprache der Interviewerin darstellt, während Italienisch im Sinne einer erlernten Fremdsprache einzuordnen ist. Trotz sehr guter Sprachkenntnisse zeigt die Transkription,

---

1503 Meuser und Nagel 2009, S. 474 f.
1504 Meuser und Nagel 2009, S. 475.
1505 Vgl. Meuser und Nagel 2009, S. 475 f.

dass nicht alle Informationen der italienischen InterviewpartnerInnen sofort richtig eingeordnet werden konnten und mitunter Anknüpfungspunkte für vertiefende Nachfragen übergangen wurden. Trotz dieser Einschränkungen darf aber davon ausgegangen werden, dass der sprachliche Aspekt die Ergebnisse nicht nachhaltig beeinflusst – insbesondere, da mit Hilfe der Tonbandaufzeichnungen die Aussagen der InterviewpartnerInnen im Detail festgehalten und im Rahmen der Auswertung ohne den situativen Handlungsdruck analysiert und anschließend in die Auswertung aufgenommen werden konnten. Dennoch soll der subjektive Eindruck, dass die in Deutschland geführten Interviews eine etwas höhere Qualität aufweisen, nicht verschwiegen werden. Mit Sicherheit ist dies teilweise auf die nicht vorhandene Sprachbarriere zurückzuführen. Da die Interviews mit den deutschen Gesprächspartnern nach denjenigen in Italien erfolgten, ist aber zugleich von einer größeren Routine mit dem Leitfaden und der Interviewsituation insgesamt auszugehen. Darüber hinaus wurden im Sinne eines zirkulären Vorgehens Erkenntnisse aus früheren Interviews in die darauffolgenden aufgenommen, sodass sich der Kenntnisstand und damit der Expertenstatus der Interviewerin im Verlauf des Forschungsprozesses kontinuierlich weiterentwickelt hat. Generell ist aber davon auszugehen – und dieser Faktor wird auch in der anschließenden Gesamtbewertung der Ergebnisse noch einmal aufgegriffen – dass die deutschen Experten ausgehend von einem umfangreichen theoretischen Hintergrund generell mehr Informationen in die Interviews einbringen konnten.[1506]

Mit der Sprachthematik geht die Frage nach der interkulturellen Beeinflussung der Ergebnisse einher. Es sollte sich zeigen, dass insbesondere die stärkere Hierarchisierung der italienischen Gesellschaft einen Niederschlag in den Interviews findet: Vor allem die InterviewpartnerInnen, die in Abhängigkeit vom *MIBAC* agieren, richteten ihre Aussagen mitunter auf *political correctness* aus und es entstand der Eindruck, dass sie sich mit ihren Angaben keinesfalls über die vorgegebenen Raster hinaus begeben wollten. Diese InterviewpartnerInnen nahmen somit praktisch keine Aussagen vor, die einer persönlichen Einschätzung oder einer Bewertung des Gesamtsystems gleichkommen würden, was dem in Italien dominierenden, eher indirekten Kommunikationsstil entspricht.

1506 Relevante Einflussfaktoren in diesem Kontext sind aber auch die verstärkte Auskunftsbereitschaft der deutschen Interviewpartner und die abweichenden Ausbildungswege. Die Tatsache, dass deutsche Kulturpolitiker auf ein umfangreicheres theoretisches Wissen zurückgreifen können, hängt dabei aller Wahrscheinlichkeit nach primär mit ihrer stärkeren Einbindung in den kulturpolitischen Gesamtdiskurs zusammen.

Ganz anders agierten hier die deutschen Interviewpartner: Sie thematisierten Probleme sehr direkt und übten deutliche Kritik an ihrer Meinung nach schwierigen Aspekten. Erwähnt werden soll im Kontext der interkulturellen Thematik auch die unterschiedliche Beziehungs- und Sachorientierung der InterviewpartnerInnen in beiden Ländern: Während in Deutschland keine Schwierigkeiten bestanden, per Email einen Erstkontakt herzustellen und schließlich einen konkreten Termin für das Interview zu vereinbaren, konnten die italienischen InterviewpartnerInnen nur mit Hilfe persönlicher Kontakte für ein Gespräch gewonnen werden.

Trotz dieser interkulturellen Aspekte, die die Gefahr einer Beeinflussung der Ergebnisse bergen, kann davon ausgegangen werden, dass die Interviews mit deutschen und italienischen KulturpolitikerInnen vergleichbar sind. Die Sozialisation der Forscherin erfolgte primär im deutschen Kultur- und Wissenschaftssystem; längere Italienaufenthalte können aber einen interkulturell sensiblen Umgang im Kontakt mit den InterviewpartnerInnen und auch im Hinblick auf die Auswertung der Interviews garantieren. Insbesondere die Tatsache, dass im Ergebnis eine umfassende Beantwortung der forschungsleitenden Fragen möglich ist, lässt die Aussage zu, dass die Wahl der qualitativen Methode leitfadengestützter ExpertInneninterviews – und damit einhergehend die spezifische Auswahl der InterviewpartnerInnen – als sinnvoll für die Zielsetzung zu bewerten ist, deutsche und italienische Kulturpolitik mit besonderem Fokus auf die kommunale Ebene in komparatistischer Weise zu untersuchen. Als insgesamt angemessen erwies sich zudem die Wahl von Turin und Essen als Untersuchungseinheiten: In beiden Städten konnten kompetente AnsprechpartnerInnen gefunden werden und die jeweilige kulturpolitische Fokussierung bzw. das Bewusstsein für die Potenziale von Kulturpolitik für die lokale Gesamtentwicklung ermöglicht umfassende Ergebnisse, die im folgenden Kapitel zusammenfassend dargestellt werden.

5.6 Zusammenfassung der Ergebnisse

Das vorliegende Kapitel zielt primär darauf, die theoretischen Erkenntnisse mit denjenigen der ExpertInneninterviews zu verbinden, um im Sinne der theoretischen Generalisierung umfassende Gesamtergebnisse zu gewinnen. Die einerseits auf Literaturrecherche und andererseits auf Interviews aufbauenden Erkenntnisse sollen zusammengeführt werden, um mit Hilfe dieser breiten Datenbasis allein durch standardisierte Verfahren nicht erfassbare Themen und Entscheidungsprozesse im Kontext deutscher und italienischer Kulturpolitik herauszuarbeiten. Die komparatistische Herangehensweise der vorliegenden

Arbeit ermöglicht es zudem, die essenziellen Gemeinsamkeiten und auch die bedeutsamsten Unterschiede der Kulturpolitiken in Deutschland und Italien gegenüberzustellen.

Zunächst kann festgehalten werden, dass sich Kulturpolitik in beiden Ländern mit einem Legitimationsproblem im politischen Gesamtkontext konfrontiert sieht. Ihr schwerer Stand und die geringe Wertschätzung machen sich nicht nur in ideeller sondern auch in finanzieller Hinsicht bemerkbar – die InterviewpartnerInnen haben in beiden Ländern den Eindruck, dass alle anderen Politikbereiche größere Priorität genießen und in der Folge nur ein minimaler Anteil der verfügbaren Mittel auf den Kulturbereich entfällt. Daraus kann geschlossen werden, dass sich Kulturpolitik weder in Deutschland noch in Italien bisher als Politikfeld etablieren konnte, das von politischen Entscheidungsträgern als „Zukunftspolitik" wahrgenommen wird. Dennoch zeigen die Fallstudien zu Turin und Essen, dass die KulturpolitikerInnen mit ihrer Arbeit sehr wohl darauf zielen, die Weiterentwicklung ihrer Stadt oder Region (sowie der Bevölkerung) voranzutreiben und diese so zu positionieren, dass sie im langfristigen nationalen und auch globalen Wettbewerb konkurrenzfähig sein kann. Es wird somit für beide Länder eine gewisse Diskrepanz deutlich – zwischen der Bedeutung, die sich die Kulturpolitik selbst zuschreibt, und derjenigen, die ihr von außen zugetraut wird.

Mit dem Anspruch der KulturpolitikerInnen, einen wesentlichen Beitrag zu einer innovativen Gesamtentwicklung zu leisten, geht auch das Ziel einer Ausweitung des Zuständigkeitsbereiches einher: Die KulturpolitikerInnen verstehen sich zunehmend einem interdisziplinären Ansatz verbunden und zielen auf die Positionierung der Kulturpolitik als Querschnittsressort. Vor allem gegenüber der Bildungs- und Stadtentwicklungspolitik, aber auch in Bezug auf den Tourismussektor und die Kultur- und Kreativwirtschaft sollen Anknüpfungspunkte geschaffen bzw. intensiviert werden; zudem wird der Kulturpolitik mehr und mehr eine soziale Funktion zugeschrieben. Es liegt nahe, dass hiermit bisweilen auch die Gefahr einer Überfrachtung der Kulturpolitik mit sekundären Erwartungen und „nicht-kulturellen" Aspekten verbunden ist. Die KulturpolitikerInnen weisen zwar darauf hin, dass sie ihre Aufgabe primär in der Bereitstellung eines exzellenten kulturellen Angebotes sehen und kritisieren mitunter, dass sich Kulturpolitik zu sehr in eine Position hinein manövrieren ließe, in der sie sich selbst durch nicht genuin kulturelle Funktionen legitimieren müsse, statt auf einer Legitimation aus sich selbst heraus aufzubauen. Dennoch wird die Ausrichtung auf sekundäre Zielsetzungen in sämtlichen Interviews deutlich. Verstärkt wird diese Tendenz durch die aktuelle Finanz- und Haushaltskrise, die Italien zwar weit stärker betrifft als Deutschland, jedoch nördlich der Alpen in Form der kommunalen Finanznot in vielen Gemeinden nicht minder starke Auswirkungen zeigt. Sich in Zeiten leerer Kassen klar zu positionieren und die selbständige Bedeutung von kulturellen Angeboten kontinuierlich zu unterstreichen, ist in der Folge aktuell eine der zentralen Herausforderungen deutscher und italienischer KulturpolitikerInnen.

Dennoch sind die Sparzwänge nicht zu umgehen und die vergleichende Analyse zeigt, dass KulturpolitikerInnen in beiden Ländern mit ähnlichen Maßnahmen reagieren: Es setzt sich aktuell die Erkenntnis durch, dass nicht allerorts sämtliche Angebote bereitgestellt werden können und müssen, sondern durch Regionalisierung, Schwerpunktsetzung und Vernetzung Kosten eingespart werden können. Insbesondere die regionale Ebene in beiden Ländern (Land NRW und RVR bzw. *Regione Piemonte*) zielt darauf, die jeweiligen Stärken der einzelnen Städte oder Kultureinrichtungen zu fokussieren: Sie sollen ihr Konkurrenzverhältnis oder das sogenannte „Kirchturmdenken" überwinden und sich stattdessen auf Kooperationen einlassen, um durch eine intensivierte Zusammenarbeit insgesamt schlagkräftiger zu werden – Prozesse, die durch die „goldenen Zügel" von Seiten des Landes NRW bzw. der *Regione Piemonte*, also den gezielten Einsatz finanzieller Förderungen, gesteuert werden. Mit den Regionalisierungsprozessen und dieser gezielten Schwerpunktsetzung lassen sich langfristig Kosten einsparen und zudem zielt die Bündelung von Ressourcen auf eine Qualitätssteigerung. Nicht vernachlässigt werden sollte jedoch die damit einhergehende Gefahr einer Einschränkung der kulturellen Vielfalt – ein Thema, das in der aktuellen Diskussion in beiden Ländern bislang aber nur am Rande Beachtung erfährt. Um der Problematik eines verringerten Kulturangebots und einer eingeschränkten Diversität zu begegnen, wird langfristig in beiden Ländern die Bedeutung des zweiten und dritten Sektors zunehmen müssen. Die KulturpolitikerInnen sehen sich bereits jetzt in einer eher steuernden Rolle und ihre Aufgabe weniger in der Organisation von kulturellen Angeboten, als vielmehr in der Moderation zwischen den unterschiedlichen Akteuren im Gesamtsystem.

In der Praxis erscheint jedoch bereits die Kommunikation zwischen den Akteuren des ersten Sektors schwierig: Abgrenzungs- und Zuständigkeitsprobleme der einzelnen politischen Ebenen hemmen teilweise die Entwicklung deutscher und italienischer Kulturpolitik – obwohl es für das Publikum letztendlich sekundär ist, wer das gewünschte Angebot zur Verfügung stellt. Die InterviewpartnerInnen beider Länder sehen strukturelle Hindernisse wie etwa in Deutschland das Kooperationsverbot von Bund und Kommunen oder in Italien die nach wie vor unzureichende Zusammenarbeit zwischen den Kommunen und der jeweiligen Region. Trotz der punktuellen Kritik zeigen sich die deutschen Interviewpartner jedoch im Grunde überzeugt von den Prinzipien des Föderalismus und der Subsidiarität. Auch die italienischen InterviewpartnerInnen üben zwar Kritik an der Aufteilung der Zuständigkeiten in *tutela* und *valorizzazione*, doch die Antworten lassen durchaus erkennen, dass diese in der Praxis von geringer Relevanz ist und hier häufig im Sinne des italienischen *arrangiarsi* verfahren wird. Somit zeigen die Aussagen in beiden Ländern ein grundsätzliches Einverständnis der InterviewpartnerInnen mit den bestehenden Strukturen und den eigenen Kompetenzen – ein nicht in dieser Deutlichkeit zu erwartender Befund, nachdem insbesondere die italienische Literatur zum Thema die mangelnde Autonomie vor allem der *Soprintendenti* sowie der *Direzioni regionali* als zentrales Problemfeld thematisiert.

Die Auseinandersetzung mit der deutschen und der italienischen Kulturpolitik zeigt im Ergebnis, dass die aktuell wichtigste inhaltliche Zielsetzung in beiden Ländern in der Ausweitung des Kreises der KulturnutzerInnen besteht. Sowohl die InterviewpartnerInnen in Turin, als auch diejenigen in Essen sehen in der Steigerung der Besucherzahlen und der Integration neuer Besuchergruppen den Schwerpunkt ihrer Arbeit. Das primäre Ziel kulturpolitischer Initiativen besteht somit darin, Zugangsbarrieren abzubauen, niederschwellige Angebote bereitzustellen und auf die potentiellen Publika zuzugehen: In Italien soll durch *decentramento*, also die Schaffung dezentraler Angebote über die klassischen Kulturorte hinaus, der Kontakt erleichtert werden; *diffussione*, also die Verteilung des Kulturangebots über das gesamte Territorium ist dabei ein weiterer Schlüsselbegriff, um die *accessibilità* zu erleichtern und eine intensivere *valorizzazione* zu ermöglichen. Zudem zielen vielfältige Vermittlungsangebote darauf, Kultur in der Gesamtbevölkerung zu verankern. Für Deutschland ist in diesem Kontext die gesteigerte Bedeutung der Kulturellen Bildung zu erwähnen, die vor allem für Kinder und Jugendliche frühzeitigen Zugang zu Musik, Film, Literatur, usw. schaffen will. In Italien sind bisher kaum vergleichbar intensive Bemühungen erkennbar; die prinzipielle Zielsetzung eine breitere Nutzerschicht zu erreichen ist jedoch in beiden Ländern zentral.

Aus der Ausrichtung, möglichst vielen BürgerInnen Zugang zu kulturellen Angeboten zu bieten, spricht die in beiden Ländern erkennbare Interpretation von Kultur als ganzheitlich wirksamem Phänomen, das sich langfristig auf die Bevölkerung und ihre Einstellungen auswirken kann: Kulturpolitik soll das geltende Normen- und Wertesystem widerspiegeln und mit ihren Angeboten zur Entfaltung umfassend gebildeter und reflektierter BürgerInnen beitragen. Zudem zielt sie darauf, die Identifikation der Bevölkerung mit der eigenen Stadt bzw. der Region zu intensivieren. Spezifisch für Essen und das Ruhrgebiet geschieht dies durch integrativ wirkende Großveranstaltungen, von denen zugleich ein Beitrag zur Profilierung nach außen erwartet wird. Ein positives Image soll dazu beitragen, die Stadt für Touristen, aber auch für KünstlerInnen und neue BürgerInnen attraktiv zu machen. Als Alleinstellungsmerkmal wird dabei die Industriekultur betrachtet; eine vergleichbare Zielsetzung verfolgt die Stadt Turin, die sich als „capitale dell'arte contemporanea" positionieren möchte. Kulturpolitik erschöpft sich für größere Gemeinden somit nicht mehr in der Bereitstellung eines der Größe der Stadt angemessenen und qualitativ mehr oder weniger exzellenten Angebots. Vielmehr sieht Kulturpolitik ihre Aufgabe aktuell in Deutschland und Italien (auch) darin, einen Beitrag zur Positionierung der jeweiligen Stadt oder Region – im nationalen und internationalen Kontext durch die Fokussierung auf Alleinstellungsmerkmale – zu leisten.

Trotz der in den vorangegangenen Kapiteln dargestellten relativ unterschiedlichen Ausgangsvoraussetzungen zeigt die aktuelle Kulturpolitik in Essen und Turin somit doch zahlreiche Parallelen und vergleichbare Zielsetzungen. Dass die jeweilige Ausrichtung gleichwohl auch grundlegende Unterschiede aufweist, soll im Folgenden dargelegt werden. Zunächst zeigen die Untersuchungen, dass Kulturpolitik in Italien stark auf den Erhalt des Kulturerbes ausgerichtet ist bzw. *tutela* einen essenziellen Teil der Kulturpolitik darstellt, während in Deutschland separate Denkmalschutzbehörden dafür zuständig sind. Die Vernetzung zwischen Kulturerhalt und -vermittlung erscheint somit in Italien enger als dies in Deutschland der Fall ist. Auch zeigen die Interviews, dass sich die italienischen KulturpolitikerInnen mit ihrer Arbeit insgesamt stärker auf das Kulturerbe beziehen, während in Deutschland eine eher soziale oder gesellschaftspolitische Interpretation deutlich wird. Seit den 1970er Jahren haben sich unzählige, unter dem Schlagwort Soziokultur zusammengefasste Einrichtungen und Initiativen etabliert, deren strukturelle Verankerung sowie gesellschaftliche Akzeptanz im kulturpolitischen Gesamtsystem Deutschlands mit der Situation in Italien nicht vergleichbar ist. Auch aufgrund dieser Tatsache lässt sich im Ergebnis festhalten, dass ein prägendes Element deutscher Kulturpolitik in der starken Gemeinwohlorientierung besteht, die sich in Italien nicht in entsprechender Intensität nachweisen lässt. Diese übergeordnete Ausrichtung auf soziale Zielsetzungen spiegelt sich zugleich im Anspruch deutscher Kulturpolitiker, durch ihre Arbeit und die kulturellen Aktivitäten und Angebote einen Beitrag zur Etablierung neuer Bildungs- und Identitätstraditionen zu leisten: Insbesondere für Essen und das Ruhrgebiet wird eine Umgestaltung und Neuausrichtung angestrebt, die mit Hilfe einer über die kulturellen Aspekte hinausgehenden Gesamtstrategie erreicht werden soll.

Gerade hierin ist eine wesentliche Differenz zur italienischen Kulturpolitik erkennbar: „La politica culturale in Italia? – Non c'è." – Die erste Reaktion auf

Fragen nach der italienischen Kulturpolitik ist zumeist diese mehr oder weniger ironische Antwort. Das zentrale Ergebnis der Recherchen ist jedoch keineswegs, dass Kulturpolitik in Italien nicht existiert. Vielmehr ist mit dieser Antwort gemeint, dass eine strategische Ausrichtung, eine langfristige Planung und eine sinnvolle Koordination der kulturpolitischen Aktivitäten (der verschiedenen politischen Ebenen und der Akteure der einzelnen Sektoren) fehlen. Kulturpolitik basiert in Italien häufig nicht auf vorab definierten Kriterien und Steuerungsmechanismen, sondern erfolgt tendenziell implizit bzw. auf Basis tradierter administrativer Abläufe, während eine inhaltliche Auseinandersetzung und Weiterentwicklung größtenteils vernachlässigt wird. Dieser Mangel an strategischer Ausrichtung hat zur Folge, dass Kulturpolitik häufig sehr stark von den Ideen, Zielsetzungen und Aktivitäten einzelner Akteure innerhalb des Systems abhängt. Ein aktiver *assessore* ist durchaus in der Lage seine Kommune strategisch auszurichten – Regierungswechsel können diese Ergebnisse jedoch innerhalb sehr kurzer Zeit umkehren, da keine klaren Zielvereinbarungen etwa zwischen Politik und Zivilgesellschaft bestehen, die auch von neuem Personal umgesetzt werden müssten.

Problematisch ist in diesem Zusammenhang zudem, dass nicht nur der Austausch mit der Bevölkerung bisweilen gering ist, sondern auch der theoretische Diskurs in Italien weit weniger ausgeprägt erscheint als dies in Deutschland der Fall ist, wo eine im Vergleich intensivere Kommunikation zwischen den zahlreichen Akteuren in Form regelmäßig erscheinender Publikationen, jährlich stattfindender Kongresse etc. nachweisbar ist, die vielfältige Positionen repräsentieren und ein breites Themenfeld abdeckt. In Italien bezog sich der kulturpolitische Diskurs in den vergangenen Jahren primär auf den Umgang mit der Finanzkrise bzw. die Positionierung von Kulturpolitik in diesem Kontext.[1507] Bereits der quantitative Umfang im Rahmen der Interviews mit den italienischen KulturpolitikerInnen belegt, dass die Krise und die möglichen Auswege sowie die Positionierung von Kulturpolitik als möglicherweise wichtigem Element im Rahmen eines ganzheitlich orientierten Lösungsansatzes, in Italien weit mehr Beachtung findet, als dies in Deutschland der Fall ist. Tenor ist, dass Italien sein reiches kulturelles Erbe als „Rettungsanker" nutzen und im Verbund mit der Bildungspolitik insgesamt eine Veränderung der italienischen Gesellschaft erzielt werden sollte (im Diskurs sind Formulierungen wie „rivoluzione culturale" und

---

1507 Dies zeigt etwa das Thema des jährlich stattfindenden Kongresses *ArtLab* der *Fondazione Fitzcarraldo*, der 2012 mit dem Thema *Arte e cultura – motori di sviluppo* in Lecce stattfand. Zugleich veröffentlichte *Federculture* den *Rapporto annuale 2012* unter dem Titel *Cultura e sviluppo. La scelta per salvare l'Italia*.

„cultura dell'educazione" gebräuchlich). Relevant ist in diesem Kontext zudem, dass in Italien als Ausweg aus der ökonomischen Krise der Kulturpolitik der Blick noch eher auf das Potenzial privater Geldgeber, Stifter und insbesondere der *Fondazioni bancarie* gerichtet wird, als dies in Deutschland der Fall ist, wo sich die Überzeugung durchgesetzt hat, dass Kulturpolitik auch langfristig primär staatlich finanziert sein wird und Sponsoring lediglich eine Ergänzung darstellen kann. In Italien dagegen werden die Mittel der *Fondazioni bancarie* als unverzichtbar eingestuft. Es ist jedoch zu beobachten, dass sich die *Fondazioni bancarie* immer weniger mit der Rolle des Finanziers begnügen, sondern durch sogenannte *bandi*, also die Ausschreibung von Projekten, gezielt inhaltliche Akzente setzen und es ist davon auszugehen, dass sie die Kulturpolitik der kommenden Jahre – insbesondere im Falle der weiteren Verringerung staatlicher Mittel für den Kulturbereich – ganz entscheidend prägen werden.

Im Kontext der Öffnung des Kulturbereichs gegenüber privaten Geldgebern und insgesamt nicht-staatlichen Akteuren lässt sich festhalten, dass die italienischen Institutionen davon zugleich eine Straffung der Organisationsstrukturen im öffentlichen Sektor sowie den effizienteren Einsatz der verfügbaren Mittel erwarten. Diese Ausrichtung macht erkennbar, dass eine derart intensive Diskussion über die Potenziale von Kulturmanagement, wie sie in Deutschland insbesondere in den 1990er Jahren geführt wurde, in Italien nicht stattgefunden hat. Die (teilweise) Übertragung privatwirtschaftlicher Abläufe auf öffentlichrechtliche Strukturen wird in Italien parallel zur Öffnung gegenüber privaten Geldgebern und *gestori* geführt, während in Deutschland die Einspar- und Innovationspotenziale von Kulturmanagement inzwischen als ausgeschöpft gelten. Um mehr Gelder in die Inhalte investieren zu können, müssen die hierfür notwendigen Einsparungen in Deutschland wohl in radikalerer Form erfolgen: Aufgrund eines sehr hohen Institutionalisierungsgrades gilt es als schwierig, die Apparate zu verkleinern. Im Sinne der vor allem 2012 lebhaft geführten *Kulturinfarkt*-Diskussion, die vor zu viel Mainstream, zu wenig Innovation und Risikobereitschaft und allgemein einem „von allem zu viel und überall das gleiche" warnt, scheint die Schließung einzelner Einrichtungen langfristig unumgänglich. Die KulturpolitikerInnen wehren sich zwar gegen entsprechende Forderungen, sind sich jedoch darin einig, dass kein Weg an einer stärker unternehmerischen Ausrichtung der Kulturpolitik vorbeiführen wird. Insgesamt ist der Blick der deutschen Kulturpolitiker in die Zukunft etwas objektiver oder konkreter als derjenige der italienischen KollegInnen. In Deutschland strebt die Kulturpolitik eine noch stärkere Ausweitung der Kulturellen Bildung an, zielt auf den Einbezug von Menschen mit Migrationshintergrund und insgesamt eine bessere Durchlässigkeit des Gesamtsystems. Zudem wird Kulturpolitik in Zukunft ganz klar in einer steuernden Rolle gesehen – die Voraussetzung dafür in Form einer engen Vernetzung der unterschiedlichen Akteure in den drei Sektoren ist bereits erkennbar und für den konkret untersuchten Fall Essen/Ruhrgebiet besteht mit dem *RVR* ein Moderator für die strukturellen Veränderungsprozesse. Auch die Tatsache, dass Kulturpolitik als zentraler Motor für die städtische Gesamtentwicklung betrachtet wird, kann ihre zukünftige Position stärken.

In Italien wagen die KulturpolitikerInnen kaum einen Ausblick in die Zukunft: Sämtliche Szenarien und Überlegungen zur zukünftigen inhaltlichen Positionierung stehen unter dem Vorbehalt einer gesamtwirtschaftlichen Erholung und in der Folge einer Stabilisierung der Kulturbudgets. Die negativen Erwartungen gehen bisweilen mit einer gewissen Resignation einher, die dazu führt, dass „Dienst nach Vorschrift" gemacht wird und erst gar keine klaren Zielsetzungen formuliert werden, obwohl gerade in Krisenzeiten ein strategischer Gesamtplan notwendig wäre. Spezifisch für Turin ist festzuhalten, dass die Stadt bisher von den in den 1990er Jahren getroffenen Entscheidungen und langfristig ausgerichteten Zielsetzungen profitiert. Eine Fortschreibung des eingeschlagenen Weges ist – trotz der desolaten Finanzlage Turins – zu erwarten, sodass die kommunale gegenüber der nationalen Ebene in dieser Hinsicht positiv hervorzuheben ist. Ohne Zweifel ist die strategische Steuerung mit Blick auf Italien in seiner Gesamtheit deutlich komplexer. Dennoch scheint langfristig eine Straffung der komplizierten und stark bürokratischen Strukturen sowie die Ausrichtung aller Regierungsebenen auf gemeinsame Ziele unumgänglich – was jedoch auch eine Annäherung der jeweiligen Kulturbegriffe voraussetzen würde, die nach wie vor zwischen einer eher elitären Ausrichtung der höheren Ebenen und einer tendenziell sozial- und bildungsorientierten Fokussierung der unteren Ebenen changieren.

Die bis heute zentrale Position des *MIBACT* im Gesamtkontext italienischer Kulturpolitik kann als Stärke und Schwäche zugleich angesehen werden: Italien ist ein außerordentlich regional und kommunal geprägtes Land und wie der Exkurs zur Nord-Süd-Problematik veranschaulicht, differieren die generellen Ausgangsbedingungen in den einzelnen Landesteilen ganz erheblich. Entsprechenden Auswirkungen auf den Kulturbereich soll durch die relativ starke Zentralisierung entgegengewirkt werden. Zudem ermöglicht das Bestehen eines Kulturministeriums und eines Kulturministers, dass Italien auf EU-Ebene durch einen eindeutigen Repräsentanten vertreten wird. Dies ist für Deutschland aufgrund des föderalen Systems (und trotz eines *Staatsministers für Kultur und Medien*) aktuell nicht möglich. Die Kulturhoheit der Länder erspart in Deutschland aber – im Vergleich zu Italien – die Einrichtung einer weiteren umfangreichen Organisationsebene. Eine stärkere Dezentralisierung der italienischen

Kulturpolitik im Sinne einer Abgabe von Kompetenzen des *MIBACT* an die *Direzioni regionali* könnte somit ein erhebliches Einsparpotenzial darstellen. Zudem ließen sich durch vermehrte Selbständigkeit möglicherweise entstehende *Best-Practice*-Beispiele auf andere Regionen übertragen, und es könnte dadurch insgesamt eine Dynamisierung der italienischen Kulturpolitik eingeleitet werden.

Die Analyse der italienischen Kulturpolitik kann somit zu einer kritischen Bewertung der Zielsetzung führen, auch in Deutschland ein Kulturministerium zu etablieren. Selbstverständlich sind hiermit – insbesondere in ideeller Hinsicht – positive Impulse verbunden; nichtsdestotrotz sollte die damit einhergehende Gefahr der Verbürokratisierung der kulturpolitischen Strukturen und die Beeinträchtigung der bestehenden Institutionen auf Landes- und Kommunalebene nicht unbeachtet bleiben. Bisher gilt im Kulturbereich das Prinzip der Subsidiarität als maßgeblich – ob die Einführung eines Kulturministeriums die Förderrichtung nicht eher umkehren und die aktuell kooperativ und auch multipolar ausgerichtete Kulturpolitik Deutschlands eventuell sogar negativ beeinflussen könnte, wäre mit Blick auf die italienische Kulturpolitik kontrovers zu diskutieren.

Nach dieser zusammenfassenden Darstellung der Ergebnisse zur Untersuchung der deutschen und italienischen Kulturpolitik auf kommunaler Ebene anhand der Beispielstädte Turin und Essen unter Berücksichtigung der generellen Situation in Italien und Deutschland, soll im Folgenden der Blick auf die jeweiligen Gesamtsysteme nochmals ausgeweitet werden und der Versuch unternommen werden, Handlungsempfehlungen für eine erfolgreiche zukünftige Kulturpolitik in Deutschland und Italien zu formulieren.

6. Fazit und Perspektiven für die deutsche und italienische Kulturpolitik

Die bisherigen Ausführungen verfolgten die primäre Zielsetzung, die Kulturpolitik in Deutschland und Italien grundlegend zu analysieren: Zunächst fand eine eingehende Untersuchung der jeweils zugrunde liegenden Kulturbegriffe und der historischen Ausgangsbedingungen statt. Darauf aufbauend wurden die strukturellen Voraussetzungen in beiden Ländern – aufgeteilt in die drei Sektoren Staat, Markt und gemeinnütziger Bereich – vorgestellt, um ausgehend von dieser breiten theoretischen Basis die konkrete Kulturpolitik in den Städten Turin und Essen zu untersuchen. Durch die vorliegende Arbeit wird somit eine Forschungslücke geschlossen, die der deutschen Kulturpolitik Einblicke in den italienischen Kontext ermöglicht.

Das in Kapitel 1.2 vorgestellte Modell nach von Beyme unterscheidet zwischen einem zentralistischen, einem dezentralen und einem para-staatlichen Modell staatlicher Kulturförderung sowie einer Kulturpolitik unter staatlicher Regie. Die Auseinandersetzung mit der deutschen und italienischen Kulturpolitik kann nun im Ergebnis bestätigen, dass sich das deutsche Modell mit seiner Ausrichtung auf Länder und Kommunen und der Integration funktionaler Akteure klar dem dezentralen Modell zuordnen lässt. Italien weist, insbesondere seit den Veränderungsprozessen der 1970er Jahre in Bezug auf eine zunehmende Devolution, sowie seit den 1990er Jahren im Sinne einer verstärkten Privatisierung, ebenfalls dezentrale Tendenzen auf. Zugleich lassen sich aber auch weiterhin Elemente eines zentralistischen Modells nachweisen, wie die ungebrochen starke Bedeutung des Kulturministeriums in finanzieller wie ideeller Hinsicht belegt.

Der Vergleich zwischen Deutschland und Italien ermöglicht es, die grundsätzlichen Prinzipien und Zielsetzungen der jeweiligen Kulturpolitik herauszuarbeiten: In Deutschland prägt das föderale System die konkrete Ausgestaltung der Kulturpolitik ganz wesentlich. Als fundamental können zudem die Grundsätze der Neutralität, der Achtung von Autonomie und Pluralität, der Subsidiarität sowie der Gemeinwohlorientierung gelten. Der gesellschaftliche Fokus spiegelt sich in der Künstlerförderung (verwiesen sei auf die Künstlersozialversicherung), vor allem aber in der Zielsetzung, ein möglichst breites Publikum für kulturelle Angebote zu gewinnen und dabei auch soziale Aspekte mitzudenken. Insgesamt ist die generelle Ausrichtung von Kulturpolitik als Gesellschaftspolitik stets greifbar.

Dem stehen die zentralen kulturpolitischen Konzepte in Italien gegenüber: Hier kann der Erhalt des Kulturerbes als Konstante gelten, die den Fixpunkt sämtlicher kulturpolitischer Aktivitäten darstellt („modello italia"). Grundlegend ist zudem das Prinzip der Freiheit der Künste. Darüber hinaus spielen Aspekte der Bildung und Erziehung der BürgerInnen zu kulturell (in ihrer jeweiligen Region) verwurzelten Menschen im Kontext der italienischen Kultur- und auch Bildungspolitik stets eine wichtige Rolle.

Die Analyse der deutschen und italienischen Kulturpolitik mit besonderem Fokus auf die beiden Fallstudien in Essen und Turin zeigt nun, dass – trotz dieser voneinander abweichenden Ausgangsbedingungen – die aktuellen inhaltlichen Zielsetzungen gerade auf kommunaler Ebene zahlreiche Parallelen aufweisen: Als zentrales Ergebnis lässt sich zunächst festhalten, dass die Kulturbegriffe der Akteure beider Länder von enormer Flexibilität geprägt sind. Die angestrebte Ausdehnung der kulturpolitischen Einflussbereiche, u.a. auf die Bildungs-, Stadtentwicklungs- und Kulturwirtschaftspolitik, macht die Integration ganz unterschiedlicher Aspekte notwendig. Aufbauend auf dieser ganzheitlichen Perspektive eröffnen sich der Kulturpolitik zugleich strukturpolitische Einflussmöglichkeiten. Die Auswertung der Interviews mit den KulturexpertInnen in Turin und Essen kann zeigen, dass sich die einleitend aufgeworfene Frage, ob Kulturpolitik tatsächlich als Strukturpolitik bewertet werden kann, bejahen lässt:[1508] Kulturpolitik weist einerseits durch die Stärkung der Identität und Identifikation der Bevölkerung mit der eigenen Stadt oder Region strukturelle Einflüsse auf. Zentral ist zudem der positive Einfluss durch die Ausrichtung auf die Kulturelle Bildung bzw. die generelle Stärkung der Bildungstradition in vormals industriell geprägten Regionen. Eine Dynamisierung resultiert des Weiteren aus einer engeren Vernetzung zwischen den kulturpolitischen Akteuren. Dadurch werden verbesserte kulturelle Rahmenbedingungen geschaffen, die wiederum insgesamt strukturverändernd wirken können. Eine positive Beeinflussung erfolgt ferner durch die wirtschaftliche Dynamisierung, die in Folge kulturpolitischer Maßnahmen insbesondere in den Bereichen Tourismus sowie Kultur- und Kreativwirtschaft möglich wird.

Trotz der unbestreitbaren Potenziale einer auf Strukturpolitik ausgerichteten Kulturpolitik soll auf die damit einhergehenden Herausforderungen bzw. Gefahren hingewiesen werden: Insbesondere die Zielsetzung einer verstärkten

---

1508 Es soll an dieser Stelle noch einmal unterstrichen werden, dass sich die Ergebnisse auf die beiden exemplarisch untersuchten Städte Essen und Turin beziehen. Inwiefern Kulturpolitik auf Landes- oder Bundesebene strukturell wirksam werden kann, müsste zum Gegenstand eigenständiger Studien gemacht werden.

Identifikation der Bevölkerung mit ihrer Umgebung findet häufig Ausdruck in der Organisation von Großveranstaltungen. Dass damit zwangsläufig eine gewisse *Eventisierung* der Kulturpolitik einhergeht, liegt auf der Hand. Problematisch ist zudem, dass Großprojekte in der Regel nur kurzzeitig Aufmerksamkeit erzielen können und somit ohne nachhaltige Wirkung bleiben. Zudem basieren sie in der Regel auf bewährten Konzepten, die eine umfassende Nachfrage garantieren und das potentielle Publikum mit möglichst geringem Aufwand mobilisieren können – innovative Ideen sind somit nur bedingt gefragt. Ferner beanspruchen Events einen erheblichen Teil des verfügbaren Budgets und führen somit zu geringerem finanziellen Spielraum in Bezug auf kleinere, weniger prestigeträchtige Projekte. Darüber hinaus bergen Angebote für eine umfangreiche Zielgruppe die Gefahr der Zentrierung, da diese in der Regel nur an wenigen Orten im Stadtgebiet möglich sind. Diese Fixierung auf ausgewählte Teile der Stadt steht den Zielen niederschwelliger, auf die lokale Bevölkerung ausgerichteter Angebote sowie der Ausweitung und Diversifizierung von Publikum und Kulturorten ganz klar entgegen.

In Bezug auf die engere Kooperation und Vernetzung von Kulturträgern ist problematisch, dass diese zuweilen primär in der gemeinsamen Ausrichtung auf ein Ziel hin begründet liegt – die Durchführung der Kulturhauptstadt *RUHR.2010* unter Beteiligung von insgesamt 53 Städten kann hier als Beispiel dienen. Nach dem (erfolgreichen) Abschluss des Großprojekts laufen die neu etablierten Kontakte in Ermangelung einer gemeinsamen Vision jedoch schnell Gefahr, an Dynamik zu verlieren oder sich gar aufzulösen, sodass die erreichten strukturellen Veränderungen nur sehr bedingt nachhaltige Wirkung zeigen – wenn dem nicht aktiv entgegengewirkt wird, wie dies in Bezug auf die Nachhaltigkeit der *RUHR.2010*-Effekte insbesondere durch den *RVR* angestrebt wird. Problematisch ist überdies, dass die Zusammenarbeit von kulturpolitischen Akteuren sowohl in Deutschland, als auch in Italien zumeist nicht auf einer geteilten inhaltlichen Ausrichtung oder dem gemeinsamen Ziel eines langfristigen Strukturwandels basiert, sondern aufgrund beschränkter Finanzmittel quasi zwingend erfolgen muss. Unter diesen Ausgangsvoraussetzungen mangelt es mitunter an einem sinnvollen Zeitplan, der die schrittweise Implementierung ermöglichen und die allmähliche Anpassung aller Beteiligten an die veränderten Rahmenbedingungen gewährleisten würde. Die Ausrichtung von Kulturpolitik als Strukturpolitik bringt somit neue Problemfelder mit sich und generell ist die Konzentration kulturpolitischer Entscheidungen auf sekundäre Effekte – seien diese nun struktureller, ökonomischer oder anderweitiger Natur – immer auch kritisch zu reflektieren. Kulturpolitik als Strukturpolitik kann somit neue Denkansätze und kulturpolitische Wirkungen ermöglichen; damit einhergehende

Nebeneffekte sollten jedoch stets mitgedacht und dem Risiko entgegengewirkt werden, dass Kultur als Wert an sich in den Hintergrund rückt.

Insgesamt spiegelt die Ausrichtung der deutschen und italienischen Kulturpolitik im Sinne von Strukturpolitik sehr deutlich die aktuell (nicht nur) im Kontext der Kulturpolitik relevanten Themenfelder: Finanzielle Einschränkungen erzwingen eine bessere Vernetzung und Kooperation der Kulturakteure sämtlicher Sektoren, Kulturelle Bildung als (primär in Deutschland) momentanes Leitthema soll langfristig einen Beitrag zur Weiterentwicklung der Bildungsstrukturen leisten und die Fokussierung auf die Bereiche Tourismus sowie Kultur- und Kreativwirtschaft entsprechen der generell erkennbaren Ausrichtung auf eine Wissens- und Dienstleistungsgesellschaft. Die Ergebnisse zeigen somit, dass Kulturpolitik das politische Element – als aktives Herbeiführen gesellschaftlicher Veränderung und bestenfalls Weiterentwicklung – ganz essentiell innewohnt. Dementsprechend sollte der Kulturpolitik als konkretem politischem Handlungsfeld nicht länger die bisherige Randstellung im politischen wie politikwissenschaftlichen Kontext zugewiesen werden, sondern ihr weitreichendes Wirkungspotenzial in Theorie und Praxis verstärkte Beachtung finden.

Die (mit Blick auf die strukturpolitischen Effekte beschriebenen) ideellen Parallelen können jedoch nicht über die unterschiedlichen Ausgangsbedingungen sowie die Differenzen in Bezug auf die Gewichtung der kulturpolitischen Praxisfelder hinwegtäuschen, die im Kontext der intensiven Auseinandersetzung mit der deutschen und italienischen Kulturpolitik zu Tage getreten sind und dementsprechend abweichende kulturpolitische Strategien erforderlich machen: Der kulturpolitische Ausgangspunkt liegt in Italien ohne Zweifel in seinem außerordentlich reichen Kulturerbe begründet. Dieses ist im Interesse aller schützenswert und erfordert folglich einen Großteil der Aufmerksamkeit italienischer KulturpolitikerInnen. Zugleich stellt es die Basis für Italiens führende Position im Bereich des Kulturtourismus dar. Nichtsdestotrotz ist eine eindimensionale Ausrichtung auf den Erhalt des Kulturerbes zu vermeiden, da nur die Wahrnehmung des Kulturbereichs in seiner Gesamtheit und die Integration innovativer Projekte die Weiterentwicklung der Kultur(-politik) als Ganzem ermöglichen kann. Das umfangreiche Kulturerbe ist für die italienische Kulturpolitik somit Fluch und Segen, Last und Geschenk zugleich – in jedem Fall aber ein Aspekt, mit dem sich diese aktiv auseinandersetzen muss, um nicht durch den bisweilen vorgeschoben erscheinenden Ansatz, aufgrund des umfangreichen Kulturerbes keine neuen Strategien verfolgen oder moderne Kunst fördern zu können, den Anschluss an die aktuelle (europäische) Kulturlandschaft zu verlieren.

Demgegenüber ist Kulturpolitik in Deutschland seit den 1970er Jahren von der Idee einer Kulturpolitik als Gesellschaftspolitik geprägt, die Zugang für alle

Bevölkerungsgruppen schaffen möchte. Aktuell findet dieser Ansatz in der Ausrichtung auf die Kulturelle Bildung seine deutlichste Ausprägung. Die ideelle Verankerung in einer *Kulturpolitik für alle* darf jedoch nicht darüber hinwegtäuschen, dass die entsprechenden Ziele bisher nur sehr bedingt erreicht werden konnten. Auch wenn die meisten BürgerInnen mit Kultur und kulturellen Angeboten im weitesten Sinne in Kontakt sind, hat sich die Hoffnung, durch niederschwellige Angebote langfristig auch zu hochkulturellen Kulturformen Zugänge zu ermöglichen, bislang nicht erfüllt. Dennoch wird dieser Ansatz nach wie vor aktiv verfolgt und Warnungen, wonach öffentliche Kulturausgaben häufig nicht entsprechend einer klaren Wirkungsabsicht ausgegeben, sondern einer „Logik der korporativen Selbsterhaltung" (Schulze) folgen würden, zeigen bisher kaum Folgen. Jahrzehntelang bestehende, öffentlich geförderte Einrichtungen werden selbstverständlich, entwickeln eine „Eigendynamik des Fortbestehens" (Klein) oder folgen einer ganz eigenen Institutionenlogik (Knüsel) – ohne jedoch den Bedürfnissen der BürgerInnen gerecht zu werden und die eigentliche Zielsetzung einer Erhöhung der Nachfrage zu erfüllen. Die Fixierung auf die langjährig etablierte Ausrichtung von Kulturpolitik als Gesellschaftspolitik sollte deshalb kritisch reflektiert werden, um die Innovationsfähigkeit des Gesamtsystems neu zu aktivieren und kulturellen Angeboten das Potenzial für Veränderung, Reflexion und gesellschaftlichen Austausch (zurück) zu geben. Kulturpolitik sollte ihre Funktion somit primär darin sehen, „Kultur" zu ermöglichen, anstatt bereits Bestehendes zu fixieren und dadurch kreative Potenziale zu blockieren.

Der Vergleich der deutschen und italienischen Handlungsweisen und Argumentationslinien verdeutlicht somit, dass in Italien das kulturelle Erbe als Rechtfertigung für die Beibehaltung bisheriger Strategien dient, während in Deutschland die Argumentation der *Kultur für alle* diese Funktion übernimmt. In beiden Ländern wäre somit zu reflektieren, inwiefern die seit Langem dominierenden Zielsetzungen die Etablierung neuer Denkansätze blockieren – wozu die vorliegende Arbeit durch ihre komparatistische Perspektive einen Impuls geben möchte.

Die Kulturpolitiken in Deutschland und Italien lassen somit individuelle Stärken und Schwächen erkennen. Zugleich zeigen die Analysen aber auch Defizite auf, die beiden Ländern gemeinsam sind: Für Deutschland, insbesondere aber für Italien und erst recht in komparatistischer Hinsicht muss zunächst angemerkt werden, dass sich die Datenlage schwierig gestaltet. Das Grundproblem besteht dabei in der mangelnden Klarheit des kulturpolitischen Kulturbegriffs – bereits innerhalb der beiden Länder und somit verstärkt auf europäischer und internationaler Ebene. In der Folge sind die verfügbaren Daten nur bedingt miteinander vergleichbar und mittelfristig wäre eine Verständigung über eindeutige Kriterien sehr wünschenswert. Das *Compenidum*-Projekt, das genau diese Zielsetzung bereits jetzt aktiv verfolgt, sollte somit den Diskurs über die Systematisierung der Daten und damit einhergehend auch die europaweite Auseinandersetzung um den Kulturbegriff sowie die konkreten Inhalte, Strategien und Ziele von Kulturpolitik weiter verfolgen.

Als Schwierigkeit für die Weiterentwicklung der Kulturpolitik in Deutschland und Italien erweisen sich zudem die jeweiligen Organisationsstrukturen: Komplizierte Bürokratie, unklare Zuständigkeiten und Kompetenzgerangel treten sowohl im Kontext deutscher als auch italienischer Kulturpolitik zu Tage. In Deutschland wird insbesondere das Kooperationsverbot zwischen Bund und Kommunen kritisiert. Auch wenn Weiterentwicklungen bzw. Vereinfachungen etwa in Bezug auf das Projekt *Kultur macht stark* angestrebt werden, liegen doch Hilfskonstruktionen zugrunde, die eine grundsätzliche Veränderung der Gesetzeslage etwa im Zuge einer dritten Föderalismusreform nicht ersetzen können. Insbesondere mit Blick auf die schwierige Finanzlage der Kommunen könnten (wenn auch nur projektbezogene) Kooperationen mit dem Bund bisher aufgrund fehlender Mittel ungenutzte Potenziale freisetzen.

In Italien erfährt insbesondere die Aufteilung der Kompetenzen in *tutela* und *valorizzazione* Kritik, wobei erstere in Folge des „Codice" 2004 der nationalen Ebene, letztere den Regionen und Kommunen zugeordnet wurde. Die empirische Untersuchung kann zwar zeigen, dass diese Gliederung in der Praxis weniger hinderlich ist als in der Theorie zunächst befürchtet. Die schematische Zuordnung der Aufgabenbereiche ist jedoch symptomatisch für die italienische Kulturpolitik: Es werden theoretische Konzepte beschlossen, die in der Praxis nicht umsetzbar sind und dementsprechend bei den betroffenen KulturpolitikerInnen auf Ablehnung stoßen bzw. nur teilweise Umsetzung finden. Genau hierin ist ein zentraler Ansatzpunkt für eine erfolgreiche Weiterentwicklung der italienischen Kulturpolitik zu sehen, dass nämlich langfristig engere Absprachen zwischen den einzelnen Ebenen unumgänglich sein werden und das *MIBACT* intensiveren Austausch mit den ihm unterstellten peripheren Strukturen suchen muss, um zukünftig in der Praxis nur bedingt umsetzbare Beschlüsse zu vermeiden. Zudem sollten nicht-staatliche Akteure bei der Entscheidungsfindung Berücksichtigung finden und die Gelegenheit zur konstruktiven Mitgestaltung der Kulturlandschaft in ihrer Gesamtheit erhalten.

Doch zeigen sich in Italien nicht nur Schwierigkeiten in der Kooperation zwischen Nationalstaat, Regionen und Kommunen sowie zwischen den drei Sektoren; vielmehr bestehen die Organisationsdefizite bereits innerhalb der einzelnen Ebenen. Gerade auf nationaler Ebene führen diese bisweilen zu schwerwiegenden Folgen: Das Kulturerbe befindet sich zum Teil in sehr schlechtem Zustand, es mangelt an langfristiger Planung und wiederholte Reformen zur Änderung dieser Situation führen lediglich zu noch weitergehender Verbürokratisierung. Die kontinuierliche Beschäftigung mit den eigenen Strukturen vermindert die Effizienz und die Defizite in der strategischen Konzeption schlagen sich in unklaren Zielsetzungen sowie mangelnder Prioritätensetzung nieder. In der Folge fehlen klare Kriterien für die Vergabe der Fördermittel, wodurch diese bisweilen weniger aufgrund vorab definierter Zielsetzungen oder Qualitätskriterien, als vielmehr aufgrund persönlicher Präferenzen der Entscheidungsträger vergeben werden, was zugleich einen Anstieg der Korruptionsgefahr mit sich bringt. Die italienische Kulturpolitik lässt somit eine große Notwendigkeit klarer Schwerpunktsetzung und zugleich der zielführenden Koordination zwischen den unterschiedlichen Kulturakteuren erkennen. Damit einhergehen müsste eine bewusste Auswahl der geförderten Projekte und somit die strategische Konzentration der verfügbaren Mittel.

Auch im Kontext deutscher Kulturpolitik wurde lange Zeit das „Gießkannenprinzip" der Kulturförderung praktiziert. Insbesondere in Folge von Mittelkürzungen haben sich jedoch klarere Förderkriterien herauskristallisiert und insgesamt verlässliche Verfahren etabliert. Auf Landesebene arbeitet NRW aktuell an der Verabschiedung eines Kulturgesetzes, das u.a. darauf zielt, die Verteilung der Mittel noch transparenter zu gestalten und den einzelnen Förderentscheidungen klarere Kriterien zugrunde legen zu können. Auf kommunaler Ebene wird insbesondere mit Hilfe von Kulturentwicklungsplänen die Definition langfristiger Schwerpunkte angestrebt und die Mittelvergabe erfolgt somit in Abhängigkeit von den hier festgeschriebenen kulturpolitischen Prioritäten. Die gezielte Auswahl von Projekten kann dabei gerade auf kommunaler Ebene zu einer Schärfung des jeweiligen Profils beitragen – wie dies etwa für Essen und das Ruhrgebiet mit dem Alleinstellungsmerkmal der Industriekultur der Fall ist. Entscheidend ist jedoch, dass in der Folge die Kulturlandschaft in ihrer Breite nicht gefährdet werden darf. Es ist unbestritten, dass kulturelle Spitzenleistungen nur auf einem breiten Fundament entstehen können. Zudem basiert Kultur ganz entscheidend auf Vielfalt, sodass ein ausgewogenes Verhältnis zwischen Förderung in der Breite und Profilbildung gewährleistet werden muss. Ausgangspunkt kulturpolitischer Entscheidungen sollte somit die Formulierung einer kulturpolitischen Vision und darauf aufbauend eine langfristig ausgerichtete Kulturplanung sein, die Eigendynamik ermöglicht, in ihrer Gesamtheit aber auf der diskursiven Festlegung der gemeinsamen Ziele und entsprechender Strategien basiert.

Zentral ist schließlich eine kontinuierliche Evaluation der kulturpolitischen Aktivitäten aller Ebenen, um erfolgreiche Strategien fortzusetzen bzw. nicht zielführende Herangehensweisen langfristig zu umgehen. Evaluationen sollten somit die Ausgangsbasis für zukünftige Planungen und Entscheidungen zur dauerhaften Verbesserung des Gesamtkontextes schaffen. Für Deutschland und Italien muss jedoch konstatiert werden, dass bisher nur wenige Evaluationsverfahren durchgeführt werden. Einer der Hauptgründe dafür besteht in der Schwierigkeit, die erzielten Erfolge zu messen, da sich diese oft nur durch qualitative Maßnahmen erheben lassen, denen jedoch die politischen Entscheidungsträger im Vergleich zu quantitativen Methoden häufiger mit einer gewissen Skepsis in Bezug auf ihre Beweiskraft begegnen. Mit Blick auf die Etablierung zielführender Evaluationsmethoden besteht somit in beiden Ländern großes Entwicklungspotenzial. Wünschenswert wäre deshalb, gerade im Kontext der weiteren Europäisierung, eine verstärkte internationale Zusammenarbeit in diesem Bereich. Die Erarbeitung und Präzisierung gemeinsamer Evaluationskriterien und -mechanismen zur gezielten Datenerhebung könnte zugleich zu einer engeren Vernetzung der europäischen Akteure und damit einhergehend zu einer Konkretisierung der kulturpolitischen Praxisfelder beitragen, die wiederum eine Verbesserung der statistischen Datenlage zur Folge haben könnte. Gerade in Zeiten verstärkter Sparzwänge sieht sich der Kulturbereich einem steigenden Legitimationsdruck ausgesetzt. Durch Evaluationen, die über Besucherforschung bzw. *audience development* hinausgehen, könnten Erfolge mit Zahlen und Fakten untermauert werden. In der Folge ließen sich Entscheidungskriterien für eine gewinnbringende Weiterentwicklung der Kulturpolitik erarbeiten und zudem – gerade mit Blick auf strukturpolitische Effekte – Argumente finden, die eine Beibehaltung oder gar Steigerung der für den Kulturbereich bereitgestellten Mittel rechtfertigen könnten.

Auch da Evaluationen und darauf aufbauende Strategien aktuell ein noch weitgehend ungenutztes Potenzial darstellen, muss gerade mit Blick auf Italien festgehalten werden, dass kulturpolitische Reformen häufig ohne Berücksichtigung der bereits bestehenden Strukturen und ihrer jeweiligen Effizienz und Sinnhaftigkeit erfolgen: Es entsteht bisweilen der Eindruck, dass Planung und Gesetzgebung primär dem Selbstzweck dienen und strukturelle Veränderungen der kulturpolitischen Organe und ihrer Organisation lediglich mit dem Ziel erfolgen, Aktivität zu demonstrieren, ohne jedoch konkrete Ergebnisse zur Folge zu haben. Die intensive Auseinandersetzung mit der italienischen Kulturpolitik führt, entgegen der – gerade in Deutschland aufgrund des teilweise sehr schlechten Zustands des italienischen Kulturerbes – verbreiteten Meinung, keineswegs zu dem Ergebnis, dass diese *per se* unter mangelnder Berücksichtigung von Seiten der Politik leidet. Im Gegenteil, gerade auf nationaler Ebene ist ein *legislative overkill* zu erkennen, in dessen Folge zu viele Gesetzesänderungen in zu rascher

Folge ihre jeweilige Implementierung verhindern bzw. sich gegenseitig überlappen.[1509] Die Darstellungen insbesondere in Kapitel 4.1 belegen die kontinuierliche Verabschiedung neuer Gesetze oder auch den häufigen Neuzuschnitt der konkreten Kompetenzfelder des Ministeriums. Problematisch ist jedoch, dass die intensiven legislativen Aktivitäten nicht zwingend zu entsprechenden Resultaten führen müssen, sodass das Ergebnis der europäischen Forschergruppe von 1995 bestätigt werden kann:

> Formally speaking, Italian life is extremely regulated by the State, but one of the most successfully honed skills of the Italian people is getting round the systems established while society proceeds on its own 'irregular' way. The notion of the State being there to control (and hence to be controlled and utilised), rather than to provide an enabling framework on the basis of freely given consent, is strong.[1510]

Ausgehend von dieser Erkenntnis könnte die italienische Kulturpolitik von einem Blick auf die Strukturen und Abläufe in Deutschland profitieren: Das deutsche System verfügt über weit weniger gesetzlich verankerte Vorgaben und es besteht Konsens darüber, dass die primäre Aufgabe von Kulturpolitik darin besteht, Kultur in ihrer Vielfalt zu ermöglichen – ohne sie durch bürokratische Vorgaben unnötig einzuschränken. In der Folge herrscht in Deutschland zwar ein kontinuierlicher Diskurs über die kulturpolitischen Inhalte und die richtigen Strategien, aber dennoch ist eine gemeinsame Grundlage und -haltung erkennbar. Zentral ist nämlich, dass die unterschiedlichen Ebenen und auch die Akteure der einzelnen Sektoren an einem Strang zu ziehen scheinen; ihnen ist bewusst, dass die bestehenden Probleme nur von allen Akteuren des Gesamtsystems gemeinsam gelöst werden können. Die Interviews in Turin und dem Piemont bestätigen dagegen, dass in Italien die unterschiedlichen Ebenen voneinander abweichende Zielsetzung verfolgen und nur bedingt danach streben bzw. sich sogar darin behindert fühlen, gemeinsam das kulturelle Feld erfolgreich weiterzuentwickeln. Gerade die grundlegende Ausrichtung, die sich im jeweiligen Kulturbegriff widerspiegelt, variiert, wobei die größten Abweichungen im Verhältnis der nationalen Ebene einerseits gegenüber der regionalen und kommunalen Ebene andererseits zu beobachten sind – ein eher elitärer Kulturbegriff steht hier einem praktischer und auch sozialer ausgerichteten gegenüber.

1509 Vgl. Council of Europe 1995, S. 42 f.; verwiesen sei an dieser Stelle zudem auf die in Kapitel 2.1 im Detail vorgestellte Warnung Adornos, dass Verwaltungen zur Expansion und zur Verselbständigung tendierten und damit eine zunehmende Entfremdung zwischen Kultur und Verwaltung einhergehe.
1510 Council of Europe 1995, S. 25.

Diese Tatsache liegt wenigstens teilweise in der Struktur des italienischen Kultursystems begründet: Während die unteren Ebenen flexibler auf konkrete Anforderungen reagieren und dementsprechend ihre Zielsetzungen schneller und eindeutiger an aktuelle Bedürfnisse anpassen können, ist dies den dem *MIBACT* unterstellten peripheren Einrichtungen (*Direzioni regionali, Soprintendenze*) nur bedingt möglich. Im Rahmen der Interviews – zwar weniger als in der entsprechenden Literatur – wird über diese fehlende Selbständigkeit in finanzieller, personeller und organisatorischer Hinsicht geklagt, wodurch neben einer inhaltlichen Weiterentwicklung ein zielgerichtetes und kompetentes Management blockiert wird. Diese Tatsache ist Teil eines Kreislaufes: Ohne die Möglichkeit, Verantwortung zu übernehmen, sind Stellen in den peripheren Strukturen des *MIBACT* für hochqualifiziertes Personal (mit spezifischen Kompetenzen im Kulturmanagement) unattraktiv. Weniger kompetente MitarbeiterInnen machen aber wiederum zentrale Steuerung notwendig, sodass eine Kompetenzabgabe an die unteren Ebenen blockiert wird. Auch die kulturpolitische Personalsituation in Deutschland gestaltet sich schwierig, da bisweilen keine strategische Personalentwicklung stattfindet und die Einordnung der Kulturabteilung als „Exotenressort", verbunden mit geringen finanziellen Spiel- und Entscheidungsräumen, eine Mitarbeit bisweilen unattraktiv erscheinen lässt. In beiden Ländern wäre somit eine größere Beachtung der Personalsituation auf allen kulturpolitischen Ebenen wünschenswert – gerade da eine inhaltliche Weiterentwicklung stets von den Ideen und Initiativen der MitarbeiterInnen ausgeht.

In Italien besteht jedoch aktuell die Gefahr, dass die eingeschränkten finanziellen Möglichkeiten zu Lethargie der MitarbeiterInnen oder gar einer Blockade des Systems führen könnten. Insbesondere bestehen Befürchtungen, dass nicht nur der öffentliche Sektor, sondern in Folge der Finanz- und Bankenkrise auch die *Fondazioni bancarie* als zentrale Financiers der italienischen Kulturpolitik ihr Engagement entscheidend einschränken könnten. Gerade diese insgesamt schwierigen Bedingungen erfordern innovative Ideen und die Bereitschaft der KulturpolitikerInnen, sich auf veränderte Rahmenbedingungen einzustellen – finanzielle Engpässe könnten somit auch die Chance für einen Modernisierungsschub bieten. Dieser wäre insbesondere mit Blick auf die südlichen Regionen von Bedeutung: Während im Norden Italiens sowohl der erste Sektor, als auch die nicht-staatlichen Geldgeber (und dabei v.a. die *Fondazioni bancarie*) noch eher über finanzielle Spielräume verfügen, ist der Süden diesbezüglich stark benachteiligt. In Deutschland lässt sich keine derart ausgeprägte regionale Aufteilung nachweisen; vielmehr hängt der Finanzrahmen für den Kulturbereich von der finanziellen Lage der jeweiligen Kommune ab – Gelsenkirchen und Düsseldorf etwa liegen im gleichen Bundesland, sind aber hinsichtlich ihrer Finanzausstattung nicht zu vergleichen. Notwendig wäre somit einerseits eine bessere Verteilung der Gelder – der geplante kommunale Finanzausgleich für NRW oder die *Fondazione con il Sud* können hierfür Ansätze darstellen; andererseits scheint insbesondere in Italien ein intensiverer Austausch zwischen den Akteuren in den verschiedenen Landesteilen notwendig, um über *Best-Practice*-Beispiele Anregungen zu geben und neue Strategien aufzuzeigen. Ansätze hierzu sind bereits erkennbar, eine weitere Intensivierung des kulturpolitischen Diskurses wäre jedoch sehr wünschenswert.[1511] Hierin und insgesamt in der Intensivierung der Zusammenarbeit mit Akteuren der anderen Sektoren – also zwischen kommunalen Kulturdezernaten, Provinzen, Regionen, Universitäten, privaten Akteuren und ehrenamtlichen Initiativen – ist eine der großen Herausforderungen für die Zukunft der italienischen und auch der deutschen Kulturpolitik zu sehen. Aufgabe der KulturpolitikerInnen wird es langfristig sein, die regionalen Talente und Initiativen in das kulturelle Gesamtangebot einzubeziehen und diese strategisch weiterzuentwickeln – gerade auch in Abhängigkeit von der Position und der Funktion der jeweiligen Kommune im territorialen Gesamtkontext.[1512] Damit einher geht die Notwendigkeit, dass die BürgerInnen aktiv Verantwortung übernehmen, was jedoch die Schaffung günstiger Rahmenbedingungen voraussetzt: Es erscheinen somit eine Aktualisierung des Stiftungs- und Spendenrechts sowie der Regelungen im Bereich des Ehrenamts zentral, um den BürgerInnen die Beteiligung an der gesellschaftlichen Weiterentwicklung – sei es durch bürgerschaftliche Initiativen, ehrenamtliche Mitarbeit oder Mäzenatentum – zu erleichtern, und dadurch das Bewusstsein für die gemeinsame Verantwortung in Bezug auf den Erhalt des Kulturerbes und die Entfaltung der Kulturlandschaft zu stärken.

1511 Trotz der unbestreitbar vorhandenen Potenziale von *Best-Practice*-Beispielen kann nicht unerwähnt bleiben, dass die regionalen Charakteristika in beiden Ländern sehr stark ausgeprägt sind und in der Folge die Übertragung von bewährten Modellen nicht immer möglich ist bzw. diese den jeweiligen Bedingungen vor Ort angepasst werden müssten. Zudem sollten die deutschen und italienischen Kommunen und Regionen auch weiterhin ihre jeweils individuellen Schwerpunkte setzen, um die Vielfalt des kulturellen Angebots zu gewährleisten.
1512 Bereits die beiden Beispielstädte können hier als Extremfälle gelten: Während Turin als Hauptstadt der Region Piemont eine relative Solitärstellung einnimmt und die nächsten größeren Städte Mailand und Genua weit entfernt liegen, ist Essen von zahlreichen weiteren Städten umgeben. Die kulturpolitische Weiterentwicklung, gerade mit Blick auf Regionalisierungsbestrebungen, sollte diesen Aspekt somit unbedingt berücksichtigen.

Einen Beitrag dazu könnte auch die Neupositionierung der Kulturpolitik im politischen Gesamtsystem im Sinne eines umfassenden Mentalitätswandels leisten: Sowohl in Deutschland, als auch in Italien wäre es notwendig, Kulturpolitik (analog zur Bildungspolitik) verstärkt ins Zentrum des Regierungshandelns zu rücken – und zwar auf allen politischen Ebenen. Sie müsste sich aktiv als „Zukunftspolitik" ausrichten und sollte in ihren Bemühungen nicht nachlassen, sich als zentraler Motor gesellschaftlicher und auch wirtschaftlicher Weiterentwicklung zu positionieren. Dementsprechend müssten dringend langfristige Perspektiven entwickelt werden, die den Zusammenhang zwischen Kulturlandschaft, regionaler Identität und auch Tourismus klar akzentuieren sowie eine gemeinsame Zielrichtung definieren, die in Kooperation zwischen den einzelnen Sektoren Umsetzung finden sollten. Zu berücksichtigen ist bei diesen Umwälzungsprozessen jedoch stets, dass keine einseitige Ökonomisierung der Kulturlandschaft erfolgen darf: Die Kulturorte müssen nach wie vor ihre spezifisch identitätsstiftende Funktion für die jeweilige Region und ihre BürgerInnen behalten, die sich weiterhin als Erben und „Besitzer" wahrnehmen sollen und nicht in reine Konsumenten verwandeln dürfen. Erfolgreiche Kulturpolitik geht somit weit über Oper und Bibliothek, Museum und Denkmal hinaus – ihre ideellen, sozialen und gesellschaftlichen Komponenten müssen stets mitgedacht werden.

Zusammenfassend lässt sich festhalten, dass Kulturpolitik in Deutschland und Italien auf einem dreigliedrigen System (Staat, Markt, dritter Sektor) basiert, wobei der erste Sektor in Italien – trotz einer gewissen Öffnung seit den 1990er Jahren – stärker dominiert als dies in Deutschland der Fall ist, wo ein eher kooperatives Verständnis von Kulturpolitik erkennbar ist bzw. wo sich der erste Sektor in einer eher steuernden Rolle sieht. In beiden Ländern wird Kulturpolitik von sämtlichen Regierungsebenen getragen. Während aber in Italien durch das *MIBACT* – mit seinen umfangreichen Institutionen auch innerhalb der Regionen sowie dem im Verhältnis zu Deutschland größeren Anteil am kulturpolitischen Gesamtbudget – die nationale Ebene deutlich mehr Gewicht aufweist, ist Kulturpolitik in Deutschland Ländersache bzw. kann als Kommunalpolitik bezeichnet werden. Im Ergebnis zeigt sich zudem, dass in Deutschland sämtliche Ebenen ähnliche kulturpolitische Ziele verfolgen, während sich in Italien verschiedene Ideen von Kulturpolitik bzw. diverse Kulturbegriffe und damit einhergehend abweichende Zielsetzungen herausarbeiten lassen: Während auf höchster Ebene ein eher elitärer, legislativ orientierter und primär auf das Kulturerbe und dessen Erhalt ausgerichteter Ansatz dominiert, orientieren sich die Regionen und Kommunen eher an soziokulturellen Zielsetzungen und stellen die Themenfelder *accessibilità* und *valorizzazione* in den Mittelpunkt.

Diese Herangehensweise der unteren Regierungsebenen ist mit derjenigen in Deutschland vergleichbar, wo ebenfalls an der Absenkung der Zugangsbarrieren und der Ausweitung des Publikums gearbeitet wird. Es besteht somit in beiden Ländern Konsens darüber, dass Kunst und Kultur für alle BürgerInnen da sein muss und der Staat die Verpflichtung hat, ein entsprechendes Angebot bereitzustellen. Inhaltlich changiert Kulturpolitik in beiden Ländern zwischen Hochkultur und Breitenkultur und es wird ein Zusammenspiel von kulturellen Highlights und niederschwelligen Angeboten angestrebt. Jedoch ist diese Struktur mit ihren Leuchttürmen und Kirchtürmen, die sich gegenseitig ergänzen, in Folge der geringen finanziellen Spielräume momentan in beiden Ländern in ihrer Vielfalt bedroht: Schwerpunktsetzung und Regionalisierung erscheinen unumgänglich – Kulturpolitik wird folglich strukturellen Veränderungen unterliegen, kann diese jedoch auch aktiv mitgestalten. Insgesamt lassen sich die Erkenntnisse der vorliegenden Arbeit im Sinne der Weiterentwicklung der kulturpolitischen Motivkette zusammenfassen: In Deutschland sind aktuell das Bildungs-, das Identitäts- und das Konsolidierungsmotiv zentral; in Italien ist im Moment insbesondere Letzteres von Bedeutung. Unter anderem die schwierige Finanzlage des Kultursektors macht deutlich, dass dieser in beiden Ländern unter einem Legitimationsproblem leidet. Häufig wird an die Kulturpolitik deshalb die Forderung nach sekundären Wirkungen gestellt – eine Entwicklung, die Potenziale aber auch Gefahren mit sich bringt.

Die vorangegangenen Analysen zeigen, dass KulturpolitikerInnen in Deutschland und Italien einen interdisziplinären Ansatz verfolgen möchten, der die zentralen Elemente Kulturelle Bildung, Stadtentwicklungsprogramme, Tourismus sowie Kultur- und Kreativindustrie mit einschließt und Kulturpolitik vor diesem Hintergrund als Querschnittsaufgabe definiert. Nicht zuletzt deshalb kann Kulturpolitik als Strukturpolitik bezeichnet werden, der vielfältige Wirkungspotenziale zugeschrieben werden und die v.a. dazu beitragen soll, eine neue Bildungs- und Identitätstradition in den vormals industriell geprägten Städten Turin und Essen zu etablieren.

Die detaillierte Analyse der Kulturpolitik in Turin hat gezeigt, dass sich diese – auch im Vergleich zu anderen Städten und Regionen Italiens – auf einem guten Weg befindet: Das Modell, Kultur als entscheidenden Aspekt in der städtischen Gesamtentwicklung zu berücksichtigen, sollte weiterverbreitet werden. Die Definition konkreter Zielsetzungen u.a. durch die Formulierung von Kulturentwicklungsplänen wäre als Standard zu etablieren und Turin darf nicht nachlassen in den Bemühungen, sich als kulturell relevant und innovativ zu positionieren. Die Profilbildung – weg vom Image der grauen, industriell geprägten *Fiat*-Stadt, hin zu einer modernen Metropole mit einem attraktiven kulturellen Angebot mit Fokus auf *arte contemporanea* – scheint gelungen und erfordert nun eine aktive Weiterverfolgung dieses Weges. Auch Essen und das Ruhrgebiet sollten sich – über die *RUHR.2010* hinaus – als „Schicksalsgemeinschaft" begreifen und aufbauend auf den im Zuge der Kulturhauptstadt etablierten intensiven Kooperationen und der Positionierung als Metropole der Industriekultur gemeinsam in die Zukunft gehen. Die Interpretation von Kulturpolitik als langfristig wirksamer Strukturpolitik kann dabei als Wegweiser dienen. Die Analyse der Kulturpolitik in Essen und Turin legt die Erkenntnis nahe, dass kulturpolitische Veränderungsprozesse durch internationale Großprojekte an Dynamik gewinnen können: Während in Turin durch die Olympischen Spiele die Neuprofilierung der Stadt einen entscheidenden Schub erhielt, übernahm für Essen die Umsetzung der Kulturhauptstadt Europas diese Funktion.[1513] Generell sollten jedoch langfristige Veränderungen angestrebt werden, denn nur dann wird eine grundsätzliche und somit strukturelle Wirksamkeit möglich. Doch da es sich auch bei Kulturpolitik stets um Politik im wörtlichen Sinne handelt, ist diese wie alle Politikbereiche stets abhängig von den drei zentralen Dimensionen des Politischen – *polity, policy* und *politics* – und muss ihre spezifischen Zielsetzungen folglich in Einklang mit den realen Möglichkeiten von Politik bringen.

Als abschließendes Ergebnis der vorliegenden Arbeit lässt sich somit festhalten, dass Kulturpolitik tatsächlich als Strukturpolitik wirksam werden kann und sowohl in Deutschland als auch in Italien Ansätze einer derartigen Interpretation von Kulturpolitik erkennbar sind. Es bleibt zu wünschen, dass in der Folge Kunst und Kultur (wieder) verstärkt in den Mittelpunkt politischer Entscheidungen rücken und dadurch einen Beitrag zur gesellschaftlichen Weiterentwicklung leisten können – ohne dabei jedoch Kunst und Kultur einseitig zu vereinnahmen.

1513 2019 wird eine italienische Stadt den Titel der Kulturhauptstadt Europas tragen. Die Bewerbung von über 20 Städten macht deutlich, dass diese sich von der Durchführung einen beträchtlichen Innovationsschub erwarten. Aktuell sind noch Cagliari, Lecce, Matera, Perugia, Ravenna und Siena in der engeren Wahl.

7. Anhang

Abkürzungsverzeichnis

BIP:	Bruttoinlandsprodukt
BKM:	Beauftragte(r) der Bundesregierung für Kultur und Medien
Codice:	Codice dei beni culturali e del paesaggio
D.Lg.:	Decreto Legislativo
DPR:	Decreto del Presidente della Repubblica
EU:	Europäische Union
ISTAT:	Istituto Nazionale di Statistica
Lg.:	Legge
MIBAC:	Ministero per i Beni e le Attività Culturali
MIBACT:	Ministero dei Beni e delle Attività Culturali e del Turismo
NRW:	Nordrhein-Westfalen
OCP:	Osservatorio Culturale del Piemonte
PPP:	Public Private Partnership
RVR:	Regionalverband Ruhr

Kürzel der InterviewpartnerInnen in Deutschland und Italien

L:	Landesebene
KD:	Kommunale Ebene Deutschland
R:	Regionale Ebene
K:	Kommunale Ebene
DR:	Direzione regionale
S:	Soprintendenza
RP:	Regione Piemonte
CT:	Comune di Torino

Abbildungsverzeichnis

Abbildung 1: *Compendium*-Framework, Subcategories, Berlin Version............31
Abbildung 2: Samplingstruktur der InterviewpartnerInnen in Essen............58
Abbildung 3: Samplingstruktur der InterviewpartnerInnen in Turin............59
Abbildung 4: „Schweizer Modell" nach Söndermann und Weckerle............166
Abbildung 5: Größenverhältnisse der kulturellen Teilsektoren............167
Abbildung 6: Der Kreativsektor in europäischer Perspektive............168
Abbildung 7: Matrix kulturwirtschaftlicher Tätigkeitsarten............201
Abbildung 8: Die elf Teilmärkte der Kultur- und Kreativwirtschaft............213
Abbildung 9: Kulturwirtschaft und die Aufgaben der Kulturpolitik............219
Abbildung 10: Finanzausgaben staatlicher und privater Akteure in der Region Piemont 2008 bis 2011 (in Euro)............402
Abbildung 11: Kulturpolitische Entwicklung in Deutschland und Italien seit 1945............438
Abbildung 12: Strukturelle und legislative Voraussetzungen deutscher und italienischer Kulturpolitik............445
Abbildung 13: Kulturfinanzierung in Deutschland und Italien............447
Abbildung 14: Öffentliche Ausgaben der Länder (einschließlich Gemeinden) für Kultur 2007............450
Abbildung 15: Öffentliche Ausgaben für Kultur 2009 nach Körperschaftsgruppen und Kulturbereichen in % – Grundmittel............453

Leitfaden für ExpertenInneninterviews

Organizzazione concreta della politica culturale/rapporti istituzionali/ competenze

Konkrete Organisation der Kulturpolitik/institutionelle Zusammenhänge/ Kompetenzen

1. Per favore, potrebbe descrivere il proprio ambito di lavoro? Quali sono i Suoi compiti e le Sue competenze?
   Könnten Sie bitte beschreiben, welche Aufgaben Ihnen unterliegen und über welche Kompetenzen Sie verfügen?
2. Potrebbe riassumere i processi concreti all'interno della Sua istituzione?
   Beschreiben Sie bitte kurz die konkreten Abläufe innerhalb Ihrer Institution.
3. Potrebbe specificare in modo ancora più dettagliato la collaborazione tra i vari livelli politici (*Assessori – Soprintendenti – Direzione regionale – MIBAC*)?
   Könnten Sie bitte noch genauer auf die Zusammenarbeit mit den anderen politischen Ebenen bzw. die Zusammenhänge zwischen den einzelnen Ebenen (Bund, Länder, Kommunen) eingehen?
4. In questo contesto mi potrebbe dare anche qualche informazione sui periodi di pianificazione?
   Könnten Sie in diesem Zusammenhang auch auf die Planungszeiträume innerhalb Ihres Aufgabenbereichs eingehen?
5. Quali competenze in più sarebbero utili per il Suo lavoro? Le sembrerebbe logico un'estensione del campo d'azione – quanto riguarda il budget, il personale o le competenze strutturali in generale?
   Welche darüber hinausgehenden Kompetenzen wären für ihre Arbeit nützlich? Hielten Sie eine Ausdehnung ihres Handlungsspielraums (in finanzieller, personeller und struktureller Hinsicht) für sinnvoll?
6. Quale importanza ha la cooperazione con altri dipartimenti/assessori (per esempio il dipartimento per i giovani, i servizi alla famiglia, per il turismo etc.)? L'assessorato per la cultura è coinvolto in decisioni di altri assessorati?
   Welche Rolle spielt die Zusammenarbeit mit anderen Ressorts wie z.B. Jugend, Soziales, Tourismus oder mit dem Stadtplanungsamt für Ihre Arbeit? Wird das Kulturdezernat in Entscheidungen anderer Dezernate mit einbezogen?
7. Secondo Lei quali sono i principali deficit strutturali?
   Welche primären strukturellen Defizite sehen Sie?
8. L'attuale crisi finanziaria porta a cambiamenti riguardo alla politica culturale (sul livello comunale)? Si notano razionalizzazioni finanziarie? Dove

si risparmia? A quali conseguenze porta quest'austerità? Come/con quali metodi reagisce a questa situazione nuova?
Zeigt die aktuelle Finanzkrise Auswirkungen auf die (kommunale) Kulturpolitik? Sind Einsparungen spürbar? An welchen Stellen wird gespart? Welche Folgen zeigen diese Einsparungen? Wie reagieren Sie auf diese veränderte Situation?

9. Esiste un dialogo o una collaborazione con attori non-pubblici come *Federculture*, l'*ACRI*, l'*Associazione per l'Economia della Cultura* etc.? Come si informa di nuove tendenze nel Suo ambito di lavoro?
Findet ein Dialog statt bzw. erfolgt eine Zusammenarbeit mit nichtstaatlichen Akteuren wie z.B. der Kulturpolitischen Gesellschaft, dem Deutschen Kulturrat etc.? Wie informieren Sie sich über aktuelle Entwicklungen in Ihrem Aufgabenbereich?

10. Quale ruolo hanno i contributi dei privati, Public Private Partnerships, mecenatismo, *Fondazioni bancarie* e sponsorizzazione per il Suo lavoro? Durante gli ultimi anni l'importanza di questi attori è cresciuta? Come valuta questo processo?
Welche Rolle spielen private Geldgeber, Public Private Partnerships, Mäzenatentum, Stiftungen und Sponsoren für Ihre Arbeit? Hat deren Bedeutung in den letzten Jahren zugenommen? Wie bewerten Sie diese Entwicklung?

11. Dal punto di vista organizzativo/strutturale: Dove vede gli ostacoli/le sfide più grandi per il suo lavoro?
In Bezug auf die organisatorische und strukturelle Situation der Kulturpolitik: Wo sehen Sie die größten Herausforderungen in Ihrem Arbeitsfeld?

Idee della cultura, volontà di trasmettere cultura a destinatari diversi e aspettative alla propria politica culturale (in futuro)

Kulturbegriff, Kulturvermittlungsbestreben und Anspruch an die eigene Kulturpolitik (der Zukunft)

12. Su un livello più astratto: Che cosa significa „politica culturale" per Lei?
Auf einem im Vergleich zur Tagespolitik etwas abstrakteren Niveau: Was bedeutet „Kulturpolitik" für Sie?

13. Quali obiettivi generali vorrebbe raggiungere con la propria politica culturale?
Welche übergeordneten Ziele verfolgen Sie mit Ihrer Kulturpolitik?

14. Quale funzione è assegnata agli utenti concreti dell'offerta culturale? Esiste un dialogo strutturato con il pubblico? E con gli artisti della città?

Welche Rolle spielen die konkreten KulturnutzerInnen innerhalb Ihrer Kulturpolitik? Gibt es einen strukturierten Dialog mit dem Kulturpublikum (z.B. durch Besucherbefragungen)? Und mit den KünstlerInnen der Stadt?
15. Quali sono le barriere principali all'accessibilità dell'offerta culturale nella Sua città? Perché solo una piccola parte della popolazione approfitta dell'offerta culturale?
Welche hauptsächlichen Barrieren sehen Sie für die Nutzung von Kulturangeboten? Weshalb nutzt nur ein kleiner Teil der Bevölkerung das kulturelle Angebot?
16. Come affronta queste barriere? Con quali strumenti cerca di eliminare queste barriere? (Con barriere intendo ostacoli sociologici e non quelle fisiche.)
Wie gehen Sie mit diesen Barrieren um? Welche Maßnahmen ergreifen Sie zum Abbau dieser Barrieren?
17. I cambiamenti demografici (più anziani, più immigrati, meno pubblico) hanno un influsso sulla politica culturale?
Wirkt sich der demographische Wandel (Bevölkerung wird kleiner, älter und internationaler) auf die Kulturpolitik aus?
18. Come vede il futuro della politica culturale sul livello comunale? Quali sono i temi più importanti che bisogna occuparsene?
Wie sehen Sie die Zukunft der kommunalen Kulturpolitik? Welche sind die Themen bzw. Problemfelder, die in Zukunft verstärkt berücksichtigt werden müssen?
19. Politica culturale come politica strutturale? Quale possibilità vede in un'estensione della politica culturale su altri ambiti politici?
Welches Potenzial sehen Sie für eine verstärkte Ausrichtung der Kulturpolitik auf Strukturpolitik?

Literaturverzeichnis

Ad-hoc-Arbeitsgruppe Kulturwirtschaft (Hg.) (2009): Leitfaden zur Erstellung einer statistischen Datengrundlage für die Kulturwirtschaft und eine länderübergreifende Auswertung kulturwirtschaftlicher Daten. Unter Mitarbeit von Michael Söndermann. Online verfügbar unter http://www.bundesrat.de/cln_109/DE/gremien-konf/fachministerkonf/wmk/Sitzungen/09-12-14-15-WMK/09-12-14-15-leitfaden-9,templateId=raw,property=publicationFile.pdf/09-12-14-15-leitfaden-9.pdf, zuletzt geprüft am 26.04.2013.

Adorno, Theodor W. (1972 [1960]): Kultur und Verwaltung. In: Soziologische Schriften I. Frankfurt am Main: Suhrkamp (Gesammelte Schriften, 8).

Ameln, Ralf von (2001): Die wirtschaftliche Situation der Kommunen in der Europäischen Union. In: Christian Stolorz und Ralf von Ameln (Hg.): Neue Kommunikationsformen für tradierte soziale Umgebungen. Münster: agenda Verlag, S. 63–70.

ARCUS Spa (2012): Galleria progetti. Roma. Online verfügbar unter http://www.arcusonline.org/index.php?go=attivitaeprogetti_galleriaprogetti, zuletzt geprüft am 19.10.2012.

Argano, Lucio (2011): La gestione finanziaria delle organizzazioni culturali. In: *Economia della Cultura. Rivista trimestrale dell'Associazione per l'Economia della Cultura* XXI (1), S. 3–5.

Associazione di Fondazioni e di Casse di Risparmio SPA (Hg.) (2011): Diciasettesimo rapporto sulle Fondazioni di origine bancaria - Anno 2011. Roma. Online verfügbar unter http://www.acri.it/17_ann/default.asp#, zuletzt geprüft am 16.03.2013.

Associazione di Fondazioni e di Casse di Risparmio SPA (2012a): Bibliografia. Online verfügbar unter http://www.acri.it/3_fond/3_fond_files/bibl/bibl.pdf, zuletzt geprüft am 15.04.2012.

Associazione di Fondazioni e di Casse di Risparmio SPA (2012b): L'Acri. Online verfügbar unter http://www.acri.it/1_chis/default.asp, zuletzt geprüft am 15.04.2012.

Associazione di Fondazioni e di Casse di Risparmio SPA (2013a): La storia. Online verfügbar unter http://www.acri.it/2_cass/2_cass0001.asp, zuletzt geprüft am 14.03.2013.

Associazione di Fondazioni e di Casse di Risparmio SPA (2013b): Evoluzione normativa. Online verfügbar unter http://www.acri.it/3_fond/3_fond0005.asp, zuletzt geprüft am 18.03.2013.

Associazione per l'Economia della Cultura (2013a): Presentazione. Online verfügbar unter http://www.economiadellacultura.it/index.php?option=com_content&view=article&id=1&Itemid=5, zuletzt geprüft am 19.03.2013.

Associazione per l'Economia della Cultura (2013b): Rivista Economia della Cultura. Online verfügbar unter http://www.economiadellacultura.it/index.php?option=com_content&view=article&id=161&Itemid=9, zuletzt geprüft am 19.03.2013.

Bachstein, Andrea (01.02.13): Im neuen Gewand. Wer weiß schöne Fassaden mehr zu schätzen als die Mode? In Italien spendieren Modeunternehmer Millionensummen, um ikonografische Kulturdenkmäler zu restaurieren. Nicht ganz uneigennützig, versteht sich. In: *Süddeutsche Zeitung*, 01.02.2013 (27), S. 10.

Bandelow, Volker (2012): Über die Praxiserfahrung und über die öffentliche Kulturverwaltung. Zwei Einwürfe. In: Ulrike Blumenreich (Hg.): Studium - Arbeitsmarkt - Kultur. Ergebnisse des Forschungsprojektes. Bonn/Essen: Klartext Verlag (Dokumentation / Kulturpolitische Gesellschaft, 70), S. 258–261.

Barbati, Carla (2006a): Le forme di gestione. In: Carla Barbati, Marco Cammelli und Girolamo Sciullo (Hg.): Il diritto dei beni culturali. Bologna: Il mulino, S. 193–226.

Barbati, Carla (2006b): I soggetti. In: Carla Barbati, Marco Cammelli und Girolamo Sciullo (Hg.): Il diritto dei beni culturali. Bologna: Il mulino, S. 97–164.

Bartella, Raimund (2003): Finanzkrise lässt kommunale Kulturausgaben abschmelzen. In: *Kulturpolitische Mitteilungen* (103), S. 41–42. Online verfügbar unter http://www.kupoge.de/kumi/pdf/kumi103/kumi103_41-42.pdf, zuletzt geprüft am 16.01.2012.

Bayerische Staatsregierung (25.06.1973): Gesetz zum Schutz und zur Pflege der Denkmäler, vom 27.07.2009. Fundstelle: BayRS IV, S. 354. Online verfügbar unter http://www.gesetze-bayern.de/jportal/portal/page/bsbayprod.psml?showdoccase=1&doc.id=jlr-DSCHGBYrahmen&doc.part=X&doc.origin=bs, zuletzt geprüft am 15.04.2013.

Beauftragter der Bundesregierung für Kultur und Medien (2003): Eckpunkte für die Systematisierung der Kulturförderung von Bund und Ländern und für die Zusammenführung der Kulturstiftung des Bundes und der Kulturstiftung der Länder zu einer gemeinsamen Kulturstiftung. Berlin. Online verfügbar unter http://www.kulturrat.de/dokumente/Dokumente/eckpunktepapier.htm, zuletzt geprüft am 12.01.2012.

Beauftragter der Bundesregierung für Kultur und Medien (2013): Der Staatsminister und sein Amt. Organisation. Online verfügbar unter http://www.

bundesregierung.de/Webs/Breg/DE/Bundesregierung/BeauftragterfuerKulturundMedien/staatsministerAmt/organisation/_node.html, zuletzt geprüft am 05.07.2013.

Bellers, Jürgen; Kipke, Rüdiger (2006): Einführung in die Politikwissenschaft. 4. Aufl. München [u.a.]: Oldenbourg (Lehr- und Handbücher der Politikwissenschaft).

Bellisario, Maria Grazia (2004): Una risorsa aggiuntiva: Il gioco del lotto. In: Carla Bodo und Celestino Spada (Hg.): Rapporto sull'economia della cultura in Italia 1990–2000. Unter Mitarbeit von Cristina Da Milano. Bologna: Il mulino, S. 239–241.

Bendixen, Peter (1997): Der Markt als Regulator kultureller Leistungen. In: Thomas Heinze (Hg.): Kulturmanagement II. Konzepte und Strategien. Opladen: Westdeutscher Verlag, S. 11–47.

Berg-Schlosser, Dirk; Cronqvist, Lasse (2012): Aktuelle Methoden der Vergleichenden Politikwissenschaft. Einführung in konfigurationelle (QCA) und makro-quantitative Verfahren. Opladen, Farmington Hills: Verlag Barbara Budrich.

Beyme, Klaus von (1998a): Die Kunst der Macht und die Gegenmacht der Kunst. Studien zum Spannungsverhältnis von Kunst und Politik. Frankfurt am Main: Suhrkamp Taschenbuch Verlag.

Beyme, Klaus von (1998b): Kulturpolitik und nationale Identität. Studien zur Kulturpolitik zwischen staatlicher Steuerung und gesellschaftlicher Autonomie. Opladen, Wiesbaden: Westdeutscher Verlag GmbH.

Biase, Francesco de (2008): La centralità dello spettatore. In: Francesco de Biase (Hg.): L'arte dello spettatore, il pubblico della cultura tra bisogni, consumi e tendenze. Milano: FrancoAngeli, S. 1–6. Online verfügbar unter http://www.fizz.it/home/articoli/2008/66-la-centralita-dello-spettatore, zuletzt geprüft am 17.09.2012.

Bína, Vladimír et al. (2012): ESSnet-Culture. European Statistical System Network on Culture. Final Report. Hg. v. ESSnet. Luxemburg.

Blumenreich, Ulrike; Wagner, Bernd (2010): Compendium of Cultural Policies and Trends in Europe - Country Profile: Germany. Hg. v. Council auf Europe und ERICarts. Online verfügbar unter http://www.culturalpolicies.net/down/germany_122010.pdf, zuletzt aktualisiert am August 2009, zuletzt geprüft am 22.02.2011.

Bobbio, Luigi (1994): Programmi, attori e interazioni nella politica dei beni culturali in Italia. In: Giorgio Brosio (Hg.): Economia e politica dei beni culturali. Turin: La Rosa Editrice, S. 5–94.

Bocci, Claudio; Mommo, Chiara (2009): L'Europa e la cultura. La cultura per l'Europa. In: Roberto Grossi (Hg.): Crisi economica e competitività. La cultura al centro o ai margini dello sviluppo? Sesto rapporto annuale federculture 2009. Milano: ETAS, S. 169–182.

Bodo, Carla (1994a): Introduzione. In: Dipartimento per l'informazione e l'editoria. Presidenza del Consiglio dei Ministri (Hg.): Rapporto sull'economia della cultura in Italia 1980–1990. A cura di Carla Bodo. Roma: Istituto Poligrafico e Zecca dello Stato, S. XIX–XXVII.

Bodo, Carla (1994b): Introduzione alla Sezione I: Beni Culturali. In: Dipartimento per l'informazione e l'editoria. Presidenza del Consiglio dei Ministri (Hg.): Rapporto sull'economia della cultura in Italia 1980–1990. A cura di Carla Bodo. Roma: Istituto Poligrafico e Zecca dello Stato, S. 147–154.

Bodo, Carla (1994c): Le risorse finanziarie. In: Dipartimento per l'informazione e l'editoria. Presidenza del Consiglio dei Ministri (Hg.): Rapporto sull'economia della cultura in Italia 1980–1990. A cura di Carla Bodo. Roma: Istituto Poligrafico e Zecca dello Stato, S. 177–199.

Bodo, Carla (1994d): Le risorse finanziarie per la cultura. In: Dipartimento per l'informazione e l'editoria. Presidenza del Consiglio dei Ministri (Hg.): Rapporto sull'economia della cultura in Italia 1980–1990. A cura di Carla Bodo. Roma: Istituto Poligrafico e Zecca dello Stato, S. 67–122.

Bodo, Carla (1994e): L'evoluzione del quadro istituzionale negli anni ottanta. In: Dipartimento per l'informazione e l'editoria. Presidenza del Consiglio dei Ministri (Hg.): Rapporto sull'economia della cultura in Italia 1980–1990. A cura di Carla Bodo. Roma: Istituto Poligrafico e Zecca dello Stato, S. 155–164.

Bodo, Carla (2012): Italy/4.2 Specific policy issues and debates. 4.2.1 Conceptual issues of policies for the arts. Online verfügbar unter http://www.culturalpolicies.net/web/italy.php?aid=421&curln=103, zuletzt aktualisiert am 08.08.12, zuletzt geprüft am 16.01.2013.

Bodo, Carla; Bodo, Simona (2010): Compendium of Cultural Policies and Trends in Europe - Country Profile Italy. Hg. v. Council auf Europe und ERICarts. Online verfügbar unter http://www.culturalpolicies.net/down/italy_012010.pdf, zuletzt aktualisiert im Januar 2010, zuletzt geprüft am 22.02.2011.

Bodo, Carla; Bodo, Simona (2012): Compendium of Cultural Policies and Trends in Europe - Country Profile Italy. Hg. v. Council auf Europe und ERICarts. Online verfügbar unter http://www.culturalpolicies.net/web/profiles-download.php, zuletzt geprüft am 23.01.2013.

Bodo, Carla; Meucci, Luigi; Consolini, Paolo (2004a): La spesa pubblica. In: Carla Bodo und Celestino Spada (Hg.): Rapporto sull'economia della cultura in

Italia 1990–2000. Unter Mitarbeit von Cristina Da Milano. Bologna: Il mulino, S. 79–110.

Bodo, Carla; Spada, Celestino (2004a): Introduzione. In: Carla Bodo und Celestino Spada (Hg.): Rapporto sull'economia della cultura in Italia 1990–2000. Unter Mitarbeit von Cristina Da Milano. Bologna: Il mulino, S. 11–19.

Bodo, Carla; Spada, Celestino (Hg.) (2004b): Rapporto sull'economia della cultura in Italia 1990–2000. Unter Mitarbeit von Cristina Da Milano. Bologna: Il mulino.

Bodo, Carla; Spada, Celestino; Stumpo, Giulio; Devescovi, Francesco; Coni, Stefania; Dal Pozzolo, Luca (2004b): La spesa privata. In: Carla Bodo und Celestino Spada (Hg.): Rapporto sull'economia della cultura in Italia 1990–2000. Unter Mitarbeit von Cristina Da Milano. Bologna: Il mulino, S. 121–145.

Bodo, Simona; Da Milano, Cristina (2007): Le politiche di inclusione sociale in Italia e in Europa. In: Formez (Hg.): Strategie e politiche per l'accesso alla cultura. Roma: La Piramide (63), S. 127–145.

Bogner, Alexander; Menz, Wolfgang (2005): Das theoriegenerierende Experteninterview. Erkenntnisinteresse, Wissensformen, Interaktion. In: Alexander Bogner, Beate Littig und Wolfgang Menz (Hg.): Das Experteninterview. Theorie, Methode, Anwendung. 2. Auflage. Wiesbaden: VS Verlag für Sozialwissenschaften, S. 33–70.

Bohnsack, Ralf (2000): Rekonstruktive Sozialforschung: Einführung in die Methodologie und Praxis qualitativer Forschung. 4., durchgesehene Auflage. Opladen: Leske + Budrich.

Bohnsack, Ralf; Marotzki, Winfried; Meuser, Michael (2011): Hauptbegriffe qualitativer Sozialforschung. 3. Auflage. Opladen [u.a.]: Budrich (UTB Erziehungswissenschaft, Sozialwissenschaft, 8226).

Bollenbeck, Georg (1996): Bildung und Kultur. Glanz und Elend eines deutschen Deutungsmusters. Berlin: Suhrkamp.

Bonini Baraldi, Sara (2007): Management, beni culturali e pubblica amministrazione. Milano: FrancoAngeli.

Borgognosi, Silvia; Camaleonte, Flavia (2009): Conseguenze delle politiche di investimento pubblico per la cultura e lo spettacolo: lo Stato, le Regioni, gli enti locali. In: Roberto Grossi (Hg.): Crisi economica e competitività. La cultura al centro o ai margini dello sviluppo? Sesto rapporto annuale federculture 2009. Milano: ETAS, S. 105–125.

Borioni, Rita; Untolini, Alessandra (2006): La questione ARCUS S.p.a. In: Rita Borioni (Hg.): Beni di tutti e di ciascuno. Il difficile equilibrio tra pubblico e privato nella politica per i beni culturali. Roma: Solaris, S. 153–169.

Borletti Buitoni, Ilaria (2012): Il contributo dei privati allo sviluppo della cultura. In: Roberto Grossi (Hg.): Rapporto annuale federculture 2012. Cultura e sviluppo. La scelta per salvare l'Italia. Pero: 24 ORE Cultura, S. 71–75.

Borrelli, Licia Vlad (2010): Ricostruzioni e restauri nell'immediato dopoguerra. In: Ministero per i beni e le attività culturali, gli Istituti Culturali ed il Diritto d'Autore, Direzione Generale per i Beni Liberari und Comitato Nazionale per le celebrazioni del centenario del primo regolamento organico di tutela (1904) (Hg.): Riflessioni sulla tutela. Temi, problemi, esperienze. Unter Mitarbeit von Elena de Cagiano Azevedo und Roberta Geremia Nucci. Firenze: Edizioni Polistampa, S. 91–106.

Bourdieu, Pierre (1982): Die feinen Unterschiede. Kritik der gesellschaftlichen Urteilskraft. Frankfurt am Main: Suhrkamp.

Braun, Günther E.; Gallus, Thomas; Scheytt, Oliver (1996): Kultur-Sponsoring für die kommunale Kulturarbeit. Grundlagen, Praxisbeispiele, Handlungsempfehlungen für Kulturmanagement und -verwaltung. Köln: Deutscher Gemeindeverlag [u.a.].

Brüse, Fritz (1988): Kulturpolitik auf neuen Wegen. Tendenzen, Projekte, Zielgruppen. Köln: Deutscher Gemeindeverlag und Verlag W. Kohlhammer.

Brüse, Fritz (1992): Von der alternativen Kultur zur kulturellen Innovation; Integration der Alternativbewegung in den normalen Kulturalltag. In: Deutscher Städtetag (Hg.): Fünf Jahrzehnte kommunale Kulturpolitik. Unter Mitarbeit von Helmut Lange. Köln: Deutscher Städtetag (Reihe C, DST-Beiträge zur Bildungs- und Kulturpolitik, 20), S. 35–38.

Bülow, Vicco von (2007): Daten zum Kulturengagement der Evangelischen Kirche in Deutschland und ihrer Gliedkirchen. In: Olaf Zimmermann und Theo Geißler (Hg.): Die Kirchen, die unbekannte kulturpolitische Macht. Unter Mitarbeit von Gabriele Schulz. Deutscher Kulturrat. Berlin, S. 98–101.

Bundesministerium der Justiz (23.05.1949): Grundgesetz für die Bundesrepublik Deutschland. Online verfügbar unter http://www.gesetze-im-internet.de/bundesrecht/gg/gesamt.pdf, zuletzt geprüft am 20.01.2012.

Bundesministerium der Justiz (23.05.1949): Grundgesetz: Artikel 5. Online verfügbar unter http://www.gesetze-im-internet.de/gg/art_5.html, zuletzt geprüft am 20.01.2012.

Bundesministerium der Justiz (31.08.1990): Vertrag zwischen der Bundesrepublik Deutschland und der Deutschen Demokratischen Republik über die Herstellung der Einheit Deutschlands. Online verfügbar unter http://www.gesetze-im-internet.de/einigvtr/art_35.html, zuletzt geprüft am 20.01.2012.

Bundesministerium für Wirtschaft und Technologie (2009): Kultur- und Kreativwirtschaft: Ermittlung der gemeinsamen charakteristischen Definitionselemente der heterogenen Teilbereiche der „Kulturwirtschaft" zur Bestimmung ihrer Perspektiven aus volkswirtschaftlicher Sicht. Unter Mitarbeit von Michael Söndermann et al. Köln, Bremen, Berlin. Online verfügbar unter http://www.bmwi.de/Dateien/KuK/PDF/doku-577-gesamtwirtschaftliche-perspektiven-kultur-und-kreativwirtschaft-langfassung,property=pdf,bereich=bmwi2012,sprache=de,rwb=true.pdf, zuletzt geprüft am 29.04.2013.

Bundesministerium für Wirtschaft und Technologie; Der Beauftragte der Bundesregierung für Kultur und Medien; Initiative Kultur- & Kreativwirtschaft der Bundesregierung (Hg.) (2012): Monitoring zu ausgewählten wirtschaftlichen Eckdaten der Kultur- und Kreativwirtschaft 2011. Kurzfassung. Unter Mitarbeit von Michael Söndermann. Berlin.

Bundesregierung (2001): Antwort der Bundesregierung auf die Große Anfrage der Abgeordneten Steffen Kampeter, Dr. Norbert Lammert, Bernd Neumann (Bremen), weiterer Abgeordneter und der Fraktion der CDU/CSU. Drucksache 14/4290. Berlin. Online verfügbar unter http://dipbt.bundestag.de/dip21/btd/14/069/1406993.pdf, zuletzt geprüft am 13.01.2012.

Bundesvereinigung Soziokultureller Zentren e.V.: Begriff Soziokultur. Online verfügbar unter http://www.soziokultur.de/bsz/node/17, zuletzt geprüft am 21.06.2013.

Bundesverfassungsgericht (05.03.1974): „Schallplattenurteil". Aktenzeichen BVerfGE 36, 321.

Caciagli, Mario (1986): Introduzione. In: Mario Caciagli (Hg.): Governo locale, associazionismo e politica culturale. Padova: Liviana Editrice, S. 1–20.

Caliandro, Christian; Sacco, Pier Luigi (2011): Italia Reloaded. Ripartire con la cultura. Bologna: Il mulino.

Cammelli, Marco (2004): Stato, regioni, autonomie: politiche pubbliche e assetto istituzionale. In: Carla Bodo und Celestino Spada (Hg.): Rapporto sull'economia della cultura in Italia 1990–2000. Unter Mitarbeit von Cristina Da Milano. Bologna: Il mulino, S. 33–45.

Cammelli, Marco (2006): Introduzione. In: Carla Barbati, Marco Cammelli und Girolamo Sciullo (Hg.): Il diritto dei beni culturali. Bologna: Il mulino, S. XI–XXVII.

Carandini, Andrea (2012): Per una ricostruzione della cultura in Italia. In: Roberto Grossi (Hg.): Rapporto annuale federculture 2012. Cultura e sviluppo. La scelta per salvare l'Italia. Pero: 24 ORE Cultura, S. 77–83.

Carcione, Massimo (2003): Diritti culturali: alle radici dei diritti dell'uomo. In: Guido Ravasi und Massimo Carcione (Hg.): Patrimonio in pericolo. I beni culturali tra salvaguardia e valorizzazione. Miscellanea di contributi e documenti del IV e V Convegno internazionale per la Protezione dei Beni Culturali. Milano: Edizioni Nagard, S. 111–116.

Cardinale Pacca (1820): Editto del Cardinale Pacca. Online verfügbar unter http://www.patrimonioculturale.net/testi/18200407_pacca.pdf, zuletzt geprüft am 28.02.2013.

Carmosino, Cinzia (2010): Le modalità e i luoghi della fruizione. In: Lorenzo Casini (Hg.): La globalizzazione dei beni culturali. Bologna: Il mulino, S. 197–221.

CDU/CSU, SPD (2013): Deutschlands Zukunft gestalten. Koalitionsvertrag zwischen CDU, CSU und SPD. 18. Legislaturperiode. Online verfügbar unter https://www.cdu.de/sites/default/files/media/dokumente/koalitionsvertrag.pdf, zuletzt geprüft am 17.12.2013.

Cicerchia, Annalisa; Attene, Silvia (2004): Le risorse finanziarie per i beni culturali. In: Carla Bodo und Celestino Spada (Hg.): Rapporto sull'economia della cultura in Italia 1990–2000. Unter Mitarbeit von Cristina Da Milano. Bologna: Il mulino, S. 229–238.

Cipoletta, Innocenzo (2011): L'economia della cultura nella crisi finanziaria. In: *Economia della Cultura. Rivista trimestrale dell'Associazione per l'Economia della Cultura* XXI (1), S. 7–11.

Città di Torino - Ufficio di Statistica (2012a): Popolazione residente per stato civile e circoscrizione. Online verfügbar unter http://www.comune.torino.it/statistica/dati/pdf/fammatr/2012_pop_x_scv_circ.pdf, zuletzt aktualisiert am 31.12.2012, zuletzt geprüft am 04.04.2013.

Città di Torino - Ufficio di Statistica (2012b): Prime 10 nazionalità. Nazionalità degli stranieri residenti per ogni area di provenienza e circoscrizione. Online verfügbar unter http://www.comune.torino.it/statistica/dati/pdf/stranerr/2012_nazionalita_stranieri_x_circ.pdf, zuletzt aktualisiert am 31.12.2012, zuletzt geprüft am 04.04.2013.

Commissione cultura conferenza delle Regioni e Province autonome, Commissione Beni ed Attività culturali (Hg.) (2012): Resoconto attività luglio 2011– luglio 2012. Online verfügbar unter http://www.regioni.it/, zuletzt geprüft am 23.08.2013.

Commissione Franceschini (1967): Atti della commissione Franceschini. Dichiarazioni I–LVII. Online verfügbar unter http://www.icar.beniculturali.it/biblio/pdf/Studi/franceschini.pdf, zuletzt geprüft am 09.07.2012.

Compendium of Cultural Policies and Trends in Europe (2013a): Monitoring Public Cultural Expenditure in Selected European Countries 2000-2010/11. Online verfügbar unter http://www.culturalpolicies.net/web/statistics-funding.php?aid=232&cid=80&lid=en, zuletzt aktualisiert im Juli 2013, zuletzt geprüft am 09.09.2013.

Compendium of Cultural Policies and Trends in Europe (2013b): Private Sector Sponsorship: laws, schemes and targets. Online verfügbar unter http://www.culturalpolicies.net/web/comparisons-tables.php?aid=41&cid=46&lid=en, zuletzt geprüft am 09.09.2013.

Compendium of Cultural Policies and Trends in Europe (2013c): Share of adults actively taking part in a public performance in the last 12 months (2007). Online verfügbar unter http://www.culturalpolicies.net/web/statistics-participation.php?aid=193&cid=74&lid=en, zuletzt geprüft am 09.09.2013.

Compendium of Cultural Policies and Trends in Europe (2013d): Quick Facts - Germany. Online verfügbar unter http://www.culturalpolicies.net/web/countries.php?pcid=1190, zuletzt geprüft am 10.09.2013.

Compendium of Cultural Policies and Trends in Europe (2013e): Quick Facts - Italy. Online verfügbar unter http://www.culturalpolicies.net/web/countries.php?pcid=1250, zuletzt geprüft am 10.09.2013.

Confcultura (2014): Storia. Online verfügbar unter http://www.confcultura.it/it/storia.htm, zuletzt geprüft am 14.02.2014.

Conferenza delle Regioni e delle Province autonome (Hg.) (2011): Funzionamento della Conferenza delle Regioni e delle Province Autonome. Online verfügbar unter http://www.regioni.it/it/show-informazioni/show.php?id_pagina=11, zuletzt geprüft am 26.08.2013.

Conferenza delle Regioni e delle Province autonome (2013): Informazioni. Online verfügbar unter http://www.regioni.it/it/show-informazioni/show.php?id_pagina=11, zuletzt geprüft am 13.03.13.

Cosi, Dante (2008): Diritto dei beni e delle attività culturali. Aracne. Roma. Online verfügbar unter http://www.patrimonioculturale.net/evoluzione_legislazione.htm, zuletzt geprüft am 28.02.13.

Council of Europe (1995): Cultural policy in Italy. Report by a European panel of examiners prepared by Christopher Gordon. Staßburg. Online verfügbar unter http://www.coe.int/t/dg4/cultureheritage/culture/reviews/CC-CULT95-8BItaly_EN.pdf, zuletzt geprüft am 20.05.2011.

Cristofaro, Giuseppina (2005): La sponsorizzazione culturale. In: Gaetana Trupiano (Hg.): La valorizzazione dei beni culturali. Aspetti economici, giuridici e sociologici. Milano: FrancoAngeli, S. 139-163.

Dell'Orso, Silvia (2002): Altro che musei. La questione dei beni culturali in Italia. Roma, Bari: Laterza.

Delrio, Graziano (2012): Progettare il futuro: La competitività degli enti locali. In: Roberto Grossi (Hg.): Rapporto annuale federculture 2012. Cultura e sviluppo. La scelta per salvare l'Italia. Pero: 24 ORE Cultura, S. 95–97.

Deutsche Orchestervereinigung; Zentrum für Kulturforschung (2011): Präsentation des 9. KulturBarometers. Berlin. Online verfügbar unter http://www.kulturvermittlung-online.de/pdf/9._kulturbarometer.pdf, zuletzt geprüft am 08.01.2013.

Deutsche UNESCO-Kommission e.V. (2012): Kulturelle Vielfalt. Bonn. Online verfügbar unter http://www.unesco.de/60.html, zuletzt aktualisiert am 30.01.2012, zuletzt geprüft am 04.03.2012.

Deutsche+Guggenheim: Archiv: Deutsche Guggenheim, 1997–2012. Online verfügbar unter http://www.deutsche-guggenheim.de/, zuletzt geprüft am 07.05.2013.

Deutscher Bundestag (Hg.) (2007): Schlussbericht der Enquete-Kommission „Kultur in Deutschland". Berlin (16/7000). Online verfügbar unter dipbt.bundestag.de/dip21/btd/16/070/1607000.pdf, zuletzt geprüft am 15.02.2011.

Deutscher Bundestag (2012): Ausschuss für Kultur und Medien: Aufgaben und Arbeit. Berlin. Online verfügbar unter http://www.bundestag.de/bundestag/ausschuesse17/a22/aufgaben.html, zuletzt geprüft am 03.03.2012.

Deutscher Kulturrat (1994a): Zehn Empfehlungen des Deutschen Kulturrates zur Kulturfinanzierung. In: Deutscher Kulturrat (Hg.): Zweiter Bericht zur Kulturpolitik 1993/94. Kulturfinanzierung in der Bundesrepublik Deutschland. Mit Informationen aus bundesweiten Verbänden/Institutionen des Kulturlebens und Beiträgen von Fachautoren. Bonn, S. 161–162.

Deutscher Kulturrat (Hg.) (1994b): Zweiter Bericht zur Kulturpolitik 1993/94. Kulturfinanzierung in der Bundesrepublik Deutschland. Mit Informationen aus bundesweiten Verbänden/Institutionen des Kulturlebens und Beiträgen von Fachautoren. Bonn.

Deutscher Kulturrat (2010): Was ist der Deutsche Kulturrat e.V.? Online verfügbar unter http://www.kulturrat.de/detail.php?detail=170&rubrik=1, zuletzt aktualisiert am 11.02.2010, zuletzt geprüft am 10.05.2013.

Deutscher Kulturrat (2012): Sektionen und Sprecherrat. Online verfügbar unter http://www.kulturrat.de/detail.php?detail=171&rubrik=1, zuletzt aktualisiert am 02.10.2012, zuletzt geprüft am 10.05.2013.

Deutscher Kulturrat (2013a): Vorstand legt Arbeitsschwerpunkte der nächsten drei Jahre fest. Online verfügbar unter http://www.kulturportal-deutschland. de/kp/artikel.html?artikelid=5622, zuletzt geprüft am 10.05.2013.

Deutscher Kulturrat (2013b): Politik und Kultur - Zeitung des Deutschen Kulturrates. Online verfügbar unter http://www.kulturrat.de/puk_liste. php?rubrik=puk, zuletzt aktualisiert am 01.05.2013, zuletzt geprüft am 10.05.2013.

Deutscher Kulturrat (2013c): Stellungnahme des Deutschen Kulturrates zu Kultur und Medien in der digitalen Welt. Berlin. Online verfügbar unter http:// www.kulturrat.de/detail.php?detail=2576&rubrik=4, zuletzt aktualisiert am 26.06.2013, zuletzt geprüft am 03.07.2013.

Deutscher Städte- und Gemeindebund (2013): Wir über uns: Geschichte und Aufgaben des DStGB. Online verfügbar unter http://www.dstgb.de/dstgb/ Wir%20%C3%BCber%20uns/Geschichte%20und%20Aufgaben/, zuletzt geprüft am 06.06.2013.

Deutscher Städtetag (Hg.) (1973): Wege zur menschlichen Stadt. Vorträge, Aussprachen und Ergebnisse der 17. Hauptversammlung des Deutschen Städtetages vom 2. bis 4. Mai 1973 in Dortmund. Stuttgart, Berlin, Mainz, Köln (Neue Schriften des Deutschen Städtetages, 29).

Deutscher Städtetag (Hg.) (1979): Kulturpolitik des Deutschen Städtetages. Empfehlungen und Stellungnahmen von 1952 bis 1978. Unter Mitarbeit von Jochen von Uslar. Köln (Reihe C, DST-Beiträge zur Bildungs- und Kulturpolitik).

Deutscher Städtetag (Hg.) (1991a): Der kommunale Kulturauftrag. Eine Arbeitshilfe für die Kulturarbeit in Städten und Gemeinden. Unter Mitarbeit von Jürgen Grabbe. Köln (Reihe C, DST-Beiträge zur Bildungs- und Kulturpolitik).

Deutscher Städtetag (Hg.) (1991b): Diskurs Kultur. „Die Zukunft der Arbeitsgesellschaft und der Kulturpolitik". Referate, Grundsatzpapiere und Materialien zum Nürnberger Symposion „Diskurs Kultur" vom März 1990. Köln (Reihe C, DST-Beiträge zur Bildungs- und Kulturpolitik).

Deutscher Städtetag (Hg.) (1992): Fünf Jahrzehnte kommunale Kulturpolitik. Unter Mitarbeit von Helmut Lange. Köln: Deutscher Städtetag (Reihe C, DST-Beiträge zur Bildungs- und Kulturpolitik). Online verfügbar unter http:// www.dandelon.com/isearch/intelligentSEARCH_CLASSICS.nsf/alldocs/ C1257680005BA284C12571250036F3C9/.

Deutscher Städtetag (Hg.) (2009): Kultur in Deutschland aus Sicht der Städte. Positionsbestimmung zum Bericht der Enquete-Kommission „Kultur in

Deutschland" des Deutschen Bundestages. Beschluss des Hauptausschusses des Deutschen Städtetages in der 196. Sitzung am 05. November 2009 in Berlin. Berlin. Online verfügbar unter http://www.staedtetag.de/10/schwerpunkte/artikel/00008/zusatzfenster65.html, zuletzt geprüft am 17.02.2011.

Deutscher Städtetag (Hg.) (2011): Statistisches Jahrbuch Deutscher Gemeinden. Berlin.

Deutscher Städtetag (2013a): Bundesvereinigung der kommunalen Spitzenverbände. Online verfügbar unter http://www.staedtetag.de/wirueberuns/bv/index.html, zuletzt geprüft am 06.06.2013.

Deutscher Städtetag (2013b): Start: Der Deutsche Städtetag - die Stimme der Städte. Online verfügbar unter http://www.staedtetag.de/index.html, zuletzt geprüft am 06.06.2013.

Deutsches Reich (11.08.1919): Die Verfassung des Deutschen Reichs. (Weimarer Reichsverfassung). Online verfügbar unter http://www.documentarchiv.de/wr/wrv.html, zuletzt geprüft am 31.01.2012.

Di Bello, Rossana (1998): Beni culturali: un nuovo ruolo per le Regioni. In: Roberto Grossi und Stefania Debbia (Hg.): Cantiere cultura. Beni culturali e turismo come risorsa di sviluppo locale: progetti, strumenti, esperienze. Milano: Il Sole 24 Ore, S. 20–21.

Di Luca, Roberta (2010): Sullo sfondo storico. La questione odierna della tutela del paesaggio e dell'ambiente. In: Ministero per i beni e le attività culturali, gli Istituti Culturali ed il Diritto d'Autore, Direzione Generale per i Beni Liberari und Comitato Nazionale per le celebrazioni del centenario del primo regolamento organico di tutela (1904) (Hg.): Riflessioni sulla tutela. Temi, problemi, esperienze. Unter Mitarbeit von Elena de Cagiano Azevedo und Roberta Geremia Nucci. Firenze: Edizioni Polistampa, S. 65–87.

Diekamp, Busso (1992): Kulturausschuss in den 70er und 80er Jahren; Einschnitte durch „Neue Kulturpolitik", finanzielle Mängel in den 80ern, politische Umwälzungen Ende der 80er Jahre. In: Deutscher Städtetag (Hg.): Fünf Jahrzehnte kommunale Kulturpolitik. Unter Mitarbeit von Helmut Lange. Köln: Deutscher Städtetag (Reihe C, DST-Beiträge zur Bildungs- und Kulturpolitik), S. 32–34.

Duda, Alexandra (2002): Begründung und Effektivität von Kulturstiftungen in Form einer Public Private Partnership. Münster: Lit Verlag (Hagener Studien zum Kulturmanagement, 6).

Dunker, Klaus (1994): Management und Steuerung in der Kulturverwaltung. In: Thomas Heinze (Hg.): Kulturmanagement. Professionalisierung kommunaler Kulturarbeit. Opladen: Westdeutscher Verlag, S. 107–117.

Dyroff, Hans-Dieter; Scheer, Brigitte (1983): Weltkonferenz über Kulturpolitik. Schlußbericht der von der Unesco vom 26. Juli bis 6. August 1982 in Mexico-Stadt veranstalteten internationalen Konferenz. München: Saur (UNESCO-Konferenzberichte, 5).

Eagleton, Terry (2009): Was ist Kultur? Eine Einführung. München: Beck (Beck'sche Reihe).

Eichler, Kurt (1982): Jugend, Kultur und Politik - und die Jugendkulturpolitik? Einiges über die neue Jugendkulturbewegung. In: Kulturpolitische Gesellschaft (Hg.): Kulturpolitik ist Gesellschaftspolitik. Festschrift zum siebzigsten Geburtstag von Alfons Spielhoff am 3. Juli 1982. Unter Mitarbeit von Olaf Schwencke und Norbert Sievers. Hagen, S. 34–40.

Emiliani, Andrea (2010): I percorsi della tutela dall'editto pacca all'unificazione italiana. In: Ministero per i beni e le attività culturali, gli Istituti Culturali ed il Diritto d'Autore, Direzione Generale per i Beni Liberari und Comitato Nazionale per le celebrazioni del centenario del primo regolamento organico di tutela (1904) (Hg.): Riflessioni sulla tutela. Temi, problemi, esperiance. Unter Mitarbeit von Elena de Cagiano Azevedo und Roberta Geremia Nucci. Firenze: Edizioni Polistampa, S. 21–27.

Endreß, Alexander (2005): Die Kulturpolitik des Bundes. Strukturelle und inhaltliche Neuorientierung zur Jahrtausendwende? Berlin: Duncker & Humblot (Soziologische Schriften, 78).

Ermert, Karl (2009): Was ist kulturelle Bildung? Bundeszentrale für politische Bildung. Online verfügbar unter http://www.bpb.de/gesellschaft/kultur/kulturelle-bildung/59910/was-ist-kulturelle-bildung?p=0, zuletzt aktualisiert am 23.07.2009, zuletzt geprüft am 20.06.2013.

Ermert, Karl; Land, Thomas (2000): Vorwort. In: Bundesakademie für kulturelle Bildung Wolfenbüttel (Hg.): Die Förderung von Kunst und Kultur in den Kommunen. Dokumentation der Tagung „Die Förderung von Kunst und Kultur in den Kommunen" der Bundesakademie für kulturelle Bildung Wolfenbüttel in Verbindung mit der Kulturpolitischen Gesellschaft vom 17. bis 18. Mai 2000. Unter Mitarbeit von Karl Ermert und Thomas Lang. Wolfenbüttel (Wolfenbütteler Akademie-Texte), S. 5–7.

Essen für das Ruhrgebiet (Hg.) (2010): Mission Statement. Online verfügbar unter http://www.essen-fuer-das-ruhrgebiet.ruhr2010.de/ruhr2010-gmbh/unternehmenskultur/mission-statement.html, zuletzt geprüft am 22.08.2013.

Europäische Kommission (2012a): Kultur: Unsere Programme und Aktionen. Brüssel. Online verfügbar unter http://ec.europa.eu/culture/index_de.htm, zuletzt aktualisiert am 04.03.2012, zuletzt geprüft am 04.03.2012.

Europäische Kommission (2012b): Kultur in anderen EU-Programmen. Online verfügbar unter http://ec.europa.eu/culture/eu-funding/culture-in-other-eu-programmes_de.htm, zuletzt aktualisiert am 07.12.2012, zuletzt geprüft am 17.05.2013.

Europäische Kommission (2014): Kreatives Europa: Förderprogramm für Europas Kultur- und Kreativsektor ab 2014. Online verfügbar unter http://ec.europa.eu/culture/creative-europe/index_de.htm, zuletzt aktualisiert am 03.01.2014, zuletzt geprüft am 08.01.2014.

Europäische Kommission, Vertretung in Deutschland (2012c): Kulturerbe Pompeji: EU-Kommission finanziert Restaurierung. Europäische Kommission. Online verfügbar unter http://ec.europa.eu/deutschland/press/pr_releases/10561_de.htm, zuletzt aktualisiert am 29.03.2012, zuletzt geprüft am 25.01.2012.

Europäische Union (10.11.1997): Vertrag von Amsterdam zur Änderung des Vertrags über die Europäische Union, der Verträge zur Gründung der Europäischen Gemeinschaften sowie einiger damit zusammenhängender Rechtsakte. Online verfügbar unter http://eur-lex.europa.eu/de/treaties/dat/11997D/htm/11997D.html, zuletzt geprüft am 20.01.2012.

Europäische Union (2013): Kultur. Online verfügbar unter http://europa.eu/pol/cult/index_de.htm, zuletzt aktualisiert am 30.04.2013, zuletzt geprüft am 15.05.2013.

Europäisches Parlament, Policy Department Structural and Cohesion Policies (Hg.) (2006): Financing the arts and culture in the European Union. Online verfügbar unter http://www.culturalpolicies.net/web/files/134/en/Financing_the_Arts_and_Culture_in_the_EU.pdf, zuletzt geprüft am 07.09.2013.

Europarat (1972): The Arc-et-Senans Declaration. Adopted by the Colloquium on the Future of Cultural Development (7.–11. April 1972). Final statement. Online verfügbar unter http://www.ifa.de/pdf/abk/inter/arc_et_senans.pdf, zuletzt geprüft am 23.11.2011.

Eurostat (Hg.) (2011): Cultural Statistics (Eurostat Pocketbooks). Online verfügbar unter http://epp.eurostat.ec.europa.eu/cache/ITY_OFFPUB/KS-32-10-374/EN/KS-32-10-374-EN.PDF, zuletzt geprüft am 09.09.2013.

Eurostat (2012): Youth unemployment rate, persons aged 15–24 years, by NUTS 2 regions, 2010. Europäische Kommission. Online verfügbar unter http://epp.eurostat.ec.europa.eu/statistics_explained/index.php?title=File:Youth_unemployment_rate,_persons_aged_15-24_years,_by_NUTS_2_regions,_2010_%28%25%29-de.png&filetimestamp=20121026125321, zuletzt aktualisiert am 26.10.2012, zuletzt geprüft am 20.08.2013.

Federculture (2008): Statuto Federculture. Federculture, turismo, sport e tempo libero - Federazione delle Aziende, Società ed Enti di gestione di cultura, turismo, sport e tempo libero. Roma. Online verfügbar unter http://www.federculture.it/federculture-2/chi-siamo/, zuletzt geprüft am 20.03.2013.

Federculture (2012): Il finanziamento alla cultura: Gli investimenti pubblici e il contributo dei privati. In: Roberto Grossi (Hg.): Rapporto annuale federculture 2012. Cultura e sviluppo. La scelta per salvare l'Italia. Pero: 24 ORE Cultura, S. 237–248.

Federculture (2013a): Chi siamo. Online verfügbar unter http://www.federculture.it/federculture-2/chi-siamo/, zuletzt geprüft am 19.03.2013.

Federculture (2013b): Iniziativa legislativa. Online verfügbar unter http://www.federculture.it/attivita/legislazione-e-iniziativa-parlamentare/, zuletzt geprüft am 19.03.2013.

Federculture (2013c): Ripartire dalla cultura - Cinque proposte e dieci obiettivi per guardare al futuro. Roma. Online verfügbar unter http://www.federculture.it/ripartire-dalla-cultura/, zuletzt geprüft am 19.03.2013.

Federculture (2013d): Proposte Federculture – La Cultura al centro delle politiche di sviluppo. Online verfügbar unter http://www.federculture.it/wp-content/uploads/2013/01/PROPOSTE-FED_2013.pdf, zuletzt geprüft am 23.10.2013.

Feliciani, Giorgio (2002): Beni culturali di interesse religioso. In: Fabio Maniscalco (Hg.): La tutela dei beni culturali in Italia. Volume 1. Napoli: Massa Editore, S. 333–341.

Ferretti, Marco (2007a): Le fonti di finanziamento dei musei. In: Marco Ferretti, Chiara Nova und Antonello Zangrandi (Hg.): Finanziare i musei. Promuovere qualità e orientamento al futuro. Milano: FrancoAngeli, S. 13–52.

Ferretti, Marco (2007b): Il finanziamento dei musei statali. In: Marco Ferretti, Chiara Nova und Antonello Zangrandi (Hg.): Finanziare i musei. Promuovere qualità e orientamento al futuro. Milano: FrancoAngeli, S. 175–189.

Ferri, Pier Giorgio (2001): Il Testo unico dei beni culturali e ambientali. In: Pier Giorgio Ferri und Marcello Pacini (Hg.): La nuova tutela dei beni culturali e ambientali. Tutte le norme di tutela e valorizzazione dei beni culturali e ambientali coordinate nel Testo unico (D.Lgs. 29 ottobre 1999, n. 490). Aggiornato con il regolamento per le alienazioni di immobili del demanio storico e artistico. Milano: Il Sole 24 Ore, S. 3–21.

Ferri, Pier Giorgio; Pacini, Marcello (Hg.) (2001): La nuova tutela dei beni culturali e ambientali. Tutte le norme di tutela e valorizzazione dei beni culturali e ambientali coordinate nel Testo unico (D.Lgs. 29 ottobre 1999, n. 490).

Aggiornato con il regolamento per le alienazioni di immobili del demanio storico e artistico. Milano: Il Sole 24 Ore.

Fink, Tobias; Götzky, Doreen (2011): Instrument aus der Mottenkiste oder Renaissance einer guten Idee? Kulturentwicklungsplanung für den Landkreis Peine. In: *Kulturpolitische Mitteilungen* (4), S. 16–17.

Fischer-Pass, Jürgen (2012): Wandel durch Kultur - Kultur durch Wandel. RUHR.2010. Kulturhauptstadt Europas. Online verfügbar unter http://www.ils-forschung.de/down/20120228_%20Fischer_Kulturmetropole_Ruhr_mit_RVR.pdf, zuletzt geprüft am 21.06.2013.

Fiumara, Carlotta (2007): Pubblica amministrazione ed enti non profit: alcuni veicoli giuridici per la gestione. In: Formez (Hg.): L'azione pubblica a sostegno dell'offerta culturale. Roma: La Piramide (62), S. 175–195.

Flick, Uwe (2007): Qualitative Sozialforschung. Eine Einführung. Vollständig überarbeitete und erweiterte Neuausgabe. Reinbeck bei Hamburg: Rowohlt Taschenbuch Verlag.

Föhl, Patrick S. (2010): Kulturentwicklungsplanung – eine unendliche Geschichte? Vier Jahre Forschungsgruppe „Regional Governance im Kulturbereich". Potsdam. Online verfügbar unter http://regional-governance-kultur.de/fileadmin/rgk/content-media/berater/KEK_BRB_Foehl.pdf, zuletzt geprüft am 02.03.2012.

Föhl, Patrick S.; Glogner-Pilz, Patrick (Hg.) (2011): Das Kulturpublikum. Fragestellungen und Befunde der empirischen Forschung. 2., erweiterte Auflage. Wiesbaden: VS Verlag für Sozialwissenschaften. Online verfügbar unter http://link.springer.com/book/10.1007/978-3-531-93297-2/page/1, zuletzt geprüft am 08.01.2013.

Fondazione con il Sud (2013): La Fondazione - Presentazione. Roma. Online verfügbar unter http://www.fondazioneconilsud.it/presentazione/, zuletzt geprüft am 27.08.2013.

Fondazione CRT, Fondazione Fitzcarraldo (Hg.) (2006): Visiting the city - lo sguardo del turista sulla città. Indagine sul pubblico. Torino.

Fondazione Fitzcarraldo (2006): Io non vado al museo! Esplorazione del non pubblico degli adolescenti. Sintesi delle principali evidenze. Torino. Online verfügbar unter http://www.fitzcarraldo.it/ricerca/pdf/nonvadoalmuseo_sintesi.pdf, zuletzt geprüft am 16.07.2012.

Fondazione Fitzcarraldo (2009): Quali politiche per un pubblico nuovo. Un percorso di ricerca e di azione per i musei di Torino e del Piemonte. Torino. Online verfügbar unter http://www.fitzcarraldo.it/ricerca/pdf/nuovipubblici_report.pdf, zuletzt geprüft am 16.07.2012.

Fondazione Fitzcarraldo (Hg.) (2010): Rapporto attività 2009. Torino. Online verfügbar unter http://www.fitzcarraldo.it/fondaz/fitzcarraldo_rapporto2009.pdf, zuletzt geprüft am 13.12.2013.

Fondazione Fitzcarraldo (2013): La Fondazione. Statuto. Torino. Online verfügbar unter http://www.fitzcarraldo.it/fondaz/index.htm, zuletzt geprüft am 13.12.2013.

Fondazione Museo delle Antichità Egizie di Torino (2013): La Fondazione Museo delle Antichità Egizie di Torino. Torino. Online verfügbar unter http://www.museoegizio.it/pages/fondazione.jsp, zuletzt aktualisiert am 01.03.2013, zuletzt geprüft am 02.03.2013.

Fondazione Symbola; Unioncamere (in collaborazione con la Regione Marche) (2012): L'Italia che verrà - Rapporto 2012. Online verfügbar unter http://www.symbola.net/html/article/LItaliacheverraIndustriaculturalemadeinItalyeterritori, zuletzt geprüft am 23.03.2013.

Fondazione Symbola; Unioncamere (Hg.) (2012): L'Italia che verrà. Industria culturale, made in Italy e territori. Rapporto 2012. Online verfügbar unter http://www.symbola.net/assets/files/Italia_che_verr%C3%A0_2012_PER_WEB_1343817495.pdf, zuletzt geprüft am 23.03.2013.

Formez (Hg.) (2007): Strategie e politiche per l'accesso alla cultura. Roma: La Piramide (63).

Forte, Pierpaolo (2006): Modelli giuridici. In: Linee guida per la gestione innovativa dei beni culturali. Vademecum. Terzo rapporto. Roma, S. 69–97.

Forte, Pierpaolo; Jalla, Daniele (2004): La legislazione. In: Carla Bodo und Celestino Spada (Hg.): Rapporto sull'economia della cultura in Italia 1990–2000. Unter Mitarbeit von Cristina Da Milano. Bologna: Il mulino, S. 205–228.

Frankfurter Allgemeine Zeitung (2004): Ein falsches Signal zur falschen Zeit. In: *Frankfurter Allgemeine Zeitung*, 09.02.2004 (33), S. 31. Online verfügbar unter http://www.faz.net/aktuell/feuilleton/staedtetag-ein-falsches-signal-zur-falschen-zeit-1141929.html, zuletzt geprüft am 21.06.2013.

Frank, Rainer (1990): Kultur auf dem Prüfstand. Ein Streifzug durch 40 Jahre kommunaler Kulturpolitik. München: Minerva-Publikation (Beiträge zur Kommunalwissenschaft, 34).

Freistaat Bayern (01.12.1946): Verfassung des Freistaates Bayern. Online verfügbar unter http://www.verfassungen.de/de/by/bayern46-index.htm, zuletzt geprüft am 20.01.2012.

Frucht, Stephan; Reden, Friederike von (2013): Kultursponsoring. Ein wichtiges Instrument strategischer Unternehmenskommunikation. Online verfügbar unter http://www.stiftung-sponsoring.de/kommunikation-sponsoring/artikel/kultursponsoring.html, zuletzt geprüft am 06.05.2013.

Fuchs, Max (1998): Kulturpolitik als gesellschaftliche Aufgabe. Eine Einführung in Theorie, Geschichte, Praxis. Opladen: Westdeutscher Verlag. Online verfügbar unter http://www.gbv.de/dms/bs/toc/247971561.pdf.

Fuchs, Max (2003): Kulturpolitik in Zeiten der Globalisierung. In: *Aus Politik und Zeitgeschichte* (12), S. 15–20. Online verfügbar unter http://www.bpb.de/themen/BRDKB6.html.

Fuchs, Max (2004a): Evaluation in der Kulturpolitik – Evaluation von Kulturpolitik. Vortrag im Rahmen der Fachtagung „Evaluation in der Kulturförderung – Über Grundlagen kulturpolitischer Entscheidungen" am 16. Juni 2004 in der Bundesakademie für kulturelle Bildung in Wolfenbüttel. Online verfügbar unter http://www.akademieremscheid.de/publikationen/publikationen_fuchs.php, zuletzt aktualisiert am 21.07.2004, zuletzt geprüft am 06.07.2010.

Fuchs, Max (2004b): Unbekanntes Europa. Kulturelle und politische Probleme der europäischen Integration und die Möglichkeiten der Kulturpolitik. Online verfügbar unter http://www.akademieremscheid.de/publikationen/publikationen_fuchs.php, zuletzt aktualisiert am 21.07.2004, zuletzt geprüft am 06.07.2010.

Fuchs, Max (2008): Kultur Macht Sinn. Einführung in die Kulturtheorie. Wiesbaden: VS Verlag für Sozialwissenschaften.

Fuchs, Max (2010): Ausgrenzung – auch eine Frage der Kulturpolitik? In: *Kulturpolitische Mitteilungen* (130), S. 37–41.

Fuchs, Max; Zimmermann, Olaf (2008): Höhen und Tiefen des Arbeitsmarktes Kultur. In: Bernd Wagner (Hg.): Jahrbuch für Kulturpolitik 2008. Thema: Kulturwirtschaft und kreative Stadt. Essen: Klartext Verlag, S. 327–335.

Fuortes, Carlo (2004): Sezione prima: Beni culturali. Introduzione. In: Carla Bodo und Celestino Spada (Hg.): Rapporto sull'economia della cultura in Italia 1990–2000. Unter Mitarbeit von Cristina Da Milano. Bologna: Il mulino, S. 197–203.

Fuortes, Carlo; Ricci, Alessandro (2009): La gestione della cultura in Italia tra autonomia e centralismo: il rischio di tornare indietro. In: Roberto Grossi (Hg.): Crisi economica e competitività. La cultura al centro o ai margini dello sviluppo? Sesto rapporto annuale federculture 2009. Milano: ETAS, S. 141–150.

Fuortes, Carlo; Ricci, Alessandro; Savo, Luca (2004): Il mercato culturale italiano negli anni '90. Un'analisi territoriale. In: Carla Bodo und Celestino Spada (Hg.): Rapporto sull'economia della cultura in Italia 1990–2000. Unter Mitarbeit von Cristina Da Milano. Bologna: Il mulino, S. 175–188.

Gau, Doris (2000): Kultur und Kulturförderung in den Niederlanden und in Nordrhein-Westfalen. Systemvergleich und Kooperationsmöglichkeiten; Dokumentation einer Fachtagung am 11./12. November 1999 in Maastricht; Ergebnisse des gemeinsamen Forschungsprojektes: Kulturpolitik und Kulturförderung in NRW und NL. Amsterdam, Bonn: Boekmanstichting.

Geiger, Adaora (2011): Migranten im deutschen Kulturpublikum. Eine Besucherbefragung in den Museen K20 und K21 der Kunstsammlung NRW. In: *Kulturpolitische Mitteilungen* (35), S. 66–67.

Geschäftsstelle des Hauptstadtkulturfonds (2012): Hauptstadtkulturvertrag. Berlin. Online verfügbar unter http://hauptstadtkulturfonds.berlin.de/index.php?id=112, zuletzt aktualisiert am 04.03.2012, zuletzt geprüft am 10.07.2013.

Geyer, Paul (2010): Zur Dialektik von Kultur und Zivilisation in einer Kritischen Kulturwissenschaft. Global Concepts? Keywords and Their Histories in Asia and Europe. Universität Heidelberg. Exzellenz-Cluster „Asia and Europe in a Global Context". Heidelberg, 28.10.2010. Online verfügbar unter http://www.romanistik.uni-bonn.de/die-bonner-romanistik/lehrende/prof.-dr.-paul-geyer/schriften-1/dateien/dialektik.pdf, zuletzt geprüft am 10.03.2014.

Giannini, Luciano (2013): Stabile a rischio - l'allarme Cgil: stipendi tagliati. In: *Il Mattino*, 18.02.2013, S. 40.

Giannolo, Adriano (2010): Sozialstruktur und Ungleichheiten in Italien. Konrad-Adenauer-Stiftung. Online verfügbar unter http://www.kas.de/wf/de/71.7619/, zuletzt aktualisiert am 18.02.2010, zuletzt geprüft am 16.04.2013.

Giovannini, Enrico (2012): La misura del benessere e il ruolo della cultura. In: Roberto Grossi (Hg.): Rapporto annuale federculture 2012. Cultura e sviluppo. La scelta per salvare l'Italia. Pero: 24 ORE Cultura, S. 99–113.

Glaser, Hermann (1974): Das Unbehagen an der Kulturpolitik. In: Olaf Schwencke, Klaus H. Revermann und Alfons Spielhoff (Hg.): Plädoyers für eine neue Kulturpolitik. München: Karl Hanser Verlag, S. 47–56.

Glaser, Hermann (1997): Deutsche Kultur 1945–2000. Ein historischer Überblick von 1945 bis zur Gegenwart. Bonn: Bundeszentrale für politische Bildung.

Glaser, Hermann (2009): Zum Geleit. In: Wagner, Bernd (2009): Fürstenhof und Bürgergesellschaft. Zur Entstehung, Entwicklung und Legitimation von Kulturpolitik. Essen: Klartext Verlag (Texte zur Kulturpolitik, 24), S. 9–11.

Glaser, Hermann; Stahl, Karl Heinz (1974): Die Wiedergewinnung des Ästhetischen. Perspektiven und Modelle einer neuen Soziokultur. Weinheim, München: Juventa Verlag.

Glaser, Hermann; Stahl, Karl Heinz (1983): Bürgerrecht Kultur. Aktualisierte und erweiterte Neuausgabe. Frankfurt am Main; Berlin; Wien: Ullstein.

Gläser, Jochen; Laudel, Grit (2006): Experteninterviews und qualitative Inhaltsanalyse. 2., durchgesehene Auflage. Wiesbaden: VS Verlag für Sozialwissenschaften.

Göhner, Wolfgang Karl (2013): Denkmalschutzgesetze der Länder in der Bundesrepublik Deutschland. Online verfügbar unter http://www.blfd.bayern.de/medien/dsg-brd-201302.pdf, zuletzt geprüft am 15.04.2013.

Göschel, Albrecht (1991): Die Ungleichzeitigkeit in der Kultur. Wandel des Kulturbegriffs in vier Generationen. Unter Mitarbeit von Klaus Mittag. Stuttgart, Berlin, Köln: Kohlhammer GmbH/Deutscher Gemeindeverlag.

Göschel, Albrecht; Mittag, Klaus; Strittmatter, Thomas (1995): Die befragte Reform. Neue Kulturpolitik in Ost und West. Berlin: Deutsches Institut für Urbanistik (Difu-Beiträge zur Stadtforschung, 15).

Governo italiano - Presidenza del Consiglio dei Ministri (2013): Conferenze Stato Regioni ed Unificata. Online verfügbar unter http://www.statoregioni.it/organizzazioni.asp?CONF=CSR, zuletzt geprüft am 13.03.2013.

Graziani, Pietro (2002): Il Ministero per i beni e le attività culturali. In: Fabio Maniscalco (Hg.): La tutela dei beni culturali in Italia. Volume 1. Napoli: Massa Editore, S. 29-32.

Grilli, Amedeo (1999): Beitrag des Presidente della Fondazione Cassa di Risparmio di Fermo. In: Associazione fra le casse di risparmio italiane (Hg.): Seconda giornata delle fondazioni. Presentazione del quarto rapporto sulle fondazioni bancarie. Roma, 22 giugno 1999. Roma, S. 41-47.

Groschopp, Horst (2001): Breitenkultur in Ostdeutschland. Herkunft und Wende - wohin? In: *Aus Politik und Zeitgeschichte* (11), S. 15-22.

Grossi, Roberto (1998): Introduzione - Strumenti legislativi e nuova imprenditorialità. In: Roberto Grossi und Stefania Debbia (Hg.): Cantiere cultura. Beni culturali e turismo come risorsa di sviluppo locale: progetti, strumenti, esperienze. Milano: Il Sole 24 Ore, S. 65-66.

Grossi, Roberto (2009): La cultura, o l'altra faccia della crisi. In: Roberto Grossi (Hg.): Crisi economica e competitività. La cultura al centro o ai margini dello sviluppo? Sesto rapporto annuale federculture 2009. Milano: ETAS, S. 7-50.

Grossi, Roberto (2012a): La cultura dall'emergenza allo sviluppo. In: Roberto Grossi (Hg.): Rapporto annuale federculture 2012. Cultura e sviluppo. La scelta per salvare l'Italia. Pero: 24 ORE Cultura, S. 15-51.

Grossi, Roberto (Hg.) (2012b): Rapporto annuale federculture 2012. Cultura e sviluppo. La scelta per salvare l'Italia. Federculture. Pero: 24 ORE Cultura.

Grossi, Roberto; Debbia, Stefania (Hg.) (1998): Cantiere cultura. Beni culturali e turismo come risorsa di sviluppo locale: progetti, strumenti, esperienze. Federculture; Il Sole 24 Ore. Milano: Il Sole 24 Ore.

Grunenberg, Christoph (2011): „Kulturelles Kapital"? Verfall und Wiederaufstieg einer Weltstadt am Beispiel Liverpools. In: Karl-Siegbert Rehberg, Gisela Staupe und Ralph Lindner (Hg.): Kultur als Chance. Konsequenzen des demografischen Wandels. 1. Auflage. Köln: Böhlau Köln (Schriften des Deutschen Hygiene-Museums Dresden, 8), S. 87–108.

Grütters, Monika (2014): Kultur ist mehr als alles andere ein Wert an sich. Deutscher Bundestag. Berlin, 29.01.2014. Online verfügbar unter http://www.bundesregierung.de/Content/DE/Rede/2014/2014-01-29-gruetters-reg-erkl.html?nn=391670, zuletzt geprüft am 09.02.2014.

Guzzetti, Giuseppe (1999): Beitrag des Presidente della Fondazione Cassa di Risparmio delle Provincie Lombarde. In: Associazione fra le casse di risparmio italiane (Hg.): Seconda giornata delle fondazioni. Presentazione del quarto rapporto sulle fondazioni bancarie. Roma, 22 giugno 1999. Roma, S. 27–34.

Häberle, Peter (2002): Kulturhoheit im Bundesstaat - Entwicklungen und Perspektiven. In: Thomas Röbke und Bernd Wagner (Hg.): Jahrbuch für Kulturpolitik 2001. Thema Kulturföderalismus. Essen: Klartext Verlag (Jahrbuch für Kulturpolitik, 2), S. 115–137.

Hahn, Jürgen (1973): Arbeitskreis I „Kultur und Bildung": Bericht vor dem Plenum. In: Deutscher Städtetag (Hg.): Wege zur menschlichen Stadt. Vorträge, Aussprachen und Ergebnisse der 17. Hauptversammlung des Deutschen Städtetages vom 2. bis 4. Mai 1973 in Dortmund. Stuttgart, Berlin, Mainz, Köln (Neue Schriften des Deutschen Städtetages, 29), S. 128–130.

Hanke, Stephanie; Roeck, Bernd; Schuckert, Charlotte (Hg.) (2002): Deutsche Kulturpolitik in Italien. Entwicklungen, Instrumente, Perspektiven: Ergebnisse des Projektes Italia Germania. Tübingen: Niemeyer (Reihe der Villa Vigoni, 14).

Happe, Volker; Horn, Gustav A.; Otto, Kim (2012): Das Wirtschaftslexikon. Begriffe, Zahlen, Zusammenhänge. 2. Auflage, Bonn: Bundeszentrale für politische Bildung.

Hartung, Werner (1994): Stiftungen, Spenden, Sponsoring - Private Kulturfinanzierung zwischen Illusion und Innovation. In: Deutscher Kulturrat (Hg.): Zweiter Bericht zur Kulturpolitik 1993/94. Kulturfinanzierung in der

Bundesrepublik Deutschland. Mit Informationen aus bundesweiten Verbänden/Institutionen des Kulturlebens und Beiträgen von Fachautoren. Bonn, S. 151–155.

Haselbach, Dieter (2008): Kulturwirtschaft und Kulturpolitik - Plädoyer für begriffliche Sorgfalt. In: Bernd Wagner (Hg.): Jahrbuch für Kulturpolitik 2008. Thema: Kulturwirtschaft und kreative Stadt. Essen: Klartext Verlag, S. 175–185.

Haselbach, Dieter; Klein, Armin; Knüsel, Pius; Opitz, Stephan (2012): Der Kulturinfarkt. Von allem zu viel und überall das Gleiche. Eine Polemik über Kulturpolitik, Kulturstaat, Kultursubvention. München: Knaus Verlag.

Hauptversammlung des Deutschen Städtetages (1973): Entschließung der Hauptversammlung: Wege zur menschlichen Stadt. In: Deutscher Städtetag (Hg.): Wege zur menschlichen Stadt. Vorträge, Aussprachen und Ergebnisse der 17. Hauptversammlung des Deutschen Städtetages vom 2. bis 4. Mai 1973 in Dortmund. Stuttgart, Berlin, Mainz, Köln (Neue Schriften des Deutschen Städtetages, 29), S. 91–96.

Heinrichs, Werner; Klein, Armin (1996): Kulturmanagement von A-Z. Wegweiser für Kultur- und Medienberufe. München: Beck.

Heinze, Thomas (Hg.) (1994): Kulturmanagement. Professionalisierung kommunaler Kulturarbeit. Opladen: Westdeutscher Verlag.

Heinze, Thomas (Hg.) (1995): Kultur und Wirtschaft. Perspektiven gemeinsamer Innovation. Opladen: Westdeutscher Verlag.

Heinze, Thomas (Hg.) (1997): Kulturmanagement II. Konzepte und Strategien. Opladen: Westdeutscher Verlag.

Heinze, Thomas (Hg.) (2009): Kultursponsoring, Museumsmarketing, Kulturtourismus. Ein Leitfaden für Kulturmanager. 4. Auflage Wiesbaden: VS Verlag für Sozialwissenschaften.

Heller, Volker (2008): Kulturwirtschaft und die Aufgaben der Kulturpolitik. In: Bernd Wagner (Hg.): Jahrbuch für Kulturpolitik 2008. Thema: Kulturwirtschaft und kreative Stadt. Essen: Klartext Verlag, S. 165–174.

Helmig, Bernd (2013): Gabler Wirtschaftslexikon, Stichwort: Dritter Sektor. Hg. v. Gabler Verlag. Online verfügbar unter http://wirtschaftslexikon.gabler.de/Archiv/7488/dritter-sektor-v8.html, zuletzt geprüft am 14.03.2013.

Hindrichs, Andrea (2010): „Teutonen" in Arkadien. Deutsche auswärtige Kulturpolitik und Kulturvermittlung in Italien von 1949–1970 zwischen Steuerungsversuch und dem Wunsch nach Anerkennung. München: Martin Meidenbauer

Verlagsbuchhandlung (Forum Kulturwissenschaften, 10). Online verfügbar unter http://deposit.d-nb.de/cgi-bin/dokserv?id=3449034&prov=M&dok_var=1&dok_ext=htm.

Hofecker, Franz-Otto (2008): Kulturfinanzierungsanalyse im internationalen Vergleich. Zur Bedeutung Compendium-kompatibler Studien im deutschsprachigen Raum. In: Bernd Wagner (Hg.): Jahrbuch für Kulturpolitik 2008. Thema: Kulturwirtschaft und kreative Stadt. Essen: Klartext Verlag, S. 417–425.

Hoffmann, Hilmar (Hg.) (1974): Perspektiven der kommunalen Kulturpolitik. Beschreibungen und Entwürfe. Frankfurt am Main: Suhrkamp.

Hoffmann, Hilmar (1979): Kultur für alle. Perspektiven und Modelle. Frankfurt am Main: Fischer.

Hoffmann, Hilmar (1982): Kulturelles Milieu und Stadtteilarbeit. In: Kulturpolitische Gesellschaft (Hg.): Kulturpolitik ist Gesellschaftspolitik. Festschrift zum siebzigsten Geburtstag von Alfons Spielhoff am 3. Juli 1982. Unter Mitarbeit von Olaf Schwencke und Norbert Sievers. Hagen, S. 81–90.

Hoffmann, Hilmar (Hg.) (2001a): Kultur und Wirtschaft. Knappe Kassen - neue Allianzen. Köln: DuMont.

Hoffmann, Hilmar (2001b): Nachwort. In: Hilmar Hoffmann (Hg.): Kultur und Wirtschaft. Knappe Kassen - neue Allianzen. Köln: DuMont, S. 257–267.

Hoffmann, Hilmar; Kramer, Dieter (1990): Zum Kulturbegriff demokratischer Kulturpolitik. In: Helmut Brackert und Fritz Wefelmeyer (Hg.): Kultur. Bestimmungen im 20. Jahrhundert. Frankfurt am Main: Suhrkamp, S. 421–440.

Höhne, Steffen (Hg.) (2005): „Amerika, Du hast es besser"? Kulturpolitik und Kulturförderung in kontrastiver Perspektive. Leipzig: Leipziger Universitätsverlag GmbH.

Höhne, Steffen (2009): Kunst- und Kulturmanagement. Eine Einführung. Paderborn: Wilhelm Fink GmbH & Co.

ICG culturplan Unternehmensberatung GmbH; Haselbach, Dieter; Gerecht, Cerstin; Hempel, Lutz (Hg.) (14.03.13): Kulturwirtschaft in Düsseldorf. Entwicklungen und Potentiale. Online verfügbar unter http://www.creative.nrw.de/fileadmin/files/downloads/100624-D-ku_wi_bericht_3_.pdf, zuletzt geprüft am 31.07.2013.

Il Ministro per i Beni e le Attività culturali (23.02.2012): Decreto Ministeriale 23 febbraio 2012. Aliquote di riparto dello stanziamento FUS complessivo. Online verfügbar unter http://www.spettacolodalvivo.beniculturali.it/index.php/normativa-fus-e-contributi, zuletzt geprüft am 07.03.2013.

Il Presidente della Repubblica (01.06.1939): Tutela delle cose d'interesse artistico o storico. Legge 1 giugno 1939, n. 1089. Online verfügbar unter http://www.marche.beniculturali.it/index.php?it/121/leggi-di-tutela, zuletzt geprüft am 01.06.2012.

Il Presidente della Repubblica (26.04.1964): Costituzione di una commissione d'indagine per la tutela e la valorizzazione del patrimonio storico, arceologico, artistico e del paesaggio. Legge 26 aprile 1964, n. 310. Online verfügbar unter http://www.pabaac.beniculturali.it/opencms/multimedia/BASAE/documents/2009/10/30/1256906131579_italgiure_legge_26_aprile_1964_n._310.pdf, zuletzt geprüft am 09.07.2012.

Il Presidente della Repubblica (24.07.1977): Decreto del Presidente della Repubblica, 24 luglio 1977, n. 616. Online verfügbar unter http://www.normattiva.it/uri-res/N2Ls?urn:nir:stato:decreto.del.presidente.della.repubblica:1977-07-24;616!vig, zuletzt geprüft am 30.01.2013.

Il Presidente della Repubblica (18.02.1984): Accordo tra la Repubblica Italiana e la Santa Sede del 18 febbraio 1984. Legge 25 marzo 1985, n. 121. Online verfügbar unter http://www.governo.it/Presidenza/USRI/confessioni/accordo_indice.html, zuletzt geprüft am 21.03.2013.

Il Presidente della Repubblica (28.02.1986): Disposizioni per la formazione del bilancio annuale e pluriennale dello Stato (Legge finanziaria 1986). Legge 28 febbraio 1986, n. 41. Online verfügbar unter http://normativo.inail.it/bdninternet/docs/l4186.htm, zuletzt geprüft am 28.02.2013.

Il Presidente della Repubblica (14.01.1993): Legge Ronchey. Conversione in legge, con modificazioni del decreto legge 14 novembre 1992, n. 433, recante misure urgenti per il funzionamento dei musei statali. Disposizioni in materia di biblioteche statali e di archivi di stato. Legge 14 gennaio 1993, n. 4. Online verfügbar unter http://www.stato.rdbcub.it/ministeri/beniculturali/normativabenicult/L_Ronchey4_1993.pdf, zuletzt geprüft am 23.02.2013.

Il Presidente della Repubblica (23.02.1995): Misure urgenti per il risanamento della finanza pubblica e per l'occupazione nelle aree depresse. Legge 23 marzo 1995, n. 85. Online verfügbar unter http://www.normattiva.it/uri-res/N2Ls?urn:nir:stato:decreto-legge:1995-02-25;41~art16, zuletzt geprüft am 25.10.2012.

Il Presidente della Repubblica (15.03.1997): Delega al Governo per il conferimento di funzioni e compiti alle regioni ed enti locali, per la riforma della pubblica amministrazione e per la semplificazione amministrativa. Legge 15 marzo 1997, n. 59. Online verfügbar unter http://www.parlamento.it/parlam/leggi/97059l.htm#legge, zuletzt geprüft am 25.10.2012.

Il Presidente della Repubblica (31.03.1998): Conferimento di funzioni e compiti amministrativi dello Stato alle regioni ed agli enti locali, in attuazione del capo I della legge 15 marzo 1997, n. 59. Decreto Legislativo 31 marzo 1998, n. 112; Online verfügbar unter http://www.camera.it/parlam/leggi/deleghe/98112dl.htm, zuletzt geprüft am 30.01.2013.

Il Presidente della Repubblica (20.10.1998): Istituzione del Ministero per i beni e le attivita' culturali, a norma dell'articolo 11 della legge 15 marzo 1997, n. 59. Decreto Legislativo 20 ottobre 1998, n. 368, Online verfügbar unter http://www.parlamento.it/parlam/leggi/deleghe/98368dl.htm, zuletzt geprüft am 29.10.2012.

Il Presidente della Repubblica (29.12.2000): Regolamento recante norme di organizzazione del Ministero per i beni e le attività culturali. Legge 29 dicembre 2000, n. 441. Online verfügbar unter http://www3.unisi.it/did/dip-direcon/DPR%20441-2000.pdf, zuletzt geprüft am 21.11.2012.

Il Presidente della Repubblica (28.12.2001): Disposizioni per la formazione del bilancio annuale e pluriennale dello Stato, Legge Finanziaria 2002. Legge 28 dicembre 2001, n. 448. Online verfügbar unter http://www.camera.it/parlam/leggi/01448l.htm, zuletzt geprüft am 09.01.2013.

Il Presidente della Repubblica (15.06.2002): Conversione in legge, con modificazioni, del decreto-legge 15 aprile 2002, n. 63, recante disposizioni finanziarie e fiscali urgenti in materia di riscossione, razionalizzazione del sistema di formazione del costo dei prodotti farmaceutici, adempimenti ed adeguamenti comunitari, cartolarizzazioni, valorizzazione del patrimonio e finanziamento delle infrastrutture. Legge 15 giugno 2002, n. 112. Online verfügbar unter http://www.camera.it/parlam/leggi/02112l.htm, zuletzt geprüft am 04.03.2013.

Il Presidente della Repubblica (2003): Statuto della Società per lo sviluppo dell'arte, della cultura e dello Spettacolo. Roma. Online verfügbar unter http://www.arcusonline.org/media/normativa/statuto_arcus6_02_06.pdf, zuletzt geprüft am 23.10.2012.

Il Presidente della Repubblica (08.01.2004): Riorganizzazione del Ministero per i beni e le attività culturali, ai sensi dell'articolo 1, della legge 6 luglio 2002, n. 137. Decreto Legislativo 8 gennaio 2004, n. 3. Online verfügbar unter http://www.camera.it/parlam/leggi/deleghe/04003dl.htm, zuletzt geprüft am 29.01.2013.

Il Presidente della Repubblica (22.01.2004): Codice dei beni culturali e del paesaggio. Decreto Legislativo 22 gennaio 2004, n. 42. Online verfügbar unter http://www.beniculturali.it/mibac/export/MiBAC/sito-MiBAC/MenuPrincipale/Normativa/Norme/index.html, zuletzt geprüft am 25.04.2012.

Il Presidente della Repubblica (26.01.2005): Intesa relativa alla tutela dei beni culturali di interesse religioso appartenenti a enti e istituzioni ecclesiastiche del 26 gennaio 2005. Legge 5 maggio 2005, n. 103. Online verfügbar unter http://www.chiesacattolica.it/cci_new/documenti_cei/2006-02/13-26/IntesaCEI_MinisteroBBCC.pdf, zuletzt geprüft am 22.03.2013.

Il Presidente della Repubblica (26.11.2007): Regolamento di riorganizzazione del Ministero per i beni e le attivita' culturali, a norma dell'articolo 1, comma 04, della legge 27 dicembre 2006, n. 296. Decreto del Presidente della Repubblica 26 novembre 2007, n. 233. Online verfügbar unter http://www.beniculturali. it/mibac/multimedia/MiBAC/documents/1227531980248_RiorganizzazioneMiBAC_2007.pdf, zuletzt geprüft am 22.01.2012.

Il Presidente della Repubblica (26.03.2008): Codice dei beni culturali e del paesaggio. Ulteriori disposizioni integrative e correttive del decreto legislativo 22 gennaio 2004, n. 42, in relazione ai beni culturali. Decreto Legislativo 26 marzo 2008, n. 62. Online verfügbar unter http://www.beniculturali.it/ mibac/export/MiBAC/sito-MiBAC/MenuPrincipale/Normativa/Norme/ index.html, zuletzt geprüft am 16.01.2013.

Il Presidente della Repubblica (06.06.2012): Testo coordinato del Decreto Legge 6 luglio 2012, n. 95. Online verfügbar unter http://www.arcusonline.org/ media/normativa/Testo_coordinato_del_Decreto-Legge_6_luglio_2012_ n_95.pdf, zuletzt geprüft am 23.10.2012.

Il Sole 24 Ore (2012): Manifesto per la Costituente della cultura: Niente cultura, niente sviluppo. Cinque punti per far rinascere la cultura in Italia. In: *Il sole 24 ore*, 19.02.2012. Online verfügbar unter http://www.ilsole24ore.com/art/cultura/2012-02-18/niente-cultura-niente-sviluppo-141457. shtml?uuid=AaCqMotE, zuletzt geprüft am 25.01.2013.

Indelicato, Alessandra (2007): La governance della fondazione museo delle antichità egizie di Torino. In: Marco Ferretti, Chiara Nova und Antonello Zangrandi (Hg.): Finanziare i musei. Promuovere qualità e orientamento al futuro. Milano: FrancoAngeli, S. 205–219.

Information und Technik Nordrhein-Westfalen; Geschäftsbereich Statistik (Hg.) (2012a): Statistisches Jahrbuch Nordrhein-Westfalen 2012. Düsseldorf.

Information und Technik Nordrhein-Westfalen; Geschäftsbereich Statistik (Hg.) (2012b): Kommunalprofil Essen, krfr. Stadt. Regierungsbezirk Düsseldorf, Gemeindetyp: Große Großstadt. Online verfügbar unter http://www.it.nrw. de/kommunalprofil/l05113.pdf, zuletzt geprüft am 29.07.2013.

Initiative Kultur- & Kreativwirtschaft der Bundesregierung (2012a): Kultur- und Kreativwirtschaft in Europa. Online verfügbar unter http://www.

kultur-kreativ-wirtschaft.de/KuK/Navigation/kultur-kreativwirtschaft,did= 500566.html, zuletzt geprüft am 08.05.2013.

Initiative Kultur- & Kreativwirtschaft der Bundesregierung (2012b): Kultur- und Kreativwirtschaft. Die Branche. Online verfügbar unter http://www.kulturkreativ-wirtschaft.de/KuK/Navigation/kultur-kreativwirtschaft,did=329924. html, zuletzt geprüft am 26.04.2013.

Iorio, Renzo (2012): Un'opportunità per la crescita. In: Roberto Grossi (Hg.): Rapporto annuale federculture 2012. Cultura e sviluppo. La scelta per salvare l'Italia. Pero: 24 ORE Cultura, S. 115–117.

ISTAT (Hg.) (2012a): Italia in cifre 2012. Roma. Online verfügbar unter http://www.istat.it/it/files/2011/06/Italia_in_cifre_2012.pdf, zuletzt geprüft am 10.04.2013.

ISTAT (Hg.) (2012b): Terzo Rapporto sulla coesione sociale. Roma. Online verfügbar unter Terzo Rapporto sulla coesione sociale, zuletzt geprüft am 20.08.2013.

ISTAT (2012c): Codici dei comuni, delle province e delle regioni. Online verfügbar unter http://www.istat.it/it/archivio/6789, zuletzt aktualisiert am 31.12.2012, zuletzt geprüft am 08.03.2013.

ISTAT (2013a): Statistiche culturali - Nota metodologica. Online verfügbar unter http://www.istat.it/it/archivio/79529, zuletzt geprüft am 05.08.2013.

ISTAT (2013b): Statistiche culturali - Tavole. Online verfügbar unter http://www.istat.it/it/archivio/79529, zuletzt geprüft am 05.08.2013.

ISTAT (Hg.) (2013c): Noi italiani 2013. 100 statistiche per capire il Paese in cui viviamo. Roma. Online verfügbar unter http://www.istat.it/it/archivio/86670, zuletzt geprüft am 12.04.2013.

ISTAT (Hg.) (2013d): Rapporto Bes 2013: il benessere equo e sostenibile in Italia. Roma. Online verfügbar unter http://www.istat.it/it/archivio/84348, zuletzt geprüft am 12.04.2013.

ISTAT (2013e): Percentuale di famiglie per giudizio sulle risorse economiche complessive della famiglia negli ultimi 12 mesi per Giudizio sulle risorse economiche e Anno - Piemonte. Online verfügbar unter http://www.istat.it/it/piemonte/dati?q=gettable&dataset=DCCV_RISEC&dim=5,0,0&lang=2&tr=0&te=0, zuletzt geprüft am 04.04.2013.

ISTAT (2013f): Tasso di disoccupazione per sesso e tempo e frequenza - Piemonte (valori percentuali, 15 anni e più). Online verfügbar unter http://www.istat.it/it/piemonte/dati?q=gettable&dataset=DCCV_TAXDISOCCU&dim=5,6,1,0,28,12,3,3,0&lang=2&tr=0&te=0, zuletzt geprüft am 04.04.2013.

Jansen, Christian (2007): Italien seit 1945. Göttingen: Vandenhoeck & Ruprecht (Europäische Zeitgeschichte, 3).

Kathen, Dagmar von (2000): Kommunikationsstrukturen lokaler Kulturpolitik und -verwaltung unter den Bedingungen des „neuen Steuerungsmodells" am Beispiel Osnabrück. In: Bundesakademie für kulturelle Bildung Wolfenbüttel (Hg.): Die Förderung von Kunst und Kultur in den Kommunen. Dokumentation der Tagung „Die Förderung von Kunst und Kultur in den Kommunen" der Bundesakademie für kulturelle Bildung Wolfenbüttel in Verbindung mit der Kulturpolitischen Gesellschaft vom 17. bis 18. Mai 2000. Unter Mitarbeit von Karl Ermert und Thomas Lang. Wolfenbüttel (Wolfenbütteler Akademie-Texte), S. 73–78.

KEA European Affairs (Hg.) (2006a): The Economy of Culture in Europe. Zusammenfassung. Online verfügbar unter http://www.keanet.eu/ecoculture/executive_summary_de.pdf, zuletzt geprüft am 26.04.2013.

KEA European Affairs (2006b): L'economia della cultura in Europa. Studio preparato per la Commissione Europea (Direzione Generale per L'Educazione e la Cultura). Online verfügbar unter http://www.keanet.eu/ecoculture/economia_della_cultura.pdf, zuletzt geprüft am 22.03.2013.

Klein, Armin (1994): Kulturmanagement als Perspektive in der kulturpolitischen Krise. In: Thomas Heinze (Hg.): Kulturmanagement. Professionalisierung kommunaler Kulturarbeit. Opladen: Westdeutscher Verlag, S. 159–174.

Klein, Armin (1995): Der kommunale Kulturhaushalt. Instrument aktiver Kulturgestaltung. Köln: Deutscher Gemeindeverlag GmbH (Kulturpraxis und Recht, 6).

Klein, Armin (2003): Kulturpolitik. Eine Einführung. Opladen: Leske + Budrich.

Klein, Armin (2008): Zwischen Markt, Staat und (Zivil-)Gesellschaft. Komplexe Arenen und gemischte Strukturen im kulturellen Bereich. In: Bernd Wagner (Hg.): Jahrbuch für Kulturpolitik 2008. Thema: Kulturwirtschaft und kreative Stadt. Essen: Klartext Verlag, S. 45–59.

Knoblich, Tobias J. (2001): Das Prinzip Soziokultur - Geschichte und Perspektiven. In: *Aus Politik und Zeitgeschichte* (11), S. 7–14. Online verfügbar unter http://www.bpb.de/apuz/26396/das-prinzip-soziokultur-geschichte-und-perspektiven?p=all, zuletzt geprüft am 21.06.2013.

Koch, Jakob Johannes (2007): Das kulturelle Engagement der katholischen Kirche in Deutschland – Zahlen und Fakten. In: Olaf Zimmermann und Theo Geißler (Hg.): Die Kirchen, die unbekannte kulturpolitische Macht. Unter Mitarbeit von Gabriele Schulz. Deutscher Kulturrat. Berlin, S. 102–105.

Konietzka, Thomas; Küppers, Hans-Georg (1998): Neue Steuerung in der kommunalen Kulturarbeit. Alternative Formen der Organisation und Finanzwirtschaft für Kultureinrichtungen. Bonn: Kulturpolitische Gesellschaft (Den Wandel durch Fortbildung begleiten, 3).

Kontaktstelle Deutschland „Europa für Bürgerinnen und Bürger" bei der Kulturpolitischen Gesellschaft e.V. (2014): Europa für Bürgerinnen und Bürger 2014-2020. Online verfügbar unter http://www.kontaktstelle-efbb.de/ziele-des-programms/, zuletzt geprüft am 08.01.2014.

Kordfelder, Angelika (2000): Brauchen Kulturpolitiker (kulturelle) Qualifizierung? In: Bundesakademie für kulturelle Bildung Wolfenbüttel (Hg.): Die Förderung von Kunst und Kultur in den Kommunen. Dokumentation der Tagung „Die Förderung von Kunst und Kultur in den Kommunen" der Bundesakademie für kulturelle Bildung Wolfenbüttel in Verbindung mit der Kulturpolitischen Gesellschaft vom 17. bis 18. Mai 2000. Unter Mitarbeit von Karl Ermert und Thomas Lang. Wolfenbüttel (Wolfenbütteler Akademie-Texte), S. 111-121.

Koschnik, Hans (1973): Unser Ziel: Die menschliche Stadt. In: Deutscher Städtetag (Hg.): Wege zur menschlichen Stadt. Vorträge, Aussprachen und Ergebnisse der 17. Hauptversammlung des Deutschen Städtetages vom 2. bis 4. Mai 1973 in Dortmund. Stuttgart, Berlin, Mainz, Köln (Neue Schriften des Deutschen Städtetages, 29), S. 45-62.

Krüger, Thomas (2002): Kunst als Katalysator und Kommunikationsmittel. Zur Rolle der Kulturpolitik und der kulturellen politischen Bildung heute. In: Hilmar Hoffmann und Wolfgang Schneider (Hg.): Kulturpolitik in der Berliner Republik. Köln: DuMont, S. 128-148.

Kulturkonvent des Landes Sachsen-Anhalt; Geschäftsstelle im Kultusministerium des Landes Sachsen-Anhalt (Hg.) (2013): Empfehlungen des Kulturkonvents Sachsen-Anhalt. Magdeburg. Online verfügbar unter http://www.sachsen-anhalt.de/fileadmin/Elementbibliothek/Bibliothek_Kultur_und_Medien/Kulturkonvent/PR/Kulturkonvent_28022013.pdf, zuletzt geprüft am 12.05.2013.

Kulturkreis der deutschen Wirtschaft (2013): Arbeitskreis Kultursponsoring (AKS). Online verfügbar unter http://www.kulturkreis.eu/index.php?option=com_content&task=blogcategory&id=33&Itemid=165, zuletzt geprüft am 06.05.2013.

Kulturpolitische Gesellschaft (1998): Programm der Kulturpolitischen Gesellschaft. Sonderdruck aus Kulturpolitischen Mitteilungen 83. In: *Kulturpolitische Mitteilungen* (IV), S. 18-26. Online verfügbar unter http://www.kupoge.de/dok/programm_kupoge.pdf, zuletzt geprüft am 17.11.2011.

Kulturpolitische Gesellschaft (2010): Europa fördert Kultur. Aktionen, Programme und Kontakte zur Kulturförderung der EU. Bonn. Online verfügbar unter http://www.europa-foerdert-kultur.info/, zuletzt aktualisiert am 10.08.2010, zuletzt geprüft am 04.03.2012.

Kulturpolitische Gesellschaft (2012a): Grundsatzprogramm der Kulturpolitischen Gesellschaft. Am 21. September 2012 in Berlin von außerdordentlicher Mitgliederversammlung einstimmig beschlossen. In: *Kulturpolitische Mitteilungen* (III), S. 24–27. Online verfügbar unter http://kupoge.de/dok/programm_kupoge.pdf, zuletzt geprüft am 01.07.2013.

Kulturpolitische Gesellschaft (2012b): Entwurf für ein neues KuPoGe-Grundsatzprogramm. Online verfügbar unter http://kupoge.wordpress.com/2012/06/11/entwurf-fur-ein-neues-kupoge-grundsatzprogramm/, zuletzt aktualisiert am 11.06.2012, zuletzt geprüft am 04.07.2012.

Kulturpolitische Gesellschaft (29.06.2012): Mehr interkulturelle Verantwortung – jetzt! Kulturpolitische Gesellschaft fordert eine interkulturelle Agenda. Köln, Bonn.

Kulturpolitische Gesellschaft (13.06.2013): Mehr Kulturpolitik wagen! Berlin. Online verfügbar unter http://www.kupoge.de/pressearchiv/pressedok/2013/2013-06-13_Mehr-Kultur-wagen.pdf, zuletzt geprüft am 20.06.2013.

Kulturpolitische Gesellschaft (2013): Mitglieder. Bonn. Online verfügbar unter http://www.kupoge.de/mitglieder.html, zuletzt geprüft am 01.07.2013.

Kulturpolitische Mitteilungen (2013): Kunst und Kultur im Bundestagswahlkampf. Auszüge aus den Wahlprogrammen der Parteien. In: *Kulturpolitische Mitteilungen* (II), S. 56–59.

Kulturportal Deutschland (2013): Hauptstadtkulturfonds vergibt Fördermittel an 42 Projekte. Online verfügbar unter http://www.kulturportal-deutschland.de/kp/artikel.html?artikelid=5766, zuletzt geprüft am 03.07.2013.

Kulturstiftung des Bundes (2012): Die Stiftung. Online verfügbar unter http://www.kulturstiftung-des-bundes.de/cms/de/stiftung/, zuletzt geprüft am 17.01.2012.

Küppers, Joachim; Müller, Harald (1994): Kommunale Rechtssetzung im Kulturbereich. Köln: Deutscher Gemeindeverlag GmbH (Kulturpraxis und Recht, 3).

Lammert, Norbert (2002): In bester Verfassung? Oder: Der Kulturstaat als Kompetenzproblem. In: Thomas Röbke und Bernd Wagner (Hg.): Jahrbuch für Kulturpolitik 2001. Thema Kulturföderalismus. Essen: Klartext Verlag, S. 75–80.

Lamnek, Siegfried (2010): Qualitative Sozialforschung. Lehrbuch. 5., überarbeitete Auflage. Weinheim, Basel: Beltz Verlag.

Leardini, Chiara; Rossi, Gina (2010): Prefazione. In: Chiara Leardini und Gina Rossi (Hg.): Fondazioni bancarie, arte e cultura. Ruolo, risultati e prospettive alla luce di un'analisi territoriale. Milano: FrancoAngeli, S. 9-14.

Lehmann, Karl (2007): Kirche und Kultur – Kirche als Kultur. In: Olaf Zimmermann und Theo Geißler (Hg.): Die Kirchen, die unbekannte kulturpolitische Macht. Unter Mitarbeit von Gabriele Schulz. Deutscher Kulturrat. Berlin, S. 12-14.

Lenz, Carsten; Ruchlak, Nicole (2001): Kleines Politik-Lexikon. München: R. Oldenbourg (Lehr- und Handbücher der Politikwissenschaft).

Leon, Paolo (2006): Prefazione. In: Linee guida per la gestione innovativa dei beni culturali. Vademecum. Terzo rapporto. Roma, S. 5-8.

Liebald, Christiane; Rimbach, Carla (Hg.) (1991): Neue Wege in der Kulturförderung. Instrumente der Wirtschaftsförderung in der Kulturarbeit. Dokumentation der Fachtagung vom 09. bis 10. März 1990. Remscheid (Schriftenreihe des Instituts für Bildung und Kultur e.V., 22).

Lo Presti, Davide (2010): Riflessioni sulla gestione degli interventi in arte e cultura: Procedure di erogazione diretta e modalità indirette di gestione degli interventi. In: Chiara Leardini und Gina Rossi (Hg.): Fondazioni bancarie, arte e cultura. Ruolo, risultati e prospettive alla luce di un'analisi territoriale. Milano: FrancoAngeli, S. 118-131.

Mackensen, Eva (2013): Das Wahre, Gute und Profitable. Die EU will Kultur stärker nach kommerziellen Kriterien fördern. Jetzt regt sich Widerstand. In: *Süddeutsche Zeitung*, 18.07.2013 (164), S. 13.

Maier, Charles S. (2006): Italien und Deutschland nach 1945. Von der Notwendigkeit des Vergleichs. In: Gian Enrico Rusconi und Hans Woller (Hg.): Parallele Geschichte? Italien und Deutschland 1945-2000. Berlin: Duncker & Humblot (Schriften des Italienisch-Deutschen Historischen Instituts in Trient, 20), S. 35-53.

Mandel, Birgit (2008): Die Neuen Kulturunternehmer - Prekariat oder Vorreiter und Visionäre eines sich wandelnden Kulturbetriebs? In: Bernd Wagner (Hg.): Jahrbuch für Kulturpolitik 2008. Thema: Kulturwirtschaft und kreative Stadt. Essen: Klartext Verlag, S. 345-355.

Marchesi, Giampiero (2004): L'occupazione nei beni culturali. In: Carla Bodo und Celestino Spada (Hg.): Rapporto sull'economia della cultura in Italia 1990-2000. Unter Mitarbeit von Cristina Da Milano. Bologna: Il mulino, S. 249-258.

Mayer, Horst O. (2004): Interview und schriftliche Befragung. Entwicklung, Durchführung und Auswertung. 2., verbesserte Auflage. München: Oldenbourg Verlag.

Mayring, Phillip (2003): Qualitative Inhaltsanalyse. Grundlagen und Techniken. 8. Auflage. Weinheim, Basel: Beltz Verlag.

Merkel, Angela (2005): Regierungserklärung von Bundeskanzlerin Angela Merkel. Online verfügbar unter http://www.bundesregierung.de/nn_774/Content/DE/Archiv16/Regierungserklaerung/2005/11/2005-11-30-regierungserklaerung-von-bundeskanzlerin-angela-merkel.html, zuletzt geprüft am 17.05.2011.

Merlo, Anna M. Alessandra (2011): Finanziamenti pubblici alla cultura: meno ma meglio. In: *Economia della Cultura. Rivista trimestrale dell'Associazione per l'Economia della Cultura* XXI (1), S. 13–20.

Meuser, Michael; Nagel, Ulrike (1991): ExpertInneninterviews - vielfach erprobt, wenig bedacht. Ein Beitrag zur qualitativen Methodendiskussion. In: Detlef Garz und Klaus Kraimer (Hg.): Qualitativ-empirische Sozialforschung. Konzepte, Methoden, Analysen. Opladen: Westdeutscher Verlag, S. 441–471.

Meuser, Michael; Nagel, Ulrike (1997): Das ExpertInneninterview. Wissenssoziologische Voraussetzungen und methodische Durchführung. In: Barbara Friebertshäuser und Prengel Annedore (Hg.): Qualitative Forschungsmethoden in der Erziehungswissenschaft. Weinheim, München: Juventa Verlag, S. 481–491.

Meuser, Michael; Nagel, Ulrike (2005): ExpertInneninterviews – vielfach erprobt, wenig bedacht. Ein Beitrag zur qualitativen Methodendiskussion. In: Alexander Bogner, Beate Littig und Wolfgang Menz (Hg.): Das Experteninterview. Theorie, Methode, Anwendung. 2. Auflage. Wiesbaden: VS Verlag für Sozialwissenschaften, S. 71–95.

Meuser, Michael; Nagel, Ulrike (2009): Das Experteninterview - konzeptionelle Grundlagen und methodische Anlage. In: Susanne Pickel, Gert Pickel, Hans-Joachim Lauth und Detlef Jahn (Hg.): Methoden der vergleichenden Politik- und Sozialwissenschaft. Neue Entwicklungen und Anwendungen. Wiesbaden: VS Verlag für Sozialwissenschaften, S. 465–479.

Meyer, Thomas (2003): Was ist Politik? 2., überarbeitete und erweiterte Auflage. Opladen: Leske + Budrich.

Ministerium für Inneres und Kommunales des Landes Nordrhein-Westfalen (11.03.1980): Gesetz zum Schutz und zur Pflege der Denkmäler im Lande Nordrhein-Westfalen (Denkmalschutzgesetz - DSchG). Online verfügbar unter https://recht.nrw.de/lmi/owa/br_bes_text?anw_nr=2&gld_nr=2&ugl_ nr=224&bes_id=4488&aufgehoben=N&menu=1&sg=0#det156862, zuletzt geprüft am 15.04.2013.

Ministero del Lavoro e delle Politiche Sociali; ISTAT; INPS (13.02.2012): Rapporto sulla Coesione sociale. Anno 2011. Nota per la stampa. Roma. Online verfügbar unter http://www.istat.it/it/files/2012/02/nota_stampa.pdf, zuletzt geprüft am 12.04.2013.

Ministero per i beni e le attività culturali (18.11.11): Normativa. Ministero per i beni e le attività culturali. Roma. Online verfügbar unter http://www.beniculturali.it/mibac/export/MiBAC/sito-MiBAC/MenuPrincipale/Normativa/Norme/index.html, zuletzt aktualisiert am 18.11.11, zuletzt geprüft am 16.01.2013.

Ministero per i beni e le attività culturali (Hg.) (2011): Minicifre della cultura 2011. Roma. Online verfügbar unter http://www.ufficiostudi.beniculturali.it/mibac/export/UfficioStudi/sito-UfficioStudi/Contenuti/Pubblicazioni/Volumi/Volumi-pubblicati/visualizza_asset.html_90115328.html, zuletzt geprüft am 23.01.2013.

Ministero per i beni e le attività culturali (Hg.) (2013a): Minicifre della cultura 2012. Roma. Online verfügbar unter http://www.ufficiostudi.beniculturali.it/mibac/multimedia/UfficioStudi/documents/1361371987173_Sito_Minicifre_2012-6.pdf, zuletzt geprüft am 10.09.2013.

Ministero per i beni e le attività culturali (2013b): Ministero. Online verfügbar unter http://www.beniculturali.it/mibac/export/MiBAC/sito-MiBAC/Menu-Principale/Ministero/index.html, zuletzt aktualisiert am 10.12.2013, zuletzt geprüft am 10.02.2014.

Misik, Robert (2007): Das Kult-Buch. Glanz und Elend der Kommerzkultur. Bonn: Bundeszentrale für politische Bildung.

Mittag, Jürgen; Oerters, Kathrin (2009): Kreativwirtschaft und Kulturhauptstadt: Katalysatoren urbaner Entwicklung in altindustriellen Ballungsregionen? In: Gudrun Quenzel (Hg.): Entwicklungsfaktor Kultur. Studien zum kulturellen und ökonomischen Potential der europäischen Stadt. Bielefeld: transcript Verlag, S. 61–92.

Mokre, Monika; Zembylas, Tasos (2003): Sein oder Nichtsein - Vielfalts- und Partizipationsförderung als Leitziele einer künftigen Kulturpolitik. In: *Kurswechsel. Zeitschrift für gesellschafts-, wirtschafts- und umweltpolitische Alternativen* (4/2003). Online verfügbar unter http://personal.mdw.ac.at/zembylas/Texte/Homepage%202008%20Online%20Texte%20Vielfalt.pdf.

Molinari, Sandro (1999a): Conclusioni dei lavori. In: Associazione fra le casse di risparmio italiane (Hg.): Seconda giornata delle fondazioni. Presentazione del quarto rapporto sulle fondazioni bancarie. Roma, 22 giugno 1999. Roma, S. 69–71.

Molinari, Sandro (1999b): Relazione introduttiva. Presentazione del Quarto Rapporto sulle Fondazioni bancarie. In: Associazione fra le casse di risparmio italiane (Hg.): Seconda giornata delle fondazioni. Presentazione del quarto rapporto sulle fondazioni bancarie. Roma, 22 giugno 1999. Roma, S. 9–19.

Montella, Massimo (2009): Il capitale culturale. Macerata: eum - edizioni università di macerata.

Moroni, Stefano (2001): La giustificazione della tutela dei beni culturali come problema di etica pubblica. In: Francesco Ventura (Hg.): Beni culturali. Giustificazione della tutela. Torino: Utet Libreria, S. 3–33.

Morr, Markus (2011): Kulturentwicklungsplanung. In: Verena Lewinski-Reuter und Stefan Lüddemann (Hg.): Glossar Kulturmanagement. Wiesbaden: VS Verlag für Sozialwissenschaften, S. 138–149.

Mühlfeld, Claus; Windolf, Paul; Lampert, Norbert; Krüger, Heidi (1981): Auswertungsprobleme offener Interviews. In: *Soziale Welt* 31, S. 325–352.

Muno, Wolfgang (2009): Fallstudien und die vergleichende Methode. In: Susanne Pickel, Gert Pickel, Hans-Joachim Lauth und Detlef Jahn (Hg.): Methoden der vergleichenden Politik- und Sozialwissenschaft. Neue Entwicklungen und Anwendungen. Wiesbaden: VS Verlag für Sozialwissenschaften, S. 113–131.

Murrau, Luca; Stratta, Benedetta (2011): I progetti di cooperazione Cultura 2000: una singolare leadership italiana. In: *Economia della Cultura. Rivista trimestrale dell'Associazione per l'Economia della Cultura* XXI (1), S. 77–90.

Nardella, Dario (2006): La gestione dei servizi culturali. In: Rita Borioni (Hg.): Beni di tutti e di ciascuno. Il difficile equilibrio tra pubblico e privato nella politica per i beni culturali. Roma: Solaris, S. 75–113.

Nardi Spiller, Cristina (2010): L'economia dei beni artistico-culturali nella proiezione operativa delle fondazioni bancarie. In: Chiara Leardini und Gina Rossi (Hg.): Fondazioni bancarie, arte e cultura. Ruolo, risultati e prospettive alla luce di un'analisi territoriale. Milano: FrancoAngeli, S. 132–160.

Neufeldt, Wilhelm (1994): Ein unvollendetes Projekt: Kulturelle Einheit. In: Deutscher Kulturrat (Hg.): Zweiter Bericht zur Kulturpolitik 1993/94. Kulturfinanzierung in der Bundesrepublik Deutschland. Mit Informationen aus bundesweiten Verbänden/Institutionen des Kulturlebens und Beiträgen von Fachautoren. Bonn, S. 105–108.

Neumann, Bernd (2008): Vorwort. In: Bernd Wagner (Hg.): Jahrbuch für Kulturpolitik 2008. Thema: Kulturwirtschaft und kreative Stadt. Essen: Klartext Verlag, S. 9-12.

Nida-Rümelin, Julian (2002): Die kulturelle Dimension des Nationalstaates. Zur kulturpolitischen Rolle des Bundes. In: Hilmar Hoffmann und Wolfgang Schneider (Hg.): Kulturpolitik in der Berliner Republik. Köln: DuMont, S. 79-99.

Nista, Leila (2013): Il Cultural Contact Point-CCP Italy: ruolo e attività. Ufficio studi del Ministero per i beni e le attività culturali. Roma. Online verfügbar unter http://www.ufficiostudi.beniculturali.it/mibac/export/UfficioStudi/sito-UfficioStudi/Contenuti/Archivio-Newsletter/Archivio/2011/Newsletter-6/visualizza_asset.html_125490596.html, zuletzt geprüft am 08.03.2013.

Nistri, Giovanni (2010): Il comando carabinieri tutela patrimonio culturale. In: Ministero per i beni e le attività culturali, gli Istituti Culturali ed il Diritto d'Autore, Direzione Generale per i Beni Liberari und Comitato Nazionale per le celebrazioni del centenario del primo regolamento organico di tutela (1904) (Hg.): Riflessioni sulla tutela. Temi, problemi, esperienze. Unter Mitarbeit von Elena de Cagiano Azevedo und Roberta Geremia Nucci. Firenze: Edizioni Polistampa, S. 157-171.

Nohl, Arnd-Michael (2006): Interview und dokumentarische Methode. Anleitungen für die Forschungspraxis. Wiesbaden: VS Verlag für Sozialwissenschaften (Qualitative Sozialforschung. Praktiken - Methodologien - Anwendungsfelder, 16).

Nova, Chiara (2007): I musei statali. In: Marco Ferretti, Chiara Nova und Antonello Zangrandi (Hg.): Finanziare i musei. Promuovere qualità e orientamento al futuro. Milano: FrancoAngeli, S. 53-77.

Ornaghi, Lorenzo (2012): Prefazione. In: Roberto Grossi (Hg.): Rapporto annuale federculture 2012. Cultura e sviluppo. La scelta per salvare l'Italia. Pero: 24 ORE Cultura, S. 11-12.

Ornaghi, Lorenzo; Passera, Corrado; Profumo, Francesco (2012): Tre ministri in campo per la cultura. In: Roberto Grossi (Hg.): Rapporto annuale federculture 2012. Cultura e sviluppo. La scelta per salvare l'Italia. Pero: 24 ORE Cultura, S. 13-14.

Osservatorio culturale del Piemonte (Hg.) (1999): OCP - Allegato statistico 1999. Torino. Online verfügbar unter http://www.ocp.piemonte.it/PDF/relazione/relaz_1999_allegato.pdf, zuletzt geprüft am 05.04.2013.

Osservatorio culturale del Piemonte (Hg.) (2011): Relazione annuale 2010. Cultura in Piemonte. Torino. Online verfügbar unter http://www.ocp.piemonte.it/PDF/relazione/ocp_relaz2010.pdf, zuletzt geprüft am 03.04.2013.

Osservatorio culturale del Piemonte (2012): Missione. Online verfügbar unter http://www.ocp.piemonte.it/missione.html, zuletzt aktualisiert am 08.02.2012, zuletzt geprüft am 03.04.2013.

Osservatorio culturale del Piemonte; IRES Piemonte (Hg.) (2013): Allegato statistico 2011. La cultura in Piemonte. Torino. Online verfügbar unter http://www.ocp.piemonte.it/doc/relazione_annuale/ocp_rilevazionistatistiche2011.pdf, zuletzt geprüft am 23.08.2013.

Otto, Hans-Joachim (2002): Für einen ehrlichen Kulturföderalismus. In: Thomas Röbke und Bernd Wagner (Hg.): Jahrbuch für Kulturpolitik 2001. Thema Kulturföderalismus. Essen: Klartext Verlag, S. 81–85.

Palmer, Christoph E. (2002): Die Länder. Garanten der Kulturstaatlichkeit. In: Hilmar Hoffmann und Wolfgang Schneider (Hg.): Kulturpolitik in der Berliner Republik. Köln: DuMont, S. 106–119.

Pankoke, Eckart (1982): „... die Umstände menschlich bilden ...". Zur gesellschaftspolitischen Verantwortung aktiver Kulturpolitik. In: Kulturpolitische Gesellschaft (Hg.): Kulturpolitik ist Gesellschaftspolitik. Festschrift zum siebzigsten Geburtstag von Alfons Spielhoff am 3. Juli 1982. Unter Mitarbeit von Olaf Schwencke und Norbert Sievers. Hagen, S. 123–133.

Pasteris, Vittorio (2012): Torino, Fassino deve riflettere sul debito del Comune. Il fatto quotidiano. Online verfügbar unter http://www.ilfattoquotidiano.it/2012/12/13/fermate-fassino-per-riflettere-momento-sul-debito-del-comune-di-torino/444635/, zuletzt aktualisiert am 13.12.2012, zuletzt geprüft am 08.04.2013.

Petzold, Veronika (1994): Arbeitslose Kultur und brotlose Kunst. Die Perspektiven einer Kulturfinanzierung AUFostSCHWUNG. In: Deutscher Kulturrat (Hg.): Zweiter Bericht zur Kulturpolitik 1993/94. Kulturfinanzierung in der Bundesrepublik Deutschland. Mit Informationen aus bundesweiten Verbänden/Institutionen des Kulturlebens und Beiträgen von Fachautoren. Bonn, S. 125–134.

Pickel, Gert; Pickel, Susanne (2009): Qualitative Interviews als Verfahren des Ländervergleichs. In: Susanne Pickel, Gert Pickel, Hans-Joachim Lauth und Detlef Jahn (Hg.): Methoden der vergleichenden Politik- und Sozialwissenschaft. Neue Entwicklungen und Anwendungen. Wiesbaden: VS Verlag für Sozialwissenschaften, S. 441–463.

Presidenza del Consiglio dei Ministri, Dipartimento per l'informazione e l'editoria (Hg.) (1994): Rapporto sull'economia della cultura in Italia 1980–1990. A cura di Carla Bodo. Associazione per l'Economia della Cultura. Roma: Istituto Poligrafico e Zecca dello Stato.

Presse- und Informationsamt der Bundesregierung (26.06.2013): Kulturhaushalt steigt erneut – großer Erfolg für Kulturstaatsminister Bernd Neumann. Berlin. Online verfügbar unter http://www.bundesregierung.de/Content/DE/Pressemitteilungen/BPA/2013/06/2013-06-26-bkm-haushalt.html;jsessionid=5836BAECDC120BF14C0B330FA87C400C.s2t2?nn=391670, zuletzt geprüft am 01.07.2013.

Przyborski, Aglaja; Wohlrab-Sahr, Monika (2008): Qualitative Sozialforschung. Ein Arbeitsbuch. München: Oldenbourg Verlag.

Quotidiano Piemontese (2012a): Il comune di Torino forse salvato dal fallimento dall'Imu e forse salverà il suo welfare. Online verfügbar unter http://www.quotidianopiemontese.it/2012/07/08/il-botta-e-risposta-su-linl/#.UWPKLldGia4, zuletzt aktualisiert am 08.07.2012, zuletzt geprüft am 08.04.2013.

Quotidiano Piemontese (2012b): Il bliancio del 2012 di Piero Fassino: il Comune di Torino ha posto le basi per la stabilità finanziaria. Online verfügbar unter http://www.quotidianopiemontese.it/2012/12/28/il-bliancio-del-2012-di-piero-fassino-il-comune-di-torino-ha-posto-le-basi-per-la-stabilita-finanziaria/#.UWJ6iFdGia6, zuletzt aktualisiert am 28.12.2012, zuletzt geprüft am 08.04.2013.

Raehs, Andrea (2011): Feingeistige Unternehmen. Banken, Versicherungen und Großfirmen: Immer öfter leisten sich solche Häuser eine eigene Sammlung. Eine Investition der anderen Art. In: *Süddeutsche Zeitung*, 24.11.2011, S. 31.

Ravasi, Guido (2003): Prefazione. La tutela dei beni culturali in Italia. In: Guido Ravasi und Massimo Carcione (Hg.): Patrimonio in pericolo. I beni culturali tra salvaguardia e valorizzazione. Miscellanea di contributi e documenti del IV e V Convegno internazionale per la Protezione dei Beni Culturali. Milano: Edizioni Nagard, S. 5–14.

Regionalverband Ruhr (2012): Regionalverband Ruhr - Finanzen. Online verfügbar unter http://www.metropoleruhr.de/regionalverband-ruhr/ueber-uns/finanzen.html, zuletzt geprüft am 25.11.2013.

Regionalverband Ruhr (23.10.2012): Gesetz über den Regionalverband Ruhr. Online verfügbar unter http://www.metropoleruhr.de/fileadmin/user_upload/metropoleruhr.de/Bilder/Regionales_Management/Verwaltung/Gesetzliche_Grundlagen/RVRG_Stand_23-10-12.pdf, zuletzt geprüft am 25.11.2013.

Regionalverband Ruhr (2013): Regionalverband Ruhr - Aufgaben und Verbandsgebiet. Online verfügbar unter http://www.metropoleruhr.de/regionalverband-ruhr/ueber-uns/gebiet-aufgaben.html, zuletzt geprüft am 25.11.2013.

Regione Piemonte (13.03.2013): Organizzazione e uffici - Direzioni e settori regionali. Cultura, Turismo e Sport. Online verfügbar unter http://www.regione.piemonte.it/governo/org/18.htm, zuletzt geprüft am 13.03.2013.

Regione Piemonte (04.03.2005): Statuto della Regione Piemonte. Legge regionale statutaria 4 marzo 2005, n. 1. Online verfügbar unter http://www.regione. piemonte.it/urp/dwd/statuto.pdf, zuletzt geprüft am 03.09.2013.

Regione Piemonte (2013a): Albo dei beneficiari di provvidenze di natura economica. Online verfügbar unter http://www.regione.piemonte.it/cultura/cms/ albo-beneficiari.html, zuletzt geprüft am 25.11.2013.

Regione Piemonte, Provincia Torino, Città Torino, IRES Piemonte, Compagnia San Paolo, Fondazione Cassa Risparmio Torino, AGIS Piemonte e Valle d'Aosta, Fondazione Fitzcarraldo, Camera Commercio Torino (Hg.) (2013b): Osservatorio culturale del Piemonte, Relazione annuale 2011-2012: Cultura in Piemonte. Online verfügbar unter http://www.ocp.piemonte.it/doc/ relazione_annuale/ocp_relazioneannuale20112012.pdf, zuletzt geprüft am 25.11.2013.

Reiter, Michael (2000): Kommunikationsstörungen bei der Steuerung von Kürzungsprozessen - am Beispiel Frankfurt/Oder. In: Bundesakademie für kulturelle Bildung Wolfenbüttel (Hg.): Die Förderung von Kunst und Kultur in den Kommunen. Dokumentation der Tagung „Die Förderung von Kunst und Kultur in den Kommunen" der Bundesakademie für kulturelle Bildung Wolfenbüttel in Verbindung mit der Kulturpolitischen Gesellschaft vom 17. bis 18. Mai 2000. Unter Mitarbeit von Karl Ermert und Thomas Lang. Wolfenbüttel (Wolfenbütteler Akademie-Texte), S. 58–72.

Repubblica Italiana (22.12.1947): Costituzione della Repubblica Italiana, vom 30.05.2003. Online verfügbar unter http://www.governo.it/governo/costituzione/costituzionerepubblicaitaliana.pdf, zuletzt geprüft am 25.04.2012.

Reuband, Karl-Heinz (2012): Wissensdefizite über das Kulturpublikum. Warum mehr und umfassendere Forschung notwendig ist. In: *KM. Das Monatsmagazin von Kulturmanagement Network* (67). Online verfügbar unter http:// www.phil-fak.uni-duesseldorf.de/fileadmin/Redaktion/Institute/Sozialwissenschaften/Soziologie/Dokumente/Reuband/Wissensdefizite_ueber_das_ Kulturpublikum.pdf, zuletzt geprüft am 08.01.2013.

Revermann, Klaus H. (1974): Kunst als gesellschaftliches Angebot. Theoretische Überlegungen und ein praktisches Beispiel: „Urbs '71". In: Olaf Schwencke, Klaus H. Revermann und Alfons Spielhoff (Hg.): Plädoyers für eine neue Kulturpolitik. München: Karl Hanser Verlag, S. 57–65.

Richter, Reinhart (2000): Die aktuellen Rahmenbedingungen kommunaler Kulturpolitik und ihre Auswirkungen auf die Kommunikationsbeziehungen der Akteure. In: Bundesakademie für kulturelle Bildung Wolfenbüttel (Hg.): Die Förderung von Kunst und Kultur in den Kommunen. Dokumentation der Tagung „Die Förderung von Kunst und Kultur in den Kommunen" der Bundesakademie für kulturelle Bildung Wolfenbüttel in Verbindung mit der Kulturpolitischen Gesellschaft vom 17. bis 18. Mai 2000. Unter Mitarbeit von Karl Ermert und Thomas Lang. Wolfenbüttel (Wolfenbütteler Akademie-Texte), S. 8-16.

Richthofen, Esther von (2009): Bringing Culture to the Masses: Control, Compromise and Participation in the GDR. Oxford: Berghahn Books.

Röbke, Thomas; Wagner, Bernd (2002): Aufgaben eines undogmatischen Kulturföderalismus. Einleitung. In: Thomas Röbke und Bernd Wagner (Hg.): Jahrbuch für Kulturpolitik 2001. Essen: Klartext, S. 13-34.

Sacco, Pier Luigi (2006): Glossario. In: Pier Luigi Sacco (Hg.): Il fundraising per la cultura. Roma: Meltemi, S. 267-276.

Sala, Giovanni Antonio (2010): La 'vocazione' delle fondazioni bancarie nell'arte e nella cultura. In: Chiara Leardini und Gina Rossi (Hg.): Fondazioni bancarie, arte e cultura. Ruolo, risultati e prospettive alla luce di un'analisi territoriale. Milano: FrancoAngeli, S. 17-25.

Santagata, Walter (2007): Libro Bianco sulla Creatività. Commissione sulla Creatività e Produzione di Cultura in Italia (D.M. 30 Novembre 2007). Ufficio studi del Ministero per i beni e le attività culturali. Roma. Online verfügbar unter http://www.ufficiostudi.beniculturali.it/mibac/multimedia/UfficioStudi/documents/1262948122551_CAP._0_Indice,Autori_e_Premessa.pdf, zuletzt geprüft am 22.03.2013.

Santagata, Walter; Bertacchini, Enrico (2012): Economia creativa. Come misurarla? In: Il sole 24 ore, 18.03.2012. Online verfügbar unter http://www.ilsole24ore.com/art/cultura/2012-03-17/economia-creativa-come-misurarla-180729.shtml?uuid=AbmK5q9E, zuletzt geprüft am 23.03.2013.

Sassoli Bianchi, Filippo de (1999): Beitrag des Presidente della Fondazione Cassa di Risparmio in Bologna. In: Associazione fra le casse di risparmio italiane (Hg.): Seconda giornata delle fondazioni. Presentazione del quarto rapporto sulle fondazioni bancarie. Roma, 22 giugno 1999. Roma, S. 19-25.

Sauberzweig, Dieter (1973a): Arbeitskreis I „Bildung und Kulltur": Vorbericht. Bildung und Kultur als Element der Stadtentwicklung. In: Deutscher Städtetag (Hg.): Wege zur menschlichen Stadt. Vorträge, Aussprachen und Ergebnisse der 17. Hauptversammlung des Deutschen Städtetages vom 2. bis 4. Mai 1973 in Dortmund. Stuttgart, Berlin, Mainz, Köln (Neue Schriften des Deutschen Städtetages, 29), S. 97-113.

Sauberzweig, Dieter (1973b): Arbeitskreis I „Bildung und Kultur": Einführung. In: Deutscher Städtetag (Hg.): Wege zur menschlichen Stadt. Vorträge, Aussprachen und Ergebnisse der 17. Hauptversammlung des Deutschen Städtetages vom 2. bis 4. Mai 1973 in Dortmund. Stuttgart, Berlin, Mainz, Köln (Neue Schriften des Deutschen Städtetages, 29), S. 114–128.

Scheytt, Oliver (2001): Stadtkultur in Partnerschaft. In: Hilmar Hoffmann (Hg.): Kultur und Wirtschaft. Knappe Kassen - neue Allianzen. Köln: DuMont, S. 29–42.

Scheytt, Oliver (2008): Kulturstaat Deutschland. Plädoyer für eine aktivierende Kulturpolitik. Bielefeld: transcript Verlag (X-Texte).

Schilling, Konrad (1974): Oasen der Freiheit oder: Kann Kunst eine Stadt verändern? In: Olaf Schwencke, Klaus H. Revermann und Alfons Spielhoff (Hg.): Plädoyers für eine neue Kulturpolitik. München: Karl Hanser Verlag, S. 129–136.

Schindler, Jörg Michael (2011): Kulturpolitik und Recht 3.0. Von der Kulturverträglichkeitsprüfung zur kulturbezogenen Folgenabschätzung. Köln: ARCult.

Schirmer, Herbert (2002): Kulturpolitische Wege. Der Artikel 35 und die Folgen. In: Hilmar Hoffmann und Wolfgang Schneider (Hg.): Kulturpolitik in der Berliner Republik. Köln: DuMont, S. 38–49.

Schmidt, Manfred G. (2004): Wörterbuch zur Politik. 2. Auflage. Stuttgart: Kröner.

Schmidt, Thomas E. (2002): Schneisen durch den föderalen Dschungel. Rückblick auf die Kulturpolitik der Regierung Schröder. In: Hilmar Hoffmann und Wolfgang Schneider (Hg.): Kulturpolitik in der Berliner Republik. Köln: DuMont, S. 29–37.

Schneider, Wolfgang (2000a): Kulturpolitik. In: Ralf Schnell (Hg.): Metzler Lexikon Kultur der Gegenwart. Themen und Theorien, Formen und Institutionen seit 1945. Stuttgart, Weimar: J.B. Metzlersche Verlagsbuchhandlung, S. 276–277.

Schneider, Wolfgang (2000b): Kulturpolitische Profile in der Kommune - Verwalter, Gestalter, Moderatorin, Ermöglicher oder Visionärin. In: Bundesakademie für kulturelle Bildung Wolfenbüttel (Hg.): Die Förderung von Kunst und Kultur in den Kommunen. Dokumentation der Tagung „Die Förderung von Kunst und Kultur in den Kommunen" der Bundesakademie für kulturelle Bildung Wolfenbüttel in Verbindung mit der Kulturpolitischen Gesellschaft vom 17. bis 18. Mai 2000. Unter Mitarbeit von Karl Ermert und Thomas Lang. Wolfenbüttel (Wolfenbütteler Akademie-Texte), S. 101–110.

Schneider, Wolfgang (2000c): Kulturstiftungen. In: Ralf Schnell (Hg.): Metzler Lexikon Kultur der Gegenwart. Themen und Theorien, Formen und Institutionen seit 1945. Stuttgart, Weimar: J.B. Metzlersche Verlagsbuchhandlung, S. 277–278.

Schneider, Wolfgang (2000d): Kulturverwaltung. In: Ralf Schnell (Hg.): Metzler Lexikon Kultur der Gegenwart. Themen und Theorien, Formen und Institutionen seit 1945. Stuttgart, Weimar: J.B. Metzlersche Verlagsbuchhandlung, S. 279.

Schneider, Wolfgang (2002): Lesen und lesen lassen. Plädoyers für eine neue Literaturpolitik. In: Hilmar Hoffmann und Wolfgang Schneider (Hg.): Kulturpolitik in der Berliner Republik. Köln: DuMont, S. 197–214.

Schönau, Birgit (2012): „Wir brauchen die Bürger". Der italienische Staat allein kann die Kunstschätze des Landes nicht schützen. Ein Gespräch mit dem Kulturminister Lorenzo Ornaghi über Sponsoring, Pompeji und die Rettung der Welt durch das Schöne. In: *Die Zeit*, 19.04.2012. Online verfügbar unter http://www.zeit.de/2012/17/Italien-Kultur/seite-2, zuletzt geprüft am 02.05.2012.

Schrallhammer, Julia (2006): Public Private Partnership im Bereich Kunst und Kultur vor dem Hintergrund der historisch-traditionellen Begründung öffentlicher Kunst- und Kulturförderung in Deutschland. Dissertation. Regensburg.

Schubert, Klaus; Klein, Martina (2011): Das Politiklexikon. Begriffe, Fakten, Zusammenhänge. 5. Auflage. Bonn: Bundeszentrale für politische Bildung.

Schulze, Gerhard (2000): Die Erlebnisgesellschaft. Kultursoziologie der Gegenwart. 8. Auflage. Frankfurt am Main [u.a.]: Campus-Verlag.

Schwencke, Olaf (1974a): Demokratisierung des kulturellen Lebens. In: Hilmar Hoffmann (Hg.): Perspektiven der kommunalen Kulturpolitik. Beschreibungen und Entwürfe. Frankfurt am Main: Suhrkamp, S. 59–73.

Schwencke, Olaf (1974b): Kontinuität und Innovation. Zum Dilemma deutscher Kulturpolitik seit 1945 und zu ihrer gegenwärtigen Krise. In: Olaf Schwencke, Klaus H. Revermann und Alfons Spielhoff (Hg.): Plädoyers für eine neue Kulturpolitik. München: Karl Hanser Verlag, S. 11–43.

Schwencke, Olaf (2006a): Das Europa der Kulturen - Kulturpolitik in Europa. Dokumente, Analysen und Perspektiven: von den Anfängen bis zur Gegenwart. 2., überarbeitete und erweiterte Auflage. Bonn: Kulturpolitische Gesellschaft; Klartext Verlag (Edition Umbruch. Texte zur Kulturpolitik, 14).

Schwencke, Olaf (2006b): Tempi passati. Soviel kulturpolitischer Aufbruch war nie. In: *Kulturpolitische Mitteilungen* (113), S. 27–28.

Schwencke, Olaf; Revermann, Klaus H.; Spielhoff, Alfons (Hg.) (1974a): Plädoyers für eine neue Kulturpolitik. München: Karl Hanser Verlag.

Schwencke, Olaf; Revermann, Klaus H.; Spielhoff, Alfons (1974b): Vorwort der Herausgeber. In: Olaf Schwencke, Klaus H. Revermann und Alfons Spielhoff (Hg.): Plädoyers für eine neue Kulturpolitik. München: Karl Hanser Verlag, S. 7–8.

Sciullo, Girolamo (2006a): I beni. In: Carla Barbati, Marco Cammelli und Girolamo Sciullo (Hg.): Il diritto dei beni culturali. Bologna: Il mulino, S. 1–33.

Sciullo, Girolamo (2006b): Le funzioni. In: Carla Barbati, Marco Cammelli und Girolamo Sciullo (Hg.): Il diritto dei beni culturali. Bologna: Il mulino, S. 35–95.

Segre, Giuliano; di Lascio, Vito (2009): Le fondazioni bancarie per la sussidarietà finanziaria locale. In: Roberto Grossi (Hg.): Crisi economica e competitività. La cultura al centro o ai margini dello sviluppo? Sesto rapporto annuale federculture 2009. Milano: ETAS, S. 127–139.

Senato della Repubblica (2012): Audizione del Ministro per i Beni e le attività culturali Lorenzo Ornaghi su tematiche afferenti al suo dicastero, con particolare riferimento alla situazione di ARCUS S.P.A. e ai danni al patrimonio culturale recati dal recente sisma in Emilia-Romagna. Roma. Online verfügbar unter http://www.senato.it/service/PDF/PDFServer/DF/283981.pdf, zuletzt geprüft am 24.10.2012.

Settis, Salvatore (2002): Italia S.p.A. L'assalto al patrimonio culturale. Torino: Einaudi.

Severini, Giuseppe (2001): Il concetto di 'bene culturale' nel Testo unico. In: Pier Giorgio Ferri und Marcello Pacini (Hg.): La nuova tutela dei beni culturali e ambientali. Tutte le norme di tutela e valorizzazione dei beni culturali e ambientali coordinate nel Testo unico (D.Lgs. 29 ottobre 1999, n. 490). Aggiornato con il regolamento per le alienazioni di immobili del demanio storico e artistico. Milano: Il Sole 24 Ore, S. 25–55.

Severino, Fabio (2010a): Luci e ombre di una strategia di comunicazione. L'arte della sponsorizzazione. In: *Formiche* VII (46), S. 86–87. Online verfügbar unter http://www.economiadellacultura.it/images/stories/rassegna_stampa/ Formiche_sponsorizzazioni_Severino.pdf, zuletzt geprüft am 28.03.2013.

Severino, Fabio (2010b): Province protagoniste nella politica culturale. In: *Il sole 24 ore*, 17.03.2010, S. 7.

Sievers, Norbert (2009): Kulturmetropole Ruhr - Kulturpolitik als regionale Strukturpolitik. In: *Kulturpolitische Mitteilungen* (IV), S. 40–41. Online verfügbar unter http://www.kupoge.de/kumi/pdf/kumi127/kumi127_40-41.pdf, zuletzt geprüft am 10.07.2013.

Simone, Vincenzo (2007): Strumenti e meccanismi dell'accesso. In: Formez (Hg.): Strategie e politiche per l'accesso alla cultura. Roma: La Piramide (63), S. 49–66.

Singer, Otto (2003): Kulturpolitik und Parlament. Kulturpolitische Debatten in der Bundesrepublik Deutschland seit 1945. Hg. v. Wissenschaftliche Dienste des Deutschen Bundestages. Berlin.

Società italiana degli Autori ed Editori (Hg.) (2012): Annuario dello spettacolo 2011. Roma. Online verfügbar unter http://www.siae.it/documents/Statistica_documentazione_AnnuarioDelloSpettacolo2011.pdf, zuletzt geprüft am 09.09.2013.

Sommer, Frank (2008): Kulturpolitik als Bewährungsprobe für den deutschen Föderalismus. Dissertation, Hildesheim, 2007. Frankfurt am Main: Peter Lang Verlag (Studien zur Kulturpolitik, 7). Online verfügbar unter http://www.gbv.de/dms/sub-hamburg/581057341.pdf.

Söndermann, Michael (2010): Endlich klare Systematik für Kultur- und Kreativwirtschaft. Online verfügbar unter http://www.kulturwirtschaft.de/2010/01/28/endlich-klare-systematik-fur-kultur-und-kreativwirtschaft/, zuletzt aktualisiert am 28.01.2010, zuletzt geprüft am 26.04.2013.

Söndermann, Michael; Backes, Christoph; Arndt, Olaf; Brünink, Daniel (2009a): Kultur- und Kreativwirtschaft. In: Bernd Wagner (Hg.): Jahrbuch für Kulturpolitik 2009. Thema: Erinnerungskulturen und Geschichtspolitik. Essen: Klartext Verlag, S. 397–409.

Söndermann, Michael; Backes, Christoph; Arndt, Olaf; Brünink, Daniel (2009b): Kultur- und Kreativwirtschaft: Ermittlung der gemeinsamen charakteristischen Definitionselemente der heterogenen Teilbereiche der „Kulturwirtschaft" zur Bestimmung ihrer Perspektiven aus volkswirtschaftlicher Sicht. Hg. v. Bundesministerium für Wirtschaft und Technologie. Köln, Bremen, Berlin. Online verfügbar unter http://www.bmwi.de/Dateien/KuK/PDF/doku-577-gesamtwirtschaftliche-perspektiven-kultur-und-kreativwirtschaft-langfassung,property=pdf,bereich=bmwi,sprache=de,rwb=true.pdf, zuletzt geprüft am 23.02.2011.

Späth, Lothar (2001): Kulturstiftungen und Bürgerengagement. In: Hilmar Hoffmann (Hg.): Kultur und Wirtschaft. Knappe Kassen - neue Allianzen. Köln: DuMont, S. 196–200.

Spielhoff, Alfons (1974): Prioritäten städtischer Kulturpolitik. In: Olaf Schwencke, Klaus H. Revermann und Alfons Spielhoff (Hg.): Plädoyers für eine neue Kulturpolitik. München: Karl Hanser Verlag, S. 66–76.

Stadt Essen (Hg.) (2013a): Kultur und Freizeit. Online verfügbar unter http://www.essen.de/de/Rathaus/Statistik/statistik_kultur.html, zuletzt aktualisiert im April 2013, zuletzt geprüft am 22.08.2013.

Stadt Essen (2013b): Schuldenuhr. Essen. Online verfügbar unter http://www.essen.de/de/Rathaus/Aemter/Ordner_20/schulden_app.html, zuletzt aktualisiert am 19.06.2013, zuletzt geprüft am 19.06.2013.

Stadt Essen (Hg.) (2013c): Essen. Vom Werden einer Metropole. Online verfügbar unter http://www.essen.de/de/Rathaus/Aemter/Ordner_15/StelltSich-Vor/Kurzportrait.html, zuletzt geprüft am 22.08.2013.

Stadt Essen (2013d): Der Verwaltungsvorstand der Stadt. Online verfügbar unter http://www.essen.de/de/Kultur_und_Bildung/ansprechpartner_3/Verwaltungsvorstand_4.html, zuletzt geprüft am 25.11.2013.

Stadt Essen (2013e): Wirtschaft und Beschäftigung. Online verfügbar unter http://www.essen.de/de/Rathaus/Statistik/Statistik_Wirtschaft.html, zuletzt aktualisiert im September 2013, zuletzt geprüft am 25.11.2013.

Stadt Essen, Amt für Statistik, Stadtforschung und Wahlen (Hg.) (2012): Ein Blick auf... Kultur und Freizeit in Essen. 31.12.2009 bis 2011. Essen (Ein Blick auf..., 5/2012). Online verfügbar unter https://media.essen.de/media/wwwessende/aemter/12/Kultur_und_Freizeit_in_Essen_05_2012.pdf, zuletzt geprüft am 22.08.2013.

Städtetag Nordrhein-Westfalen (1990): Standort Kultur: Kulturpolitik in Nordrhein-Westfalen. Aufgaben der Städte und des Landes. Positions- und Aktionspapier des Städtetages Nordrhein-Westfalen. Köln.

Ständige Konferenz der Kultusminister der Länder in der Bundesrepublik Deutschland (2013): Kunst/Kultur. Koordinierung der länderübergreifenden Zusammenarbeit. Ständige Konferenz der Kultusminister der Länder in der Bundesrepublik Deutschland. Bonn, Berlin. Online verfügbar unter http://www.kmk.org/kunst-kultur.html, zuletzt aktualisiert am 2013, zuletzt geprüft am 04.06.2013.

Statistische Ämter des Bundes und der Länder (2012): Kulturfinanzbericht 2012. Wiesbaden. Online verfügbar unter https://www.destatis.de/DE/Publikationen/Thematisch/BildungForschungKultur/Kultur/Kulturfinanzbericht.html;jsessionid=4E4A06176DDCE96C26C746ADC8153512.cae4, zuletzt geprüft am 08.01.2012.

Statistisches Bundesamt (Hg.) (2012a): Statistisches Jahrbuch 2012 - Gesellschaft und Staat. Kultur, Medien, Freizeit. Wiesbaden. Online verfügbar unter https://www.destatis.de/DE/Publikationen/StatistischesJahrbuch/KulturMedienFreizeit.pdf?__blob=publicationFile, zuletzt geprüft am 03.08.2013.

Statistisches Bundesamt (Hg.) (2012b): Die wirtschaftliche Bedeutung des Dritten Sektors. Unter Mitarbeit von Natalie Rosenski. Wiesbaden. Online verfügbar unter https://www.destatis.de/DE/Publikationen/WirtschaftStatistik/UnternehmenGewerbeanzeigen/WirtschaftlicheBedeutung3Sektor032012.pdf?__blob=publicationFile, zuletzt geprüft am 13.05.2013.

Statistisches Bundesamt (Hg.) (2013): Statistisches Jahrbuch 2013. Wiesbaden. Online verfügbar unter https://www.destatis.de/DE/Publikationen/StatistischesJahrbuch/StatistischesJahrbuch2013.pdf?__blob=publicationFile, zuletzt geprüft am 09.01.2014.

Sternberg, Thomas (2007): Die Kirchen als kulturpolitische Akteure. Zum Beitrag eines Vertreters der Kirchen in der Enquete-Kommission „Kultur in Deutschland". In: Olaf Zimmermann und Theo Geißler (Hg.): Die Kirchen, die unbekannte kulturpolitische Macht. Unter Mitarbeit von Gabriele Schulz. Deutscher Kulturrat. Berlin, S. 31–33.

Strittmatter, Thomas (1994): Kooperation im Kulturbereich per Gesetz? Zur Entwicklung von Vernetzungs- und Kooperationsformen in den neuen Bundesländern. In: Deutscher Kulturrat (Hg.): Zweiter Bericht zur Kulturpolitik 1993/94. Kulturfinanzierung in der Bundesrepublik Deutschland. Mit Informationen aus bundesweiten Verbänden/Institutionen des Kulturlebens und Beiträgen von Fachautoren. Bonn, S. 141–146.

Tamiozzo, Raffaele (2004): La Legislazione dei Beni Culturali e Paesaggistici. Guida ragionata per studenti, specializzandi e operatori, amministrativi e tecnici, delle pubbliche istituzioni di tutela. Terza edizione, interamente rivista e aggiornata con il decreto legislativo 22 gennaio 2004, n. 42 (Codice dei beni culturali e del paesaggio). Milano: Giuffrè.

Thierse, Wolfgang (2002): Kultur macht Sinn! Eine zentrale Aufgabe in einer demokratischen Gesellschaft. In: Hilmar Hoffmann und Wolfgang Schneider (Hg.): Kulturpolitik in der Berliner Republik. Köln: DuMont, S. 13–28.

Torcutti, Elisa (2005): Diplomazia culturale e politica culturale. Tesi di Laurea. Università degli Studi di Trieste; Facoltà di Scienze Politiche; Corso di Laurea in Scienze Internazionali e Diplomatiche. Online verfügbar unter http://www.ilsegnalibro.com/normativa/tesi_torcutti.pdf, zuletzt geprüft am 13.05.2013.

Traclò, Francesca (2007): Nuove tecnologie, gestione e valorizzazione dell'offerta culturale. In: Formez (Hg.): L'azione pubblica a sostegno dell'offerta culturale. Roma: La Piramide (62), S. 45–74.

Trimarchi, Michele (2007): Meccanismi sostenibili di finanziamento dei progetti culturali. In: Formez (Hg.): L'azione pubblica a sostegno dell'offerta culturale. Roma: La Piramide (62), S. 229–252.

Trupiano, Gaetana (2005a): Le istituzioni culturali: caratteristiche e finalità. In: Gaetana Trupiano (Hg.): La valorizzazione dei beni culturali. Aspetti economici, giuridici e sociologici. Milano: FrancoAngeli, S. 56–79.

Trupiano, Gaetana (2005b): Introduzione. In: Gaetana Trupiano (Hg.): La valorizzazione dei beni culturali. Aspetti economici, giuridici e sociologici. Milano: FrancoAngeli, S. 9–13.

Trupiano, Gaetana (2005c): Il finanziamento e la fiscalità nel settore della cultura. In: Gaetana Trupiano (Hg.): La valorizzazione dei beni culturali. Aspetti economici, giuridici e sociologici. Milano: FrancoAngeli, S. 93–131.

Turci, Maria Chiara (1994): L'intervento straordinario a favore dei beni culturali. In: Dipartimento per l'informazione e l'editoria Presidenza del Consiglio dei Ministri (Hg.): Rapporto sull'economia della cultura in Italia 1980–1990. A cura di Carla Bodo. Roma: Istituto Poligrafico e Zecca dello Stato, S. 200–250.

UNESCO (1954): Final act of the intergovernmental conference on the protection of cultural property in the event of armed conflict, The Hague, 1954. UNESCO. Den Haag.

UNESCO (2002): Allgemeine Erklärung zur kulturellen Vielfalt. In: *UNESCO heute, Zeitschrift der Deutschen UNESCO-Kommission* (1–2), S. 1–6. Online verfügbar unter http://www.unesco.de/fileadmin/medien/Dokumente/Kultur/kkv/deklaration_kulturelle_vielfalt.pdf, zuletzt geprüft am 22.11.2011.

UNESCO (2005): Übereinkommen über den Schutz und die Förderung der Vielfalt kultureller Ausdrucksformen. Online verfügbar unter http://www.bkj.de/cms/home/kulturelle-bildung-dossiers/kulturelle-vielfalt/politikpositionendokumente.html, zuletzt geprüft am 22.11.2011.

Unesco Institute for Statistics (Hg.) (2009): UNESCO Framework for Cultural Statistics. Montreal, zuletzt geprüft am 28.01.2012.

Unioncamere (30.12.2011): Comunicato Stampa: Unioncamere, Pil 2012: il Nord, con Milano in testa, ancora più lontano dal Mezzogiorno. Al Sud maggiori difficoltà soprattutto sul fronte occupazionale. Roma. Online verfügbar unter http://www.unioncamere.gov.it/P42A980C189S123/Scenari-di-sviluppo-delle-economie-locali-Unioncamere-Prometeia.htm, zuletzt geprüft am 12.04.2013.

Unioncamere (17.01.2013): Scenari territoriali 2013. Roma. Online verfügbar unter http://www.unioncamere.gov.it/P42A980C189S123/Scenari-di-sviluppo-delle-economie-locali-Unioncamere-Prometeia.htm, zuletzt geprüft am 12.04.2013.

Unioncamere (2013): Chi Siamo. Online verfügbar unter http://www.unioncamere.gov.it/P42A0C0S75/Chi-Siamo.htm, zuletzt geprüft am 12.04.2013.

Urbani, Giuliano; Torsello, Mario Luigi (2004): Introduzione. In: Dal Testo Unico al Codice dei beni culturali e del paesaggio. Unter Mitarbeit von Daniele Carletti und Elisa Bucci. Roma, S. 9–27.

Valeri, Alfredo (2006): L'autovalutazione della strategia culturale dell'ente locale. In: Linee guida per la gestione innovativa dei beni culturali. Vademecum. Terzo rapporto. Roma, S. 15–35.

Valsecchi, Cristian (2009): L'evoluzione delle politiche culturali. Bergamo.

Vecco, Marilena (2007): L'evoluzione del concetto di patrimonio culturale. Documenti e ricerche. Milano: FrancoAngeli.

Vereinte Nationen (1948): Allgemeine Erklärung der Menschenrechte. Resolution 217 A (III) der Generalversammlung vom 10. Dezember 1948. Online verfügbar unter http://www.un.org/depts/german/grunddok/ar217a3.html, zuletzt geprüft am 17.11.2011.

Villani, Marianicola (2005): Un nuovo strumento di politica di bilancio: il patrimonio culturale. In: Gaetana Trupiano (Hg.): La valorizzazione dei beni culturali. Aspetti economici, giuridici e sociologici. Milano: FrancoAngeli, S. 80–90.

Vitale, Carmen (2010): La fruizione dei beni culturali tra ordinamento internazionale ed europeo. In: Lorenzo Casini (Hg.): La globalizzazione dei beni culturali. Bologna: Il mulino, S. 171–196.

Vitali, Christoph (2001): Grosse Skepsis oder … Timeo danaos et dona ferentes. In: Hilmar Hoffmann (Hg.): Kultur und Wirtschaft. Knappe Kassen - neue Allianzen. Köln: DuMont, S. 87–95.

Vollmer, Antje (2001): Und nun die Vollendung! - Die Bedingungen von Stiftern und Stiftungen heute. In: Hilmar Hoffmann (Hg.): Kultur und Wirtschaft. Knappe Kassen - neue Allianzen. Köln: DuMont, S. 175–179.

Wagner, Bernd (2001): Soziokultur West - Soziokultur Ost. In: *Aus Politik und Zeitgeschichte* (B 11), S. 3–6. Online verfügbar unter http://www.bpb.de/apuz/26393/soziokultur-west-soziokultur-ost, zuletzt geprüft am 21.06.2013.

Wagner, Bernd (2006): Kulturpolitik (2). Begründungen und Legitimation. In: *Kulturpolitische Mitteilungen* (IV). Online verfügbar unter http://www.kupoge.de/kumi/pdf/kumi115/kumi115_72-73.pdf, zuletzt geprüft am 11.07.2013.

Wagner, Bernd (2008b): Kulturwirtschaft und Kreative Stadt. Einleitung. In: Bernd Wagner (Hg.): Jahrbuch für Kulturpolitik 2008. Thema: Kulturwirtschaft und kreative Stadt. Essen: Klartext Verlag, S. 15–31.

Wagner, Bernd (2009): Fürstenhof und Bürgergesellschaft. Zur Entstehung, Entwicklung und Legitimation von Kulturpolitik. Essen: Klartext Verlag (Texte zur Kulturpolitik, 24).

Wagner, Bernd (2010): Föderalismusreformen und ihre Bedeutungen für Kulturpolitik und kulturelle Bildung. Hg. v. Bundeszentrale für politische Bildung. Online verfügbar unter http://www.bpb.de/themen/F73M8H.html, zuletzt geprüft am 16.01.2012.

Wagner, Horst-Günter (1991): Mezzogiorno. Köln: Aulis Verlag Deubner & Co. (Problemräume Europas, 10).

Welsch, Wolfgang (1990): Kulturpolitische Perspektiven der Postmoderne. Plädoyer für eine Kultur der Differenz. In: Hajo Cornel und Volkhard Knigge (Hg.): Das neue Interesse an der Kultur. Hagen: Kulturpolitische Gesellschaft (Dokumentation / Kulturpolitische Gesellschaft, 34), S. 76–94.

Wiegerling, Klaus (2000): Kultur. In: Ralf Schnell (Hg.): Metzler Lexikon Kultur der Gegenwart. Themen und Theorien, Formen und Institutionen seit 1945. Stuttgart, Weimar: J.B. Metzlersche Verlagsbuchhandlung, S. 267–269.

Wiesand, Andreas (1994): Kulturfinanzierung - Daten und Trends in Deutschland und Europa. In: Deutscher Kulturrat (Hg.): Zweiter Bericht zur Kulturpolitik 1993/94. Kulturfinanzierung in der Bundesrepublik Deutschland. Mit Informationen aus bundesweiten Verbänden/Institutionen des Kulturlebens und Beiträgen von Fachautoren. Bonn, S. 75–104.

Wiesand, Andreas (2003): Kulturpolitik. In: Uwe Andersen und Woyke Wichard (Hg.): Handwörterbuch des politischen Systems der Bundesrepublik Deutschland. 5., aktualisierte Auflage. Opladen: Leske + Budrich. Online verfügbar unter http://www.bpb.de/wissen/0102682777511994885993196938 23 28,1,0,Kulturpolitik.html#art1, zuletzt geprüft am 29.11.2011.

Wiesand, Andreas (2008): Götterdämmerung der Kulturpolitik? Anmerkungen zur Karriere der „Creative Industries". In: Bernd Wagner (Hg.): Jahrbuch für Kulturpolitik 2008. Thema: Kulturwirtschaft und kreative Stadt. Essen: Klartext Verlag, S. 61–72.

Winkler, Jürgen R.; Falter, Jürgen W. (1997): Grundzüge der politikwissenschaftlichen Forschungslogik und Methodenlehre. In: Arno Mohr (Hg.): Grundzüge der Politikwissenschaft. 2. Auflage. München: Oldenbourg Verlag, S. 65–142.

Witzel, Andreas (1982): Verfahren der qualitativen Sozialforschung. Überblick und Alternativen. Frankfurt am Main: Campus Verlag.

Witzel, Andreas (2000): Das problemzentrierte Interview. In: *FQS: Forum Qualitative Sozialforschung. Social Research* (1). Online verfügbar unter http://www.

qualitative-research.net/index.php/fqs/article/view/1132, zuletzt geprüft am 11.04.2013.

Woller, Hans (2006): Italien und Deutschland nach 1945. Vom schwierigen Geschäft des Vergleichs. In: Gian Enrico Rusconi und Hans Woller (Hg.): Parallele Geschichte? Italien und Deutschland 1945–2000. Berlin: Duncker & Humblot (Schriften des Italienisch-Deutschen Historischen Instituts in Trient, 20), S. 27–33.

Woller, Hans (2011): Geschichte Italiens im 20. Jahrhundert. Bonn: Bundeszentrale für politische Bildung.

Würth, Reinhold (2001): Die Öffentlichkeitswirksamkeit von Kunstaktivitäten - das Beispiel Würth. In: Hilmar Hoffmann (Hg.): Kultur und Wirtschaft. Knappe Kassen - neue Allianzen. Köln: DuMont, S. 135–143.

Zangrandi, Antonello (2007): Premessa. In: Marco Ferretti, Chiara Nova und Antonello Zangrandi (Hg.): Finanziare i musei. Promuovere qualità e orientamento al futuro. Milano: FrancoAngeli, S. 9–12.

Zanzarella, Giuseppe (1999): I beni culturali. Roma: Edizioni Laurus Robuffo.

Zimmermann, Olaf (2007): Vorwort. In: Olaf Zimmermann und Theo Geißler (Hg.): Die Kirchen, die unbekannte kulturpolitische Macht. Unter Mitarbeit von Gabriele Schulz. Deutscher Kulturrat. Berlin, S. 5–6.

Zimmermann, Olaf (2013): Gute Kulturpolitik - acht Behauptungen. Wie sollte Kulturpolitik konkret aussehen? In: *politik & kultur* (2/2013), S. 3. Online verfügbar unter http://www.kulturrat.de/puk/puk02-13.pdf, zuletzt geprüft am 20.06.2013.

Zimmermann, Olaf; Geißler, Theo (Hg.) (2008): Kulturpolitik der Parteien: Visionen, Programmatik, Geschichte und Differenzen. Unter Mitarbeit von Stefanie Ernst. Deutscher Kulturrat. Berlin.

Zimmermann, Olaf; Schulz, Gabriele (2009): Zukunft Kulturwirtschaft. Zwischen Künstlertum und Kreativwirtschaft. Unter Mitarbeit von Stefanie Ernst. Essen: Klartext Verlag.

Danksagung

Diese Studie wäre nicht zustande gekommen ohne die Hilfe vieler ExpertInnen, KollegInnen und FreundInnen. Für wertvolle Informationen, kritische Nachfragen und bereichernde Gespräche allen ein sehr herzliches Dankeschön!

Besonders danken möchte ich meinen InterviewpartnerInnen, die mir durch ihre offenen Antworten Einblick in ihr Arbeitsfeld gewährt haben. Für die Herstellung der Kontakte zu den italienischen InterviewparterInnen danke ich Luca dal Pozzolo von der *Fondazione Fitzcarraldo*.

Sehr herzlich danken möchte ich meinem Doktorvater Prof. Dr. Paul Geyer für die mir eingeräumten wissenschaftlichen Freiheiten und die überaus lehrreichen Jahre an seinem Lehrstuhl! Gedankt sei auch meinem Zweitgutachter Prof. Dr. Tilman Mayer sowie den Mitgliedern der Prüfungskommission Prof. Dr. Daniela Pirazzini und Prof. Dr. Volker Kronenberg.

Für die Gestaltung der Graphiken und die Formatierung der Pflichtexemplare allerliebsten Dank an Benjamin Schöndelen für viel Zeit und Geduld.

Besonders herzlich bedanken möchte ich mich bei meinen unglaublich fleißigen und genauen KorrekturleserInnen Sigrun English, Jennifer Sobotta, Kerstin Thorwarth und Wolfgang Franzen.

Meinen Eltern danke ich dafür, dass sie stets an mich glauben und immer für mich da sind.

Bonn, im März 2015

Studien zur Kulturpolitik
Cultural Policy

Herausgegeben von / Edited by Prof. Dr. Wolfgang Schneider

Band 1 Robert Peise: Ein Kulturinstitut für Europa. Untersuchungen zur Institutionalisierung kultureller Zusammenarbeit. 2003.

Band 2 Angela Koch: Kommunale Kulturorganisation in den USA. Strukturen, Handlungsmuster, Interdependenzen. 2005.

Band 3 Sabine Dorscheid: Staatliche Kunstförderung in den Niederlanden nach 1945. Kulturpolitik versus Kunstautonomie. 2005.

Band 4 Dirk Meyer-Bosse: Geld-Geber. Die Bedeutung von Sparkassen für die Kulturförderung in Deutschland. 2005.

Band 5 Kai Reichel-Heldt: Filmfestivals in Deutschland. Zwischen kulturpolitischen Idealen und wirtschaftspolitischen Realitäten. 2007.

Band 6 Annette Wostrak: Kooperative Kulturpolitik. Strategien für ein Netzwerk zwischen Kultur und Politik in Berlin. 2008.

Band 7 Frank Sommer: Kulturpolitik als Bewährungsprobe für den deutschen Föderalismus. 2008.

Band 8 Sandra Soltau: Freie Musikszene – Perspektiven für ein innovatives Konzertwesen? 2010.

Band 9 Reiner Küppers: Künstlerinnen und Künstler zwischen kreativer Freiheit und sozialer Sicherheit. Ein Diskurs zur Kulturpolitik in Zeiten europäischer Integration. 2010.

Band 10 Anne-Kathrin Bräu: Corporate Citizenship in Regensburg. Unternehmenskommunikation als Kulturpolitik. 2011.

Band 11 Dieter Kramer: Von der Freizeitplanung zur Kulturpolitik. Eine Bilanzierung von Gewinnen und Verlusten. 2011.

Band 12 Joerg Schumacher: Das Ende der kulturellen Doppelrepräsentation. Die Auswärtige Kulturpolitik der Bundesrepublik Deutschland und der DDR am Beispiel ihrer Kulturinstitute 1989/90. 2011.

Band 13 Azadeh Sharifi: Theater für Alle? Partizipation von Postmigranten am Beispiel der Bühnen der Stadt Köln. 2011.

Band 14 Usa Beer: Zwischen Avantgarde und Auftrag. Bildende KünstlerInnen und ihre Kompetenzen als gesellschaftliches Potenzial. 2012.

Band 15 Jan Büchel: Fernsehen für Europa. Transnationale mediale Öffentlichkeit als kulturpolitischer Auftrag der EU. 2013.

Band 16 Wolfgang Schneider / Daniel Gad (eds.): Good Governance for Cultural Policy. An African-European Research about Arts and Development. 2014.

Band 17 Claudia Burkhard: Kulturpolitik als Strukturpolitik? Konzepte und Strategien deutscher und italienischer Kulturpolitik im Vergleich. 2015.

www.peterlang.com